온라인 쇼핑몰 창업 바이블

초판 인쇄일 2012년 10월 5일
초판 발행일 2012년 10월 12일

지은이 전진수, 박경태, 김명순
발행인 박정모
등록번호 제9-295호
발행처 도서출판 혜지원
주소 (130-844) 서울시 동대문구 장안 1동 420-3호
전화 02)2212-1227 팩스 02)2247-1227
홈페이지 www.hyejiwon.co.kr

편집진행 박세란
본문디자인 김보라
표지디자인 안홍준
영업마케팅 김남권, 황대일, 서지영
ISBN 978-89-8379-763-6
정가 22,000원

온라인 쇼핑몰 창업 바이블

혜지연

머리말

창업의 길이 고달프다고 말하는 사람이 있습니다.
그러나 창업의 길이 행복하다고 말하는 사람도 있습니다.

쇼핑몰을 운영하기 위해 준비하는 분들에게 수많은 질문을 받다 보면
그 질문들은 하나의 중요한 질문으로 귀결된다는 결론이 나옵니다.
바로 〈왜 창업을 하려고 하는가?〉하는 것입니다.
그런데 말씀은 조금씩 다르게들 하시지만 결국은 창업을 '해 보고' 싶은 것이 그 주된 이유인 경우가 많습니다.
간절하게 무엇인가를 이루려고 하기보다 그냥 창업을 해 보고 싶다는 것이었습니다.
그 만큼 눈빛에 절박함이 없는 분들이 많습니다.
하지만 최소한 창업을 꿈꾼다면 눈빛 속에 꼭 해야겠다는 굳은 다짐이 있어야 한다고 봅니다.

창업 준비 단계는 창업 후 3개월에 비하면 쉽습니다.
창업 후 3개월이 고비입니다.
그리고 3개월에서 6개월 사이는 더 어렵습니다.
그래서 저는 창업 관련 강좌에서 창업의 준비 단계보다는
창업 후 3개월을 보내는 방법에 대해 더 많은 이야기를 합니다.

창업은 그리 만만한 일이 아닙니다.
스스로 단단해져야 하고 스스로를 잘 컨트롤 할 수 있어야 합니다.
그렇기 때문에 절박함이 없다면 수많은 장애 요소들에 쉽게 굴복하고 흔들릴 수밖에 없습니다.

창업을 생각하고 계시다면, 먼저 왜 창업을 하려고 하는지를 생각해 보세요.
그리고 내가 좋아하는 것과 싫어하는 것을 모두 적고 나의 이야기를 솔직하게 적은 후에,
나를 좀 더 이해한 후에 한결 가벼워진 마음으로 시작해도 늦지 않습니다.

쇼핑몰을 준비하면서, 또 운영하면서 스스로가 괴로워서는 안 됩니다.
내가 지금 창업을 해서 이렇게 살 수 있는 것은 '축복'이라고 말한 어느 성공한 쇼핑몰 운영자처럼
준비하고 고민하고 땀을 흘리고 있는 지금 시간은
고난이 아니라 축복이어야 합니다.
그랬을 때에야 비로소 여러분의 쇼핑몰을 만난 고객들도
너무 좋은 쇼핑몰을 만나서 행복하다고 느낄 수 있게 됩니다.

저는 사진을 찍는 것을 너무 좋아합니다.
대부분은 걸어가며 찍고, 뛰어가며 찍습니다.
그렇기 때문에 흔들린 사진이 많습니다.
하지만 그런 사진들을 홈페이지에 올린다면 꽤 많은 사람들이 비난을 할 것입니다.
왜 그럴까요?
저는 사진 찍는 그 순간이 너무 행복해서
부동의 자세로 찍는 것보다 달려가며 찍는 것이 더 행복하지만
다른 사람들은 행복의 기준이 다르기 때문일 것입니다.

창업을 꿈꾼다면 내가 행복해지는 순간이 언제인지를 알아야 합니다.
고민스러울 때는 행복한 순간 속에서 잠시 휴식을 취해야 합니다.

쇼핑몰 성공자들을 만나 이야기를 나누고 인터뷰하는 과정에서 느낀 것은
지금 순간을 축복으로 생각하며
바쁜 와중에도 여유와 행복을 찾는 시간을 갖고
내일을 위해 준비하는 시간도 갖는다는 것이었습니다.

독자 여러분.
힘든 과정이지만 성공 창업이라는 목적을 위해
저와 함께 행복한 달리기를 해 보면 어떨까요?

제가 많은 예비 창업자 혹은 쇼핑몰 운영자분들을 생각하며 정성을 쏟은 이 책이
창업을 준비/운영하는 모든 분들에게 용기와 희망을 주는 책이 되기를
간절히 바랍니다.

대표 저자 전진수

목차

Cafe24 솔루션으로 쇼핑몰 만들기

제로보드 XE로 독립형 쇼핑몰 만들기

PART 05 쇼핑몰 디자인을 위한 그래픽 기초 다지기

쇼핑몰 마케팅의 이해

PART 01

Online ★ Shop

투잡을 위한 쇼핑몰 창업 성공 지도 만들기

쇼핑몰 창업은 인터넷이 연결되어 있는 곳에서라면 누구나 할 수 있습니다. 하지만 누구나 성공할 수 있는 것은 아닙니다. 구체적인 목표와 확실한 아이템이 없다면 말입니다. 제대로 된 정보를 갖고 열심히 노력했을 때 원하는 것을 얻을 수 있는 것처럼 온라인 창업도 꼼꼼히 알아보고 최선을 다해 진행해야 합니다. 시간을 적게 투자하더라도 그 시간만큼은 최선을 다해 준비하고 노력해야 좋은 결과를 얻을 수 있습니다.

쇼핑몰 운영자가 되기 위한 자격 갖추기

쇼핑몰 운영은 잘 만들어진 쇼핑몰이 성공을 좌우하는 것이 아니라 내가 쇼핑몰을 운영해야 하는 이유와 고객이 내 상품을 구매해야 하는 이유를 명확히 알았을 때 성공할 수 있는 분야입니다. 그렇기 때문에 나에 대한 분석과 고객에 대한 분석이 명확하게 이루어지지 않으면 성공하기 힘든 분야입니다.

 ## 1. 올바른 마음가짐 갖기

1) 경쟁자의 '수(數)'는 생각하지 않는다

필자가 쇼핑몰 창업 분야에서 10년이 넘으니 성공한 사람들도 많이 만나고 창업에 실패한 사람들도 많이 만나게 됩니다. 그리고 지금은 새로 창업을 하려고 하는 사람들을 더 많이 만나게 됩니다.

그리고 그분들에게서 가장 많이 받는 질문이

"지금 제가 하려고 하는 분야가 이미 포화 상태인 것 같은데 가능할까요?"

라는 것입니다.

여러분은 어떻게 생각하세요? 지금 도전하려고 하는 분야가 포화 상태라 생각하시나요?

이런 분야 중 하나가 바로 의류 쇼핑몰입니다. 의류 쇼핑몰은 이미 많은데, 과연 가능할까 하는 것이지요. 지금 이 책을 읽고 있는 독자분들 중에도 의류 쇼핑몰을 생각하고 있는 분들이 많을 것입니다. 사실 의류 쇼핑몰의 성장 속도가 제일 빠릅니다. 2011년 통계청 자료만 보더라도 의류가 18.7%로 가장 많이 성장한 품목입니다. 그래서 많은 사람들이 하고 있고, 또 하려고 하는 것이겠지요.

하지만 경쟁자가 많다고 포기하시겠어요?

'너무 많은 쇼핑몰이 있어서', '누군가 먼저 시작한 사람이 있어서' 걱정이라면 그런 걱정은 하지 않아도 됩니다. 질문대로라면 처음 시작한 사람들이 모두 1등의 자리에 있어야 할 것입니다.

제가 가장 드리고 싶은 이야기는 '나의 고객은 따로 있고, 나를 만나는 고객은 정말 행운이다.'라는 생각으로 쇼핑몰을 준비하고 시작한다면 이루고 싶은 꿈을 분명히 이루실 것이라는 겁니다. 물론 그냥 내 생각대로만 하면 된다는 의미는 아닙니다. 고객의 니즈를 분석하고 반영하는 노력이 뒷받침되어야 하는 것은 너무나도 당연한 일입니다.

막연하게 '잘 되겠지'가 아니라 노력하는 시간을 늘려가면서 그 시간에 비례한 대가를 기다리는 마음이어야 합니다.

2) 구체적으로 생각한다

쇼핑몰을 운영하다 보면 '그만 접어야 하지 않을까?'하는 갈등을 수십 번 하게 됩니다. 더구나 특별히 구속하는 사람도 없고 투자 비용도 많이 들이지 않은 경우에는 더 빨리, 그리고 더 쉽게 흔들릴 수가 있습니다. 그래서 필요한 것이 다음과 같은 시간의 흐름에 맞는 계획과 투자와 수입에 대한 구체적인 계획입니다.

	1월	2월	3월	4월	5월	6월	7월
아이템 선정	→						
쇼핑몰 구축		→					
쇼핑몰 오픈				→			

「쇼핑몰 오픈 일정」

	1월	2월	3월	4월	5월	6월	7월
시간(투잡)	4	4	4	4	5	5	5
시간(전업)	8	8	9	9	9	10	10
예상 투자금	200	200	200	400	400	500	500
예상 수입금	0	0	100	150	300	300	600

「쇼핑몰 구축에 관련된 투자 시간 및 금액 – 투잡과 전업에 맞는 시간 계획의 예」

구체적인 시간 계획이 만들어졌다면 이제부터 집중해야 하는 것은 아이템입니다. 아이템이 아직 정해지지 않았다면 그리고 아직 머리가 복잡하다면 몇 가지 질문을 드리겠습니다. 아래의 질문에 답을 해보며 방향을 찾아보세요. 아이템 선정 기법 등 구체적인 부분은 다음 장에서 설명 드립니다.

1. 오프라인 사업인가? 온라인 사업인가? 온오프 모두 진행할 것인가?
2. 왜 나는 이 사업을 하려고 하는가?
3. 고객은 왜 나의 쇼핑몰에서 상품을 구매해야 하는가?
4. 상호와 도메인은 무엇인가?
5. 사업의 모토는 무엇인가?
6. 목표 고객은 누구인가?
7. 고객에게 어떤 가치를 제공할 것인가?
8. 어떤 정보를 줄 것인가?
9. 수익 구조를 어떻게 만들어 갈 것인가?
10. 매장 인테리어와 쇼핑몰 콘셉트는 정했는가?
11. 6개월 후에는 어떤 고민을 할 것인가?

어느 것도 정확하게 답변을 못하시겠다고요? 걱정 마십시오. 위 질문에 대한 답은 이 책을 읽어나가는 동안 찾게 될 것입니다.

지금은 너무 많은 고민보다 편안하게 책을 읽어 가셨으면 합니다.

3) 열정을 잃지 않는다

쇼핑몰 분야에는 3, 6, 9의 법칙이 있습니다. 이것은 쇼핑몰이 고점을 향해 조금씩 올라가는 임계점의 시간을 말하는데, 3개월이 지나면 조금 성장해 있고, 6개월이 지나면 조금 더 성장해 있고, 9개월이 지나면 어느 정도 느낄 정도의 성장이 이루어진다는 뜻입니다. 그리고 그 시기가 지나면 마침내 폭발적인 성장이 일어납니다.

그렇지만 문을 닫는 순서 또한 3, 6, 9 법칙에 따릅니다. 즉 쇼핑몰 운영을 시작한지 3개월 또는 6개월 만에 문을 닫는 경우가 많습니다. 잘 이용하던 쇼핑몰에 어느 날 접속을 시도했을 때 '웹 사이트를 찾지 못했습니다.'라는 메시지가 나타나는 경험을 한 번쯤은 해보았을 것입니다.

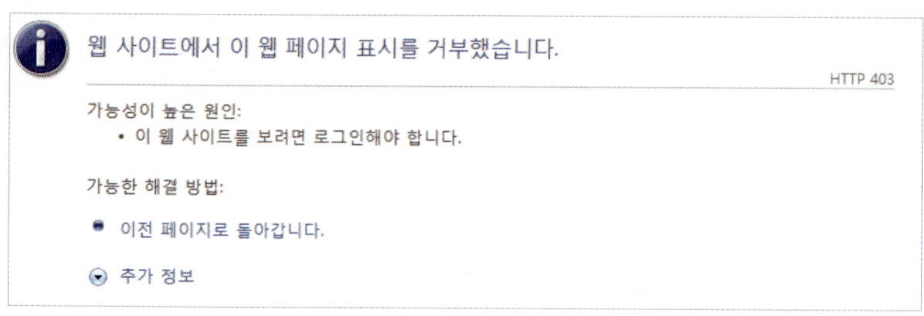

무엇이 문제일까요?

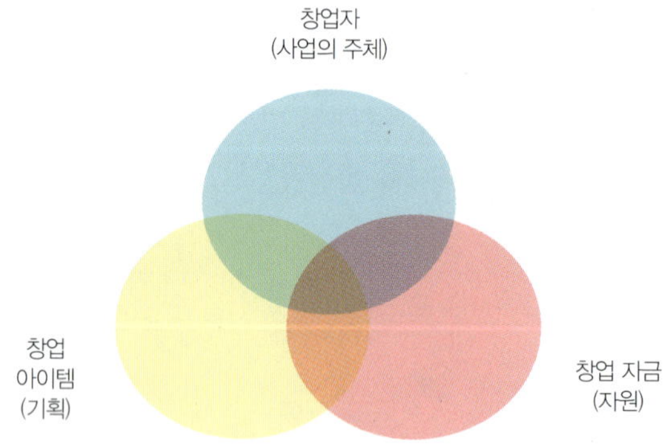

일반적으로 창업의 3요소는 '창업자', '아이템', '자금'이라고 합니다. 여기에서 말하는 창업자는 그냥 사람이 아니라 이 사업을 하려고 하는 '열정이 충만한 사람'을 가리킵니다. 다시 말해 사업을 하는 데 있어 필요한 요소는 돈과 시간, 그리고 열정이라고 바꿔 말할 수 있을 것입니다.

이 세 가지 중에 어느 하나라도 부족하면 쇼핑몰 창업만이 아니라 어떤 분야도 잘 해낼 수 없다는 것은 상식에 가까운 일일 것입니다. 사업에 실패하는 이유는 돈 문제(사업 자금 문제), 시간 문제(쇼핑몰을 관리/운영할 시간의 부족) 등 여러 가지 이유가 있겠지만 우리가 쉽게 간과하기 쉬운 것이 바로 '열정'의 문제입니다.

창업을 준비하시는 여러분!
내가 꼭 이것을 해야 하는 이유! 힘들어도 끌고 갈 수 있는 열정을 잃지 마시기 바랍니다.
창업의 3요소가 준비되었다면 이제는 열정을 다해 뛰어야 합니다.

 2. 쇼핑몰 운영자에게 필요한 공부하기

쇼핑몰 창업자의 대부분은 1인 CEO로 시작하여 규모를 늘려가는 형태를 취합니다. 그러다 보니 처음에는 해야 할 것도 많고 어떤 것부터 해야 할지 막연할 때도 있습니다. 쇼핑몰 창업자가 해야 하는 일 중에 어떤 것이 제일 중요하다고 생각하세요?

쇼핑몰 제작 단계를 정리해보면 다음과 같습니다.

> 아이템 선정 → 상품 촬영 → 도메인 선정 → 쇼핑몰 신청 → 쇼핑몰 디자인 → 상품 등록 → 쇼핑몰 오픈 →
> 운영/경영

★ 운영/경영의 단계는 어떤 것을 먼저 하고 나중에 하는 순서가 없습니다. 관리자 페이지 모니터링, 게시판 관리, 주문 관리, 포장,
  배송, 고객 응대, 정산, 마케팅, 세무/회계 등 이 모든 과정이 동시에 이루어져야 합니다.

위의 과정을 살펴보고 이 책의 독자 중 상당수는 '디자인'이 가장 어렵다고 여기실 것입니다. 사실 쇼핑
몰 관련 세미나를 하거나 설문 조사를 해보면 많은 분들이 '쇼핑몰 디자인을 잘 하고 싶어서 왔다'고 하
시고 실제로 디자인 강의를 요구하는 경우가 가장 많습니다.

그런데 강의를 하는 입장에서 저는 디자인보다는 다른 곳에 에너지를 더 많이 쓰셔야 한다고 생각합
니다.

기본적인 디자인 기술은 알아야 하지만 소비자의 소비 패턴과 그때그때의 유행 디자인이 계속 바뀌는데,
그럴 때마다 매번 디자인을 하려고 한다면 상당한 시간을 컴퓨터 앞에 앉아 있어야 합니다. 그러면 아이
템 연구, 마케팅, 경영에 대한 생각은 언제 할 수 있을까요?

쇼핑몰 운영에 있어서 디자인도 물론 중요하지만 더 중요한 것은 아이템 연구, 마케팅 등 쇼핑몰 경영에
관심을 갖는 것입니다.

디자인에 신경 쓰느라 더 중요한 아이템 연구와 마케팅에는 신경을 쓰지 못하는 경우가 많아서 안타까
운 마음에 드리는 이야기입니다.

사실상 쇼핑몰은 물론 쇼핑몰에 필요한 다양한 이
미지 등 많은 부분이 이미 무료로 제공되고 있습
니다. 잘 조합할 수 있는 그래픽의 기본적인 부분
들만 습득한다면 어렵지 않게 쇼핑몰을 완성할 수
있습니다.

즉 더불어 경영서를 읽는 등 경영 마인드를 만들어 가는 노력도 함께 하시기를 당부 드립니다.

★ 경영 마인드를 갖는다는 것은 무슨 말일까요? 예를 들어 어느 날 10만 원의 순수입이 생겼다고 가정하면, 여러분은 그 수입을 어떻게 하시겠어요? 대부분은 한턱 쏘신다고 하더라구요. 하지만 그것보다는 시간제 아르바이트를 구해서 포토샵 배너 만드는 일 또는 포장 등을 시키며 사람과 같이 일하는 방법을 연습하라고 꼭 말씀 드리고 싶습니다.

경영에 관해서는 이 책에서 충분히 말씀드릴 수 없기 때문에 이런 정도로 말씀드리고 여기서는 쇼핑몰을 운영하기 위해 필요한 기초적인 지식, 즉 쇼핑몰 솔루션이라든지 디자인, 업로드 작업에 필요한 프로그램을 간단히 소개하겠습니다.

1) 쇼핑몰 솔루션

쇼핑몰 솔루션은 사용자가 쇼핑몰을 창업하고 운영하는 데 필요한 모든 기능을 갖추고 있는 프로그램을 말하며, 원하는 디자인을 적용하여 바로 오픈해도 손색이 없을 정도로 완벽하게 구성되어 있습니다. 그래서 요즘은 상당수의 쇼핑몰 운영자들이 쇼핑몰을 직접 제작하기보다는 안정적인 솔루션을 찾아서 오픈합니다.

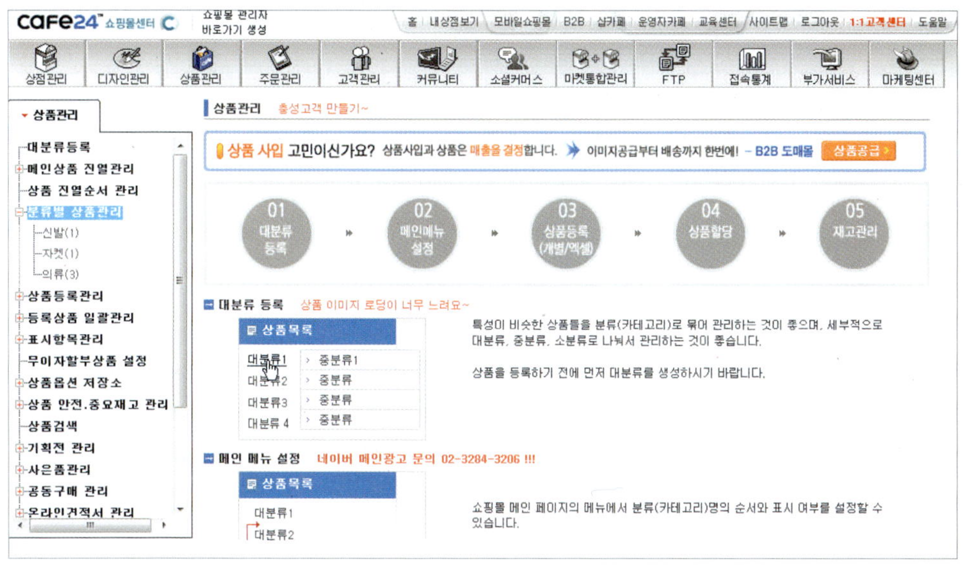

cafe24 솔루션 관리자 페이지

2) HTML

HTML은 HyperText Markup Language의 약자로 홈페이지나 쇼핑몰, 웹 문서를 만들기 위한 기본 언어입니다. 쇼핑몰 운영자의 경우는 기본 소스를 수정하거나 상품 상세 페이지를 디자인할 때 사용하게 됩니다.

〈img src=""〉 소스를 활용하여
상품 상세 설명을 디자인한 모습

HTML의 태그(Tag)

HTML의 표현을 위한 명령어를 태그(Tag)라고 하고 모든 명령어는 "〈"와 "〉"로 묶어서 표현합니다. 태그를 사용하여 만든 문서가 HTML 문서이고 확장는 .html, .htm으로 저장하여 사용합니다. 기본 구조는 다음과 같습니다.

```
<HTML>
<HEAD>
<TITLE> 행복 쇼핑몰 </TITLE>
</HEAD>
<BODY>
  카페24로 만드는 쇼핑몰
<BODY>
</HTML>
```

- 배경색 지정 : `<BODY bgcolor = "색상">`

  bgcolor는 문서의 배경색을 지정하는 태그입니다. 색을 지정할 때는 색의 이름을 영문으로 쓰거나 16진수 색상 코드를 입력하여 표현합니다.

- 배경 그림 지정 : `<BODY background = "그림 파일명">`

  background는 배경 그림을 삽입하는 태그입니다. 배경 그림으로 사용 가능한 그림 형식은 gif, jpg, png입니다.

- 글자 크기 지정 : `<Font size = "글자 크기">`

  글자 크기는 1부터 7까지의 숫자로 조정합니다. 숫자가 커질수록 글자의 크기도 커집니다.

- 글자색 지정 : `<Font color = "색상명">`

  글자의 색상명은 영문 또는 16진수 코드값으로 입력합니다.

- 글꼴 지정 : `<Font face = "글꼴">`

  윈도우의 기본 글꼴을 지정하여 사용합니다.

- 문단 정렬 : `<P align = "left/center/right">`

  align 명령을 통해 문단을 왼쪽(left), 중앙(center), 오른쪽(right)으로 정렬할 수 있습니다.

- 이미지 삽입

  `<IMG src="이미지경로" width="넓이" height="높이" alt="그림설명" border="그림 테두리">`

  img는 그림을 삽입하는 태그로, 이미지의 경로는 상대 경로와 절대 경로 두 가지로 입력할 수 있으며 Width는 그림의 넓이, Height는 높이를 지정합니다. Alt에는 그림에 마우스를 올리면 나오는 설명글을 적고, Border는 그림 외곽으로 테두리 선을 그려주는 명령어입니다.

- 하이퍼링크 만들기

  `<A href="연결 주소 또는 파일"  target="위치 지정"> 내용 입력`

  `<A href="연결 주소 또는 파일"  target="위치 지정"><img src="이미지 경로">`

  화면에는 각각 '내용 입력' 문구와 이미지 경로에서 입력한 그림만 출력됩니다. 그리고 그 문구나 그림을 클릭하면 target에서 지정한 위치로 연결 주소 또는 파일이 열리게 됩니다. target에는 Blank(새 창), Parent(상위 프레임), top(화면 전체), Self(현재 창)의 속성 값을 입력할 수 있습니다.

- 플래시 파일 삽입

  `<embed src="플래시 주소 또는 파일"  width="너비" height="높이" hidden="true/false" loop="true/false">`

  embed 명령어는 멀티미디어를 재생하는 명령어로 '플래시 주소 또는 파일'의 위치에 원하는 플래시 파일을 연결하면 플래시 파일이 재생됩니다. hidden을 false로 하면 재생 바가 보이고 true로 하면 재생 바가 보이지 않습니다. loop를 true로 하면 무한 반복이고 false로 하면 한 번 재생 후에 멈춥니다.

- 표 만들기

```
<TABLE width="넓이" height="높이" border="테두리 두께">
<TR>
<TD width="넓이" height="높이"> 내용입력 </TD>
</TR>
</TABLE>
```

  테이블(표)은 행과 열로 구성이 되어 있습니다. <Table> 명령으로 테이블의 시작을 알리고 <TR> 명령으로 행을 만든 다음 행 안에 <TD> 명령으로 칸을 만들어서 테이블을 만들어 갑니다.

- 표와 셀 정렬

  ```
  <TABLE width="넓이" height="높이" border="테두리 두께" align="위치">
  <TD width="넓이" height="높이" align="위치">
  ```

  TABLE을 구성할 때 align 명령어를 사용하면 문서에서 표의 위치를 결정하게 되고, TD를 구성할 때 align 명령어를 사용하면 셀 안에 있는 내용을 정렬할 위치를 정합니다.

- 표와 셀의 배경색 지정

  ```
  <TABLE width="넓이" height="높이" border="테두리 두께" bgcolor="색상명">
  <TR bgcolor="색상명">
  <TD bgcolor="색상명">
  ```

  TABLE을 구성할 때 bgcolor 명령어를 사용하여 표 전체 또는 행과 셀을 따로 배경색을 지정하여 구성할 수 있습니다. 위의 경우 각각 표, 행, 셀에 배경색을 지정한 경우를 나타냅니다.

- 셀 합치기

  ```
  <TD width="넓이" height="높이" colspan="합칠 셀의 수">
  <TD width="넓이" height="높이" rowspan="합칠 셀의 수">
  ```

  TABLE을 구성하여 문서를 만들다 보면 셀을 합쳐야 하는 경우가 많이 있습니다. 수평 방향으로 셀을 합쳐야 하는 경우는 colspan 명령을 사용하고, 수직 방향으로 셀을 합칠 경우는 rowspan 명령을 사용하여 합쳐줍니다.

3) 포토샵

포토샵은 어도비사의 그래픽 편집 프로그램입니다. 쇼핑몰의 로고 제작, 메인 이미지 편집, 상품 사진의 밝기 조절, 상품 상세 설명 제작 등 쇼핑몰의 많은 부분을 디자인합니다. 자세한 사용법은 PART 5에서 알아봅니다.

포토샵으로 만든 로고

포토샵으로 만든 메인 이미지

4) 일러스트레이터

일러스트레이터는 어도비 사에서 만든 그래픽 프로그램으로 캐릭터 디자인, 심벌 디자인, 제품 디자인 등에 사용됩니다. 포토샵과 다른 점은 포토샵은 사진을 편집하는 프로그램이라면 일러스트는 사진으로 디자인하는 것이 아니라 직접 심벌을 만들거나 캐릭터를 디자인하는 프로그램이라는 것입니다. 이미지를 확대해도 깨지지 않고 고정밀 출력까지 가능하기 때문에 인쇄 출판에 많이 사용되고 있습니다. 쇼핑몰에서는 로고를 제작하거나, 배너, 심벌을 만들 때 많이 사용합니다.

일러스트로 만든 배너

일러스트로 만든 로고

일러스트로 만든 아이콘

5) 플래시

플래시는 어도비 사에서 만든 애니메이션 프로그램입니다. 쇼핑몰에서는 상품이 롤링(이미지가 계속 돌아가며 바뀌는 것)되는 기법이나 메인 이미지 디자인, 배너 디자인 등에 사용됩니다. 웹 사이트를 살펴보다가 움직이는 이미지 위에서 오른쪽 버튼을 클릭했을 때 Adobe flash Player라는 문구가 나오면, 그것이 바로 플래시로 제작한 것입니다. 자세한 사용법은 PART 5에서 알아봅니다.

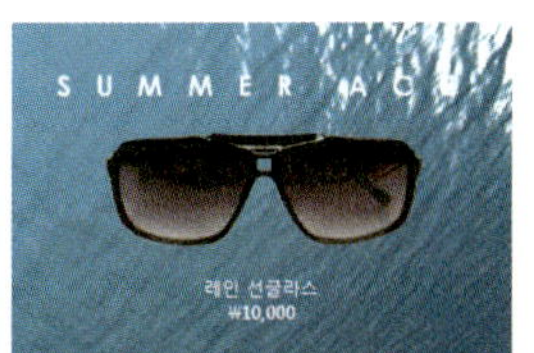

배경이 물결처럼 움직이고 있고 그 위에 상품이 슬라이드 되는 플래시 배너

6) 프리미어

프리미어는 동영상을 편집하는 프로그램입니다. 요즘 들어 동영상을 상품 상세 페이지에 올리는 경우를 많이 볼 수 있습니다. 그렇지만 동영상을 쇼핑몰에 직접 업로드하면 쇼핑몰 속도가 느려질 수 있기 때문에 대부분은 유튜브 등 공유 사이트에 업로드한 후에 그 주소를 HTML로 올리는 방식으로 활용하고 있습니다. 쇼핑몰에서는 동영상 배너, 상품 상세 설명으로 사용되고 있습니다. 자세한 사용법은 PART 5에서 알아봅니다.

동영상 배너

방송 출연 영상을 편집하여 쇼핑몰에 활용

쇼핑몰을 제작하기 위해 필요한 다양한 프로그램을 말씀 드렸습니다. 이 중에 가장 우선순위로 생각해야 하는 것은 쇼핑몰 솔루션과 포토샵입니다. 그 외 프로그램은 급하게 생각하지 않아도 쇼핑몰을 문제없이 오픈할 수 있습니다.

 ## 3. 창업 목표 세우기

간절한 꿈이 있는 사람이라면 같은 시간을 더 효과적으로 쓰려고 하고 체계적으로 문제를 풀어가려 하기 때문에 절박함이 떨어지는 사람과는 다른 결과를 얻게 되는 것 같습니다. 일반 창업보다 투잡의 창업이 조금 더 어렵게 느껴지는 것은 틈틈이 알아본다는 것, 그 과정에서 열정이 금방 식을 수 있고 기존 직장의 자리로 다시 돌아가 안주할 수 있는 확률이 높아서 이것 아니면 안 된다고 하는 생계형에 비해서 빨리 포기되기 쉽습니다. 따라서 자신의 창업 목표를 명확히 세우고 추진력있게 진행해 나가야 할 것입니다. 목표를 세울 때는 다음 질문들에 대해 명료하게 답할 수 있어야 합니다.

첫 번째, 내가 지금 있는 자리는 어디인가?

과연 나는 나의 현재 위치를 정확하게 인지하고 있는지에 대해 답해 보아야 합니다. 투잡 또는 전업으로 쇼핑몰을 운영하려고 할 때 현재의 나는 그것을 끌고 갈 수 있는 상황에 있는지를 솔직하게 따져보아야 합니다.

이정표 앞에서 망설여 보신 경험 있으세요? 여행을 가거나 등산을 갈 때 선택한 방향에 따라 만나게 되는 풍경도 다르고 경험도 다를 것입니다. 어쩌면 지금 삶의 중요한 이정표 앞에 있을지도 모릅니다.

두 번째, 내가 지금 새로운 도전을 하기 위해 버려야 하는 것은 무엇인가?

지금 하고 있는 모든 것을 하면서 새로운 직업, 1인 CEO에 도전하겠다는 것은 욕심일 것입니다. 시간을 확보하기 위해서는 현재 쓰고 있는 어떤 시간을 줄일 것인가를 고민해 보아야 합니다.

한정된 시간에서 어떤 것을 선택하고 집중하느냐에 따라 많은 것이 달라집니다. 가지고 있는 것을 모두 그대로 취하면서 새로운 것을 얻을 수 있다면 좋겠지만, 그건 욕심에 불과한 경우가 많습니다. 한정된 시간 속에서 버려야 할 것은 무엇인지 고민해 보아야합니다.

세 번째, 왜? 창업을 생각하게 되었는가?

정말 뜻하지 않게 생각난 것을 상품화했더니 성공했다고 하는 인터뷰를 접해본 적이 있으실 것입니다. 이처럼 남들과 다른 아이디어가 있어서 창업을 생각하게 되었다면 구체적으로 그것을 어떻게 상품화할 것인지까지 생각해야 합니다. 그리고 시작 전에 창업의 3요소인 창업자, 아이템, 자금에 대한 부분을 명확히 생각해야 합니다. 약간이라도 부족한 부분이 있다면 준비를 하고 시작해도 늦지 않습니다.

네 번째, 전업인가? 부업인가?

전업으로 하고자 한다면 기존 일은 어떻게 정리할 것인가? 혹시 '기존 일이 힘들어서 너무 섣불리 새로운 분야에 도전하는 것은 아닌가?'하는 질문을 스스로에게 던져 보아야 합니다. 부업이라면 기존에 하고 있는 일은 어떻게 하면서 사업을 준비할 것인지를 생각해야 합니다. 무조건 시간만 낸다고 해서 되는 것도 아니고 잘못하면 두 가지 모두 잘 안될 수 있기 때문에 시간 분배를 확실히 해야 합니다. (최소한 하루 4시간 이상은 투자를 해야 성과를 얻을 수 있습니다. 당장 4시간 이상 내지 못할 것 같으면 본격적으로 하는 시기를 투자 가능한 시간이 4시간 이상이 되는 시기로 보면 좋을 것 같습니다.)

전업의 경우가 유리할 것 같지만 꼭 그렇지는 않습니다. '어떤 아이템을 누구에게 어떻게 판매할 것인가?'하는 고민은 어차피 같기 때문입니다. 같은 아이템에서 부업 창업자가 전업 창업자보다 더 잘 되는 사례도 많이 봅니다. 결과적으로 보면 효과적인 시간 관리가 좋은 결과로 이어지는 것 같습니다.

다섯 번째, 대상은 누구인가?

'누구'에게 나의 상품을 판매하려고 하는가를 생각해야 합니다. 내가 이 아이템을 잘 할 수 있으니까 일단 해봐야겠다고 생각하면 물건을 구매할 대상이 애매해질 수 있습니다. 내가 잘 알고 있는 전문 분야를 해야 성공하는 것은 맞지만 내 입장에서가 아니라 고객 입장에서 필요한 물건인지, 상품의 판매 가능성을 시장성 조사를 통해 충분히 인정받았는지를 먼저 생각해야 합니다. 판매 대상을 생각하는 과정에서 주관이 많이 들어가면 위험하므로 신중히 검토해야 합니다.

쇼핑몰 창업에서 성공하려면 대상을 세분화해야 합니다. 창업의 첫 단계에서도 필요한 부분이지만 마지막 고객을 만나기 위해 마케팅을 할 때도 세분화되지 못하면 구매 전환률은 높이지 못하고 광고비만 많이 지불하게 될 것입니다.

Chapter 02

아이템 선정하기

어떤 아이템으로 할지 결정하지 못했다면 많은 부분에 관심을 가져야 합니다. 오픈 마켓, 포털 사이트를 통한 검색, 가격 비교 사이트, 카페, 블로그 등 온라인을 통해 많은 부분을 알아봅니다. 무엇보다 자신이 잘 할 수 있는 것은 무엇인가를 생각하며 검색을 진행합니다.

 1. 오픈마켓 살펴보기

필자의 경우 매일 실천하는 항목 중 하나가 오픈 마켓의 베스트 상품을 살펴보며 모니터링하는 것입니다. 모니터링을 하다 보면 베스트 상품에는 어울리지 않는 상품이 상위권에 있는 경우를 종종 발견합니다. 그러면 왜 그 상품이 베스트 상품이 되었을까를 파 보게 되고, 그러는 과정에 새로운 아이디어도 얻게 되며, 베스트에 올라온 여러 이유를 발견하게 됩니다. 마켓을 꾸준히 모니터해야 하는 이유가 바로 여기에 있습니다.

먼저 옥션에 들어가서 베스트 메뉴를 살펴보겠습니다.

옥션(http://auction.co.kr)에 접속하여 옥션 베스트 메뉴를 클릭합니다.

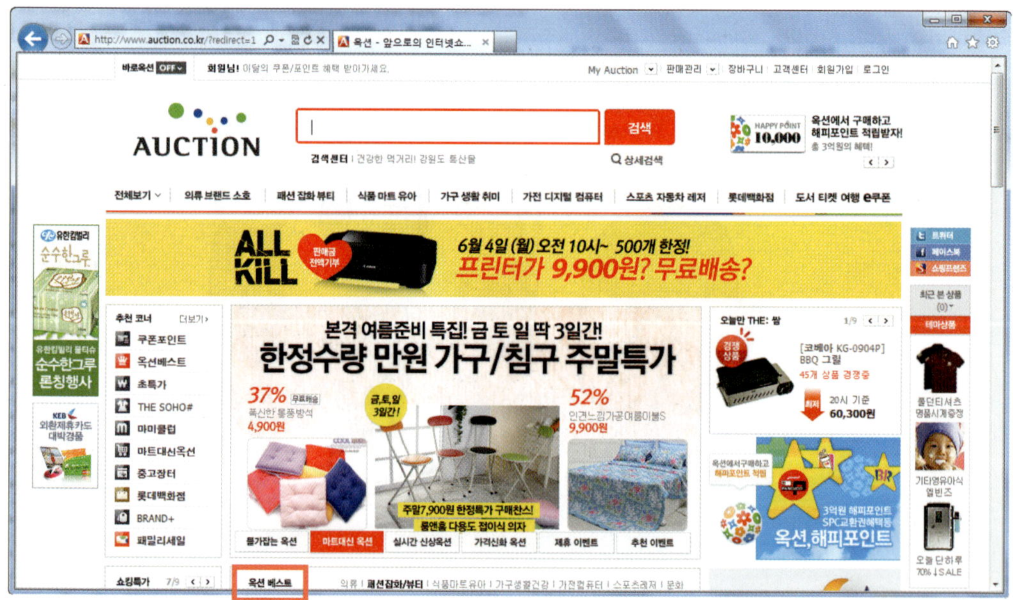

1위부터 100위까지의 상품을 볼 수 있습니다. 대개의 사람들은 이미 마음속으로 잘 팔릴 것이라고 생각하는 상품과 안 될 것이라고 생각하는 품목을 정하고 있습니다. 하지만 이렇게 베스트 상품을 모니터하다 보면 그 선입견이 깨지게 됩니다. 거의 모든 상품이 판매가 가능하다는 열린 마음을 가져야 합니다.

베스트 상품을 모니터할 때는 아이템을 확인하는 것은 물론 하나하나 클릭하여 상품 상세 페이지도 꼼꼼히 살펴봅니다. 관심 분야의 상품만 보는 것이 아니라 1위부터 전체 상품을 클릭하며 대부분의 정보를 읽어 봅니다.

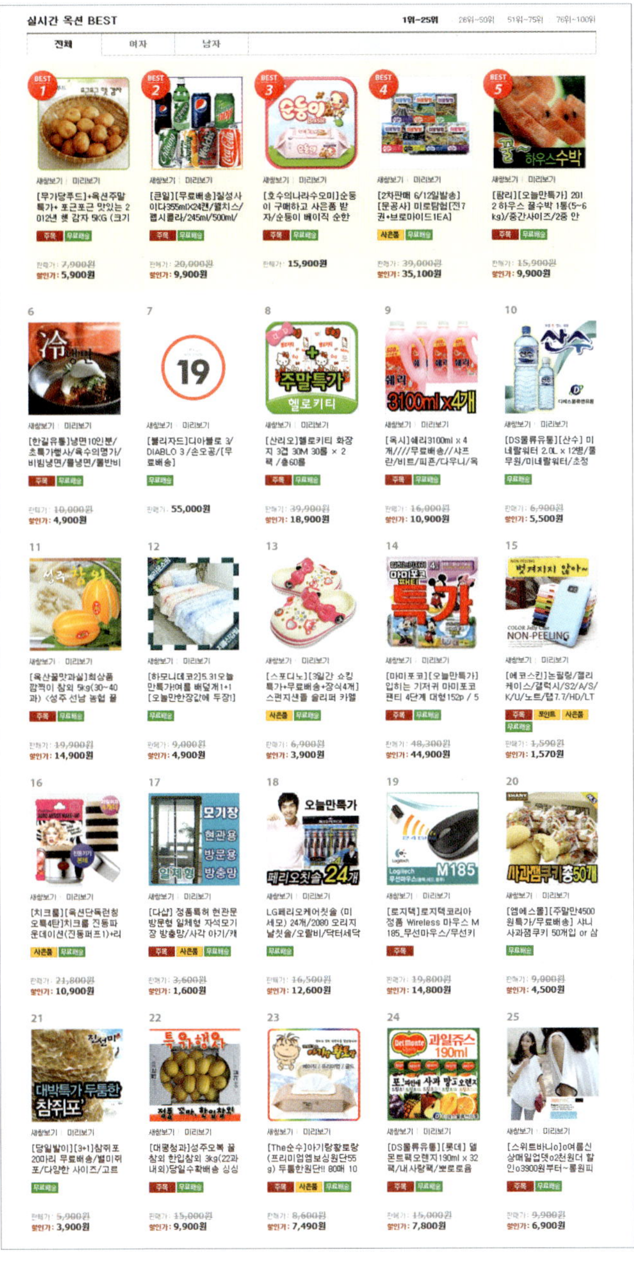

G마켓(http://gmarket.co.kr) 베스트도 같은 방법으로 매일 모니터합니다.

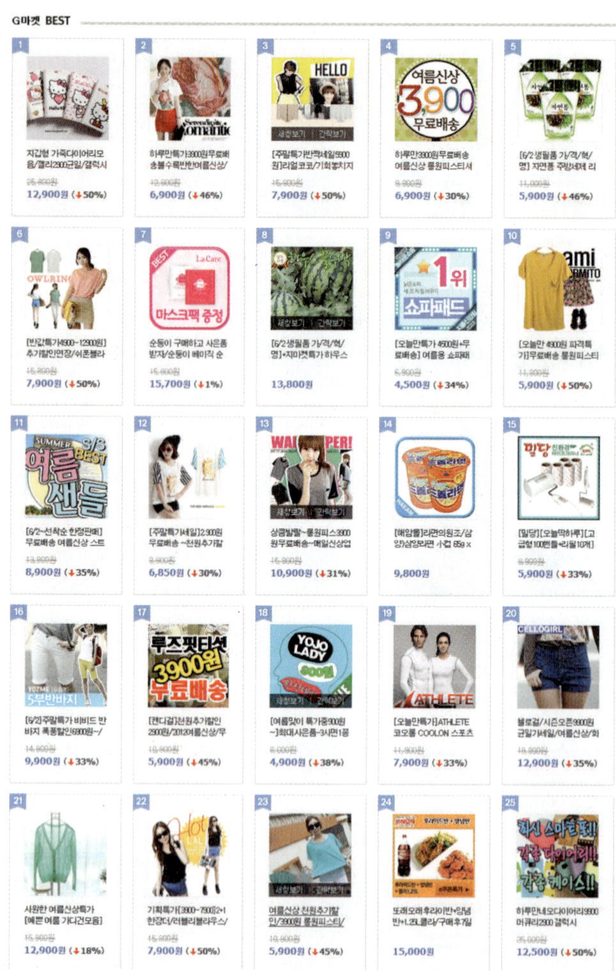

2. 검색 사이트에서 관심 분야 검색하기

검색 사이트를 통해 관심 분야를 검색하면 많은 정보를 얻을 수 있습니다. 검색 사이트의 키워드 검색과 관련하여 중요한 항목은 자동 완성 검색어와 추천 검색어입니다.

1) 자동 완성 키워드

예를 들어 '텐트'를 검색해본다고 할 때, 검색 창에 '텐트'를 입력하면 자동으로 완성되어 제시되는 키워드가 있을 것입니다. 이것이 자동 완성 키워드인데 그 속에서 생각하지 못했던 아이디어를 얻을 수가 있습니다.

네이버 자동 완성 기능

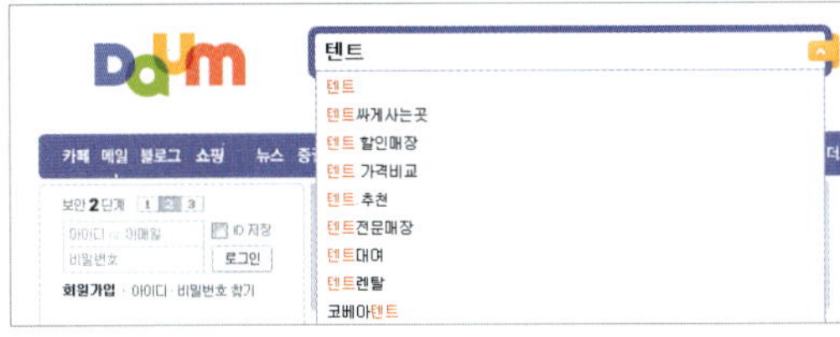

다음 자동 완성 기능

자동 완성 키워드를 확인하였으면 그것들을 메모합니다.

대형텐트, 텐트대여, 텐트싸게파는 곳, 원터치 텐트, 자동텐트, 텐트추천, 텐트렌탈 ....

2) 추천 키워드

이제 [검색] 버튼을 클릭합니다. 그러면 검색 결과 상단에 추천 키워드가 나타납니다. 추천 검색어에 나오는 단어는 해당 분야에서 많이 검색되는 검색어 중에 추천해주는 검색어입니다.

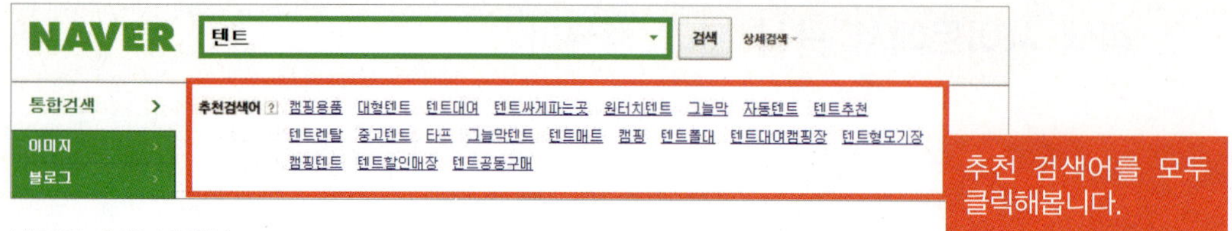

네이버 추천 검색어

추천 검색어 : 캠핑용품, 대형텐트, 텐트대여, 텐트싸게파는곳, 원터치텐트, 그늘막, 자동텐트, 텐트추천,
　　　　　　텐트렌탈, 중고텐트, 타프, 그늘막텐트, 텐트매트, 캠핑, 텐트폴대, 텐트대여, 캠핑장, 텐트형모기장,
　　　　　　캠핑텐트, 텐트할인매장, 텐트공동

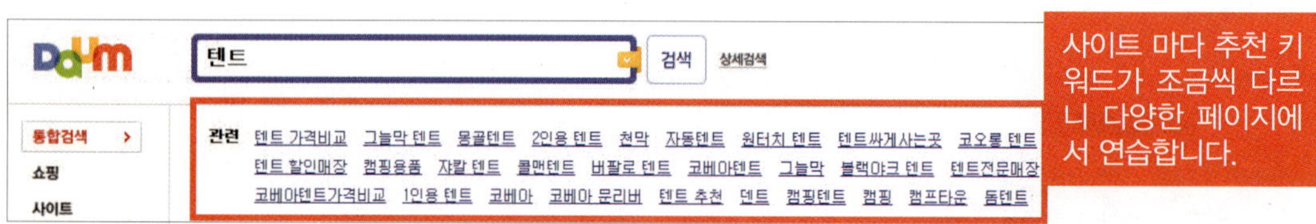

다음 관련 검색어

관련 검색어 : 텐트 가격비교, 그늘막 텐트, 몽골텐트, 2인용 텐트, 천막, 자동텐트, 원터치 텐트, 텐트싸게사는곳,
　　　　　　코오롱 텐트, 텐트 할인매장, 캠핑용품, 쟈칼 텐트, 콜맨텐트, 버팔로 텐트, 코베아텐트, 그늘막,
　　　　　　블랙야크 텐트, 텐트전문매장, 코베아텐트가격비교, 1인용 텐트, 코베아, 코베아 문리버, 텐트 추천,
　　　　　　덴트, 캠핑텐트, 캠핑, 캠프타운, 돔텐트

3) 파워링크(스폰서링크)

이번에는 네이버의 파워링크, 다음의 스폰서링크처럼 검색 결과 상단에 나타나는 광고에 있는 쇼핑몰을 하나씩 클릭하며 분석해 봅니다.

이처럼 상위에 검색되는 사이트는 포털 사이트에서 제공하는 키워드 광고를 사용하고 있는 사이트들입니다. 키워드 광고의 경우는 사용자가 검색 결과에서 클릭당 광고비가 지불되는 CPC 방식입니다. 키워드에 따라 비용이 달라지며, 입찰을 통해 키워드를 구매할 수 있습니다. CPC 방식에 대해서는 PART 6에서 자세히 설명합니다.

BC TOP 텐트 top,bccard,com
생활용품부터 명품까지 TOP실속쇼핑, 인기상품기획, 포인트결제, **텐트**.

인기 텐트 가격비교 다나와 www.danawa.com
인기브랜드별텐트, 다양한 캠핑용품추천 2~10%추가할인, 국민가격비교사이트 다나와

에누리닷컴 텐트 가격비교 www.enuri.com
텐트가격비교사이트, 추천상품 **텐트**, 2차공정위선정 신뢰도1위 가격비교 에누리닷컴

옥션 텐트 www.auction.co.kr
원터치 자동텐트, 그늘막, 그라운드시트, 오토캠핑용품, 첫구매 10% 추가할인!

캠프타운 텐트 www.camptown.co.kr
30년 **텐트** 전문업체, 1~30인용, 자동텐트, 낚시, 그늘막, 오토캠핑

텐트 스포탑 www.spotop.com
등산화, 등산복, 조끼, 배낭, 버너, 코펠, 스틱, **텐트**, 침낭, 등산용품.

텐트 마무트양주 mammutyj.co.kr
정품브랜드 등산캠핑용품 다 모인곳, 상시할인, A/S철저, 친절한전화상담

G마켓 텐트 www.gmarket.co.kr
텐트, 침낭, 매트리스, 코펠, 후레쉬, 할인특가, 놀라움을 쇼핑하다, G마켓,

쟈칼텐트 전문점 스포츠천사 www.sports1004.com/
쟈칼텐트, 코베아, 캐빈자동텐트, 그늘막, 타프, 캠핑용품 할인판매 대박사은품

비비 텐트 가격비교 www.bb.co.kr
텐트, 그늘막, 오토캠핑, 야영용품, 더 싸게 300여개 쇼핑몰별 가격비교.

파워링크에 있는 페이지 분석

네이버 검색 결과

캠핑용품 대박할인 티몬 www.TICKETmonster.co.kr
후기가 짱, 만족하는 소셜커머스, 한번 가입하면 후회없는 혜택이 매일 콸콸.

CJ홈쇼핑 CJ오쇼핑 www.CJmall.com
CJ홈쇼핑, 슈퍼위크 TV쇼핑상품 특가, 6/2일까지 삼성카드 15%할인혜택.

텐트 옥션 www.auction.co.kr
텐트, 첫 구매고객 누구나 10%쿠폰, 전 회원 안심무료반품.

텐트초특가 오케이아웃도어 www.okoutdoor.com
랭키1위, 최저가130%보상, 위조품300%보상, 무료교환환불, A/S 3년보장.

비비 텐트 가격비교 www.bb.co.kr
텐트, 그늘막, 오토캠핑, 야영용품, 더 싸게 300여개 쇼핑몰별 가격비교.

스폰서링크에 있는 페이지 분석

더 렌탈 행사용품 민속놀이용품 전문렌탈 www.therental.or.kr
체육대회, 민속놀이용품, 몽골텐트, 케노피텐트, 음향기기 전문렌탈.

텐트 11번가 www.11st.co.kr
텐트, 매일할인쿠폰증정, 110%포인트적립, 배송지연 보상제.

충청지역 추카추카이벤트 eventcc.co.kr
기공식, 준공식 전문업체, 체육행사 물품 천막 의자 음향 싼곳, 도우미, 홍보차.

옥션 텐트 www.auction.co.kr
오늘만 한정특가SALE, 쿠폰지급, 전 제품 가격종결, 옥션! **텐트**.

G마켓 텐트 www.gmarket.co.kr
텐트, 오늘만특가, 마이너스옵션할인, 추가할인쿠폰, 사은품, 무료배송.

다음 검색 결과

 ## 3. 순위 사이트 분석하기

순위 사이트 랭키닷컴(http://www.rankey.com)에서 관심 분야에 해당하는 쇼핑몰의 개수도 알아볼 수 있고 순위도 분석해볼 수 있습니다. 관심 분야의 5위 안에 드는 쇼핑몰을 방문하여 분석합니다. 사이트를 분석할 때는 전체적인 레이아웃(화면 구성)과 사용자가 구매 단계까지 갈 때의 편리성 그리고 찾으려고 하는 상품을 얼마나 빨리 찾을 수 있는지를 보는 직관성, 주력 아이템군 외에 어떤 아이템을 함께 판매하고 있는지 등을 살펴보며 자신의 콘셉트를 조금 더 구체화합니다.

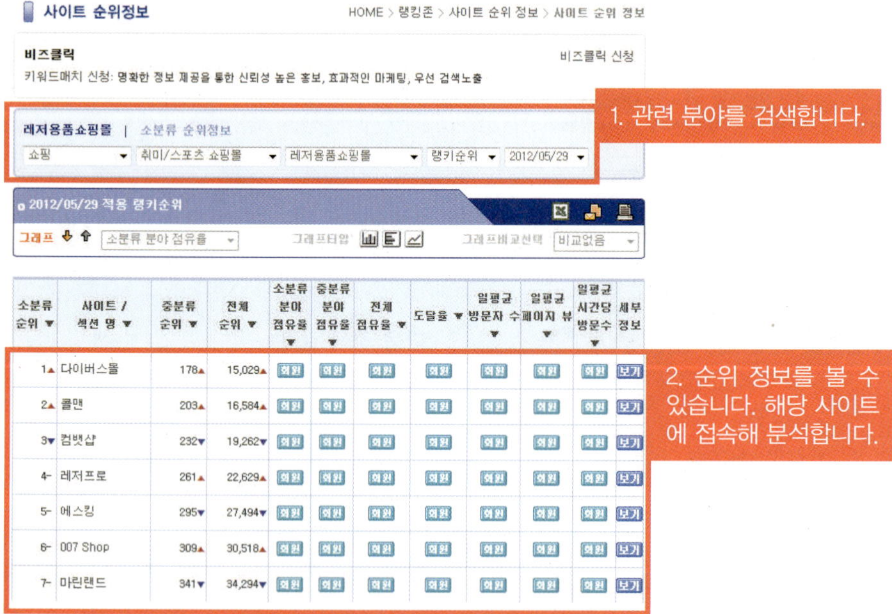

4. 키워드 스테이션과 오버추어

1) 키워드 스테이션

키워드 스테이션은 네이버에 키워드 광고를 등록하는 통합 서비스를 말합니다. 통합 서비스를 통해 키워드를 구매하고 네이버 화면 곳곳에 동시 노출을 시켜서 광고 효과를 보는 서비스입니다. 네이버의 키워드 스테이션을 통해 연령, 성별에 따라 검색어가 어떻게 다른지 분석해볼 수 있습니다.

같은 분야라도 검색하는 사용자의 연령에 따라 많이 다르다는 것을 알 수 있습니다. 이처럼 아이템을 선정할 때는 연령, 성별 등 세부적인 부분까지 생각해서 계획을 해야 오차를 줄일 수 있습니다.

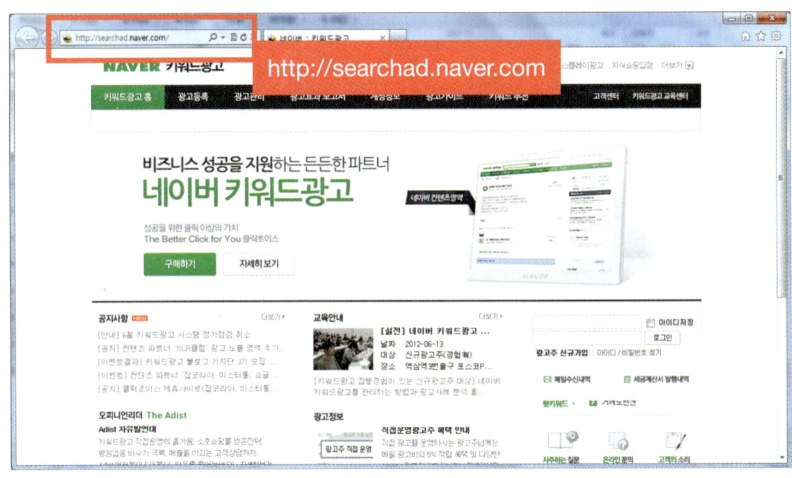

네이버 키워드 스테이션
http://searchad.naver.com

연령별 점유 키워드

	10대	20대 초반	20대 후반	30대	40대	50대 이상
1	독도	해돋이명소	부산레일텔	도고파라다이스	국내골프투어	홍도흑산도
2	벚꽃축제	부산여행지	레일텔	태교여행	국내골프여행	홍도배시간
3	진해벚꽃축제	정동진여행	토요코인부산	오토캠핑장추천	오토캠핑장추천	홍도관광
4	놀러갈만한곳	당일치기여행	태교여행	오토캠핑장	울릉도여행사	울릉도관광
5		당일치기기차여행	대구출발여행	덕산스파캐슬패키지	울릉도관광	국내골프투어
6		대구여행	부산테마여행	자라섬오토캠핑장예약	가볼만한곳	홍도여행
7		서울여행	부산출발여행	라궁	물때표	
8		정동진기차	부산비행기	주말여행		
9		보성녹차밭	부산토요코인	물때표		
10		부산모텔	국내테마여행	체험여행		
11		정동진	대구출발국내여행	국내선항공권예약		
12		부산여행코스	국내여행패키지	캐라반		
13		놀러갈만한곳	부산해운대모텔	수안보온천		
14		부산해운대모텔	1박2일여행	캠핑카대여		
15		부산토요코인	부산출발국내여행	인천크루즈		
16		동해바다	부산항공권	서울근교나들이		
17		1박2일여행	부산하나투어	온천스파		
18		월미도	동해여행	서해안가볼만한곳		
19		기차여행추천	남해여행	캠핑카		

여행에 관련된 연령대별 검색어

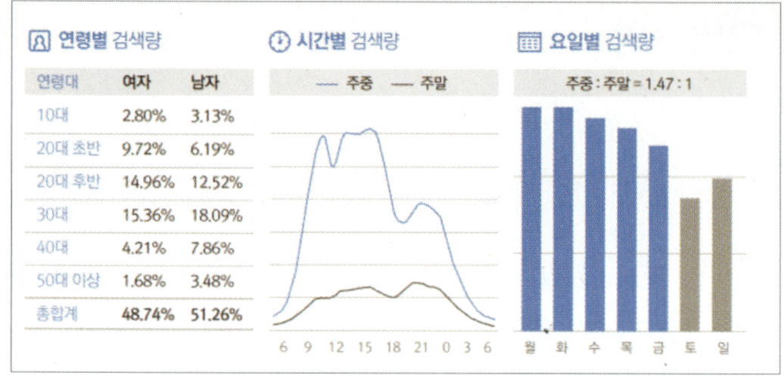

연령별, 시간별, 요일별 검색량

네이버 클릭초이스

클릭초이스는 노출에 대한 광고비는 지불하지 않고, 클릭하여 고객이 방문한 경우에만 광고비를 지불하는 종량제 방식의 키워드 광고입니다.

＋ 노출 위치
- 검색 네트워크 : 네이버 통합검색(naver.com), SE검색(se.naver.com), 모바일검색(m.naver.com), 네이버 통합검색 외(검색탭/광고더보기/지식쇼핑), 검색 파트너의 검색 결과 페이지
- 컨텐츠 네트워크 : 네이버 컨텐츠, 네이버 지식iN, 네이버 블로그, 컨텐츠 파트너 페이지
- 모바일 컨텐츠 네트워크 : 네이버 모바일, 모바일 파트너 페이지

＋ 노출방식 : 키워드별로 최대 클릭 비용과 품질지수를 고려하여 산출된 광고 순위에 따라 각 영역별 광고 개수에 맞춰 광고. 단, 그룹 전략 설정에서 '노출'을 선택한 영역에만 광고 노출되고, 광고영역에 따라 광고 문안이 말줄임 처리될 수 있음

＋ 광고비 : 광고 노출 기간 동안 클릭이 일어난 횟수에 따라 비용을 지불하는 CPC(Cost Per Click) 과금 방식. 모바일 검색의 경우, 전화 번호 클릭 시 CPC 방식으로 광고비 과금

2) 오버추어

오버추어는 다음, 야후, 네이트, 엠파스 등과 같은 포털 사이트와 서비스 협력을 체결, 스폰서 검색과 콘텐츠 매치 등에 검색되는 광고를 제공하는 서비스 이름이며 회사 이름이기도 합니다.

오버추어에서는 오늘의 기회 키워드, 업종별 키워드, 월별 화제 키워드, 관련 키워드 조회 등 키워드에 관련된 많은 정보를 제공해주고 있습니다. 월별 예측을 하여 키워드를 분석하고 정리하는 용도로 많이 활용되고 있으며 여러분도 하려고 하는 분야에 맞는 키워드를 계절별로 정리하는 연습을 해보면 도움이 많이 될 것입니다.

오버추어 홈페이지 http://overture.co.kr에 접속합니다.

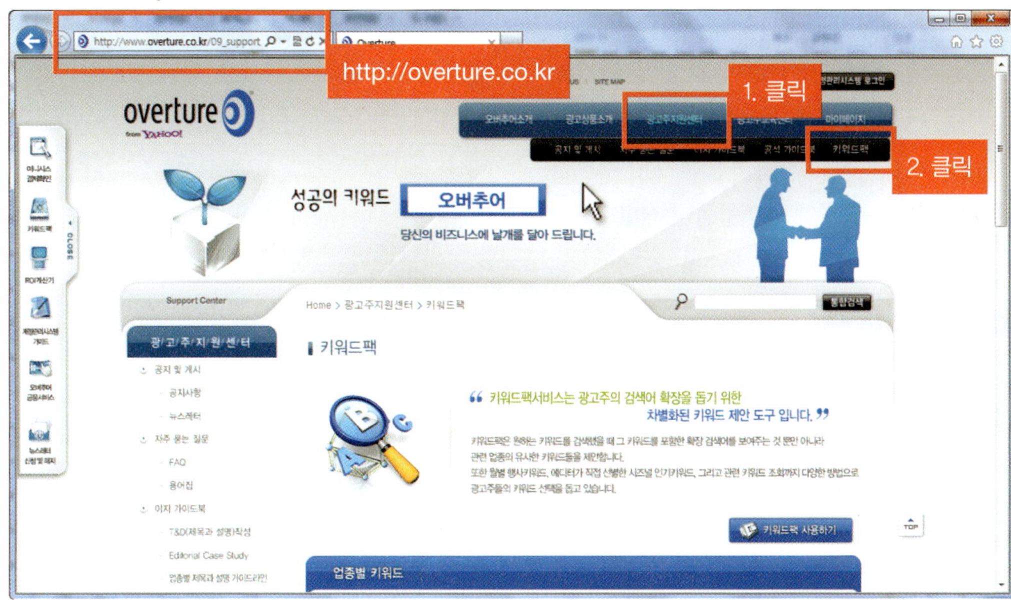

키워드팩 페이지에 접속되는 것을 볼 수 있습니다. 예를 들어 월별 화제 키워드를 클릭한 후에 확인해 보면 해당 월의 주별, 인기별로 정리된 키워드를 볼 수 있습니다.

 # 5. 온라인 도매 상가 살펴보기

요즘은 온라인 도매상가가 많이 활성화되어 있습니다. 초창기에는 온라인 도매는 비싸다는 인식이 있었지만 지금은 많은 소매 업체가 합리적인 가격으로 거래를 하고 있습니다.

먼저 포털 사이트를 통해 도매몰을 검색합니다.

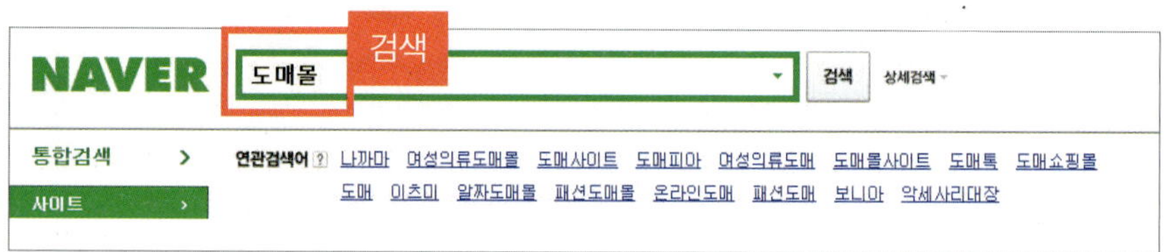

연관검색어 : 나까마, 여성의류도매몰, 도매사이트, 도매피아, 여성의류도매, 도매몰사이트, 도매톡, 도매쇼핑몰, 도매, 이츠미, 알짜도매몰, 패션도매몰, 온라인도매, 패션도매, 보니아, 악세사리대장

검색 결과 중에 나까마의 새 이름 도매꾹(http://domeggook.com)에 방문해 보겠습니다. 도매꾹을 통해 도매몰의 아이템에서 마진률을 알아보는 방법을 살펴보겠습니다.

도매꾹에서 알아보고 싶은 상품을 검색합니다.

상품의 판매 단가와 샘플 가격을 볼 수 있습니다.

상품의 판매 단가는 도매꾹에 방문하는 모든 사용자에게 노출되는 기본 가격입니다. 도매꾹과 정식으로 거래를 하려면 가입을 한 후에 사업자등록증을 보내면 도매 가격으로 상품을 구입할 수 있습니다. 구매하는 수량이 많을수록 가격을 더 낮아집니다. 샘플 가격은 상품을 하나 주문할 때의 가격입니다. 도매꾹에서는 도매로 구입하다 보니 기본적인 구매 수량이 10개, 50개, 100개 형태로 하나의 상품을 여러 개 사야 합니다.

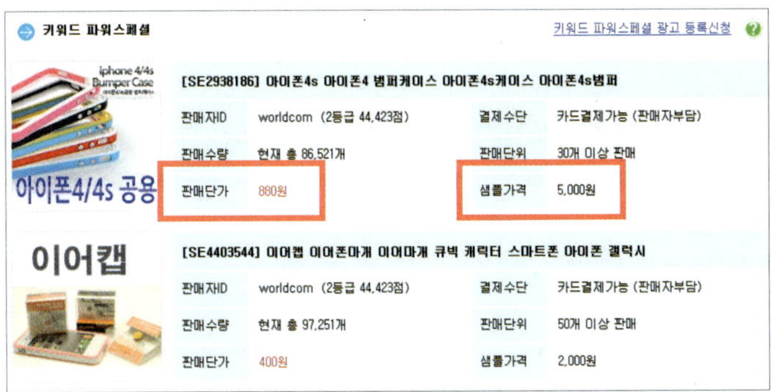

도매몰에서 검색해 본 상품을 오픈 마켓에서 검색하여 마진률 및 판매 정도를 분석합니다.

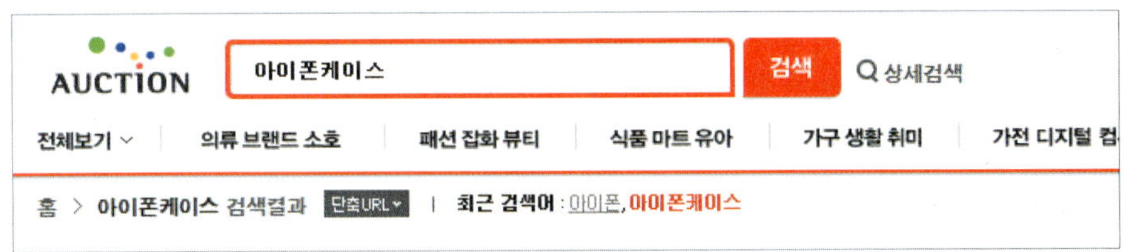

도매상에서 알아본 상품과 최대한 같은 상품을 검색하여 정보를 분석합니다. 특히 가격 정보 등을 꼼꼼히 알아봐야 합니다.

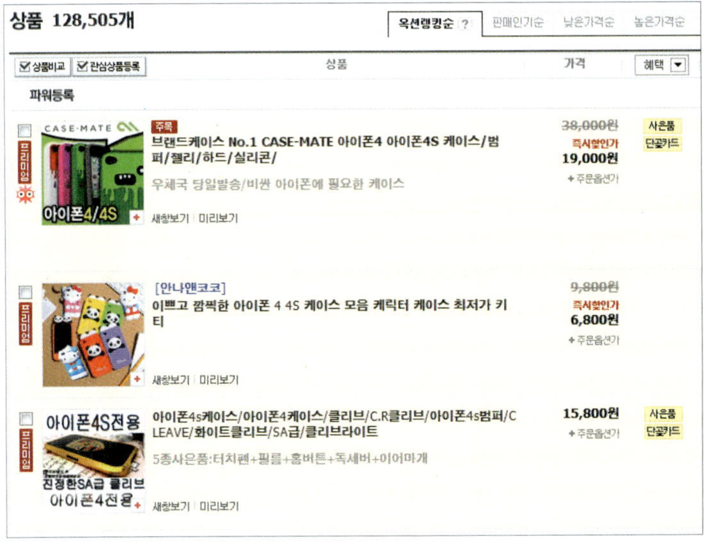

아이템을 결정하기 전에 아래 질문에 답해보세요.

첫 번째
가장 자신 있는 아이템인가?

자신의 성격과 경력을 고려하여 전문성을 살릴 수 있는 아이템을 선정합니다.

자신이 잘 아는 일이나 좋아하는 일을 아이템으로 선정하면 고객에게 다양하고 구체적인 정보를 제공할 수 있습니다. 오프라인 상점이나 유통망을 확보하고 있다면 시장 동향과 유행 소식을 파악하는 데 훨씬 유리하며, 고객에게 신속하고 정확한 소식을 알릴 수 있어 쇼핑몰의 신뢰를 높일 수 있습니다.

두 번째
차별화, 전문화된 아이템인가?

독특함을 내세워 다른 쇼핑몰과는 차별화할 수 있는 아이템을 선정합니다.

온라인 상에는 이미 모든 업종이 진출해 있어서 새로운 아이템을 찾기가 어렵습니다. 때문에 기존 제품이라고 해도, 고급스러움을 강조하거나, 마니아층이 선호하는 독특함을 내세워 다른 쇼핑몰과는 차별화할 수 있는 아이템을 선정해야 합니다. 흔히 볼 수 없는 개성 있는 제품을 발굴하거나 하나뿐인 제품을 선정하는 것도 좋은 방법입니다.

세 번째
마진이 커서 수익성이 높은 아이템인가?

구매력 있는 아이템에 가격 경쟁력까지 갖추었다면 금상첨화!

오프라인과 마찬가지로 온라인 판매를 할 때에도 마케팅 비용, 재고 비용, 배송 비용 등 고정 비용이 발생합니다. 특히 쇼핑몰은 배송 업무를 기본으로 하므로, 배송 비용이 크다면 이익은 작아지게 됩니다. 이러한 비용 부담을 고려하여 박리다매 형태의 판매량보다는 수익을 충분히 갖출 수 있도록 마진폭이 큰 아이템을 선정하는 것이 좋습니다.

네 번째
온라인 판매에 적합한 아이템인가?

온라인 상으로 고객의 욕구를 충족시켜줄 수 있는 아이템을 선정합니다.

온라인은 실물을 보거나 직접 만져보고 살 수 없기 때문에 물건을 받고 난 후 반품을 하는 경우가 종종 있습니다. 온라인 상으로 고객의 욕구를 잘 충족시켜줄 수 있는 아이템 선정이 중요하며 이러한 아이템을 지속적으로 제공받을 수 있는 공급사 확보도 아이템 선정의 필수 요소임을 잊지 말아야 합니다.

Chapter 03

사업계획서 만들기

창업을 하려고 할 때 급한 마음에 쇼핑몰부터 만들어 놓고 시작하려고 하는 경우가 있습니다. 그렇지만 쇼핑몰을 갖고 있다고 해서 달라지는 것은 없습니다. 얼마나 준비되었는지와 무엇을 향해 가고 있는지가 중요한 성공 요인이 될 것입니다. 사업계획서를 작성하며 급한 마음은 버리고 할 수 있다는 신념을 강화했으면 좋겠습니다.

리스크를 줄이고 가장 안정적으로 사업을 시작할 수 있는 방법은 사업계획서를 작성하는 것입니다. 사업계획서를 작성하는 과정에서 아이템은 물론 물리적인 사업장 공간과 여러 가지 제도적/재정적인 부분까지 디테일하고 체계적으로 다시 점검하게 되며, 사업을 하려는 목표를 확실히 하게 되기 때문입니다. 그리고 사업 자금 대출을 위해 또는 특정한 기관에 제출을 하기 위해 사업계획서가 필요하기도 합니다. 따라서 사업계획서는 사업 초기에 미리 작성하고 보완해가면 더욱 알차게 시작할 수 있습니다.

필자도 많이 방문하는 남성의류 쇼핑몰 1위 업체인 〈멋남〉 박준성 대표의 인터뷰 내용만 보더라도 성공 로드맵은 '꼼꼼한 사업계획서'에서 시작된다는 것을 알 수 있습니다. 인터뷰 내용 중 기억에 남는 부분이 있어서 소개해 보겠습니다.

"어떤 외부 요인이 생겨도 탄탄한 사업계획서만 있다면 흔들리지 않을 수 있다."

이제 막 사업을 시작하려는 사람들에게는 수많은 장애 요소에도 흔들리지 않고 중심을 유지할 수 있는 어떠한 장치가 필요한 것 같습니다. 결국 그 장치가 있는지 없는지에 따라 열정을 다해 창업에 몰입할 수 있을지 중간에 포기하게 될지가 결정될 것이며, 그러한 장치 중 하나가 사업계획서가 될 것입니다.

랭키닷컴 발표 1위 남성의류 쇼핑몰 멋남 : http://www.mutnam.com

일반적인 사업계획서의 기본 양식은 다음과 같습니다. 이제 이런 요소들을 채워나가기 위해 어떤 노력을 해야 하는지 살펴보겠습니다.

회사명	
대표	
사업장	
연락처	
쇼핑몰 url	
사업 개요	
목표 고객	
상품 공급	
자금 계획	
마케팅 계획	
일정	

1. 사업 개요 – 사업 요약하기

사업 개요의 항목에서는 어떤 쇼핑몰을 운영할 것인지를 결정하게 됩니다. 판매하려는 아이템을 선정하고 쇼핑몰의 전체적인 분위기와 구성을 그려보는 단계입니다.

✚ 무슨 쇼핑몰을 시작할 것인가?

㉾ 여성 의류판매 쇼핑몰, 남성 의류판매 쇼핑몰

스타일 난다–여성의류 쇼핑몰   멋남–남성의류 쇼핑몰

✚ 어떤 콘셉트로 할 것인가?

㉾ 귀여운 콘셉트, 섹시한 콘셉트, 헐리웃 스타일

고고싱–귀여운 콘셉트의 10대 쇼핑몰

레드호핀–헐리웃 스타일 쇼핑몰

✚ 상품 구성은 어떻게 할 것인가?

㈜ 의류만 전문적으로, 의류와 함께 신발, 액세서리 등도 함께 판매

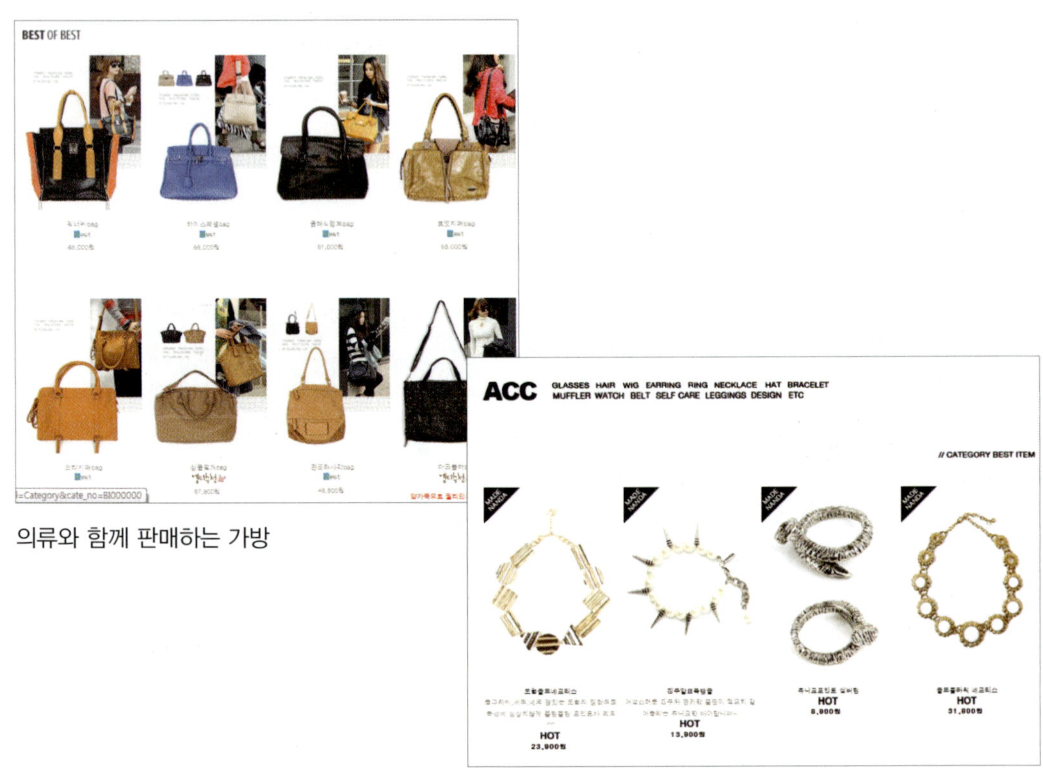

의류와 함께 판매하는 가방

의류와 함께 판매하는 액세서리

2. 목표 고객 – 시장 분석하기

개인이 시장을 분석하기는 쉬운 일이 아닙니다. 따라서 통계청 자료나 순위 분석 사이트 랭키닷컴 등 많은 사람들이 활용하는 자료를 통해 예측을 해야 합니다. 시장 분석을 통해 선정한 쇼핑몰 분야의 아이템이 시장에서 어떻게 성장을 하고 있는지를 알아보고 선정한 아이템이 온라인에서 잘 팔리는지 구매력을 확인하고 전반적인 트렌드를 조사합니다.

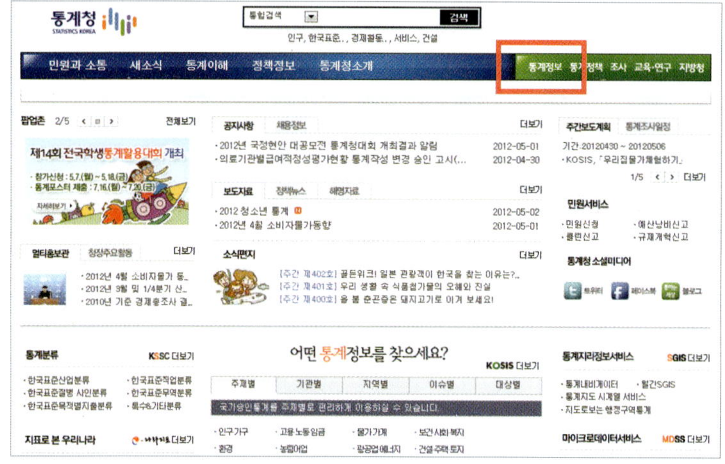

통계청
http://kostat.go.kr

랭키닷컴
http://www.rankey.com

2011년도 연간 전자상거래 총 거래액은 약 999조 원으로 전년(약 824조 원)에 비해 21.2% 증가하여 지속적인 상승세를 유지하고 있습니다. 통계청 자료의 '2011년 연간 및 4/4분기 전자상거래 및 사이버쇼핑 동향자료'의 내용을 확인해 보면 아래와 같이 연도별 전자상거래 규모와 상품군별 거래액 비중을 알아볼 수 있습니다. 하려고 하는 쇼핑몰 분야가 성장하고 있는지 확인해보시기 바랍니다.

〈통계청에서 관련 자료 찾는 방법〉
통계정보 〉 국내국제통계 〉 국내통계 〉 도소매·서비스 〉 전자상거래 동향 조사 및 연도별 전자상거래 규모

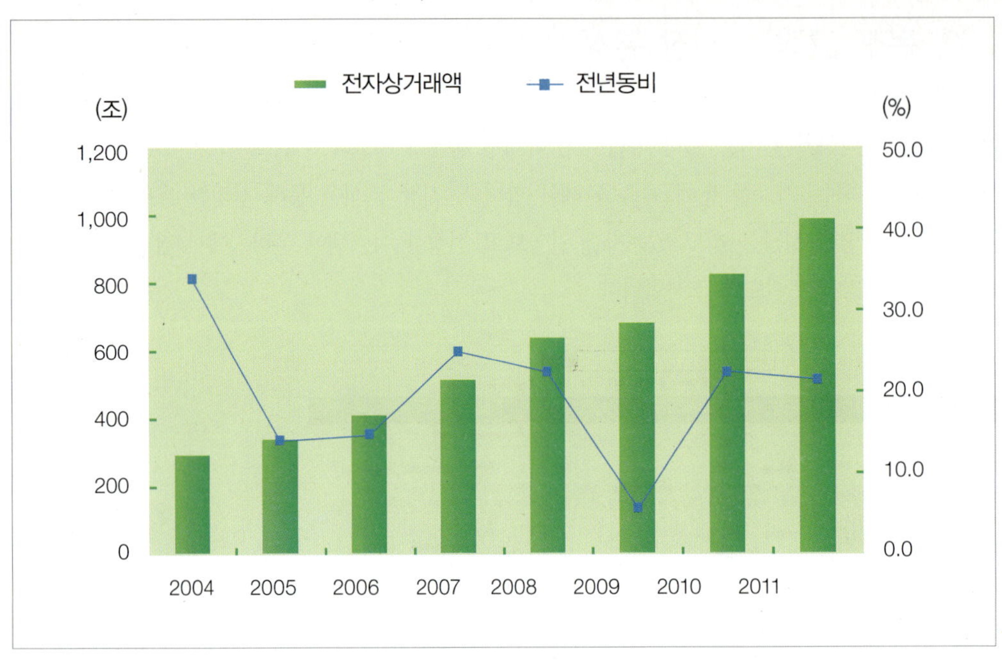

「연도별 전자상거래 규모」

	2001년		2005년		2011년	
1	컴퓨터 및 주변기기	(25.3)	가전 · 전자 · 통신기기	(16.7)	의류 · 패션 및 관련상품	(18.7)
2	가전 · 전자 · 통신기기	(21.0)	여행 및 예약 서비스	(15.0)	여행 및 예약 서비스	(13.2)
3	생활 · 자동차용품	(6.9)	의류 · 패션 및 관련상품	(14.8)	가전 · 전자 · 통신기기	(11.3)
4	여행 및 예약 서비스	(6.4)	생활 · 자동차용품	(9.9)	생활 · 자동차용품	(10.5)
5	서적	(5.5)	컴퓨터 및 주변기기	(9.6)	컴퓨터 및 주변기기	(9.3)
6	의류 · 패션 및 관련상품	(5.3)	화장품	(5.5)	음 · 식료품	(7.3)
7	농수산물	(3.0)	음 · 식료품	(5.0)	화장품	(5.3)
8	아동 · 유아용품	(2.6)	서적	(4.6)	아동 · 유아용품	(4.7)
9	스포츠 · 레저용품	(2.6)	아동 · 유아용품	(3.8)	스포츠 · 레저용품	(4.1)
10	화장품	(2.4)	스포츠 · 레저용품	(3.7)	서적	(4.0)

(단위 : %)

「연도별 주요 상품군별 거래액 비중 」

✚ 앞으로의 시장 전망이 좋은가?

㉠ 오프라인 의류 숍이 있으나, 시간적인 면을 고려해 편히 구매할 수 있는 인터넷 의류 쇼핑에 대한
선호도가 높아짐

오피스 정장을 찾는 사람들과 바쁜 직장인이 많이 찾는 미스지니

✚ 선정한 아이템을 판매할 목표 시장은 어디인가?

㉠ 인터넷을 사용하는 20~30대 직장인

20대를 위한 캐주얼 큐니걸스
http://www.qng.co.kr

20~30대를 위한 오피스 정장 미스지니
http://www.missjini.com

3. 상품 공급 - 상품 사입처 정하기

확정된 아이템을 어디에서, 얼마만큼 구매할 것인지를 계획합니다.

✚ 어디에서 사입할 것인가?

　◉ 동대문이나 남대문 시장에서, 인터넷 도매

✚ 아이템은 몇 개씩 구매할 것인가?

　◉ 대량으로 구매해 놓는다, 소량으로 구매 후 주문이 오면 추가로 구매한다

✚ 상품 촬영은 어떻게 할 것인가?

　◉ 스튜디오를 빌려 실내 촬영, 야외 촬영

✚ 상품 코디는 어떻게 할 것인가?

　◉ 코디 후 상품을 구매, 구매 후 상품을 코디

상품 사입의 경우는 도매 시장에 직접 나가기 전에 온라인 시장을 통해 사전 조사를 많이 하는 것이 좋습니다. 개인이 소량의 상품을 도매 시장에서 사입을 할 경우 온라인 도매 시장보다 비싸게 사오는 경우가 많이 있습니다. 온라인 도매 시장의 경우 대표적인 사이트 '도매꾹 http://domeggook.com'에서 가격을 미리 예측하고 비교해볼 수 있습니다.

도매꾹 http://domeggook.com

 **4. 자금 계획 – 예산 계획하기**

얼마의 비용을 투자할 것인가?
얼마의 투자로 얼마의 이익을 거둘 것인지 예산 계획서를 미리 세워 정확한 창업 목표를 수립합니다.

✚ 비용에는 어떠한 것들이 있는가?
  (예) 쇼핑몰 디자인, 각종 신고, PG사(인터넷 결제 시스템 서비스를 제공하는 회사), 택배비, 박스 구매 등

쇼핑몰 디자인의 경우는 개인이 직접 만들면 따로 비용이 들지 않지만 포토샵 등 솔루션에 대한 지식이 없을 경우 시간이 오래 걸릴 수도 있기 때문에, 디자인에 드는 비용을 고려하는 것이 좋습니다. '디자인센터 http://d.cafe24.com'를 살펴보면 가격별로 다양한 쇼핑몰이 있어서 사용자가 원하는 쇼핑몰을 선택하여 구입 운영할 수 있습니다.

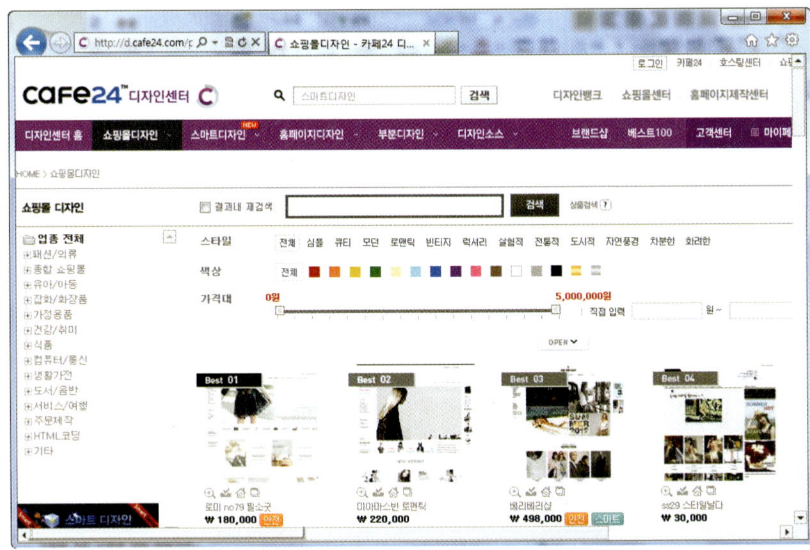

디자인센터 http://d.cafe24.com

✚ 운영에 필요한 서비스 계약에 따른 비용과 상품 사입, 재고 등 상품에 관한 비용과 광고 집행에 따른 비용은 얼마나 되는가?
  (예) 상품 사입, 재고 관리 비용, 온라인 등록, 키워드 등록 비용 등

✚ 월별 예상 매출은 얼마인가?
  (예) 월별 매출 규모를 예상하여, 손익이 얼마나 될 것인가?

5. 마케팅 계획 – 어떻게 알릴 것인지 계획하기

자신의 쇼핑몰에 적합하고 비용 대비 효율이 높은 광고를 선정하여 계획합니다.

✚ 쇼핑몰을 홍보하기 위해 무엇을 할 것인가?
　㉔ 키워드 광고, 홈페이지 등록, 마켓 입점, 지식인 등 쇼핑몰을 널리 알릴 수 있는 홍보 방법

✚ 매출을 올릴 수 있는 방법은 무엇일까?
　㉔ 다양한 이벤트, 고객 감동 기획전 등 고객의 관심을 이끌어낼 수 있는 마케팅 계획

쇼핑몰을 창업하는 사람들 대부분은 마케팅 계획에 대해서는 생각하지 않고 있다가 쇼핑몰에서 판매가 잘 이루어지지 않으면 그때서야 왜 그런가를 생각하며 관심을 갖게 되는 것이 홍보 분야입니다. 그것보다는 처음부터 마케팅을 어떻게 할 것인가를 생각하고 쇼핑몰을 만들기 시작하면 원하는 고객에게 딱 맞는 쇼핑몰을 제작할 수 있습니다. 만약 개인적으로 마케팅을 진행하기 어려운 경우는 '마케팅센터 http://marketing.cafe24.com'의 도움을 받아 진행해 보는 것도 좋은 방법입니다.

마케팅센터 http://marketing.cafe24.com/

회사명	스타일사랑
대표	홍길동
사업장	서울시 강남구 압구정동
연락처	02-000-0000
쇼핑몰 url	www.stylelove.co.kr
사업 개요	20대 초반의 트렌드를 중시하는 여성고객을 타깃으로 한다. 20대의 러블리 스타일로 저렴한 가격대와 시즌에 맞는 적절한 상품 구색으로 승부를 건다. 쇼핑몰 디자인은 핑크톤을 기조로 전체적으로 화사하게 꾸민다.
목표 고객	20대 초반의 여성 고객으로 저렴하고 트렌드한 상품을 선호한다.
상품 공급	동대문, 남대문에서 사입을 하고, 자체 제작 상품의 비율을 늘려갈 계획
자금 계획	초기 운영 자금 : 2,000만 원 쇼핑몰 디자인 비용 등: 100만 원 마케팅 비용은 3개월에 걸쳐 단계적 투자
마케팅 계획	네이버, Daum 검색엔진 등록 네이버 지식쇼핑을 활용해서 쇼핑몰 광고 시작 점차 오버추어, 구글애드워즈, 네이버 키워드 광고 진행 계획
일정	1개월 이내에 샘플상품 사입 2개월 이내에 상품촬영 및 상품등록 3개월 이내에 디자인 완료 후에 오픈 예정 3개월~6개월 창업 후 운영 공부

각종 신고하기

사업을 시작하려면 신고해야 할 각종 서류 등 절차가 많습니다. 구비서류 등을 빠짐없이 챙기도록 하고, 직접 기관을 찾아가지 않아도 인터넷을 이용해서 더욱 손쉽게 신고할 수 있으므로 꼼꼼하게 과정을 확인하여 편리하게 신고를 마치도록 합니다.

 ## 1. 사업자등록 신청하기

사업을 진행하기 위해서는 사업자등록 신청을 해야 합니다. 사업 시작일로부터 20일 이내에 관할 세무서에 방문하여 신고하거나 인터넷 전자 신고로 할 수 있습니다. 대리인이 신청할 경우 대리인과 위임자의 신분증을 지참하여 신청해야 합니다. 2인 이상의 사업자가 공동 사업을 하는 경우 사업자등록 신청은 공동사업자 중 1인을 대표로 하여 대표자 명의로 신청합니다.

개인사업자는 간이과세자와 일반과세자로 구분하여 신고를 하게 됩니다. 연간 매출 예상액이 4,800만 원 미만인 경우 간이과세자로 신고할 수 있습니다. 업종에 따라 예외 사항이 있으므로 등록 시 정확한 상담을 받기를 권장합니다.

사업자등록에 관하여는 다음과 같은 점에 유의합니다.

1. 사업자등록을 하지 않고 사업을 개시했을 경우 세금계산서의 교부가 불가능하며 관련 매입세액을 공제받을 수 없게 됩니다.

   ★ 개업 전에 비품 등을 구입할 때도 반드시 세금계산서를 받아야 합니다. 사업자등록을 하지 않아 사업자등록번호가 기재된 세금계산서를 받을 수 없을 경우에는 사업자등록번호 대신 사업자의 주민등록번호를 기재하여 세금 계산서를 받으면 매입세액을 공제받을 수 있습니다.

2. 사업자 등록 없이 거래한 내역에 대해서는 미등록으로 보아 미등록 가산세를 부담해야 하며, 부가가치세를 신고하지 않은 사업장은 신고불성실가산세, 납부불성실가산세를 추가로 부담해야 합니다.

3. 이외에도 사업자는 사업자로 등록 전에는 타 사업자에게 세금계산서를 발행할 수 없습니다.

4. 이로 인하여 사업자간 거래 시 거래증빙에 대한 세금계산서를 발행받을 수 없게 되어, 거래증빙 처리 문제 등이 발생하여 미등록 사업자와는 거래를 하지 않게 될 수 있습니다.

5. 사업자등록 또는 그 등록정정의 신청을 하지 않은 자는 질서범에 해당되어 벌금 또는 과료에 처해질 수 있으니 반드시 사업을 개시한 후 20일 이내에 사업자등록을 하시기 바랍니다.

1) 구비 서류

개인	1. 사업자등록신청서 1부
	2. 임대차계약서 사본 (사업장을 임차한 경우에 한합니다.)
	★ 단, 전대차계약인 경우는 "전대차계약서 사본" (계약서 사본에 건물주의 동의 또는 승낙 표시)
	3. 허가(등록, 신고)증 사본 (해당 사업자)
	• 허가(등록, 신고) 전에 등록하는 경우 허가(등록) 신청서 등 사본 또는 사업계획서
	4. 동업계약서 (공동사업자인 경우)
	5. 재외국민 · 외국인 입증서류
	• 여권 사본 또는 외국인등록증 사본
	• 국내에 통상적으로 주재하지 않는 경우: 납세관리인 설정 신고서
영리법인 (본점)	1. 법인설립신고 및 사업자등록신청서 1부
	2. 법인등기부 등본 1부
	★ 담당 공무원의 확인에 동의하지 아니하는 경우 신청인이 직접 제출하여야 하는 서류
	3. (법인명의)임대차계약서 사본(사업장을 임차한 경우에 한합니다) 1부
	4. 주주 또는 출자자명세서 1부
	5. 사업허가 · 등록 · 신고필증 사본(해당 법인에 한합니다) 1부
	• 허가(등록, 신고) 전에 등록하는 경우 : 허가(등록)신청서 등 사본 또는 사업계획서
	6. 현물출자명세서(현물출자법인의 경우에 한합니다) 1부
비영리 내국법인 (본점)	1. 법인설립신고 및 사업자등록신청서 1부
	2. 법인등기부 등본 1부
	★ 담당 공무원의 확인에 동의하지 아니하는 경우 신청인이 직접 제출하여야 하는 서류
	3. (법인명의)임대차계약서 사본(사업장을 임차한 경우에 한합니다) 1부
	4. 사업허가 · 등록 · 신고필증 사본(해당 법인에 한합니다)
	• 허가(등록, 신고) 전에 등록하는 경우 : 허가(등록)신청서 등 사본 또는 사업계획서
	5. 주무관청의 설립허가증사본 1부

내국법인 국내지점	1. 법인설립신고 및 사업자등록신청서 1부
	2. 법인등기부 등본 1부
	★ 담당 공무원의 확인에 동의하지 아니하는 경우 신청인이 직접 제출하여야 하는 서류
	★ 등기부에 등재 안 된 지점법인은 지점설치 사실을 확인할 수 있는 이사회의사록 사본
	(직매장 설치 등 경미한 사안으로 이사회 소집이 어려운 경우 대표이사 승인을 얻은 서류 사본)
	3. 임대차계약서 사본(사업장을 임차한 경우에 한합니다) 1부
	4. 사업허가 · 등록 · 신고필증 사본(해당 법인에 한합니다)
	• 허가(등록, 신고) 전에 등록하는 경우 : 허가(등록)신청서 등 사본 또는 사업계획서
외국법인 국내사업장	1. 법인설립신고 및 사업자등록신청서 1부
	2. 외국기업 국내지사 설치신고서 사본 1부
	3. 국내사업장을 가지게 된 날의 대차대조표 1부
	4. 본점 등기에 관한 서류
	5. 정관 사본 1부
	6. 허가(등록, 신고)증 사본
	• 허가(등록, 신고) 전에 등록하는 경우 : 허가(등록)신청서 등 사본 또는 사업계획서
교회, 사찰 등 고유번호신청	1. 법인이 아닌 단체의 고유번호 신청서
	2. 교단 등의 소속확인서
	3. 단체의 정관 또는 협약
	4. 임대차계약서 사본(사업장을 임차한 경우에 한합니다) 1부
	5. 교단 등의 법인등기부등본(세무서에서 확인이 가능한 경우는 제외)
동업기업 과세특례 신청	1. 동업기업 과세특례 적용 신청서
	2. 동업기업 과세특례 포기 신청서

2) 방문신청 시 사업자등록 신청서 양식(작성 예)

[별지 제3호서식] (앞 쪽)

접수번호	사업자등록신청서(개인사업자용) (법인이 아닌 단체의 고유번호 신청서)	처리기간
		3일(보정기간은불산입)

귀하의 사업자등록 신청내용은 영구히 관리되며 납세성실도를 검증하는 기초자료로 활용됩니다. 아래 해당 사항을 사실대로 작성하시기 바라며, 신청서에 본인이 자필로 서명하여 주시기 바랍니다.

1. 인적사항

상호(단체명)	스타일 사랑	전화번호	(사업장) 02-123-4567
성명(대표자)	홍길동		(자 택) 02-123-4567
			(휴대전화) 010-123-4567
주 민 등 록 번 호	750123-1456789	F A X 번 호	
사 업 장 (단 체) 소 재 지	서울특별시	전자우편주소	jinsim@tistory.com
		국세청이 제공하는 국세정보 수신 동의 여부	동의함 (√) 동의하지 않음 ( )

2. 사업장현황

업종	주업태	소매	주종목	인터넷쇼핑몰	주업종코드		개업일	종업원수
	부업태		부종목		부업종코드		2012.11	00

사이버몰 명칭	스타일 사랑	사이버몰 도메인	http://www.stylelove.co.kr

사업장구분	자가 면적	타가 면적	사업장을 빌려준 사람 (임 대 인)			임대차 명세		
			성명 (법인명)	사업자 등록번호	주민(법인) 등록번호	임대차 계약기간	(전세) 보증금	월세
	㎡	100 ㎡	홍길순	156-78 -12345	600911- 1234567	2012.1.1~ 2013.12.31	50,000,000 원	원

허가등 사업여부	신고( ) 등록( ) 허가( ) 해당없음( )		주류면허	면허번호	면허신청
					여( ) 부( )

개별소비세 해당여부	제조( ) 판매( ) 입장( ) 유흥( )

사업자금 명세 (전세보증금 포함)	자기자금	50,000,000 원	타인자금	50,000,000 원

사업자단위과세 적용 신고 여부	여( ) 부( )	간이과세 적용 신고 여부	여( ) 부( )

그 밖의 신청사항	확정일자 신청여부	공동사업자 신청여부	사업장소 외 송달장소 신청여부	양도자의 사업자등록번호 (사업양수의 경우에 한정함)
	여( ) 부( )	여( ) 부( )	여( ) 부( )	

210㎜×297㎜[일반용지 60g/㎡(재활용품)]

3. 사업자등록신청 및 사업 시 유의사항 (아래 사항을 반드시 읽고 확인하시기 바랍니다)

가. 귀하가 다른 사람에게 사업자명의를 빌려주는 경우 사업과 관련된 각종 세금이 명의를 빌려준 귀하에게 나오게 되어 다음과 같은 불이익이 있을 수 있습니다.
 (1) 소득이 늘어나 국민연금 및 건강보험료를 더 낼 수 있습니다.
 (2) 명의를 빌려간 사람이 세금을 못내게 되면 체납자가 되어 소유재산의 압류·공매처분, 체납명세의 금융기관 통보, 출국규제 등의 불이익을 받을 수 있습니다.
나. 귀하가 다른 사람의 명의로 사업자등록을 하고 실제 사업을 영위하는 것으로 확인되는 경우 다음과 같은 불이익이 있습니다.
 (1) 「부가가치세법」 제22조제1항제2호에 따라 사업개시일부터 실제 사업을 영위하는 것으로 확인되는 날이 속하는 예정신고기간(예정신고기간이 지난 경우에는 그 과세기간)까지의 공급가액에 대하여 100분의 1에 상당하는 금액을 납부세액에 가산하여 납부하여야 합니다.

 (2) 「주민등록법」 제37조제9호에 따라 다른 사람의 주민등록번호를 부정사용한 자는 3년 이하의 징역 또는 1천만원 이하의 벌금에 처해집니다.
다. 귀하가 실물거래 없이 세금계산서 또는 계산서를 교부하거나 받는 경우 「조세범처벌법」 제11조의2에 따라 해당 법인 및 대표자 또는 관련인은 3년 이하의 징역이나 공급가액 및 그 부가가치세액의 2배 이하에 상당하는 벌금에 처하는 처벌을 받을 수 있습니다.
라. 신용카드 가맹 및 이용은 반드시 사업자 본인명의로 하여야 하며 사업상 결제목적 외의 용도로 신용카드를 이용할 경우 「여신전문금융업법」 제70조제2항에 따라 3년 이하의 징역이나 2천만원 이하의 벌금에 처하는 처벌을 받을 수 있습니다.

대리인이 사업자등록신청을 하는 경우에는 아래의 위임장을 작성하시기 바랍니다.

위 임 장	본인은 사업자등록 신청과 관련한 모든 사항을 아래의 대리인에게 위임합니다. 본 인 : (서명)			
대리인 인적사항	성명	주민등록번호	전화번호	신청인과의 관계

위에서 작성한 내용과 실제 사업자 및 사업내용 등이 일치함을 확인하며, 「부가가치세법」 제5조제1항·제25조제3항, 같은 법 시행령 제7조제1항·제74조제4항, 같은 법 시행규칙 제2조제1항 및 「상가건물 임대차보호법」 제5조제2항에 따라 사업자등록 [□일반과세자 □간이과세자 □면세사업자 □그 밖의 단체] 및 확정일자를 신청합니다.

2012 년   10 월   1 일

신 청 인: 홍길동   (서명)
위 대리인: (서명)

세무서장 귀하

구비 서류	신청인(대표자) 제출서류	수수료
	1. 사업허가증 사본·사업등록증 사본 또는 신고필증 사본 중 1부(법령에 따라 허가를 받거나 등록 또는 신고를 하여야 하는 사업인 경우에 한정합니다) 2. 임대차계약서사본(사업장을 임차한 경우에 한정합니다) 1부 3. 「상가건물 임대차보호법」이 적용되는 상가건물의 일부분을 임차한 경우에는 해당부분의 도면 1부 4. 자금출처명세서(금지금 도·소매업 및 과세유흥장소에의 영업을 영위하려는 경우에 한정합니다) 1부	없 음

사업자등록 신청 시 다음과 같은 사유에 해당하는 경우 붙임의 서식 부표에 추가로 적어 주시기 바랍니다.
① 공동사업자에 해당하는 경우 ④ 사업자단위과세 적용 신청자의 경우(2010년 이후부터 적용)
② 종업원을 1명 이상 고용한 경우
③ 사업장 외의 장소에서 서류를 송달받으려는 경우

3) 홈텍스에서 사업자등록 신청하기

위에서 살펴본 작성 예를 기반으로 홈텍스를 활용하여 집에서 사업자등록 신청을 해보겠습니다. 참고로 공인인증서가 있어야 진행이 가능하니 공인인증서가 준비되지 않은 분들은 준비하시기 바랍니다.

O1 홈텍스(http://www.hometax.go.kr)에 접속합니다.

O2 로그인을 하기 위해 [공인인증서 로그인]을 클릭합니다.

공인인증서가 없으면 홈텍스를 사용할 수 없습니다. 인증서를 발급받는 방법은 3가지가 있습니다. 아래 방법 중 하나를 선택하여 인증서를 발급받도록 합니다.

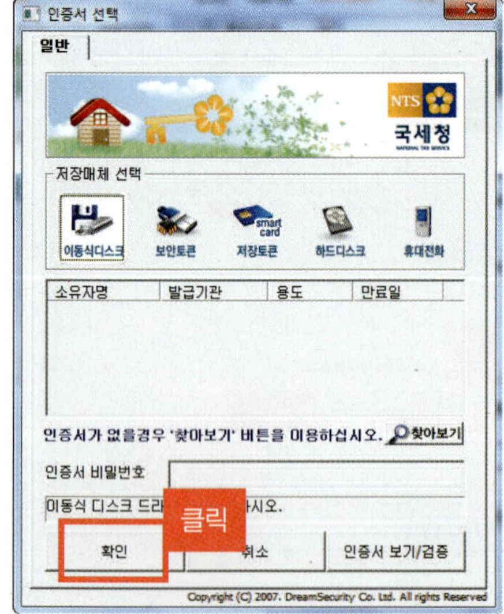

홈택스 전용 공인인증서 발급 신청 시 준비할 사항

★ 개인 및 개인사업자(본인 외 대리인 신청 불가) : 홈택스 이용 신청서 1부, 신청자의 신분증(주민등록증, 운전면허증 등)

★ 법인사업자 : 홈택스 이용신청서 1부(대리인의 경우 위임장 1부), 신청자의 신분증(주민등록증, 운전면허증 등), 법인 인감증명서 1부

03 인증서 선택 페이지에서 공인인증서를 선택하고 비밀번호를 입력한 후에 [확인] 버튼을 클릭합니다.

○4 메인 화면의 왼쪽 항목에 있는 '사업자등록관련 신청 신고' 메뉴를 클릭합니다.

○5 세무서류 신고·신청 바로가기 메뉴에서 '사업자등록신청(개인)'을 선택합니다.

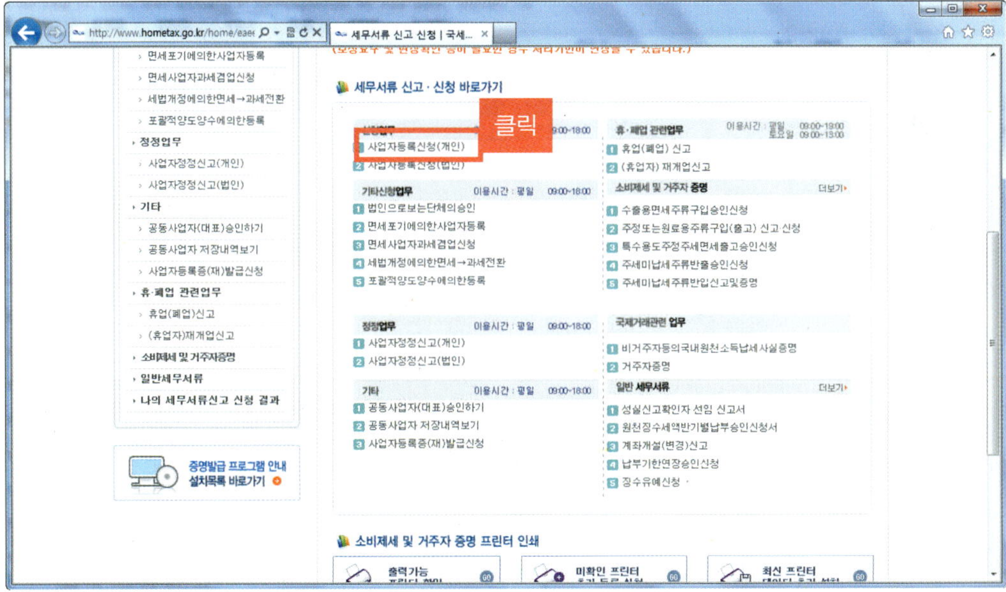

06 사업자등록 신청 첫 번째 단계에서 제출서류를 확인하고 [다음] 버튼을 클릭합니다.

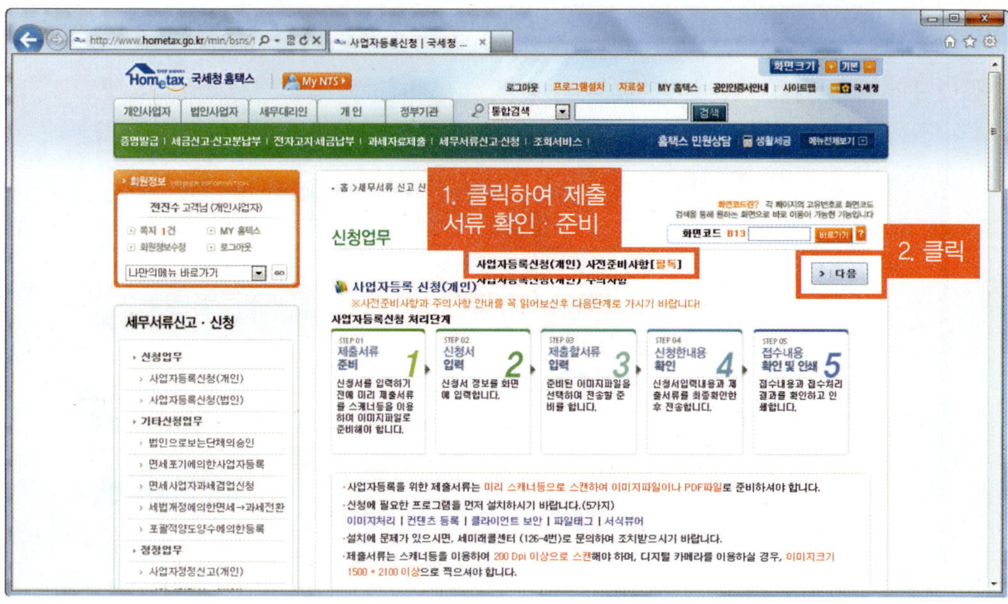

07 사업자 등록 신청(개인) 입력 화면에서 인적 사항을 입력합니다. 인적 사항 항목은 상호 및 주소, 전화번호 등 개인 인적 사항에 관련된 항목입니다. 상호의 경우는 한글, 영문, 숫자로 30자 이내로 작성해야 합니다.

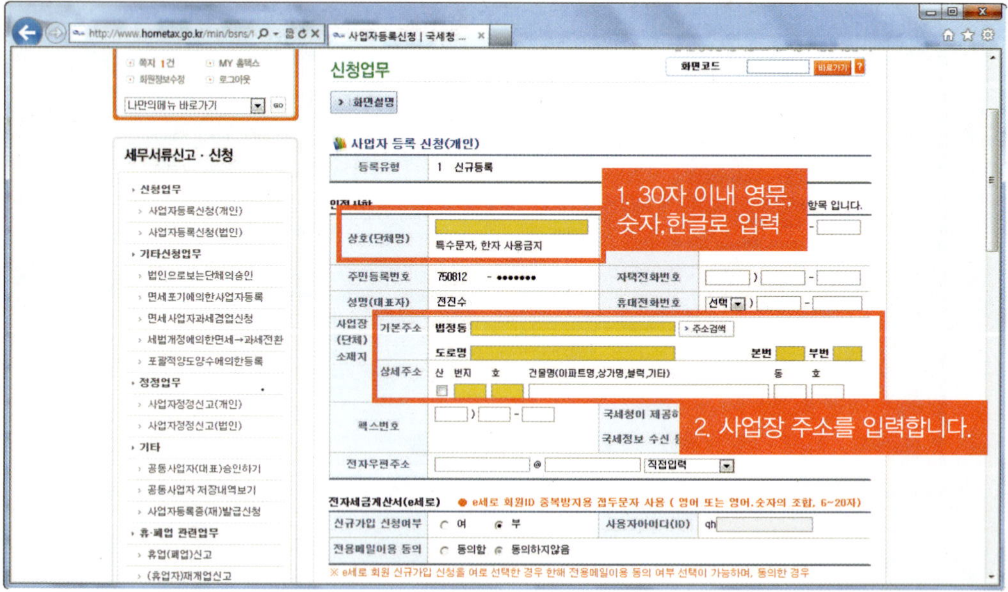

08 '업종선택' 항목에서 주업종코드 항목의 [검색] 버튼을 클릭하고 전자상거래업을 검색하여 해당 업종을 선택합니다. ([업태 및 종목] 조회 대화상자에서 '코드/업태/종목' 입력란에 전자상거래를 입력하고 [조회] 버튼을 클릭하면 해당 코드 번호가 나옵니다.)

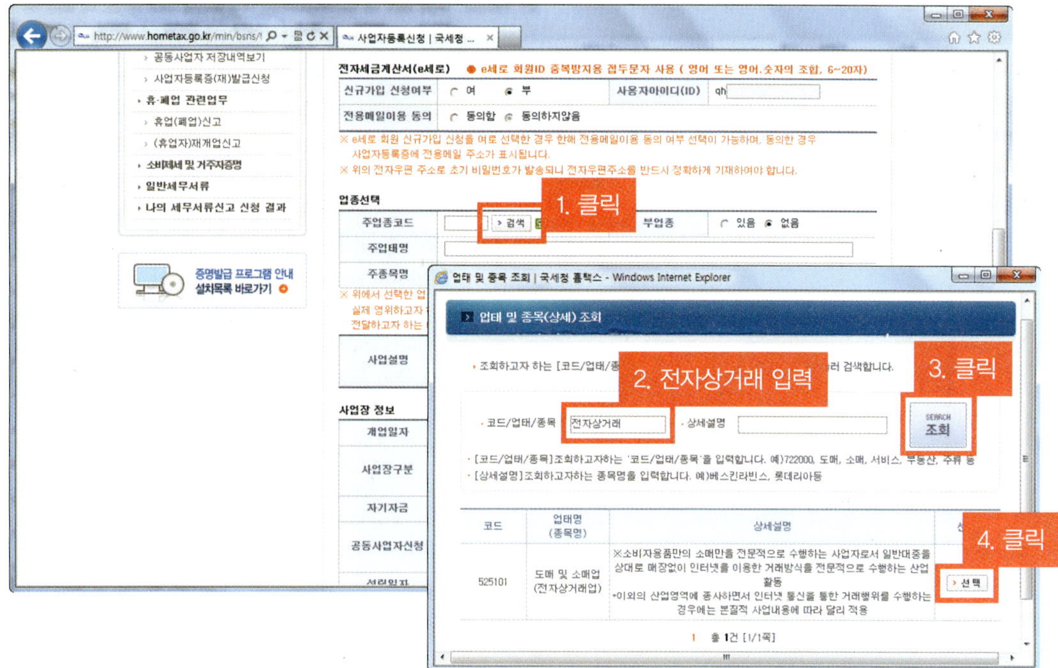

09 개업일자를 입력하고 사업자 유형을 선택합니다.

10 기타 입력 사항을 입력한 후에 [다음] 버튼을 클릭합니다. 기타 입력 사항의 경우는 해당하는 사업
자만 입력합니다.

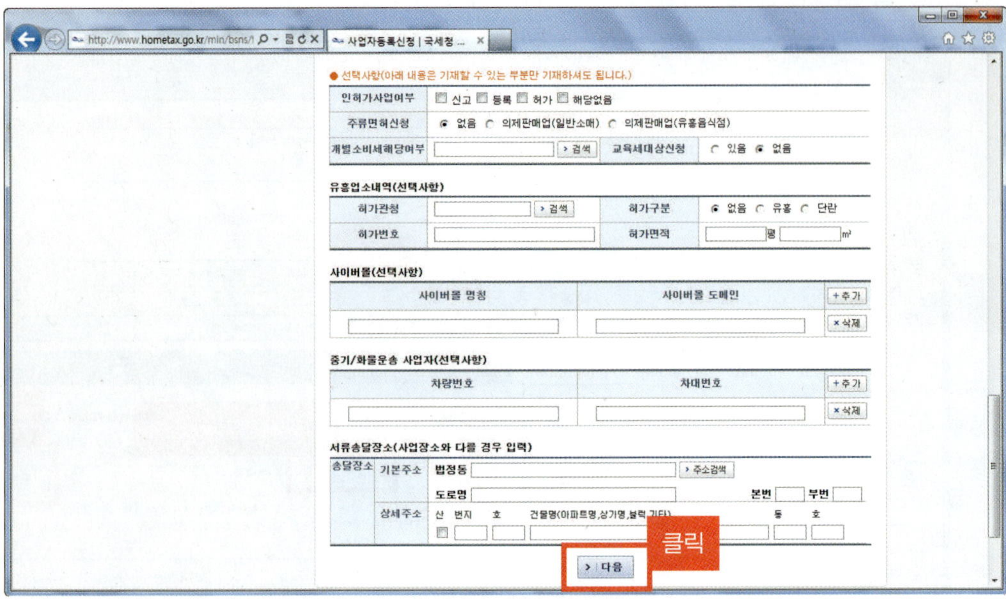

11 제출 서류 선택 화면에서 해당 파일을 업로드하고 [다음]을 클릭합니다. 집에서 쇼핑몰을 운영하려
고 하는 경우는 바로 다음 단계로 넘어가도 됩니다. 임대해서 사업을 진행하려고 하는 경우는 임
대차 계약서 항목의 [파일선택] 버튼을 클릭하여 등록합니다.

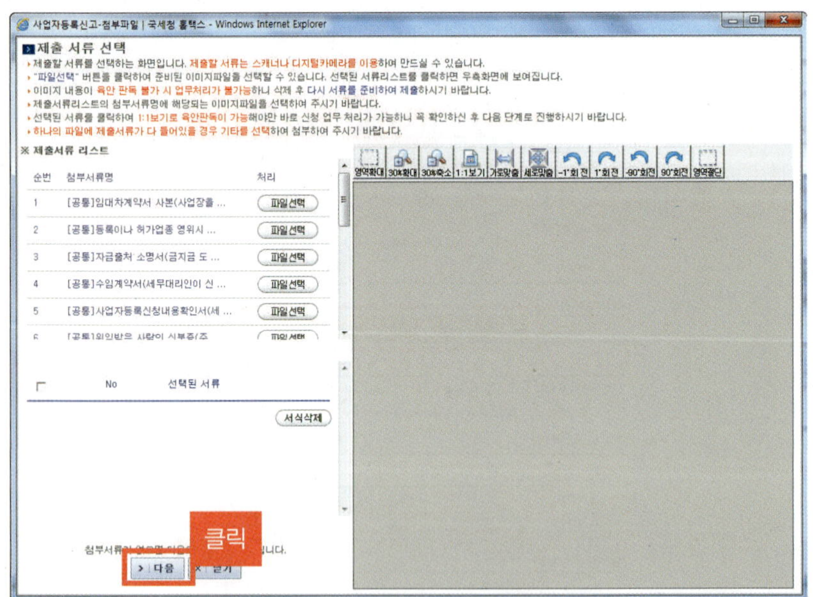

12 '사업자 등록 신청 유의 사항'을 읽어본 후 [다음] 버튼을 클릭합니다.

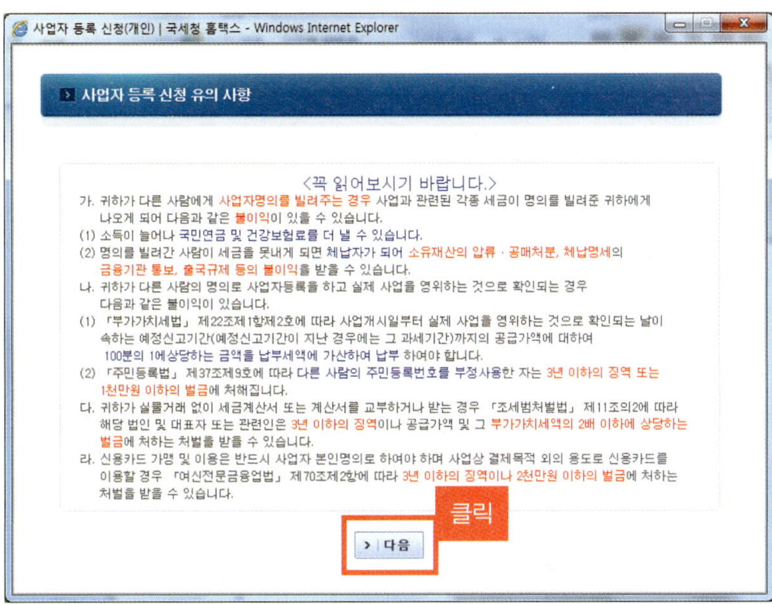

13 사업자등록신청서의 최종 확인 화면입니다. 신청 내용을 확인한 후에 정보가 맞을 경우 [확인] 버튼을 클릭하여 신청을 완료합니다.

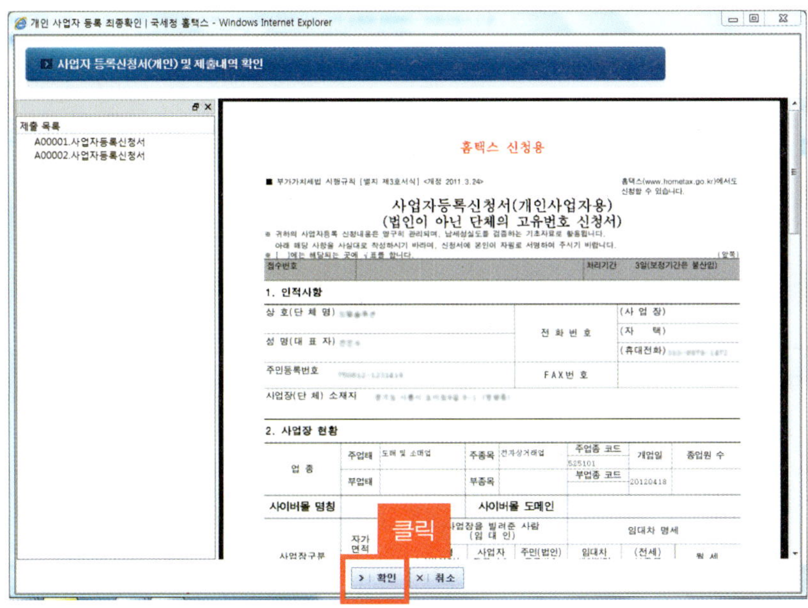

14

신청이 완료된 후에 신청 상황을 조회하려면 조회서비스의 [사업자등록상태조회] 메뉴를 이용합니다.

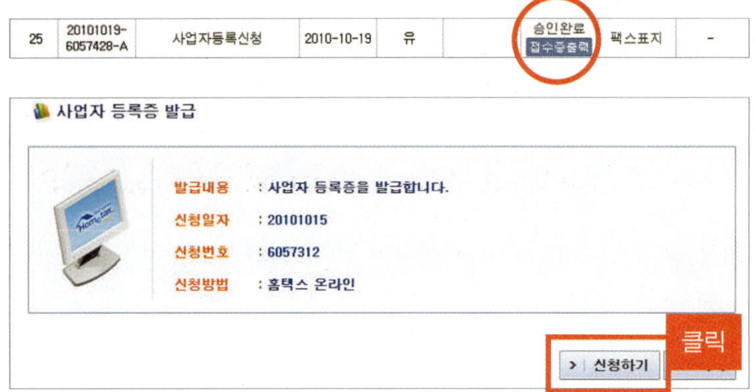

15

조회결과 진행상황 항목이 '승인완료'로 표시되면 승인완료 버튼을 클릭하여 사업자등록증 발급 신청을 합니다.

16

신청이 완료되면 인쇄 버튼이 나타납니다. 인쇄 버튼을 클릭하여 사업자등록증을 출력할 수 있습니다.

 ## 2. 통신판매업 신고하기

1) 방문 신청하기

인터넷 쇼핑몰을 운영하는 업체는 의무적으로 관할 시, 군, 구청 지역 경제과에서 통신판매업(영업 허가증)을 신고해야 합니다.

① 신고서 제출처
- 주된 사무소의 소재지가 국내인 경우 – 시, 군, 구청 지역 경제과
- 주된 사무소의 소재지가 외국인 경우 – 공정거래위원회

② 신고서 기재 사항
- 상호(법인인 경우에는 대표자의 성명 및 주민등록번호 포함)
- 주소, 전화번호, 전자우편 주소(이메일 주소)
- 인터넷 도메인 이름(쇼핑몰의 URL)
- 호스트 서버의 소재지 (예) 서울특별시 동작구 신대방동 395–70 전문건설회관)
- 사업자의 성명 및 주민등록번호(개인인 경우에 한함)

③ 면허세
45,000원(신고 시 납부하며 다음 해부터 매년 초(1월1일)에 계속 부과됨)

④ 구비서류
- 민원 제출 구비서류 없음
- 담당 공무원 확인 사항, 민원인 제출 생략
- 사업자등록증명
- 법인등기부등본(법인사업자에 한함)

O1 민원24 홈페이지(http://www.minwon.go.kr)에 접속하여 민원신청 버튼을 클릭하고 '통신판매업 신고'를 검색합니다.

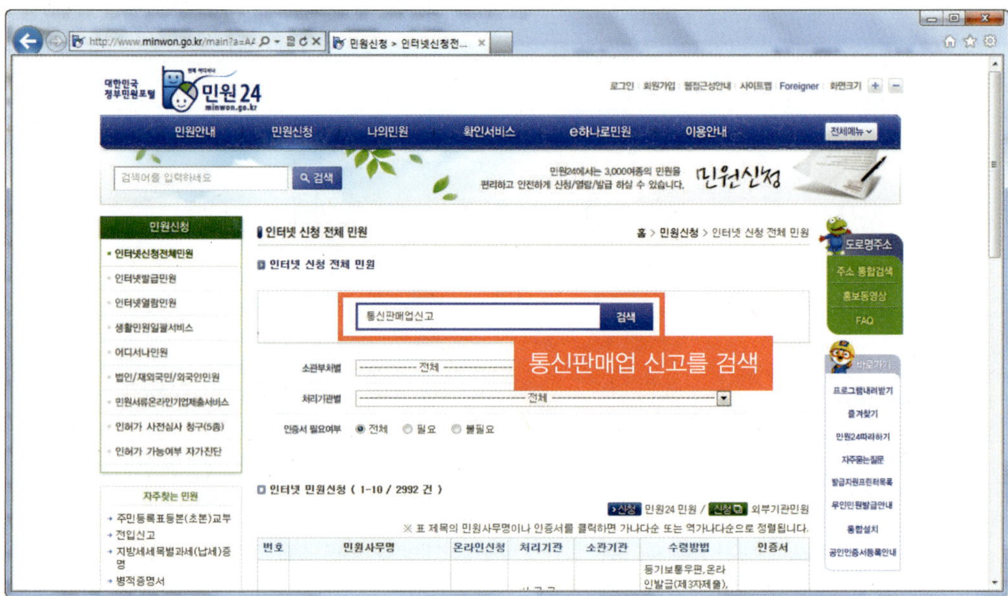

O2 검색 결과에서 통신판매업 신고 항목의 [신청] 버튼을 클릭합니다.

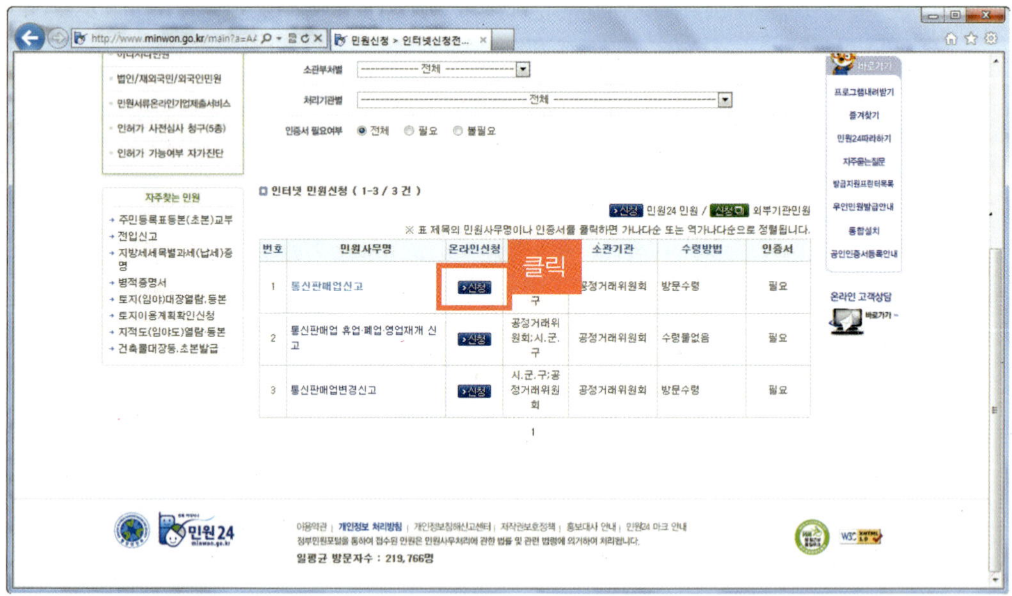

03 [공인인증서 로그인] 버튼을 클릭합니다.

04 공인인증서를 선택하고 확인 버튼을 클릭합니다.

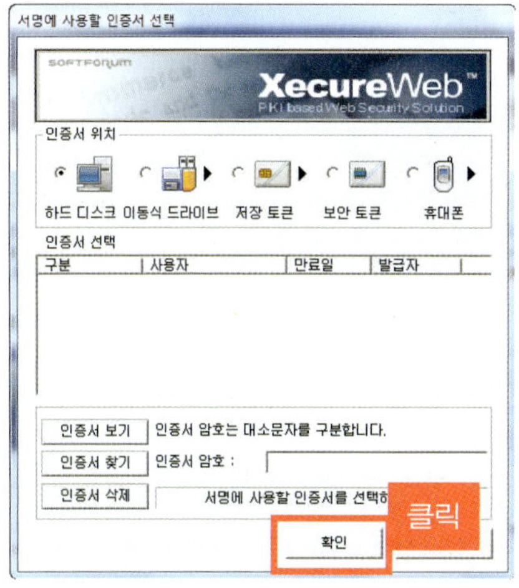

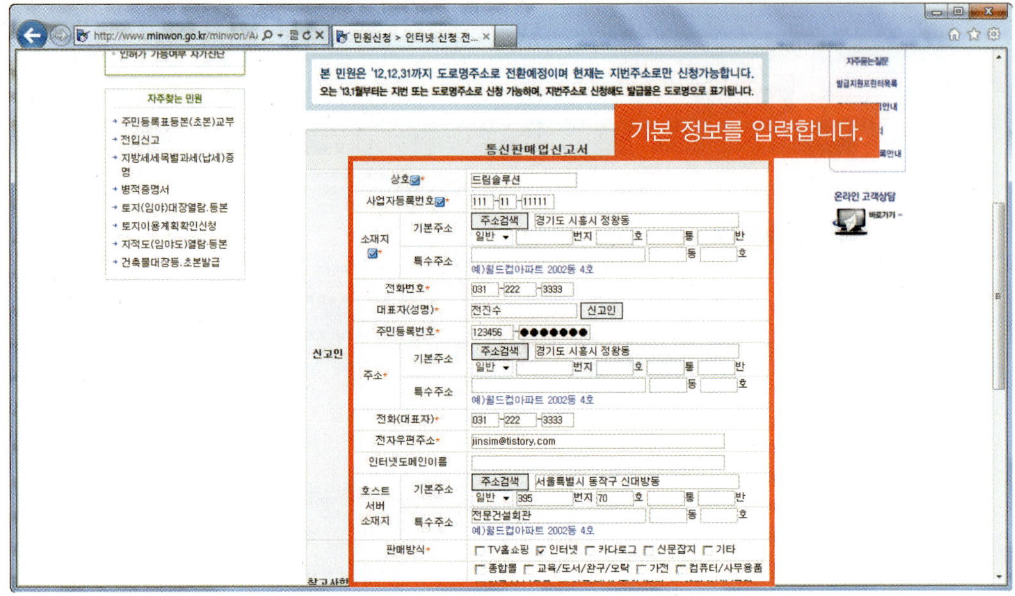

① **상호** : 직접 입력

② **사업자등록번호** : 직접 입력

③ **소재지** : [주소검색] 버튼을 클릭하여 검색창에서 기본주소 선택. 특수주소는 아파트나 빌딩의 경우에 아파
트명, 동, 호수를 직접 입력

④ **전화번호** : 직접 입력

⑤ **[신고인] 버튼을 클릭하여 아래 사항 자동 입력**

- 신고인 대표자(성명) 자동 입력

- 신고인 주민등록번호 자동 입력

- 신고인의 주소 자동 입력

- 신청인 전화(대표자) 자동 입력

⑥ **전자우편주소** : 직접 입력

⑦ **인터넷도메인이름** : 직접 입력

⑧ **호스트 서버 소재지** : 검색 버튼을 클릭하여 검색창에서 호스트 서버 소재지 주소 선택. 특수주소는 아파
트나 빌딩의 경우에 아파트명, 동, 호수를 직접 입력

(예) 서울 양천구 목동 924번지 KT IDC센터 18층 심플렉스인터넷(주))

⑨ **참고사항** : 판매방식과 취급품목 선택

⑩ **수령방법** : [검색버튼]을 클릭하여 수령 방법, 수령 기관 선택

06 필요한 사항을 모두 입력하였으면 [민원신청하기] 버튼을 클릭하여 완료합니다.

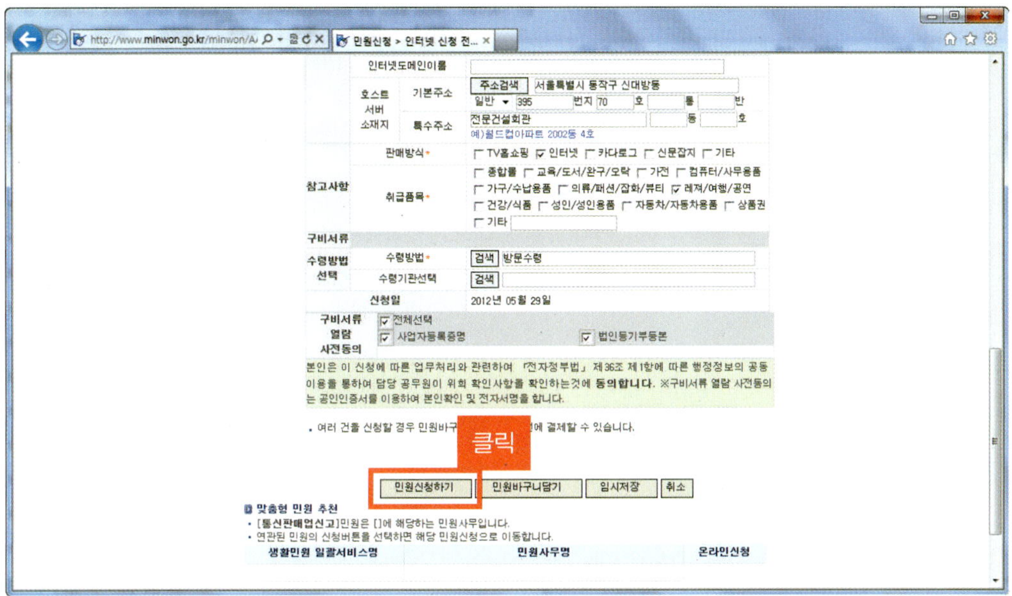

신청이 완료되면 해당 시, 군, 구청 지역 경제과에서 신청인에게 연락이 옵니다. 48시간 이내에 연락이 오지 않을 경우는 혹시 오차가 있을 수도 있으니 신청인이 연락하여 확인하시기 바랍니다.

1. 간이과세자 VS 일반과세자

부가가치세가 과세되는 사업을 할 때는 일반 과세자와 간이 과세자 가운데 하나로 사업자 등록을 해야 합니다. 사업을 처음 시작할 때에는 연매출 4,800만 원 미만 개인 소매 사업자가 신청할 수 있는 간이과세자로 신고하고, 매출이 증가하면 일반과세자로 변경하면 됩니다. (단, 법인이나 도매업자는 간이과세자로 신고할 수 없습니다.)

간이과세자 제도는 연간 매출액 4,800만 원 미만인 영세 사업자의 납세 편의를 위한 제도입니다. 세금계산서 수수 면제, 세금계산 간소화 등을 지원하며 1.5~4%의 낮은 세율이 적용되지만, 매입세액의 15~40%만 공제받을 수 있고 세금계산서를 발행할 수 없습니다. 이에 비해 일반과세자는 매출액에 4,800만 원 이상인 사업자이며 10%의 세율이 적용됩니다. 세금계산서를 발행할 수 있으며 물건 등을 구입할 때 받은 매입 세금계산서의 부가가치세액을 전액 공제받을 수 있습니다.

구분	일반과세자	간이과세자
대상	법인, 간이과세자 이외 개인	연간 매출액 4,800만 원 미만 개인 소매
매출 세율	10%	1.5%
매입 세율	10% 공제	소매 1.5% 공제
세금 계산서 발행	가능	불가능
비과세	없음	6월간 1200만 원 미만 매출 시
전환	전환 불가	일반 과세자로 전환 가능
환급	가능·	불가능

★ 사업자 미등록 시에는 미등록 가산세(공급가액 1%), 등록 전 매입세액 불공제, 세금계산서 교부 불가능, 조세범처벌에 의한 50만 원 이하의 벌금 또는 과료 처분을 받게 됩니다.

2. 부가가치세 신고기한

모든 회사가 매일 부가가치세를 계산할 수 없으므로 일정한 과세 기간을 정해서 신고합니다. 1년을 다음과 같이 제1기와 제 2기로 구분하고 있습니다.

구분	과세 기간	신고 기한
제1기	1월1일 ~6월30일	7월1일~7월25일
제2기	7월1일 ~12월31일	익년 1월1일 ~1월25일

일반과세자의 경우 4월과 10월에는 세무서장이 고지하는 예정고지세액을 납부하고 납부한 예정고지세액은 다음 확정 신고 납부 시에 공제 됩니다. 법인사업자의 경우는 예정신고납부(4월, 10월) 및 확정신고납부(7월, 다음해 1월)를 모두 해야 합니다.

★ 종합소득세 신고기한은 다음해 5월 31일, 법인세 신고기한은 다음해 3월 31일입니다.

3. 매출액 확정

현금 매출은 입금 통장을 확인하여 일정 기간(예 1기 확정신고라면 1월 1일~6월 30일) 입금 합계액에 환불 통장의 일정 기간(1월 1일~6월 30일) 환불액 합계를 차감하여 현금 매출을 확정합니다. 예를 들어 1월 1일~6월 30일까지 입금 합계액이 5,000,000원이고 환불 합계액이 600,000만원이라고 한다면 현금매출은 4,400,000원입니다.

★ 매출 확정시에 카페24 쇼핑몰 어드민(관리자 페이지)에 나와 있는 자료는 참고자료일 뿐입니다. 카페24 관리자 페이지에 현금 매출이 6,000,000원이더라도 매출액과는 관련이 없습니다.

카드 매출은 PG사에서 일정 기간의 매출(카드 취소 금액 제외)을 확인할 수 있습니다. 여기서 주의할 점은 카드사에서 PG 수수료를 제외한 금액을 지불하였더라도 지불받은 금액이 아닌 전제 매출액을 확인해야 한다는 것입니다. 예를 들어 카드 매출이 11,000,000원인데 카드 수수료 423,500원을 제외한 10,576,500원을 입금 받았더라도 카드 매출은 11,000,000원입니다.

과세표준 = 현금매출+카드매출 = 4,400,000 + 11,000,000 = 15,400,000원

4. 매입액 확정

매입액은 매입 세금계산서나 이에 준하는 증빙서류의 합계액으로 계산합니다. 따라서 세금을 지불하였더라도 매입세금계산서나 카드매출전표, 현금영수증(사업자용)을 받지 못하였다면 매입액으로 인정되지 않습니다.

★ 세금계산서 조회 서비스

- 카페24를 통한 오버추어, 구글 광고비 : http://tax.cafe24.com

- 카페24를 통한 네이버 지식쇼핑 : https://eiims2.nhncorp.com
  '쇼핑몰관리 〉 계좌관리 〉 세금계산서 관리'

- 네이버 클릭초이스, 타임초이스 : http://searchad.naver.com/
  '계좌정보 〉 세금계산서 〉 세금계산서 조회'

5. 간이과세자 신고

[별지 제20호의7서식] (앞 쪽)

	간 이 과 세 자 부 가 가 치 세		☐ 확 정 ☐ 기한후과세표준	신 고 서	처리기간
관리번호		─	신고기간	년 □ 기 (월 일 ~ 월 일)	즉 시

사업자	상 호		성 명 (대표자명)		사업자등록번호		─	─
	주민등록번호			전화 번호	사업장	주소지	휴대전화	
	사업장소재지			전자우편 주소				

❶ 신 고 내 용

	구 분			금 액	부가가치율	세율	세 액
과세표준및매출세액	과세분	소 매 업	①		$\frac{15}{100}$	$\frac{10}{100}$	
		제조업 · 전기 · 가스 및 수도사업	②		$\frac{20}{100}$	$\frac{10}{100}$	
		건설업, 부동산임대업, 농·수·어업, 기타 서비스업, 음식점업, 숙박업	③		$\frac{30}{100}$	$\frac{10}{100}$	
		운 수 · 창 고 및 통 신 업	④		$\frac{40}{100}$	$\frac{10}{100}$	
	영 세 율 적 용 분		⑤			$\frac{0}{100}$	
	재 고 납 부 세 액		⑥				
	합 계		⑦			㉮	
공제세액	매 입 세 금 계 산 서 등 수 취 세 액 공 제		⑧				
	의 제 매 입 세 액 공 제		⑨				
	매 입 자 발 행 세 금 계 산 서 세 액 공 제		⑩			뒤쪽 참조	
	전 자 신 고 세 액 공 제		⑪				
	신 용 카 드 매 출 전 표 등 발행세액공제		⑫				
	기 타		⑬				
	합 계		⑭				
금지금 매입자 납부특례 기납부세액			⑮			㉯	
가 산 세 계			⑯	뒤쪽 참조		㉰	
차감 납부할 세액(환급받을 세액) (㉮－㉯＋㉰)			⑰				

❷ 과 세 표 준 명 세

	업 태	종 목	업 종 코 드	금 액
⑱				
⑲				
⑳	기타(수입금액제외분)			
㉑	합 계			

❸ 면 세 수 입 금 액

	업 태	종 목	업 종 코 드	금 액
㉒				
㉓				
㉔	합 계			

❹ 국세환급금계좌신고 | 거래은행 | 은행 지점 | 계좌번호 |

❺ 폐 업 신 고 | 폐업연월일 | . . . | 폐업사유 |

「부가가치세법 시행령」 제75조 제5항 및 「국세기본법」 제45조의3에 따라 위의 내용을 신고하며, 위 내용을 충분히 검토하였고 신고인이 알고 있는 사실 그대로를 정확하게 작성하였음을 확인합니다.

년 월 일 신고인 (서명 또는 인)

세무대리인은 조세전문자격자로서 위 신고서를 성실하고 공정하게 작성하였음을 확인합니다.

년 월 일 세무대리인 (서명 또는 인)

세무서장 귀하

세무대리인	성 명		사업자등록번호	전화번호	

구비서류	1.매입처별세금계산서합계표 2.매입자발행세금계산서합계표 3.영세율 첨부서류(영세율 해당자) 4.부동산임대공급가액명세서(부동산임대업자) 5.사업장현황명세서(음식,숙박,기타서비스 사업자가 확정신고시) 6.의제매입세액공제신고서 7.그 밖에 「부가가치세법 시행규칙」 제23조의 5에 따른 해당서류

사입처(상품매입비용)	7,700,000원
사무실임대료등	1,200,000원(100,000원 X 12개월)
오버추어 등 광고비	1,500,000원
PG사 (결제수수료)	423,500원
택배사(택배비용)	550,000원
포장박스(포장재비용)	44,000원
현금영수증 발행액	100,000원

① 15,400,000원(현금매출+카드매출) X 부가가치율 15% X 세율 10% = 231,000

⑧ 매입 세금계산서의 부가가치세 합

사입처(상품매입비용) = 7,700,000원 X 0.1/1.1 = 700,000원

사무실임대료등　　　= 1,200,000원 X 0.1/1.1 = 109.090원

오버추어등 광고비　= 1,500,000원 X 0.1/1.1 = 136,363원

PG사 (결제수수료)　 = 　423,500원 X 0.1/1.1 = 38,500원

택배사(택배비용)　　= 550,000원 X 0.1/1.1 = 50,000원

포장박스(포장재비용) = 44,000원 X 0.1/1.1 = 4,000 원

합계는 1,037,953원

매입세액 1,037,953원 X 부가가치율 15% = 155,692원

★ 1,200,000원의 세액을 계산하면 109,090.91원이 나오는데 세액을 계산할 때는 원단위 이하는 절사하므로 결과적으로 세액은 109,090원이 됩니다.

⑫ 신용카드 매출전표 및 현금영수증을 발행한 경우 연간 700만원 한도 내에서 그 발행금액의 1000분의 13을 공제합니다.

카드매출 + 현금영수증 발행액 = 11,000,000원 + 100,000원

11,100,000원 X 13/1,000 = 144,300원

⑰ 환급받을 세액

231,000원 − 155,692원 − 144,300원 = − 68,992원

⑱ 업태 (소매), 종목 (인터넷쇼핑몰)과 매출합계를 기입합니다.

★ 간이과세자는 환급받을 세액이 나와도 실제 환급하지 않습니다. 6개월간 매출액이 1,200만 원 미만인 경우 신고 의무만 있으며 납부 의무는 없습니다.

6. 일반과세자 신고

[별지 제12호서식]   (1장 앞쪽)

일반과세자 부가가치세	☐ 예정 ☐ 확정 ☐ 기한후과세표준 ☐ 영세율 등 조기환급	신고서	처리기간
관리번호 [ ] - [ ]	신고기간 [ ] 년 [ ] 기(월 일 ~ 월 일)		즉 시

사 업 자	상 호 (법인명)		성 명 (대표자명)		사업자등록번호	[ ] - [ ] - [ ]
	주민(법인) 등록번호	–	전화번호	사업장	주소지	휴대전화
	사업장주소			전자우편 주소		

❶ 신 고 내 용

구 분			금 액	세율	세 액
과 세 표 준 및 매 출 세 액	과 세	세 금 계 산 서 발 급 분 ①		$\frac{10}{100}$	
		매 입 자 발 행 세 금 계 산 서 ②		$\frac{10}{100}$	
		신용카드 · 현금영수증발행분 ③		$\frac{10}{100}$	
		기 타(정규영수증외매출분) ④			
	영 세 율	세 금 계 산 서 발 급 분 ⑤		$\frac{0}{100}$	
		기 타 ⑥		$\frac{0}{100}$	
	예 정 신 고 누 락 분 ⑦				
	대 손 세 액 가 감 ⑧				
	합 계 ⑨			㉮	
매 입 세 액	세금계산서 수 취 분	일 반 매 입 ⑩			
		고 정 자 산 매 입 ⑪			
	예 정 신 고 누 락 분 ⑫				
	매 입 자 발 행 세 금 계 산 서 ⑬				
	기 타 공 제 매 입 세 액 ⑭				
	합 계(⑩+⑪+⑫+⑬+⑭) ⑮				
	공 제 받 지 못 할 매 입 세 액 ⑯				
	차 감 계 (⑮ + ⑯) ⑰			㉯	
납 부 (환 급) 세 액 (매 출 세 액 ㉮ – 매 입 세 액 ㉯)				㉰	
경감 · 공제 세액	기 타 경 감 · 공 제 세 액 ⑱				
	신용카드매출전표등발행공제등 ⑲				
	합 계 ⑳			㉱	
예 정 신 고 미 환 급 세 액 ㉑				㉲	
예 정 고 지 세 액 ㉒				㉳	
금지금 매입자 납부특례 기납부세액 ㉓				㉴	
가 산 세 액 계 ㉔				㉵	
차가감하여 납부할 세액(환급받을 세액)(㉰-㉱-㉲-㉳-㉴+㉵)				㉖	
총괄납부사업자 납부할 세액 (환급받을 세액)					

❷ 국세환급금계좌신고	거래은행	은행	지점	계좌번호	
❸ 폐 업 신 고	폐업일자		폐업사유		

❹ 과 세 표 준 명 세				
업 태	종 목	업종코드	금 액	
㉖				
㉗				
㉘				
㉙ 수입금액제외				
㉚ 합 계				

「부가가치세법」 제18조·제19조 또는 제24조와 「국세기본법」 제45조의 3에 따라 위의 내용을 신고하며, 위 내용을 충분히 검토하였고 신고인이 알고 있는 사실 그대로를 정확하게 기재하였음을 확인합니다.

　　　　　　　　　　　　　　　년   월   일

　　　　　　　　　신고인:　　　　　　(서명 또는 인)

세무대리인은 조세전문자격자로서 위 신고서를 성실하고 공정하게 작성하였음을 확인합니다.

　　　　　　　　　세무대리인:　　　　　　(서명 또는 인)

　　　　　　　　세무서장 귀하

구 비 서 류	뒤 쪽 참 조

세무대리인	성 명		사업자등록번호		전화번호	

210mm×297mm[일반용지 60g/㎡(재활용품)]

사입처(상품매입비용)	7,700,000원
사무실임대료등	1,200,000원(100,000원 X 12개월)
오버추어 등 광고비	1,500,000원
PG사 (결제수수료)	423,500원
택배사(택배비용)	550,000원
포장박스(포장재비용)	44,000원
현금영수증 발행액	100,000원
세금계산서 발행액	500,000원

① 500,000원 X 0.1/1.1 = 세액은 45,454원   공급가액 = 500,000원 − 45,454 =454,546원

③ 15,400,000원(현금매출+카드매출) − 500,000원(세금계산서 발행분)= 14,900,000원
  14,900,000원 X 0.1/1.1 = 세액은 1,354,545원   공급가액 = 13,545,455원

⑨ 매입 세금계산서의 부가가치세 합
  사입처(상품매입비용) = 7,700,000원 X 0.1/1.1 = 700,000원
  사무실임대료등   = 1,200,000원 X 0.1/1.1 = 109.090원
  오버추어등 광고비   = 1,500,000원 X 0.1/1.1 = 136,363원
  PG사 (결제수수료)   = 423,500원 X 0.1/1.1 = 38,500원
  택배사(택배비용)   = 550,000원 X 0.1/1.1 = 50,000원
  포장박스(포장재비용) = 44,000원   X 0.1/1.1 = 4,000 원
  합계는 1,037,953원

⑱ 신용카드 매출전표 및 현금영수증을 발행한 경우 연간 700만 원 한도 내에서 그 발행 금액의 1000분의 13을
  공제합니다.
  카드매출 + 현금영수증 발행액 = 11,000,000원 + 100,000원
  11,100,000원 X 13/1,000 = 144,300원

㉕ 납부할 세액 217,746원
  (45,454원+1,354,545원 −1,037,953원 − 144,300원)

PART 02

Online ★ S

오픈마켓 이용하기

오픈마켓(Open Market)이란 일반 쇼핑몰과 달리 개인이 쇼핑몰을 제작하거나 카드 결제 시스템을 도입하지 않아도 옥션, G마켓 등에서 만들어 놓은 상점과 결제 서비스 시스템을 활용하여 자신이 갖고 있는 아이템을 판매하는 방식을 말합니다. 따라서 누구에게나 열려 있는 온라인 상점이라고 할 수 있습니다.

이번 파트에서는 우리나라의 대표적인 오픈마켓인 옥션, G마켓, 11번가에 회원 가입하고 상품을 등록하는 방법에 대해 알아보겠습니다. 쇼핑몰을 만들기 전에 오픈마켓을 통해 자신의 상품을 먼저 검증해 보는 것도 좋은 방법입니다.

ping mall ★ Bible

1. 일반 오픈마켓

일반 오픈마켓은 판매자가 물품을 등록할 때 설정해 놓은 입찰 시작가부터 입찰자들이 경쟁 입찰을 하여 최고가에 낙찰되는 방식입니다. 상품 등록 시 등록 수수료는 300원이며 경매일을 3일, 5일, 7일로 차등 등록할 수 있습니다. 등록할 때 주의할 점은 등록 시간이 현재 시간보다 지났을 경우는 등록이 되지 않는다는 점입니다. 즉시 구매가도 설정할 수 있는데, 이는 기간과 상관없이 바로 구매할 수 있는 방법이므로 설정해 놓는 것이 좋습니다. 즉시 구매가 설정은 유료로 이루어지며 수수료는 100원입니다.

● 일반 오픈마켓으로 판매를 진행할 때는 상품 등록방법에서 [일반 오픈마켓]을 선택합니다.

◉ 일반 오픈마켓	○ 중고 개인장터
· 옥션의 주요 검색 및 리스트에 우선 전시됨. · 모든 회원이 등록 가능. 복수재고 등록 가능. · 판매진행건의 개수에 제한 없음. · 등록 수수료 : 300원 · 낙찰 수수료 : 카테고리별 차등	· 상품리스트의 중고탭과 중고장터 코너에 전시됨. · 개인회원만 등록가능. 1개 재고로만 등록가능. · 한번에 10개 이상 판매진행 불가. · 등록 수수료 : 300원 · 낙찰 수수료 : 1.5 % 또는 3% (구매자의 결제수단에 따라 차등)

2. 중고 개인장터

운영되는 방식은 일반 오픈마켓과 같으며 중고 상품을 취급한다는 점과 상품이 노출되는 곳이 중고 탭과 중고장터 코너라는 점입니다. 그리고 사업자회원의 경우는 중고 장터를 이용할 수 없고 개인회원만이 등록할 수 있습니다. 상품 등록 개수를 1개로만 등록할 수 있다는 점도 일반 오픈마켓과 다른 점입니다. 등록 수수료는 300원이며 낙찰 수수료는 1.5% 또는 3%입니다. (구매자의 결제 수단에 따라 달라짐)

● 중고 개인장터로 판매를 진행할 때는 상품 등록방법에서 [중고 개인장터]를 선택합니다.

○ 일반 오픈마켓	◉ 중고 개인장터
· 옥션의 주요 검색 및 리스트에 우선 전시됨. · 모든 회원이 등록 가능. 복수재고 등록 가능. · 판매진행건의 개수에 제한 없음. · 등록 수수료 : 300원 · 낙찰 수수료 : 카테고리별 차등	· 상품리스트의 중고탭과 중고장터 코너에 전시됨. · 개인회원만 등록가능. 1개 재고로만 등록가능. · 한번에 10개 이상 판매진행 불가. · 등록 수수료 : 300원 · 낙찰 수수료 : 1.5 % 또는 3% (구매자의 결제수단에 따라 차등)

3. 일반경매와 고정가 판매

일반 오픈마켓이나 중고 개인장터를 선택한 후에 다시 일반경매로 진행할 것인지 고정가 판매로 진행할 것인지를 선택하는 항목이 나옵니다. 일반경매의 경우는 일반 오픈마켓에서 설명한 부분과 같이 소량의 상품을 시작가를 설정해 놓고 입찰자의 최고가에 낙찰하는 방식으로 판매 관리를 하게 됩니다. 고정가 판매의 경우는 일정 금액을 정해놓고 판매하는 방식이기 때문에 재고가 많은 상품에 유리하다고 볼 수 있습니다.

	설명	판매기간	등록수수료
◉ 일반경매	개인소장품이나, 중고상품, 소량의 재고를 판매할 경우 적합합니다.	최장 7일	300원
○ 고정가 판매	사업적인 목적이나, 많은 재고를 판매할 경우 적합합니다.	무제한 가능	기간별 차등

Chapter 01

옥션 (Auction)

옥션은 경매 방식으로만 판매한다는 선입견을 갖기 쉽지만 실제로 옥션의 판매 방식은 구매자들이 원하는 다양한 방식을 제공하고 있으며, 고정가 판매 등이 인기를 끌고 있습니다. 옥션에 회원 가입하는 방법부터 오픈마켓을 이용하는 방법까지 자세히 알아보도록 하겠습니다.

 ## 1. 옥션 회원 가입하기

옥션 회원으로 판매를 할 수 있는 회원은 '개인 판·구매회원'과 '사업자 판·구매회원'이 있습니다. 개인 판·구매회원이란 사업을 목적으로 하지 않고 개인적으로 상품을 구매하거나 판매하려는 회원을 말하며, 사업자 판·구매회원이란 지속적인 판매를 통해 수익을 얻고자 하는 사업자등록증을 소지한 회원을 말합니다. 두 가지 모두 옥션 홈페이지 우측 상단에 있는 회원가입 메뉴를 통해 가입할 수 있습니다. 사업자 회원의 경우에는 사업자등록번호로 아이디를 만들 수 있으므로, 사업자등록번호가 여러 개일 경우 여러 개의 아이디를 만드는 것도 가능합니다.

O1 인터넷 주소 표시줄에 옥션 주소(http://www.auction.co.kr)를 입력하여 접속하고 상단에 있는 [회원가입]을 클릭합니다.

 가입 유형을 선택합니다. 여기서는 [개인 판구매회원]을 선택해 보겠습니다.

 회원가입을 위해서는 회원 약관에 동의해야 다음 단계를 진행할 수 있습니다. 회원약관을 읽어 본 후에 동의에 체크하고 개인 정보를 입력한 후 [인증받기] 버튼을 클릭합니다.

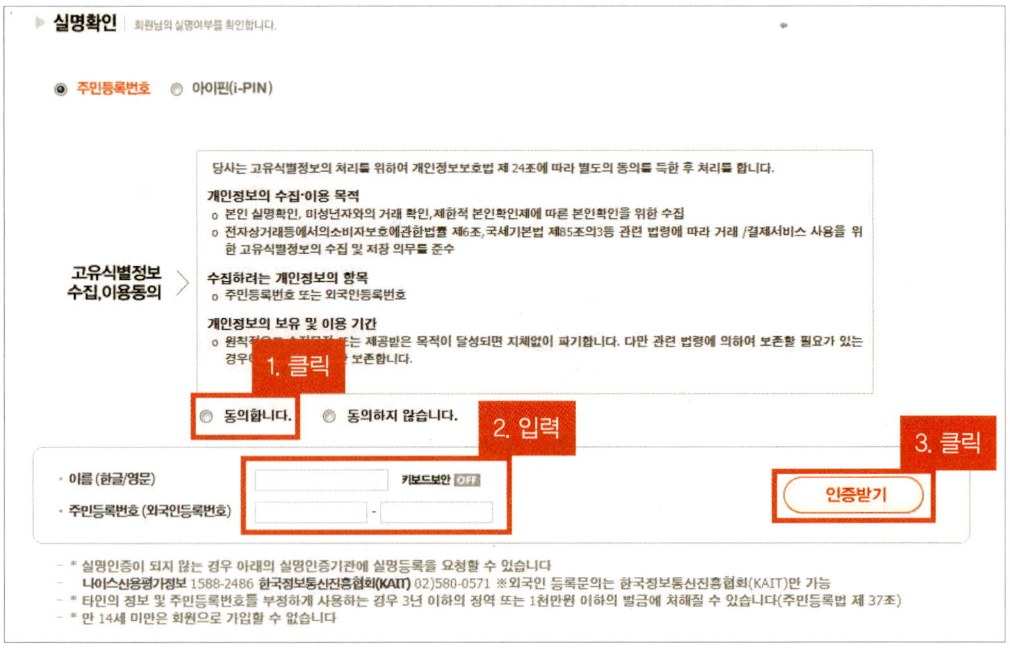

O4 회원 기본정보를 입력하고 [다음단계로]를 클릭하면 옥션 개인판구매 회원 가입이 완료됩니다.

Note

1. 이미 개인회원으로 가입되어 있을 경우 사업자로 전환하려면?

이미 개인회원으로 가입되어 있는 경우 개인 회원 아이디로 로그인을 한 후에 [회원전환] 메뉴를 통해 사업자 회원으로 전환 가능합니다. 그리고 본인과 실명계좌 확인을 위하여 사업자회원 관련서류를 옥션으로 접수합니다.

〈회원전환 화면〉

★ 필수 입력 사항 : 판매자 닉네임, 통신판매업 신고, 본인인증, 휴대폰 인증, 송금계좌 인증

〈접수할 서류〉

회원 자격전환	대표자가 동일인인 경우	대표자가 동일인이 아닌 경우
개인/사업자(구)회원 ↓ 법인사업자	법인 인감증명서 사본 (최근3개월) 사업자등록증 사본 통신판매업신고증 사본 판매자 지위 승계신청서 원본	법인 인감증명서 사본 (최근3개월) 사업자등록증 사본 통신판매업신고증 사본 판매자 지위 승계신청서 원본 * 회원명과 대표자명이 다를 경우 가 　입전환이 불가능 관련문의 approval@corp.auction.co.kr
개인/사업자(구)회원 ↓ 간이/일반사업자	개인 인감증명서 사본 (최근3개월) 사업자등록증 사본 통신판매업신고증 사본 (간이과세자는 관할 시, 군, 구청 담 당자에게 문의)	

2. 통신판매업 신고를 해야만 사업자회원으로 가입할 수 있나요?

사업자 판구매회원의 경우 '전자상거래 등에서의 소비자보호에 관한 법률'에 의하여 통신판매업 신고의 의무가 있습니다. 따라서 사업자 판구매회원 가입 시 통신판매업 신고번호를 입력하신 후 통신판매업 신고증 사본을 서류 접수해야 하며, 통신판매업 신고를 하지 않은 기존 사업자회원은 관할구청으로 통신판매 신고를 한 후 [회원정보 〉 회원정보 수정]에서 신고번호를 입력해야 합니다. (통신판매업 신고 시 호스트 서버 소재지에는 옥션, 도메인 주소는 auction.co.kr로 기재)

단, 연간 4,800만 원 이상의 공급가액을 세무 신고하지 않는 간이과세자의 경우에는 통신판매업 신고의 의무가 면제될 수 있으니 관할구청으로 확인하고, 신고의 의무가 면제된 사업자 회원은 통신판매업 미신고 사유만을 입력하면 됩니다. 통신판매업 신고 대상임에도 불구하고 신고를 하지 않은 경우는 관련 법령에 따라 500만 원 이하의 과태료가 부과되며 공정거래위원회로부터 시정조치, 영업정지 등의 행정처분을 받을 수 있습니다.

 ## 2. 옥션에 상품 등록하기

오픈마켓에 처음 등록해 보는 상품일 것입니다. 혹시 집에 판매할 만한 상품이 있다면 지금 사진을 찍어
오세요. 그리고 등록해 보세요. 무슨 일이 일어날지 아직은 아무도 모릅니다.

O1 판매를 시작하기 위해 옥션에서 로그인 한 후에 [판매관리 〉 내 상품팔기]를 클릭합니다.

O2 Step1 단계는 카테고리를 선택하는 단계입니다. 모델명이 있는 상품일 경우는 모델명을 선택하는
항목으로 진행하고, 카테고리를 직접 선택해야 하는 경우는 카테고리 항목을 클릭하여 원하는 카
테고리를 만듭니다.

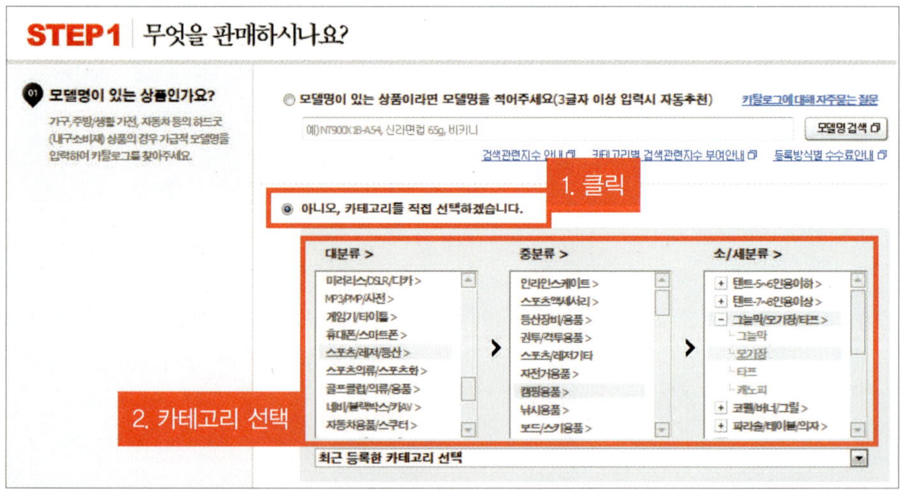

03 Step2 단계에서는 판매하려는 마켓과 판매방법을 선택하고 [다음단계로] 버튼을 클릭합니다.

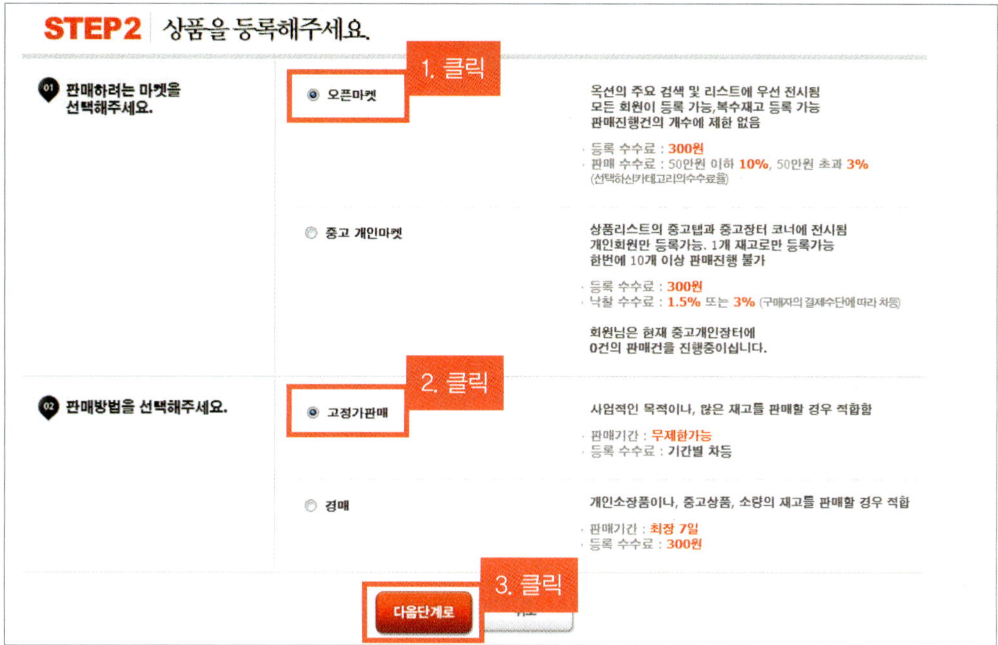

04 Step3에서는 상품명, 원산지, 부가세 면세여부, 상품상태를 입력합니다.

- **상품명** : 판매 상품을 홍보할 수 있는 이름으로 입력합니다. 현재 실습을 통해 판매해보려고 하는 상품은 텐트입니다. 그렇다고 해서 텐트라고만 쓰면 홍보 효과가 적기 때문에 '아이에게 좋은 모기장 텐트'라고 입력하고 있습니다. 여러분도 위와 같은 문구를 만들어 보세요.

- **원산지** : 판매하고자 하는 상품의 포장 용기나 상품에 표기된 원산지를 확인한 후 해당 국가명을 기재하면 됩니다. 예로 의류 태그에 'Made in China'로 기재되어 있는 경우 원산지를 '수입'으로 선택하고 국가명을 [중국]으로 기입하시면 됩니다. 만일 원산지가 상품에 표기되어 있지 않거나 원산지를 모를 경우에는 '모름'으로 체크합니다. 단, 농축산물과 그 가공품을 판매할 경우 반드시 소비자가 원산지를 쉽게 알아볼 수 있도록 표시하여야 합니다.

- **부가세 면세여부** : 과세상품과 면세상품 중 선택합니다. 면세상품으로 등록된 상품의 판매 내역은 부가세 신고 대상에서 제외되며, 면세 상품 등록에 대한 세무/법률적 책임은 모두 판매자에게 있습니다.

- **제조일자, 유효일** : 농산물, 식품의 경우 제조, 유효일은 반드시 입력해야 합니다. 판매하고자 하는 상품이 제조기간에 따라 사양이 자주 바뀌거나, 유행이 되는 상품인 경우에는 제조일자를 입력합니다.

- **상품상태** : 새 상품과 중고품 중 선택합니다. 중고품인 경우에는 사용 개월 수 및 구입 당시가를 입력합니다. 리퍼상품 또는 전시 상품인 경우에는 신상품 선택 후 리퍼 상품, 전시 상품을 선택합니다. (선택 시 물품명 앞에 아이콘이 노출됩니다.)

05 상품 이미지를 등록하기 위해 [찾아보기] 버튼을 클릭하여 상품의 이미지를 불러옵니다. 경매 상품의 경우 총 7장의 사진(기본사진과 추가사진 6장)을 입력할 수 있습니다.

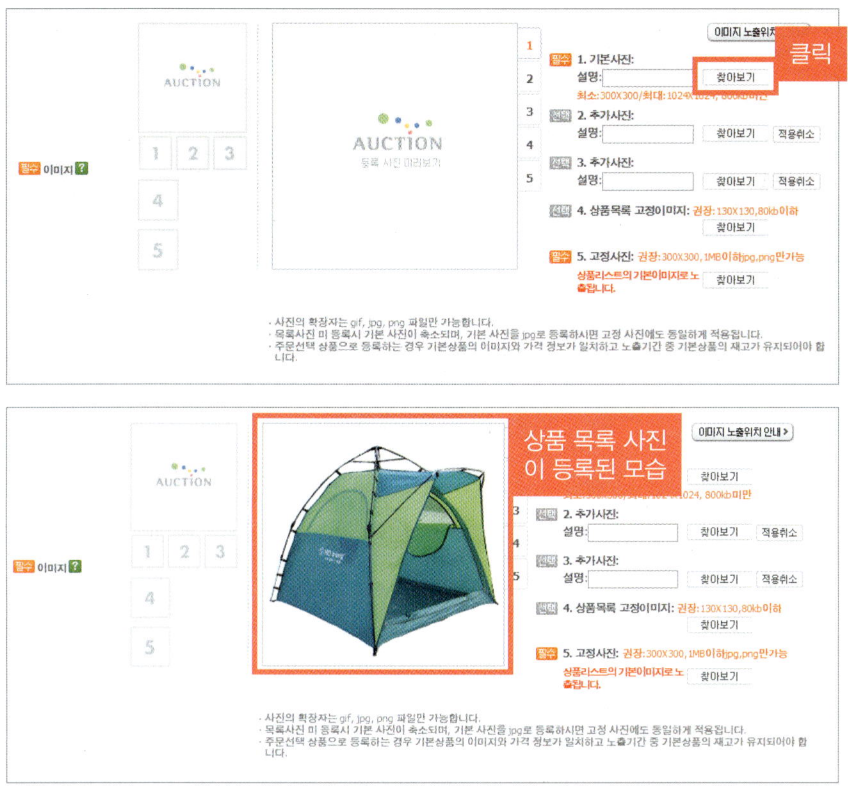

06 쇼핑몰 상세 정보를 입력하기 위해 [무료 이미지호스팅] 버튼을 클릭하여 상품 설명 이미지를 등록합니다.

○7 IMAGE HOSTING 화면에서 왼쪽 화면은 내 컴퓨터의 화면이고 오른쪽 화면은 서버의 화면입니다. 왼쪽 화면에서 업로드할 이미지를 선택한 후에 〈 ➡ 〉 버튼을 클릭합니다.

○8 등록하려고 하는 이미지가 서버 항목으로 추가되면 [이미지 태그만들기] 버튼을 클릭합니다.

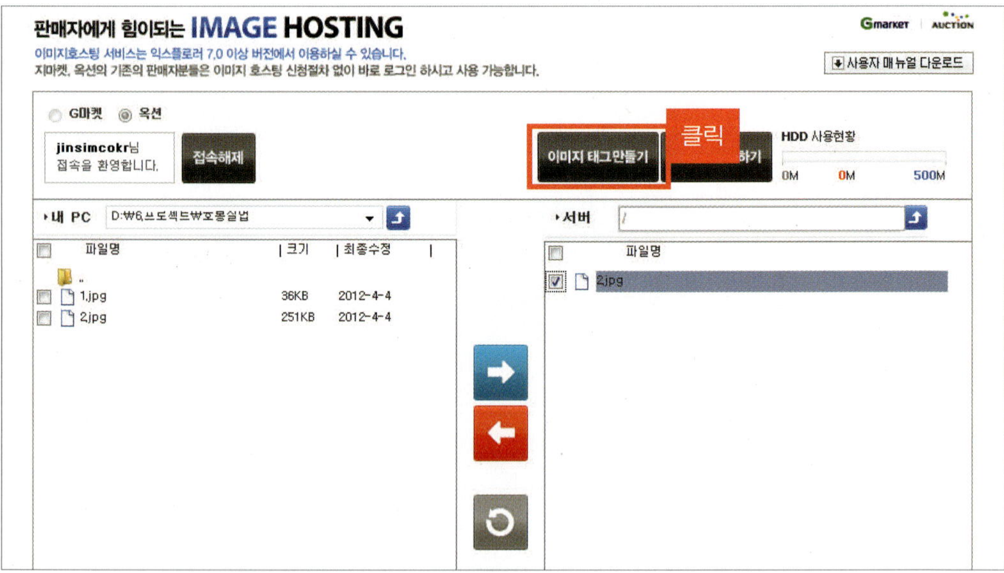

09 이미지 태그만들기 페이지에서 [HTML 복사] 버튼을 클릭하고 이미지 태그 만들기 창을 닫습니다.

10 상품을 등록하던 옥션 페이지로 이동하여 상세정보 등록 영역에서 마우스 오른쪽 버튼을 클릭하여 [붙여넣기]를 클릭합니다.

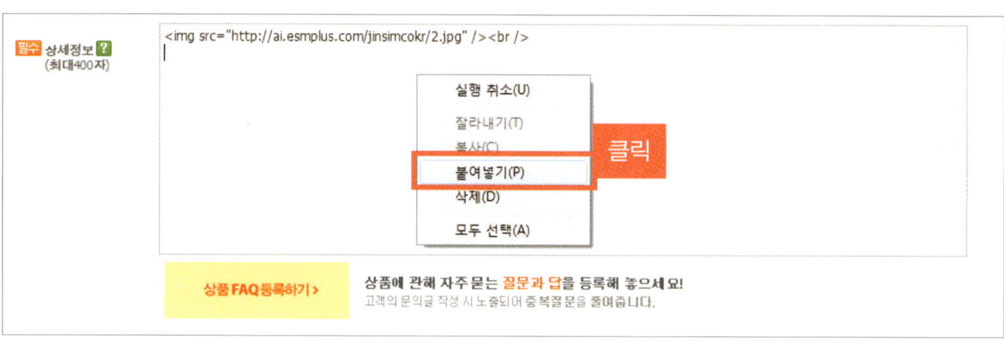

상품 상세정보는 제품의 특징 및 사양, 반품, AS 조건 등 상품에 필요한 모든 것을 기재하는 곳입니다. 상품상세 설명을 어떻게 하느냐에 따라 동일 경쟁상품과의 경쟁에서 우위를 차지할 수 있습니다. 상세설명은 HTML 코드를 직접 사용해 다양하게 입력할 수도 있고, 편집기를 이용해 간단하고 쉽게 입력할 수 있습니다.

11 판매기간, 판매가, 주문옵션, 재고수량을 입력합니다.

12 배송정보 및 무료 부가서비스를 선택합니다.

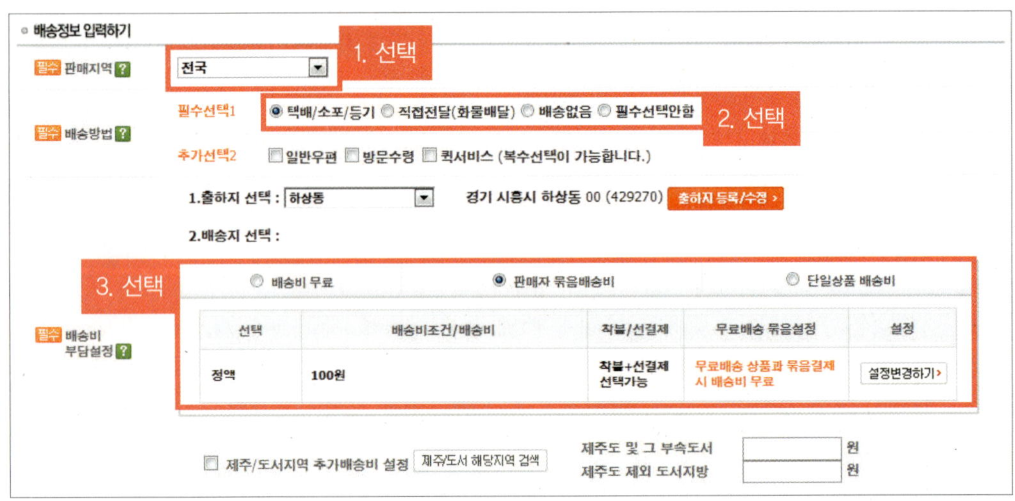

- **판매지역** : 구매자가 제주, 도서 지역에 거주하는 경우 비용 부담이 크기 때문에 판매자가 직접 판매 가능 지역을 선택합니다. 하지만, 도서 지역의 경우 구매자에게 운송비를 부담하고 판매할 수도 있기 때문에 될 수 있는 한 지역 제한을 두지 않는 것이 좋습니다. 판매지역은 복수선택이 불가능하며 판매 지역을 선택하지 않을 경우에는 판매지역이 기본으로 '전국'으로 지정됩니다.

- **배송방법** : 판매할 상품의 배송을 어떤 방법으로 할지 선택합니다. 필수 배송 방법(택배, 화물 배달 등)

  1가지와 동시에 추가 배송 방법(우편, 방문수령, 퀵서비스 중 복수 선택)을 설정할 수 있습니다.

- **배송비 부담설정** : 판매자가 배송비를 부담할지(무료) 구매자가 배송비를 부담할지(착불) 선택합니다.

  또 단일 상품 배송비 항목을 클릭하면 나오는 '단품 조건부 무료' 항목은 해당 상품을 일정 금액 이상

  혹은 일정 개수 이상 구매하는 경우 배송비를 무료로 해주고자 할 때 선택합니다.

13 그 외 정보를 입력한 후에 하단에 있는 [상품등록] 버튼을 클릭하여 상품을 등록합니다.

14 상품등록 완료 안내 페이지가 나오는 것을 확인하고 [등록상품 확인하기]를 클릭합니다.

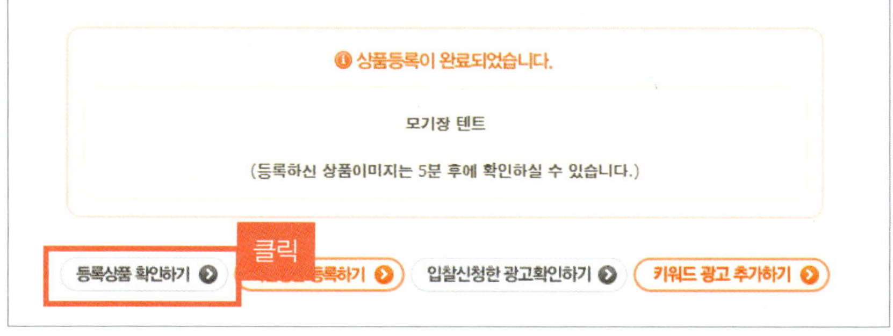

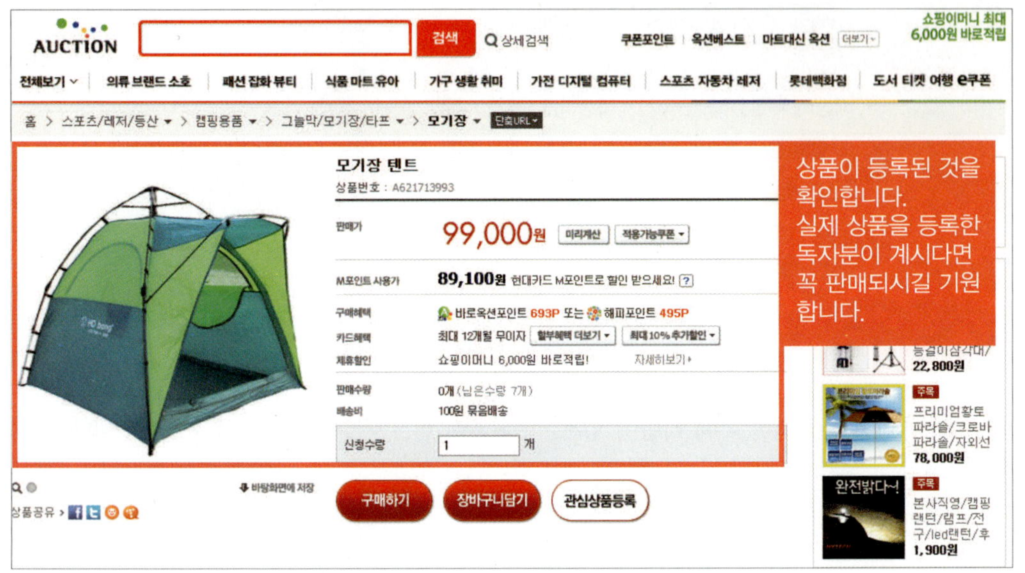

낙찰 수수료에 대해

낙찰 수수료는 판매자가 등록한 물건이 낙찰되었을 때 판매자가 내는 판매 수수료입니다.

- **중고 개인장터의 경우** : 구매자가 신용카드로 결제했을 경우는 3%, 그 외 결제(무통장입금, 실시간 계좌이체, 휴대폰, 이머니)의 경우 1.5%
- **일반 오픈마켓의 경우** : 개당 판매 금액을 기준으로 상품 카테고리에 따라 1%~12%까지 차등 적용됩니다.

일부 카테고리에 한해 판매금액이 50만 원을 초과하는 경우, 판매자의 수수료 경감을 위하여 초과액에 한해서는 3%로 일률 적용합니다. 추가 구성 상품(상품을 등록하며 추가적으로 함께 노출되는 상품을 설정할 수 있는데, 그 상품을 추가 구성 상품이라고 합니다)이 포함된 상품의 경우, 본 상품 금액과 동일한 낙찰 수수료율이 부과됩니다. (단, 본 상품의 금액이 50만 원 초과 시, 추가 구성 상품에는 본 상품 금액 중 50만 원 초과액에 적용되는 할인수수료율 적용) 특별 할인(우수할인/복수할인) 상품은 할인가를 제외한 주문금액으로 낙찰 수수료가 적용됩니다.

각 상품별 수수료는 상품을 등록할 때 등록 수수료 보기 버튼을 클릭해 확인할 수 있습니다.

3. 옥션 스토어 신청하기

옥션 스토어는 나만의 독립적인 판매 스토어입니다. 신청 즉시 스토어 이름과 주소가 자동으로 설정 (http://stores.auction.co.kr/사용자ID)되어 스토어가 개설되며, 스토어에서 판매 활성화를 위한 나만의 브랜딩과 판매 노하우를 마음껏 펼칠 수 있습니다. 원클릭, 디자인스킨 선택만으로 편리하게 스토어를 꾸밀 수 있습니다.

01 옥션 홈페이지의 하단에 있는 [스토어홈] 메뉴를 클릭합니다.

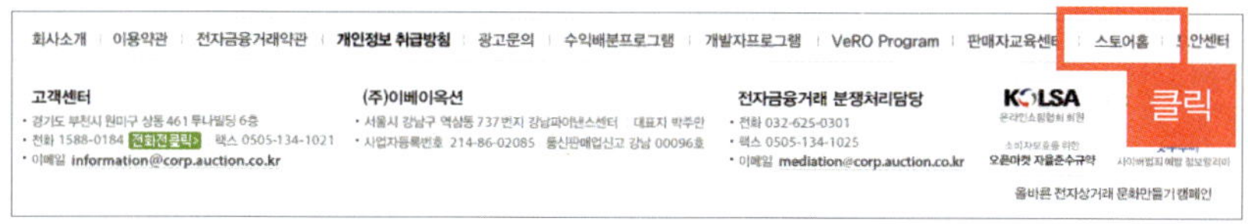

02 스토어 신청 페이지 약관에 동의함에 표시하고 [다음단계로]를 클릭합니다.

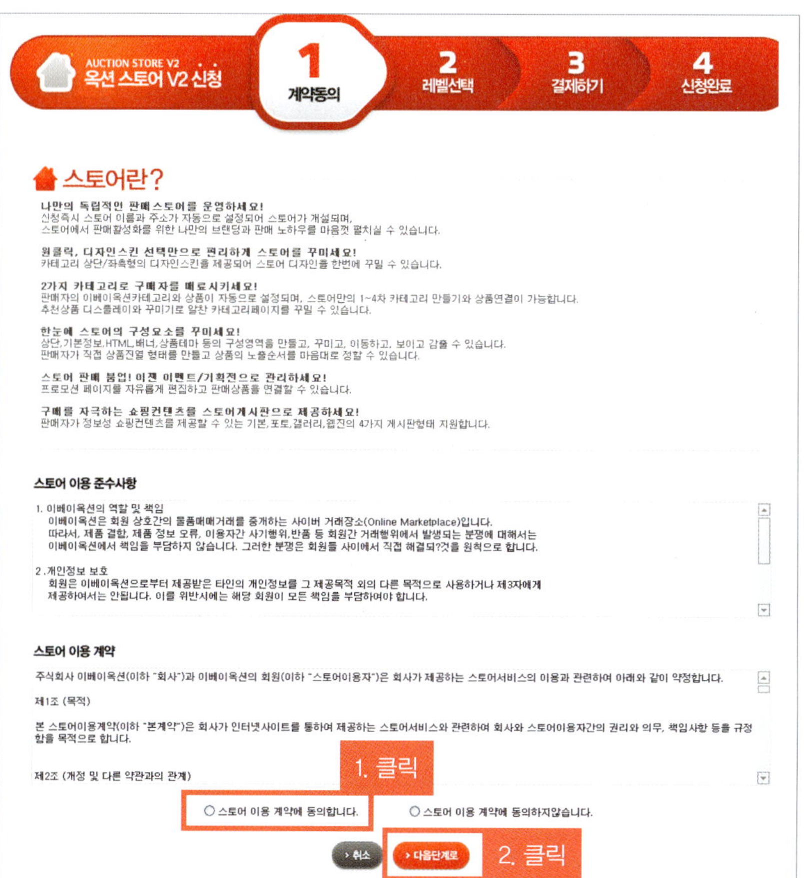

 스토어 레벨을 선택합니다. 스토어 레벨은 스토어가 옥션의 어떤 위치에서 얼마나 많이 구매자에게 노출되느냐를 결정하며, 프리미엄/우대(유료), 일반 스토어(무료)로 구분됩니다. 여기서는 일반 스토어를 선택하고 [다음단계로]를 클릭합니다.

프리미엄 및 우대 스토어를 선택한 경우 이용료는 아래와 같고 신용카드 또는 판매 예치금 자동 결제 시 이용 요금의 10% 할인 혜택이 있습니다.

구분	관리 대메뉴	관리 상세메뉴		프리미엄(198,000원/월)	우대(49,500원/월)	일반(무료)
기능	기본정보	스토어내 검색창 홍보		O	O	×
		스토어내 인기 검색어		5개	0개	0개
		스토어 로고 유형		이미지, 스토어 이름, 기본설정	스토어 이름, 기본설정	기본설정
	디자인	이벤트/기획전		O	O	×
		HTML 편집 상단		O	O	×
		HTML 편집 중간	기본	O	O	×
			추가	4개	0개	0개
		배너	기본	O	O	×
			추가	4개	0개	0개
		배너(좌측/하단)	기본	O	×	×
			추가	4개	0개	0개
		상품테마	기본	O	O	O
			추가	9개	2개	0개
	카테고리	옥션 카테고리	지원	O	O	O
			노출 차수	2차까지 지원	2차까지 지원	2차까지 지원
		스토어 카테고리	지원	O	O	×
			생성 차수	4차	1차	0차
			생성 개수	99개	10개	0개
		추천코너	생성 개수	50개	20개	1개
			코너당 상품연결	10개	10개	10개
	메인 상품진열	상품테마	생성 개수	10개	3개	1개
			테마당 상품연결	20개	20개	20개
	운영/마케팅	단골 메일	월 발송	5회/월	1회/월	0회/월
			추천코너	1개	1개	0개
			코너당 상품연결	100개	100개	0개
			발송 내역	O	O	×
	이벤트/기획전	이벤트/기획전	생성 개수	20개	1개	0개
			추천코너	1개	1개	0개
			코너당 상품연결	100개	100개	0개
			상단 노출	모든 페이지 (메인, 이벤트/기획전, 카테고리, 게시판, 검색)	메인, 이벤트/기획전	×
노출	노출점수			판매점수 5% UP (전체상품에 반영)	판매점수 +2점 (전체상품에 반영)	0점

04 스토어 결제하기 페이지에서 [확인]을 클릭합니다.

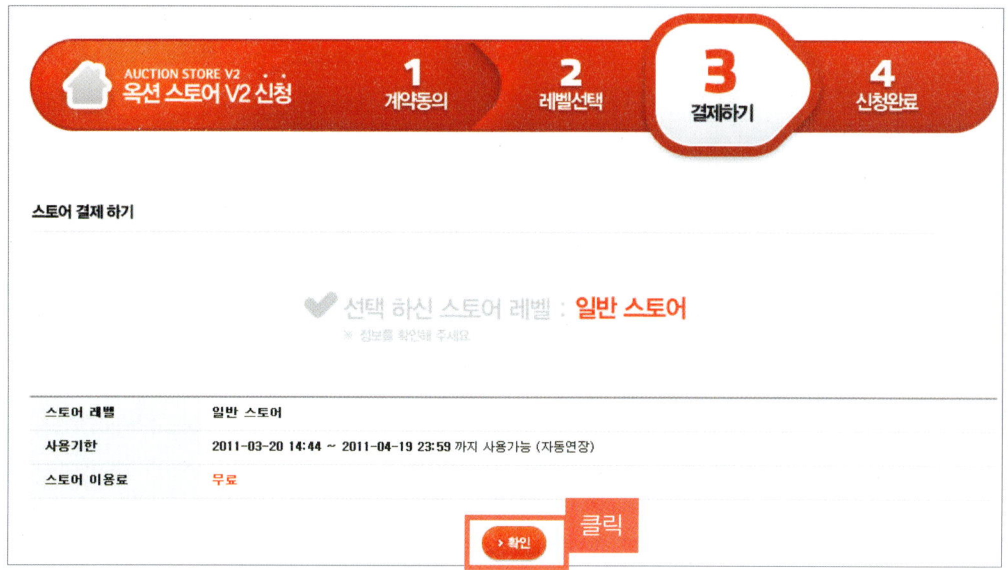

05 스토어 신청이 완료되었습니다.

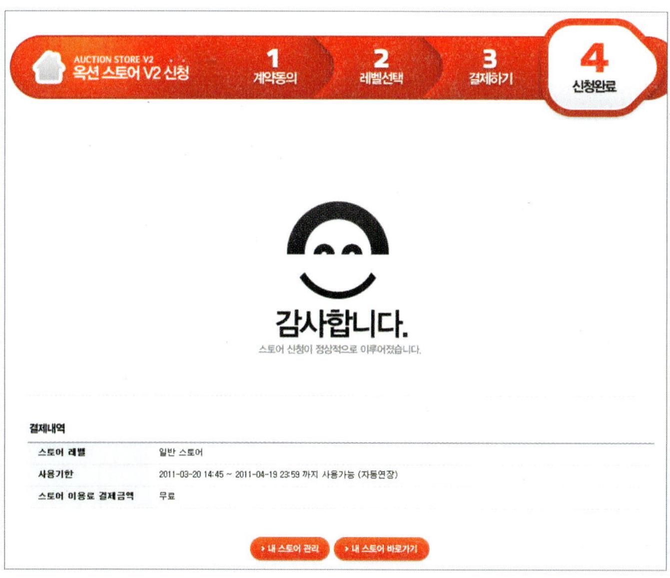

Chapter 02

G마켓 (Gmarket)

옥션 판매 관리를 진행한 후에 이번 장을 보고 있다면, 옥션을 공부할 때보다 조금 더 쉽게 다가올 것입니다. 옥션과 G마켓 관리 프로그램은 흐름은 같고 프로그램만 약간 다르기 때문에 위치 찾는 연습만 된다면 그렇게 어렵지 않게 이해할 수 있을 것입니다.

 1. G마켓 회원 가입하기

G마켓은 일반 회원과 이딜러 회원으로 구분되어 있습니다. 구매와 판매가 모두 가능하게 하려면 이딜러 회원으로 가입해야 합니다. 이딜러 회원은 개인 이딜러 회원과 사업자 이딜러 회원으로 나눠지는데 사업자등록증이 없을 경우 개인 이딜러 회원으로 진행합니다.

O1 인터넷 주소 표시줄에 G마켓 주소(http://gmarket.co.kr)를 입력하여 접속한 후에 화면 상단에 있는 [회원가입]을 클릭합니다.

 회원가입 페이지는 일반 회원과 이딜러 회원으로 구분되어 있습니다. 그 중에 [개인 이딜러]를 클릭하여 회원 가입을 진행합니다. 사업자등록증이 있을 경우 사업자 이딜러를 클릭하여 진행해도 됩니다.

이미 일반 회원으로 가입되어 있는 경우

일반 회원으로 이미 가입이 되어 있는 경우 [일반회원에서 이딜러 회원으로 전환하기]를 클릭하여 진행합니다.

O3 G마켓 회원 약관 및 개인정보 취급방침 등을 읽어본 후에 동의 여부에 표시하고 회원 성명과 주민 등록번호를 입력한 후에 확인을 클릭하여 다음 단계로 진행합니다.

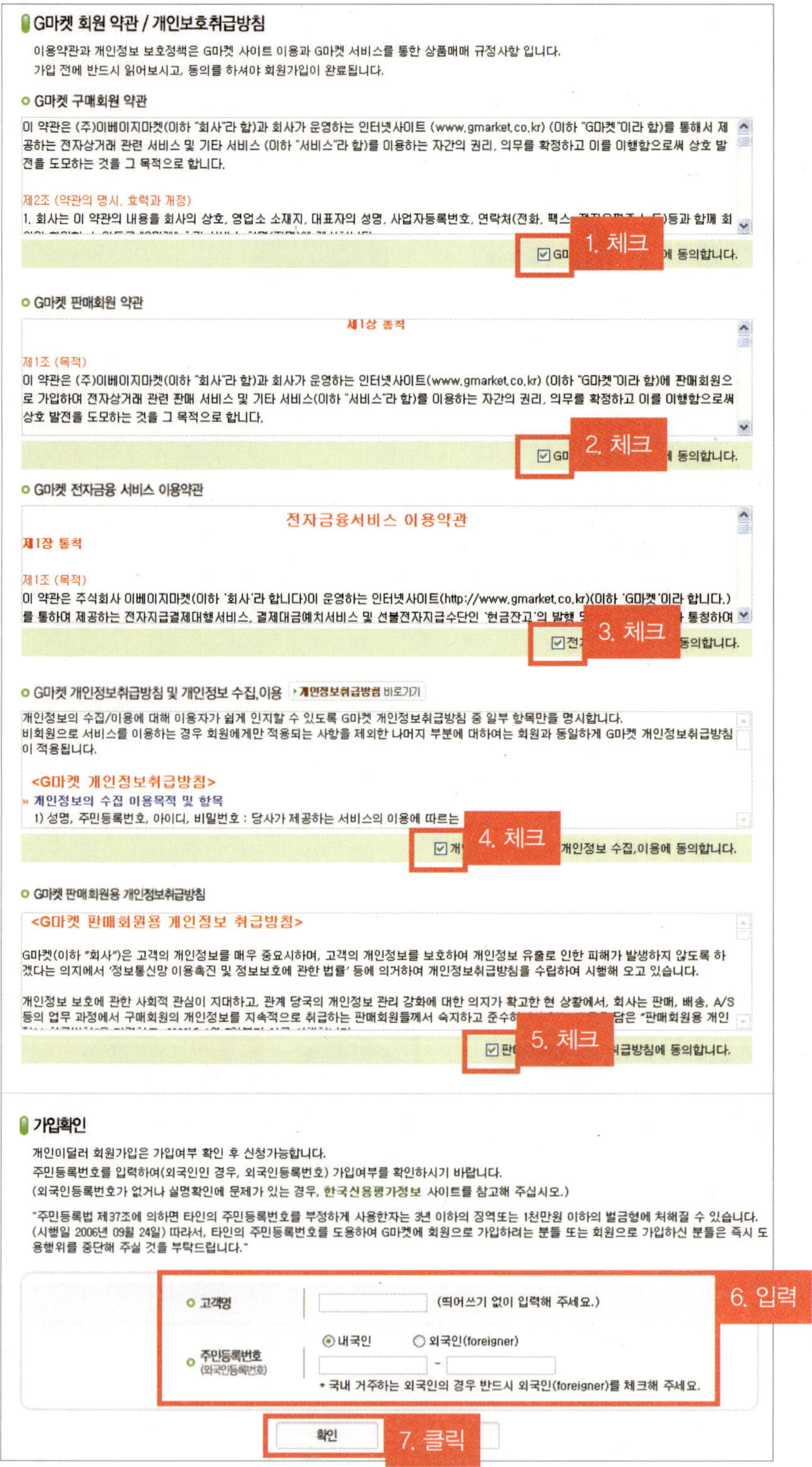

04 회원 아이디 및 개인 정보를 입력하고 [확인] 버튼을 클릭하여 회원 가입을 완료합니다. (사업자등록을 하지 않고 거래하다 세정당국에 적발되는 경우 연간 거래금액의 약 75%에 해당하는 세금을 추징당하게 됨과 동시에 조세범처벌법에 의거 3년 이하의 징역 또는 포탈세액의 3배 이하에 해당하는 벌금형에 처할 수 있으니 개인 이딜러 가입 시에는 주의하시기 바랍니다.)

미니샵은 G마켓에서 제공하는 미니 쇼핑몰입니다. 판매자의 전체 상품을 볼 수 있는 페이지입니다.

옥션과 G마켓 회원 유형 비교

	신규회원가입	기존회원	사업자회원제출서류
옥션	개인구매회원 사업자 구매회원 개인판구매회원 사업자판구매회원	개인회원으로 판매가능 개인회원에서 사업자회원으로 전환후 판매 가능	사업자등록증 사본1부 법인(개인)인감증명서 원본1통 통신판매업신고증 사본1부
G마켓	개인회원 법인회원 개인e딜러회원 사업자e딜러회원	개인회원으로 판매 불가능 개인회원의 경우는 e딜러회원으로 전환 후 판매 가능 사업자등록을 한 경우 사업자 e딜러회원으로 판매 가능	사업자등록증 사본 개인인감증명서 사본 (법인인경우–법인인감증명서 사본) 통신판매업신고증 사본 (간이과세자 제외)

2. G마켓 판매관리 프로그램 설치 및 실행하기

G마켓은 옥션과 다르게 판매 프로그램을 따로 갖고 있으며 그 프로그램이 바로 GSM(Gmarket Seller Manager)입니다. 처음 사용자들은 옥션보다 복잡하다고 생각하는 경우가 있지만 몇 가지 사용법만 익히면 쉽게 판매 관리를 할 수 있습니다.

1) G마켓 판매관리 프로그램 설치

O1 GSM 프로그램을 설치하기 위해 고객센터 검색란에 gsm을 입력하고 [검색] 버튼을 클릭합니다.

O2 검색 결과 중 GSM 설치 방법을 묻는 질문을 선택하고 답변 중 [판매관리 프로그램 GSM설치]
부분을 클릭합니다.

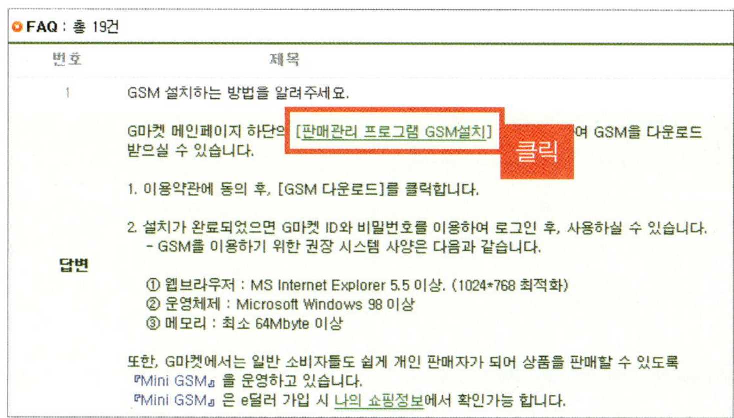

O3 설치 안내 페이지에서 사용 약관에 동의함을 선택하고 [GSM 다운로드] 버튼을 클릭합니다.

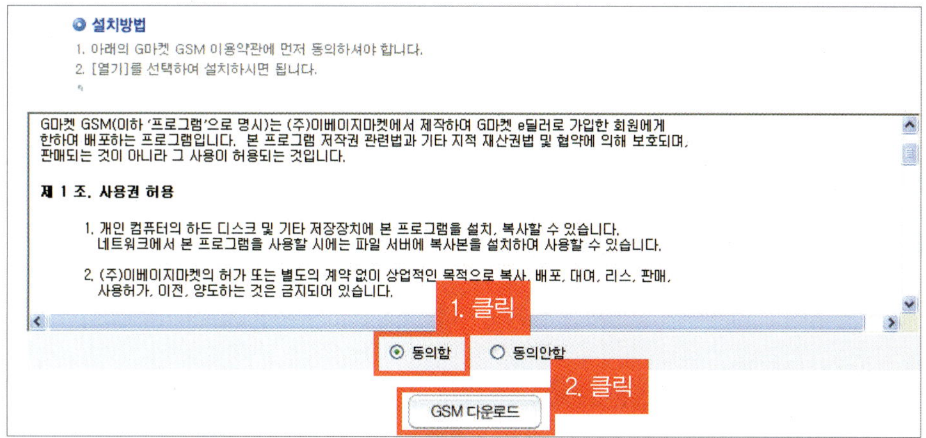

O4 파일 다운로드 창과 프로그램 실행 창에서 [실행] 버튼을 클릭합니다.

05 프로그램을 실행하는 창에서 [실행] 버튼을 클릭합니다.

06 GSM 설치 환영 메시지 창에서 [Next] 버튼을 클릭합니다.

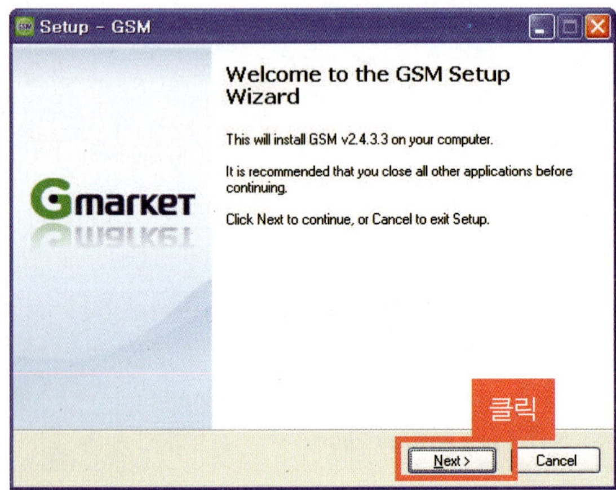

07 GSM 설치 폴더를 지정하는 창에서 원하는 폴더를 지정하고 [Next] 버튼을 클릭합니다.

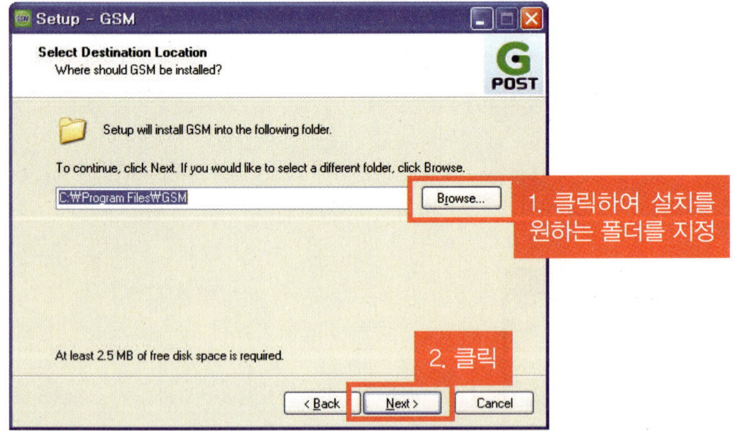

O8 시작 메뉴에 프로그램이 등록되는 위치와 이름을 정하는 메뉴에서 [Next] 버튼을 클릭합니다.

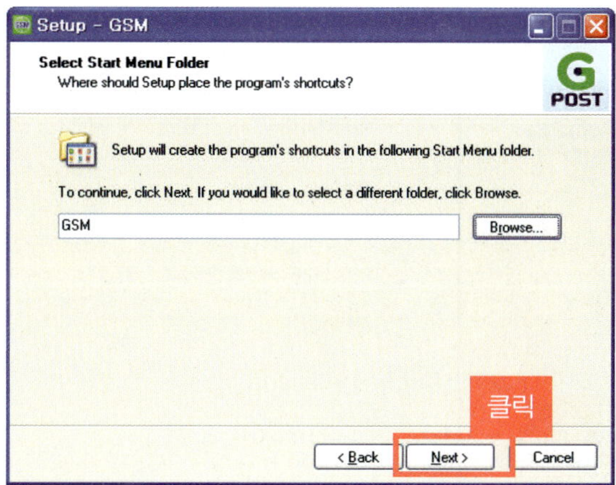

O9 바로가기 아이콘 등록 창에서 [Create a desktop icon]을 선택하고 [Next] 버튼을 클릭합니다.

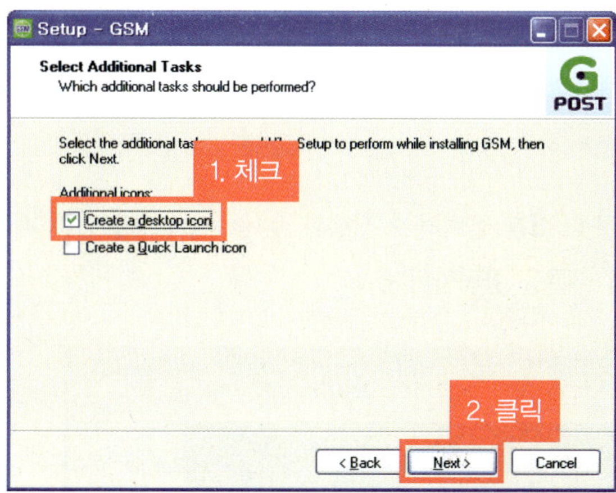

1O 프로그램 설치 정보를 확인하고 [Install] 버튼을 클릭하여 설치를 진행합니다.

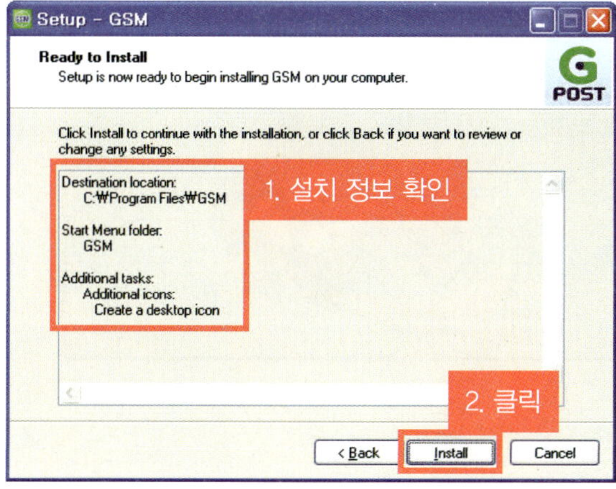

11 [Finish] 버튼을 클릭하여 설치를 완료합니다.

2) GSM 실행 및 종료

O1 바탕 화면에 있는 GSM 바로가기 아이콘을 더블 클릭하여 실행한 후에 판매관리 인증 페이지에서 ID와 Password를 입력한 후에 [go] 버튼을 클릭합니다.

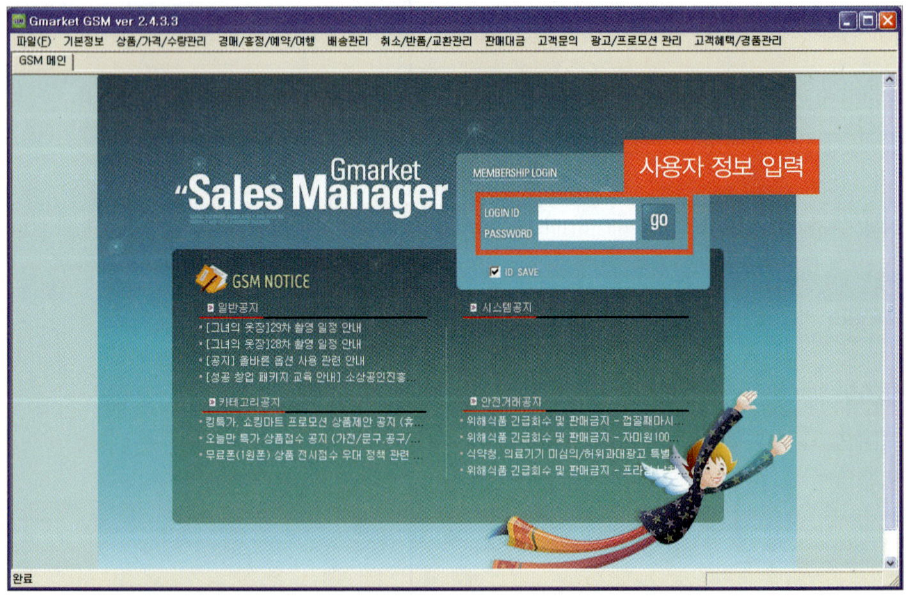

02 GSM 프로그램이 실행되는 것을 볼 수 있습니다. GSM 메인 화면으로 이동하기 위해 [기본정보
〉 GSM 메인]을 클릭합니다.

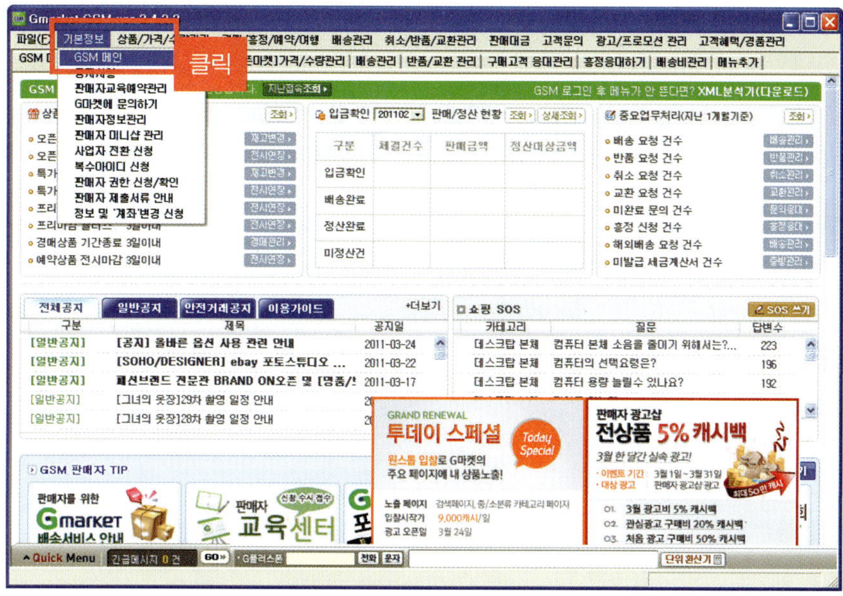

03 GSM을 종료할 때는 [파일 〉 종료] 버튼을 클릭합니다.

3. G마켓에 상품 등록하기

GSM 판매 관리 프로그램을 활용하여 오픈마켓에 신상품을 등록해 보겠습니다. 등록 시 발생되는 수수료 및 저작권 관련 내용을 읽어보고 등록한 후에 문제가 발생하지 않도록 주의해 주세요.

O1 신상품을 등록하기 위해 [상품/가격/수량/상세 〉 상품등록/수정관리]를 클릭합니다.

O2 서비스 항목에서 [신상품 등록] 버튼을 클릭합니다.

1. **신상품 등록** : 새로운 상품을 등록할 때 사용합니다.

2. **상품 복사 등록** : 기존에 등록한 상품을 복사하여 다시 등록할 경우 사용합니다.

3. **상품 편집** : 등록한 상품을 수정 편집할 때 사용합니다.

4. **가격정보 수정** : 판매가, 판매수량을 변경하고자 할 때 사용합니다.

5. **재고정보 수정** : 재고관리를 설정해 놓은 상품의 재고 정보를 수정할 때 사용합니다.

○3 서비스 항목에서 신상품 등록 버튼을 클릭합니다.

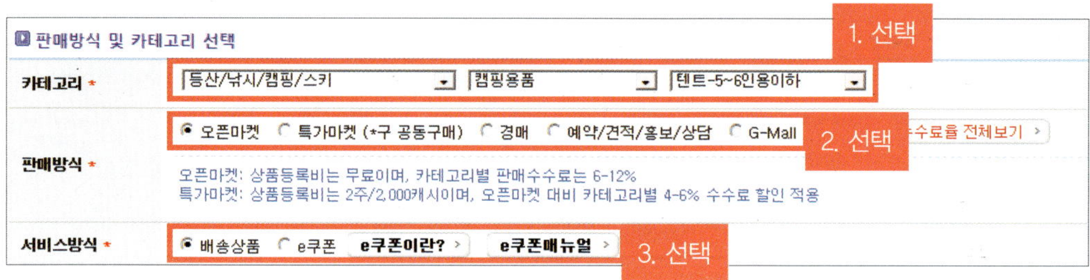

- **카테고리** : 대분류, 중분류, 소분류 단위로 카테고리를 선택합니다. 상품이 등록된 후에는 변경이 불가능합니다.

- **판매방식** : 판매자와 구매자의 자유로운 거래가 가능한 오픈마켓, 판매자와 구매자의 자유로운 거래가 가능하고 오픈마켓보다 수수료가 낮은 특가마켓, 경매 중 선택합니다. 예약/견적/홍보/상담은 항공/숙박 등을 예약하거나 그 외 견적을 낼 때 사용하는 메뉴입니다.

상품종류	제공기능	거래절차			추천상품군
예약상품	일자별 재고 / 가격설정가능	구매자 예약신청	판매자 해당일 구매가능 재고확인 후 가격 제시	구매자 결제	여행/펜션/호텔 등
견적상품	상세견적에 따른 가격조정 가능 -견적 필수정보 설정가능	구매자 견적 요청	판매자 요청 견적에 대한 적정가격 제시	구매자 결제	이사/가구/ 가전/중고차 등
홍보상품	가게(판매자) 홍보가능 -쿠폰(인쇄물)발급 기능제공	판매자 가게(판매자) 홍보	구매자 매장방문		대리점/식장 /미용실/병원 등
상담상품	상담희망자 정보획득 가능 -실상담자대상 혜택제공가능	구매자 상담신청	판매자 전화 or 이메일 상담		카드/보험 /펀드/유학 등

- **서비스방식** : 배송상품, e쿠폰 중에 선택합니다.

O4 제조사, 상품명, 원산지 등 상품 기본 정보를 입력합니다.

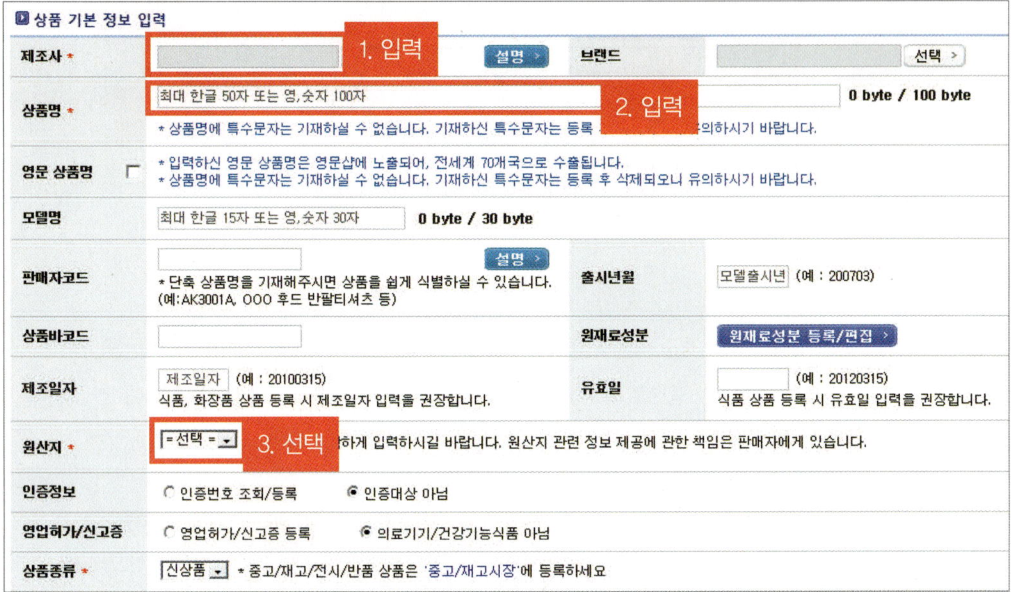

• **제조사** : 상품 제조사를 입력합니다. [검색] 버튼을 클릭하여 제조사를 조회할 수 있습니다. 자체 제작일 경우 회사명을 등록한 후에 제조사로 선택할 수 있습니다.

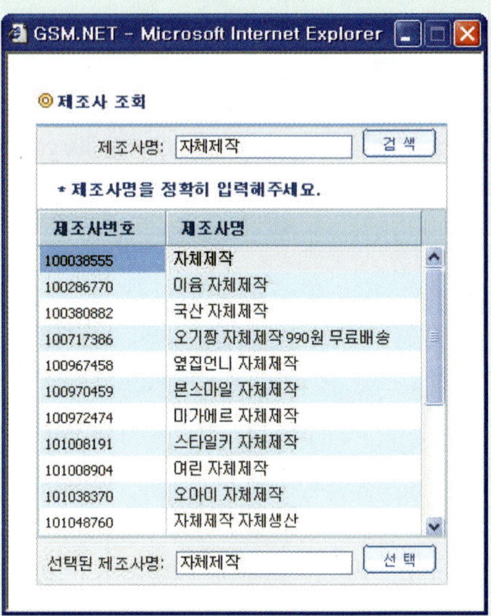

• **상품명** : 최대 한글 50자 또는 영/숫자 100자로 입력 가능하며, 상품명과 직접 관계가 없는 키워드를 사용해서 많이 노출되게 할 경우는 상품을 강제로 삭제하게 됩니다.
• **원산지** : 원산지 정보 제공에 관한 책임은 판매자에게 있습니다.

05 상품종류 및 특성, 부가세면세, A/S 정보를 입력합니다.

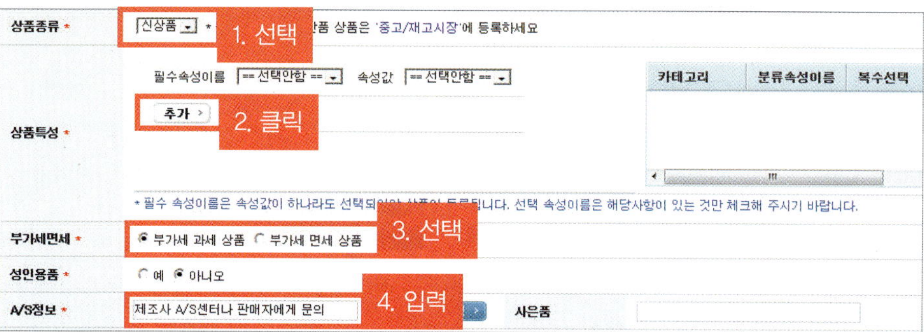

- **상품종류** : 등록하는 상품의 신상품 여부를 표시합니다. 중고/재고/전시/반품 상품의 경우는 중고/재고장터에 등록합니다.
- **상품특성** : 판매하려고 하는 상품의 카테고리 및 특성을 추가합니다.

06 상품상세설명을 등록하기 위해 [무료 이미지호스팅] 버튼을 클릭합니다.

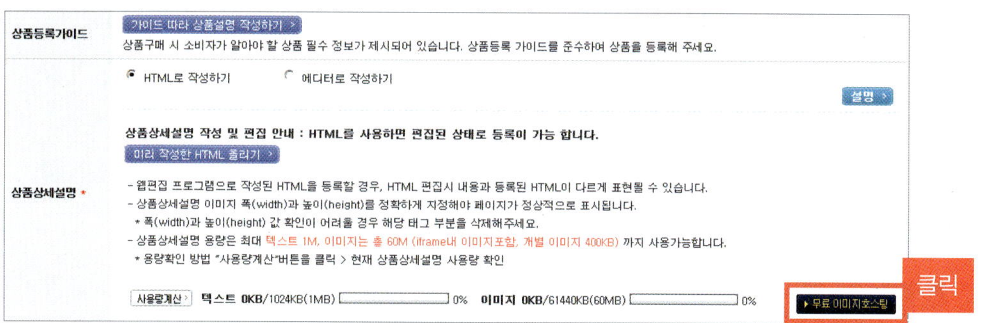

상품상세설명 등록 유형

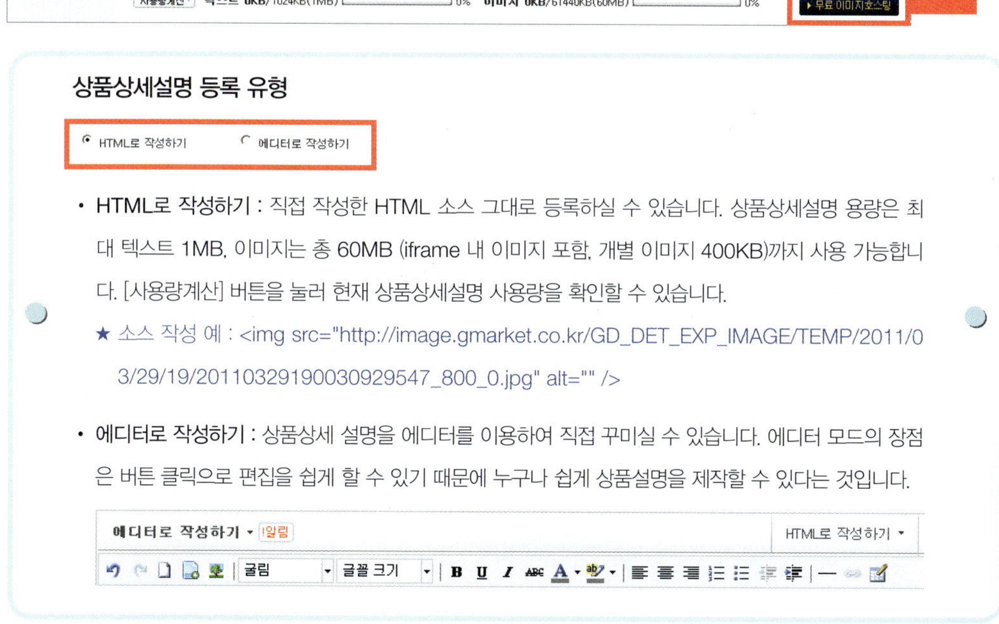

- **HTML로 작성하기** : 직접 작성한 HTML 소스 그대로 등록하실 수 있습니다. 상품상세설명 용량은 최대 텍스트 1MB, 이미지는 총 60MB (iframe 내 이미지 포함, 개별 이미지 400KB)까지 사용 가능합니다. [사용량계산] 버튼을 눌러 현재 상품상세설명 사용량을 확인할 수 있습니다.

  ★ 소스 작성 예 : <img src="http://image.gmarket.co.kr/GD_DET_EXP_IMAGE/TEMP/2011/03/29/19/20110329190030929547_800_0.jpg" alt="" />

- **에디터로 작성하기** : 상품상세 설명을 에디터를 이용하여 직접 꾸미실 수 있습니다. 에디터 모드의 장점은 버튼 클릭으로 편집을 쉽게 할 수 있기 때문에 누구나 쉽게 상품설명을 제작할 수 있다는 것입니다.

O7 상품 상세설명에 입력할 사진을 왼쪽 화면에서 선택하여 ➡ 버튼을 클릭합니다. 그리고 [이미지 태그만들기] 버튼을 클릭합니다.

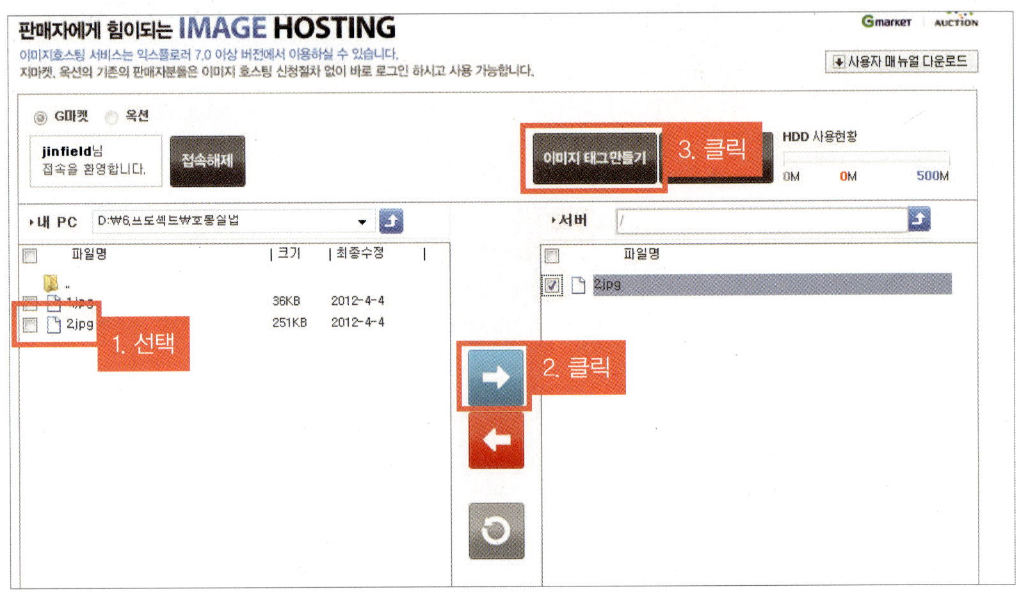

O8 이미지 태그 만들기 화면에서 [HTML복사] 버튼을 클릭합니다. 복사를 하고 이미지 태그 만들기 화면을 닫은 후에 G마켓 상품 등록 화면으로 이동합니다.

09 G마켓 상품 등록 화면에서 오른쪽 버튼을 클릭한 후에 붙여넣기 합니다.

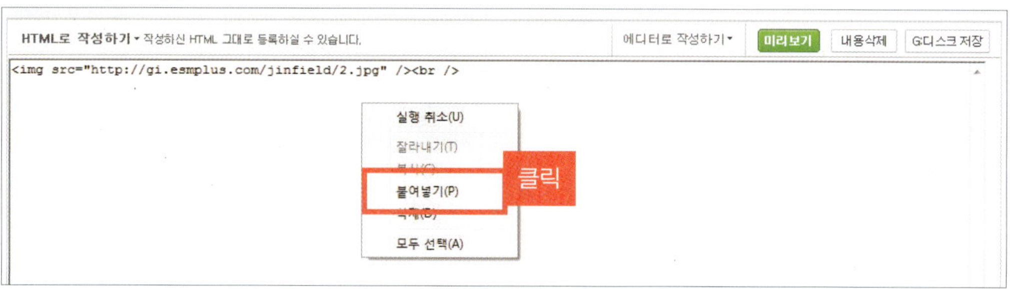

10 상품 목록 이미지를 등록하기 위해 기본이미지 항목의 [등록/수정] 버튼을 클릭합니다.

11 이미지 등록/수정 페이지에서 [이미지 등록] 버튼을 클릭하여 등록하려고 하는 목록 사진을 선택
    하여 적용하고 [저장] 버튼을 클릭합니다.

12 기본 이미지가 등록된 것을 확인합니다.

13 판매가, 상품수량 등 가격/선택정보를 설정합니다.

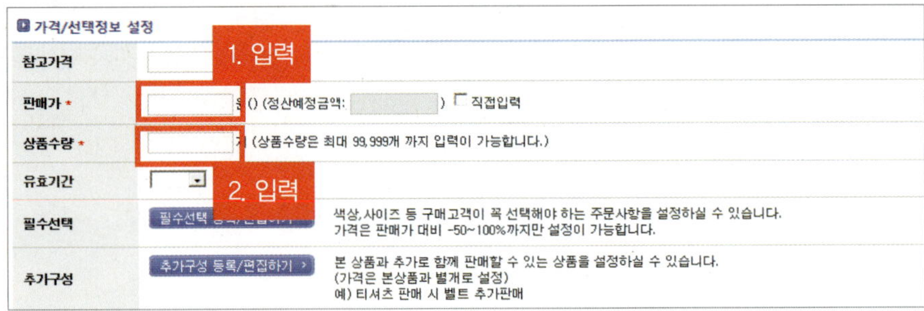

- **판매가** : 등록 상품이 판매될 실제 가격입니다. 정산 예정 금액은 해당 상품의 수수료를 제하고 판매자가 최종적으로 받게 되는 금액입니다.
- **상품수량** : 판매할 상품의 개수를 입력합니다.

14 배송비 설정 및 배송 정보를 입력합니다.

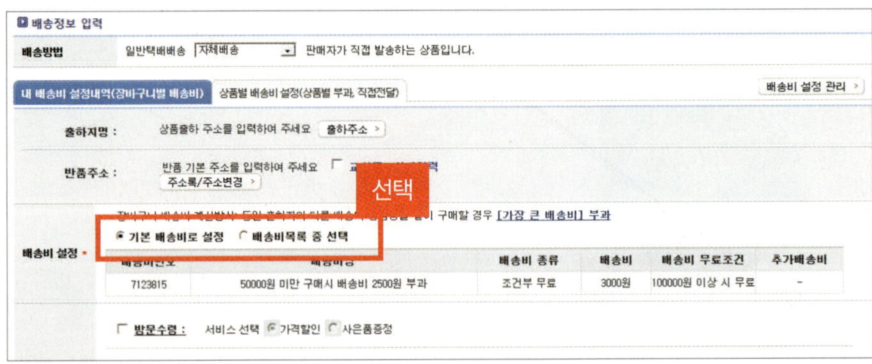

배송비 설정

해당하는 배송비 메뉴를 선택하고 나타나는 메뉴에서 설정/수정을 할 수 있습니다.

- **상품 출하/ 판품/ 교환 주소** : 상품출하주소는 구매 요청이 들어와 판매자가 상품을 보내려고 할 때, 상품이 나가는 주소, 즉 택배사가 상품을 수령해 갈 주소를 말하며 이용하실 지정 택배사를 고려하여 입력하면 유용합니다. 반품교환주소는 구매 고객이 반품 혹은 교환을 원할 시 상품을 받을 주소입니다.

- **반품/교환비 설정** : 상품판매 후, 고객이 반품 혹은 교환신청을 할 때 발생하는 배송 비용입니다. '기본값으로 적용' 시에는 [반품시 배송비–2,500원/교환시 왕복배송비–5,000원]으로 자동 설정되며 '상품별 설정값 적용' 시에는 특정 상품에 대하여 별도의 반품/교환 배송비를 설정하실 수 있습니다.

★ '여러 배송비 중 선택'을 클릭하게 되면 기본 배송비처럼 세부적으로 내용이 나와 있습니다. 예를 들어 2만~5만원 구입 배송비 1000원 등 여러 유형의 미리 설정되어 있는 배송비 리스트가 나옵니다.

반품/교환 시 배송비

① 반품 시 배송비

- '구매의사 취소' 또는 '사이즈 · 색상 등의 불만족'의 경우 :

    – 처음 상품 배송 시 배송비 착불, 유료 등으로 지불한 경우 → 반품 편도 배송비 2,500원

    – 처음 상품 배송 시 배송비 무료의 경우 → 반품 왕복 배송비 5,000원

- 상품 파손, 배송지연(구매자 결제 완료 후 7일 이상), 사이즈 · 색상 등 다른 상품 오배송 등의 경우 : 무료

② 교환 시 배송비

- 상품 파손/훼손 등의 하자 경우 : 무료

- 사이즈 · 색상 등의 변경 경우 : 왕복 배송비 2,500원

- 사이즈 · 색상 등의 다른 상품 오배송의 경우 : 무료

15 상품의 시각적 주목도를 높여주는 아이템을 설정 등록합니다. 해당 광고 선택 시 전시 기간 및 광고 비용이 표시됩니다.

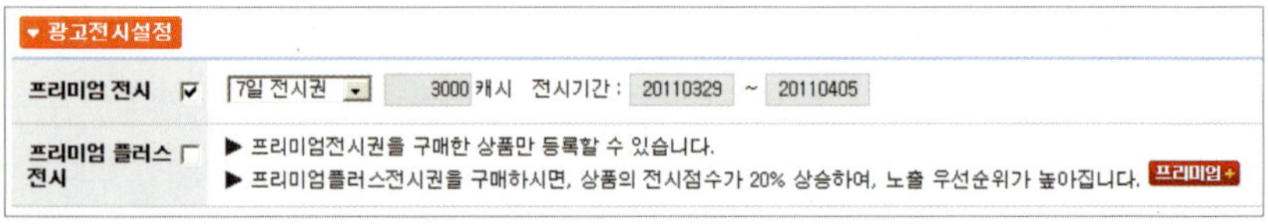

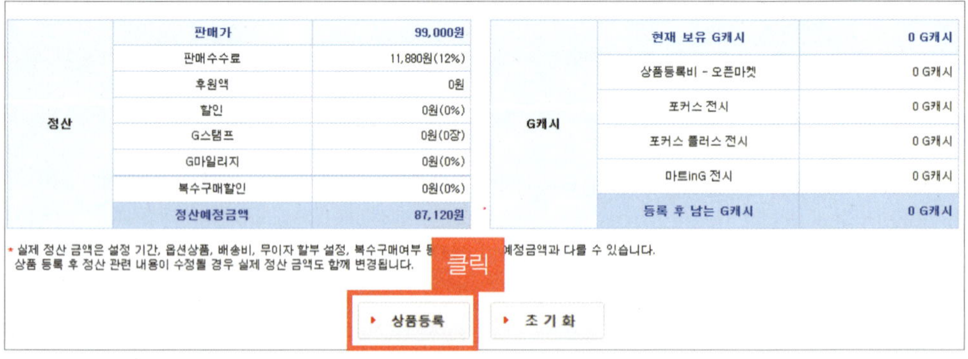

포커스 전시란?

아래 그림처럼 G마켓 처음 화면 포커스 아이템 자리에 전시되는 광고를 말합니다.

16 [상품등록] 버튼을 클릭하여 상품 등록을 완료합니다.

정산	판매가	99,000원		현재 보유 G캐시	0 G캐시
	판매수수료	11,880원(12%)	G캐시	상품등록비 - 오픈마켓	0 G캐시
	후원액	0원		포커스 전시	0 G캐시
	할인	0원(0%)		포커스 플러스 전시	0 G캐시
	G스탬프	0원(0장)		마트inG 전시	0 G캐시
	G마일리지	0원(0%)			
	복수구매할인	0원(0%)			
	정산예정금액	87,120원		등록 후 남는 G캐시	0 G캐시

* 실제 정산 금액은 설정 기간, 옵션상품, 배송비, 무이자 할부 설정, 복수구매여부 등에 따라 예정금액과 다를 수 있습니다.
  상품 등록 후 정산 관련 내용이 수정될 경우 실제 정산 금액도 함께 변경됩니다.

클릭

▶ 상 품 등 록   ▶ 조 기 화

17 상품이 등록된 것을 확인할 수 있습니다.

판매방식별 수수료

- 오픈마켓 : 기본 판매수수료는 12%이나, 카테고리마다 별도 수수료가 적용될 수 있습니다.

대분류명	중분류명	수수료율	대분류명	중분류명	수수료율
노트북/데스크탑	전체	8%	게임/모바일/음악/운세	전체	40%
	데스크탑 본체	6%	모니터/프린터/부품	전체	8%
	데스크탑 세트	6%		모니터	6%
	노트북 11형 이하	6%		잉크젯복합기-정품	6%
	노트북 12형	6%		잉크젯프린터-정품	6%
	노트북 13형	6%		레이져프린터	6%
	노트북 14형	6%		레이져복합기	6%
	노트북 15형 이상	6%		LED모니터	6%
여성의류/패션	전체	12%		잉크젯복합기-무한	6%
화장품/향수/이미용	전체	12%		잉크젯프린터-무한	6%
	향수	8%	휴대폰/악세서리	전체	8%
	명품화장품	8%		SKT 신규	8%
	스킨케어	8%		KT 신규	8%
	베이스메이크업	8%		LGU+ 신규	8%
	기능성/피부고민	8%		기타 통신기기	8%
	클렌징	8%		SKT 번호이동	8%
	남성용화장품	8%		SKT 보상/기변	8%
	샘플샵	8%		KT 번호이동	8%
	한방/방판화장품	8%		KT 보상/기변	8%

- **특가마켓** : 기본 판매수수료는 8%이고, 등록수수료는 다음과 같습니다.

	기간	등록비용
특가마켓 등록수수료	2주	2,000캐시
	4주	4,000캐시
	8주	8,000캐시

- **경매** : 판매수수료는 낙찰금액의 6%이며, 등록수수료는 다음 내용을 참조하시기 바랍니다.

	경매종류	기간	등록비용
경매 등록수수료	일반/천원/행운경매	1~7일	1,000캐시
		8~15일	2,000캐시
		16~30일	3,000캐시

- **예약/견적/홍보/상담/숙박** : 예약상품, 견적상품, 숙박상품의 판매수수료는 5%이고, 등록수수료는 다음 내용과 같습니다.

	상품유형	기간	등록비용
등록수수료	예약, 견적, 숙박상품	1개월	5,000캐시
		6개월	30,000캐시
		12개월	50,000캐시
	홍보, 상담상품	1개월	30,000캐시
		3개월	80,000캐시
		6개월	150,000캐시
		12개월	250,000캐시

 ## 4. 나의 미니샵 방문하기

G마켓의 미니샵은 신청을 하지 않아도 판매자라면 누구나 자동으로 만들어집니다. 미니샵은 자신이 등록한 상품을 관리하고 판매할 수 있는 곳입니다.

O1 G마켓 미니샵에 방문하기 위해 로그인 한 후에 [나의쇼핑정보 〉 나의미니샵]을 클릭합니다.

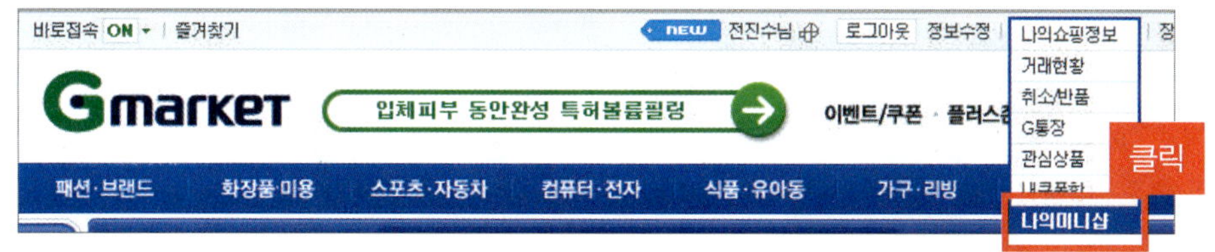

O2 기본 미니샵에 접속되는 것을 확인할 수 있습니다. [미니샵관리] 메뉴를 통해 미니샵을 꾸밀 수 있습니다.

O3 미니샵관리 메뉴를 통해 부분 디자인을 진행할 수 있습니다.

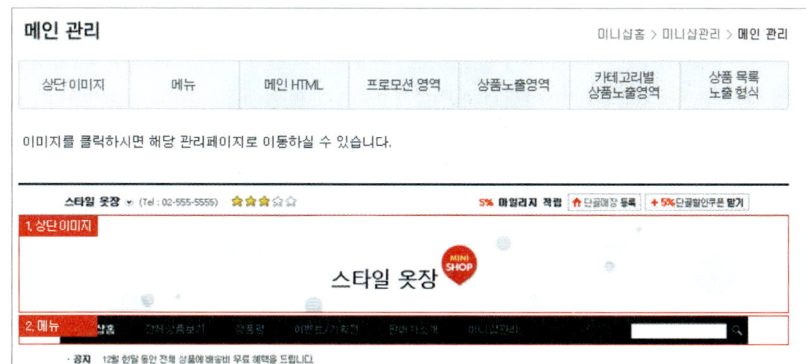

3. 메인 HTML
OUTER
KNIT
SHIRT / BLOUSE
COTTON
DRESS
PANTS / SHORT
BAG / SHOES
FASHION POINT
ONLY SALE

NOTICE
Q&A
REVIEW

SENSITIVITY
by chic DJ
DRESS ROOM

4. 프로모션
오늘만 특가
ROCK & REPUBLIC
JAMES PERSE LOS ANGELES
les petite
VIN
TRANS
American Vin
americana
러블리 스위하트 스웨터
모자 세트 오늘만 특가
49,900원
러블리 스위하트 스웨터
모자 세트 오늘만 특가
49,900원
러블리 스위하트 스웨터
모자 세트 오늘만 특가
49,900원

5. 상품노출
러블리 스위하트 스웨터 모자
세트 오늘만 특가
19,939,900 12,999,900원
러블리 스위하트 스웨터 모자
세트 오늘만 특가
19,939,900 12,999,900원
러블리 스위하트 스웨터 모자
세트 오늘만 특가
19,939,900 12,999,900원
러블리 스위하트 스웨터 모자
세트 오늘만 특가
19,939,900 12,999,900원

6. 카테고리별
상품노출
신상품
신상품
신상품
금장단추 견장
밀리터리 바바리
699,000
금장단추 견장
밀리터리 바바리
699,000
금장단추 견장
밀리터리 바바리
699,000
러블리 스위하트
스웨터 모자 세트 오
49,900원
러블리 스위하트
스웨터 모자 세트 오
49,900원
러블리 스위하트
스웨터 모자 세트 오
49,900원
러블리 스위하트
스웨터 모자 세트 오
49,900원
러블리 스위하트
스웨터 모자 세트 오
49,900원
러블리 스위하트
스웨터 모자 세트 오
49,900원

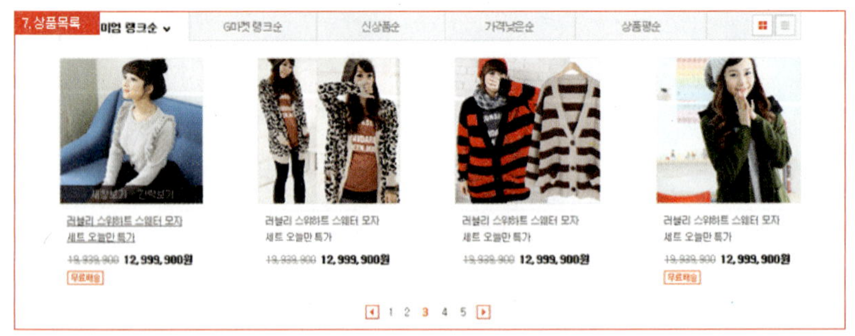

7. 상품목록
미엽 랭크순
G마켓 랭크순
신상품순
가격낮은순
상품평순
러블리 스위하트 스웨터 모자
세트 오늘만 특가
19,939,900 12,999,900원
무료배송
러블리 스위하트 스웨터 모자
세트 오늘만 특가
19,939,900 12,999,900원
러블리 스위하트 스웨터 모자
세트 오늘만 특가
19,939,900 12,999,900원
러블리 스위하트 스웨터 모자
세트 오늘만 특가
19,939,900 12,999,900원
무료배송
1 2 3 4 5

11번가

11번가도 옥션, G마켓과 같이 회원 가입을 하고 상품 관련 기본 정보를 입력할 수 있으면 누구나 상품을 등록하여 판매자가 될 수 있습니다. 다른 점이 있다면 상품을 등록하기 위해서는 범용 공인인증서가 있어야 한다는 점입니다. 은행 등에서 사용하는 무료 공인인증서로는 등록할 수 없고 범용 공인인증서가 반드시 있어야 합니다.

 ## 1. 11번가 회원 가입하기

11번가 회원은 구매만을 목적으로 하는 일반회원과, 구매 및 판매활동을 할 수 있는 셀러회원으로 구분됩니다.

일반회원이란 구매를 목적으로 하는 회원을 말하는데, 개인 구매회원과 사업자 구매회원으로 구분됩니다. 개인 구매회원은 구매만을 목적으로 하는 일반회원(만 14세 이상)이고 사업자 구매회원은 법인 정보로 등록한 구매를 목적으로 하는 사업자 회원을 말합니다.

셀러회원은 판매를 목적으로 하는 회원으로, 개인 셀러회원과 사업자 셀러회원, 글로벌 셀러회원으로 구분됩니다. 사업자 셀러회원은 사업자등록증을 가진 개인 또는 법인 사업자로 가입 신청 이후 승인에 필요한 구비 서류를 제출해야 합니다.

개인 셀러회원은 사업자등록을 하지 않고 개인적으로 판매와 구매를 목적으로 할 때 등록하는 회원입니다.

글로벌 셀러회원은 해외 브랜드 상품을 판매하는 해외 또는 국내에 소재한 개인 및 사업자 셀러를 말합니다. 즉, 국내거주 개인셀러, 국내거주 사업자셀러, 해외거주 개인셀러, 해외거주 사업자셀러로 나눠지게 됩니다. 해외에 소재한 판매자는 판매만 가능하고 구매는 불가능합니다.

사업자 셀러의 구비서류

사업자등록증 사본 1부

법인명의 통장사본 1부 (개인사업자의 경우 대표자통장)

법인(개인) 인감증명서 원본 1부(최근 3개월 이내 발급분)

통신판매업 신고증 사본 1부 (간이과세자는 관할 시,구,군청 담당자에게 문의)

O1 회원 가입을 진행하기 위해 11번가 메인화면에서 [회원가입] 버튼을 클릭합니다.

O2 회원가입 페이지에서 원하는 회원유형을 선택합니다. 여기서는 [개인 셀러회원]을 선택하였습니다.

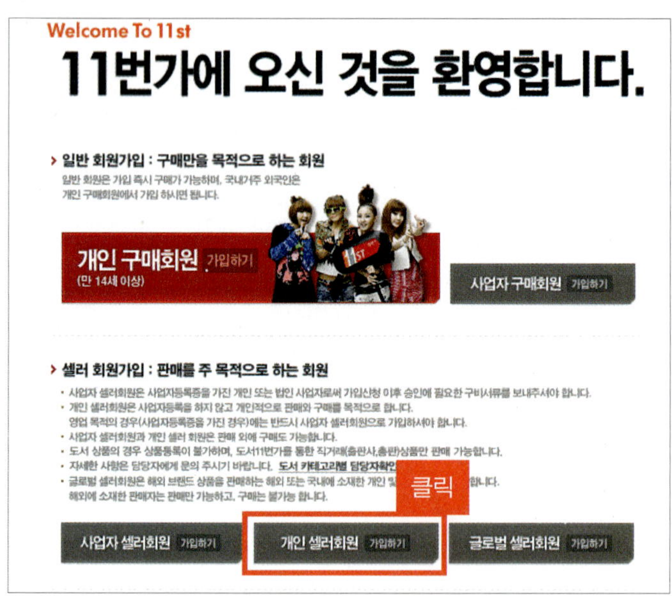

03 개인 셀러 약관의 내용을 살펴본 후에 구매이용약관과 판매이용약관, 전자금융거래 이용약관의 동의함에 체크합니다.

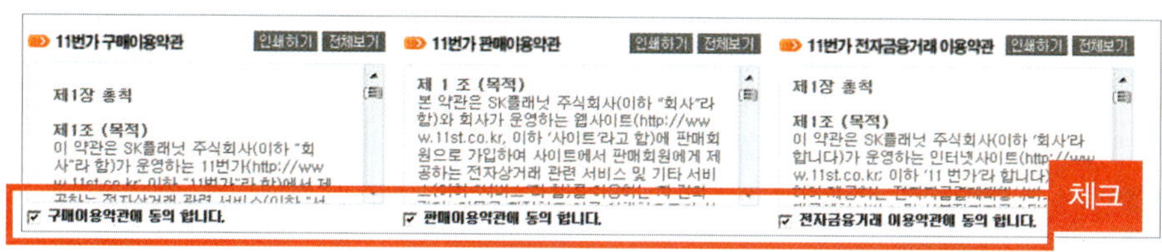

04 11번가 개인정보 수집 및 이용에 대한 안내와 변동 서비스 이용료 정책 안내에 동의함에 체크합니다.

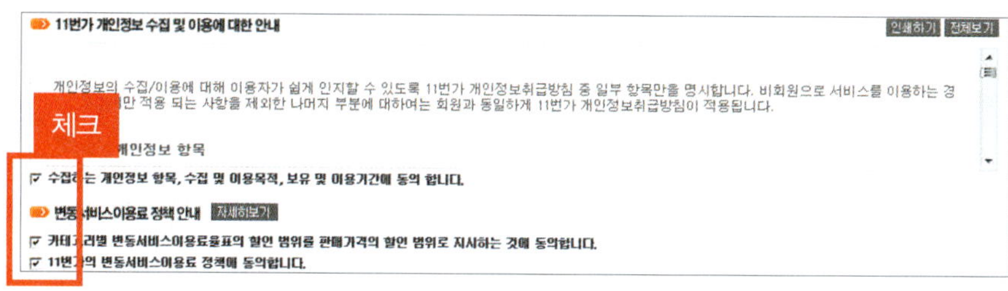

05 실명 및 가입 여부 확인 화면에서 실명확인 유형을 선택하고 개인 정보를 입력한 후 실명 확인을 진행합니다.

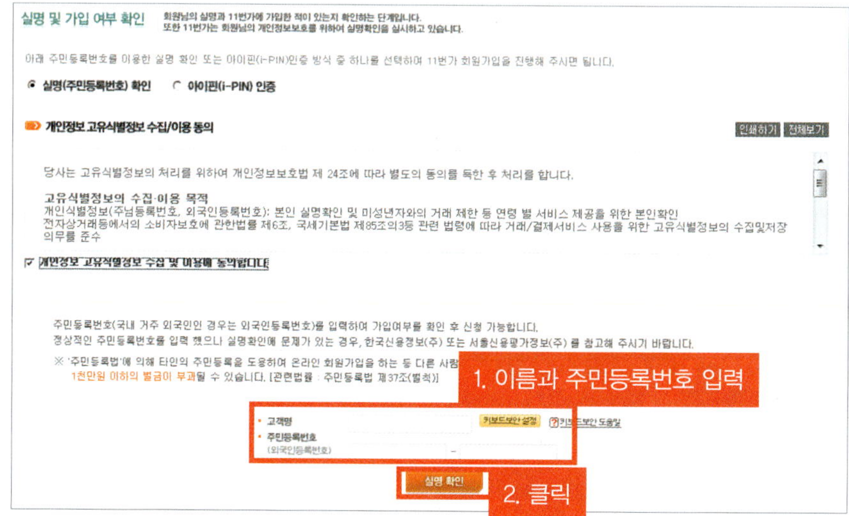

06 개인 셀러 회원 정보를 입력하고 하단에 있는 [확인] 버튼을 클릭하여 가입을 완료합니다.

일반회원에서 판매회원으로 전환하기

일반회원으로 가입했다가도 판매회원으로 전환할 수 있습니다.

❶ 11번가에서 로그인을 한 후에 화면의 상단에 있는 [회원정보]를 클릭합니다.

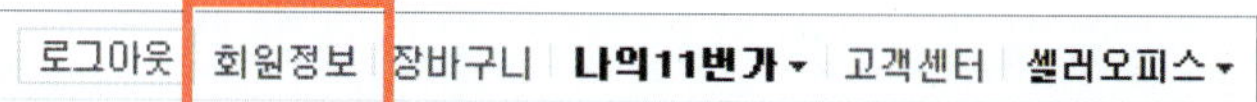

❷ 회원정보 관리 페이지에서 [회원 전환] 메뉴를 선택합니다.

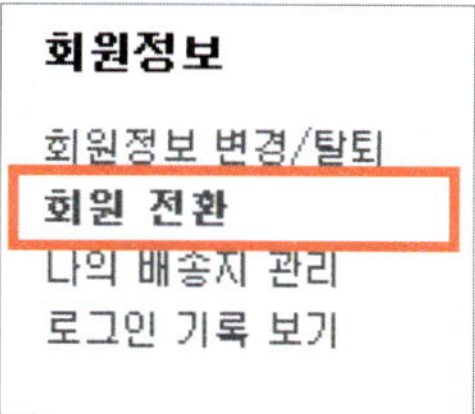

❸ 11번가 판매이용 약관을 읽어본 후 '판매이용약관에 동의를 합니다.'에 체크를 합니다. 그리고 변동서비스 이용료 정책 안내를 살펴본 후 동의함에 체크를 합니다.

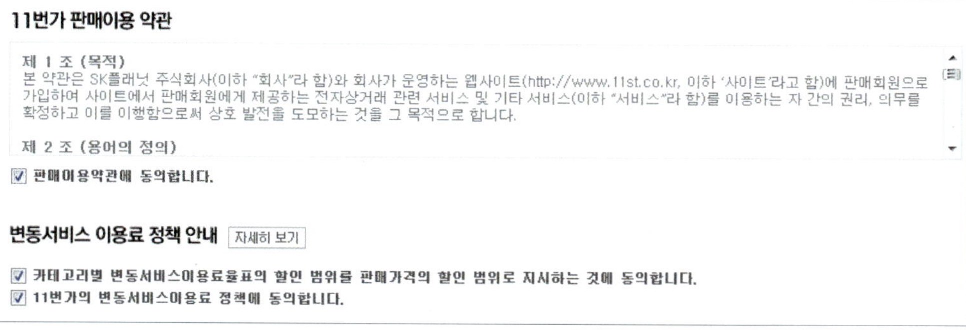

❹ 일반회원 가입을 할 때 입력하지 않았던 추가 정보를 입력합니다.

추가정보입력 | 개인셀러회원은 휴대폰번호, 전화번호, 공인인증서는 필수입력사항입니다.　　　✔ 표시는 필수 입력사항입니다

닉네임 ✔	[　　　　　] * 띄어쓰기 없는 영문소문자, 숫자, 한글 포함 3~10자 사용가능
공인인증서 ✔	[공인인증서 확인하기] [공인인증서 도움말] 개인셀러를 대상으로 범용 공인인증서를 통한 본인확인 과정을 의무사항으로 적용 중에 있습니다. 타인의 개인정보를 도용한 피해 방지 및 개인셀러의 개인정보보호, 신원확인 등을 목적으로 하고 있습니다. * 공인인증서를 양도 또는 대여 하거나 행사할 목적으로 다른 사람의 공인인증서를 양도 또는 대여 받을 경우, 전자서명법 제32조 4항에 의거하여 처벌 받게 됩니다.
정산대금 수령방법 ✔	◉ 판매입금계좌 ◉ 셀러 캐쉬
정산 입금계좌 ✔	은행명 [농협 ▼]　예금주명 [전진수]　계좌번호 [　　　] [계좌번호 인증] * '-'없이 숫자 만 입력
납세관리인 동의	◉ 동의 ◉ 동의안함 [상세보기] 납세관리인 동의를 하시면 11번가는 회원님의 납세관리인으로서 납세의무를 대행합니다.
출고지 주소 ✔	판매상품을 보내실 기본주소입니다. 주소명 [　　　]　　　이름 [　　　] 연락처 1 [선택 ▼] - [　　] - [　　]　연락처 2 [선택 ▼] - [　　] - [　　] 주소 [　　] - [　　] [우편번호 찾기] [　　　　　　　　　]
반품/교환지 주소 ✔	판매상품을 회수하실 기본주소입니다. ☐ 출고지주소와 동일함 주소명 [　　　]　　　이름 [　　　] 연락처 1 [선택 ▼] - [　　] - [　　]　연락처 2 [선택 ▼] - [　　] - [　　] 주소 [　　] - [　　] [우편번호 찾기] [　　　　　　　　　]

❺ '상품판매시 세금관련 유의사항'과 '개인판매자 납세관리 안내'를 확인한 후 [확인] 버튼을 클릭하여 전환을 완료합니다.

[상품판매시 세금관련 유의사항]
· 지속적으로 11번가를 통해 상품을 판매하는 판매자는 사업자 등록 후 상품을 판매하셔야 합니다.
· 만약 사업자 등록없이 지속적으로 상품을 판매할 경우 관련 법규에 따라서 가산세 등 불이익을 받으실 수 있음을 알려드립니다.
· 또한, 11번가에서 상품을 판매한 모든 판매자들의 판매자료(현금영수증 발행내역과 카드결제내역, 휴대폰결제내역 등)는 국세청의 요청에 따라 제공될 수 있음을 알려드립니다.
· 특히 과세기간(6개월)동안 판매대금이 1,200만원 이상인 고객께서는 반드시 사업자 등록을 해주시기 바랍니다.

[개인판매자 납세관리 안내]
· 과세기간의 판매금액이 600만원 이상 1,200만원 미만이고 판매건수가 10회 이상인 개인 구매회원께서 납세관리인 동의를 설정하시면 11번가는 회원님의 납세관리인이 되어 사업자등록 신청대리 및 부가가치세 신고를 대리합니다.
· 과세기간의 판매금액이 1,200만원 이상이면 개별등록 대상이므로 아직 사업자등록을 안 하셨다면 관할세무서에 등록하고 부가가치세 등을 스스로 신고, 납부하여야 합니다.
· 만약 사업자등록을 하지 않고 적발될 경우 미등록, 무신고, 무납세, 가산세 등 세금이 부과될 수 있습니다.
· 납세관리인 동의안함을 선택하신 회원께서는 별도로 사업자등록을 하시고 부가가치세 등을 스스로 신고, 납부하여야 합니다.

[확인]　[취소]

2. 11번가에 상품 등록하기

상품 등록 단계는 7단계로 구성되어 있습니다.

첫 번째 단계는 판매자가 판매하려고 하는 상품의 판매방식 및 카테고리를 선택하는 단계입니다. 이 단계에서는 판매자가 여러 상품을 취급할 때, 브랜드/상품별로 닉네임을 각각 설정하여 노출할 수 있습니다. 판매방식은 고정가 판매, 공동구매, 예약판매, 중고판매 중 선택해서 판매를 진행할 수 있습니다.

두 번째 단계는 상품 기본 정보 입력 단계입니다. 제조사/브랜드/모델명 등을 포함한 상품의 기초 정보를 등록하는 단계입니다.

세 번째 단계는 추가 상세정보를 입력하는 단계입니다. 제조사/브랜드, 제조일자 및 유효일자를 입력합니다. 가격비교 사이트 등록 설정 시, 상품을 무료로 가격비교 사이트에 등록할 수 있습니다.

네 번째는 판매정보 입력 단계입니다. 판매기간/판매가, 상품옵션/사은품 등의 판매정보를 등록합니다.

다섯 번째는 배송정보 입력 단계입니다. 배송비 설정 및 배송지역 등 배송과 관련된 정보를 설정하는 단계입니다.

여섯 번째는 리스팅 광고 설정 단계입니다. 리스팅 광고에 해당하는 플러스, 플러스up, Gif 이미지, 배경색, 볼드체를 구매 설정할 수 있습니다.

일곱 번째는 서비스 이용료 결제 단계입니다. 서비스 이용료 및 부가서비스에 대해 셀러캐시/셀러포인트로 결제합니다.

O1 11번가에 상품을 등록하기 위해 '셀러오피스'를 클릭합니다.

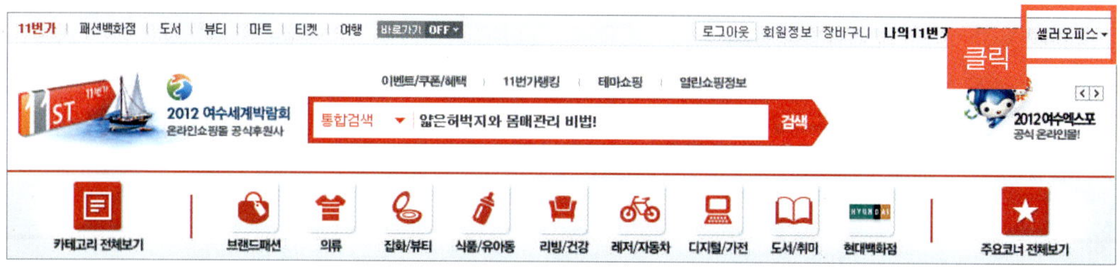

02 [상품관리 〉 상품등록] 메뉴를 클릭합니다.

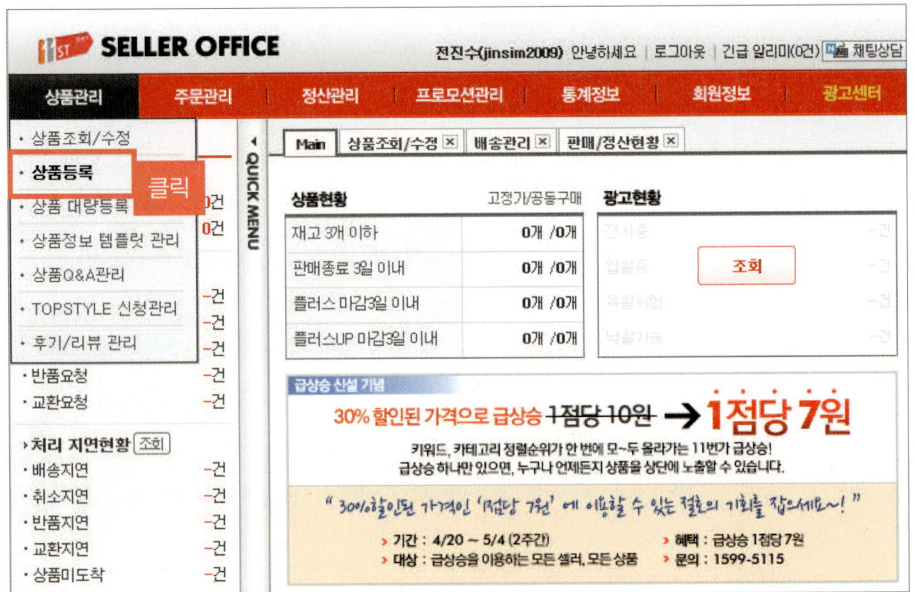

03 판매방식 및 카테고리를 설정합니다.

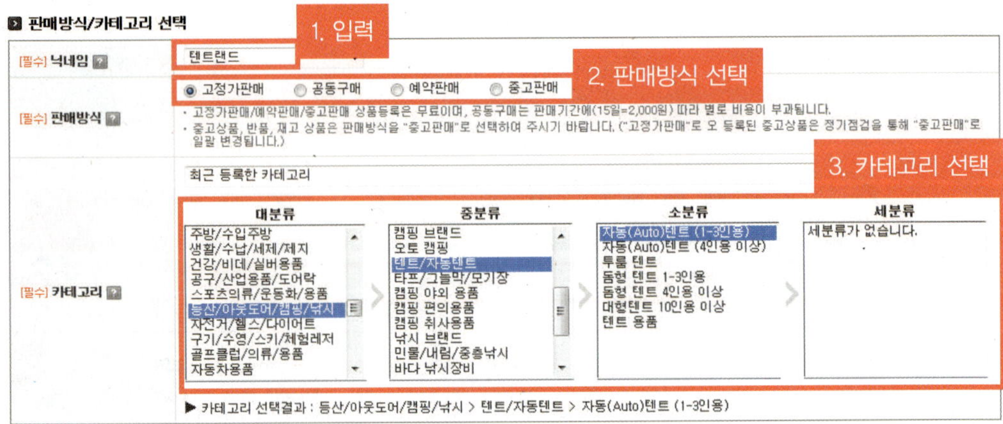

 상품기본정보를 입력합니다.

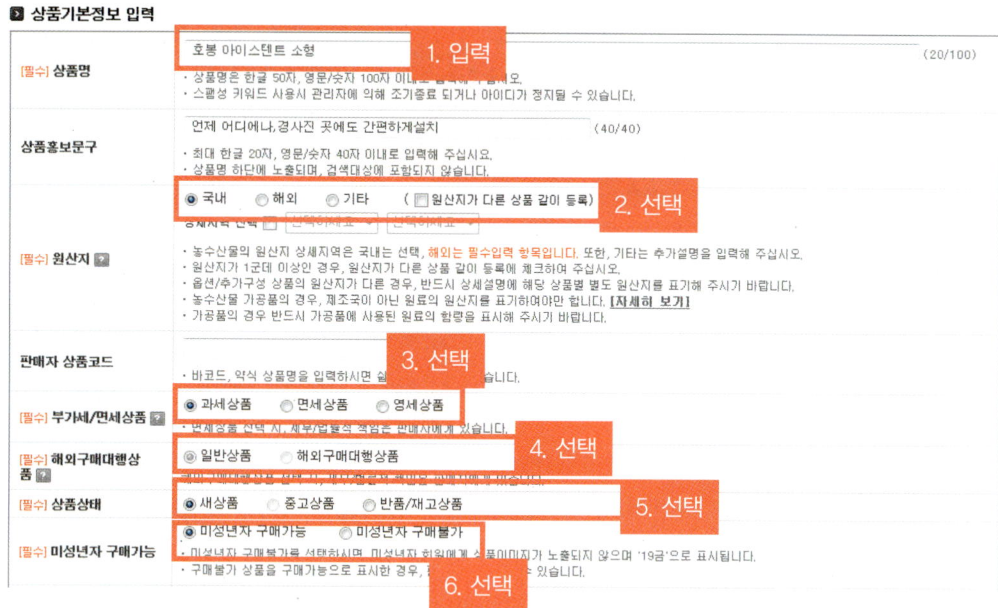

 이미지 등록 항목에서 대표 이미지를 등록하기 위해 [찾아보기] 버튼을 클릭하여 상품 대표 이미지를 등록합니다. 이미지 등록은 상품에 대한 기본 정보로, 300X300 이미지를 기본으로 등록하며, 추가 이미지, 목록 이미지(사용자가 검색했을 때 나오는 목록의 이미지) 등을 등록할 수 있습니다. (목록 이미지는 자동 리사이징됩니다.)

06 상세 설명을 등록합니다. '편집기 사용'을 선택하고 기본 내용을 입력합니다.

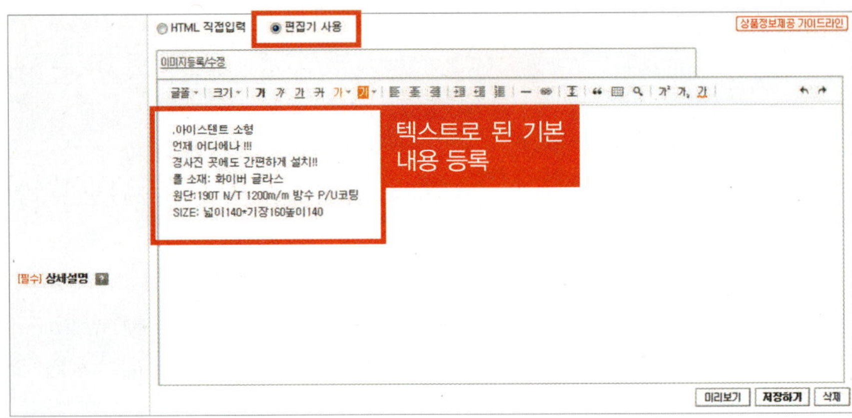

07 '이미지등록/수정'을 클릭하여 이미지를 등록합니다. 등록된 이미지를 확인하고 [저장하기] 버튼을
클릭합니다.

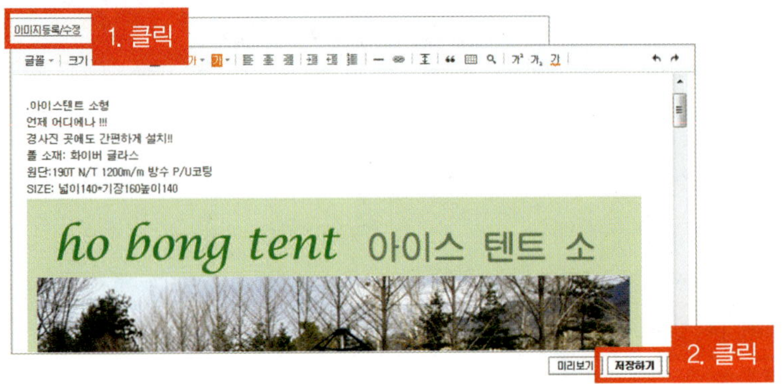

08 인증정보 및 그 외 세부정보를 입력합니다. 필수 항목은 아니지만 사용자에 따라 필요한 항목이
있을 경우 입력합니다.

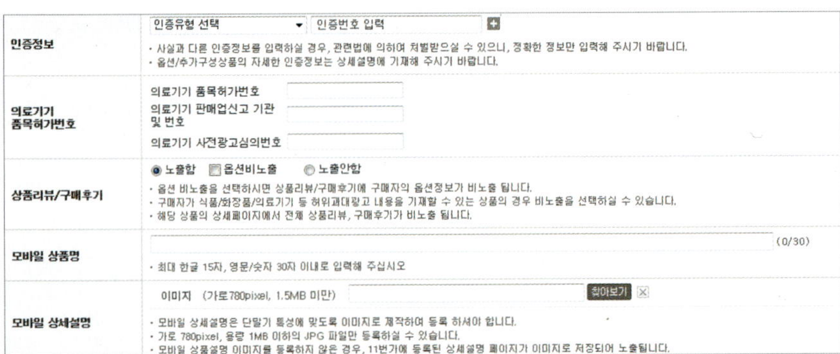

- **인증정보** : 판매 상품이 각종 법률에 의한 인증 대상일 경우 인증받은 내역을 꼭 기재합니다. 상품상세 화면 상단에 입력한 정보가 노출됩니다.

- **상품리뷰/구매후기** : 구매자가 식품/화장품/의료기기 등 허위·과대 광고 내용을 기재할 수 있는 상품의 경우 [노출안함]을 선택할 수 있습니다.

- **모바일 상품명** : 모바일 11번가에 상품 노출 시 표시되는 상품명을 기입합니다. 최대 한글 15자, 영문/숫자 30자 내로 입력합니다.

- **모바일 상세설명** : 가로 780pix 미만, 1MB 미만의 JPG 파일만 가능합니다.

O9 추가 상세 정보를 입력합니다.

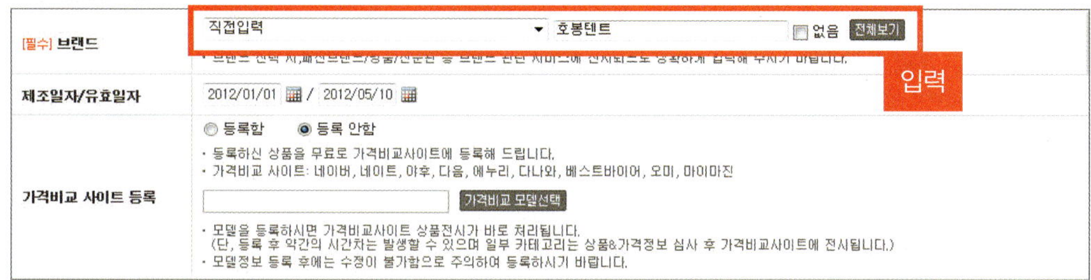

- **브랜드** : 브랜드 선택 시, 패션브랜드/명품/전문관 등 브랜드 관련 서비스에 전시되므로 정확하게 입력해 주시기 바랍니다.

- **제조일자/유효일자** : 구제조일자/유효일자를 등록합니다.
  – 농축수산물/식품/화장품/분유/이유식 & 수입 화장품등의 상품은 반드시 입력하셔야 합니다.

- **가격비교 사이트 등록** : '가격 비교 모델선택'을 클릭 하면 모델최저가 상세정보 팝업 화면이 열립니다. [카테고리] 정보 조회를 통해 해당 상품을 선택하고, '등록'을 클릭하여 모델 등록이 완료되면 가격비교사이트에 상품이 전시됩니다.

10 판매정보를 입력합니다.

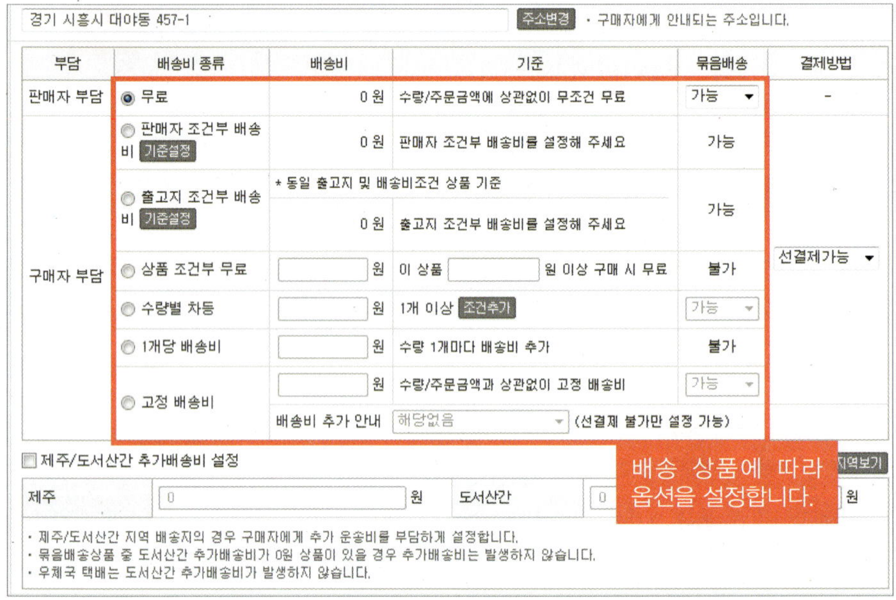

- **판매기간** : 상품을 전시할 수 있는 기간을 설정합니다.

- **판매가** : 상품을 판매할 때 판매가를 설정할 수 있습니다. 판매 등록 시 자동으로 서비스 이용료를 계산할 수 있어 편리합니다.

11 배송비 설정 및 추가배송비 설정을 합니다.

- **판매자 부담** : 주문 금액에 상관없이 모든 배송비를 판매자가 부담합니다.

- **구매자 부담** : 배송 상황에 따라 배송비를 차등 조절할 수 있습니다.

- **추가 배송비 설정** : 제주/도서산간 추가 배송비를 설정합니다.

12 반품/교환 및 A/S정보를 입력합니다.

[필수] 반품/교환 배송비 [?]	• 구매자의 귀책사유로 반품/교환 건이 발생한 경우, 구매자가 지불해야 하는 배송비용입니다. • 반품/교환배송비가 서로 다를 경우, 가장 큰 금액기준으로 반품/교환 배송비가 구매자에게 부과 됩니다. • 구매자 귀책에 의해 지불되어야 할 택배비는 상품금액과 함께 판매자님께 정산됩니다. 　단, 구매자가 반품/교환비를 오프라인으로 결제한 경우에는 정산금액에 반품/교환 배송비가 포함되지 않습니다. 반품 배송비　편도　2,500 원　▶ 초기배송비 무료시 부과방법 ○ 왕복(편도x2) ● 편도 교환 배송비　왕복　5,000 원
[필수] A/S 안내	보내시기 전에 먼저 연락주시기를 바랍니다. 전화: 031-318-5475 주소: 경기 시흥시 대야동 457-1
[필수] 반품/교환 안내 [?]	반품및 교환의 경우 연락주시고 아래 주소로 보내주시면 됩니다. 전화: 031-318-5475

소비자의 정당한 청약철회를 방해하는 문구를 기재하실 경우 판매 금지 될 수 있습니다.[자세히보기]
• 상품상세 페이지에 안내되는 내용으로, 반품/교환 문의를 줄이실 수 있습니다.

- **반품/교환 배송비** : 반품/교환 시에 발생할 수 있는 배송비를 설정합니다. 무료 배송일 경우, 반품 시 왕복 또는 편도를 선택하여 비용 설정을 해야 합니다.
- **A/S 안내** : 상품의 A/S에 대한 안내 문구를 작성합니다.
- **반품/교환 안내** : 상품의 반품/교환에 대한 안내 문구를 작성합니다.

13 원하는 상품 광고를 설정합니다.

▶ **리스팅광고 설정**　　리스팅 광고 안내보기

종류	기간선택	결제수수료
☐ 플러스 [?]	기간 선택-------- ▼　시작일 2012-05-10 ~ 2012-05-10	0 원
☐ 플러스UP [?]	기간 선택-------- ▼　시작일 2012-05-10 ~ 2012-05-10	0 원
☐ GIF이미지 [?]	기간 선택-------- ▼　시작일 2012-05-10 ~ 2012-05-10	0 원
☐ 볼드체 [?]	기간 선택-------- ▼　시작일 2012-05-10 ~ 2012-05-10	0 원
☐ 배경색 [?]	기간 선택-------- ▼　시작일 2012-05-10 ~ 2012-05-10	0 원

리스팅광고 아이템이란?

상품 리스팅 영역에서 내 상품의 가독성을 높여주는 유료 광고 아이템입니다. 리스팅광고 아이템에는 플러스, 플러스UP, GIF이미지, 볼드체, 배경색의 5가지 상품이 있습니다.

- 리스팅 상단 노출을 도와주는 아이템 : 플러스, 플러스UP
- 내 상품의 리스팅 영역을 눈에 띄게 꾸미기 위한 아이템 : GIF이미지, 볼드체, 배경색

아이템과 기간을 직접 선택하므로 원하는 구성의 상품을 구매하실 수 있습니다.

1. 플러스

상품 리스트 상단에 우선 노출될 수 있도록 도와주는 아이템입니다.

상품 이미지 좌측 상단에 플러스 아이콘이 노출됩니다.

플러스 아이템을 적용한 상품만 플러스UP 아이템을 구매하실 수 있습니다.

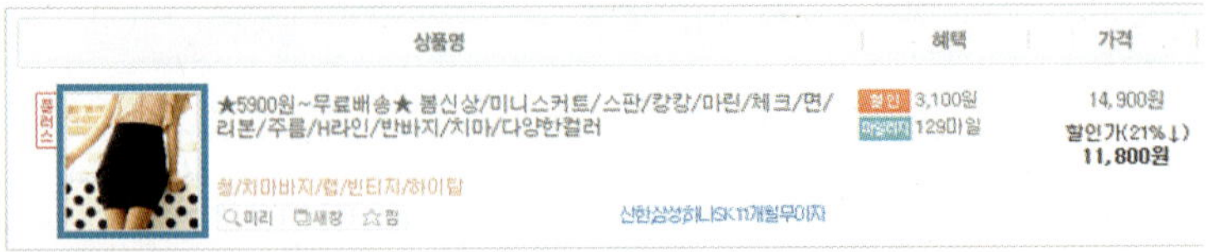

2. 플러스UP

'11번가 랭킹순' 점수 중 판매점수에 30% 가산점이 부여되는 아이템입니다.

상품명 상단에 플러스UP 아이콘이 노출됩니다.

플러스 아이템을 적용한 상품만 플러스UP 아이템을 구매할 수 있습니다.

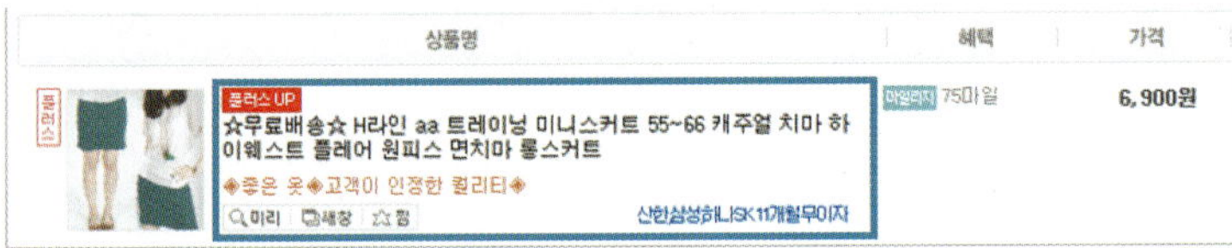

3. GIF이미지

여러 장의 상품 이미지를 노출하여 내 상품의 주목도를 높일 수 있는 아이템입니다.

셀러오피스에서 상품 이미지의 등록/수정 시, GIF 형식의 이미지를 등록하신 후 'GIF이미지' 아이템을
구매하시면 이용 가능합니다.

GIF 이미지는 최대 10장까지 전시 가능합니다.

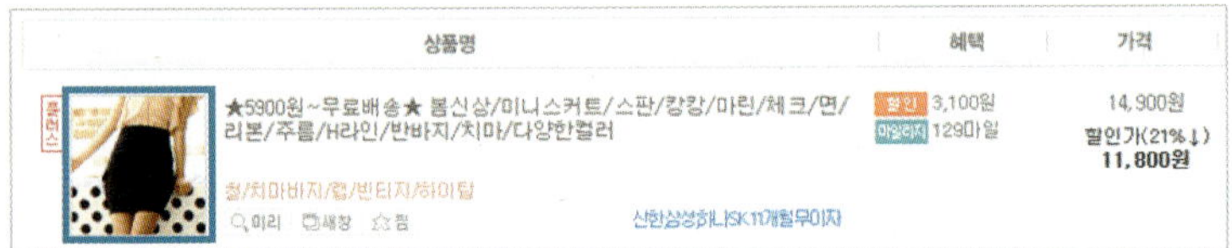

4. 볼드체

상품명을 굵게 표시하고 상품명 끝에 √ 아이콘을 붙여 상품명을 강조하는 아이템입니다.

5. 배경색

해당 상품의 리스팅 영역에 노란색 배경색을 입혀 행을 강조하는 아이템입니다.

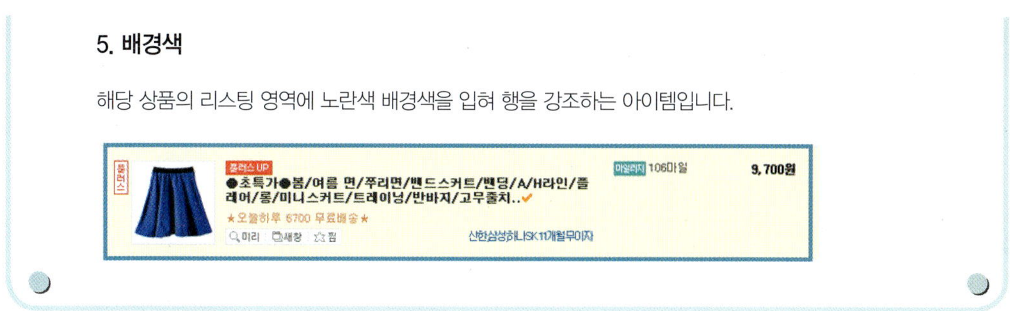

14 서비스 이용료를 확인한 후에 [상품 등록] 버튼을 클릭하여 상품을 등록합니다.

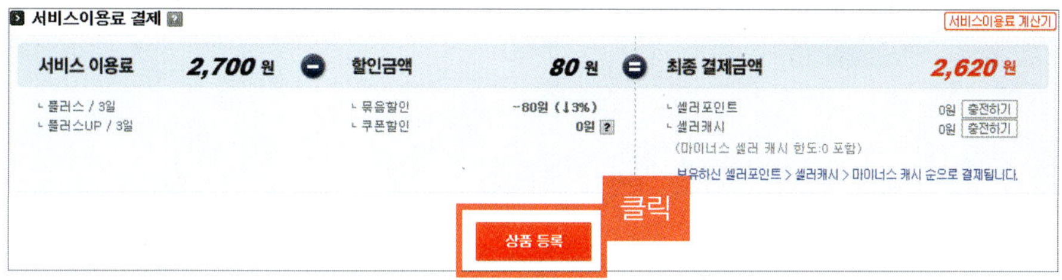

15 상품 등록이 완료된 것을 확인할 수 있습니다. [등록한 상품 확인하기] 버튼을 클릭합니다.

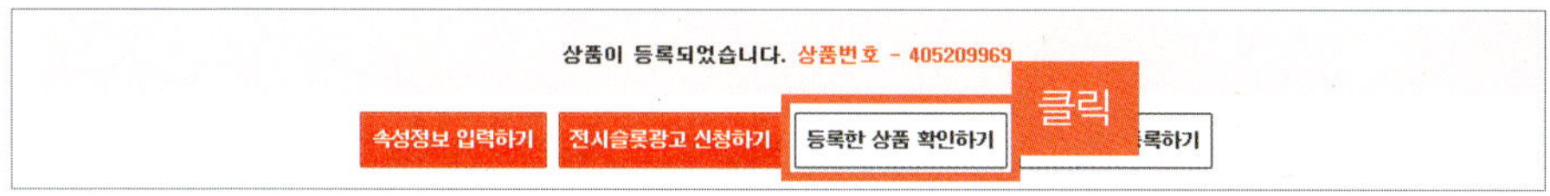

16 11번가에 상품이 정상적으로 등록된 것을 확인합니다.

Cafe24 솔루션으로 쇼핑몰 만들기

사용자가 몇 가지 설정만 하면 쇼핑몰을 오픈할 수 있도록 완성되어 있는 프로그램을 솔루션이라고 합니다. 현재 cafe24의 쇼핑몰 솔루션은 기능면, 안정성면, 확장성면에서 최고의 솔루션이라 할 수 있습니다. 그리고 무료이면서 무한대의 공간과 트래픽을 제공합니다.

카페24 쇼핑몰 솔루션에 가입하기

쇼핑몰 솔루션을 사용하기 위해서는 회원 가입을 해야 합니다. 그리고 회원 가입을 할 때 사용하는 아이디가 쇼핑몰 주소가 됩니다. 이번 장에서는 카페24 쇼핑몰 솔루션에 가입하는 방법을 알아보겠습니다.

01 카페24 쇼핑몰 센터에 접속하기 위해 인터넷 주소에 'http://echosting.cafe24.com'을 입력하고 이동합니다. 그리고 '회원가입'을 클릭합니다.

 회원인증 페이지에서 이름과 주민등록번호를 입력하고 실명인증을 받습니다.

03 정보입력 항목에서 쇼핑몰 아이디와 기본 정보를 입력합니다.

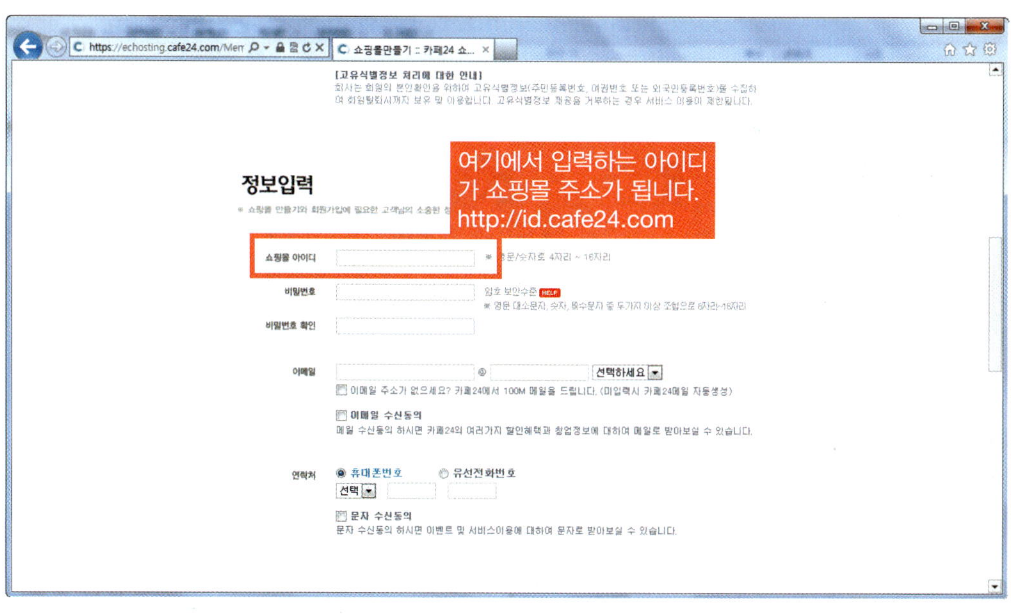

cafe24 회원은 대표아이디와 부아이디를 가질 수 있습니다. 처음에 가입한 아이디가 대표아이디로, 그 아이디로 하나의 쇼핑몰을 운영할 수 있고, 다시 새로운 아이디로 쇼핑몰을 생성하려고 할 때는 대표 아이디로 로그인 한 후에 부아이디를 만들어서 쇼핑몰을 오픈할 수 있습니다. 아이디는 무한대로 만들 수 있습니다.

04 회원약관을 확인하고 동의함에 체크한 후 [다음단계로] 버튼을 클릭합니다.

05 디자인 선택화면에서 원하는 디자인을 선택하고 [다음단계] 버튼을 클릭합니다.

cafe24 쇼핑몰 솔루션에는 두 가지 디자인 모드가 있습니다. (구)디자인 모드와 스마트 디자인 모드입니다. (구)디자인 모드는 html과 템플릿 기능으로 쇼핑몰을 완성할 수 있는 cafe24에서 이전에 사용하던 디자인 모드입니다. 그리고 현재 선택한 스마트 디자인 모드는 cafe24에서 2012년에 시작한 새로운 디자인 모드로 인터넷 표준화를 지킨 새로운 디자인 모드입니다. 스마트 디자인 모드에는 좋은 기능이 많이 있기 때문에 지금 쇼핑몰을 만드는 사용자라면 (구)디자인 모드보다 스마트 디자인으로 오픈하기를 권장합니다.

06 쇼핑몰 솔루션 신청이 완료된 것을 확인합니다.

구현되는 쇼핑몰 주소와 관리자 주소의 웹 페이지는 다음과 같습니다.

• 쇼핑몰 주소 – http://신청한ID.cafe24.com

• 관리자 주소 – http://echosting.cafe24.com/Shop

Chapter 02

스마트 모드로 쇼핑몰 쉽게 오픈하기

스마트 디자인 모드의 4단계를 따라서 진행하면 어느새 쇼핑몰이 완성됩니다. 그 단계 중 로고 등록과 상품 등록을 해야 하는 과정이 있으므로 로고와 상품을 미리 준비해 놓으면 책의 과정을 따라 진행할 때 각자의 로고와 상품으로 쇼핑몰을 오픈할 수 있습니다.

01 쇼핑몰 관리자 페이지에 접속하기 위해 인터넷 주소에 http://echosting.cafe24.com/shop을 입력하고 이동하여 로그인합니다.

대표운영자, 부운영자, 공급사로 로그인을 할 수 있습니다. 현재는 대표운영자로 로그인을 하지만 부운영자가 필요할 경우는 부운영자를 등록하여 부운영자로 로그인을 할 수 있습니다. 관리자 페이지에서는 다양한 권한을 부여할 수 있습니다.

권한을 부여한 페이지 외에는 접속을 할 수 없습니다.

[상점관리 〉 상점운영 관련 설정 〉 운영자 설정] 페이지를 통해 다양한 권한을 줄 수 있습니다.

02 관리자 페이지에서 '상점 기본정보 설정'을 클릭합니다.

03 상점 기본정보를 입력합니다. 기본정보를 입력한 후에 쇼핑몰 로고를 등록하기 위해 [찾아보기] 버튼을 클릭하여 로고를 찾아옵니다. 그리고 [다음] 버튼을 클릭합니다.

04 상점 디자인을 선택하는 항목으로 이동됩니다. 미리보기 버튼을 클릭하여 디자인을 미리보기 할 수 있습니다. [다음] 버튼을 클릭합니다.

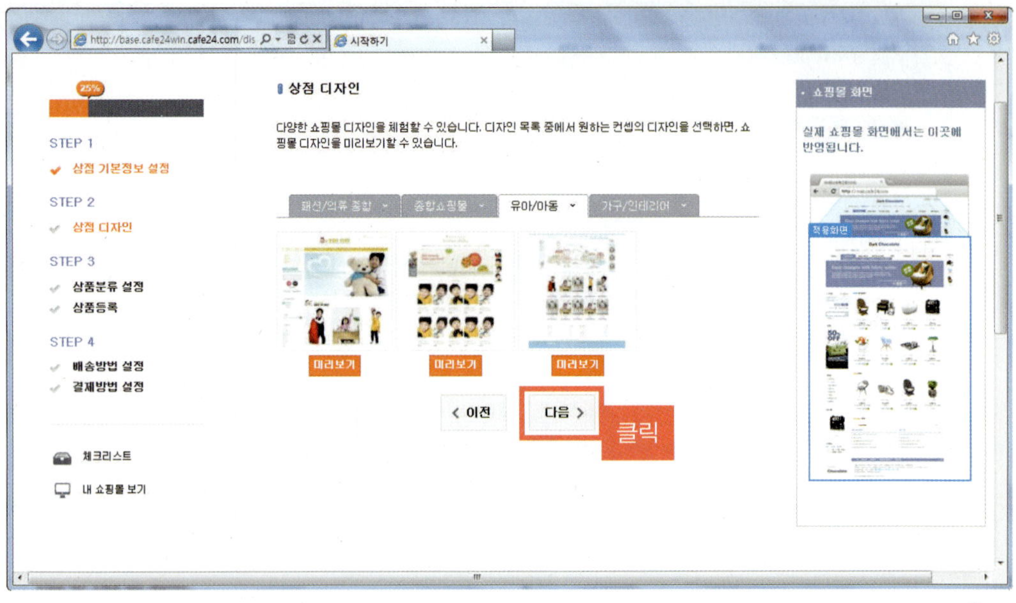

05 상품 분류 설정을 합니다.

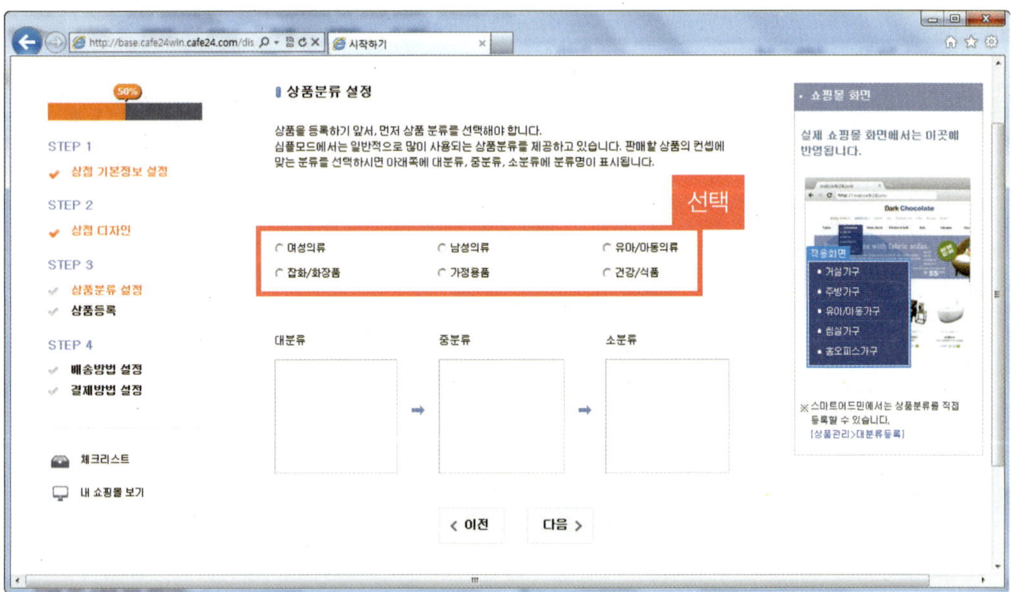

06 대분류와 중분류를 설정하고 [다음] 버튼을 클릭합니다.

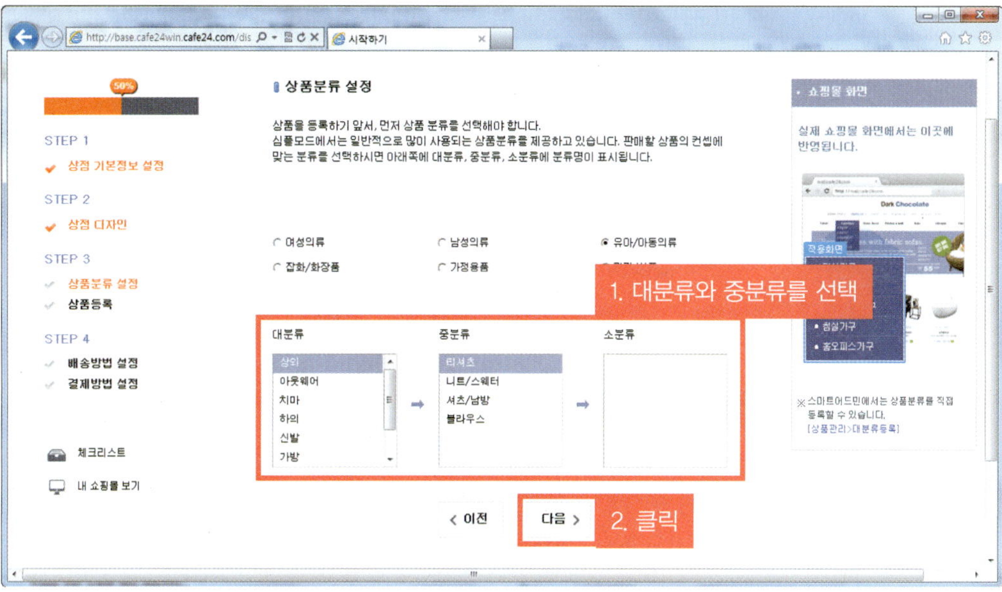

07 상품명과 상품 이미지를 등록합니다.

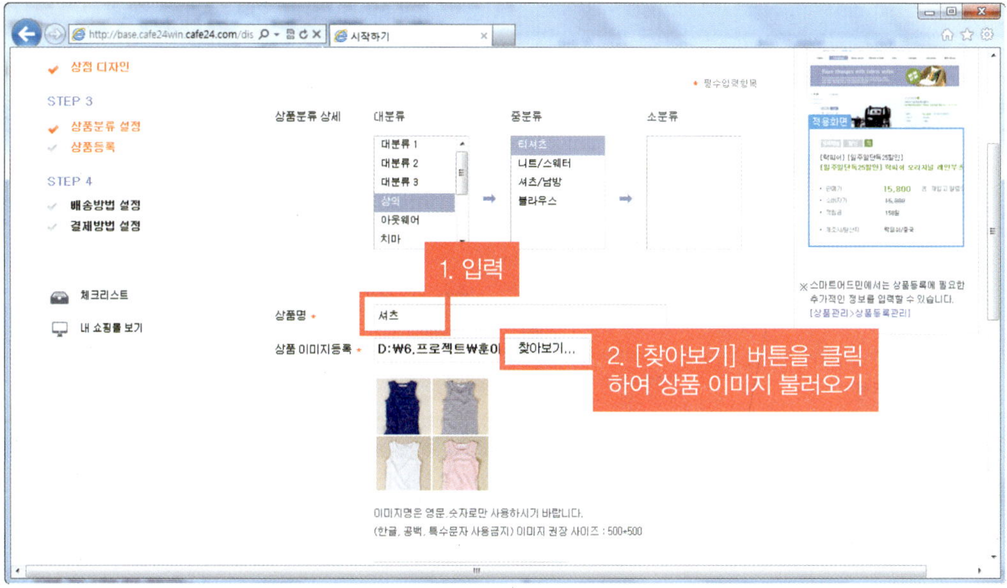

08 판매가격과 상품 설명을 입력합니다. 같은 방법으로 상품을 추가할 경우는 [상품추가하기] 버튼을 클릭하여 반복적으로 상품을 추가합니다. 여기에서는 [다음] 버튼을 클릭하여 다음 단계로 이동하 겠습니다.

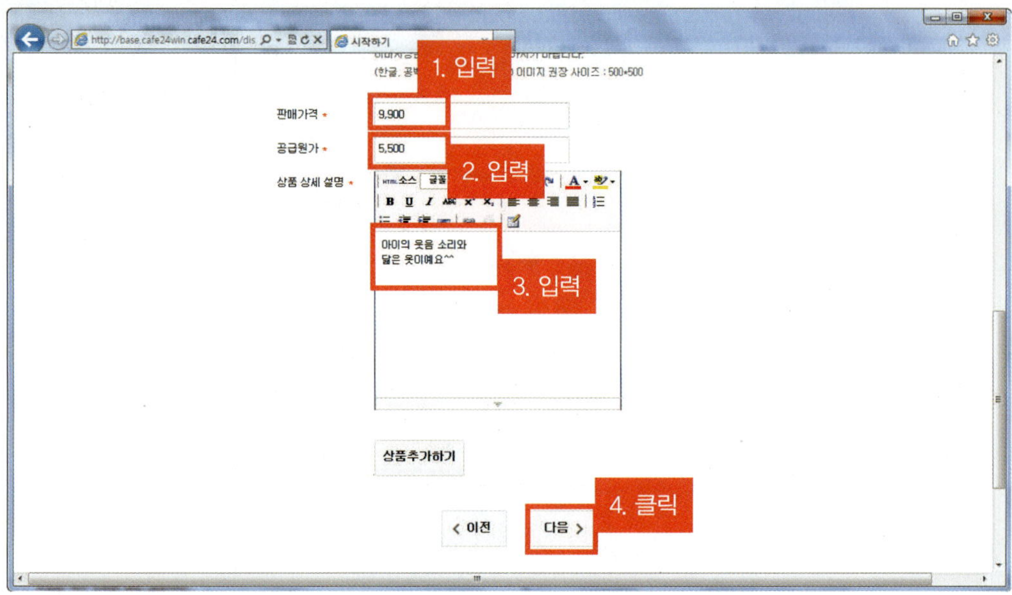

09 배송정보를 입력합니다.

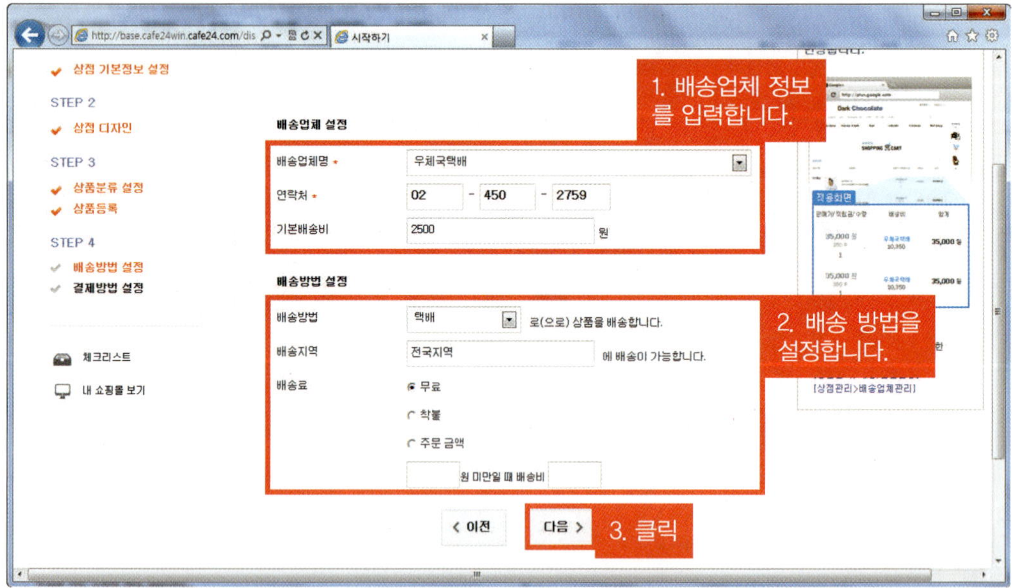

10 결제 서비스 설정 페이지에서 입금계좌를 등록합니다.

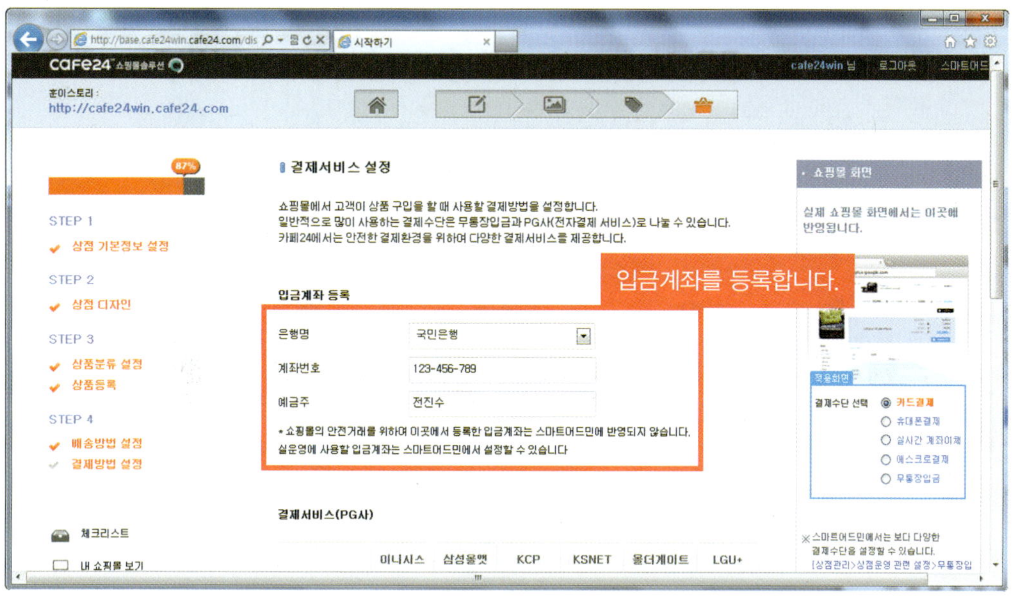

11 PG사 선택 화면에서 원하는 회사의 [바로가기] 버튼을 클릭합니다.

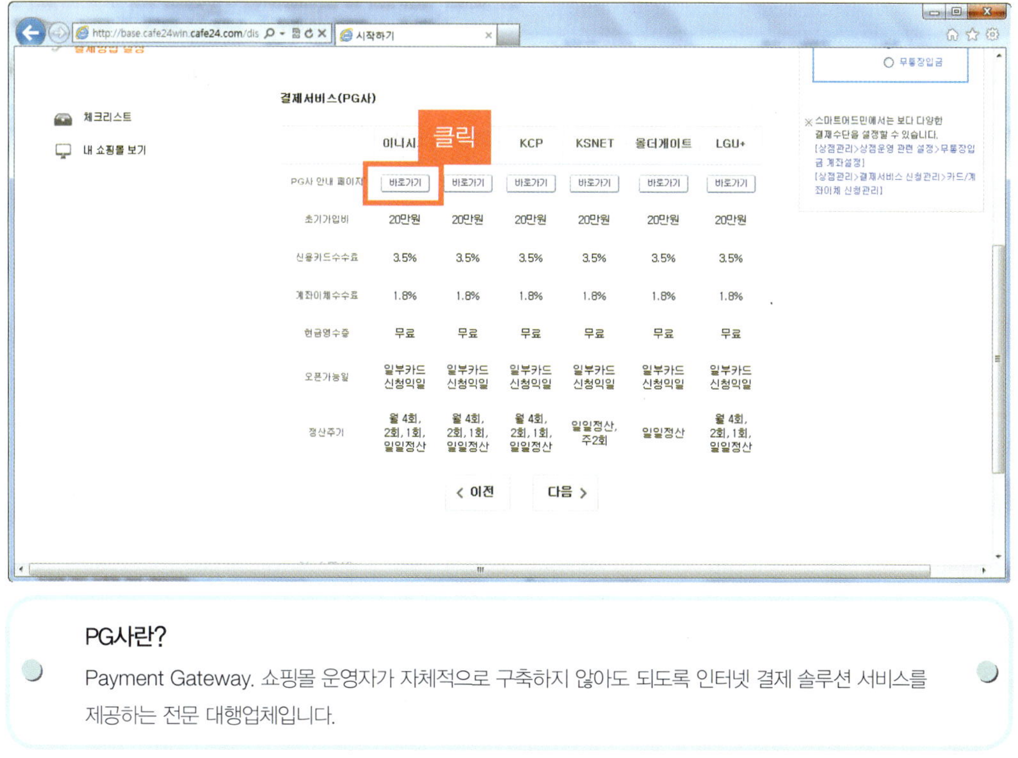

PG사란?

Payment Gateway. 쇼핑몰 운영자가 자체적으로 구축하지 않아도 되도록 인터넷 결제 솔루션 서비스를 제공하는 전문 대행업체입니다.

12 계약조건 및 신청하기 페이지를 통해 카드 결제 시스템을 신청합니다. 쇼핑몰을 완성한 후에 신청해도 됩니다. 지금 신청을 원할 경우 신청하기 버튼을 클릭하면 신청 페이지로 이동합니다.

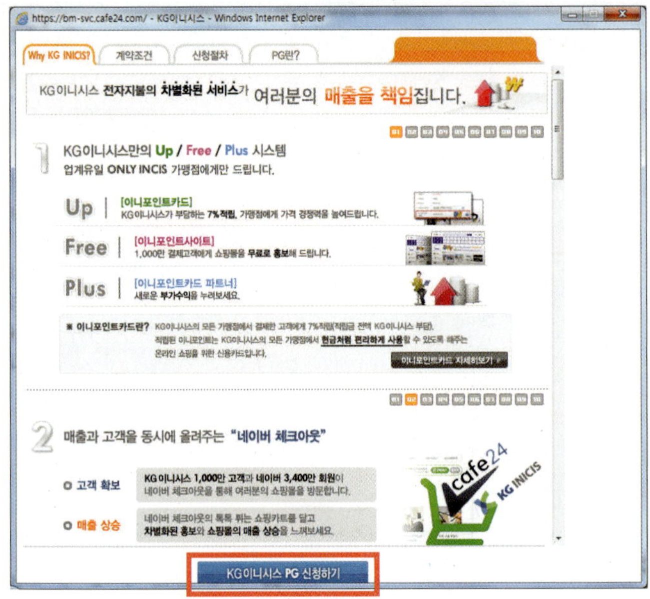

서비스 안내 페이지

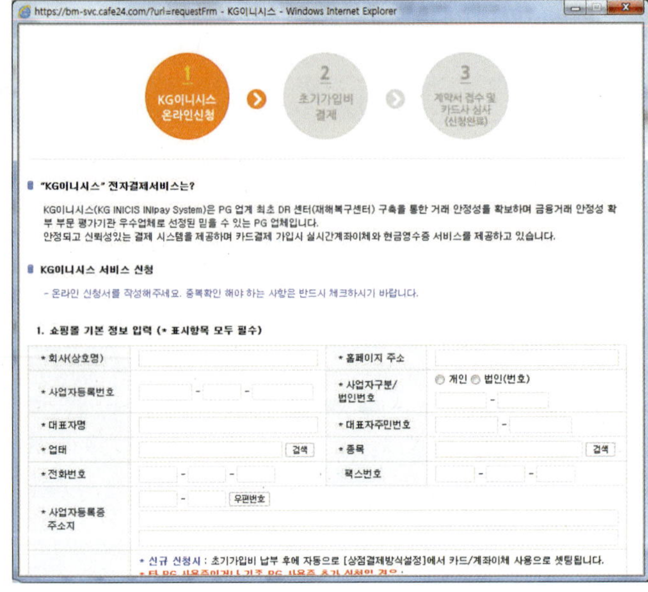

온라인 신청 페이지

13 다시 원래 페이지로 이동하여 [다음] 버튼을 클릭합니다.

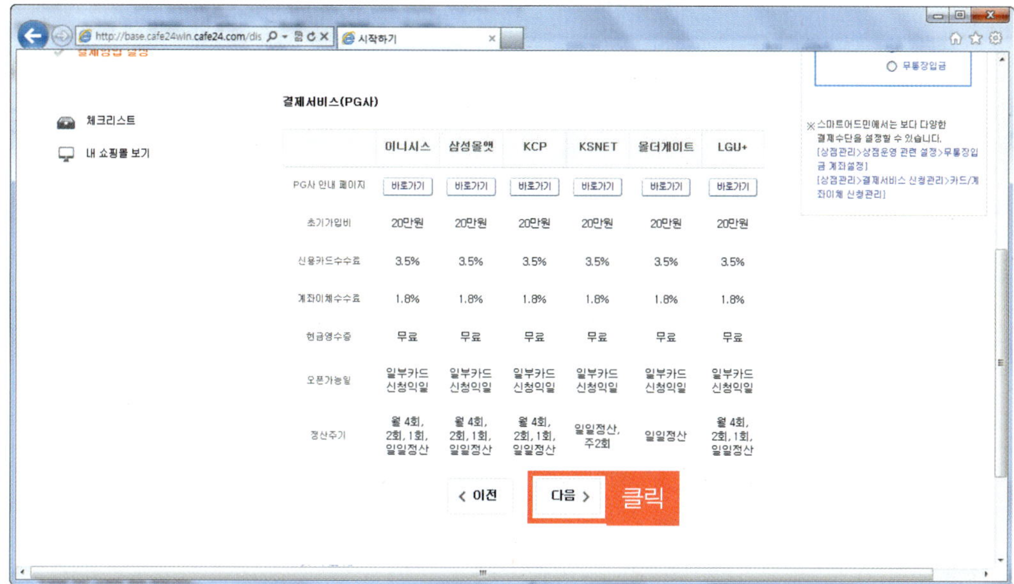

14 쇼핑몰 오픈을 축하드립니다. [내쇼핑몰보기]를 클릭하여 확인합니다.

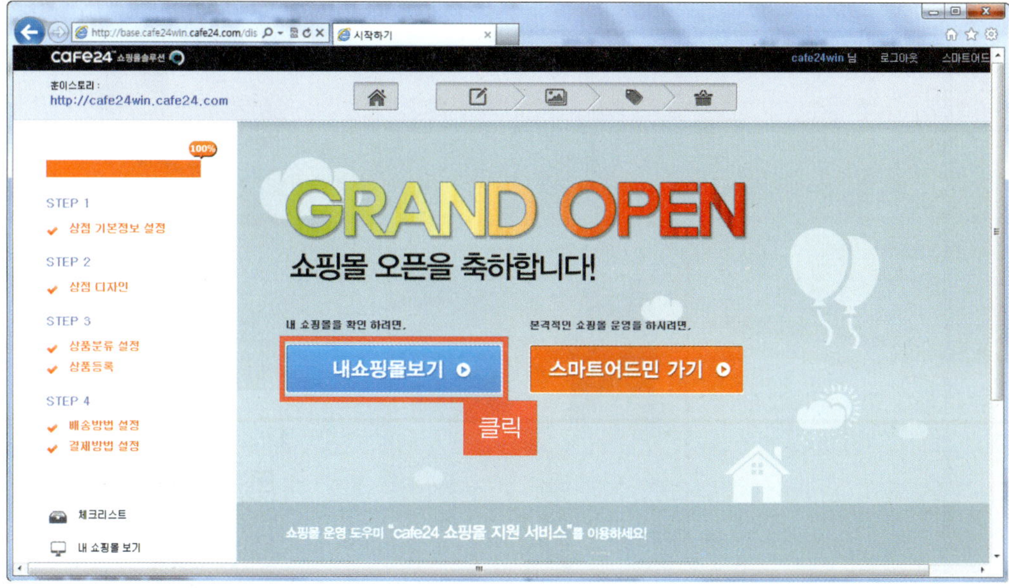

15 입력한 정보에 맞게 쇼핑몰이 오픈되었는지 확인합니다.

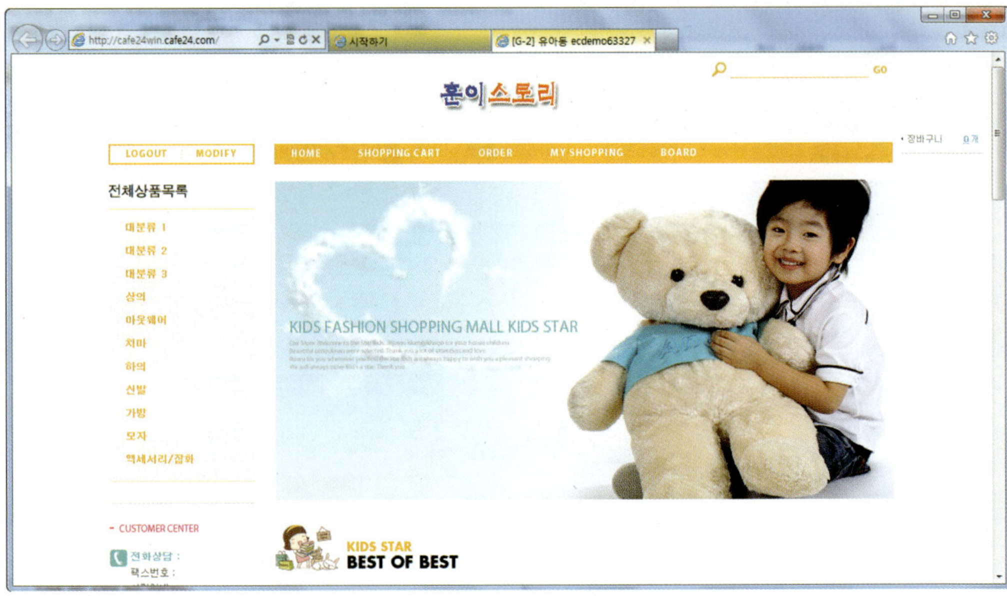

16 상품이 정상적으로 등록되었는지 확인합니다.

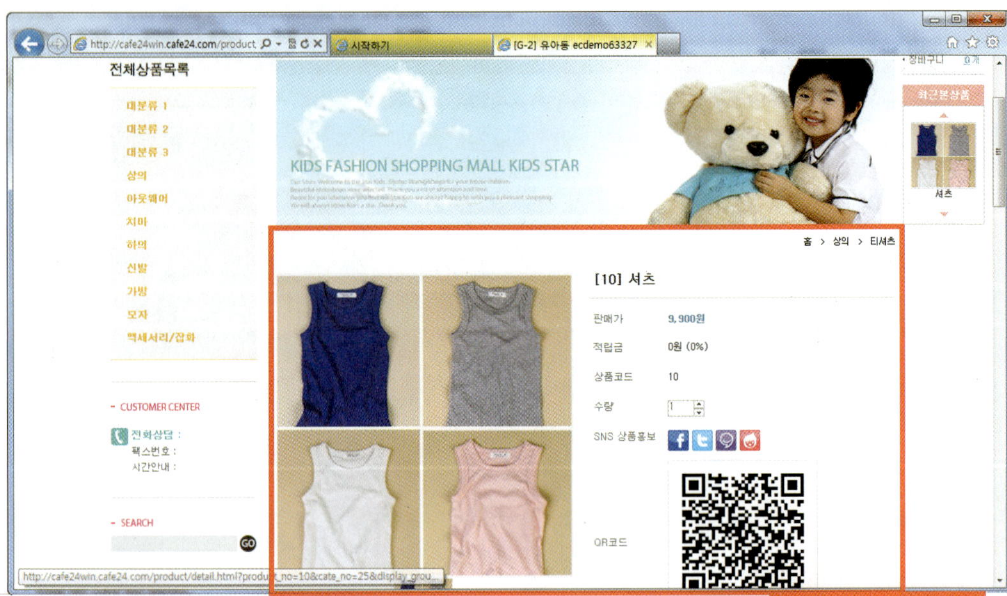

17 쇼핑몰을 제작하기 위해 작성하던 페이지로 돌아오면 '스마트어드민 가기'라는 버튼이 있습니다. 이 버튼을 클릭하여 스마트 디자인 어드민으로 이동합니다.

18 스마트 디자인 어드민 페이지로 이동하면 관리 페이지를 세부적으로 수정할 수 있습니다.

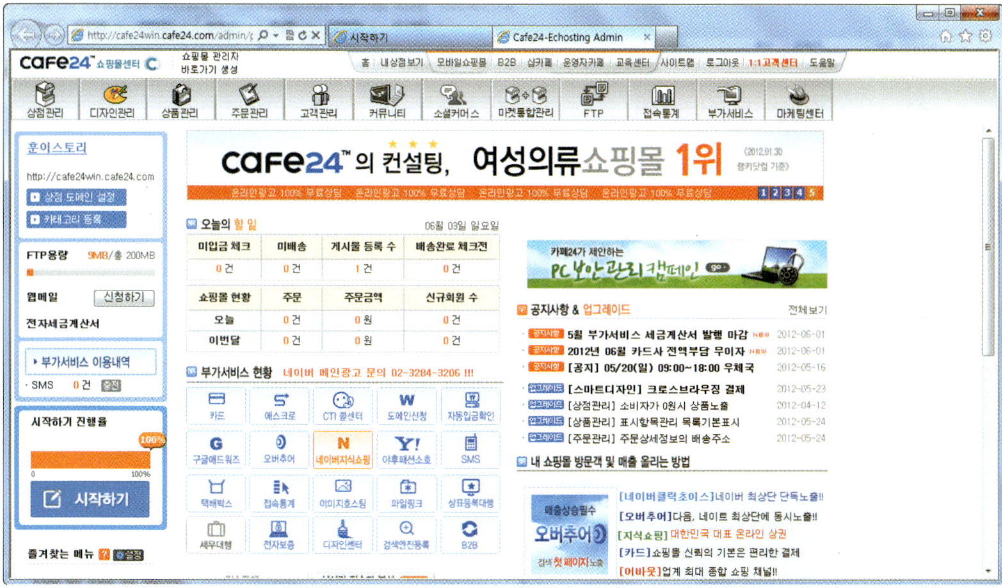

Chapter 03

스마트 디자인 모드로    
부분 디자인하기

스마트 디자인 모드를 활용하여 디자인하는 방법에는 꾸미기 버튼을 클릭하여 새로운 이미지를 찾아서 적용하거나 미리 등록되어 있는 디자인 유형 중에 마음에 드는 유형으로 교체하는 방법, 그리고 해당 모듈을 삭제하는 방법이 있습니다.

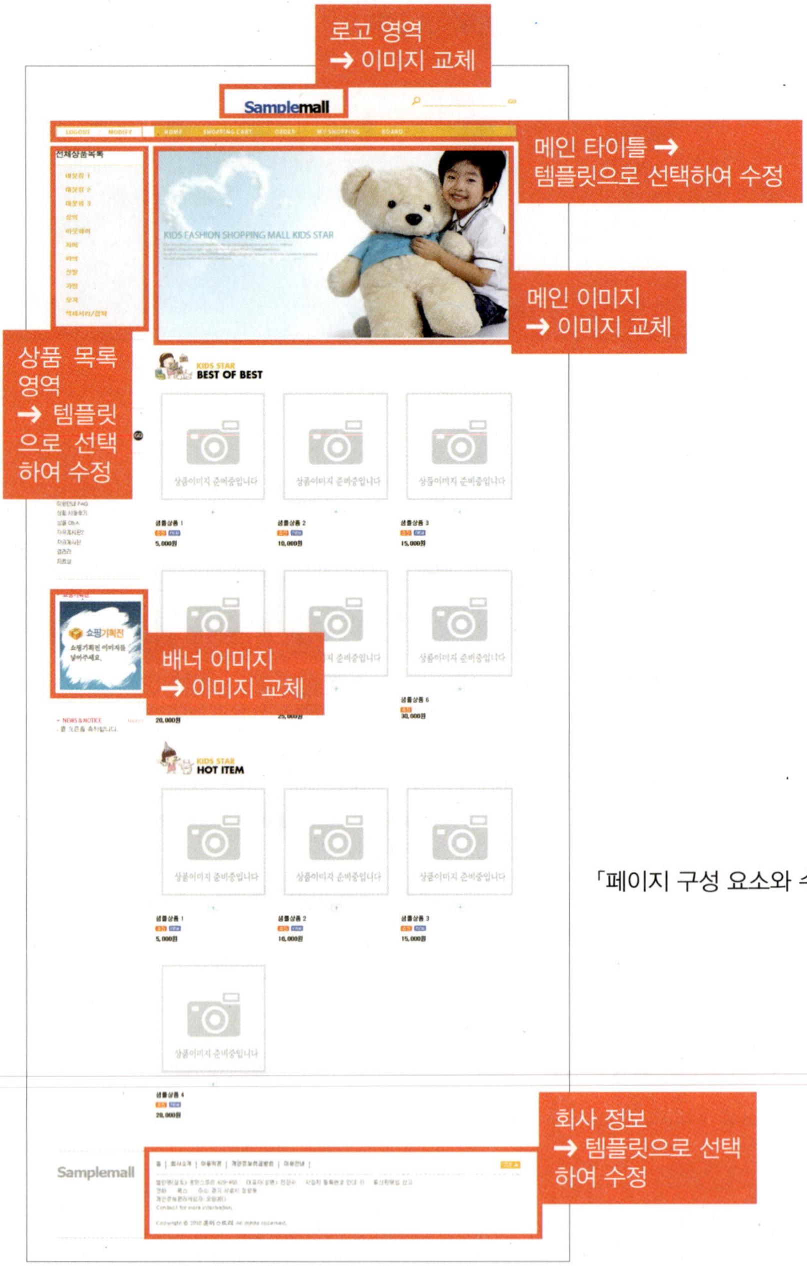

「페이지 구성 요소와 수정 방법」

 # 1. 로고 변경하기

로고 이미지의 경우는 174X32 크기가 카페24에서 권장하는 기본 크기입니다. 그렇지만 사용자가 원하는 크기가 있다면 그 크기로 제작하여 업로드 해도 됩니다. 다만 화면 구성이 틀어질 경우 가로 사이즈가 문제가 되는 경우가 있습니다.

O1 관리자 페이지(스마트어드민)에서 [쇼핑몰 꾸미기시작] 버튼을 클릭합니다.

★ 관리자 페이지 이동 방법 : echosting.cafe24.com/shop으로 이동 후 로그인하여 상단 오른쪽 '스마트 어드민 가기' 클릭

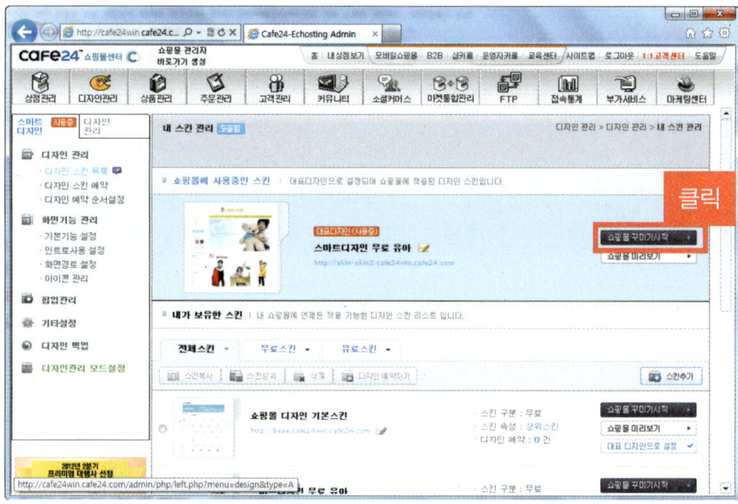

O2 좌측에서 '메인화면'을 클릭한 후에 로고 영역을 클릭하면 나타나는 [꾸미기] 버튼을 클릭합니다.

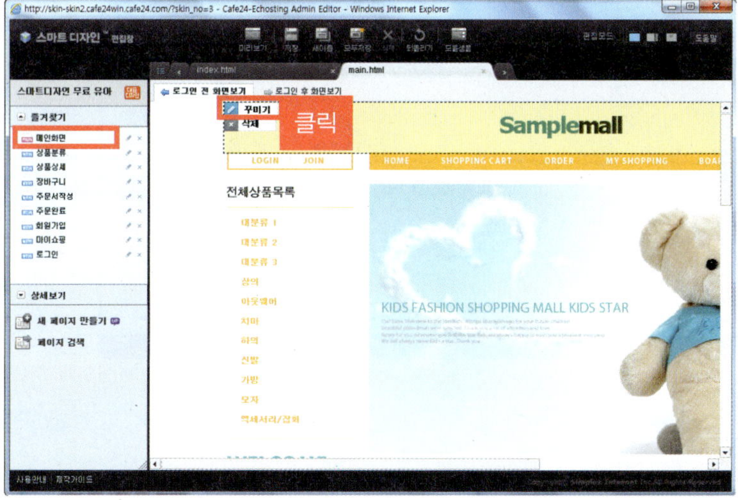

03 [이미지 변경하기] 대화상자에서 [찾아보기] 버튼을 클릭하여 로고 이미지를 불러옵니다. 미리보기
   화면을 통해 로고를 확인한 후에 [적용하기] 버튼을 클릭합니다.

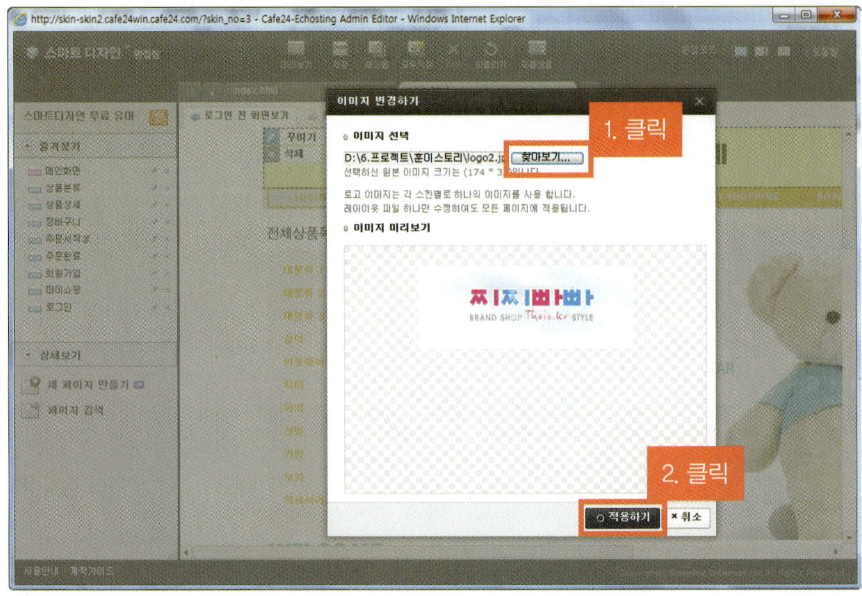

04 로고가 변경된 것을 확인합니다.

2. 메인 이미지 변경하기

메인 이미지의 경우는 756X385 크기가 카페24에서 권장하는 크기입니다. 만들어 놓은 이미지를 찾아보기하여 수정하는 방식으로 메인 이미지를 교체할 수 있습니다.

O1 메인 이미지 영역을 클릭하면 나타나는 [꾸미기] 버튼을 클릭합니다.

O2 메인 이미지를 불러온 후에 [적용하기] 버튼을 클릭하여 변경합니다.

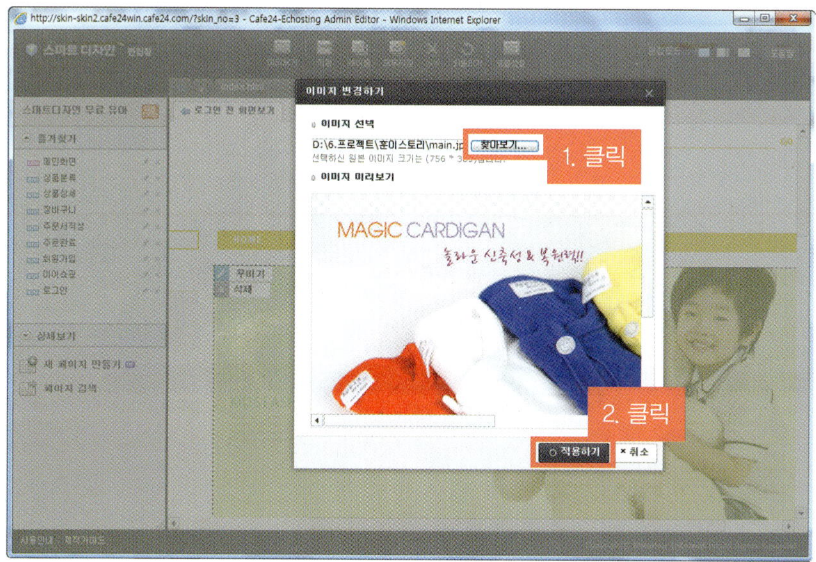

03 메인 이미지가 변경된 것을 볼 수 있습니다.

04 '저장' 버튼을 클릭한 후에 편집 창을 닫기 합니다.

05 관리자 페이지에서 [쇼핑몰 미리보기] 버튼을 클릭합니다.

06 쇼핑몰 미리보기 화면에서 변경된 이미지를 확인합니다.

3. 메인 타이틀 변경하기

메인 타이틀의 경우는 카페24에서 제공하는 템플릿이 있으며 그 템플릿 중에 선택을 해서 작업을 해야 합니다. 현재는 템플릿 개수가 몇 개 없지만 계속적으로 추가되고 있습니다.

O1 쇼핑몰 편집 창에서 메인 타이틀을 클릭합니다. 그리고 [꾸미기] 버튼을 클릭합니다.

O2 나타나는 유형 중에 원하는 유형을 선택하고 [확인] 버튼을 클릭하여 적용합니다.

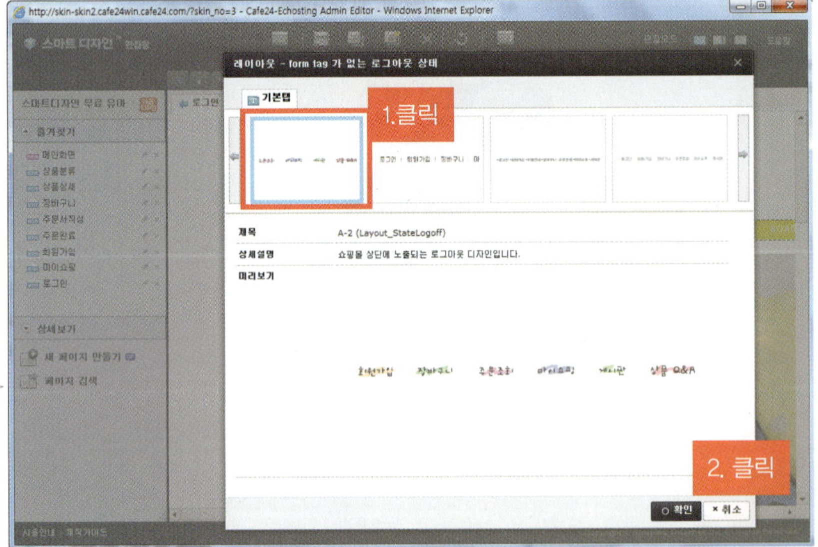

03 타이틀 메뉴가 적용된 것을 확인합니다. 적용한 메뉴가 어울리지 않을 때는 같은 작업을 반복하여 어울리는 디자인으로 적용합니다.

04 '로그인 후 화면보기'에서도 같은 방법으로 변경합니다.

위에서 했던 것처럼 편집 창에서 저장한 후에 관리자 페이지에서 쇼핑몰 미리보기 버튼을 클릭하여 적용된 디자인을 확인합니다. 그리고 쇼핑몰에는 로그인 전 화면과 로그인 후 화면 두 가지 유형의 페이지가 있으니 두 상황을 비교하면서 동시 적용이 안 되는 부분에 대해서는 따로 적용을 해야 합니다.

4. 상품 목록 디자인 변경하기

상품 목록 디자인의 경우도 템플릿을 선택하여 변경합니다. 현재 선택한 쇼핑몰에 어울리는 템플릿을 찾아서 선택합니다.

O1 상품 목록 영역을 클릭합니다. 그리고 [꾸미기] 버튼을 클릭합니다.

O2 원하는 디자인을 선택하고 확인 버튼을 클릭하여 적용합니다.

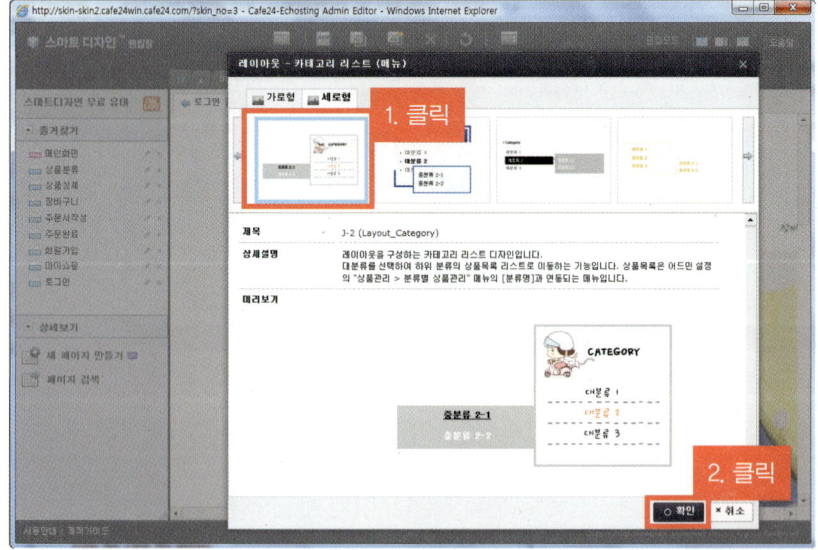

스마트 디자인에서 분야별 디자인을 변경하는 방법은 지금까지의 방법과 같습니다. 쇼핑몰에 어울리는 디자인을 찾을 때까지 반복하여 적용해 봅니다.

 ## 5. 배너 모듈 삭제하기

쇼핑몰 안에 있는 모든 모듈은 삭제할 수 있습니다. 해당 영역을 클릭하면 나타나는 메뉴 중에 삭제 메뉴를 클릭하여 삭제합니다.

O1 쇼핑몰 페이지에 있는 모듈 중에 원하지 않는 모듈이 있다면 삭제를 할 수 있습니다. 해당 영역을 클릭하면 '삭제' 버튼이 나타납니다. 이 버튼을 클릭합니다.

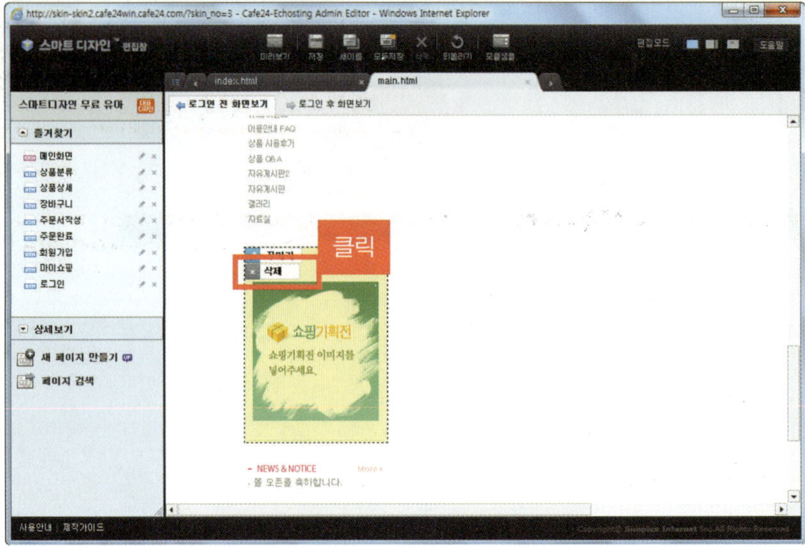

O2 모듈 삭제 여부를 묻는 대화상자에서 [확인] 버튼을 클릭하여 삭제합니다.

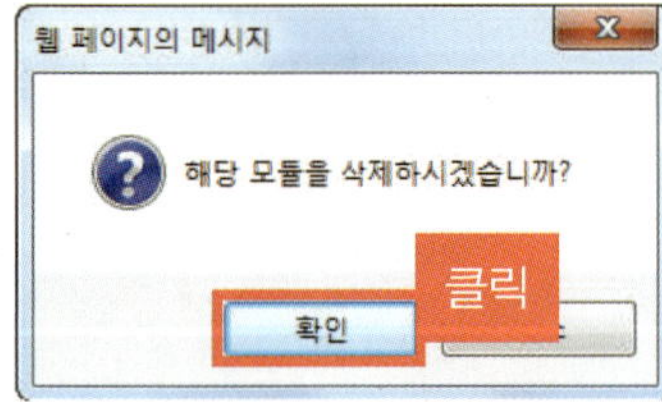

O3 해당 모듈이 삭제된 것을 확인하고 화면 상단의 '저장' 버튼을 클릭하여 완료합니다.

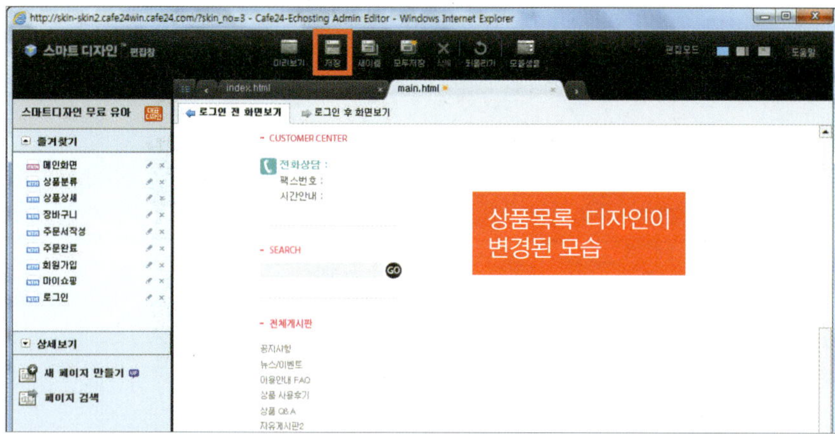

6. 하단 회사 정보에 내용 입력하기

쇼핑몰 화면 중에 내용이 입력되지 않은 부분이 있다면 지금처럼 디자인을 변경하는 작업으로는 수정할
수 없습니다. 관리자 페이지에서 해당 내용을 입력하면 자동으로 쇼핑몰에 출력되는 방식입니다.

O1 하단 회사 정보에 누락된 내용이 있습니다. 내용을 입력하기 위해 스마트 디자인 편집 창을 닫고
관리자 페이지(어드민)로 이동합니다.

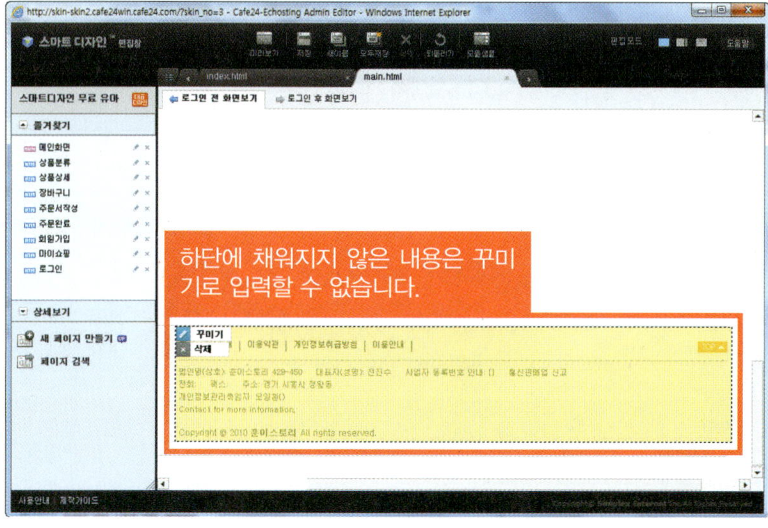

02 [상점 관리]–[상점 기본 정보]–[내 상점 정보] 페이지로 이동하여 빈 곳이 있으면 내용을 입력합니다.

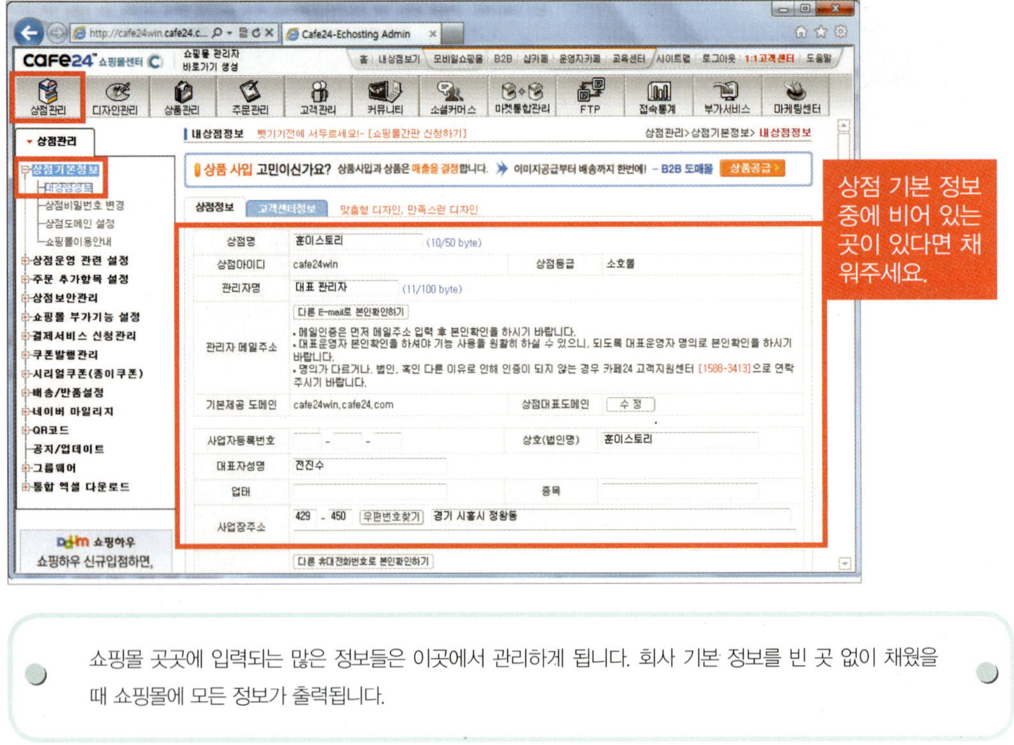

쇼핑몰 곳곳에 입력되는 많은 정보들은 이곳에서 관리하게 됩니다. 회사 기본 정보를 빈 곳 없이 채웠을 때 쇼핑몰에 모든 정보가 출력됩니다.

03 [고객센터정보] 탭을 클릭하여 고객센터정보도 입력합니다.

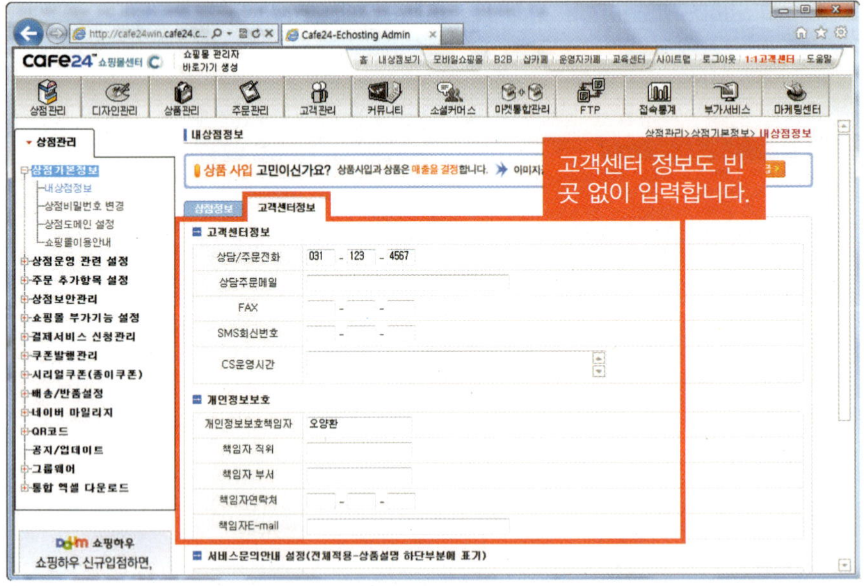

04 쇼핑몰 미리보기 버튼을 클릭하여 확인합니다. 비어 있던 전화번호 및 팩스번호 등 모든 정보가 표시되는 것을 볼 수 있습니다.

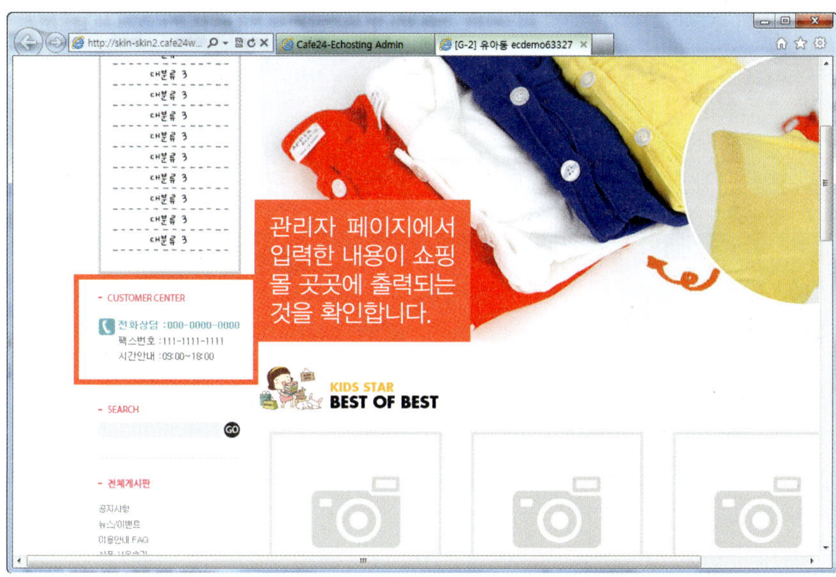

05 쇼핑몰 하단에 정보가 모두 입력되었는지 확인합니다.

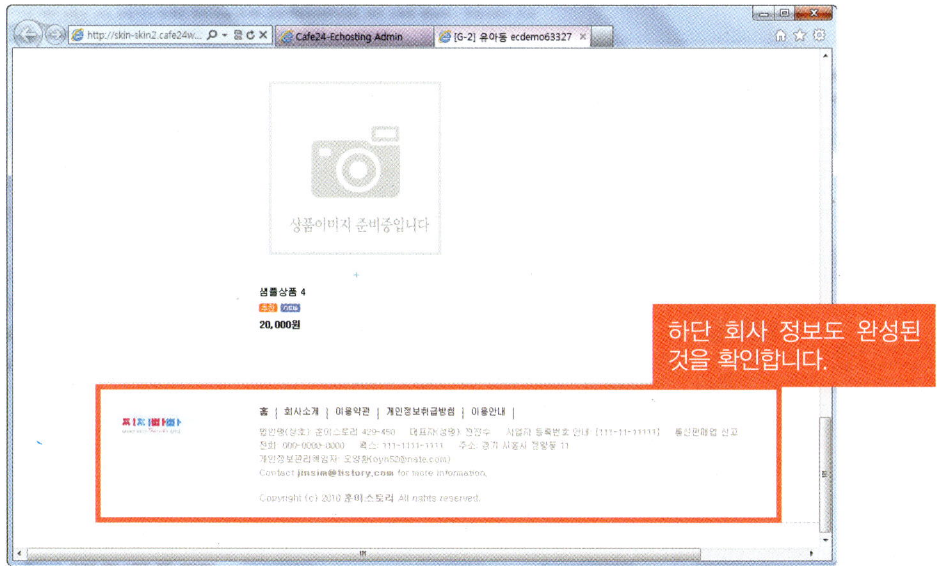

 ## 7. 메인 화면에 상품 진열하기

메인 화면에 상품을 진열하는 것도 디자인 부분에서 수정할 수 없습니다. 관리자 페이지의 상품관리 항목에서 메인 화면으로 진열을 설정하면 선택한 상품이 메인 화면으로 등록됩니다.

O1 메인 화면으로 상품을 진열하기 위해서는 관리자 페이지에서 상품관리 메뉴로 이동해야 합니다.

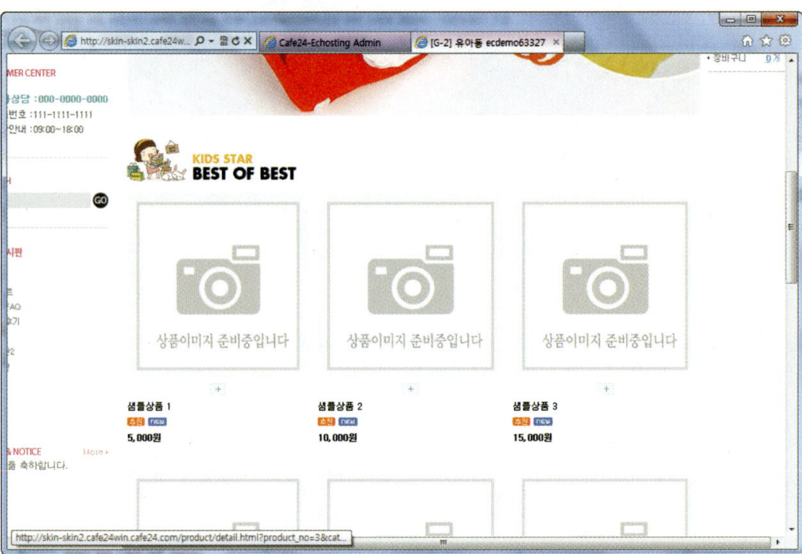

O2 상품관리에서 해당 상품이 있는 메뉴를 클릭하여 이동합니다.

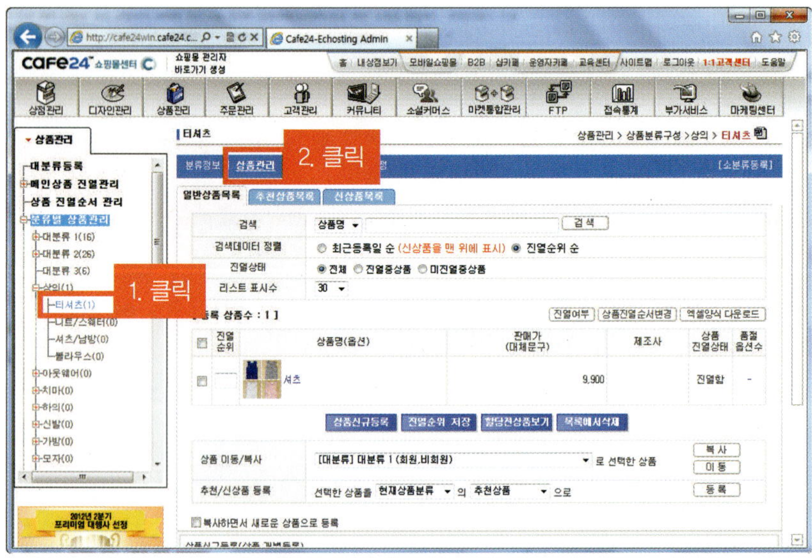

O3 선택한 상품의 분류 항목에서 '메인상품분류'를 선택하고 [등록] 버튼을 클릭합니다.

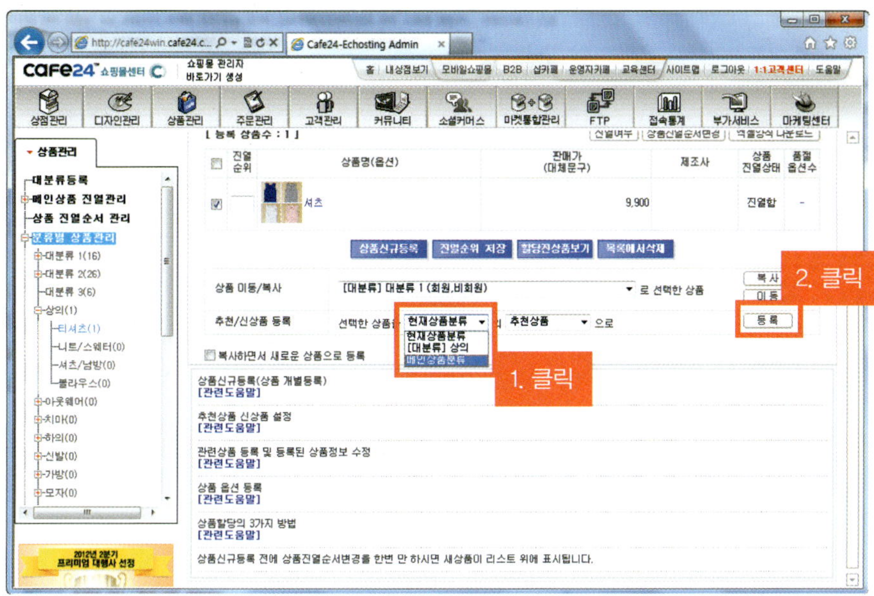

O4 메인 화면에 상품이 진열되는 것을 볼 수 있습니다.

Chapter 04

도메인 주소 연결하기

쇼핑몰을 오픈한 후에 도메인을 연결하는 것은 아주 중요한 부분 중에 하나입니다. 상점과 맞는 좋은 도메인을 선정하고 관리자 페이지의 도메인 설정 항목을 통해 연결하면 쇼핑몰 주소가 완성됩니다.

카페24에 도메인 주소를 연결해 보겠습니다. 먼저 도메인을 생성하고 관리자 페이지에서 도메인을 연결하는 순서로 진행하겠습니다. (만약 생성해 놓은 도메인이 있다면 바로 04번으로 넘어가서 따라하면 됩니다.)

O1 먼저 도메인을 생성하기 위해 관리자 페이지에서 '신규도메인등록 바로가기' 메뉴를 클릭합니다.

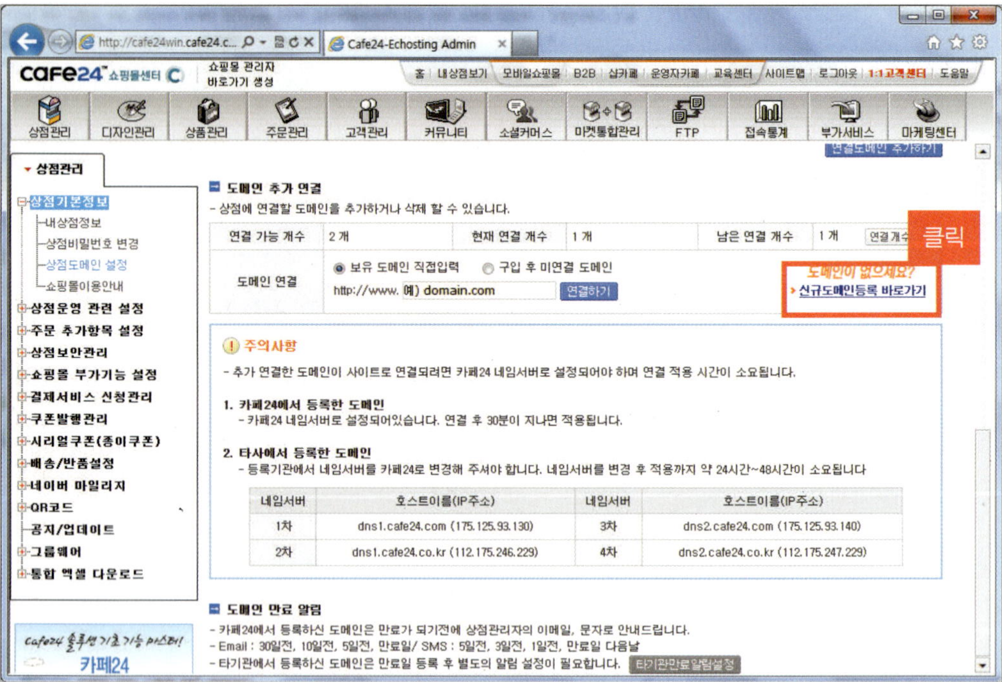

02 원하는 도메인 이름을 입력하고 [검색] 버튼을 클릭합니다.

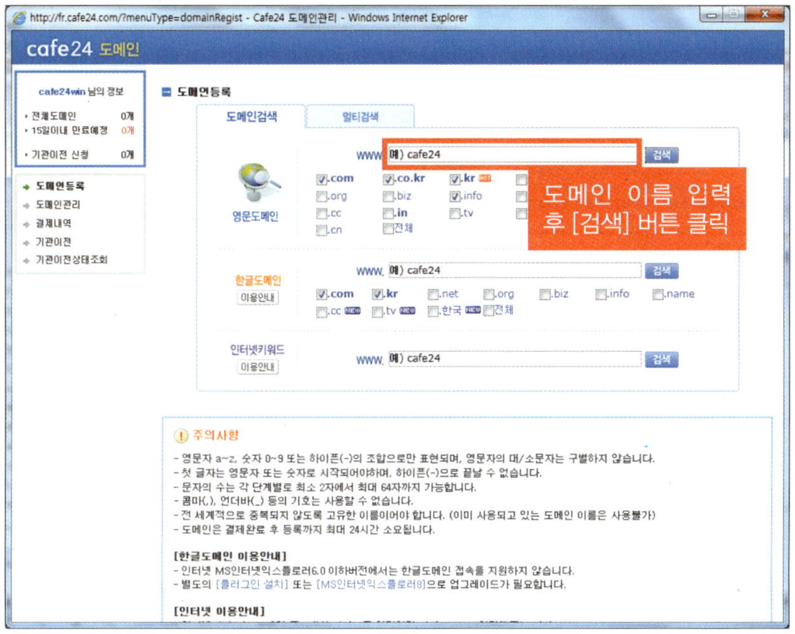

03 검색결과에서 '등록가능'으로 나오면 등록할 수 있는 도메인입니다. 원하는 도메인을 선택하고 [등록] 버튼을 클릭하면 도메인 등록이 완료됩니다.

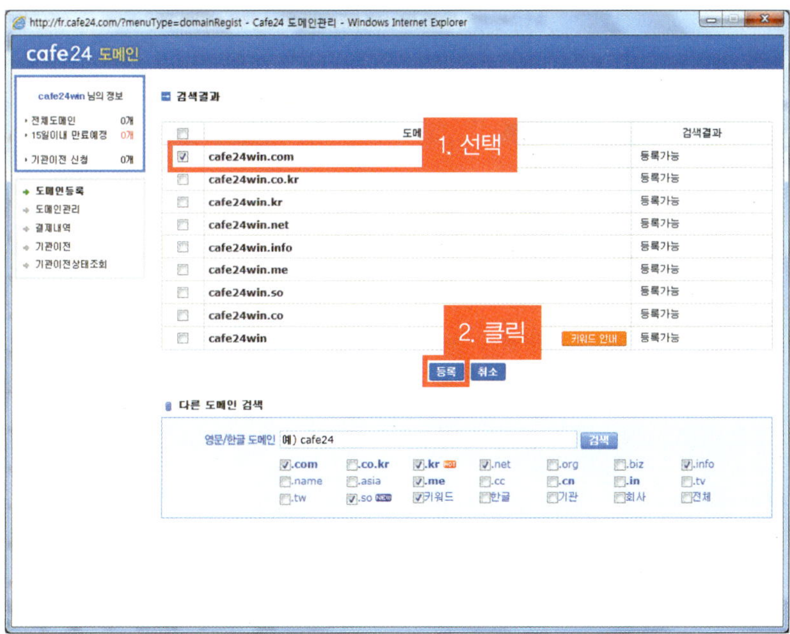

O4 관리자 페이지에서 [상점관리]–[상점기본정보]–[상점도메인 설정]을 클릭하고 '도메인 추가 연결' 항목에서 보유하고 있는 도메인 주소를 입력한 후 [연결하기] 버튼을 클릭합니다.

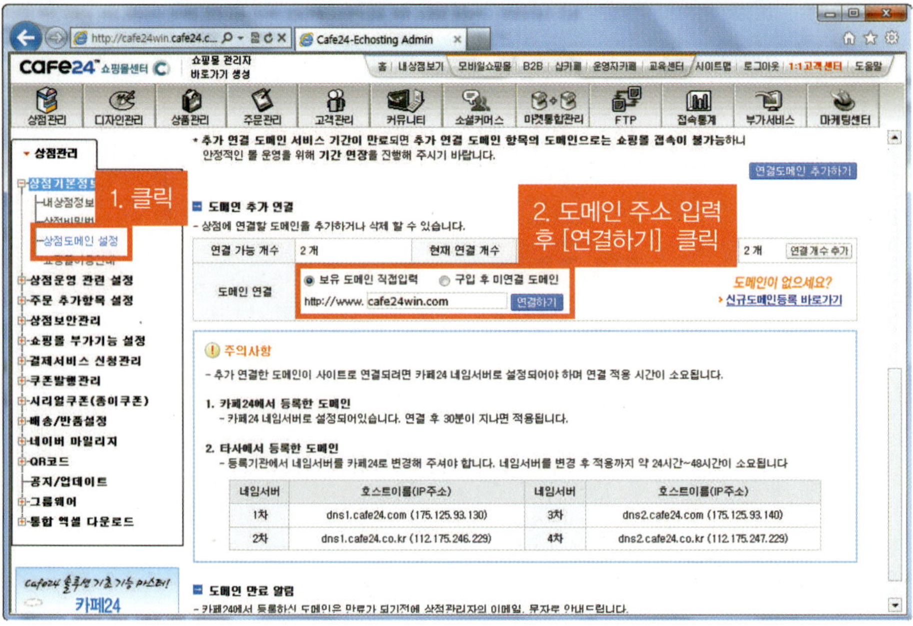

O5 도메인이 연결된 것을 볼 수 있습니다. 지금 연결한 도메인을 대표 도메인으로 등록하기 위해 [대표도메인변경] 버튼을 클릭합니다.

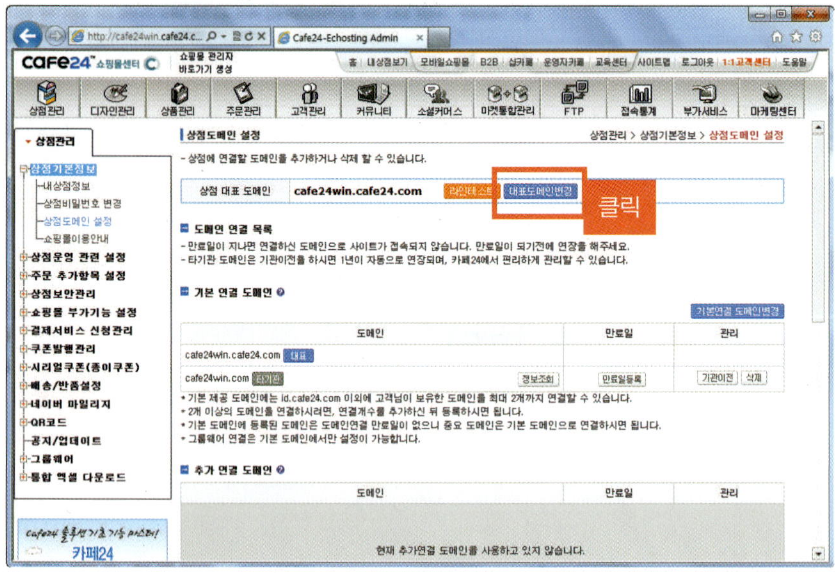

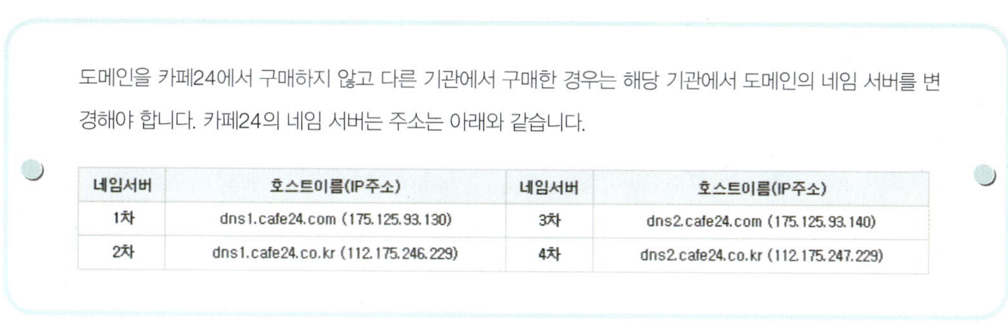

도메인을 카페24에서 구매하지 않고 다른 기관에서 구매한 경우는 해당 기관에서 도메인의 네임 서버를 변경해야 합니다. 카페24의 네임 서버는 주소는 아래와 같습니다.

네임서버	호스트이름(IP주소)	네임서버	호스트이름(IP주소)
1차	dns1.cafe24.com (175.125.93.130)	3차	dns2.cafe24.com (175.125.93.140)
2차	dns1.cafe24.co.kr (112.175.246.229)	4차	dns2.cafe24.co.kr (112.175.247.229)

O6 대표 도메인 변경 페이지에서 지금 등록한 도메인 항목에 대표를 선택하고 [기본도메인으로 변경] 버튼을 클릭합니다.

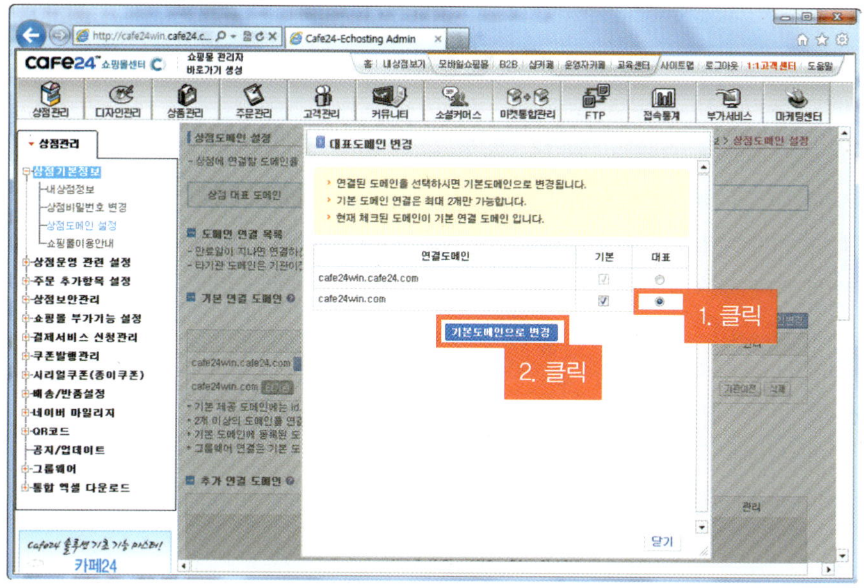

O7 상점 대표 도메인 항목에 지금 등록한 도메인이 연결되어 있는 것을 볼 수 있습니다.

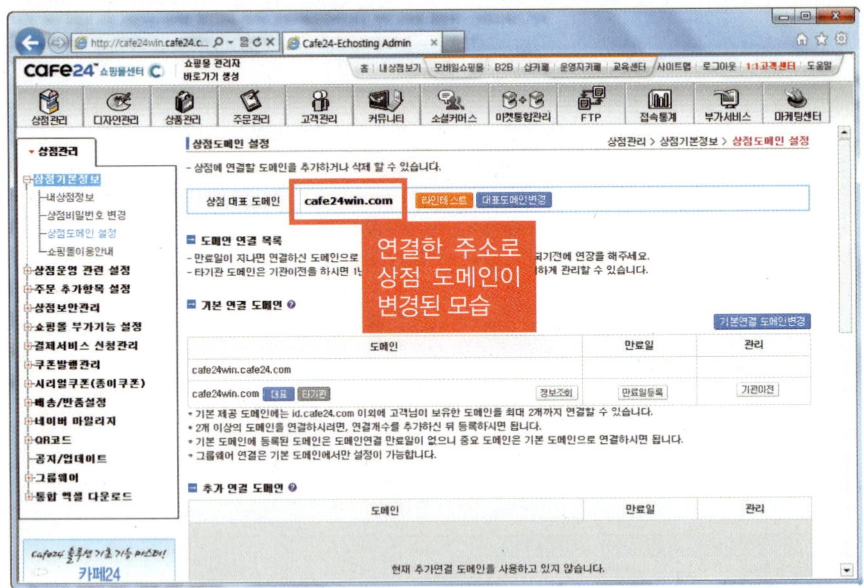

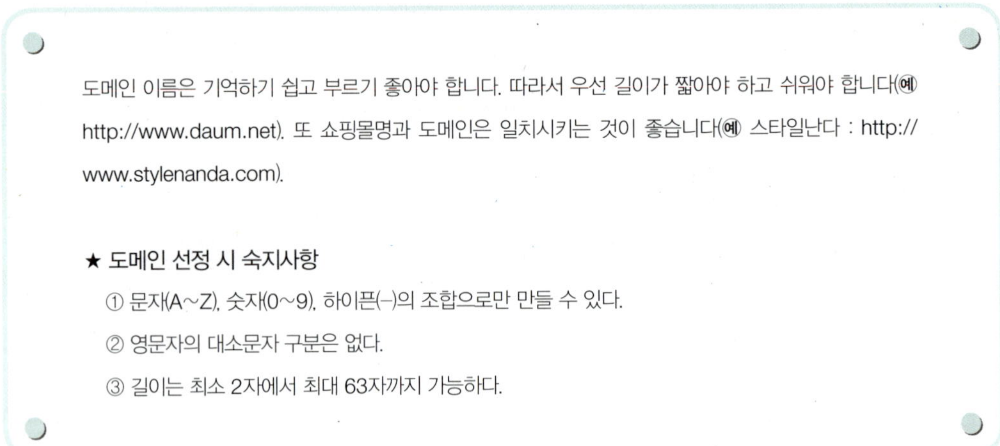

도메인 이름은 기억하기 쉽고 부르기 좋아야 합니다. 따라서 우선 길이가 짧아야 하고 쉬워야 합니다(예 http://www.daum.net). 또 쇼핑몰명과 도메인은 일치시키는 것이 좋습니다(예 스타일난다 : http://www.stylenanda.com).

★ 도메인 선정 시 숙지사항

① 문자(A~Z), 숫자(0~9), 하이픈(–)의 조합으로만 만들 수 있다.

② 영문자의 대소문자 구분은 없다.

③ 길이는 최소 2자에서 최대 63자까지 가능하다.

Chapter 05

스마트폰 모바일 관리자로 실시간 업무 처리하기

카페24에서는 스마트폰으로 운영하는 쇼핑몰에 접속하여 실시간으로 업무 처리를 할 수 있는 기능이 제공되고 있습니다. 이 기능에 대해 알아보겠습니다.

O1 스마트폰에서 m.ec.cafe24.com으로 접속을 합니다. 오른쪽 상단에 있는 [관리자 로그인] 버튼을 클릭합니다.

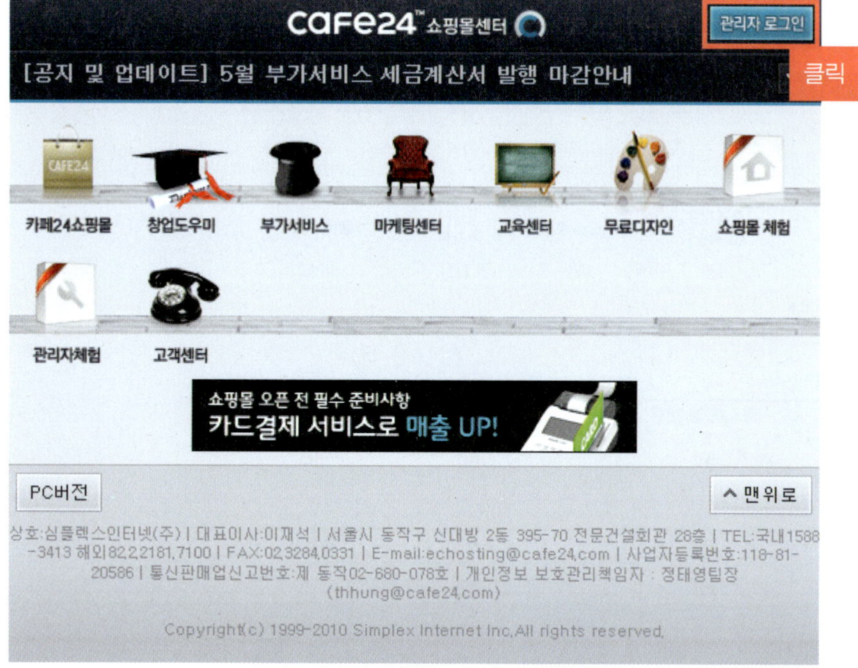

02 로그인 페이지에서 아이디와 비밀번호를 입력하고 [로그인] 버튼을 클릭합니다.

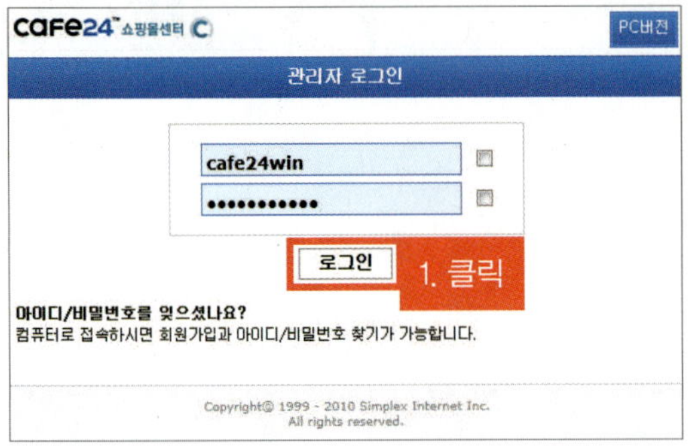

03 업무 처리를 할 수 있는 관리자 페이지에 접속된 것을 볼 수 있습니다.

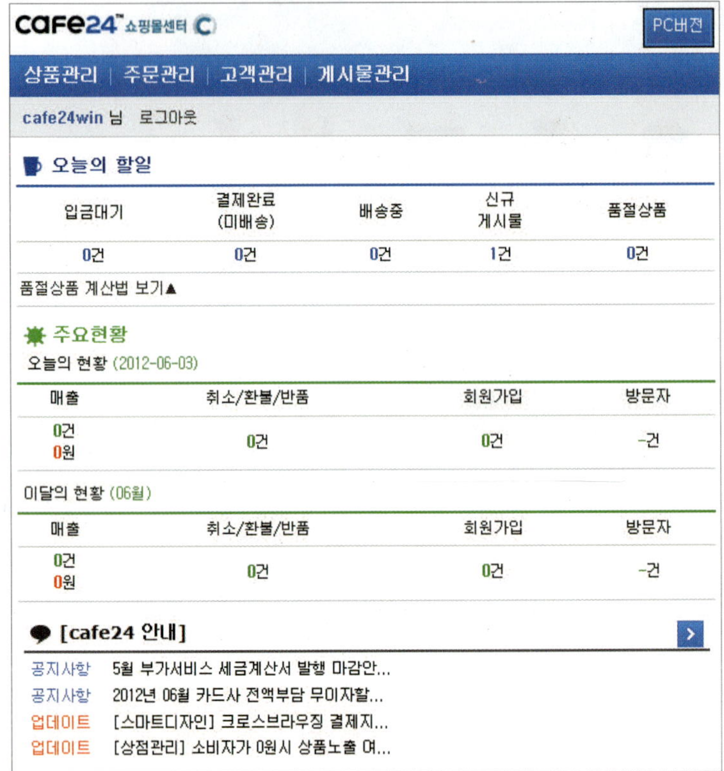

Chapter 06

모바일 쇼핑몰 만들기

현재 모바일 쇼핑몰을 제작하기 위해 많은 비용을 들인 후 오픈하는 분들이 많은데 카페24를 활용하면 몇 번의 클릭만으로 모바일 쇼핑몰을 완성할 수 있습니다.

O1 모바일 쇼핑몰을 만들기 위해 관리자 페이지 상단 메뉴에서 [모바일쇼핑몰]을 클릭합니다.

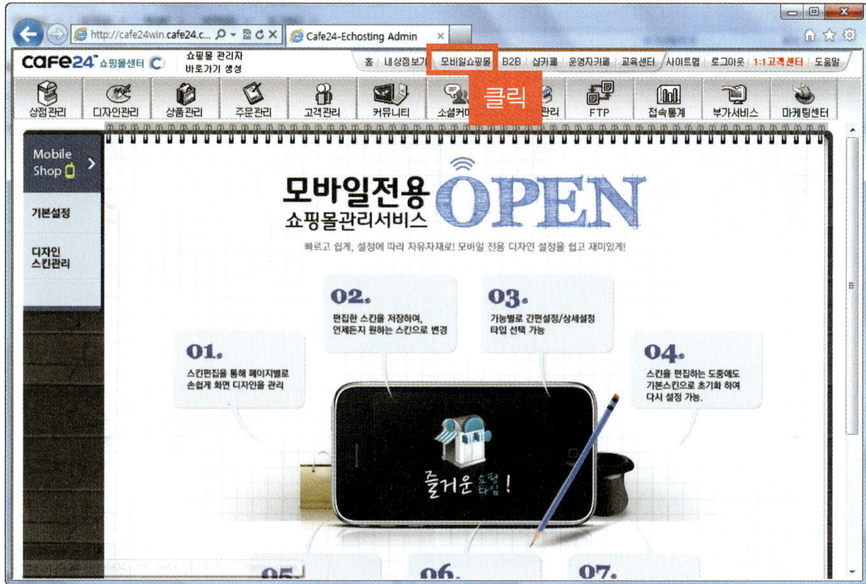

02 모바일 쇼핑몰 메뉴 항목에서 '기본설정' 메뉴를 클릭하고 기본설정 항목에서 아래와 같이 체크한
후 [저장하기] 버튼을 클릭합니다.

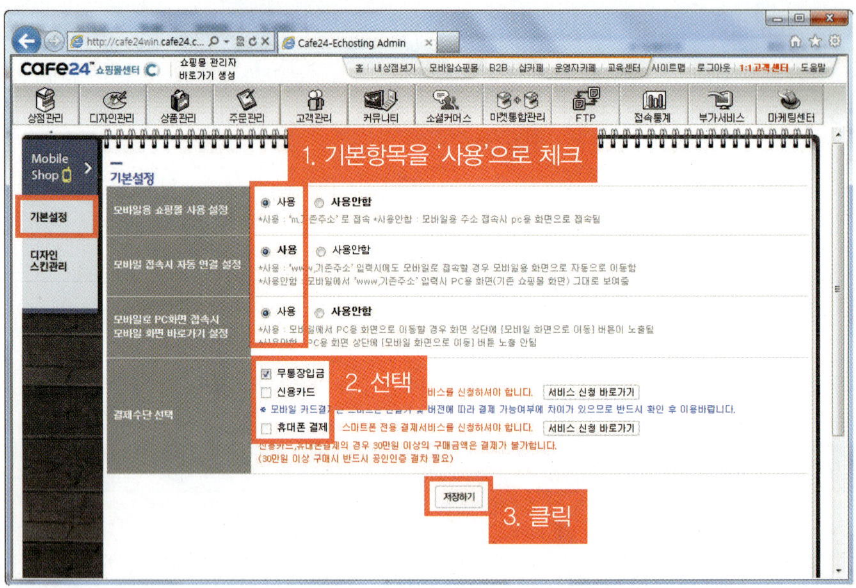

03 '디자인 스킨관리' 메뉴를 클릭하고 기본스킨의 [편집하기] 버튼을 클릭합니다.

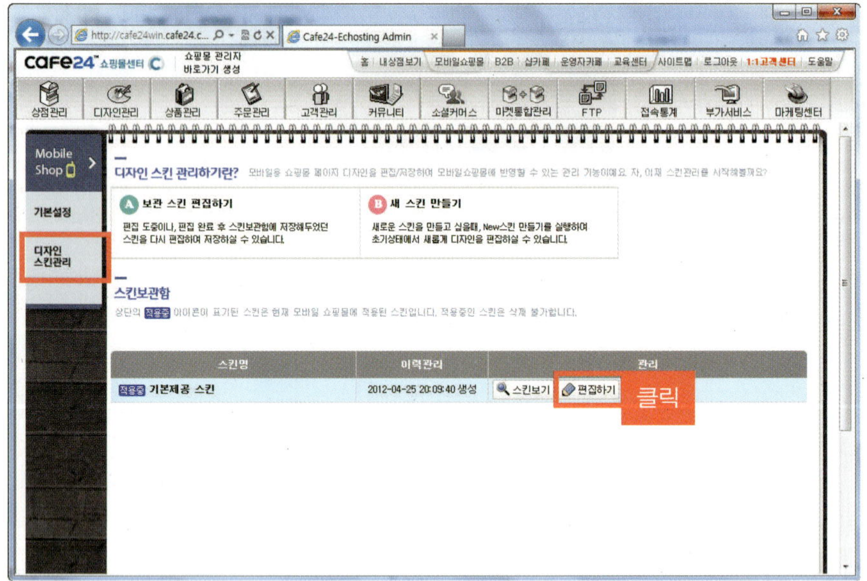

O4 공통설정 항목에 기본 정보를 입력합니다. 내비게이션 설정 항목에서 타이틀을 입력하고 테마 색 상을 설정합니다. 그리고 쇼핑몰 배경 컬러를 선택하고 상품명과 가격을 노출할 것인지를 설정합 니다.

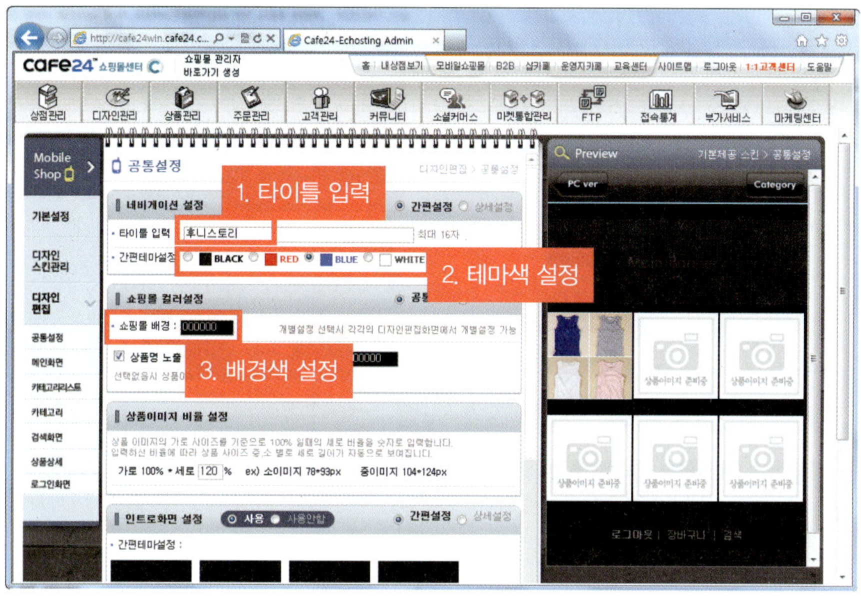

O5 편집 화면 하단에 있는 [저장하기] 버튼을 클릭하여 설정을 저장합니다.

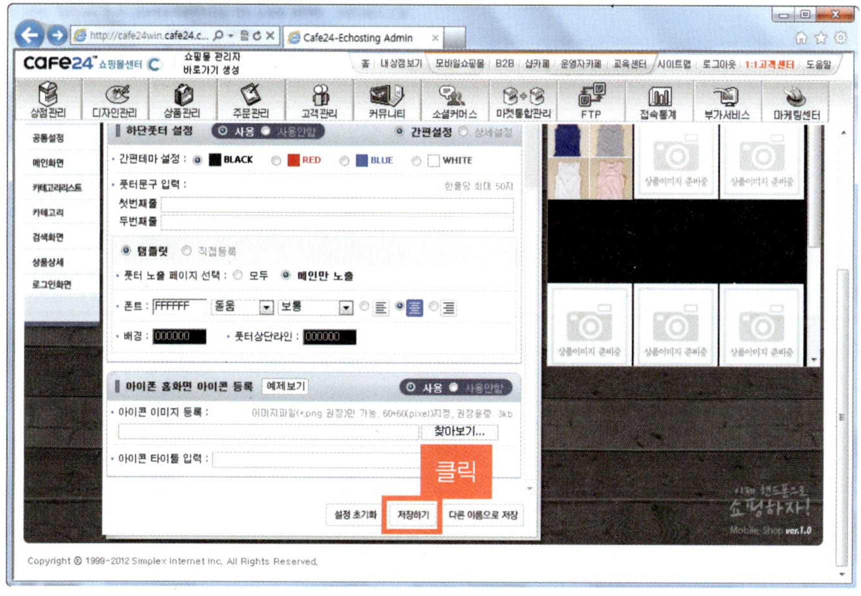

06 기본정보가 적용된 모습을 볼 수 있습니다.

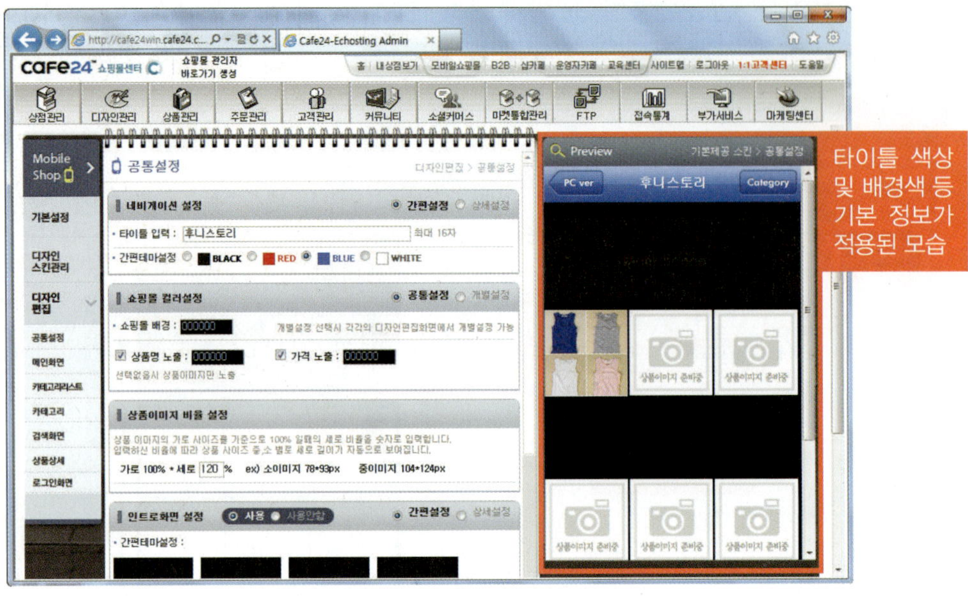

07 메인 화면을 설정하기 위해 '메인화면' 메뉴를 클릭하고 메인화면 기본 설정과 화면 유형을 선택합니다.

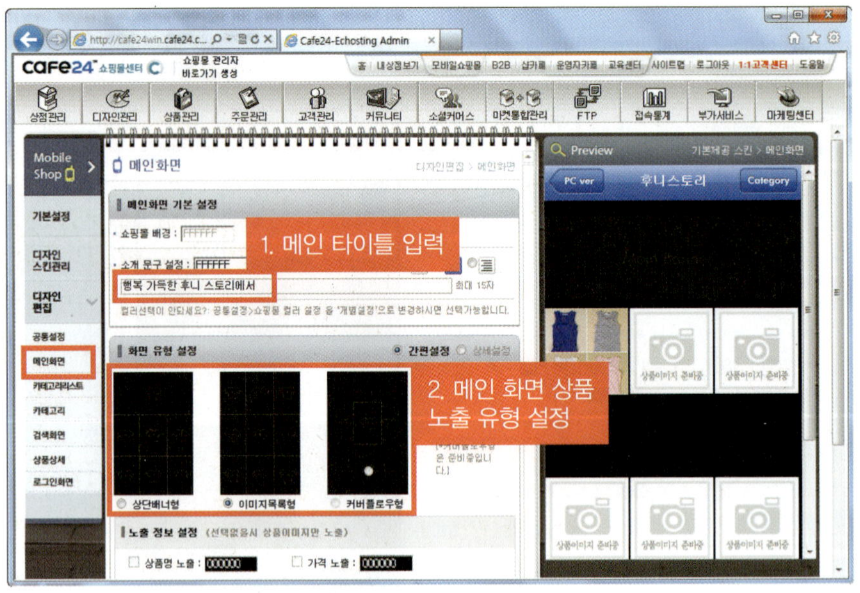

O8 '상단배너 설정' 항목에서 배너를 입력하고 배너를 클릭할 경우 이동할 주소를 입력합니다. 모든 설정을 마친 후에 [저장하기] 버튼을 클릭합니다.

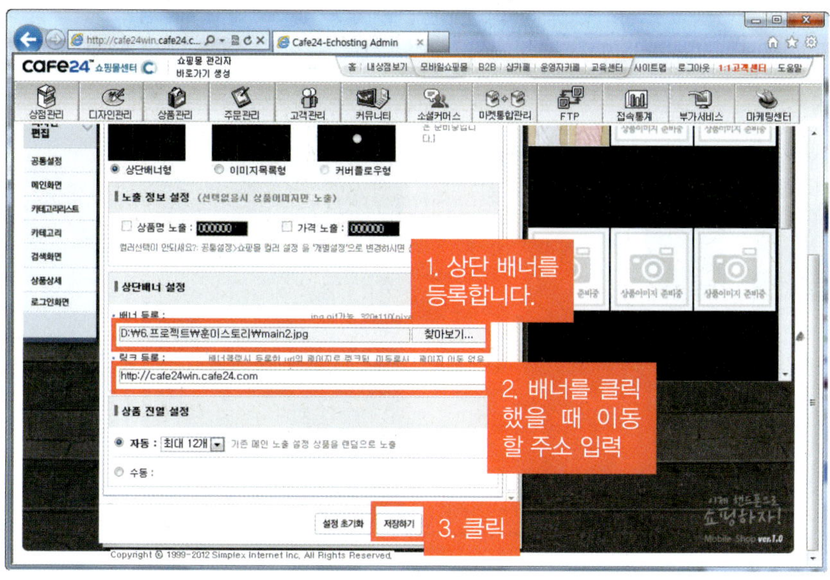

O9 배너가 등록된 것을 볼 수 있습니다.

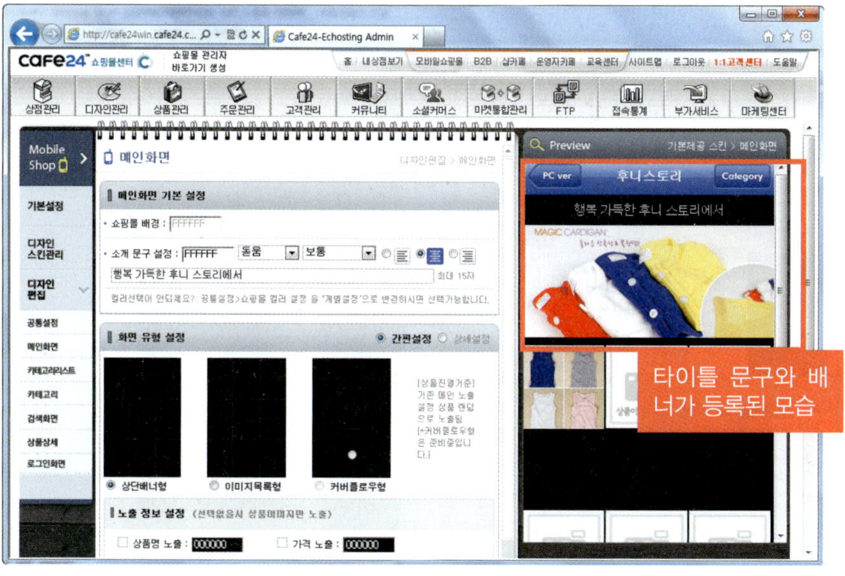

10 카테고리 리스트를 '이미지형'과 '리스트형' 중에서 선택합니다.

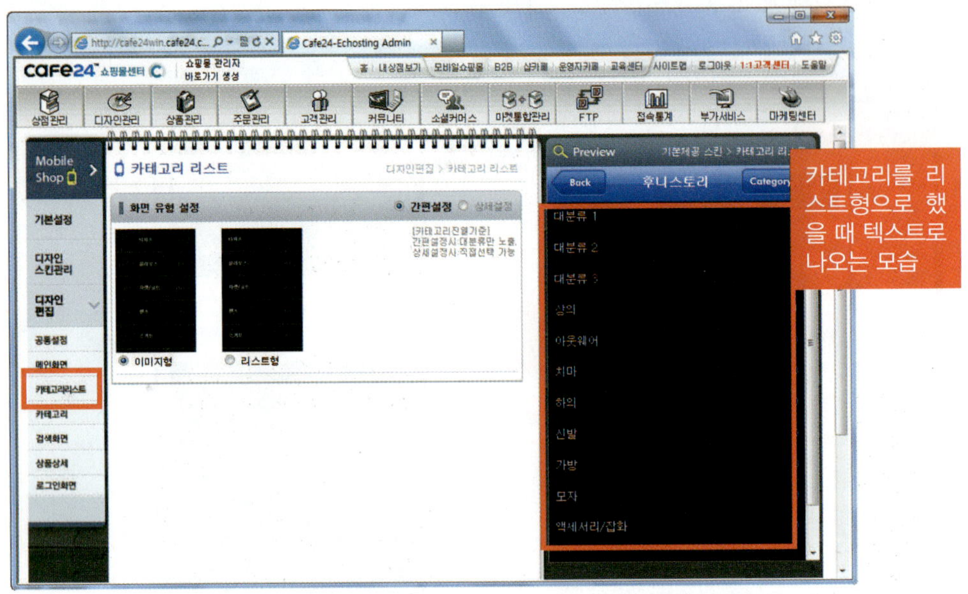

11 검색화면 및 로그인화면도 같은 방법으로 설정하면 모바일 쇼핑몰 만들기가 완성됩니다.

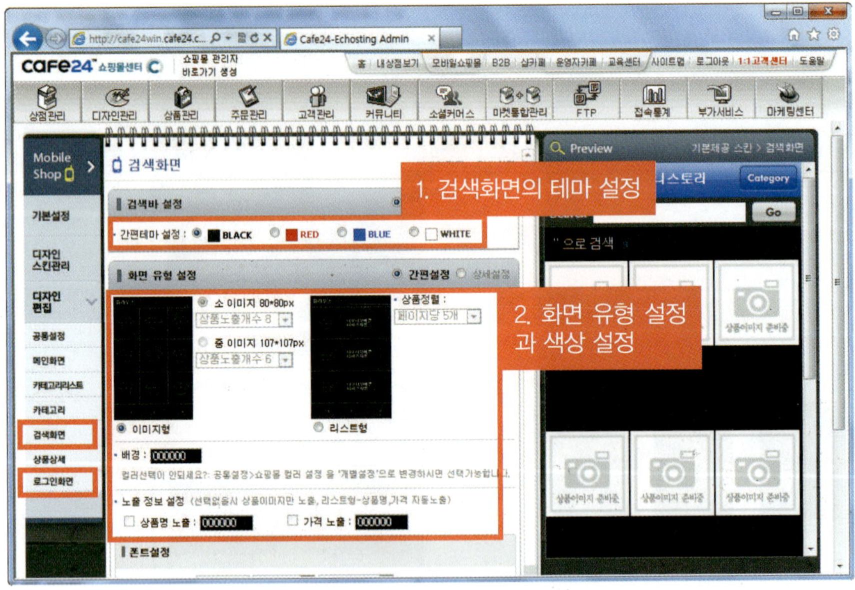

12 모바일 쇼핑몰 주소 http://m.사용자id.cafe24.com을 입력하고 페이지를 이동하면 모바일 쇼핑몰에 접속해 볼 수 있습니다.

아이폰에서 모바일 쇼핑몰 홈 아이콘 설정하기

1. 사파리에 접속하여 쇼핑몰 탐색 도중 하단에 + 버튼을 클릭합니다.

2. 홈 화면에 추가 기능 선택을 클릭합니다.

3. 홈추가 편집 창에서 상단우측 추가 버튼을 클릭합니다.

4. 아이폰 바탕화면에 쇼핑몰 아이콘이 생성된 것을 확인합니다.

Chapter 07

결제 방식 설정하기

결제 방식은 무통장 입금, 신용카드 결제, 적립금 결제, 실시간 계좌 이체, 휴대폰 결제 등을 도입할 수 있습니다. 고객의 입장에서 생각했을 때 편리할 수 있는 결제 방식은 모두 도입하는 것이 좋습니다. 처음 진행할 때 비용을 아끼기 위해 카드결제 시스템을 도입하지 않는 경우가 있는데 고객의 편의성에 문제가 발생할 수 있으므로 신중히 검토하는 것이 좋습니다.

 ## 1. PG사 선정하기

(상점관리 〉 결제서비스 신청관리 〉 카드/계좌이체 신청관리)

PG는 Payment Gateway의 약자로, 안전한 전자상거래 결제 시스템으로 쇼핑몰 회원의 신뢰도 향상과 매출 상승에 큰 도움을 주는 서비스입니다. 이것은 인터넷 결제 시스템의 하나로 쇼핑몰 운영자가 지불 수단을 자체 구축하지 않고 전문 대행업체에서 개발한 결제 솔루션을 통해 결제 서비스를 제공할 수 있도록 해주는 것입니다. 한 마디로 전자상거래에서의 지불 대행 또는 결제 대행 서비스라고 할 수 있습니다.

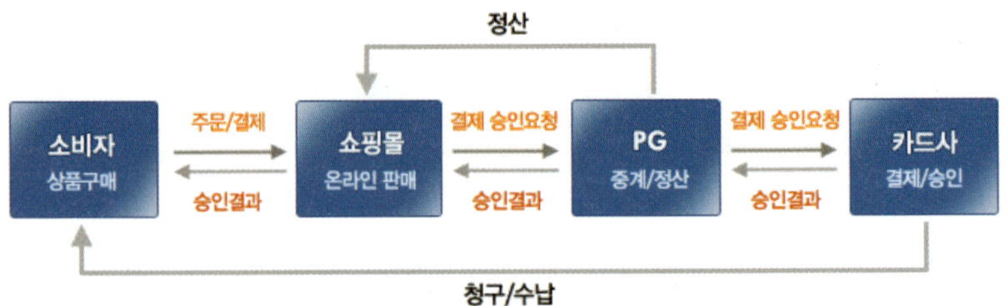

PG사에는 KCP(한국 사이버 결제), 이니시스, KSNET(케이에스넷), 삼성올앳, 데이콤이 있으므로 적당한 PC사를 선정하여 가입하시면 됩니다.

+ 계약조건

수수료 : 신용카드 − 3.5% (VAT 별도) / 계좌이체 − 1.8% (VAT 별도)

초기등록비 : 20만 원(VAT 별도)

보증보험 : 면제 (카드사 유의업종은 별도 협의)

정산주기 : 일일정산, 월4회, 월2회, 월1회 (일일정산시 결제일 이후 7영업일부터 매일 입금)

서비스 개통일 : 신용카드 − 일부카드 신청 익일 개통 (계좌이체 신청 익일 개통)

+ 신청절차

서비스 신청 → 상담 및 입점심사 → 초기등록비 년관리비 납부 → 보증보험 가입 → 구비서류 접수 → MID발급 및 계약 완료 통보 → 카드사 등록

+ 구비서류

공통서류	법인사업자	개인사업자
1. 서비스신청서 1부 2. 계약서 2부 3. 사업자등록증 사본 1부	4. 입금계좌 사본 1부(법인명의) 5. 법인인감증명서 1부(법인명의) 6. 법인등기부등본 1부(법인명의) 7. 사용인감계(사용인감 날인 시)법인인감도장 사용 시 사용인감계 제출안함	4. 입금계좌 사본 1부(대표자명의) 5. 인감증명서 원본 1부(대표자명의) 6. 주민등록등본 원본 1부(대표자명의) 또는 대표자신분증 사본 1부 ★계약서 2부 날인 시 대표자 인감 날인 필수

카드 결제의 정산 주기 체크하여 자금계획 세우기

카드 결제 비중이 높은 대부분의 쇼핑몰에서는 매출 상승 시에 일정 기간 자금이 묶이게 됩니다. 예를 들어 고액의 포털 메인 섬네일 광고나 성수기에 광고비 증액으로 매출이 급증했다 하더라도 카드 결제로 인해서 많은 자금이 묶이게 됩니다. 따라서 성수기 등에 거액의 광고 집행을 하시는 경우에는 일정한 자금 계획을 꼭 세우고 집행하여야 합니다.

카드 회사의 정산 주기는 월 1회, 월 2회, 월 4회, 일일 정산이 있으며, 일일 정산을 선택하면 결제일 이후 7 영업일부터 매일 입금되게 됩니다. (예를 들어 8월 18일 수요일에 결제를 하였다면 토요일 21일과 일요일 22일은 영업일에서 제외됩니다. 따라서 8월 27일 금요일에 수금을 하게 됩니다. 만약 8월 19일 목요일에 결제를 하였다면 토요일 21일과 28일, 일요일 22일과 29일이 제외되므로 8월 30일 월요일에 수금을 하게 됩니다. 만약 구정 연휴나 추석 연휴가 있다면 수금일은 더욱 늦어지게 됩니다.)

2. 에스크로 신청하기

(상점관리 〉 결제서비스 신청관리 〉 에스크로 신청/관리)

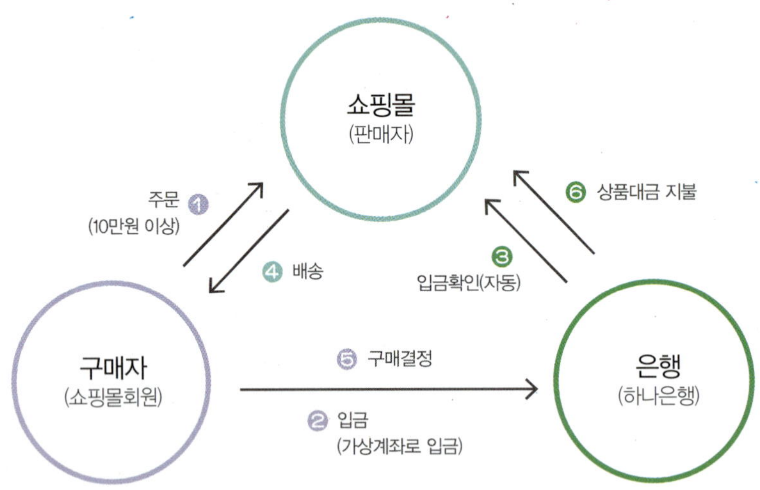

에스크로란 온라인 전자상거래 시에 구매자와 판매자 간의 매매행위를 보호하기 위한 방법으로 온라인 쇼핑몰에서 구매자가 지불한 상품 대금을 제3자(은행, PG사, 보험사 등 에스크로 사업자)가 우선 맡아서 보관하고 상품이 정상적으로 배송완료 되었음을 확인한 이후에 판매자의 계좌로 은행에 보관된 대금을 지급하는 제도입니다. 에스크로는 10만 원 이상의 무통장입금 결제 수단으로 결제되는 현금 결제에 대하여 구매고객이 결제 수단을 선택하여 이용할 수 있으며 이 제도를 통해 구매자는 상품 구매에 있어서 안전성을 보장받고 판매자는 쇼핑몰 운영의 신뢰성을 확보할 수 있습니다.

★ 에스크로 결제는 의무사항입니다. 에스크로 미운영은 단속 대상이니 꼭 에스크로 결제를 신청하시기 바랍니다.

+ 에스크로 서비스 쇼핑몰 구매 절차

에스크로는 1개의 주문당 가상계좌가 별도로 부여되며 운영자가 수동으로 입금 확인할 수 없습니다. (입금 확인은 자동)

- 입금 확인 후 4일 이내 배송 : 배송완료 후 3일 이내에 자동 구매 확인 처리 이후 정산
- 입금 확인 후 4일 이후 배송 : 배송완료 후 해당 고객이 쇼핑몰 로그인 후 [주문내역조회]에서 반드시 [구매확인] 해야만 정산

+ 취소 및 환불

에스크로 사용 시 주문 취소 및 환불 요청은 반드시 해당 회원이 쇼핑몰에 로그인 후 [주문내역조회 〉 환불요청]에서 먼저 취소 요청해야 합니다.

환불 요청 후 물건 반품 확인 후 쇼핑몰 관리자가 주문서 상세 팝업에서 [에스크로 환불승인]을 최종 눌러주어야 익일~2일내에 환불이 완료됩니다.

✛ 에스크로 계약조건의 예(하나은행의 경우)

- 수수료 : 거래금액의 0.3%(최저 수수료 300원) 또는 10만 원 정액/12개월 (VAT 별도) 중 택일
- 판매대금 정산 : 고객 결재 후 기본 배송기간 4일 + 상품 확인기간 3일(7일 이내 판매자의 실계좌로 대금 지급)

 ## 3. 무통장입금 계좌등록하기

고객들로부터 무통장입금을 받기 위한 쇼핑몰의 계좌정보를 입력합니다. 거래은행은 고객들이 가장 많이 사용하는 은행으로 개설하는 것이 좋습니다. 여러 은행계좌를 개설하면 고객들이 편리하게 이용할 수 있지만 통장관리를 잘 하여야 합니다.

O1 관리자 페이지에서 [상점관리 〉 상점운영 관련 설정 〉 무통장입금 계좌설정]로 이동하여 [설정 바로가기] 버튼을 클릭합니다.

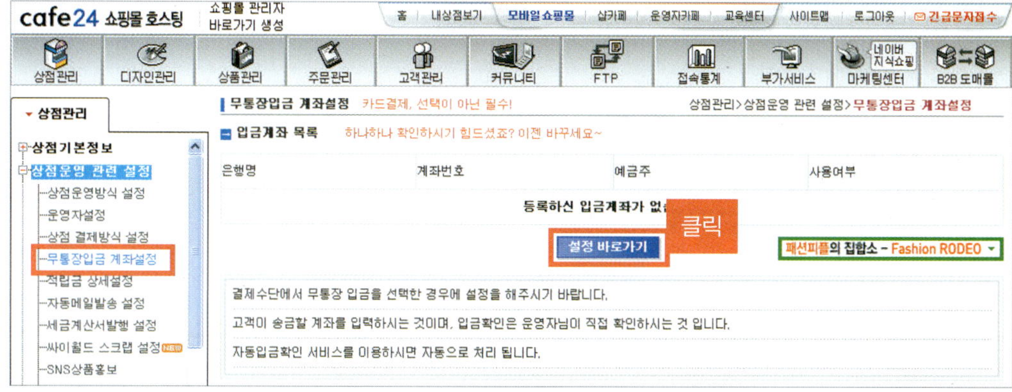

O2 본인확인 페이지가 나옵니다. 본인 확인 수단은 휴대폰 인증, 신용카드 인증, 범용공인인증서 인증 중 선택할 수 있습니다. 해당 사항을 선택하고 [본인확인받기] 버튼을 클릭하시면 각 수단별 본인 인증 팝업이 뜹니다.

O3 휴대폰, 신용카드, 공인인증서 중 원하는 것을 선택하여 본인 인증을 마치고 [확인]을 클릭합니다.

04 [상점관리 〉 상점운영 관련 설정 〉 무통장입금 계좌설정]으로 이동한 후 [등록] 버튼을 클릭하고
'입금계좌 등록'에서 은행명, 계좌번호, 예금주, 사용여부를 지정하고 [확인] 버튼을 클릭합니다.

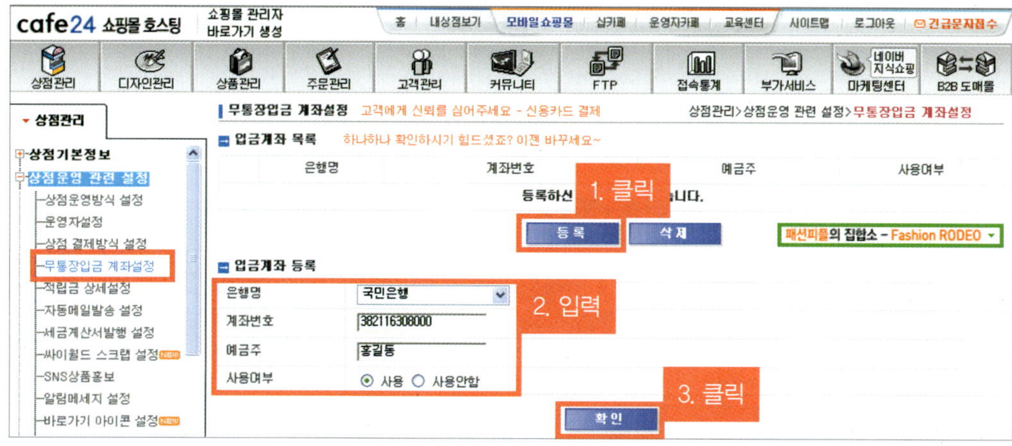

05 계좌가 등록됩니다.

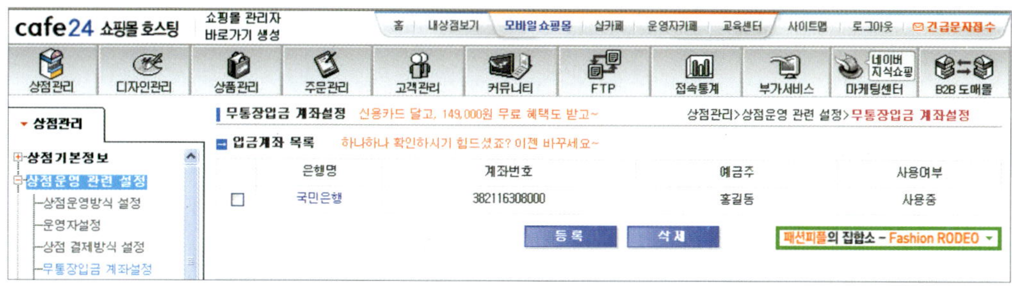

4. 상점 결제방식 설정하기

고객들이 결제할 수 있는 방법을 설정합니다. 결제 수단은 무통장 입금, 카드 결제, 적립금 결제, 실시간 계좌 이체, 휴대폰 결제 등을 선택할 수 있으며 무통장입금, 적립금 결제 이외의 결제는 결제 서비스 신청 완료 후에 사용할 수 있습니다.

관리자 페이지의 [상점관리 〉 상점운영관련설정 〉 상점 결제방식 설정]에서 다음과 같이 설정합니다.

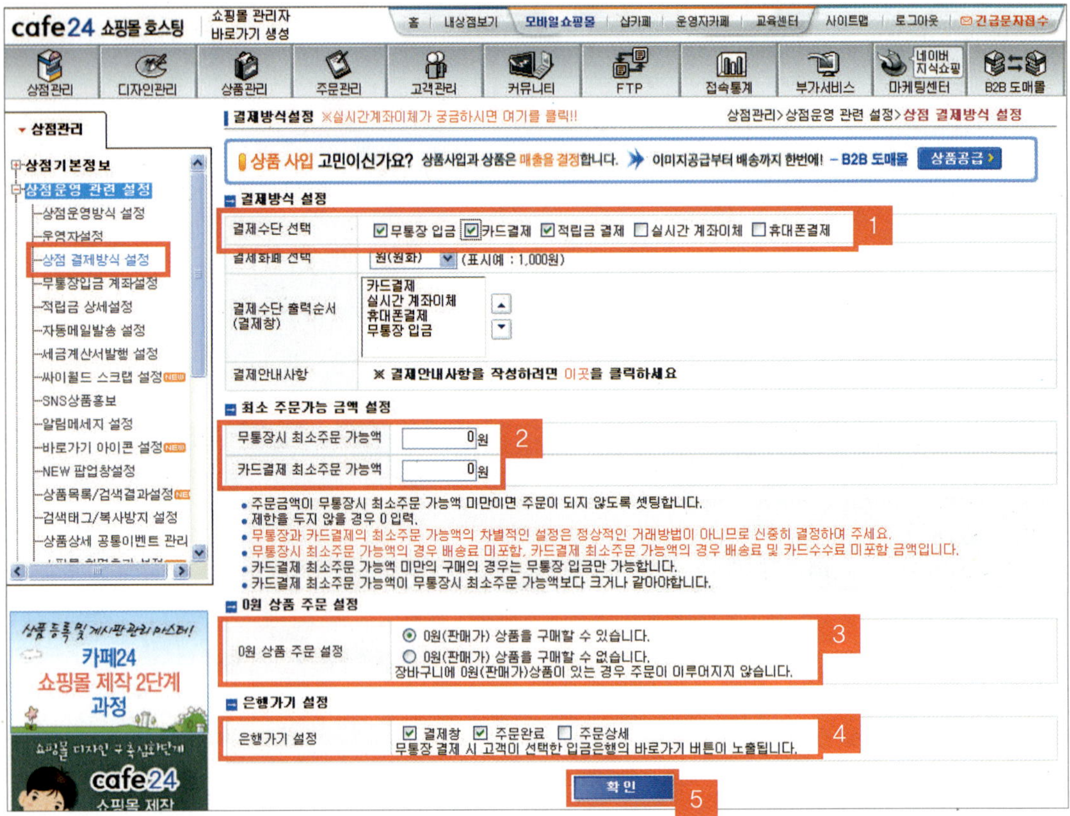

5. 자동 입금 확인 설정하기

입금 내역과 쇼핑몰의 주문 내역을 자동으로 비교(Matching)한 후 입금 완료된 주문내역을 자동으로 입금 확인 처리하는 서비스입니다. 계좌 통합관리로 거래은행 입출금내역을 한 번에 조회 관리할 수 있습니다.

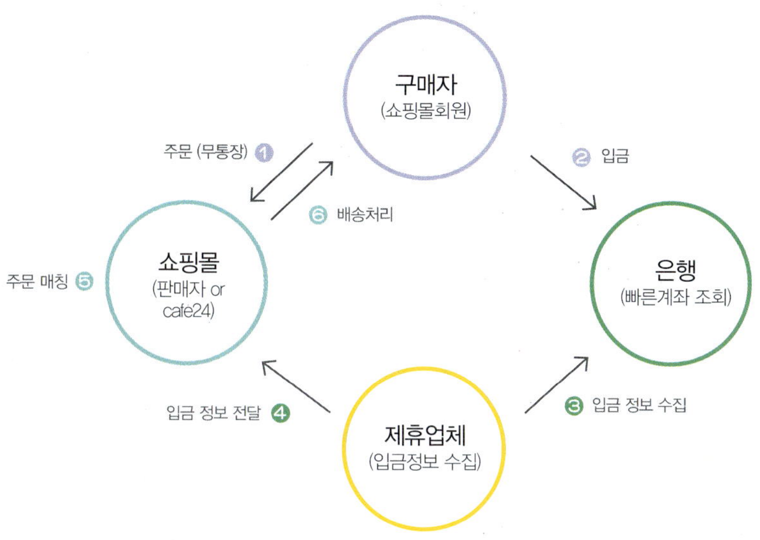

[주문관리 〉 영업관리 〉 자동입금확인설정]에서 신청 가능합니다.

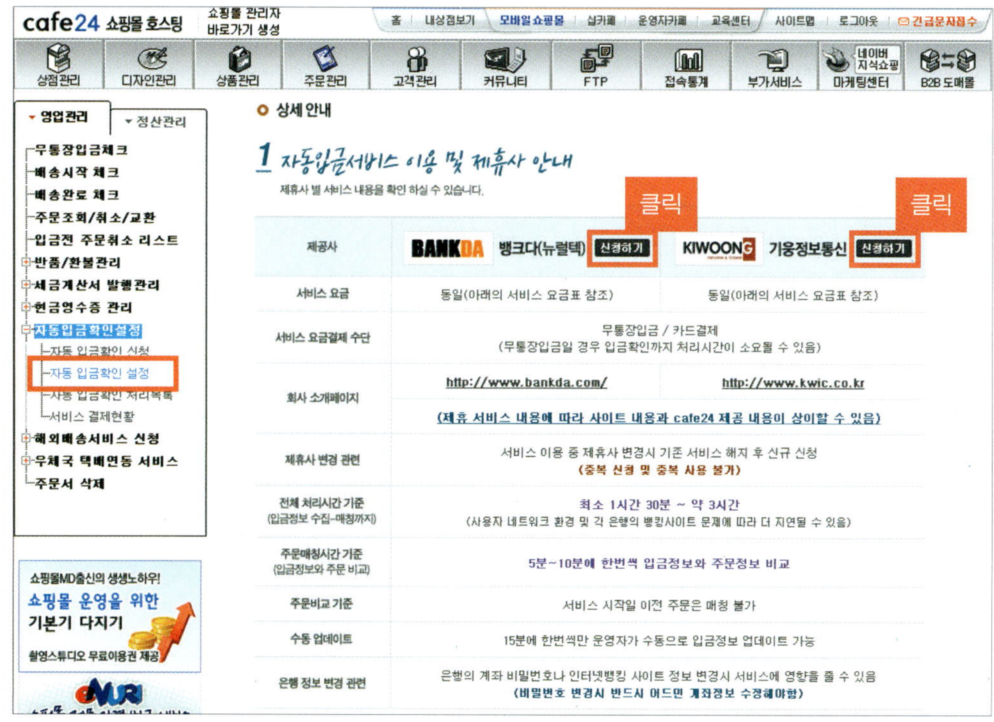

서비스 신청하기 페이지가 나오면 '약관에 동의' 라디오 버튼을 선택하고 대표 관리자의 전화번호를 입력한 후 신청할 계좌수를 선택합니다. 그리고 이용기간을 선택하고 [신청하기] 버튼을 클릭합니다.

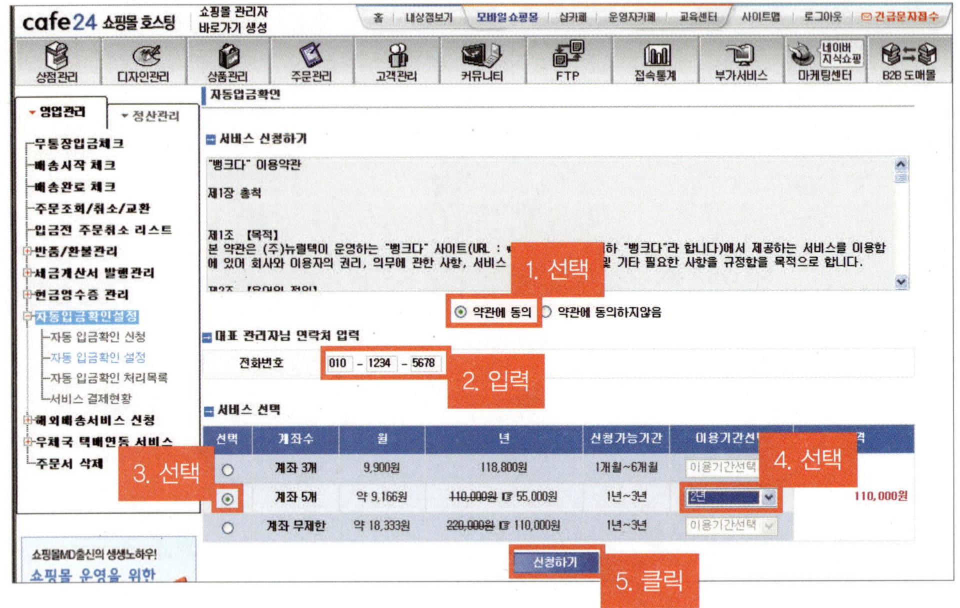

6. 현금영수증 관련 설정하기

현금영수증은 1원 이상의 현금거래 시에 고객이 요청하면 발행을 해야 합니다.

1) 현금영수증서비스 신청

[주문관리 > 영업관리 > 현금영수증 관리 > 현금영수증서비스 신청 관리]에서 원하는 곳의 [신청] 버튼을 누릅니다. 현금영수증 발행 설정은 사용하고 있는 카드결제사(PG사)에서 현금영수증서비스를 신청하면 자동으로 설정됩니다. 현금영수증발행서비스를 중지하려면 카드결제사(PG사)에서 현금영수증서비스를 취소해야 합니다.

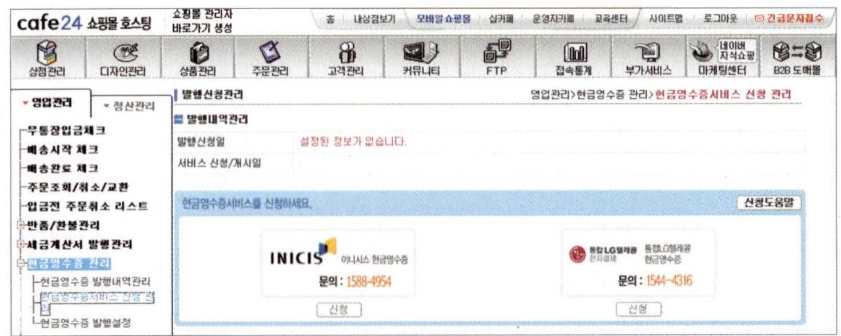

★ 간이과세자는 결제액에 대해서 현금영수증을 발행하고 세금계산서는 발행 불가합니다.

2) 현금영수증 발행설정

[주문관리 〉 영업관리 〉 현금영수증 관리 〉 현금영수증 발행설정]에서 '발행기능 사용여부'를 '수동 발행'
으로 선택합니다. 사업자 형태를 선택하고 [설정완료] 버튼을 클릭합니다.

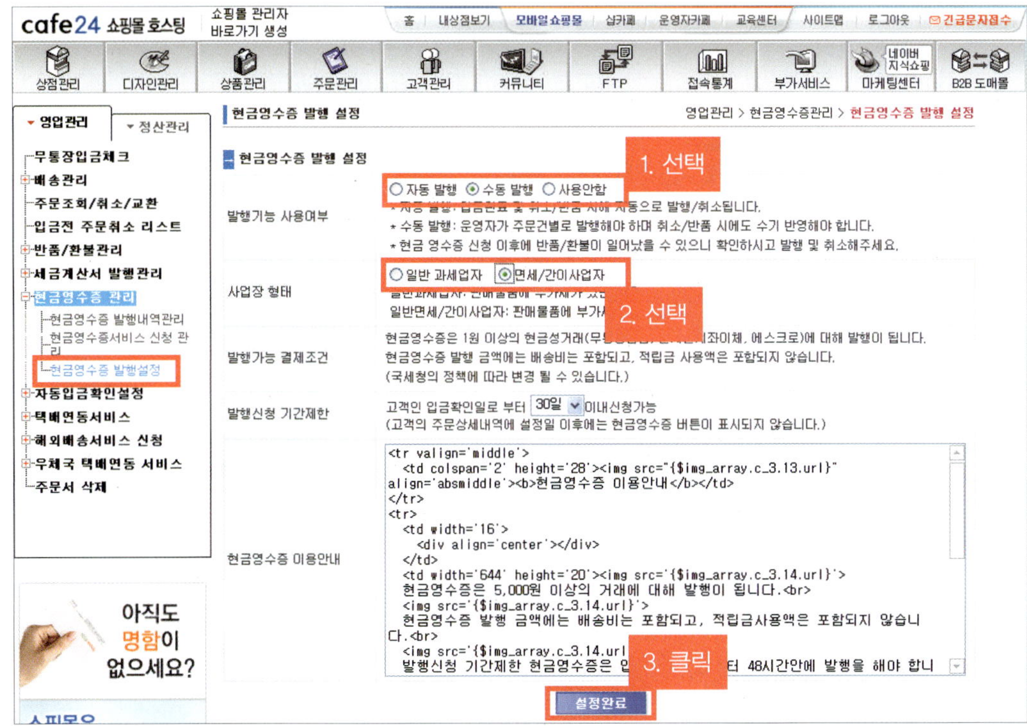

7. 배송 관련 등록하기

1) 배송업체 등록하기

[상점관리 〉 배송/반품설정 〉 배송업체관리]에서 [등록] 버튼을 클릭합니다. '배송업체 등록'에서 배송업체명, 연락처1, 기본배송비 등 필수 입력 사항을 입력하고 [확인] 버튼을 클릭하면 배송업체 목록에 등록됩니다.

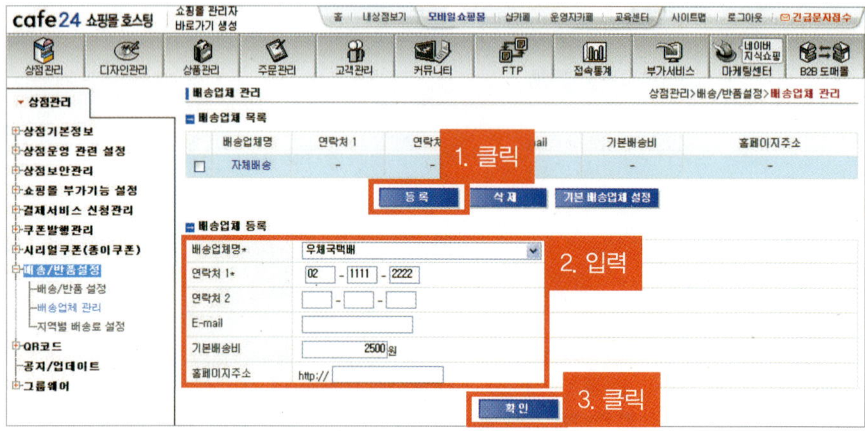

등록된 배송업체가 배송시작 체크 시 기본 설정되는 택배사가 되도록 지정하려면 해당 택배사를 체크하고 [기본 배송업체 설정] 버튼을 클릭합니다. 기본 택배사가 되면 하늘색으로 변경됩니다.

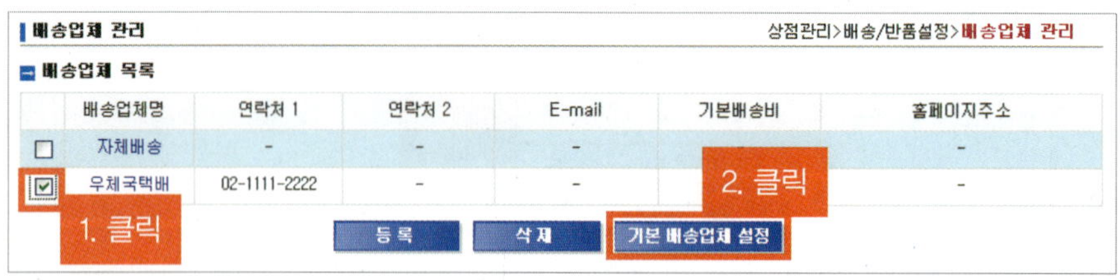

택배계약하기

쇼핑몰 구축업체 '카페24'가 2009년 6월 기준 상위 300개 온라인 쇼핑몰사업자들이 이용하는 택배사를 표본 조사한 결과를 보면 우체국택배 95개사, 자체배송(직배송) 80개사, 대한통운 40개사, CJ 택배 24개사, 로젠택배 21개사, 한진택배 17개사 등으로 나타났습니다. 우체국은 일반 택배사들의 배송료보다 더 비싸지만 문자를 보내주는 등 고객서비스가 좋아 온라인몰들이 선호하고 있습니다.

중소형 택배사는 박스당 2,500원 정도의 가격, 대형 택배사는 박스당 3,000원 정도의 가격으로 계약합니다. 배송가격 못지않게 중요한 것이 택배 실무자들의 성실성입니다. 따라서 해당 지역의 택배사 2~3곳에 연락을 해서 문의를 해보고 꼼꼼히 체크 후에 계약을 하시기 바랍니다.

택배사	연락처	택배사	연락처
우체국	1588-1300	대한통운	1588-1255
CJ 택배	1588-5353	로젠택배	1588-9988
한진택배	1588-0011	옐로우캡	1588-0123
현대택배	1588-2121	KGB택배	1577-4577

상품 픽업 시간은 되도록 늦은 시간(오후 4~6시 사이)으로 정하는 것이 좋습니다. 오후에 주문한 사람이 다음 날 상품을 받아 본다면 빠른 배송에 만족해할 것이기 때문입니다.

2) 배송정책 설정

업계에 따라 주문 시 배송료 정책이 다릅니다. 배송료를 책정할 때는 동종 업계의 다른 쇼핑몰들을 참고해서 책정하세요. 얼마부터 배송료가 추가되는지 살펴보고 주문을 결정하는 고객들도 많습니다.

[상점관리 〉 배송/반품설정 〉 배송/반품설정]에서 쇼핑몰 전체 상품에 적용되는 배송 및 반품 관련 정책을 설정합니다. 여기에서 설정한 배송료가 기본적으로 모든 상품에 적용됩니다.

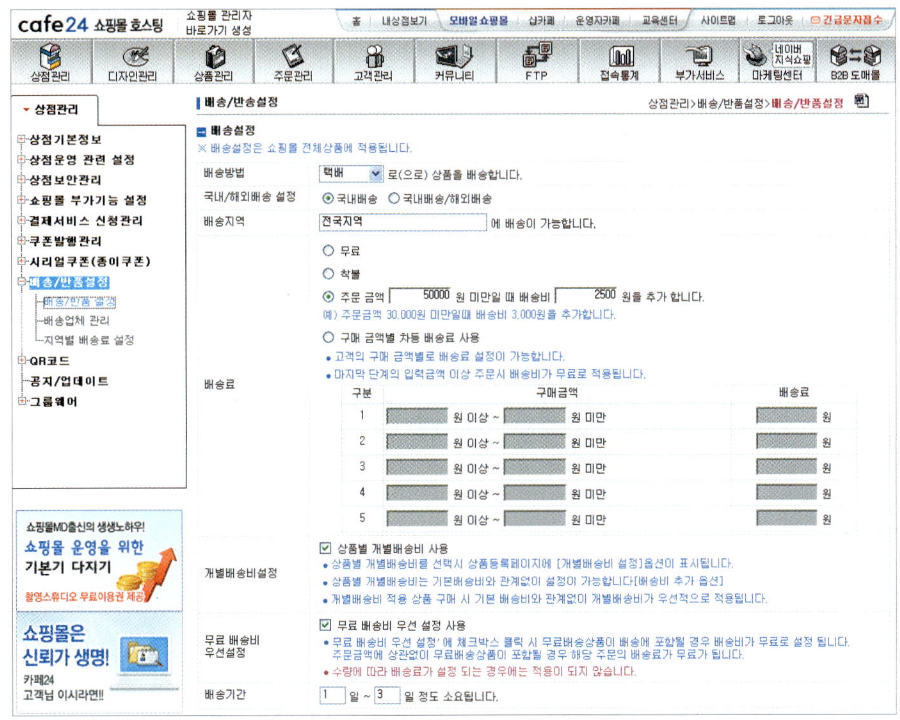

■ 배송 추가 설명

내용	- 산간벽지나 도서지방은 별도의 추가금액을 지불하셔야 하는 경우가 있습니다. 　고객님께서 주문하신 상품은 입금 확인후 배송해 드립니다. 다만, 상품종류에 따 라서 상품의 배송이 다소 지연될 수 있습니다.

■ 반품주소설정

반품주소	[　] - [　] [우편번호찾기] [　　　　　]

■ 운송장 택배사 설정

운송장 출력 택배사	[설정안됨 ▼]

■ 희망 배송 일자 설정

배송가능일자	[표시하지 않음 ▼] 이후부터 희망배달일자가 표시됩니다.

● 주문서 작성시 희망배달일자를 나타나도록 설정하거나 나타나지 않도록 설정합니다.

[설정완료]

- **배송방법** : 택배, 등기 등 배송방법을 선택합니다.

- **국내/해외배송 설정** : '국내배송' 또는 '국내배송/해외배송'인지 선택합니다.

- **배송료** : 배송료 부과 기준을 입력합니다. 주문 금액에 따라 부과되는 배송료를 설정하면 됩니다. (예 50,000원 미만일 때 배송료 2,500원을 추가)

- **개별배송비설정** : '상품별 개별배송비 사용'에 체크하면 상품에 따라 배송비를 다르게 할 수 있고 상품 등록이나 수정 시 별도로 설정할 수 있습니다.

- **무료 배송비 우선설정** : 무료 배송 상품이 배송에 포함될 경우 배송비가 무료로 설정되는 기능입니다. 주문 금액에 상관없이 무료 배송 상품이 포함될 경우 해당 주문의 배송료가 무료가 되며, 수량에 따라 배송료가 설정되는 경우에는 적용이 되지 않습니다.

- **배송기간** : 빠른 배송이 곧 쇼핑몰의 경쟁력이므로 1~3일로 입력해주시고 가급적 익일 안에 배송을 시작하는 것이 좋습니다.

Chapter 08

주문 관리하기

쇼핑몰을 통해 고객이 상품을 구매하면 주문관리 메뉴를 통해 확인하고 상품을 발송 처리할 수 있습니다. 이 단계에서는 무엇보다 중요한 것은 신속성입니다. 고객이 입금을 하였을 때 입금 확인이 지연되게 되면 고객은 불안해할 것입니다. 그리고 배송 처리가 늦어지게 된다면 마찬가지로 고객은 쇼핑몰에 대해 불신하게 되므로 신속한 처리를 할 수 있는 시스템을 갖추는 것이 중요합니다.

 1. 입금 확인하기

고객이 주문 후 계좌로 입금했을 경우, 무통장 입금 체크 항목에서 입금확인을 해야 고객 주문 페이지에 입금 확인이 되었다는 내용이 출력되게 됩니다.

[주문관리 〉 영업관리 〉 무통장입금체크] 메뉴에서 [주문검색]을 클릭하면 검색 결과가 하단에 나옵니다. 내역을 확인하고 [입금확인]을 클릭합니다.

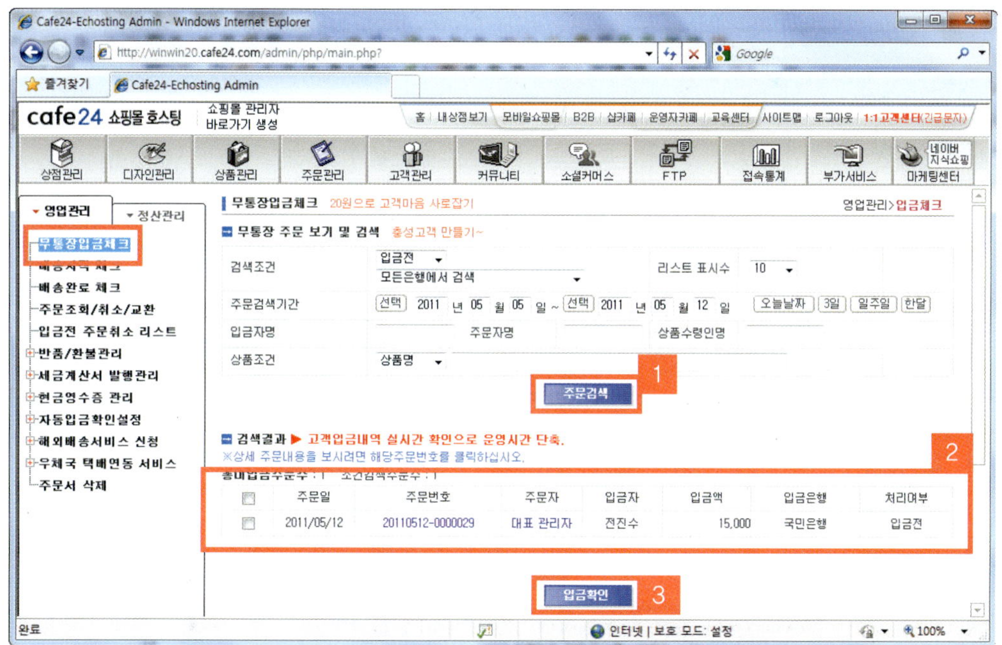

관리자가 입금 확인을 하지 않은 상태에서 고객이 자신의 주문내역을 조회해 보면 다음과 같이 주
문처리 상태가 '입금전'으로 표시됩니다.

그리고 관리자 페이지에서 입금 확인을 한 후에 고객의 주문 페이지를 확인해보면 주문처리 상태가
'배송전'으로 바뀝니다.

2. 배송시작 체크하기

고객의 입금이 확인되면 상품을 배송하게 됩니다. 입금 확인이 되었는데도 미배송된 상품이 있는지를 검색
해 상품을 배송 처리합니다.

O1 [주문관리 > 영업관리 > 배송시작 체크]에서 [미배송 주문검색] 버튼을 클릭합니다.

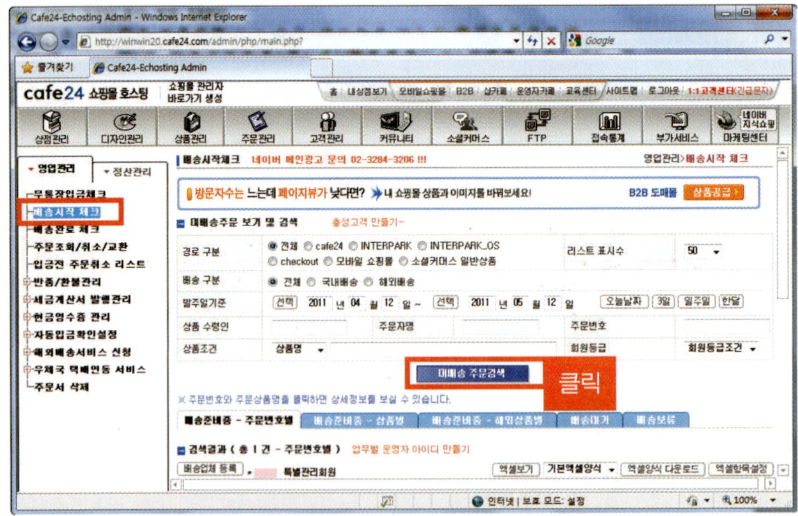

O2 검색된 미배송 상품을 선택하고 운송장정보와 택배비를 입력한 후 [배송시작]을 클릭합니다.

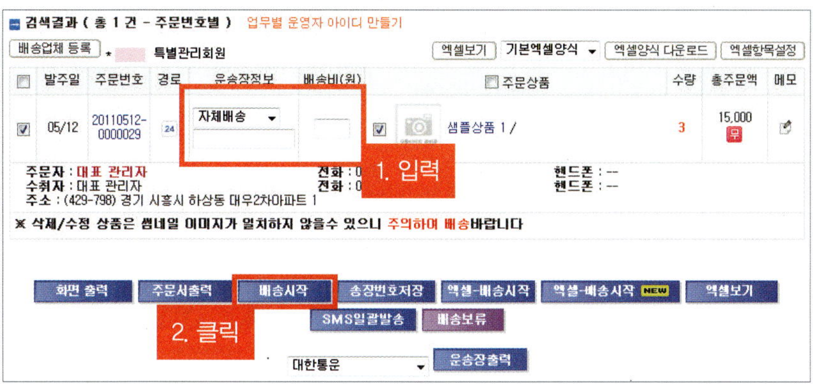

O3 배송시작 처리를 묻는 대화상자에서 [확인]을 클릭하면 배송처리가 완료됩니다.

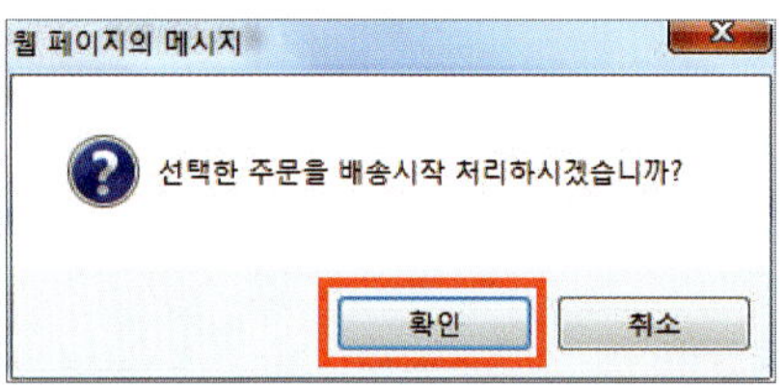

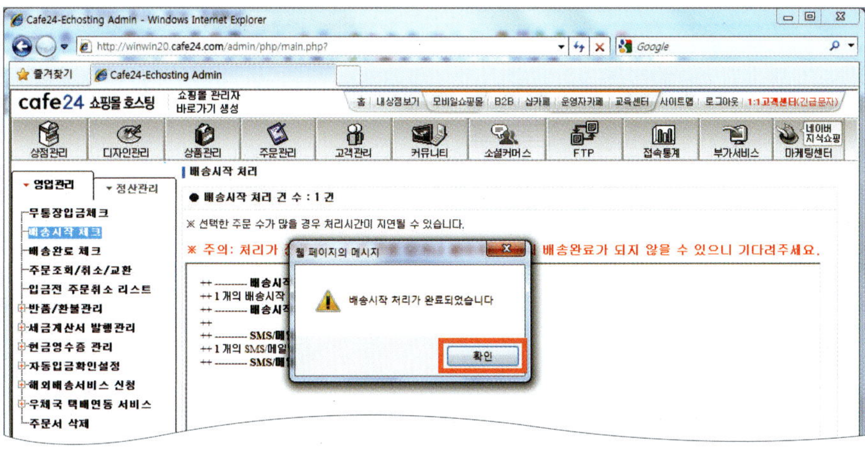

배송처리가 완료되었을 때 고객이 자신의 주문 조회 페이지에 들어가 보면 주문처리 상태가

'배송 중'으로 바뀝니다.

3. 배송완료 체크하기

배송한 상품 중에 배송이 완료된 상품을 검색하여 배송 완료 처리를 합니다.

O1 [주문관리 > 영업관리 > 배송완료 체크] 페이지에서 [배송중 주문검색] 버튼을 클릭하면 배송이 완료된 상품이 검색됩니다.

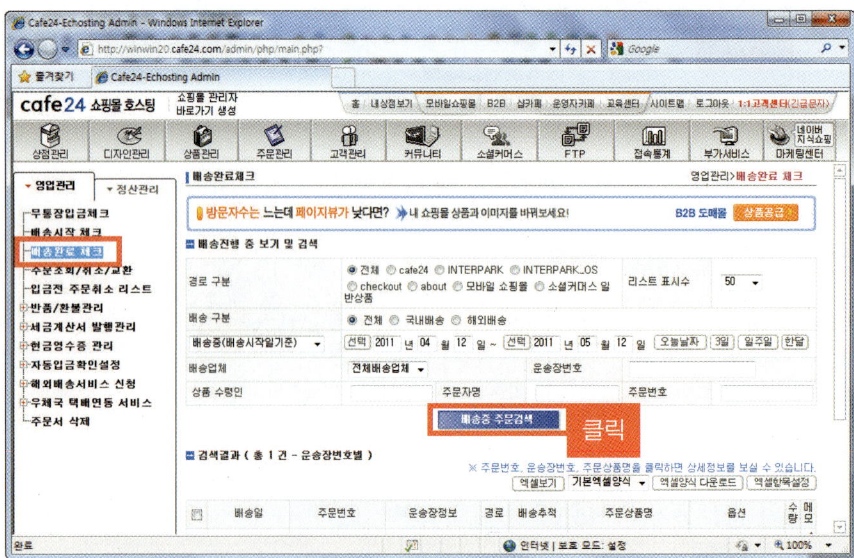

O2 배송이 완료된 상품을 선택하고 [배송완료] 버튼을 클릭합니다.

03 배송완료 처리 메시지를 확인합니다.

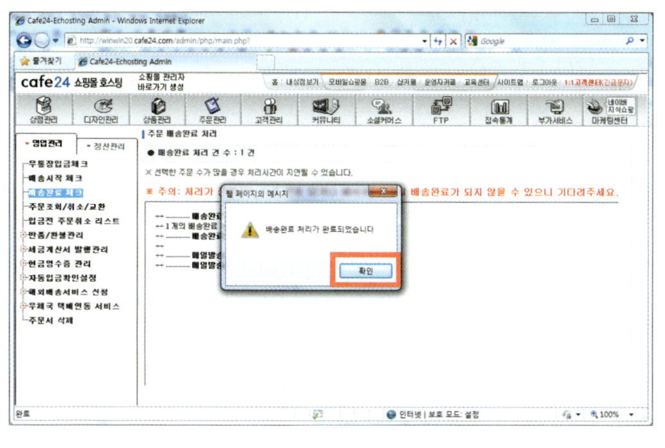

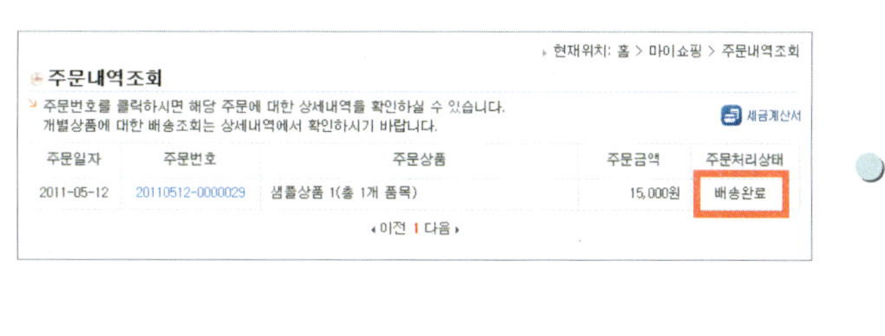

상품이 배송완료된 후에 주문한 고객의 주문 조회 페이지의 주문처리상태를 보면 '배송완료'로 되어 있는 것을 볼 수 있습니다.

4. 주문조회/취소/교환 진행하기

주문한 상품 또는 배송된 상품에 대해 주문조회/취소/교환을 요청했을 때의 처리 방법입니다.

01 [주문관리 〉 영업관리 〉 주문조회/취소/교환] 페이지에서 [주문검색]을 클릭하면 고객이 취소 요청한 주문내역이 검색됩니다.

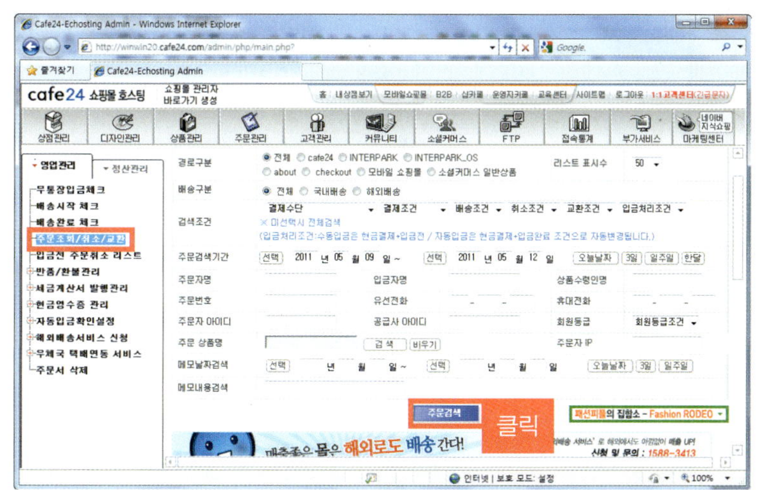

 검색결과의 주문번호를 클릭합니다.

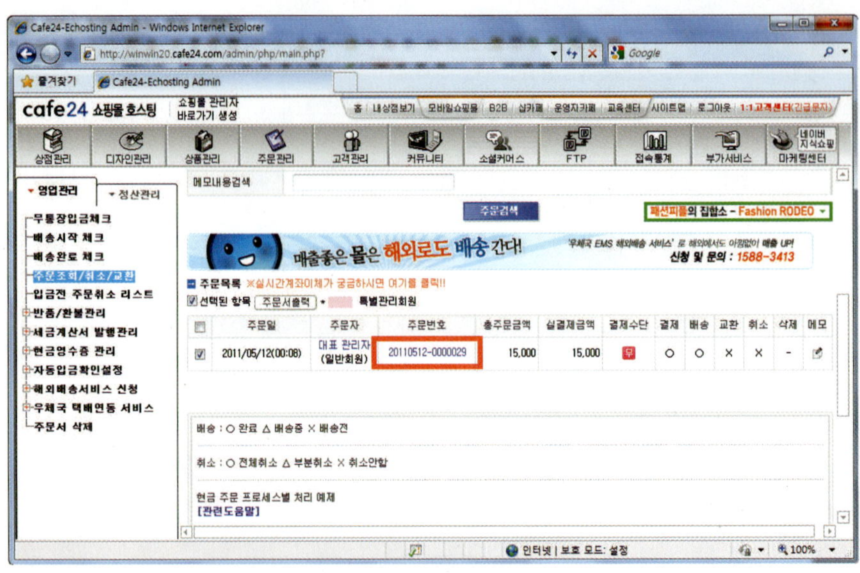

 결제정보 확인 창에서 주문한 상품을 반송하기 위해 [상품반송] 메뉴를 클릭합니다.

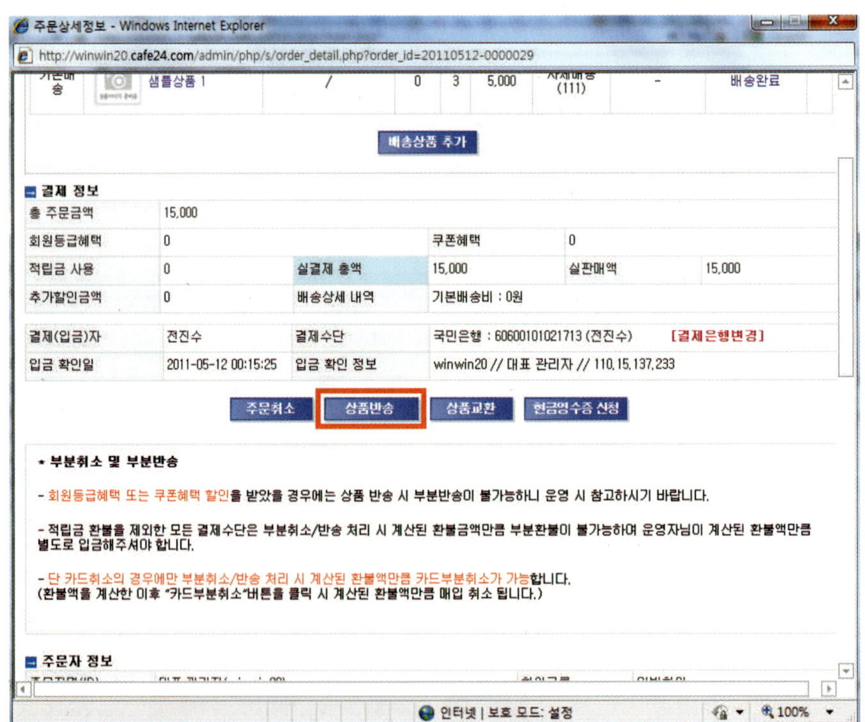

○4 반품 사유 등을 기재하고 [상품반품접수] 버튼을 클릭합니다.

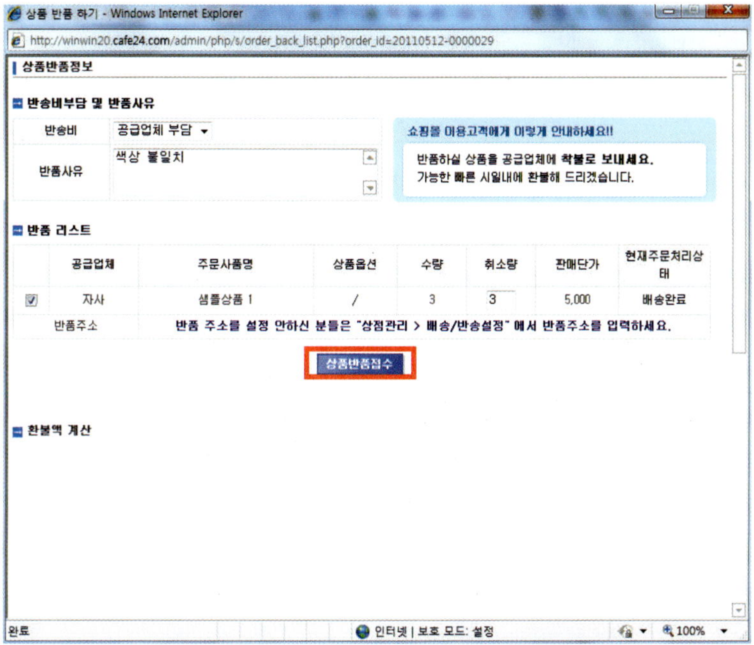

○5 [계산완료] 버튼을 클릭하여 반품을 완료합니다.

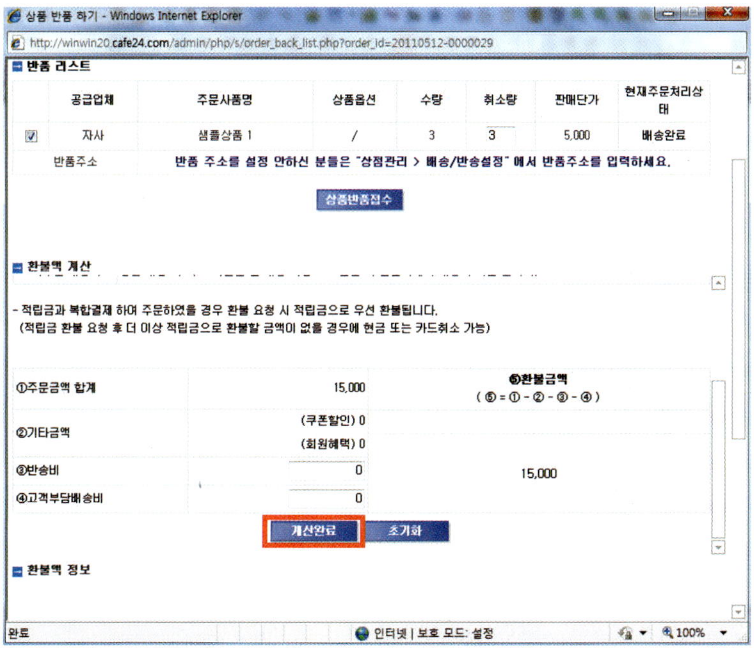

06 고객의 입금 정보를 입력합니다.

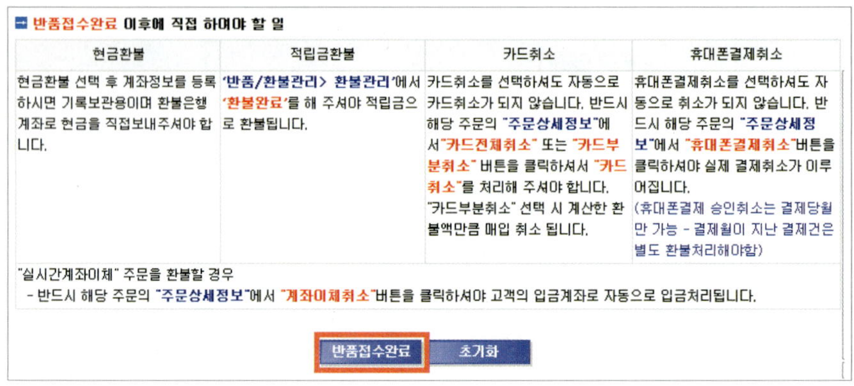

07 [반품접수완료] 버튼을 클릭하여 반품을 완료합니다.

5. 반품 환불 관리하기

취소관리, 교환관리, 반품확인, 환불관리, 카드취소목록, 관리자 환불관리 리스트 등을 관리할 수 있는 항목입니다.

01 반품 중인 상품을 검색하기 위해 [주문관리 〉 영업관리 〉 반품/환불관리 〉 반품확인] 페이지에서 [반송중 주문검색]을 클릭합니다.

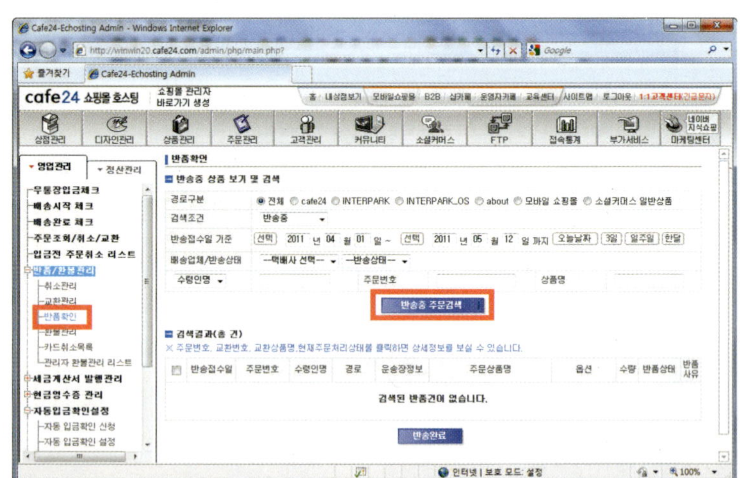

O2 검색결과에서 반송받은 해당 상품을 선택하고 [반송완료] 버튼을 클릭합니다.

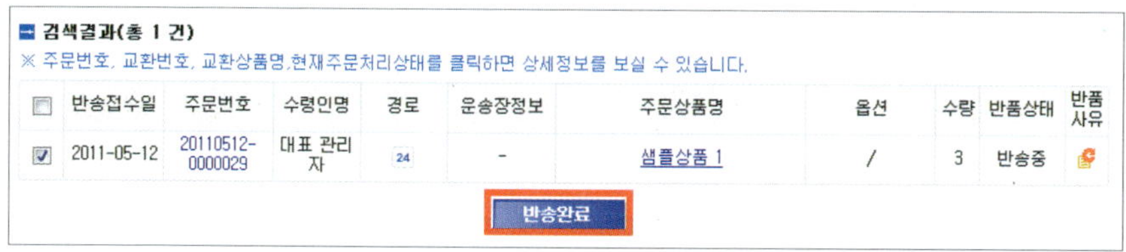

O3 반송완료 메시지 창에서 [확인] 버튼을 클릭하면 반송처리가 완료됩니다.

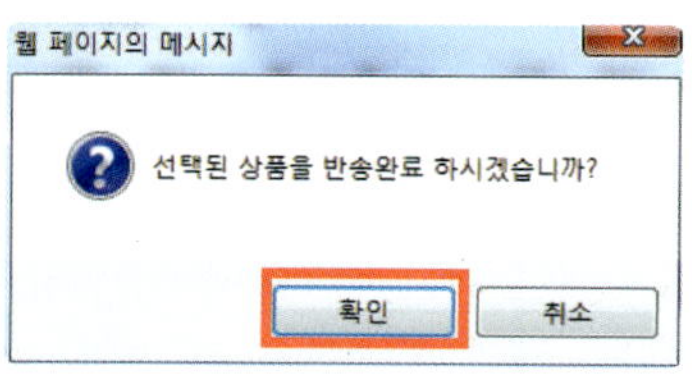

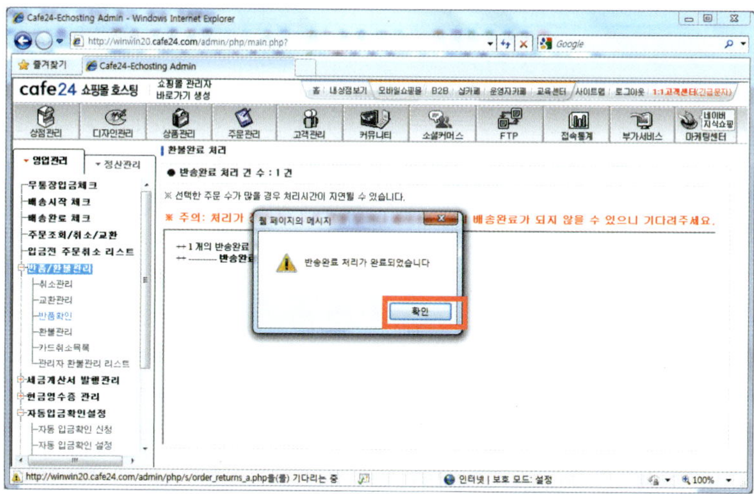

반송처리가 완료된 후에 고객이 자신의 주문조회 페이지에서 주문처리 상태를 확인해보면 '취소'로 되어 있는 것을 알 수 있습니다.

 ## 6. 세금계산서 발행하기

[주문관리 > 영업관리 > 세금계산서 발행관리] 페이지에서는 발행신청 관리, 발행내역 관리, 발행통계, 전자세금계산서 신청관리, 공인인증서 신청관리 등을 할 수 있습니다.

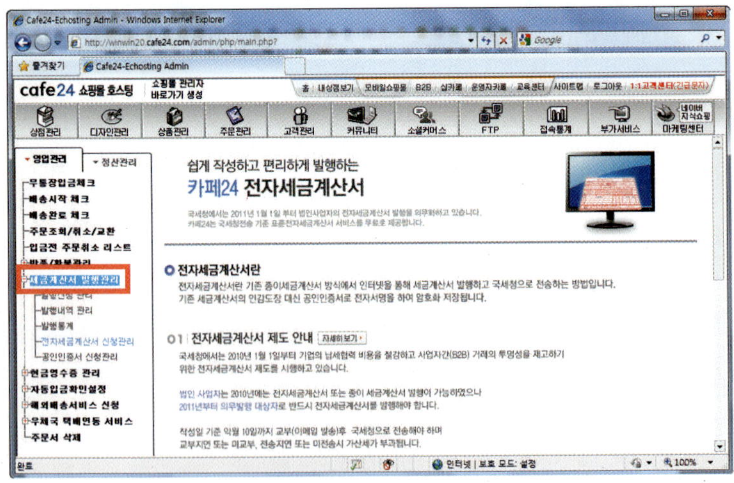

★ 전자계산서 발행 흐름

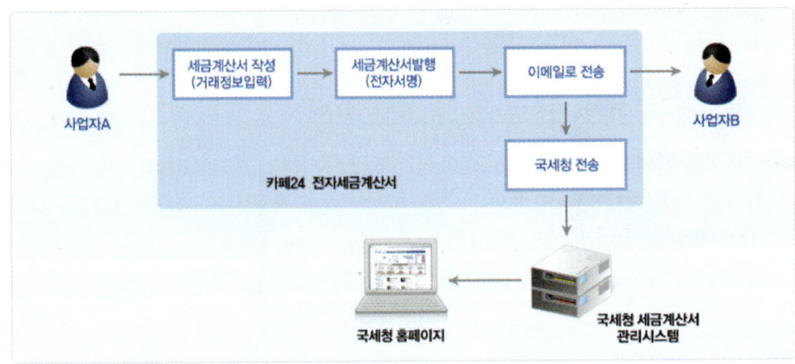

 ## 7. 현금영수증 관리하기

[주문관리 > 영업관리 > 현금영수증 관리] 페이지에서는 현금영수증 발행내역관리, 현금영수증서비스 신청 관리, 현금영수증 발행설정 등을 할 수 있습니다.

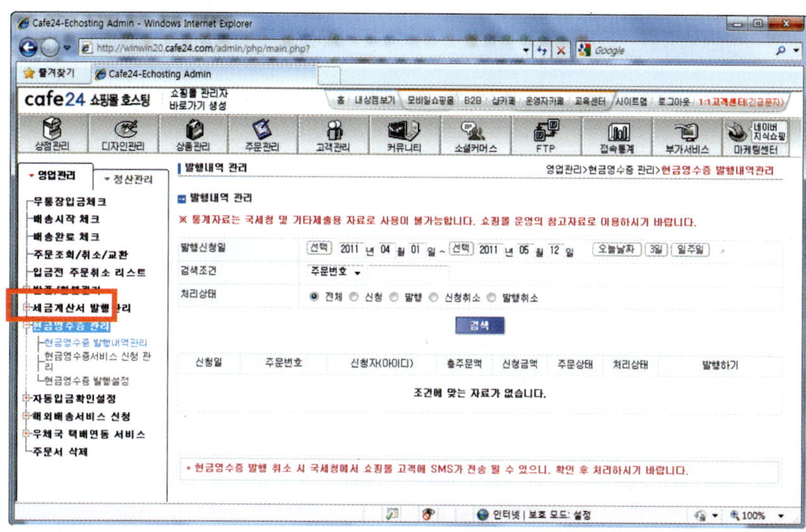

★ 현금영수증 제도는 소득공제나 세액공제의 혜택을 주는 제도로 건당 1원 이상 현금결제에 대해 영수증 발급이 가능합니다. 현금영수증 관련 거래 내역은 익일에 국세청홈페이지 http://현금영수증.kr에서 확인할 수 있습니다.

 8. 정산관리하기

[주문관리 〉 정산관리]에서는 매출통계, 쇼핑몰분석 관리, 공급업체관리, 공급업체 매입/세금계산서함 등 다양한 방법의 정산관리를 세부적으로 할 수 있는 기능을 제공하고 있습니다.

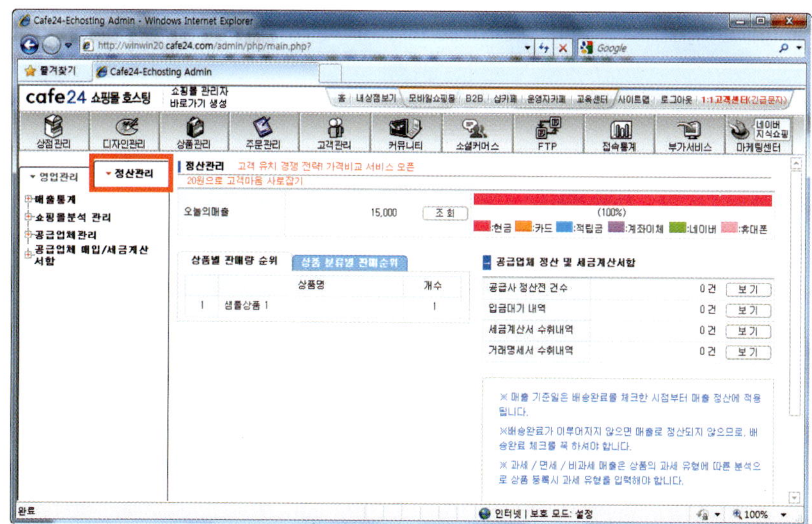

1) 종합적 매출 확인

[정산관리 > 매출통계 > 종합적 매출확인] 메뉴를 클릭한 후에 [매출검색] 버튼을 클릭하면 기간별 매출
통계 결과를 확인할 수 있습니다.

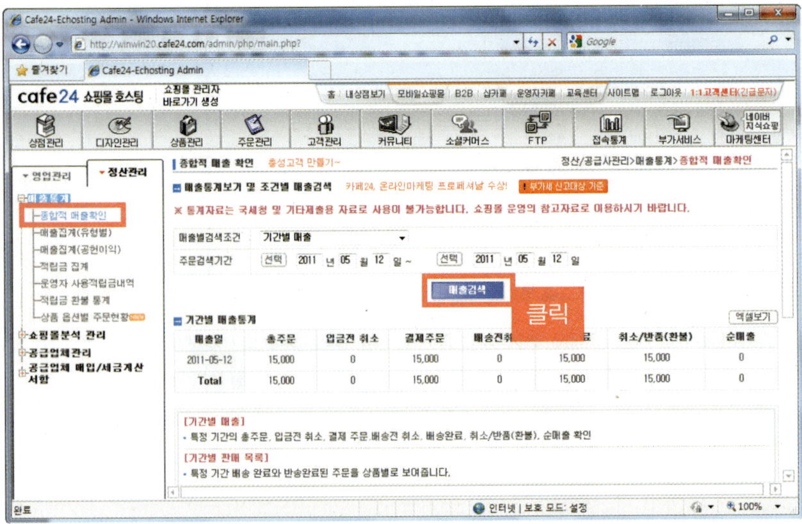

2) 매출집계(유형별)

[정산관리 > 매출통계 > 매출집계(유형별)] 메뉴를 클릭한 후에 [매출검색]을 클릭하면 특정 기간 순매출을
결제 수단별, 과제 유형별로 표시해줍니다. 각 항목을 클릭하면 관련된 주문내역을 확인할 수 있습니다.

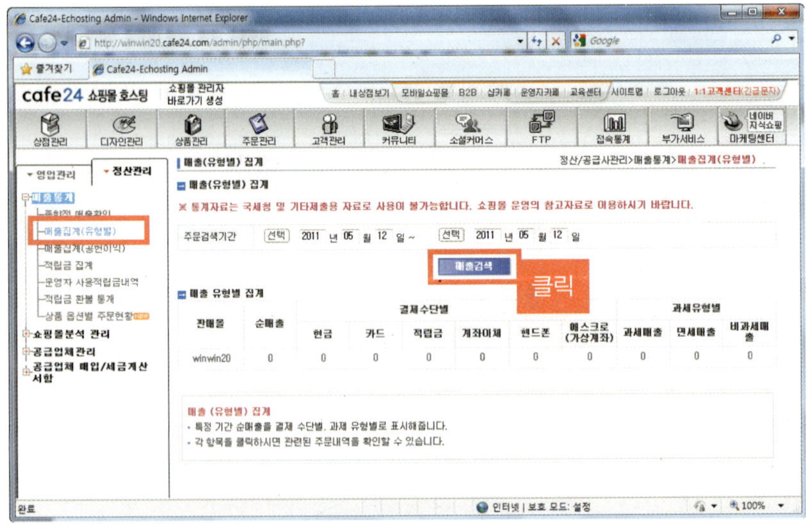

3) 매출집계(공헌이익)

[정산관리 〉 매출통계 〉 매출집계(공헌이익)] 메뉴를 클릭한 후에 [매출검색]을 클릭하면 특정 기간 매출
에 따른 공헌이익을 표시해줍니다.

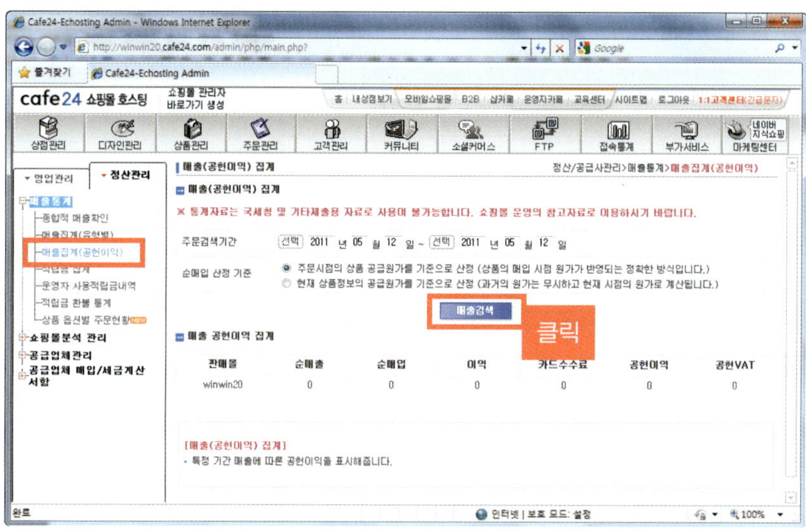

4) 장바구니 상품 분석

[정산관리 〉 쇼핑몰분석 관리 〉 장바구니 상품 분석] 메뉴에서 고객의 장바구니 분석을 해보면 마케팅
이벤트를 기획하는 데 도움이 됩니다. 상품명, 제조사, 판매가 옆의 화살표 버튼을 클릭하면 해당 내용
을 기준으로 정렬됩니다.

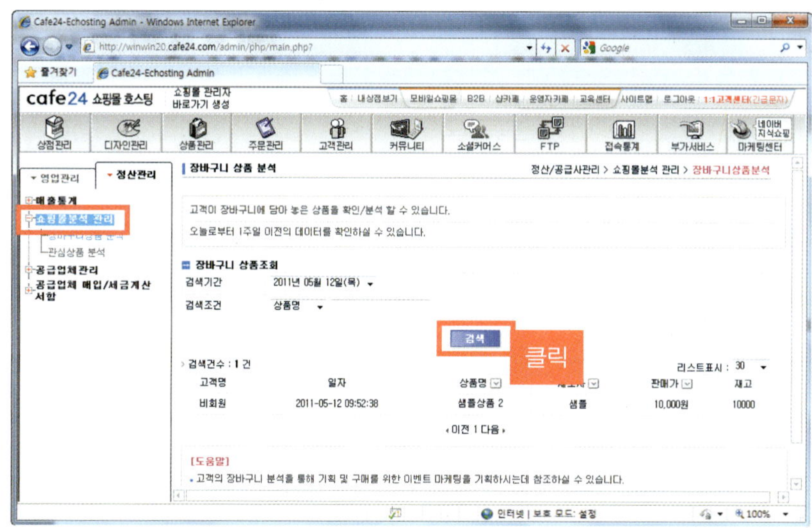

5) 관심상품 분석

[정산관리 〉 쇼핑몰분석 관리 〉 관심상품 분석] 메뉴에서는 현재 고객의 관심 상품에 담겨 있는 리스트를 확인할 수 있으며, 고객 삭제 시 리스트에서 빠지게 됩니다. 고객의 관심 상품 분석을 해보면 마케팅 이벤트 기획에 도움이 됩니다. 고객ID, 상품명, 판매가 옆의 화살표를 클릭하면 해당 내용으로 정렬됩니다.

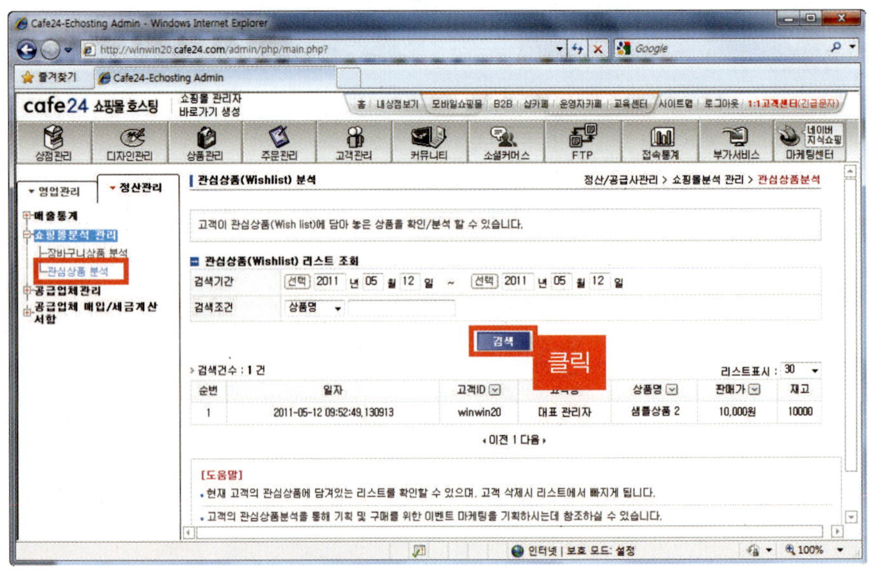

6) 공급업체관리

[정산관리 〉 공급업체관리]에서는 공급사 등록관리, 수수료 변경내역, 상품가격 변경내역, 공급업체 정산, 공급업체 매입/세금계산서함, 정산대기내역, 입금대기내역, 세금계산서 수취내역, 계산서 수취 내역, 거래명세서 수취내역 등을 관리할 수 있습니다.

새로운 공급사를 등록할 경우는 등록 버튼을 클릭하고 공급사 정보를 입력하여 공급사를 등록합니다.

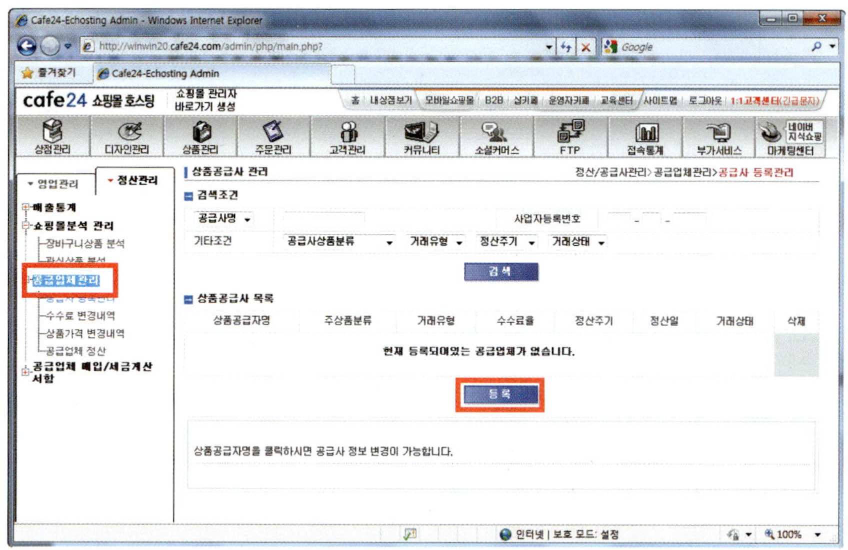

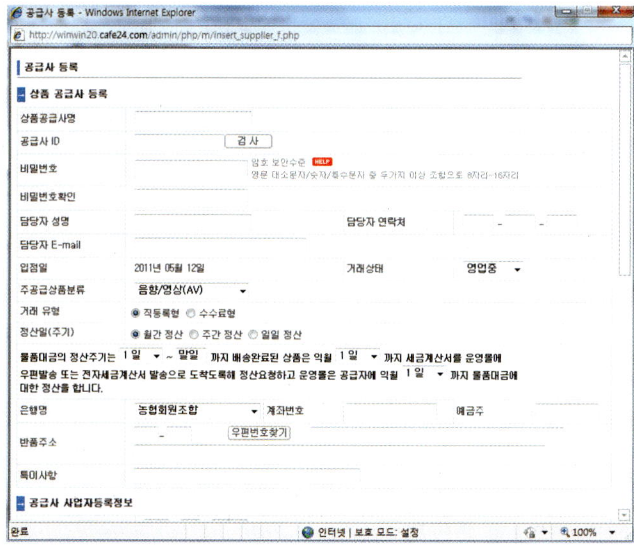

Chapter 09

회원 관리하기

회원관리는 단골고객을 확보할 수 있는 좋은 방법입니다. 다양한 쿠폰 및 등급 관리가 가능하며 대량 메일 서비스와 SMS 발송 서비스 관리도 효과적으로 할 수 있습니다. 특히 SMS는 저렴한 비용으로 고객에게 빠르게 쇼핑몰의 처리 결과를 알려주는 커뮤니케이션 수단이므로 서비스를 이용하는 것을 추천합니다.

 ## 1. 회원관리

어드민의 [고객관리 〉 회원관리] 메뉴에서는 회원정보 조회, 회원적립금 관리, 회원등급설정, 회원등급별 회원관리, 주문고객관리, 회원가입항목 설정, 회원 엑셀 일괄등록을 할 수 있습니다.

신규회원 가입 시 기본 등급을 세팅해 놓으면, 회원가입과 동시에 무조건 지정된 등급으로 가입되게 됩니다. 신규회원에게 우대혜택을 주고자 할 경우 위 기능을 세팅해 놓으면 편리합니다. 만약, 신규회원에게 우대혜택을 주지 않을 경우에는 추가할인/적립 혜택이 없는 등급을 지정해 놓으면 됩니다.

2. 통합콜센터

통합콜센터 메뉴에서는 신청내역, 상담원정보수정, 상담원 그룹관리, 통화상태보기, 근무시간통계, 상담기록보기, 전화상담메모보기, 상담 일정 관리, 휴일 일정 관리 등을 할 수 있습니다.

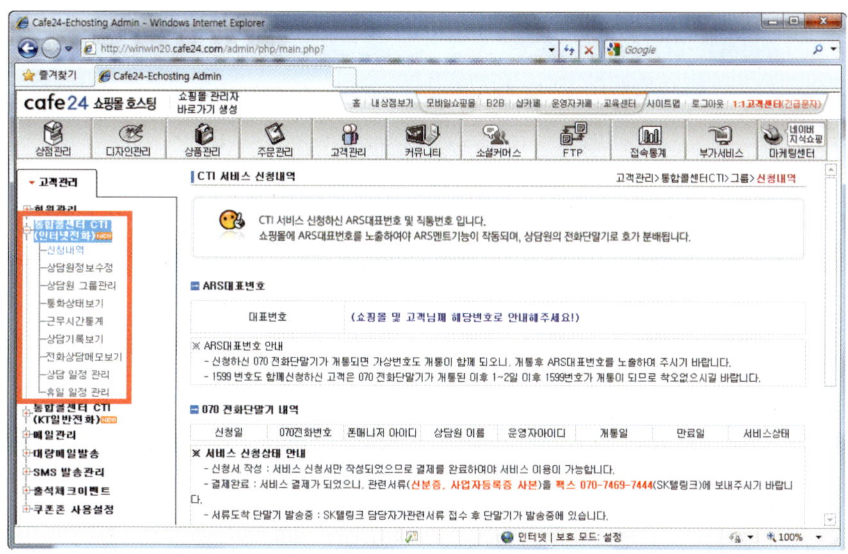

3. 메일관리

메일관리 메뉴에서는 메일계정 추가/삭제, 전체메일보내기, MS아웃룩 설정방법, 자동메일발송설정, 자동메일 화면디자인 등을 할 수 있습니다.

메일 계정을 추가하려면 [메일계정 추가/삭제]에서 메일 정보를 입력하고 [등록] 버튼을 클릭합니다.

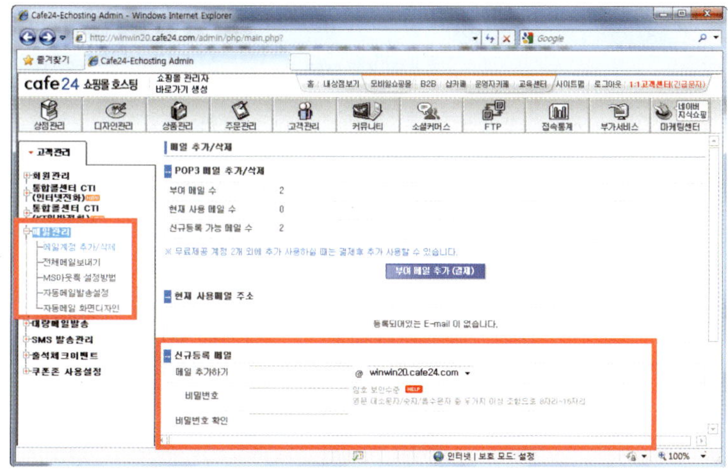

고객에게 보내는 메일도 깔끔하게 디자인하면 좀 더 내실 있는 쇼핑몰로 인식될 수 있으니 쇼핑몰 홍보 문구 및 로고 등을 사용하여 자동메일 화면디자인을 미리 설정해 놓기를 권장합니다.

4. 대량 메일 발송

대량메일발송 메뉴에서는 대량메일 서비스 안내, 대량메일 보내기, 발송그룹관리, 대량메일 발송 결과분석 등을 할 수 있습니다.

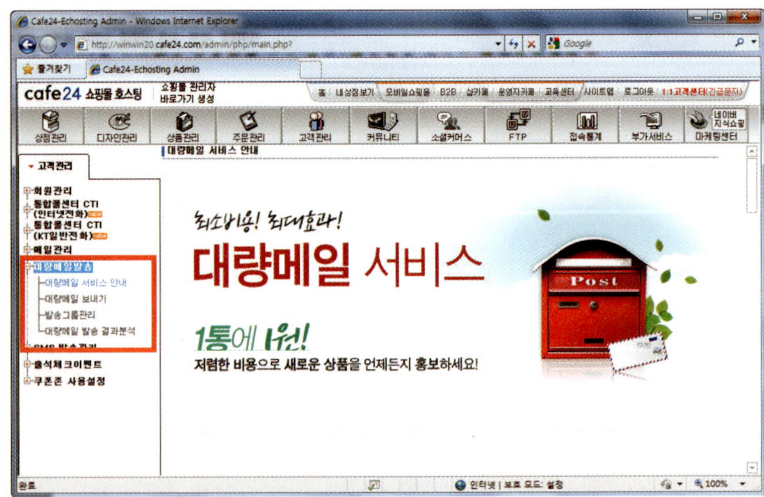

01 대량메일을 보내려면 [대량메일 보내기 메뉴]를 클릭합니다.

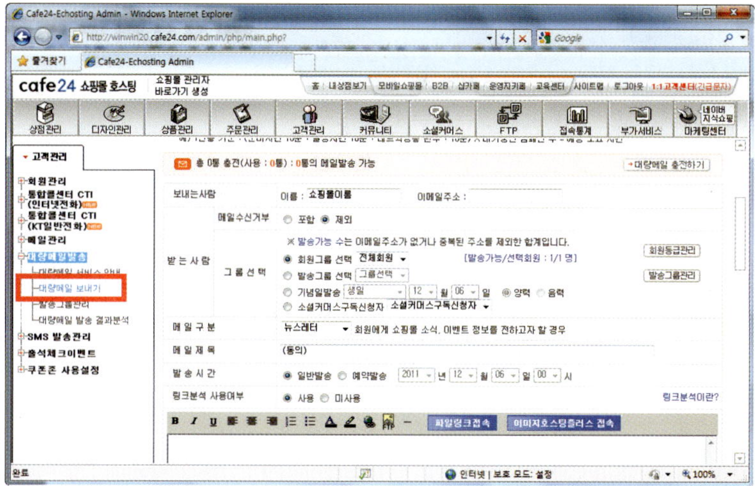

02 메일 기본 정보를 입력합니다.

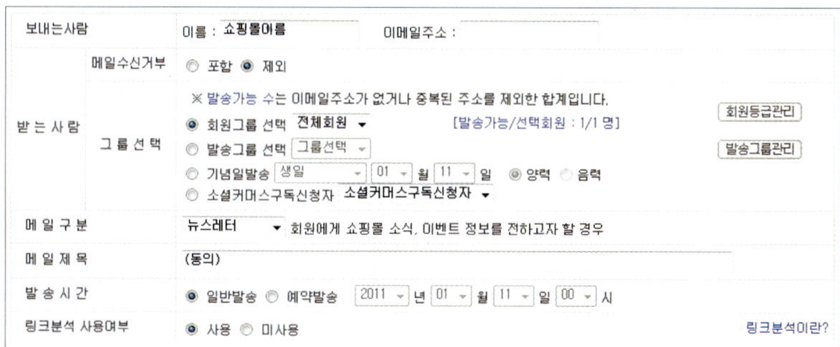

03 메일 내용을 작성하고 첨부 파일이 있을 경우 해당 파일을 첨부합니다.

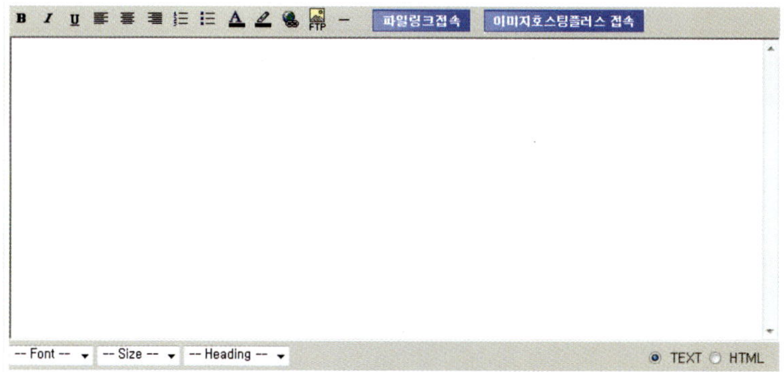

O4 수신거부 항목에 대한 내용을 입력하고 [메일보내기]를 클릭합니다.

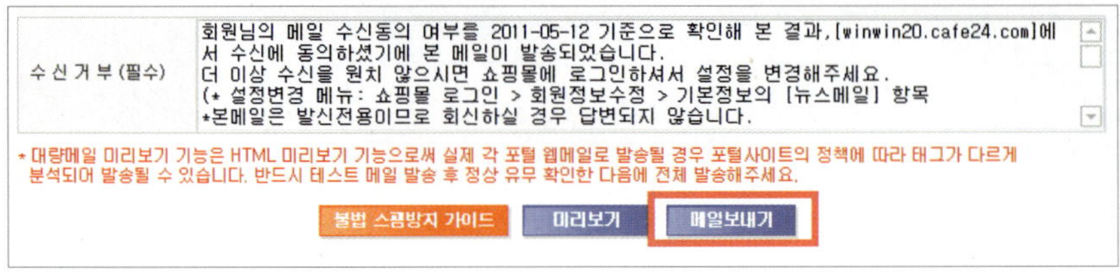

 5. SMS 발송 관리

별도로 SMS 서비스에 접속하지 않고 고객에게 문자 메시지를 자동발송 및 개별 발송할 수 있는 서비스입니다. 짧지만 강한 멘트로 마케팅(신상품, 이벤트, 고객관리 등)하도록 합니다.

SMS 발송관리 메뉴에서는 SMS 서비스이용 설정/충전, SMS 수신자정보 설정, SMS 보내기, SMS 발송 메시지 관리, SMS 발송내역 조회, SMS 미발송내역, 재입고 SMS 발송관리, SMS 발송 설정 등을 할 수 있습니다.

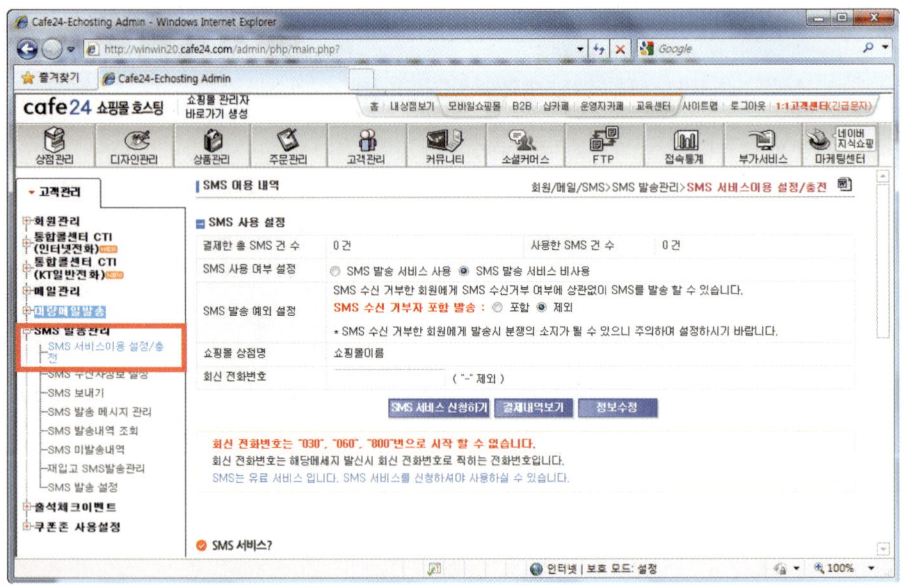

SMS 보내기 메뉴를 클릭하여 메시지를 입력하고 보내기를 클릭하면 전송됩니다.

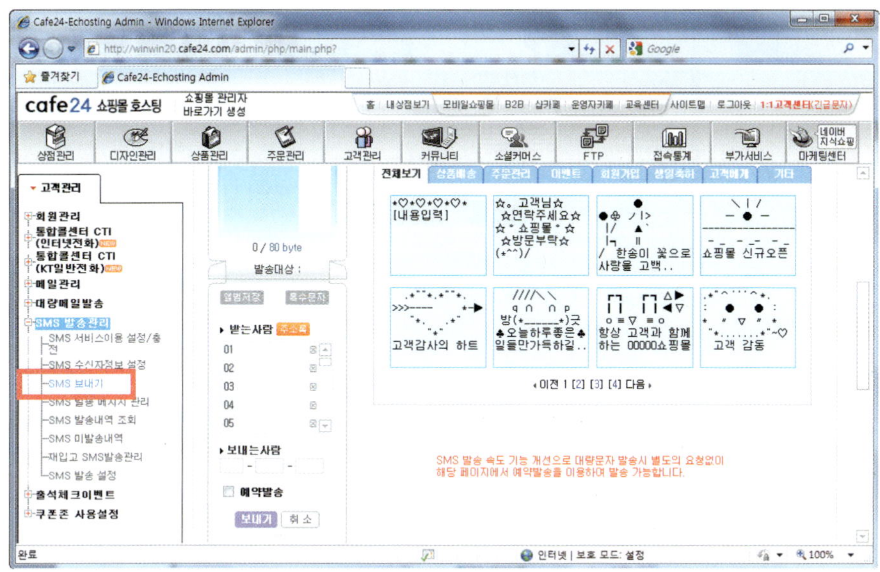

 ## 6. 출석체크 이벤트

카페 활동을 왕성하게 하는 방문자에게 주는 이벤트입니다.

출석체크이벤트 메뉴에서는 출석체크 기능소개, 출석체크 등록, 출석체크 확인/관리, 지난 출석체크 이벤트, 출석체크, 디자인 설정 등을 할 수 있습니다.

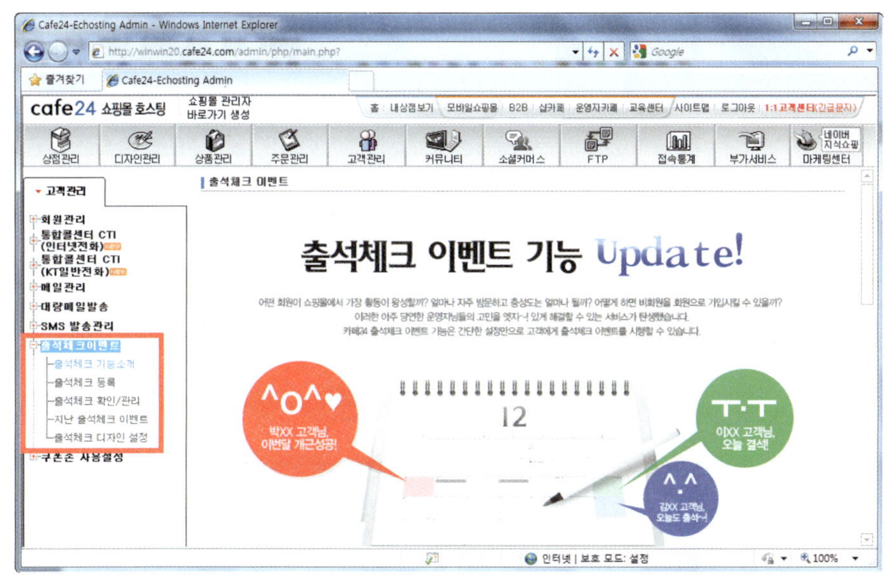

출석체크 디자인 설정 화면에
서 원하는 형태로 디자인을 설
정하여 사용할 수 있습니다.

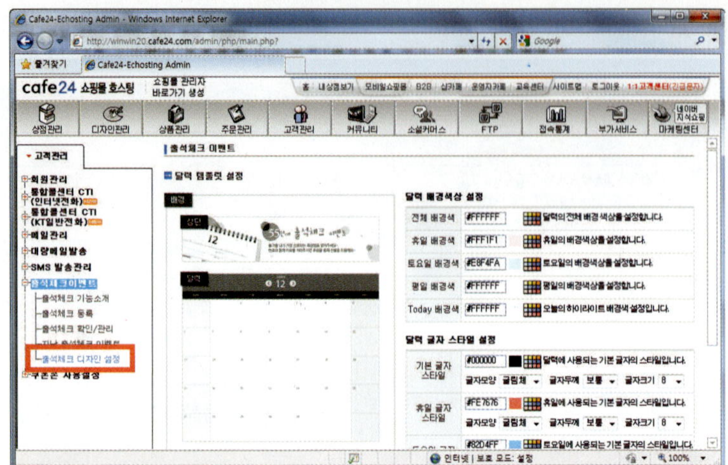

 ## 7. 쿠폰존 사용설정

다양한 쿠폰을 제공하는 기능
입니다. 운영자가 발급한 다양
한 '직접 다운로드 쿠폰'을 한
페이지에서 제공할 수 있으며,
고객은 원하는 쿠폰을 일괄 다
운로드 할 수 있습니다.

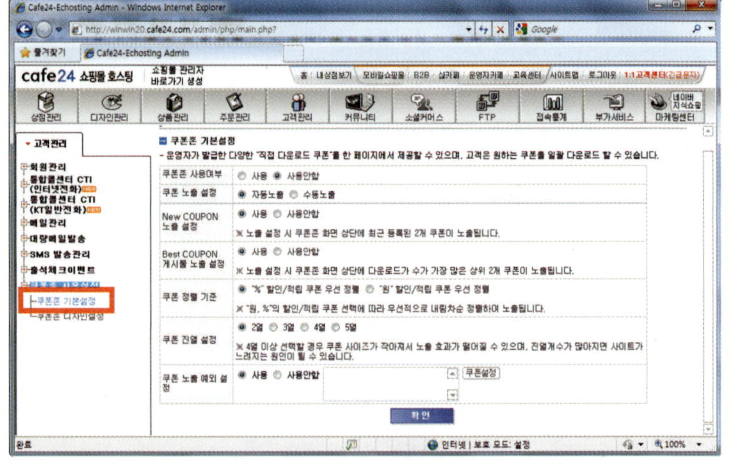

쿠폰존 디자인 설정 페이지를
통해 미리 만들어 놓은 쿠폰을
업로드 하여 사용하거나 설정
을 변경할 수 있습니다.

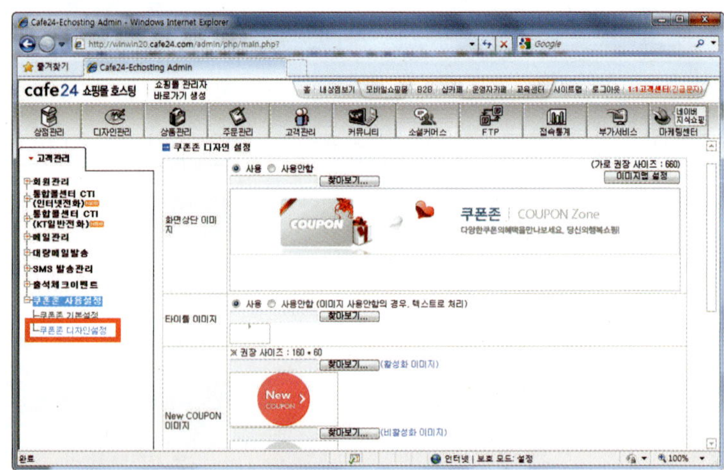

Chapter 10

접속통계 분석을 통한 쇼핑몰 관리

쇼핑몰 운영자로서는 너무 중요한 부분입니다. 쇼핑몰을 3개월에서 6개월 정도 운영하면 고객의 패턴을 분석할 수 있으므로 그 데이터를 기반으로 효과적인 마케팅을 진행할 수 있습니다. 현재 책에서 다루고 있는 접속통계는 방문경로 및 구매 패턴 등을 더욱 세부적으로 분석할 수 있어서 쇼핑몰 운영에 많은 도움이 될 것입니다.

어드민의 접속통계에서는 쇼핑몰에 고객이 접속하고, 상품을 구매하고, 공지사항을 읽고, 쇼핑몰에 방문하여 머무는 시간까지 분석하여 데이터로 만들어 줍니다.

아래 표는 접속 통계가 필요한 이유와 활용할 수 있는 범위를 간략히 설명해 놓은 것입니다. 쇼핑몰을 운영할 때는 마케팅을 하고 그로써 방문자를 증가시키며, 방문자가 쇼핑몰에 가입을 할 수 있도록 회원 전환을 유도하고, 가입한 회원과 구매한 회원이 쇼핑몰에 꾸준히 방문할 수 있도록 고객 유지를 위한 다양한 방법을 사용하게 될 것입니다. 그리고 이런 쇼핑몰 운영의 4가지 단계마다 접속통계를 통해 분석을 하고 단계별로 효과적인 운영 기법을 마련하게 됩니다.

	마케팅	방문자증가	회원전환	고객유지
운영	온라인광고 검색엔진 E-메일마케팅	방문객 증가	회원전환 상품구매 상담요청	재방문유도 뉴스레터 발송 이벤트 참여
접속통계	광고효과분석 방문경로분석 페이지분석	접속수분석 방문자분석 컨텐츠분석	매출분석 구매자분석 상품분석 이동경로분석 장바구니분석 구매패턴분석	접속수분석 방문자분석 구매자분석

1. 접속통계 용어

- **히트(Hit)** : 방문자가 웹사이트를 접속했을 때 연결된 파일의 숫자를 말하는 것으로 한 페이지를 전송할 때 그 안에 포함된 그래픽, HTML 등의 모든 파일을 히트로 계산하고 있습니다.

- **페이지 뷰(Page View)** : 방문자가 웹사이트에 접속하여 본 페이지의 전체 수입니다. 예를 들어 한 명의 방문객이 [메인 페이지 〉 FAQ 페이지 〉 회사 소개 페이지]를 보았다면 페이지 뷰는 3이 됩니다. 즉, 방문자들이 웹 사이트에 방문하여 열어본 페이지 수의 합을 말합니다. 사이트 전체 페이지에 대한 결과를 보여주는 전체 페이지뷰와 개별 페이지에 대한 결과를 보여주는 개별 페이지뷰가 제공됩니다.

- **Session Visits** : 한 시간 내에 다시 같은 사이트를 방문한 경우는 새로운 방문으로 인정하지 않고 1시간을 초과한 후에 다시 같은 사용자가 같은 사이트를 방문한 경우를 새로운 방문으로 인정합니다.

- **방문자 수(Unique Visitor)** : 정의된 기간 동안의 하루, 1주, 1달 단위의 방문자 수입니다. 한 사람이 정의된 기간 동안 여러 번 방문해도 한 사람으로 집계됩니다.

- **세션(Session)** : 방문자 수는 실제 방문한 총인원 수를 가리키는 것이 아니라 사이트 내에서 일정 시간(30분) 동안 지속적인 움직임이 있었던 활동을 하나의 단위(세션)로 하여 그 수를 측정한 것입니다.

- **체류시간(Duration Time)** : 웹 사이트에서 방문자가 얼마의 시간 동안 머무는지를 나타내는 지표입니다.

- **1인당 페이지뷰** : 정의된 기간 동안 방문자 한 사람이 열람한 페이지수를 말합니다.

- **방문자 깊이** : 정의된 기간 동안 각각의 페이지뷰를 방문한 방문자 수로 나눈 비율입니다.

- **유출입 사이트** : 정의된 기간 동안 기준 사이트 방문 직전 방문 사이트와 방문 이후 이동한 사이트를 페이지뷰를 기준으로 측정하여 비율로 나타내는 지표입니다.

- **유입상세 URL** : 정의된 기간 동안 설정된 사이트들에 방문하기 직전 사이트 URL을 페이지뷰 기준으로 측정하여 비율로 나타내는 지표입니다.

- **이동경로** : 정의된 기간 동안 사이트 내에서 지정된 페이지의 이전, 이후의 방문자 경로를 페이지뷰 기준으로 측정하여 비율로 나타내는 지표입니다.

사이트 내 고객 행태지표

누가 방문했는가? → 방문자 분석

얼마나 많이 방문했는가? → PV, UV, Duration time

어떤 경로를 통해 방문했는가? → 유입경로 분석

우리 사이트에서 무엇을 하였는가? → 전환율

2. 접속통계 활용 예

1) 접속수분석 〉 페이지뷰

설명 검색 기간 내에 방문자가 웹사이트에 접속하여 본 페이지의 전체 수입니다. 페이지뷰는 쇼핑몰 사이트 전체 페이지에 대한 결과를 보여주며 한 방문자가 동일 페이지를 재접속 시 카운트가 증가됩니다. (새로고침 포함)

활용 사용자들이 주로 접속하는 시간대를 파악해 광고 집행이나 이벤트에 따른 트래픽의 변화를 파악할 수 있습니다. 또한 현재 페이지뷰 추세를 통해 어떤 시점에서의 미래 결과값 예측 등으로도 활용할 수 있습니다. 방문당 페이지뷰가 높을수록 대체로 사용자의 사이트 체류시간도 길며 상품이나 콘텐츠에 비교적 높은 관심을 나타냅니다.

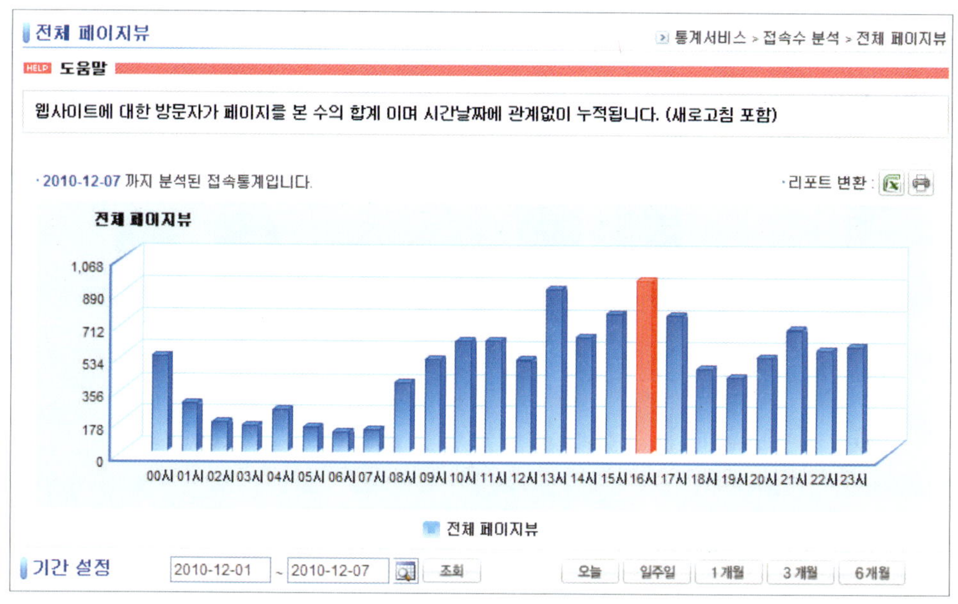

2) 접속수분석 〉 전체방문자

설명 전체방문자는 처음방문자+재방문자인데 사이트에 처음 접속한 IP인 경우 처음 방문자로, IP를 기준으로 방문한 적이 있거나, 방문 간격이 60분을 초과하는 경우 재방문자로 집계합니다. 사이트에 동일한 IP가 60분 이내 간격으로 여러 번 방문할 경우 방문자로 집계하지 않습니다.

 재방문자 수가 높은 경우는 사이트 충성도가 비교적 높은 방문객들이 많으며 사용자가 사이트가
제공하는 정보에 대한 만족감이 비교적 큰 경우입니다. 또는 재방문을 유도한 활동(뉴스레터 등)을
했거나 특정한 콘텐츠를 지속적으로 제공하는 경우입니다. 주로 커뮤니티의 성격이 강한 경우에
많이 나타납니다. 재방문자 수가 점점 감소한다면 웹사이트의 로딩 시간이 길거나 원하는 콘텐츠
(정보, 상품)를 찾기가 어려운 경우입니다. 마지막으로 신규방문자 수가 많은 경우 사이트 충성도
가 비교적 낮은 방문객들이 많으며 광고나 이벤트를 통해 초기 방문자를 많이 유치한 경우입니다.
주로 웹사이트가 시작 단계인 경우에 나타납니다. 초기 방문자를 계속 유입하되 이들의 충성도를
높이는 다양한 노력이 필요합니다.

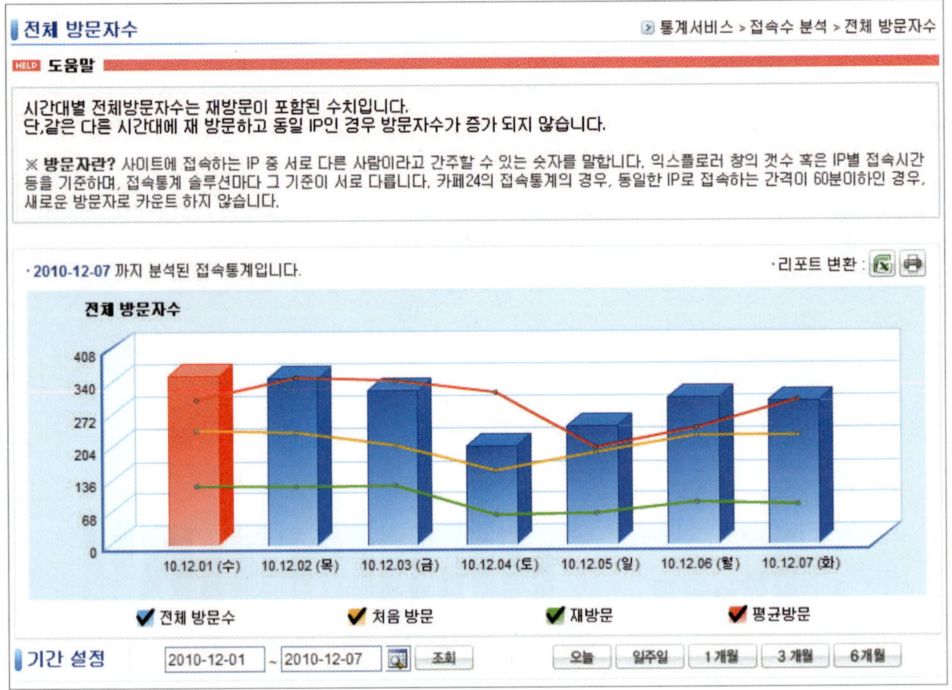

3) 컨텐츠분석 > 사이트 체류시간

 '종료 페이지 접속시간 - 시작 페이지 접속시간'으로 처음 페이지 접속 이후 페이지 이동이 없는
경우 모두 1분 미만으로 표시됩니다.

 사이트 체류 시간이 길수록 상품이나 콘텐츠에 비교적 높은 관심이 있다고 할 수 있습니다. 주로
커뮤니티 서비스에서 길게 나타납니다.

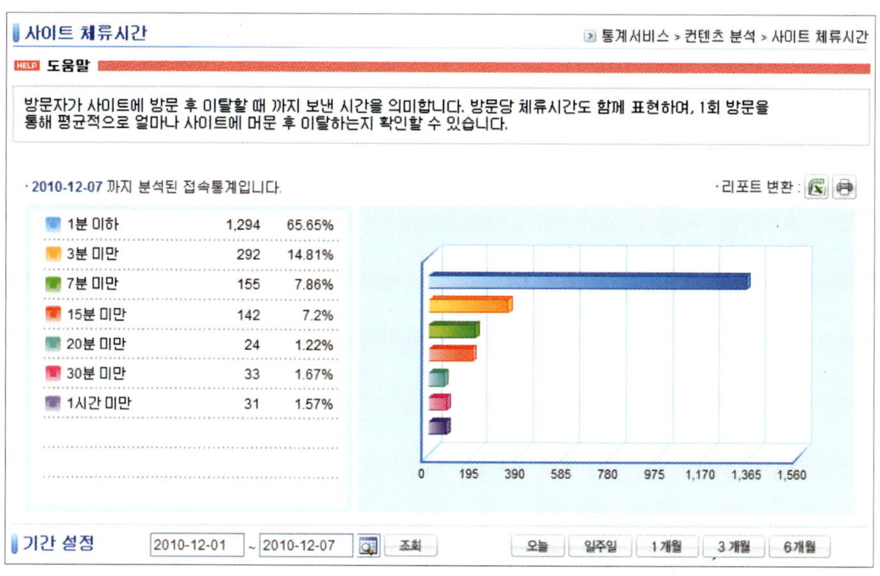

4) 접속수분석 〉 시간대별 평균 접속수

설명 선택한 기간 동안 어느 시간대에 페이지뷰가 높았는지, 방문수가 많았는지를 비교하여 분석할 수 있습니다.

활용 사용자들이 많이 접속하는 주 시간대에는 광고나 이벤트를 집중적으로 진행해 효과를 더욱 높일 수 있습니다. 또한 사이트 점검 등 일시적으로 운영을 중단할 경우, 방문수가 가장 적은 시간대를 선택해 작업하면 고객의 불만을 최소화시킬 수 있습니다.

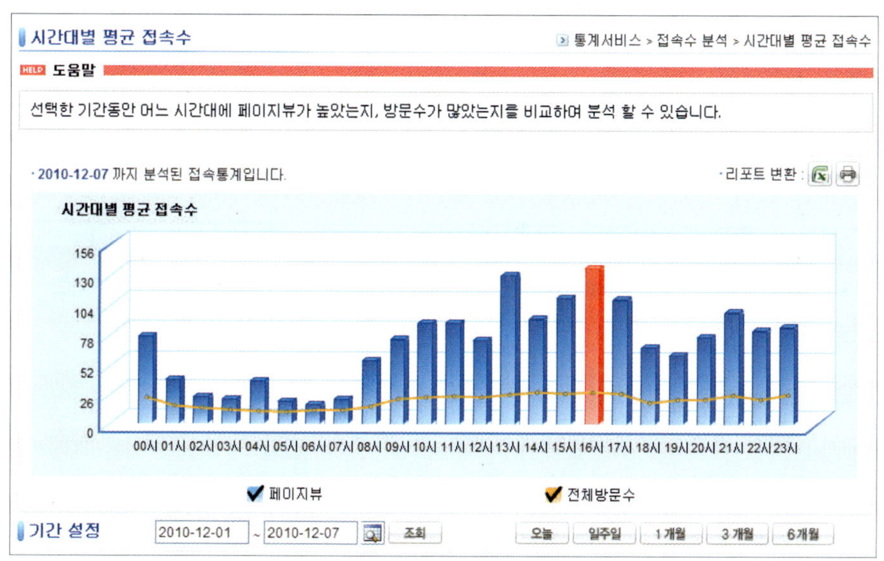

5) 방문자분석 > 방문 횟수별 분석

설명 1회 방문이란 일별로 최초 방문자이며, 재방문자에 대해 2회, 3~5회, 6~9회, 10회 이상 방문으로 나눠 각 방문자와 비율을 표현합니다.

활용 방문횟수가 많은 경우 신규 방문자보다 기존 방문자의 활동이 더욱 왕성한 것으로 해석되어 충성도 높은 고객이 많다고 볼 수 있습니다. 방문횟수가 적은 상태는 이벤트 등으로 초기 방문자를 많이 유치한 경우에 많이 나타납니다. 또는 웹사이트 운영을 시작한 지 얼마 안 되었을 수도 있습니다. 따라서 유입한 방문자를 계속 방문하도록 충성도를 높이는 노력이 필요합니다. 만약 오래된 웹사이트인데도 방문횟수가 적다면 웹사이트에 방문자를 지속시킬 만한 콘텐츠를 더 보강하거나 아니면 사이트 구성을 재검토해 볼 필요가 있습니다.

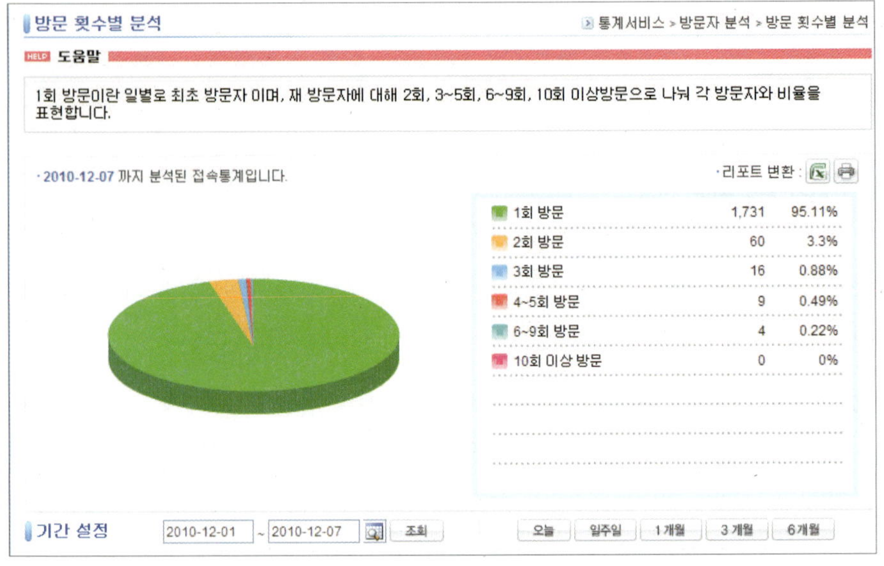

6) 이동경로분석 > 방문경로깊이

설명 방문객이 사이트 내에서 이동한 페이지의 수를 경로 깊이로 분류하여 나타냅니다. 각 1페이지, 2~4페이지, 5~9페이지, 10~20페이지, 21 페이지 이상 항목별로 방문자수와 차지하는 비율이 나타납니다.

활용 이동경로가 많은 경우 사용자가 비교적 편리하게 웹사이트를 이동하고 있다고 할 수 있습니다. 이동경로가 적은 경우 사용자가 불편해서 사이트를 그냥 나가 버렸을 가능성이 있습니다. 이런 경우 웹 사이트의 디자인 변경, 콘텐츠 배치 변경 및 보강, 페이지 추천 등을 사용자에게 제공하는 것도 한 가지 방법이라고 할 수 있습니다.

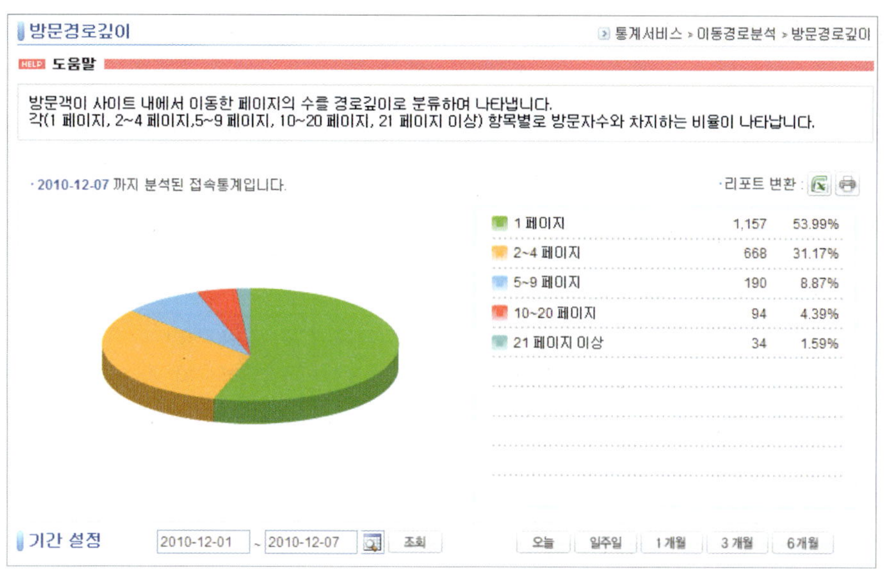

7) 방문자 분석 〉 다시 찾아온 방문자

설명 전체 방문자 중 IP 기준에 의한 재방문에 대한 방문 간격을 분석합니다. (1일 만에 재방문 / 2~5 일 만에 재방문 / 6~10일 만에 재방문 / 11~15일 만에 재방문 / 16~30일 만에 재방문 / 1개월~3개월 만에 재방문 / 3개월 이후 만에 재방문)

활용 경과일이 적을수록 자주 방문하는 것이기 때문에 웹 사이트에 친숙한 사용자가 많다고 할 수 있습니다. 하지만 경과일이 커지면서 전체 방문자의 수가 같거나 줄어든다면 웹 사이트가 방문자에게 특별한 메리트(Merit)를 주지 못하는 것으로 위험 신호라고 볼 수 있습니다.

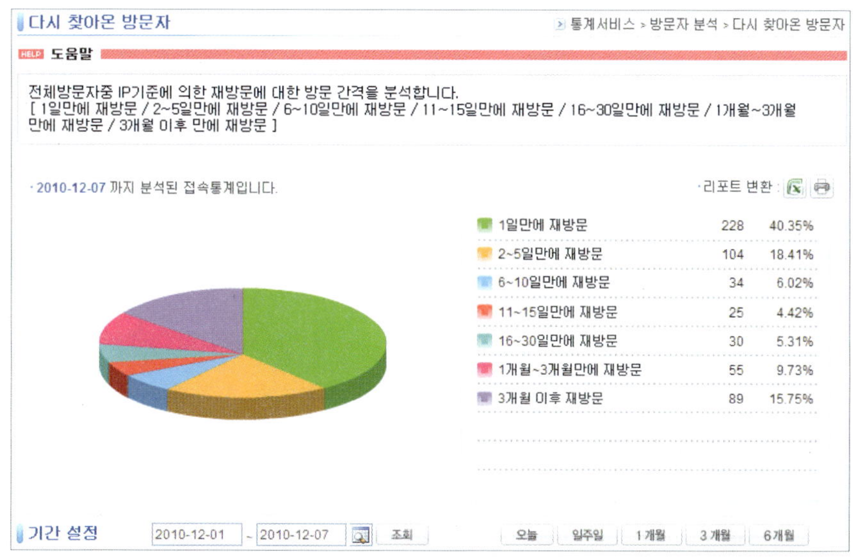

8) 페이지 분석 > 시작 페이지

설명 IP기준이며 접속 후 1시간 이후 접속 시에는 페이지가 시작 되는 곳에서 재카운트됩니다. 해당 페이지가 외부 사이트에서 내 사이트로 처음 접속할 때 가장 처음 접속한 횟수입니다.

활용 보통 시작 페이지는 메인 페이지(또는 index page)이지만, 특정 사이트에서 쇼핑몰의 서브 페이지로 링크한 경우나 검색엔진에서 특정 페이지가 검색된 경우에는 그 페이지가 시작 페이지가 될 수 있습니다. 방문자가 쇼핑몰 운영자가 유도한 시작 페이지가 아닌 다른 페이지로 많이 들어온다면 적절한 링크 등을 배치하여 메인 페이지로 유도하여야 합니다. 종료 페이지 리포트와 비교해 처음 접속 후 바로 사이트를 떠난 경우라면 페이지의 내용을 방문자의 목적에 맞게 보강하는 노력이 필요합니다.

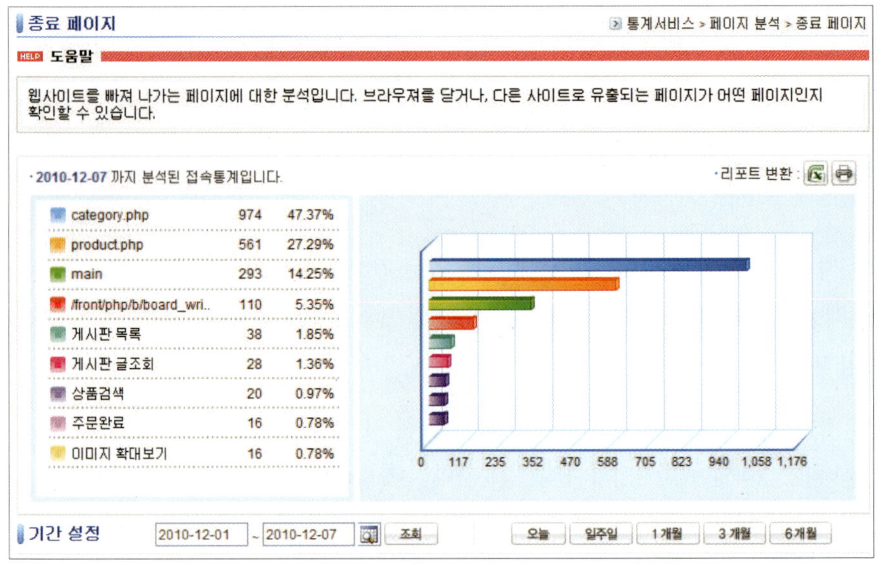

9) 페이지 분석 > 종료 페이지

설명 IP 기준이며 접속 후 1시간 이후 접속 시에는 페이지가 종료되는 곳에서 재카운트됩니다. 해당 페이지에서 종료된 횟수로 해당 페이지 접속 이후 이동 없이 1시간이 경과하면 종료된 것으로 집계합니다.

활용 방문자가 방문 목적을 달성한 후 종료한 경우, 더 이상 내용을 찾을 수가 없어 포기하는 경우, 내용이 많고 자세하여 세션(30분) 종료 시까지 읽거나 페이지를 열어 놓은 채로 장시간 자리를 비운 경우 등이 있을 수 있습니다. 시작 페이지 리포트와 비교해 처음 접속후 바로 사이트를 떠난 경우라면 페이지의 내용을 방문자의 목적에 맞게 보강할 필요가 있습니다.

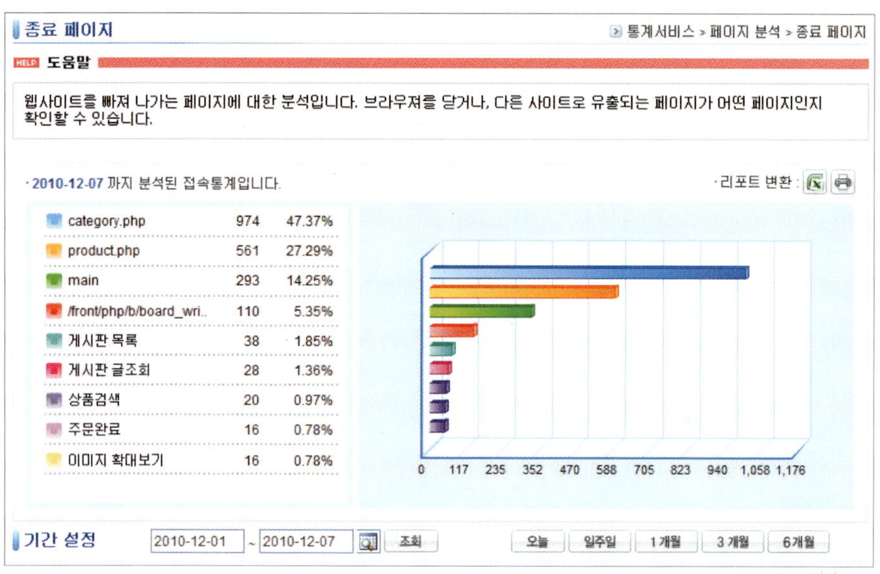

10) 페이지 분석 〉 많이 찾는 페이지

설명 사이트의 웹 페이지 중 방문자가 가장 많이 본 순서대로 통계를 보여줍다. '환경설정 〉 페이지이름 설정'에 이름을 등록한 경우 등록한 이름이 보입니다.

활용 인기 페이지를 통해 방문자의 관심 성향을 알 수 있습니다. 메인 페이지의 방문당 페이지뷰가 높다면 서브 페이지의 콘텐츠를 찾지 못했거나 콘텐츠 이동이 자유롭지 않은 경우일 수 있습니다.

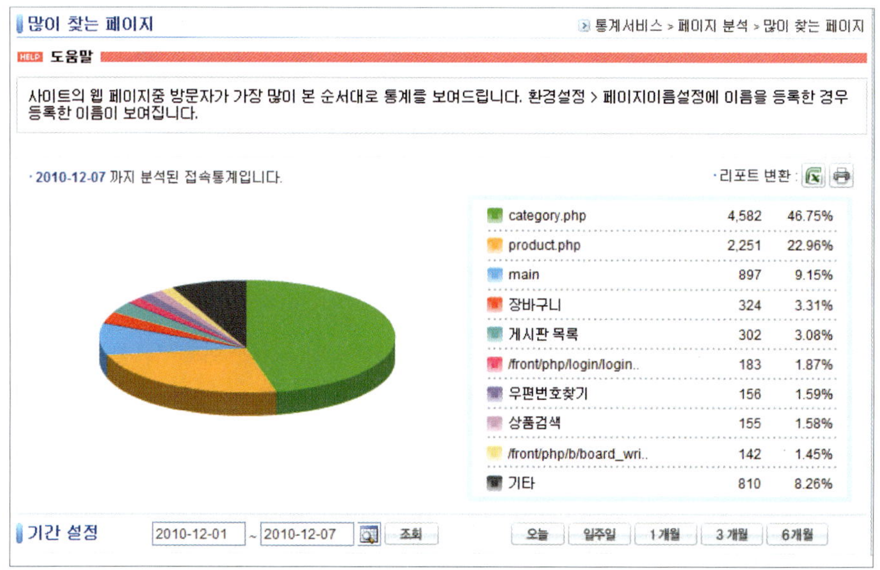

11) 페이지 분석 〉 많이 찾는 카테고리

설명 사이트의 웹페이지가 카테고리로 분류되는 경우 카테고리에 속한 페이지뷰와 방문수를 분석합니다. 각 페이지에 대한 페이지 뷰(PV)의 합과 디렉토리에 대한 방문수를 함께 분석할 수 있습니다. 상품분류에 해당하며 '환경설정 〉 카테고리이름설정'에 이름을 등록한 경우 등록한 이름이 보입니다.

활용 인기 디렉토리를 통해 방문자의 관심 성향을 알 수 있습니다. 물리적으로 구성되어 있는 디렉토리에 대한 분석이기 때문에 리포트를 보기에 불편할 수 있습니다. 원하는 페이지들만 따로 구성해 리포트를 보려면 인기 메뉴 리포트를 활용합니다.

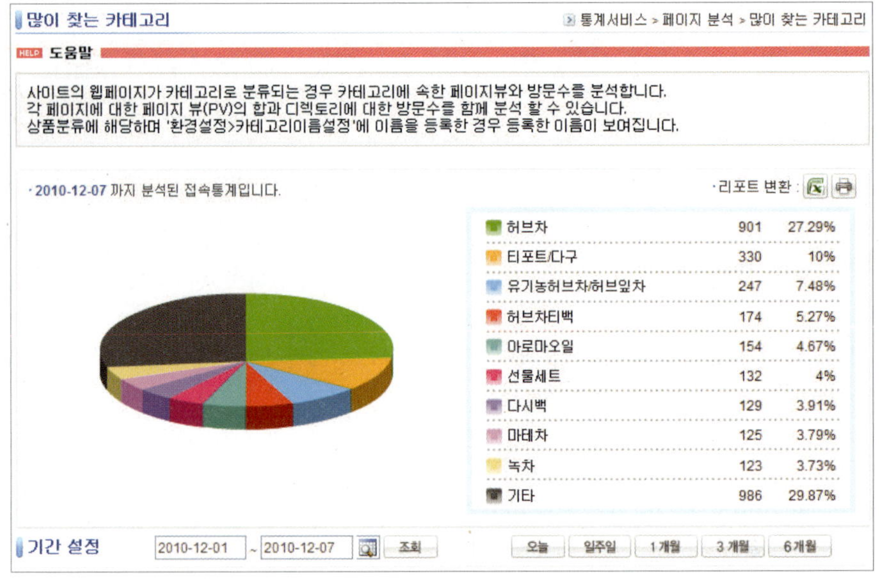

12) 페이지 분석 〉 메뉴별 방문수

설명 게시판/마이페이지/회사소개/카테고리/주문서/게시판의 페이지그룹별 페이지뷰와 처음 접속수를 집계합니다.

활용 원하는 페이지들만 따로 그룹으로 묶어 현황을 파악할 수 있습니다. 예를 들어 상품관련 페이지나 회원가입, 이벤트 페이지들을 묶어서 페이지뷰와 방문자 현황을 확인할 수 있습니다.

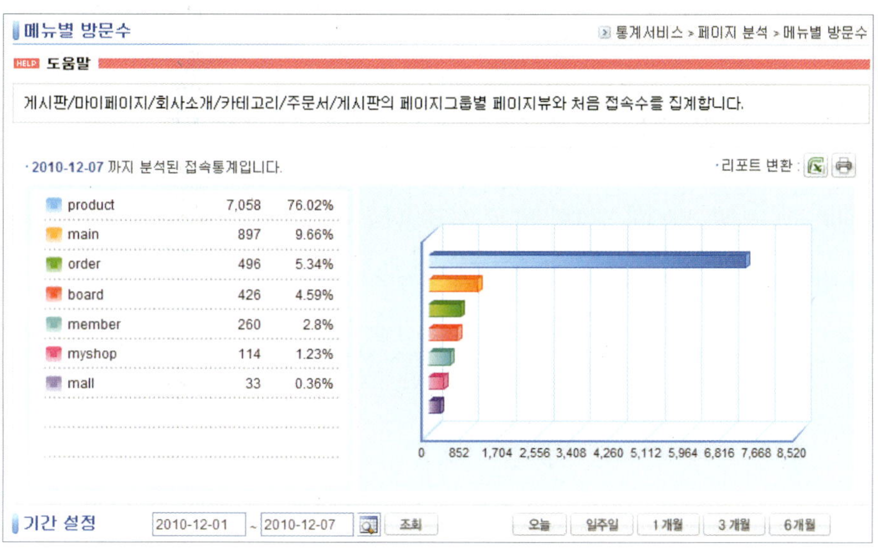

13) 방문경로분석 〉 검색엔진순위 (일반)

설명 검색엔진을 통해 방문하는 사용자들의 유입횟수 및 비율을 통계로 볼 수 있습니다. 예를 들어 네이버 검색엔진 중 (검색/쇼핑박스/지식쇼핑)에 광고를 진행하고 있다면 검색/쇼핑박스/지식쇼핑 별로 접속횟수 및 비율을 볼 수 있습니다. 단, 검색엔진을 통해 유입된 검색어만 집계합니다.

활용 웹 사이트의 방문자가 어떤 검색엔진에서 무슨 검색어를 통해 접속하는지 쉽게 파악할 수 있습니다. 유입율이 높은 검색엔진에 광고 비용을 집중함으로써 좀 더 효율적인 광고 집행을 할 수 있습니다.

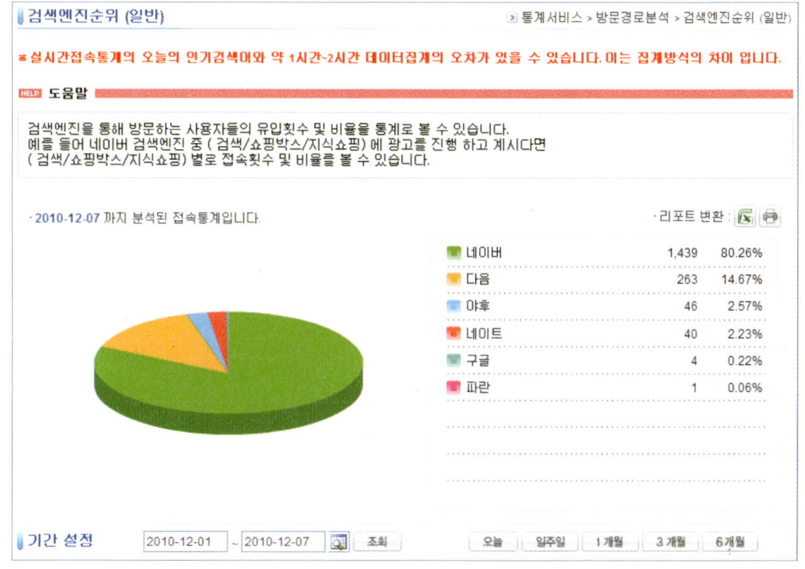

14) 방문경로분석 〉 검색어 (일반)

설명 해당 쇼핑몰을 검색하기 위해 사용된 검색어가 얼마나 사용되었는가에 대한 순위입니다. 어떤 검색어가 가장 많이 사용되고 있는가를 파악할 수 있으며 많이 사용되는 검색어를 키워드 광고 등에 활용하는 것은 좋은 마케팅 방법이 될 수 있습니다.

활용 방문자가 많이 사용하는 검색어를 통해 방문자의 성향과 관심사를 파악할 수 있습니다. 특히 쇼핑몰의 경우 해당 검색어에 맞는 콘텐츠를 더욱 보강할 것을 권장합니다. 검색 광고 집행 시 유입률이 높은 검색어를 중심으로 진행하면 높은 효과를 얻을 수 있습니다. 또한 단가가 낮은 추가 광고 키워드도 예측할 수 있습니다.

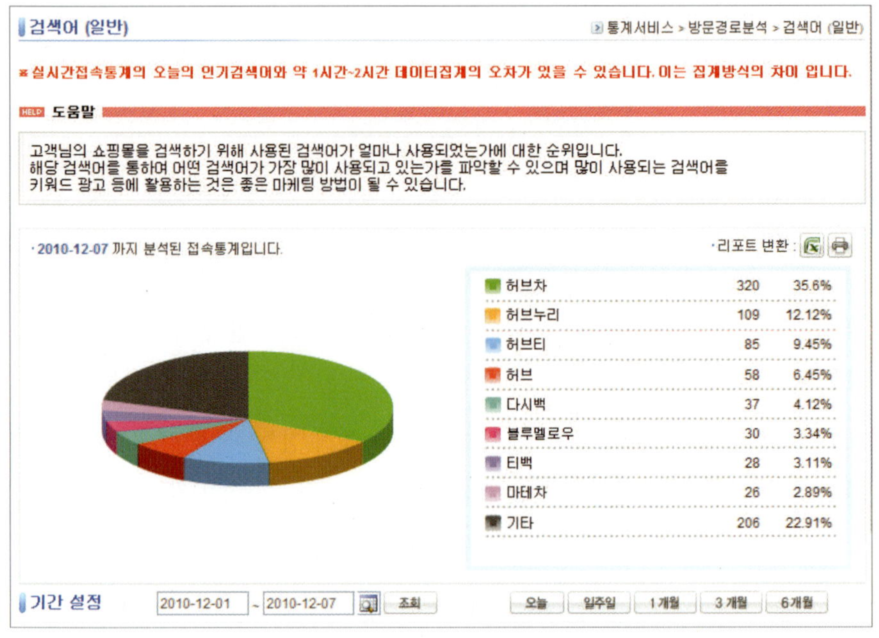

15) 방문경로분석 〉 유입도메인 (일반)

설명 유입 도메인을 기준으로 방문 경로를 분석합니다. 유입 경로 없이 직접 방문(Bookmark)하였는지, 어떤 사이트에서 얼마의 유입이 있었는지 알 수 있습니다. .com 또는 .co.kr 등 최상위 도메인 주소만 보입니다.

활용 방문자가 가장 많이 유입된 방법을 파악해서 그에 맞는 마케팅을 할 수 있습니다.

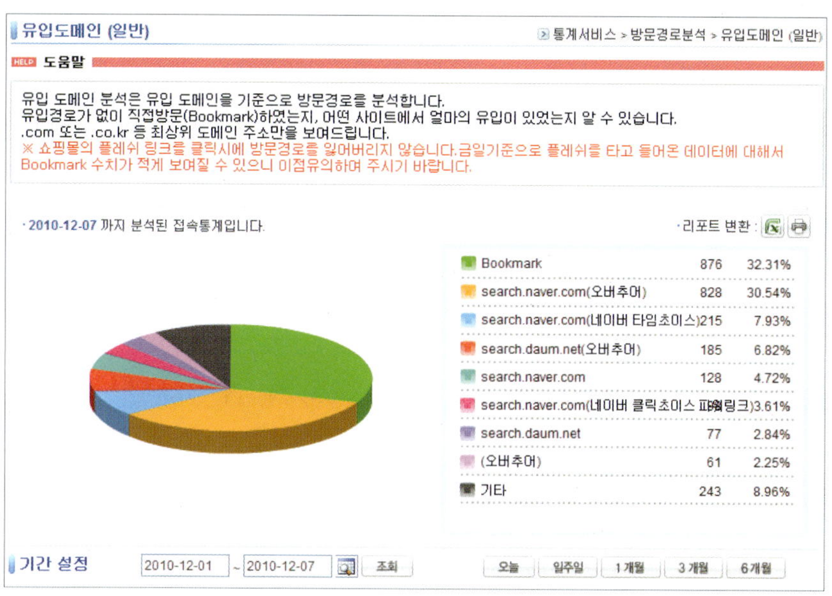

16) 방문경로분석 〉 상세 URL

설명 쇼핑몰의 플래시 링크를 클릭 시에 방문 경로를 잃어버리지 않습니다. 플래시 링크 방문 시에도 정상적으로 방문 경로가 분석되게 됩니다.

활용 방문자가 어떤 웹사이트로부터 유입되어 오는지, 또 어떤 웹사이트에서 나의 사이트로의 연결 링크를 가지고 있는지를 파악할 수 있습니다. 방문자가 많이 유입되는 사이트에 링크나 배너 교환 등을 통한 다양한 마케팅 제휴를 생각해 볼 수 있습니다. 또한 특정 사이트에서 유입이 많은 경우 그 방문자들의 성향으로 맞춤형 콘텐츠, 상품 등을 기획할 수 있습니다.

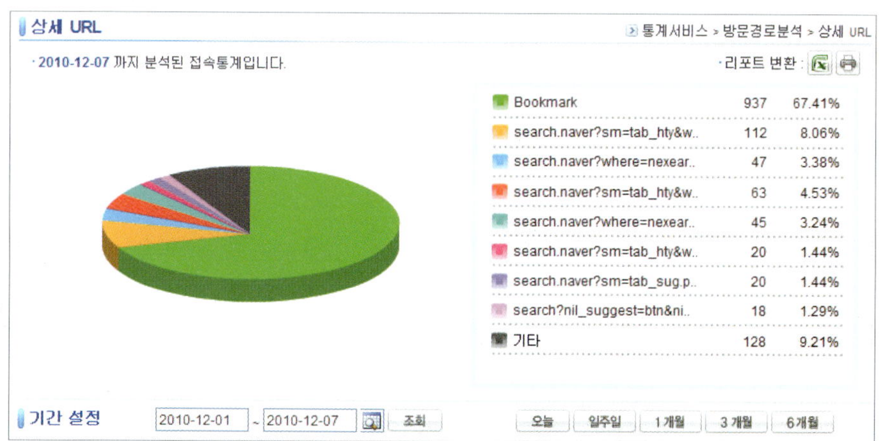

17) 이동경로분석 〉 이전, 다음 페이지경로

설명 방문자가 사이트에 방문한 후 어떤 페이지를 보며 이동하였는지에 대해 기준페이지를 선택하여 어떤 페이지에서 기준페이지로 이동하였으며, 다음 페이지로 이동하였는지 분석합니다. 각 페이지는 색이 다른 페이지 모양의 아이콘으로 대체되어 있으며, 클릭하면 해당 페이지를 볼 수 있습니다.

활용 가장 많이 이동하는 경로를 분석해 방문자들의 이동 흐름을 파악할 수 있으며 중요한 콘텐츠나 홍보가 필요한 사항들을 적절히 배치하는 등의 마케팅을 할 수 있습니다.

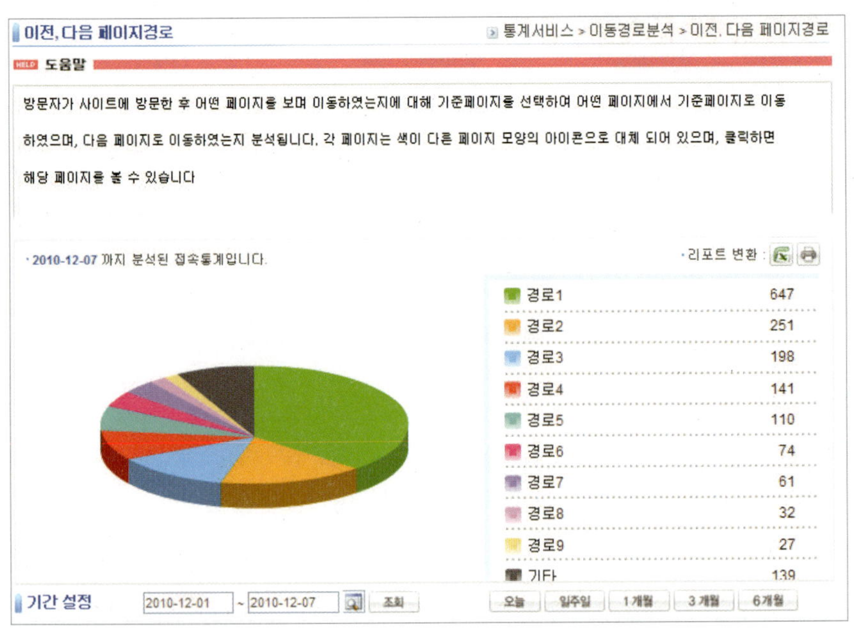

18) 광고효과분석 〉 광고별분석

설명 오버추어, 구글 애드워즈, 네이버 클릭초이스, 네이버 타임초이스 등의 광고 유입에 대한 자료를 확인할 수 있습니다.

활용 방문자가 어떤 매체에서 무슨 상품을 통해 접속하는지를 쉽게 파악할 수 있습니다. 광고 매체 안에서도 CPC, CPT 등의 상품 키워드별로 광고 효과를 확인할 수 있어 어떤 광고 상품이 효과적인지 비교할 수 있습니다.

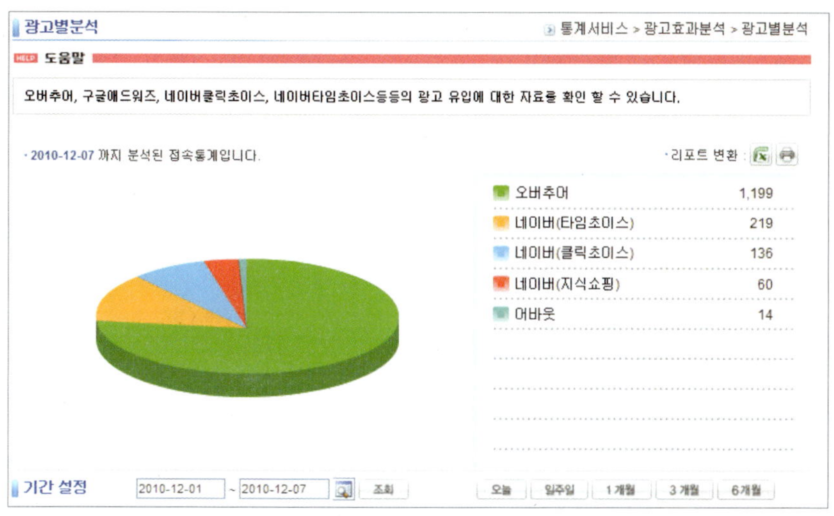

19) 광고효과분석 〉 검색키워드광고

설명 오버추어, 구글, 네이버 클릭초이스, 네이버 타임초이스 등의 광고로 인한 유입 통계 자료이며 결제 완료된 주문만 집계됩니다.

활용 방문자가 어떤 키워드를 통해 접속하는지 쉽게 파악할 수 있으며 이를 통해 방문자의 성향과 관심사를 파악할 수 있습니다. 광고 키워드의 광고 상품별로도 광고 효과를 확인할 수 있습니다.

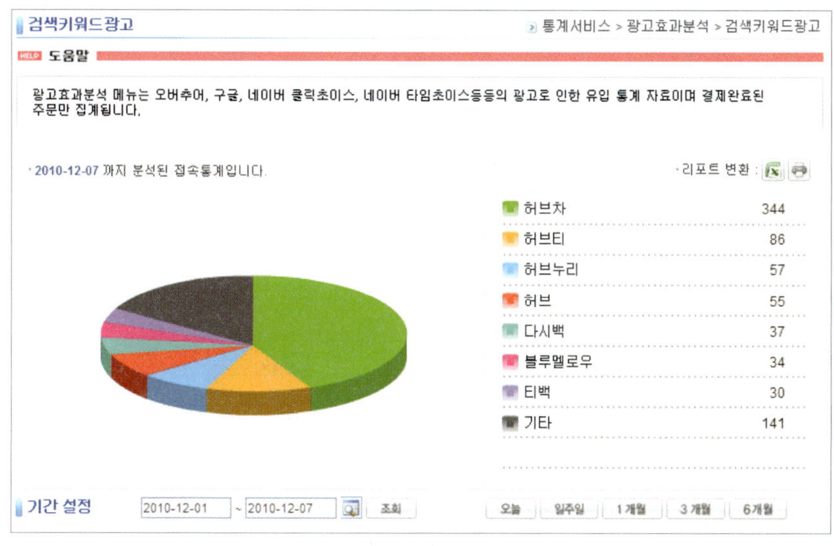

카페24 솔루션에 플래시 파일을 만들 수 있는 메이커가 추가되었습니다. 플래시 메이커는 사진으로 롤링이미지를 만들 수 있는 간단한 기능이지만 쇼핑몰 운영자들이 만들고 싶어 하는 이미지 편집 기법이기 때문에 매우 반가운 기능입니다.

❶ 플래시 메이커를 활용하기 위해서는 플래시 메이커에서 사용하려고 하는 해당 이미지를 먼저 업로드해야 합니다. 관리자 페이지(어드민)에서 [FTP]—[웹FTP]—[웹FTP 접속]을 클릭합니다.

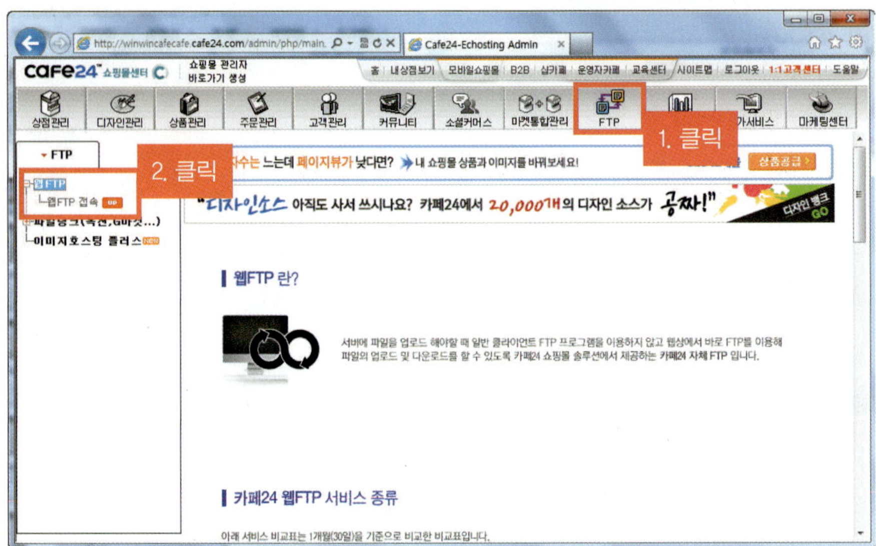

❷ FTP 정보를 입력하고 접속하면 아래와 같은 화면이 나타납니다.

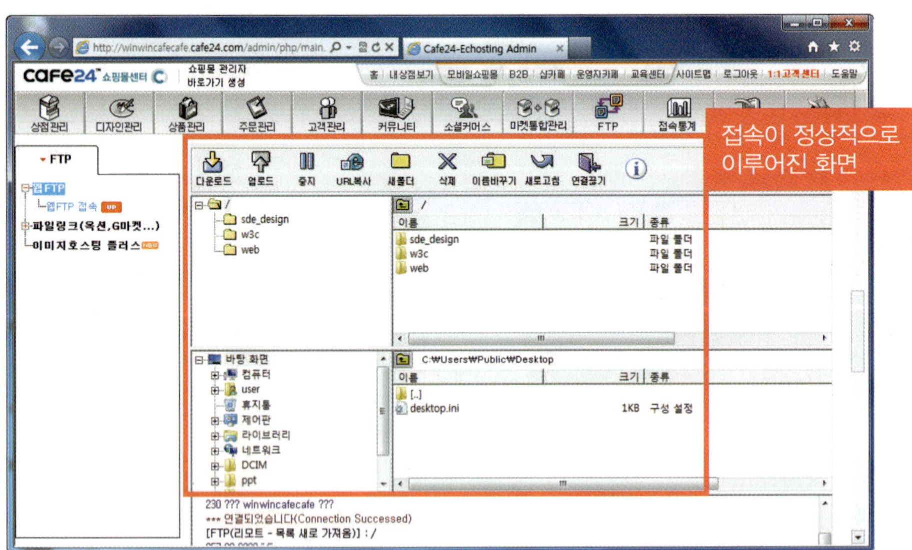

❸ /web/upload/ 폴더에 플래시 파일로 제작하려고 하는 이미지를 모두 업로드합니다.

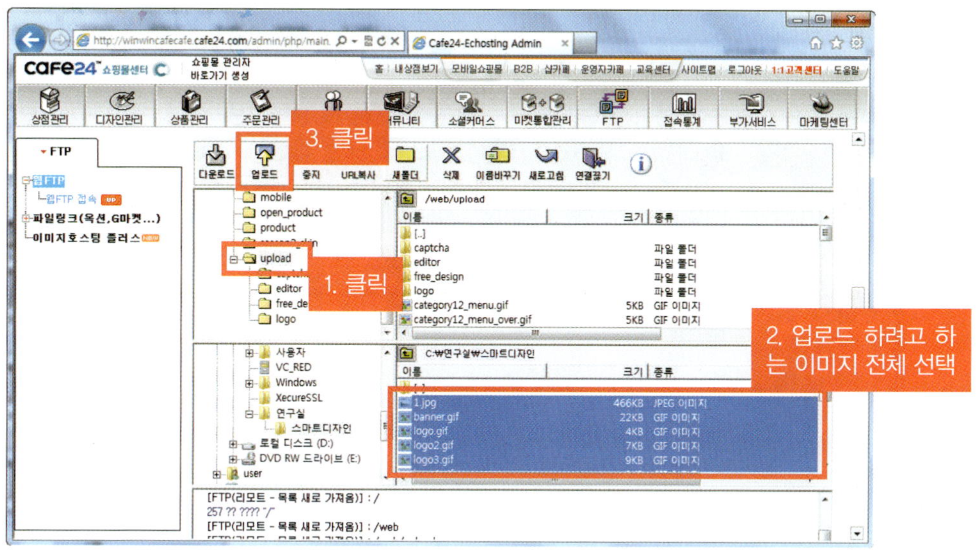

❹ 모두 업로드된 것을 확인합니다. 플래시 메이커로 돌아가서 FTP로 업로드한 파일을 불러오는 방법으로 플래
시 파일을 제작하게 됩니다.

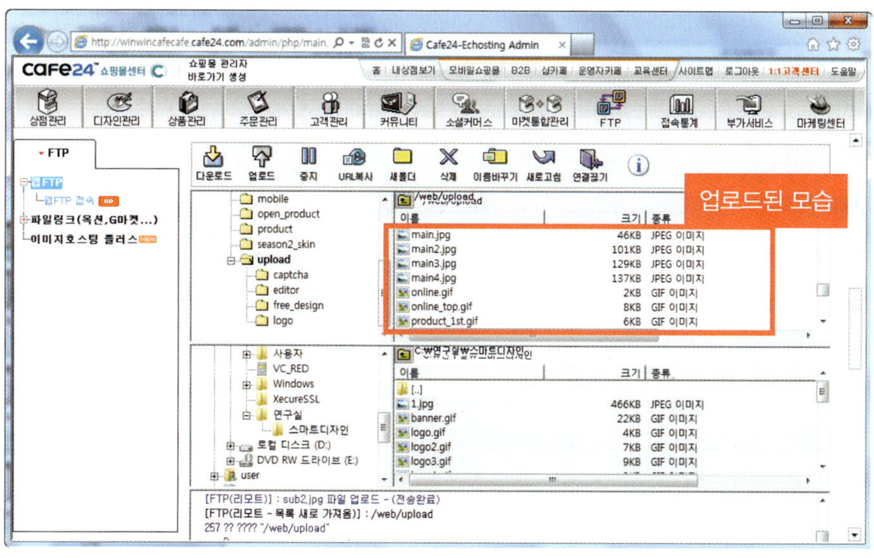

❺ 플래시 파일을 만들기 위해 스마트 디자인 메뉴에서 [플래시 메이커]를 클릭하고 [새로운 플래시 만들기] 버튼을 클릭합니다.

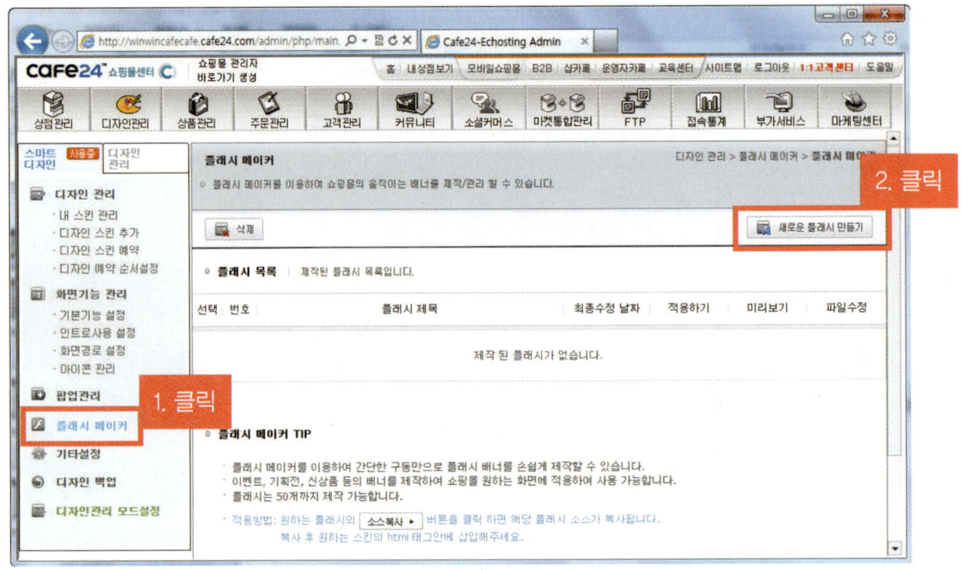

❻ 플래시 메이커 화면에서 [이미지 추가] 버튼을 클릭합니다.

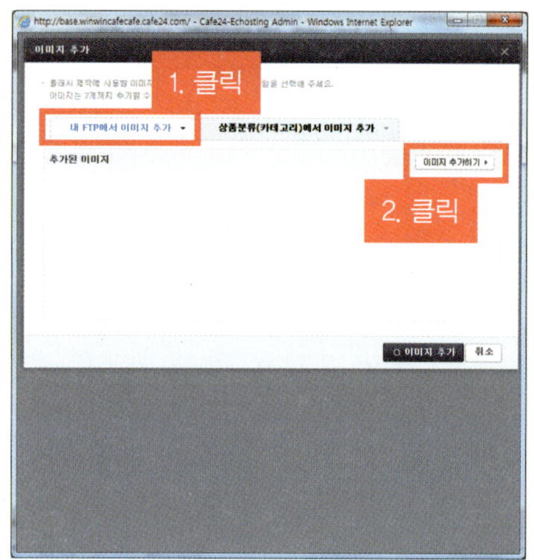

❼ [이미지 추가] 대화상자에서 [내 FTP에서 이미지 추가] 메뉴를 클릭하고 [이미지 추가하기] 버튼을 클릭합니다.

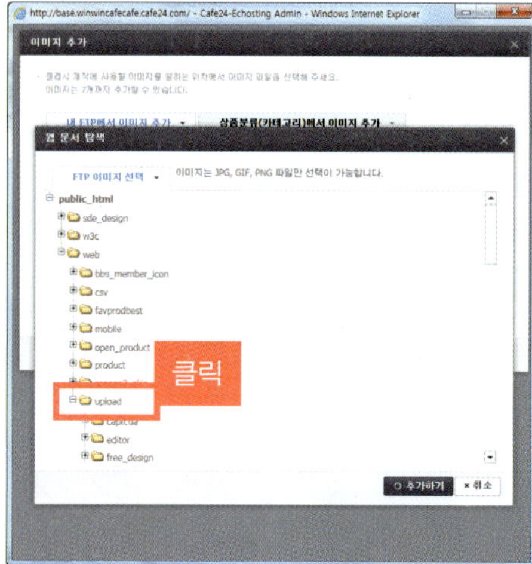

❽ 이미지를 업로드 했던 WEB/UPLOAD/ 경로를 선택합니다.

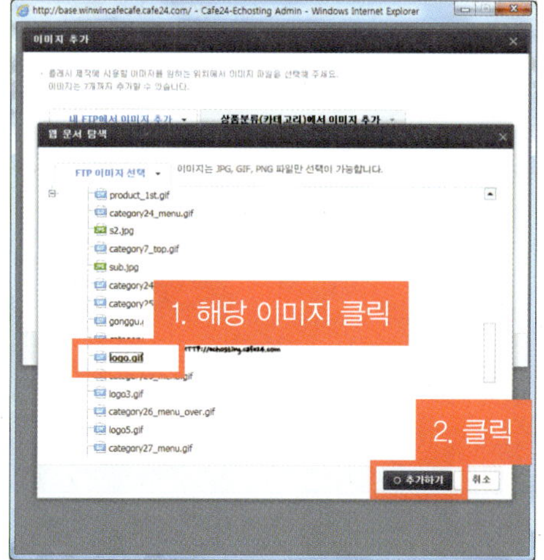

❾ 업로드 했던 이미지 중에 사용할 로고 이미지를 선택하고 [추가하기] 버튼을 클릭합니다.

❿ 같은 방법으로 이미지 하나를 더 추가합니다. 그리고 하단에 있는 [이미지 추가] 버튼을 클릭하여 적용합니다.

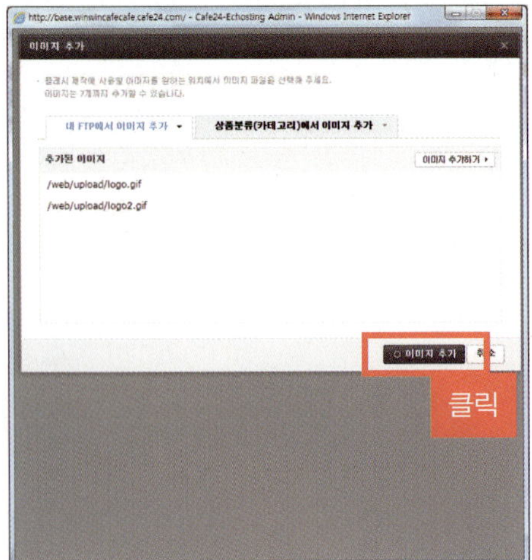

⓫ 모서리를 둥글게 선택하고 시간과 효과를 설정한 후 [미리보기] 버튼을 클릭합니다.

★ 이미지 전환 시간은 약간 빠른 듯하게 효과를 주는 것이 광고 효과가 있습니다. 1초 또는 2초로 설정하는 것
   이 적합하며 사용 용도에 따라 조금 느리게 할 수도 있습니다.

⑫ 두 개의 이미지가 모자이크 처리되면서 전환되는 것을 볼 수 있습니다.

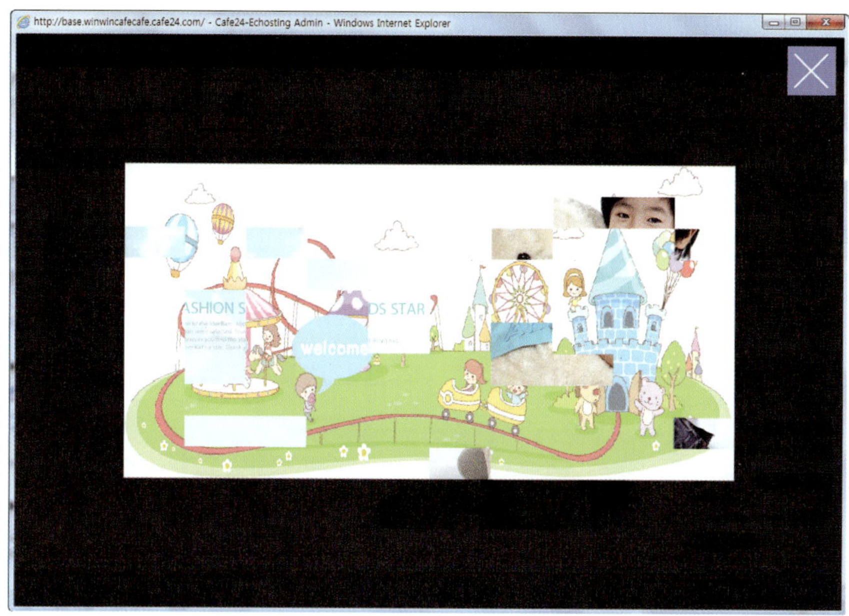

⑬ [저장하기] 버튼을 클릭한 후에 플래시 이름을 입력하고 저장합니다.

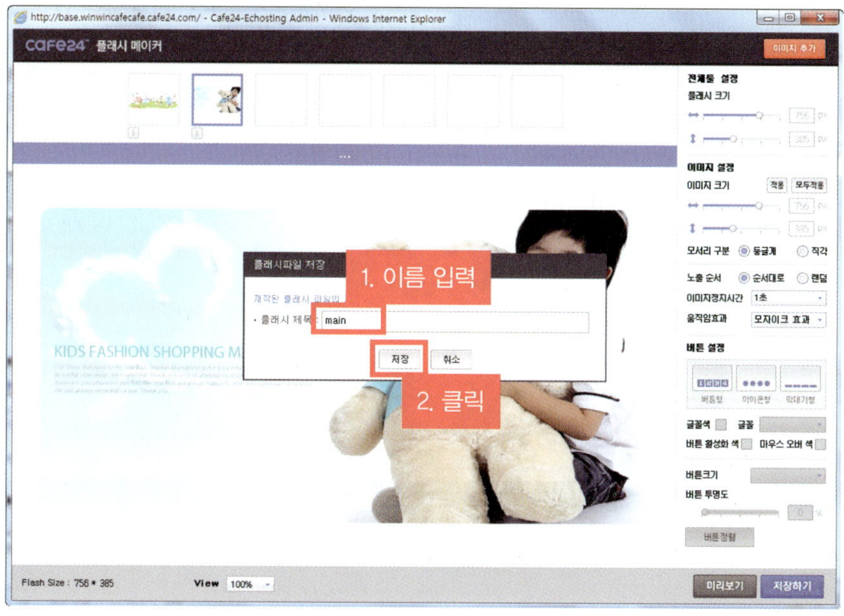

⓮ 제작된 파일의 소스를 복사합니다.

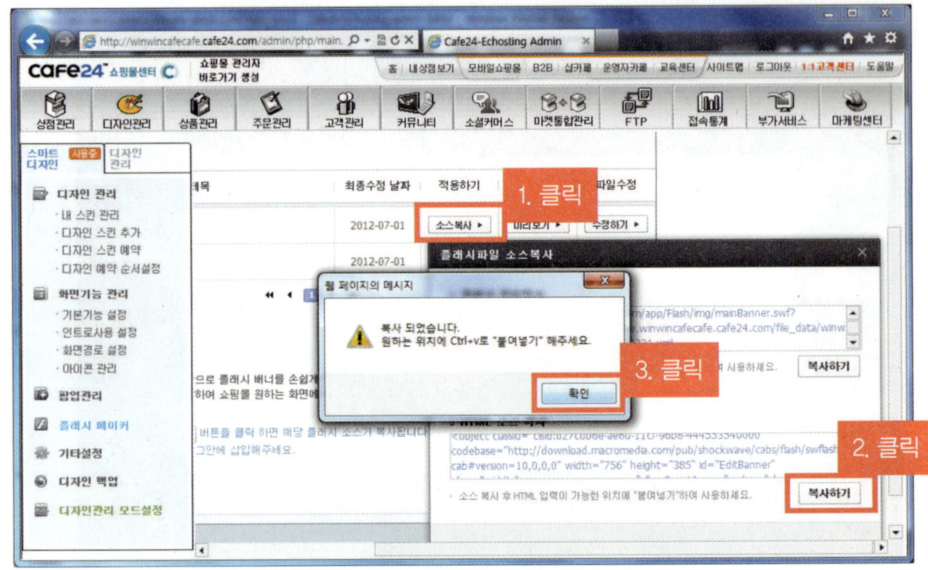

⓯ 메인 이미지를 선택한 후에 소스창에 나타나는 소스를 삭제합니다.

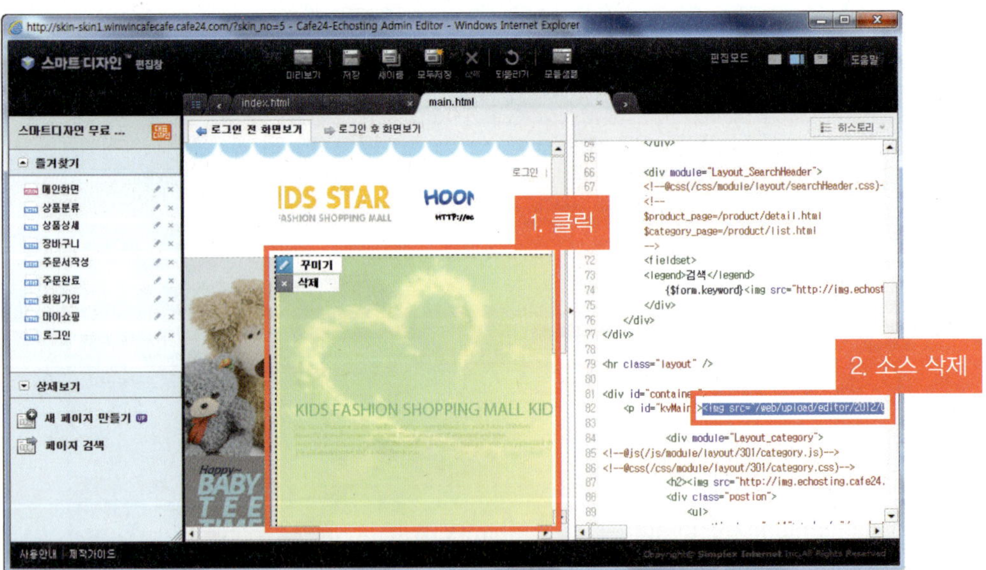

⑯ 삭제한 자리에 복사한 플래시 소스를 붙여넣기 합니다.

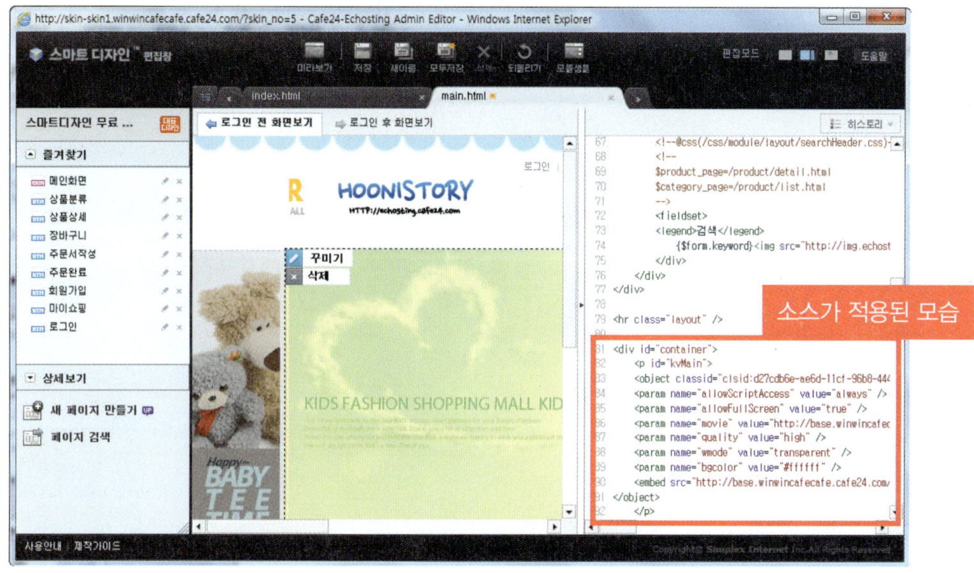

⑰ 스마트 디자인 편집 창 상단에 있는 [저장] 버튼을 클릭한 후에 메인 이미지가 모자이크 효과로 전환되며 변화되는 것을 확인할 수 있습니다. 같은 방법으로 로고, 배너, 상품 상세 페이지 등에 플래시 파일을 제작하여 소스로 삽입할 수 있습니다.

PART

04

Online

제로보드 XE로 독립형 쇼핑몰 만들기

앞 단원에서 솔루션을 통해 쇼핑몰을 만들어 보았습니다. 이번에는 그보다는 어렵지만 많은 사용자들이 꼭 해보고 싶어 하는 독립형 쇼핑몰에 대해 알아보겠습니다. 많은 사용자들이 사용하고 현재도 많은 사랑을 받고 있는 제로보드 XE의 세팅부터 상품 등록까지 진행해 보겠습니다.

Chapter 01

XE의 특징 및 설치 환경

쇼핑몰을 만들기 위해서는 HTML(Hypertext Markup Language) 언어를 사용하게 되는데 HTML만으로 쇼핑몰을 구성하기에는 약간 부족합니다. 쇼핑몰 중에 동적인 부분이나 회원 가입 등을 처리하기 위해서는 CGI(Common Gateway Interface), ASP(Active Server Page), PHP(Personal Home Page) 등의 프로그램이 필요합니다. 그렇지만 개인이 이 모든 프로그램을 공부하고 작성하기란 쉽지 않은 일입니다. 그러한 부분을 대신 해줄 수 있는 것이 XE입니다.

XE(Xpress Engine)의 특징과 설치 환경에 대해 알아보겠습니다. XE를 잘 활용한다면 누구보다 쉽게 독립형 쇼핑몰을 만들 수 있을 것입니다.

✚ 맞춤 패키지

XE의 맞춤 패키지를 통해 쉽게 설치하고 이용할 수 있습니다. 블로그 패키지, 카페 패키지, 플래닛 패키지 또는 이 모든 기능을 갖춘 통합 패키지 중 자신이 만들려는 목적에 맞게 패키지를 선택할 수 있으며, 다운로드 한 패키지를 서버 또는 호스팅에 업로드 한 후, 한 번의 클릭으로 패키지를 설치할 수 있습니다. 또한 기본적으로 제공하는 모듈과 패키지의 기능을 통해 콘텐츠 관리, 회원 관리, 데이터 관리 등을 쉽게 할 수 있습니다.

✚ 모듈형 구조

XE는 기능의 제작, 추가 및 사용이 쉽습니다. 사용자와 개발자의 XE 활용 가능성을 극대화시키기 위해 레고 블록과 같은 모듈 구조로 제작되었습니다. 어린이가 레고 블록을 조합하여 비행기, 자동차 등을 만들 듯이 사용자는 XE에서 제공하는 기본 모듈과 커뮤니티를 통해 공유되는 확장 기능을 자유롭게 조합함으로써 다양한 기능을 가진 웹 사이트를 제작할 수 있습니다. 개발자는 XE에 추가가 가능한 새로운 기능의 모듈을 쉽게 개발하고 커뮤니티를 통해 공유할 수 있습니다.

✚ 오픈 커뮤니티

XE는 오픈 커뮤니티를 통해 많은 정보를 제공하고 있으며 사용자가 원하는 정보를 쉽게 제공받을 수 있도록 합니다. XE 커뮤니티의 장점은 제로보드 XE 시절(현재의 XE는 제로보드 XE에서 발전)부터의 사용자와 자유/오픈 소스 프로젝트 멤버가 많다는 것입니다. 따라서 많은 정보가 커뮤니티에 쌓여 있으며 원하는 정보를 쉽게 찾을 수 있습니다. 찾고자 하는 정보가 없는 경우에도 커뮤니티를 통해 다른 사용자들로부터 정보를 받을 수 있습니다.

✚ 다국어 지원

XE는 여러 나라의 언어를 지원합니다. 사용자는 웹 사이트를 언어별로 분리하지 않고도 한국어뿐만 아니라 영어, 일본어, 중국어, 러시아어 등의 웹 사이트를 쉽게 제작할 수 있습니다.

✚ 설치 환경

XE는 인터넷 호스팅 환경이 맞지 않으면 설치되지 않습니다. PHP와 MySQL이 지원되는 계정이어야 설치를 할 수 있습니다. XE 설치 조건은 다음과 같습니다.

- PHP 조건 : PHP 4.x~5.x(단 PHP 5.2.2 버전에서는 사용할 수 없음), XML 라이브러리 필수, GD 라이브러리 필수, ICONV 선택
- 데이터베이스 조건 : Cubrid, Firebird, MySQL 4.1 이상, PostgreSQL, Sqlite2/Sqlite3, MS-SQL

Chapter 02

설치형 쇼핑몰을 위한    

웹서버 만들기

설치형 쇼핑몰의 첫 번째 과제는 설치를 하기 위한 환경을 만들 수 있는지 여부입니다. 어렵지 않게 자신의 컴퓨터를 서버로 만들어서 쇼핑몰을 제작하고 테스트해볼 수 있습니다. APM은 XE를 설치하는 데 필요한 구성 요소인 아파치 웹서버, PHP, MySQL 데이터베이스를 한 번에 설치하고, 사용에 필요한 연동 설정을 자동으로 해주는 프로그램입니다.

 ## 1. XE 설치를 위한 apm 설치

01 http://www.apmsetup.com에 접속한 후에 [APMSETUP 7]을 클릭합니다.

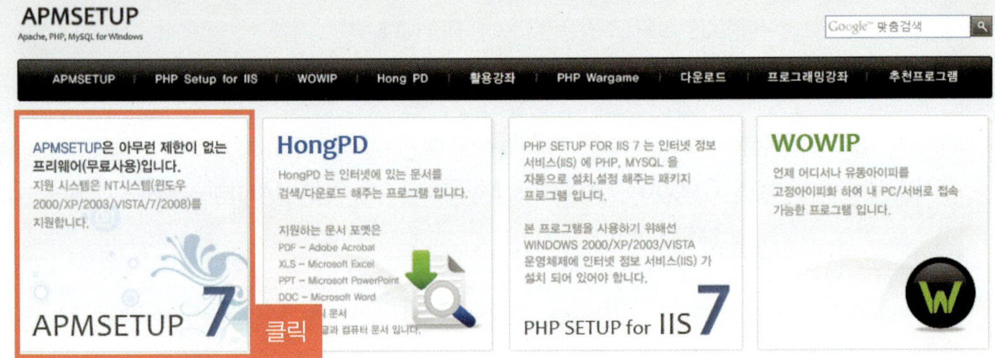

02 [APMSETUP 7 DOWNLOAD] 버튼을 클릭하여 다운받아 설치합니다.

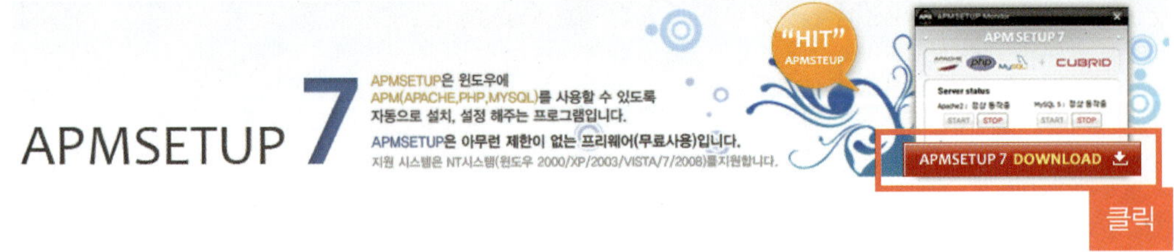

○3 트레이 영역에 APMSETUP 모니터가 추가된 것을 볼 수 있습니다.

○4 트레이 영역에 있는 APMSETUP 모니터 아이콘에서 오른쪽 버튼을 클릭하여 [MYSQL 신규 계정 생성] 버튼을 클릭합니다.

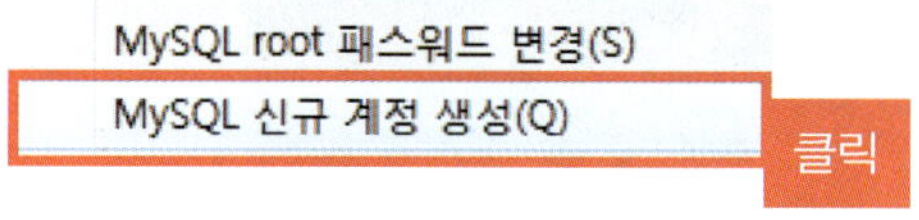

○5 신규 계정을 입력하는 화면에서 '현재 MySQL root계정 패스워드'는 'apmsetup'을 입력하고 새로운 계정 정보를 입력한 후 [신규 계정 생성] 버튼을 클릭하여 새로운 계정을 만듭니다.

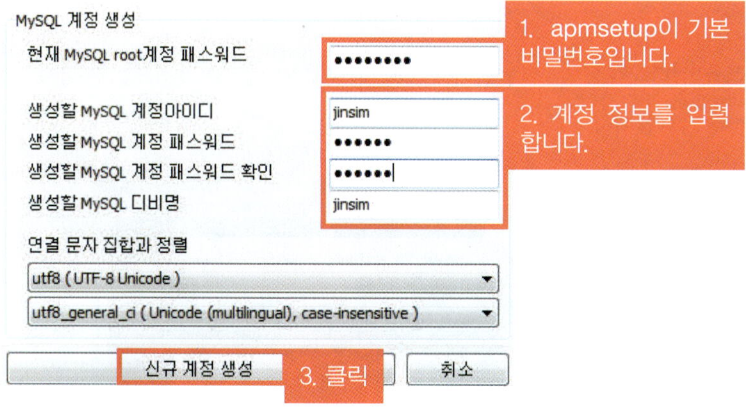

 ## 2. XE 다운받아 웹서버에 업로드 하기

XE를 설치하기 위해 Apmsetup을 설치하고 mssql 계정을 생성했다면 XE 프로그램을 다운받아 웹서버에 업로드 할 차례입니다.

O1 주소 표시줄에 XE 홈페이지 주소(http://www.xpressengine.com)를 입력하여 이동합니다.

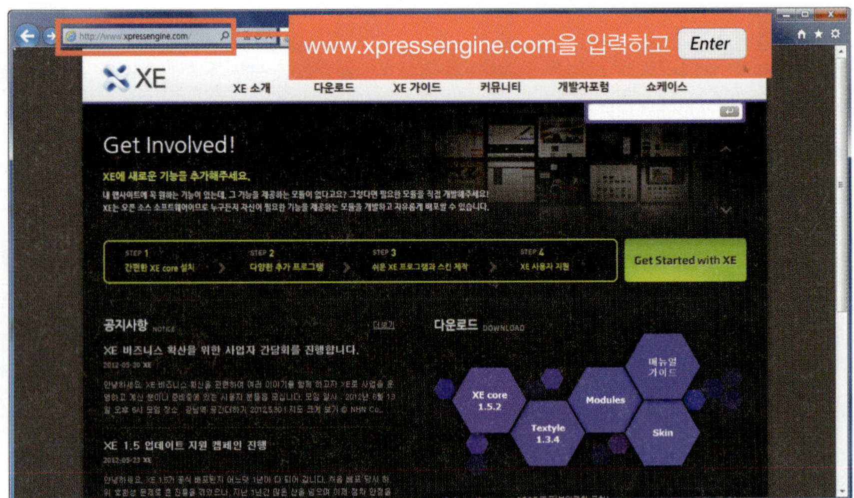

O2 XE 홈페이지에서 상단의 [다운로드]를 클릭합니다. XE 다운로드 페이지의 좌측에서 [XE core]를 클릭한 후 최신 버전을 클릭합니다.

○3 새롭게 변경된 내용을 확인한 후에 [다운로드]를 클릭합니다.

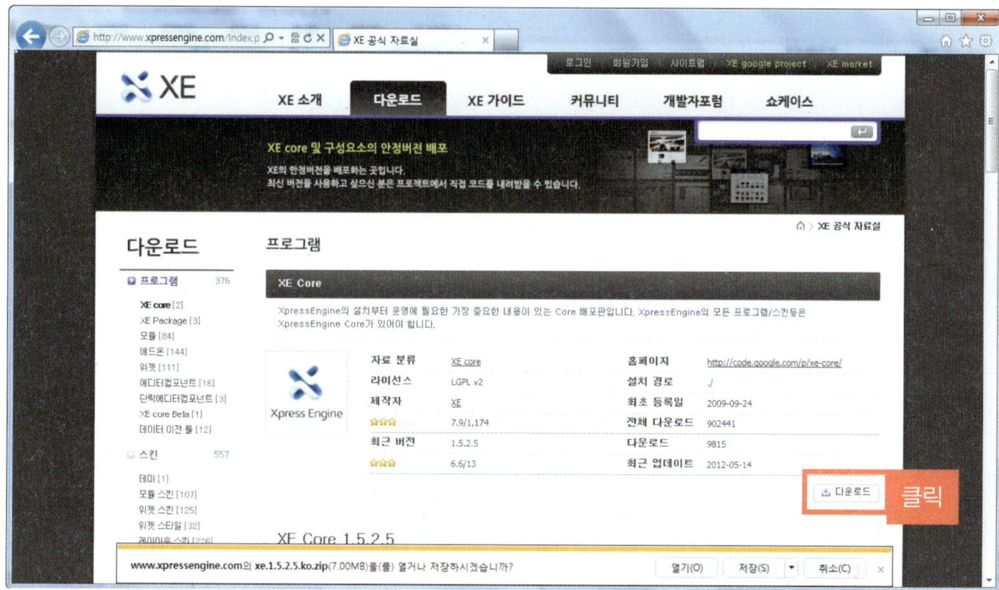

○4 파일을 다운받아 압축을 풀고 해당 폴더를 마우스 오른쪽 버튼으로 클릭하여 [복사]를 선택합니다.

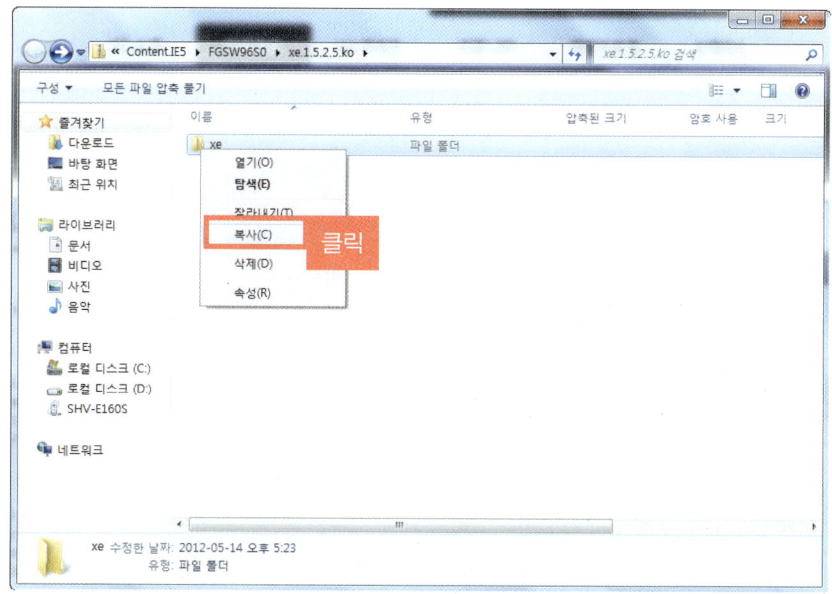

05 복사한 파일을 C:\APM_Setup\htdocs 경로에 붙여넣기하여 업로드를 완료합니다.

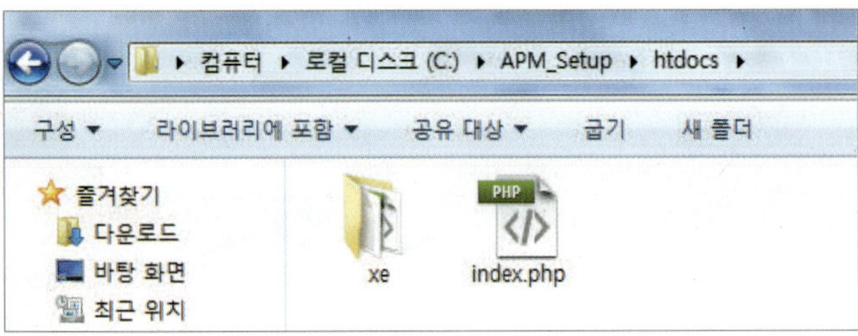

 ## 3. XE 설치하기

XE를 설치하기 위해 프로그램을 다운받아 웹서버에 업로드 하였습니다. 이제 업로드 한 XE를 설치하는 과정을 진행해 보겠습니다. (이 과정은 앞서의 과정을 모두 마쳐야 정상적으로 따라하기가 가능합니다.)

O1 표시줄에 http://localhost/xe를 입력하여 XE 설치 화면으로 이동합니다. 화면에서 'GNU 약소 일반 공중 사용 허가서(LGPL v2) 동의'와 '설치 환경 수집 동의'를 선택한 후 [라이센스에 동의합 니다] 버튼을 클릭합니다.

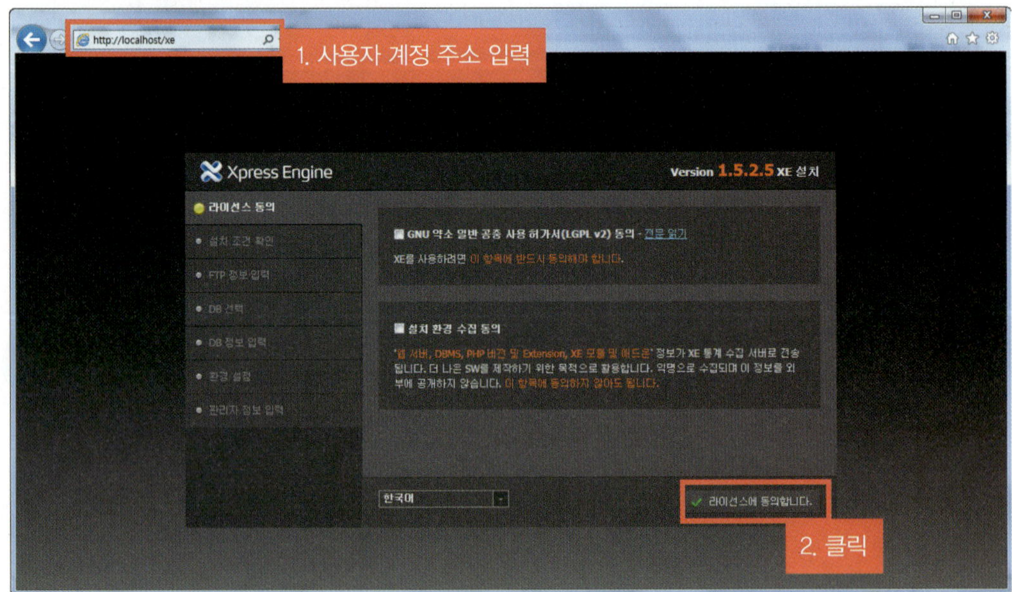

02 필수 설치 조건을 확인한 후에 [설치를 진행합니다.] 버튼을 클릭합니다.

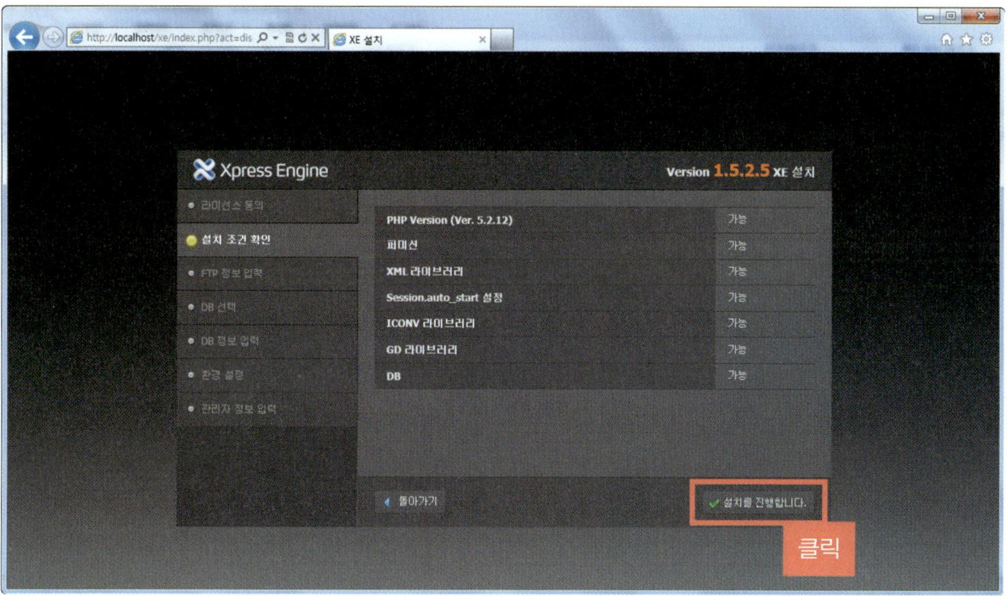

03 사용하려는 DB를 선택하고 [다음] 버튼을 클릭합니다.

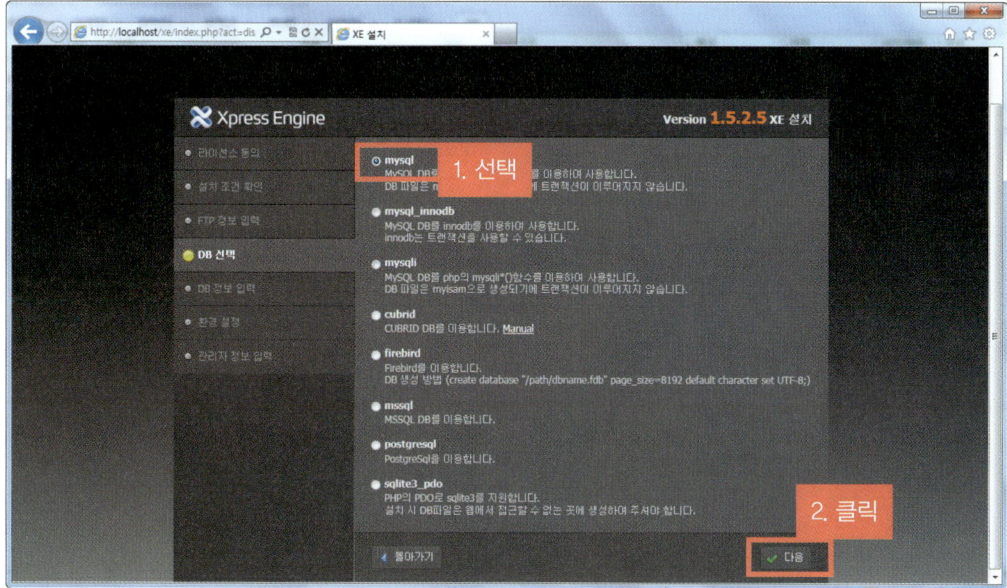

04 DB정보를 입력하고 [다음] 버튼을 클릭합니다.

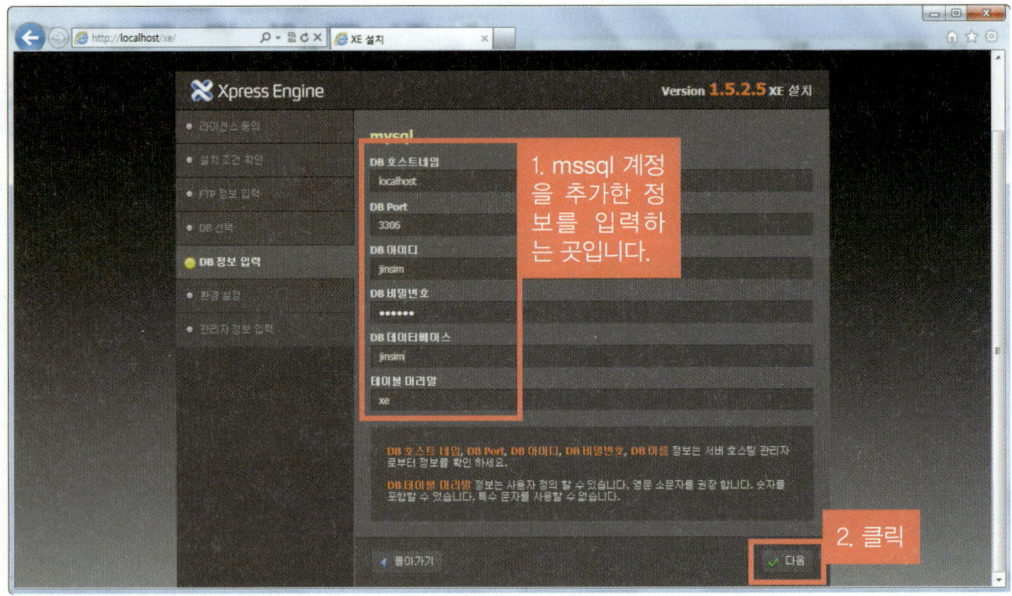

05 짧은 주소 사용 여부와 사이트 표준 시간대를 설정한 후 [다음] 버튼을 클릭합니다.

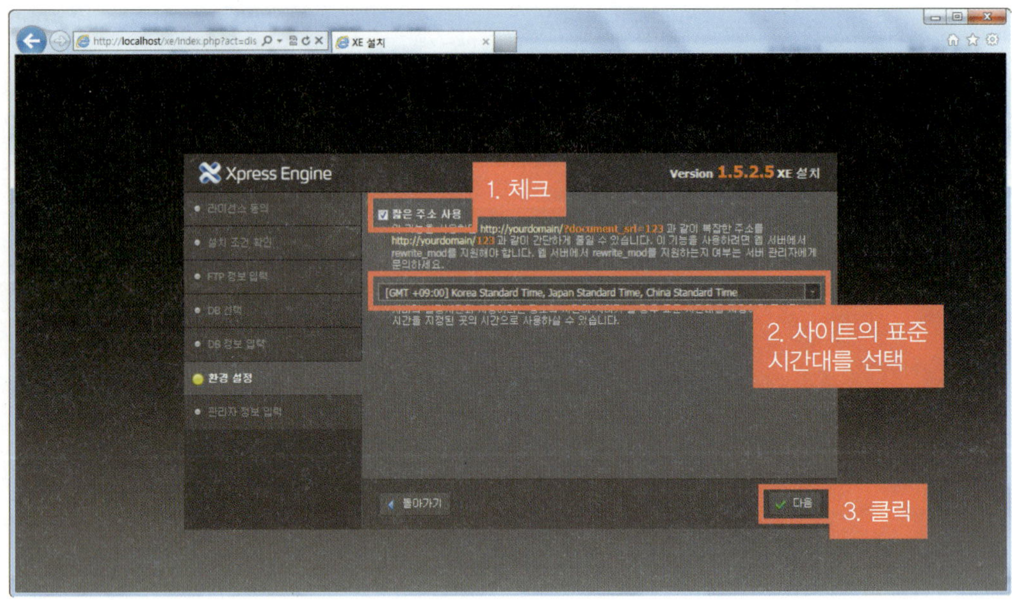

O6 관리자 정보를 입력합니다. XE 1.5 버전부터는 사용자의 이메일 주소로 계정을 만들게 변경되었습니다. 실제 사용하는 메일 주소를 입력해 주세요.

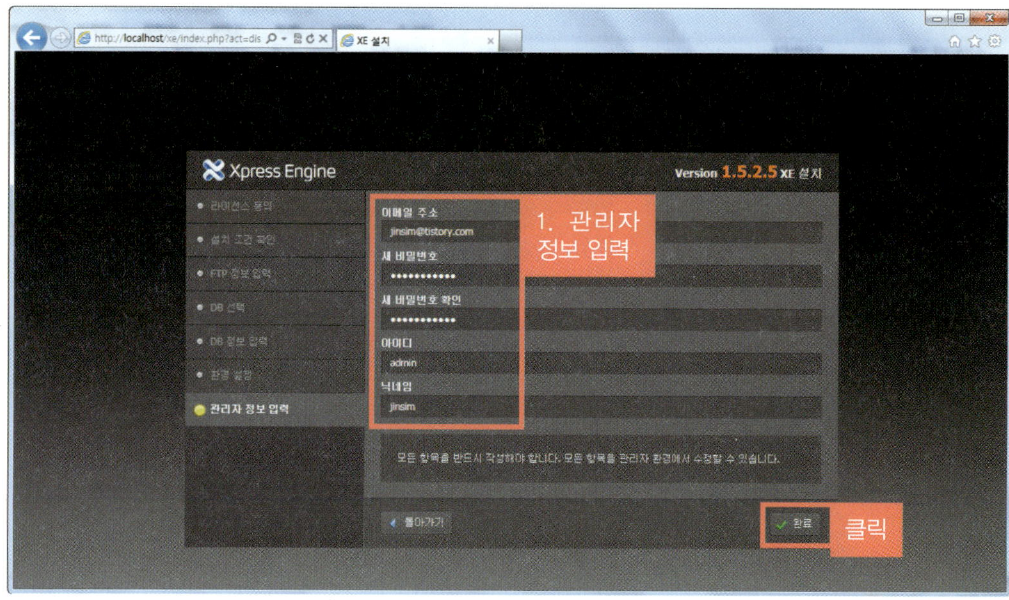

O7 설치가 완료된 후에 기본 홈페이지가 나오는 것을 볼 수 있습니다.

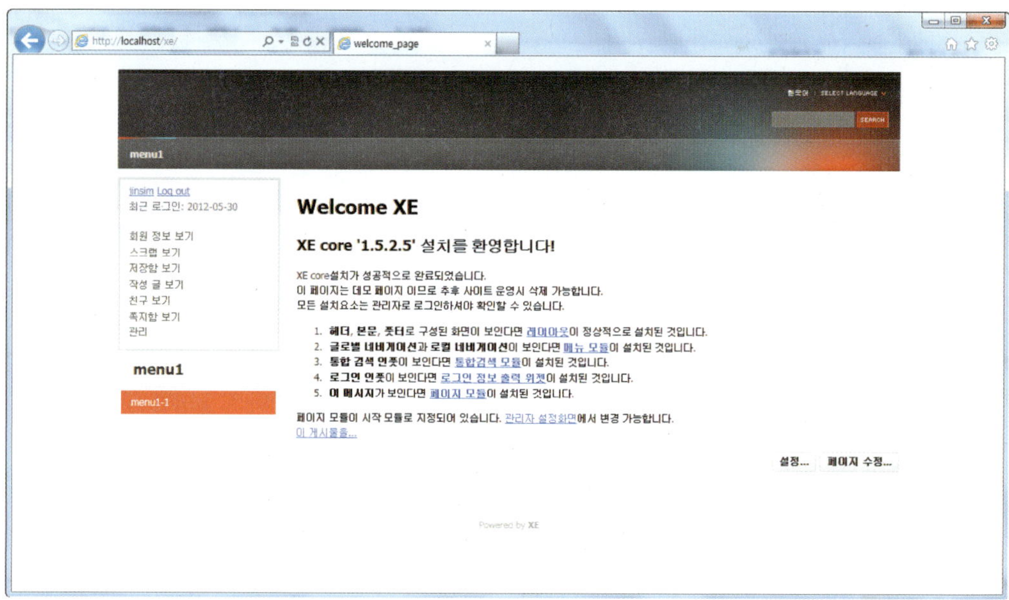

08 관라자 페이지에 접속하기 위해 주소 표시줄에 http://localhost/xe/admin를 입력하고 페이지를 이동한 후에 '아이디'와 '비밀번호'를 입력하고 [로그인] 버튼을 클릭합니다.

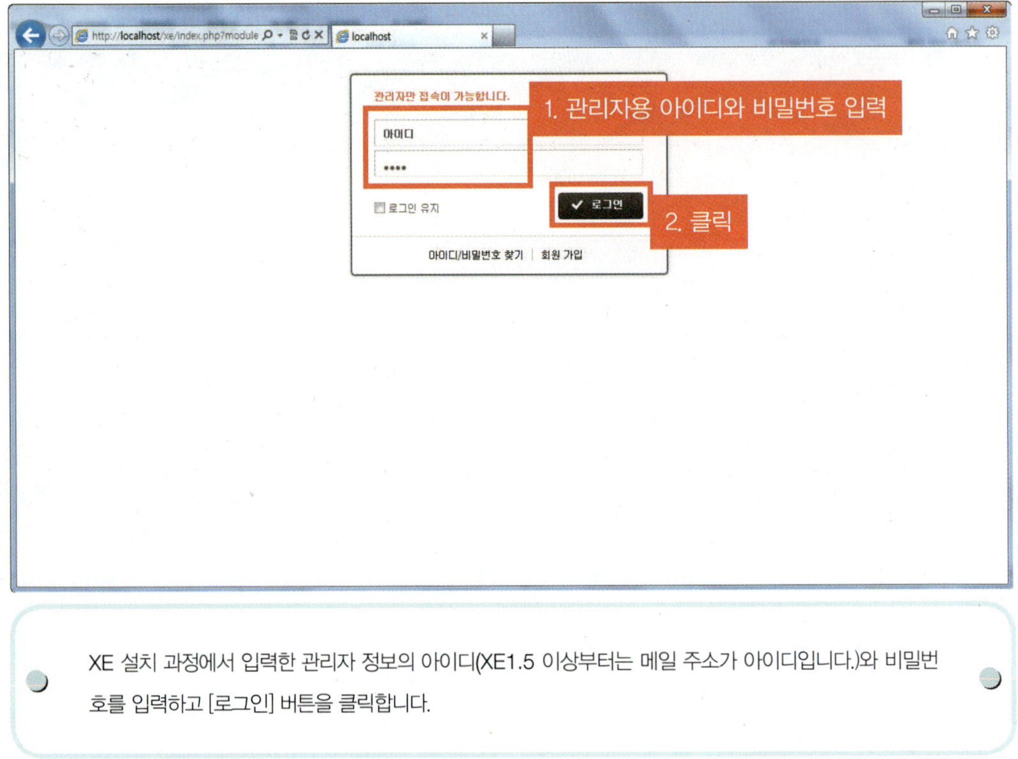

XE 설치 과정에서 입력한 관리자 정보의 아이디(XE1.5 이상부터는 메일 주소가 아이디입니다.)와 비밀번호를 입력하고 [로그인] 버튼을 클릭합니다.

09 XE의 관리자 페이지로 접속됩니다.

관리자 메뉴 이해하기

✦ 제어판 : XE 관리자의 홈에 해당하는 페이지입니다. 사이트 현황, 최근 글, 최근 댓글, 엮은글, 공지사항 등을 쉽게 볼 수 있습니다.

✦ 사이트 : 실제로 홈페이지를 구성하는 페이지입니다. 메뉴 추가 기능으로 사이트에서 사용될 메뉴들을 구성한 후에 레이아웃과 연결하여 사이트를 만들게 됩니다.

✦ 회원 : 사이트에 가입된 회원을 관리하는 페이지입니다. 회원별 그룹 및 접속 차단, 정보 수정 등의 작업을 할 수 있습니다.

✦ 콘텐츠 : 사이트에 등록된 문서, 댓글, 엮인글, 파일, 설문 등 사이트에서 사용된 모든 콘텐츠를 이동, 삭제 및 다양한 관리를 할 수 있습니다.

✦ 테마 : 사이트에 등록된 레이아웃과 모듈을 보여줍니다. 등록되어 있는 테마를 선택하여 수정 작업을 진행할 수 있습니다.

✦ 확장 기능 : 확장 기능에는 쉬운 설치, 설치된 레이아웃, 설치된 모듈, 설치된 위젯, 설치된 애드온, 에디터, 스팸 필터에 관련된 설정을 할 수 있습니다.

✦ 설정 : 설정 메뉴에서는 FTP 설정, 관리자 설정, 파일 업로드, 파일 박스 등을 설정할 수 있습니다.

Chapter 03

쇼핑몰 관련 모듈 설치하기

XE에서는 쇼핑몰 구축에 필요한 프로그램을 따로 제공하고 있습니다. 그 프로그램을 다운받아 설치를 진행해 보겠습니다.

01 XE 홈페이지(www.xpressengine.com)의 다운로드 페이지에서 모듈 메뉴를 클릭합니다. 그리고 쇼핑몰을 검색합니다. 그리고 minishopXE를 클릭해 들어갑니다.

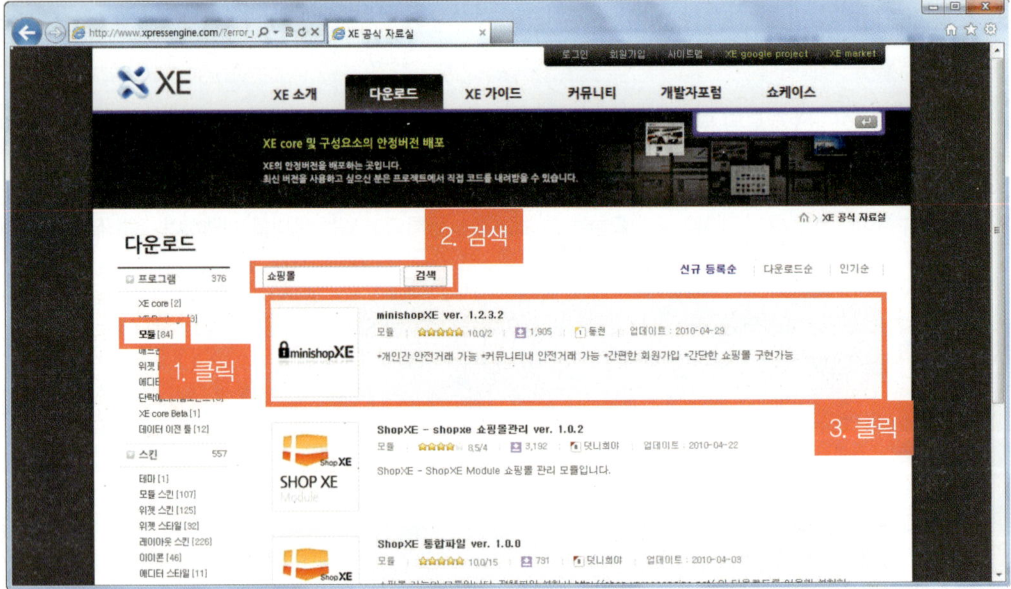

 [다운로드]를 클릭하여 파일을 저장합니다.

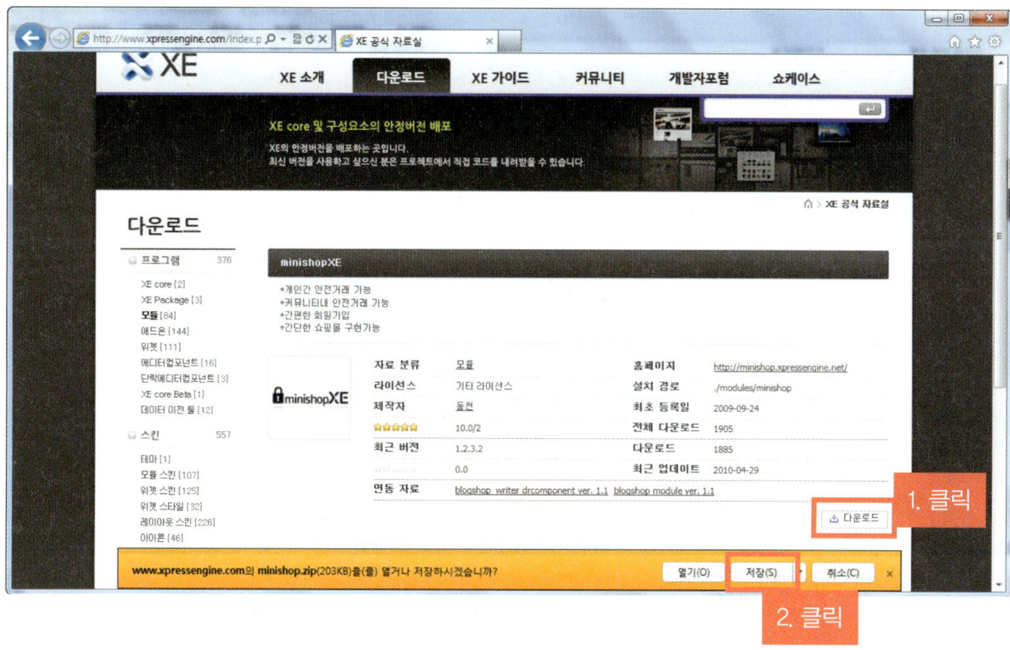

 다운로드 받은 파일의 압축을 푼 다음 전체 파일을 복사합니다.

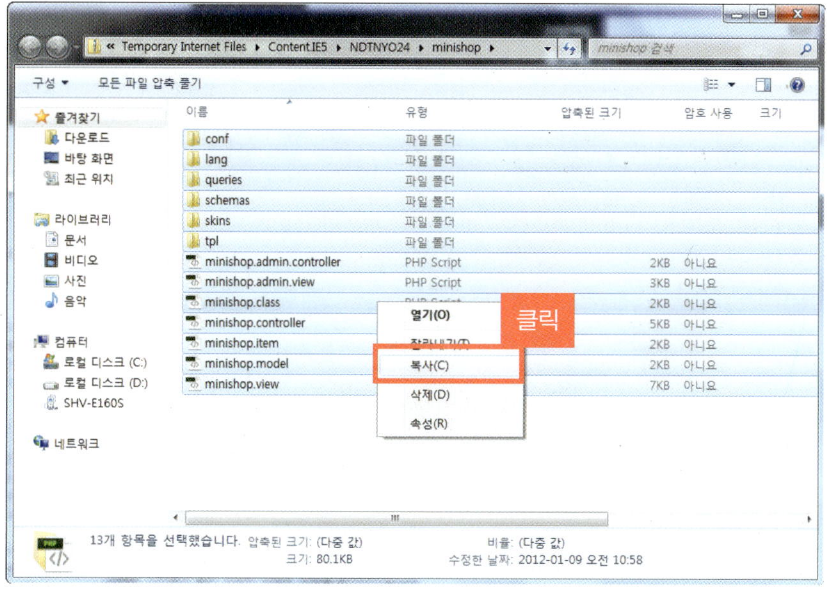

O4 xe 모듈 폴더안에 미니샵 폴더를 만들고 복사한 파일을 붙여넣기 합니다.

설치 경로 : C:\APM_Setup\htdocs\xe\modules\minishop

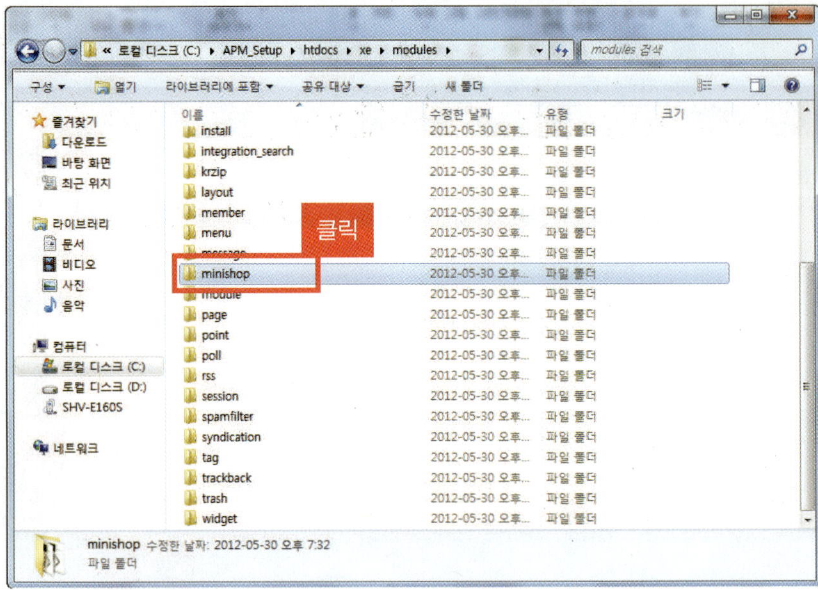

O5 다시 관리자 페이지(http://localhost/xe/admin)에 접속하면 업데이트 항목이 나옵니다. [DB Table 생성하기] 버튼을 클릭합니다.

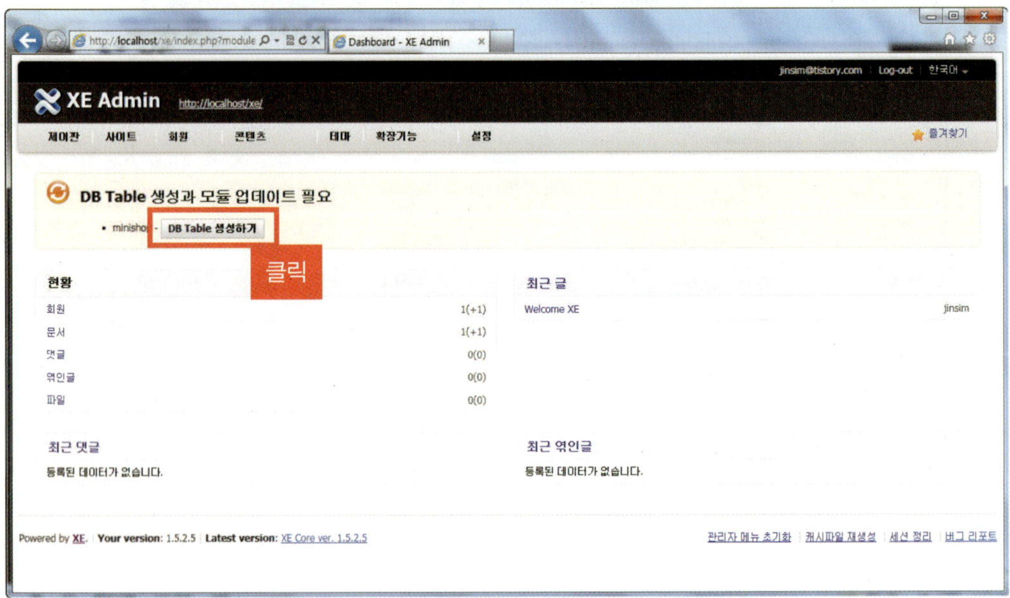

06 확장기능 메뉴의 '설치된 레이아웃'을 클릭합니다.

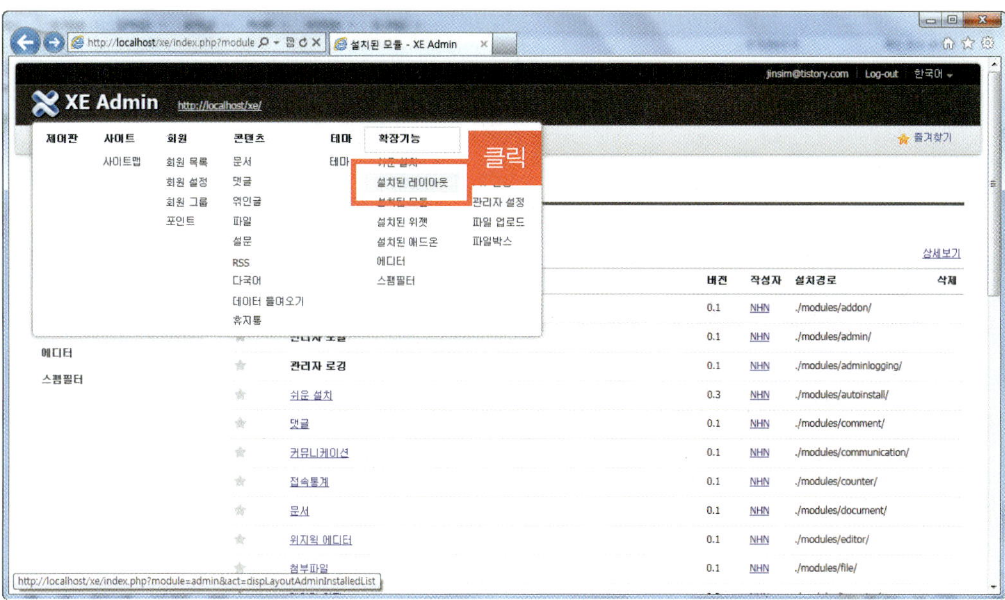

07 왼쪽에서 '설치된 모듈'을 클릭하여 나타나는 모듈 항목 중에 'xe 미니샵'을 클릭합니다.

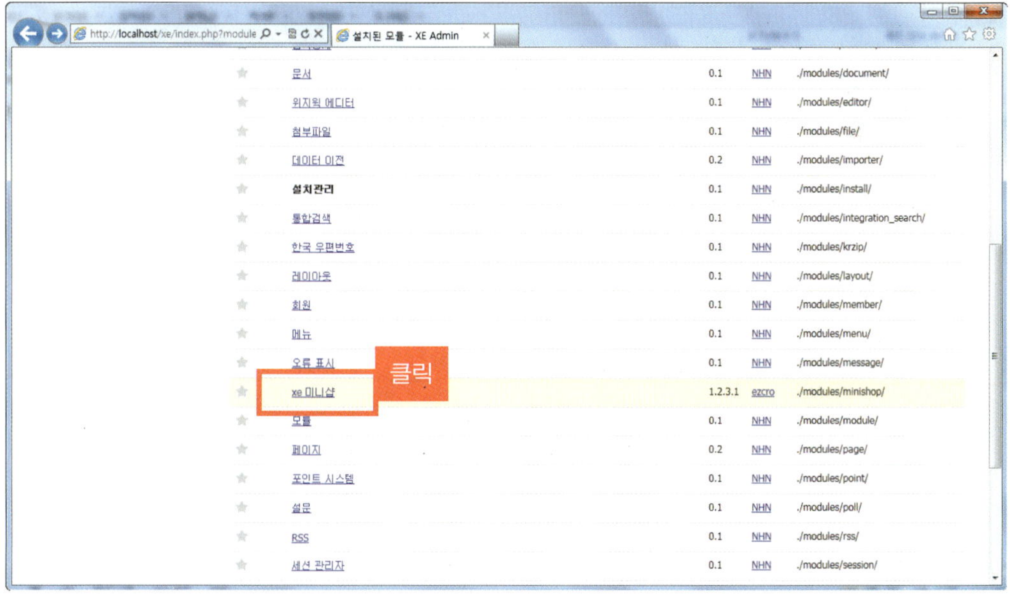

 xe 미니샵 관리 페이지에 접속된 것을 확인합니다.

XE 미니샵은 XE 환경을 기반으로 쇼핑몰을 만들 수 있게 만들어진 모듈입니다. 지금과 같이 XE 미니샵 관리 페이지가 나왔다면 중요한 3단계가 잘 마무리 된 것입니다. 이제부터는 미니샵을 관리하고 상품을 등록하는 과정이 남아 있습니다. 앞으로의 과정은 지금 진행한 과정보다 어렵지 않게 진행될 수 있습니다.

Chapter 04

쇼핑몰 구축하기

XE 미니샵에서 상품을 등록하기 위한 게시판 생성부터 상품 등록까지 쇼핑몰을 실제로 구축해 보는 단계입니다. 이 단계가 진행되기 위해서는 쇼핑몰 관련 모듈이 정상적으로 설치되어 있어야 합니다. 실습을 따라하며 오류가 발생할 경우는 앞 단원에서 설치한 모듈을 다시 한 번 업로드 한 후에 진행해 주세요.

 ## 1. 쇼핑몰 상품 등록 게시판 생성하기

쇼핑몰은 기본적으로 상품을 등록할 수 있는 게시판으로 구성되어 있습니다. 이번에 학습할 내용은 그 게시판을 메뉴 항목에 맞게 신청하는 단계입니다.

O1 쇼핑몰 상품 등록 게시판을 생성하기 위해 미니샵 관리 페이지에서 [생성] 버튼을 클릭합니다.

02 모듈 이름은 미니샵에서 기억할 이름입니다. 영문이나 숫자로 등록해야 합니다. 그리고 '브라우저 제목'은 브라우저 제목에 나타나는 이름입니다. 한글로 입력해도 됩니다. 입력한 후에 [xe 미니샵 인증코드 받기] 버튼을 클릭합니다.

03 관리자 신규가입 페이지에서 정보를 입력하고 [인증코드받기] 버튼을 클릭합니다.

04 발급받은 인증코드를 복사합니다.

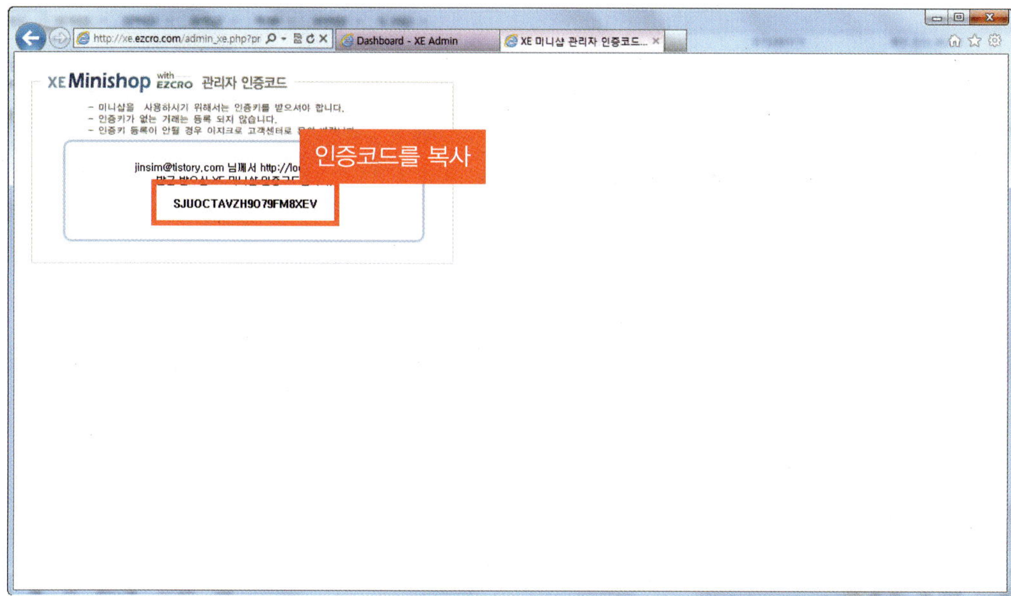

05 게시판 생성 페이지로 이동하여 인증 정보(인증 아이디와 인증 코드)를 입력(붙여넣기)합니다.

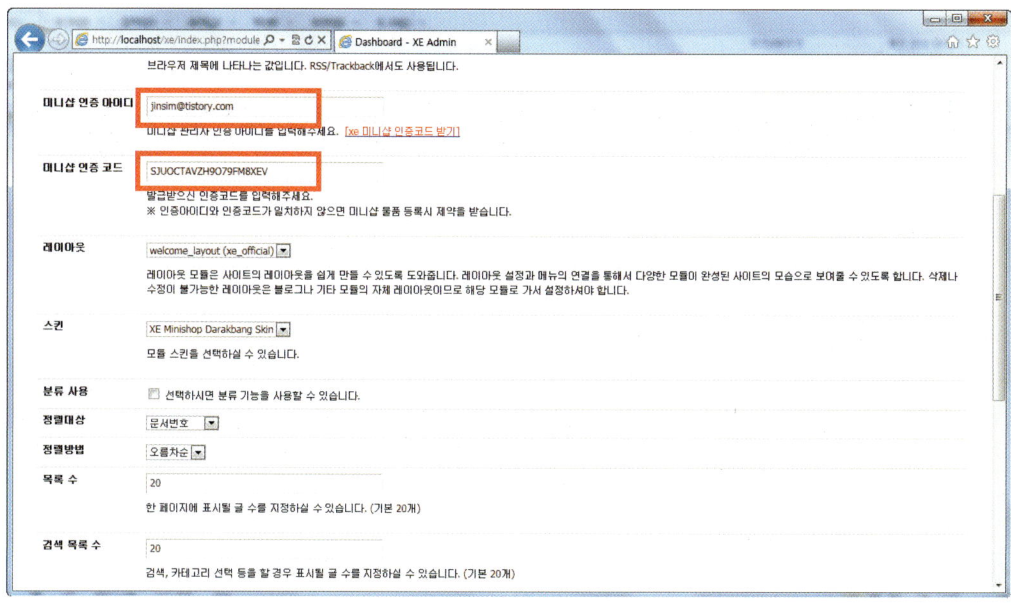

06 그 외 정보는 기본값으로 유지해도 됩니다. 페이지 하단에 있는 [등록] 버튼을 클릭하여 등록합니다.

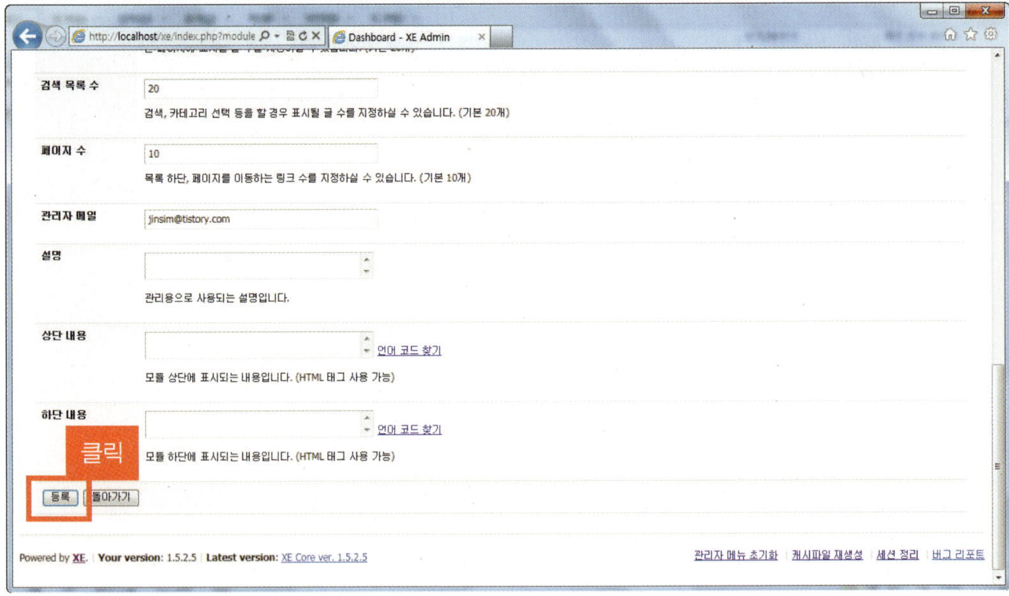

07 다시 XE 관리자 페이지로 들어가 [확장기능]–[설치된 모듈]–[xe 미니샵]을 클릭하면 xe 미니샵 관
리 페이지가 열리며 등록된 메뉴를 확인할 수 있습니다.

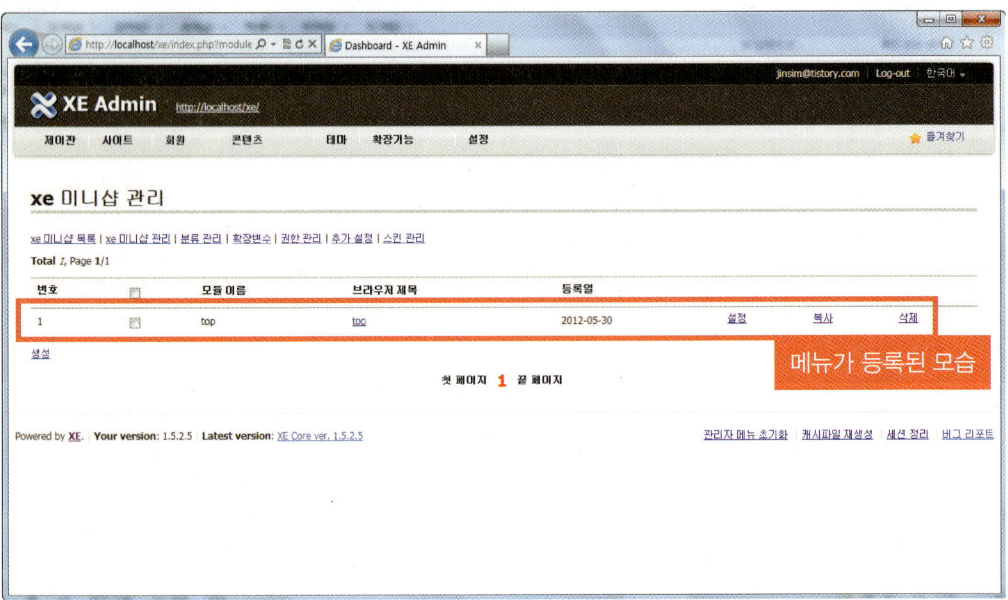

08 등록된 메뉴에서 '복사'를 클릭하고 모듈 이름과 브라우저 제목을 입력한 후 저장합니다.

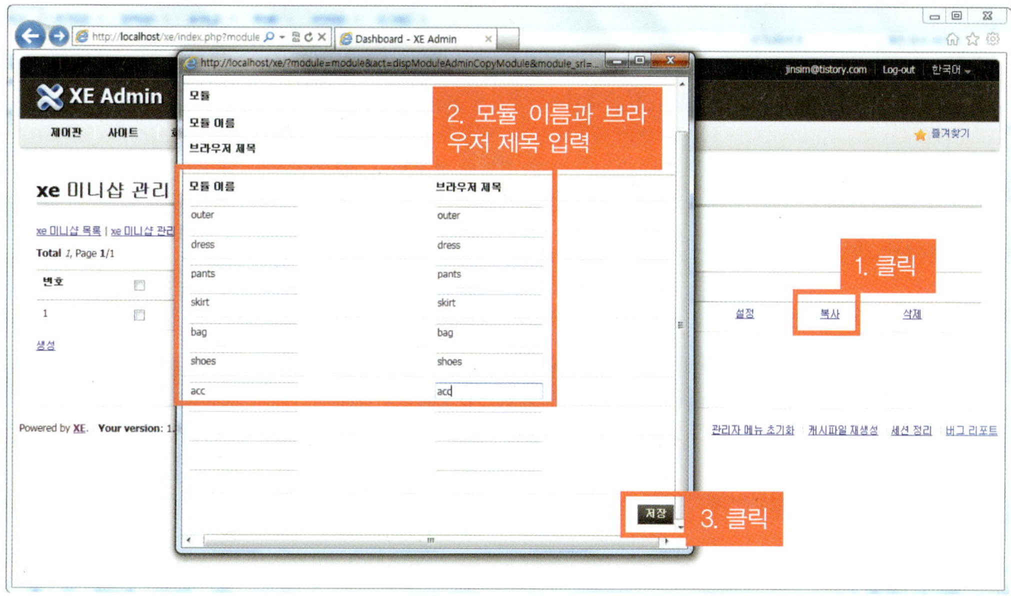

09 관리 페이지에 등록된 것을 확인합니다.

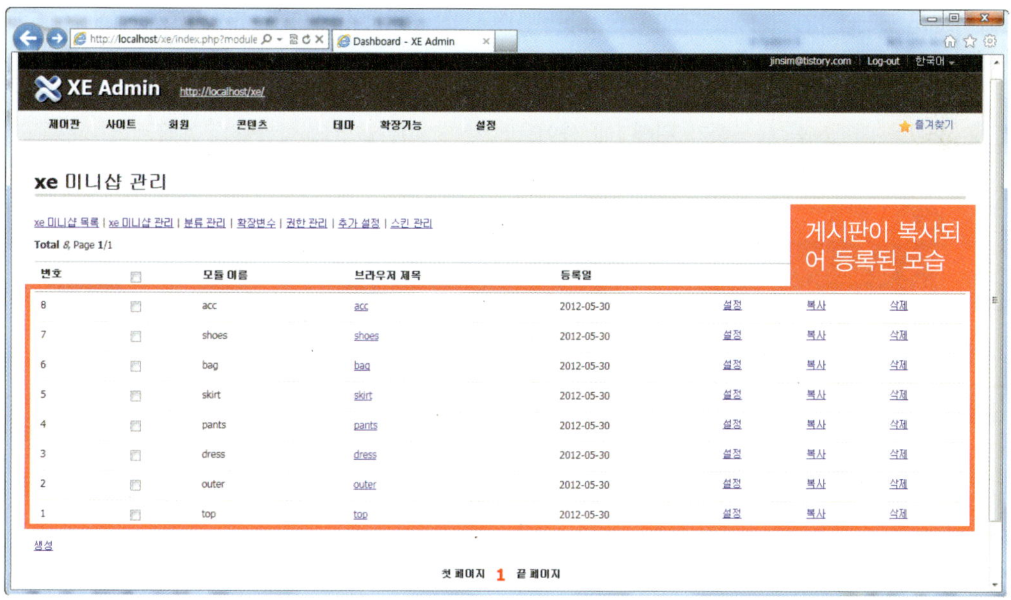

 ## 2. 사이트에서 미니샵 연결하기

미니샵 게시판이 생성된 후에 작업하는 단계입니다. 미니샵은 현재 게시판만 생성되었지 쇼핑몰 홈페이지에 직접 연결되어 있는 상태는 아닙니다. 이번 과정을 통해 미니샵의 게시판과 홈페이지를 연결해 보겠습니다.

O1 관리자 페이지의 사이트 메뉴에서 '사이트맵'을 클릭합니다.

O2 새로운 사이트를 등록하기 위해 [새 사이트맵 추가] 버튼을 클릭합니다.

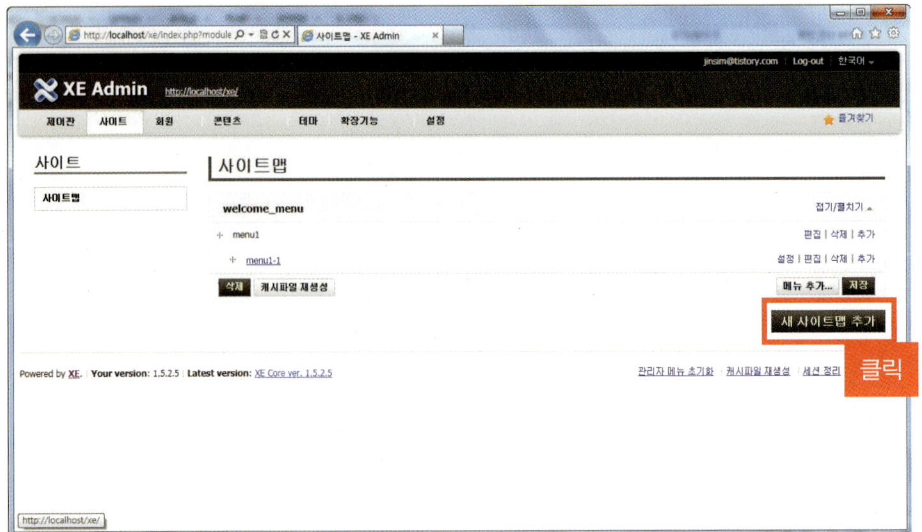

03 상점 이름을 입력하고 [저장]을 클릭해 저장한 후 [메뉴 추가] 버튼을 클릭합니다.

04 메뉴 이름을 입력하고 모듈과 모듈 아이디를 선택한 후, 하단에 있는 [저장] 버튼을 클릭합니다.

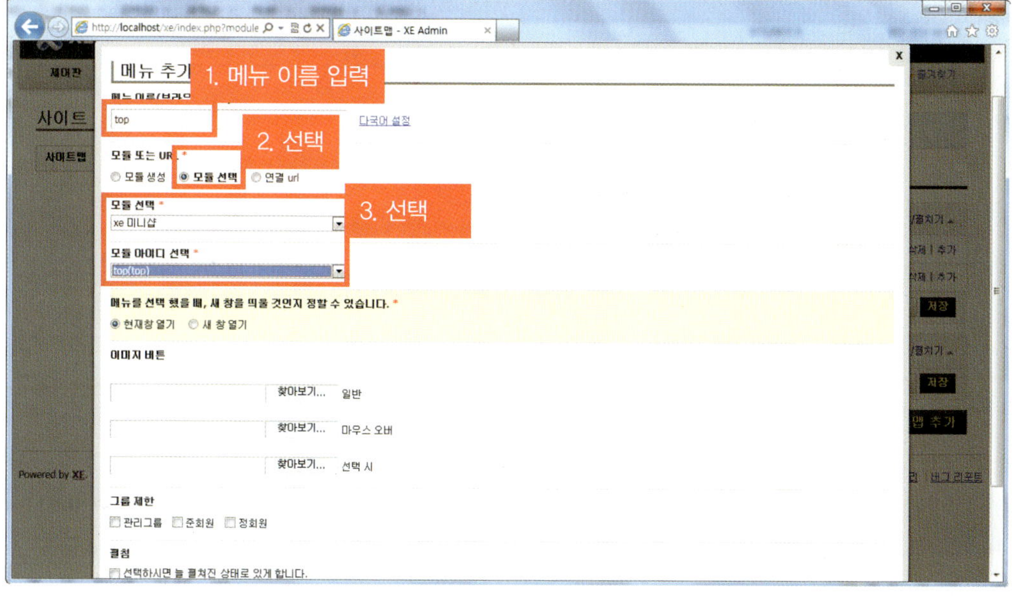

05 메뉴가 추가된 것을 볼 수 있습니다.

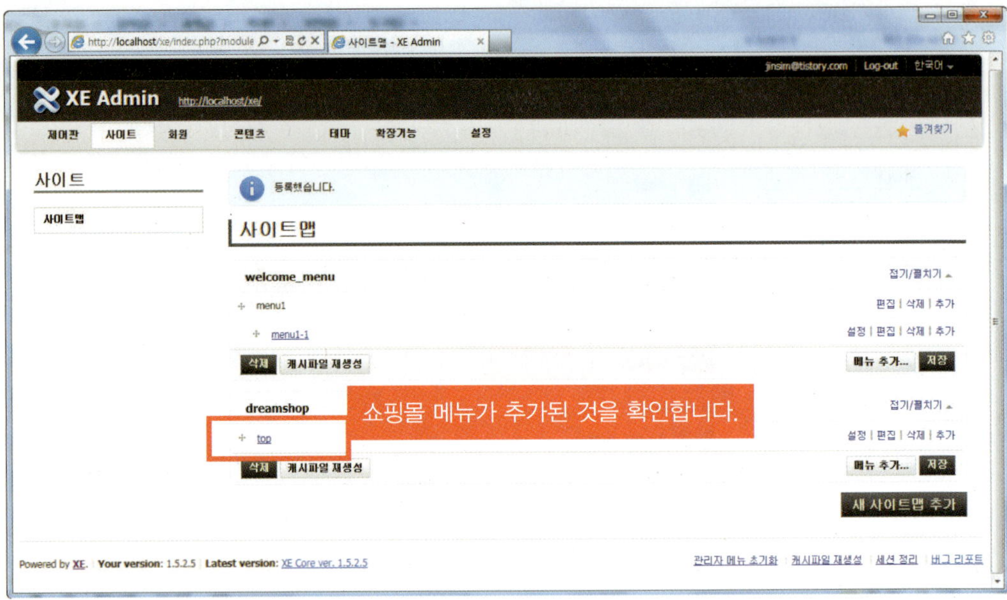

06 같은 방법([메뉴 추가])으로 다른 메뉴도 추가합니다.

 ## 3. 레이아웃에 사이트맵 적용하기

지금까지는 쇼핑몰의 구조만 만든 것입니다. 이제 그 구조에 디자인을 입혀보도록 하겠습니다. XE에서 기본으로 제공해주는 디자인을 적용해 보겠습니다.

O1 관리자 페이지에서 [확장기능] 메뉴의 '설치된 레이아웃'을 클릭합니다.

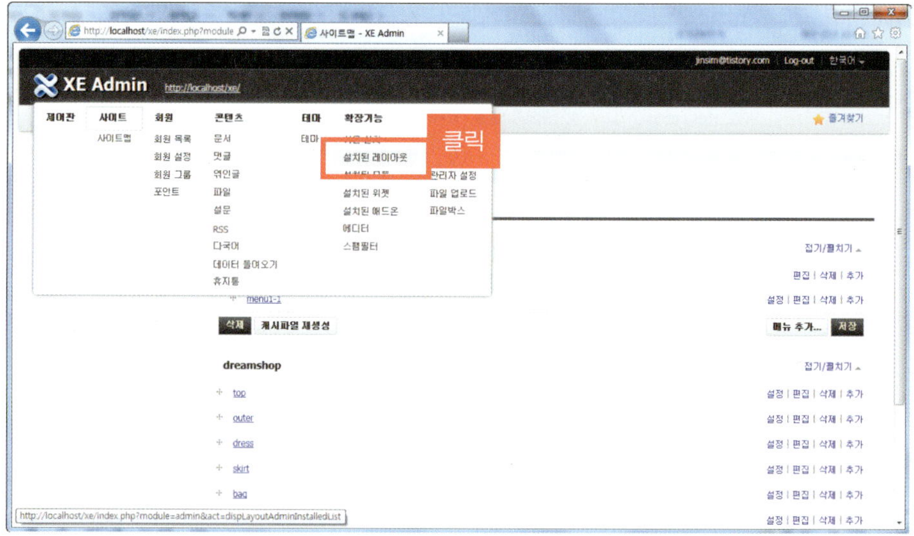

O2 기본으로 제공되는 레이아웃이 있습니다. 그중에 'XE 공식 사이트 레이아웃'을 클릭합니다.

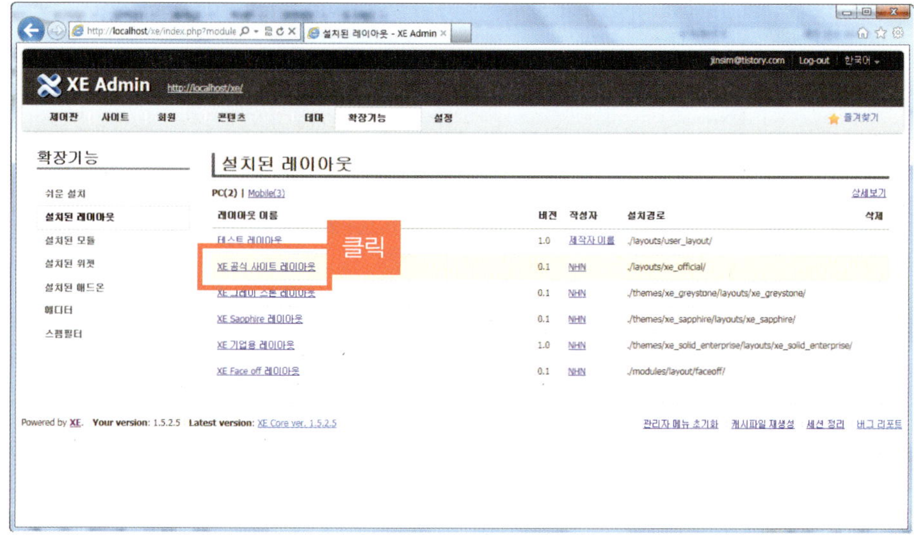

03 레이아웃을 추가하기 위해 추가 버튼을 클릭합니다.

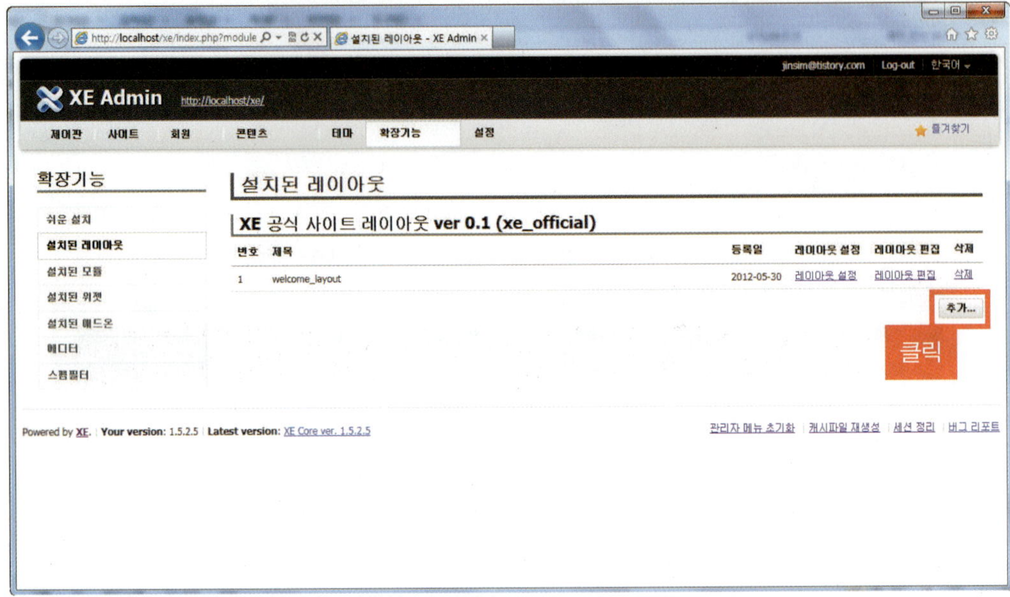

04 레이아웃 제목과 컬러셋을 설정합니다.

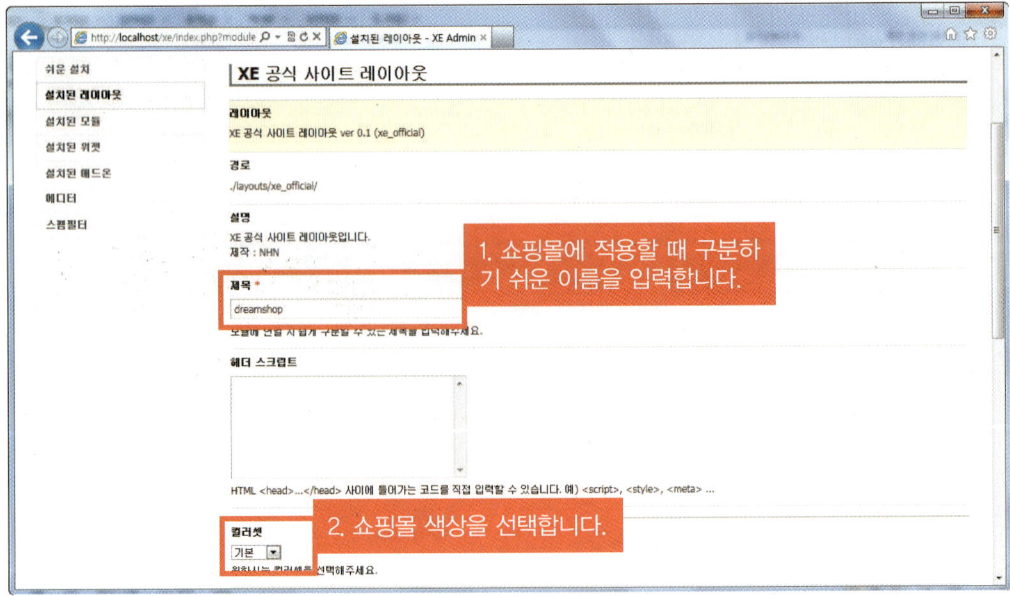

O5 로고와 메뉴를 설정한 후 [추가] 버튼을 클릭합니다.

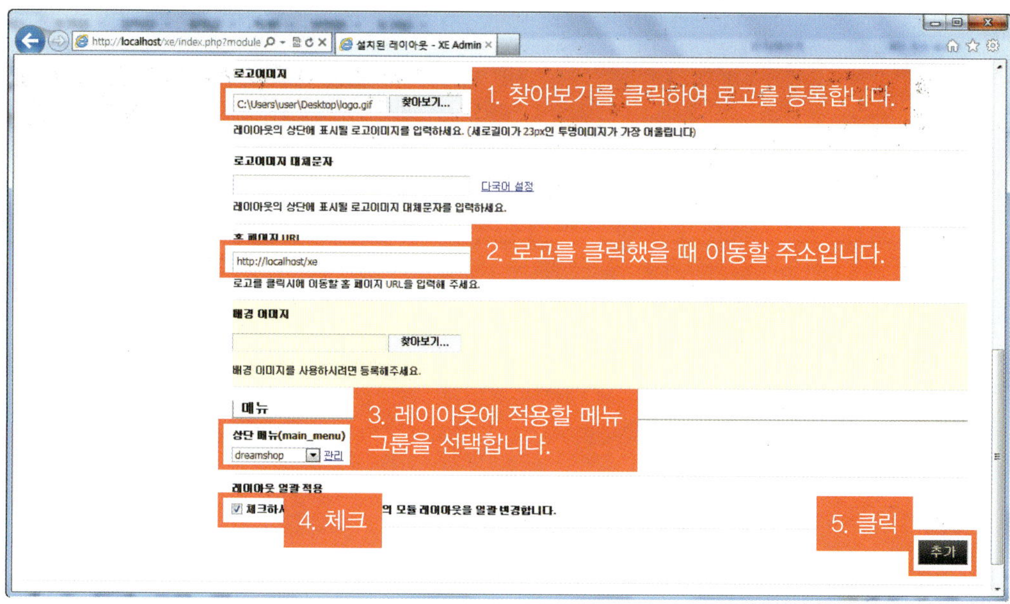

O6 레이아웃이 추가된 것을 확인합니다.

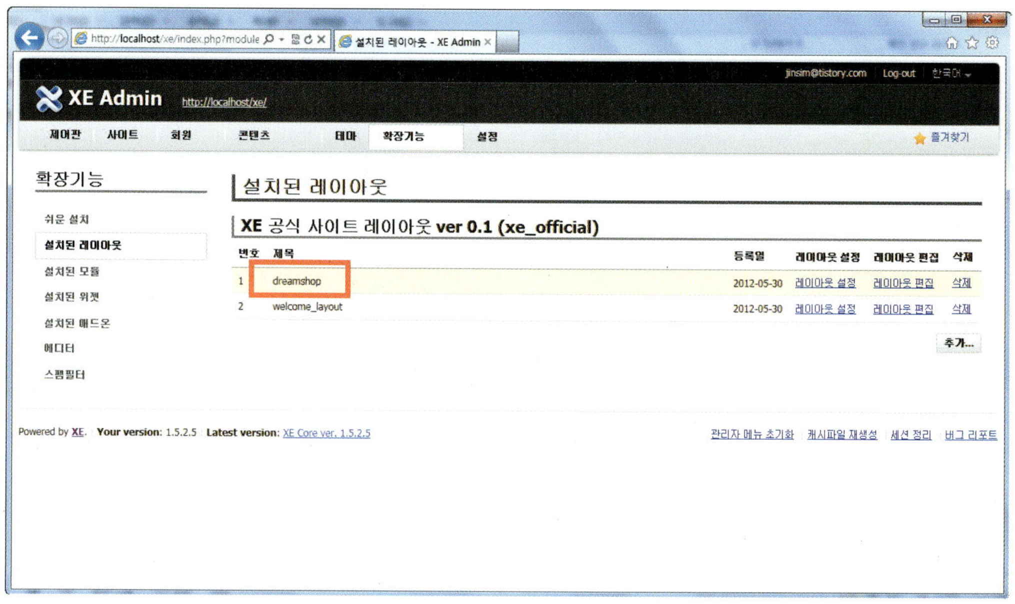

 시작 페이지를 설정하기 위해 [설정] 메뉴의 '일반'을 클릭합니다.

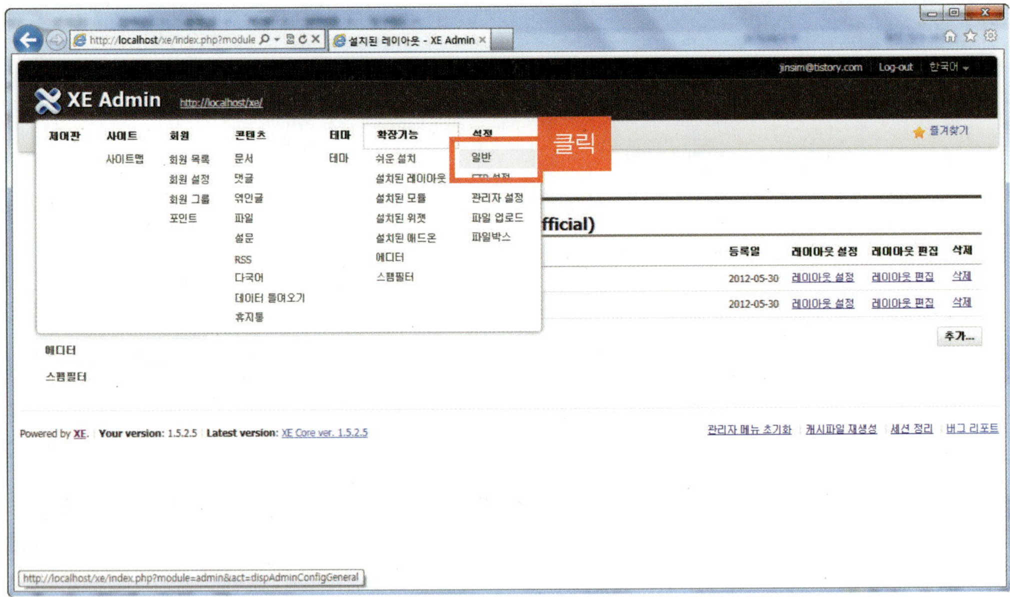

 첫 번째 페이지를 설정하고 페이지 하단에서 [저장] 버튼을 클릭합니다.

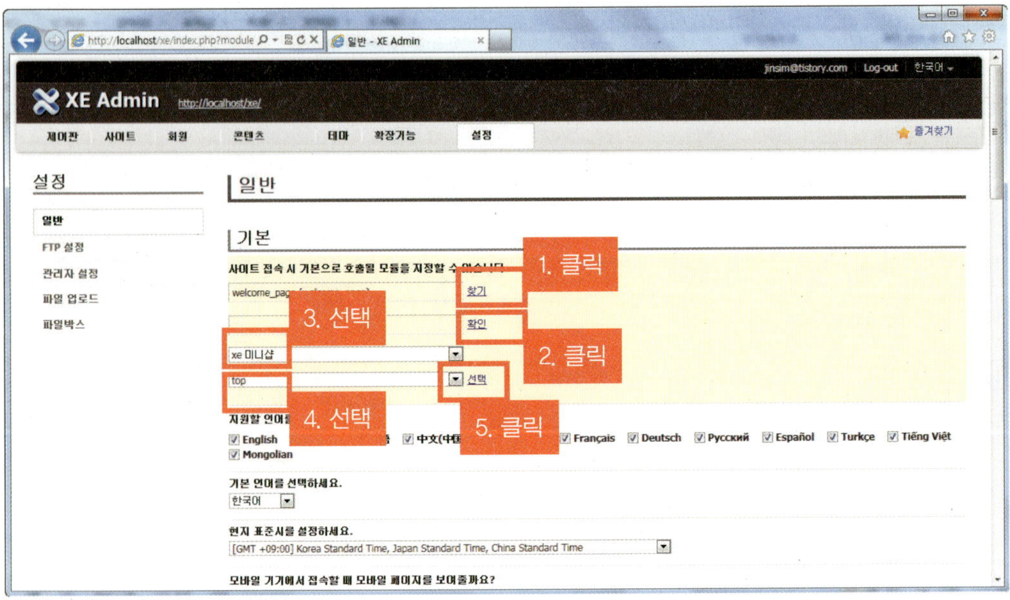

09 쇼핑몰 주소(http://localhost/xe)를 입력하고 접속하면 제작한 쇼핑몰이 뜨는 것을 볼 수 있습니다.

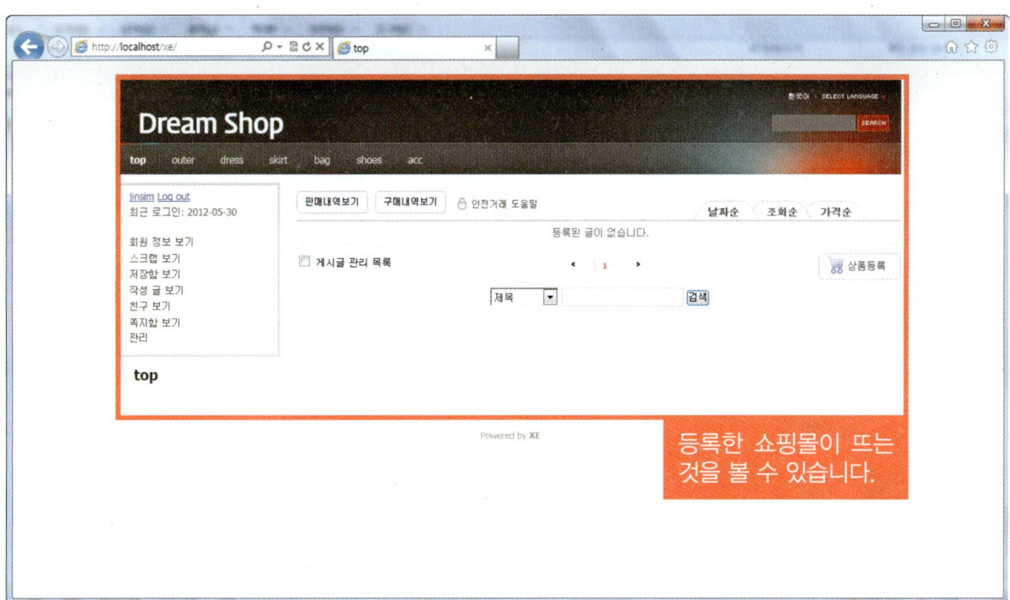

4. 상품 등록하기

현재까지 제작한 메뉴와 레이아웃에 상품을 등록해 보겠습니다. 상품에는 목록 사진과 상품 상세설명 사진을 등록할 수 있습니다.

01 쇼핑몰 화면에서 [상품등록] 버튼을 클릭합니다.

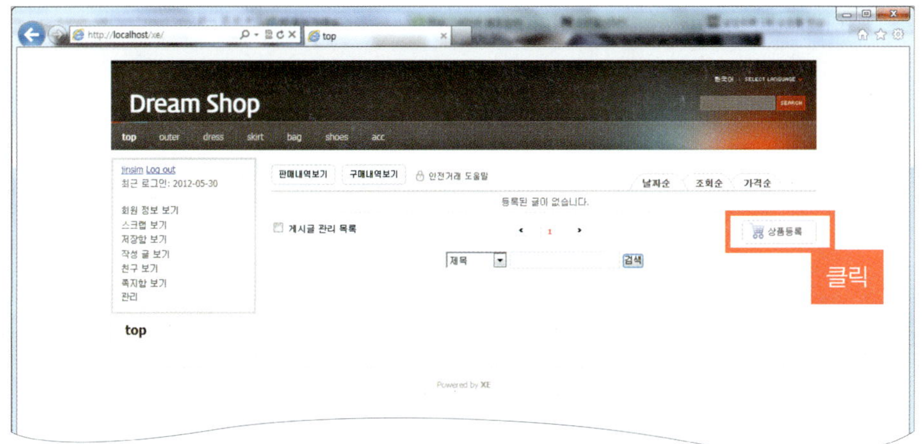

02 상품등록 페이지로 이동하면 상품등록 기본 정보를 입력하는 화면이 나옵니다. 물품 기본 정보를 입력합니다. 그리고 하단의 '판매자 이메일' 항목을 통해 안전거래 인증을 받도록 합니다.

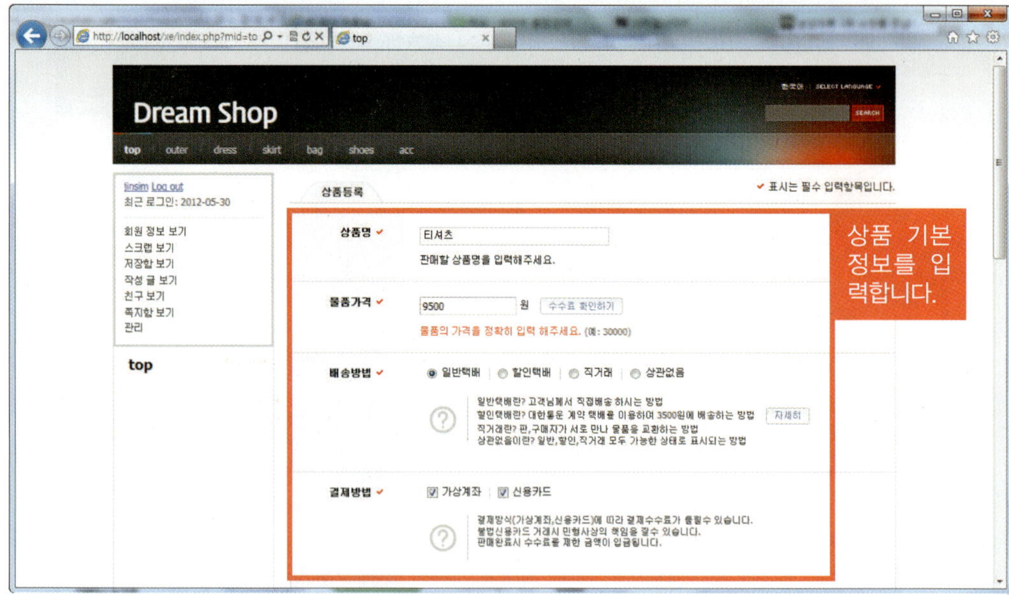

03 페이지의 하단으로 내려와 '파일 첨부'를 클릭하여 상품 이미지를 첨부한 후 '본문 삽입'을 클릭합니다. 그리고 [물품 등록하기]를 클릭합니다.

(첫 번째 등록한 사진은 상품 목록으로 나오고 두 번째 사진은 상품 설명에 나타납니다.)

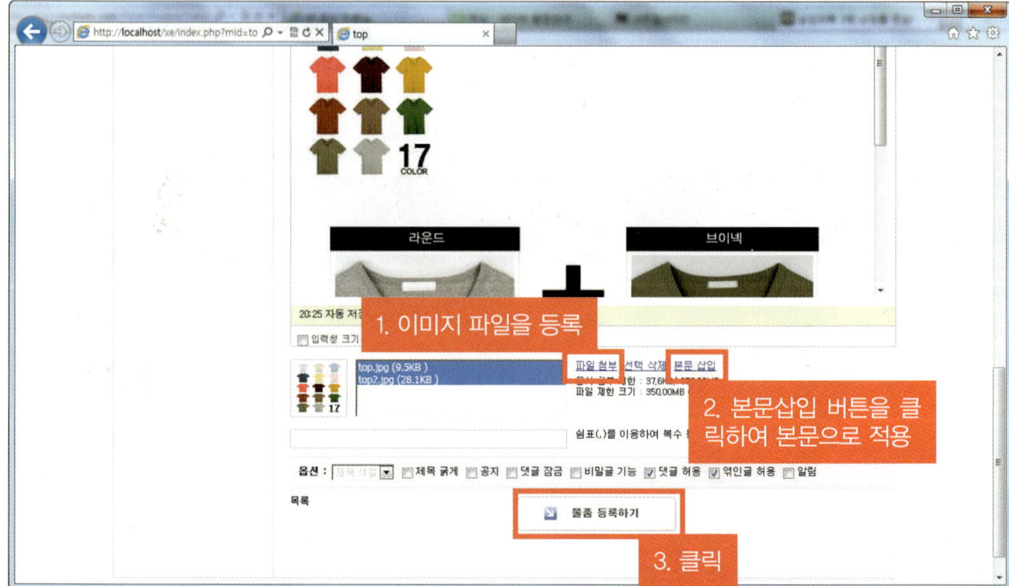

04 상품이 등록된 것을 볼 수 있습니다.

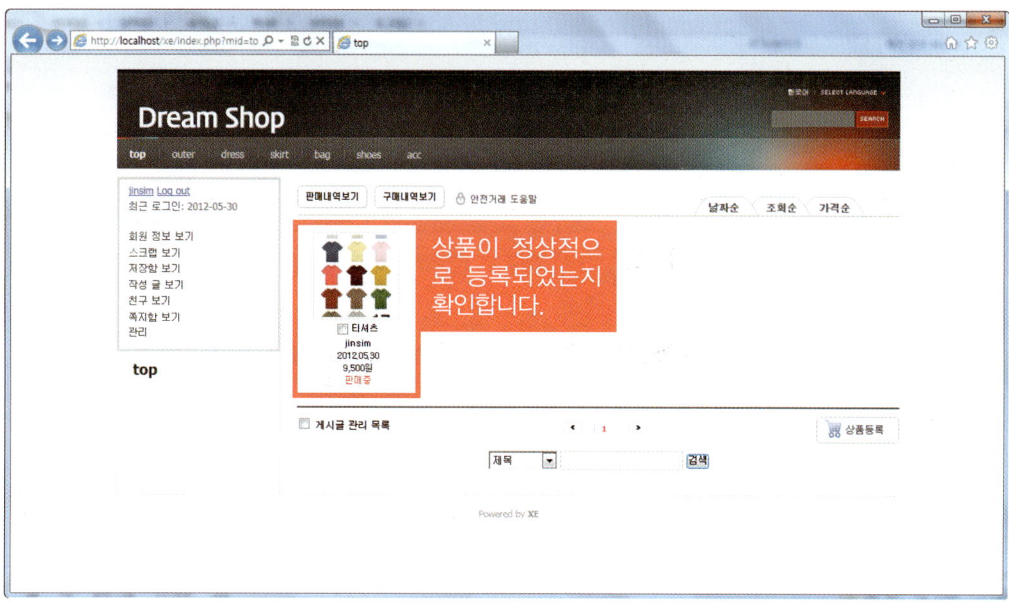

05 등록한 상품을 클릭하여 상품 정보 및 상품 상세 이미지가 뜨는지 확인합니다.

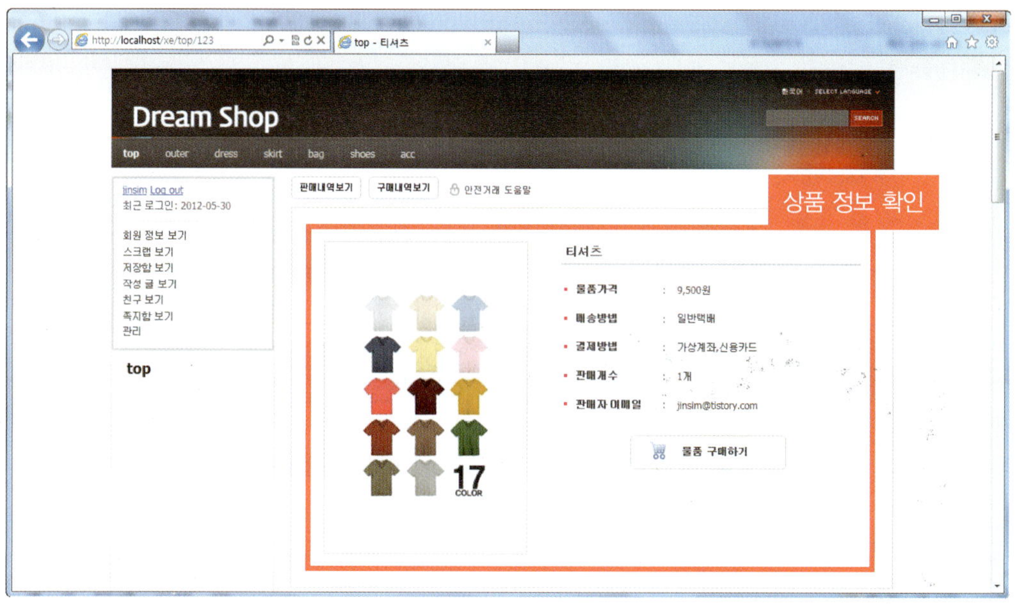

06 상품 소개 페이지를 확인합니다.

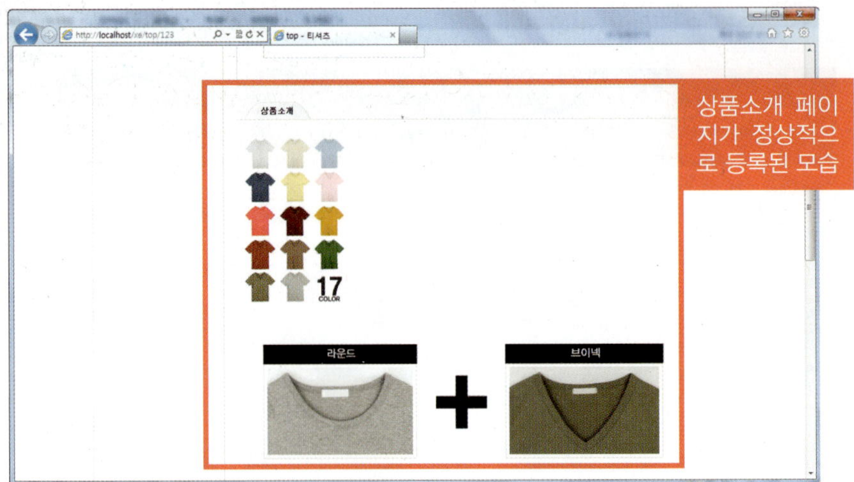

 5. 쇼핑몰 레이아웃 변경하기

앞에서는 XE에서 기본적으로 제공하는 레이아웃을 선택하여 쇼핑몰에 적용해 보았습니다. 이번에는 다른 레이아웃을 다운받아 적용해 보겠습니다.

01 XE 홈페이지(www.xpressengine.com)의 [다운로드] 메뉴를 클릭하고 좌측에서 '레이아웃 스킨'을 선택합니다. 그리고 Crom iXE 레이아웃을 검색하여 해당 레이아웃의 다운로드 버튼을 클릭하여 저장합니다.

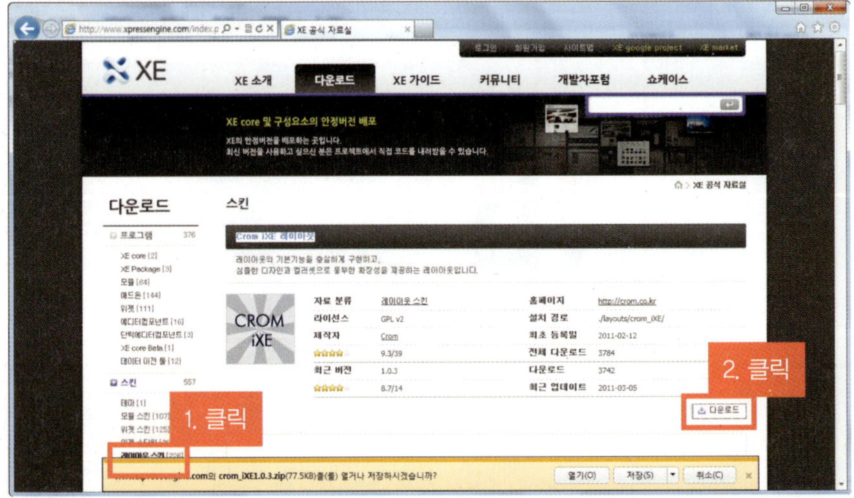

O2 저장한 파일의 압축을 풀어서 해당 폴더를 복사합니다.

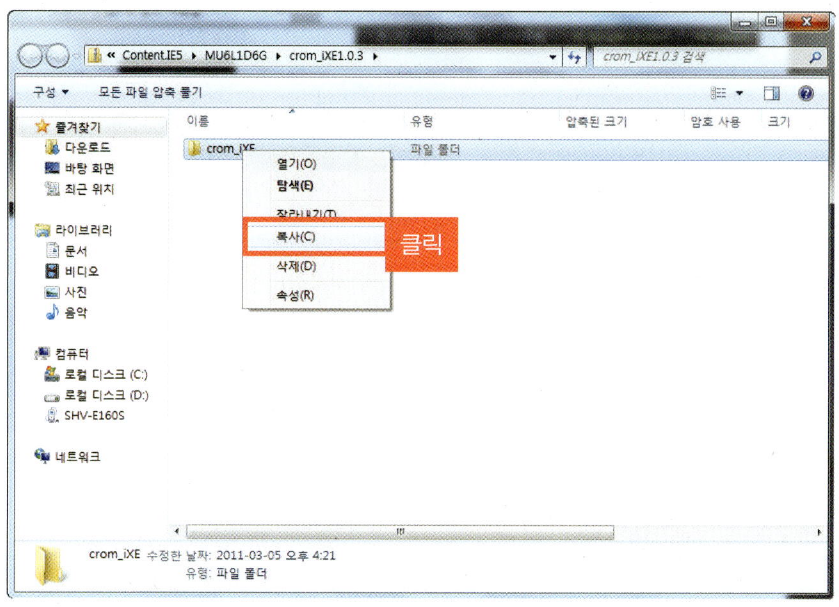

O3 레이아웃 폴더에 붙여넣기 합니다.

설치 경로 C:\APM_Setup\htdocs\xe\layouts

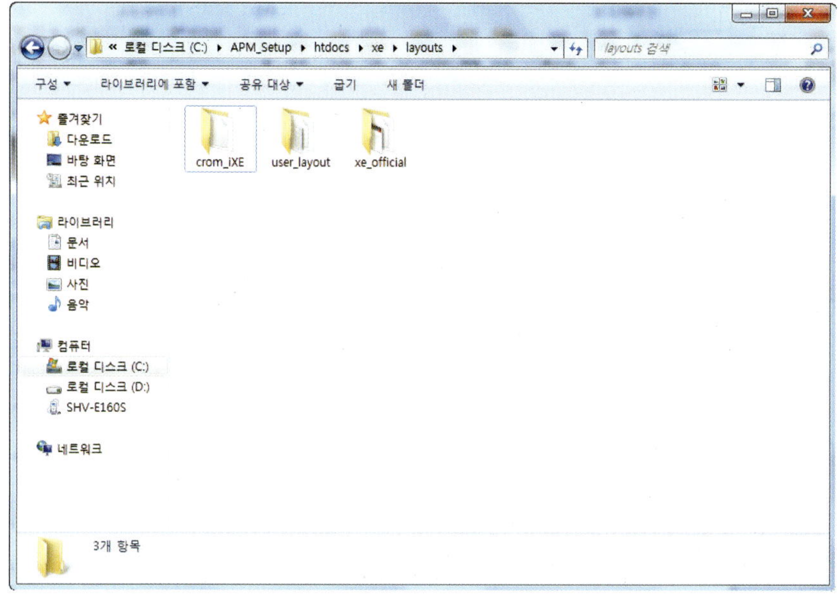

O4 관리자 페이지(localhost/xe/admin)로 이동하여 [확장기능] 메뉴의 '설치된 레이아웃'을 클릭합니다.

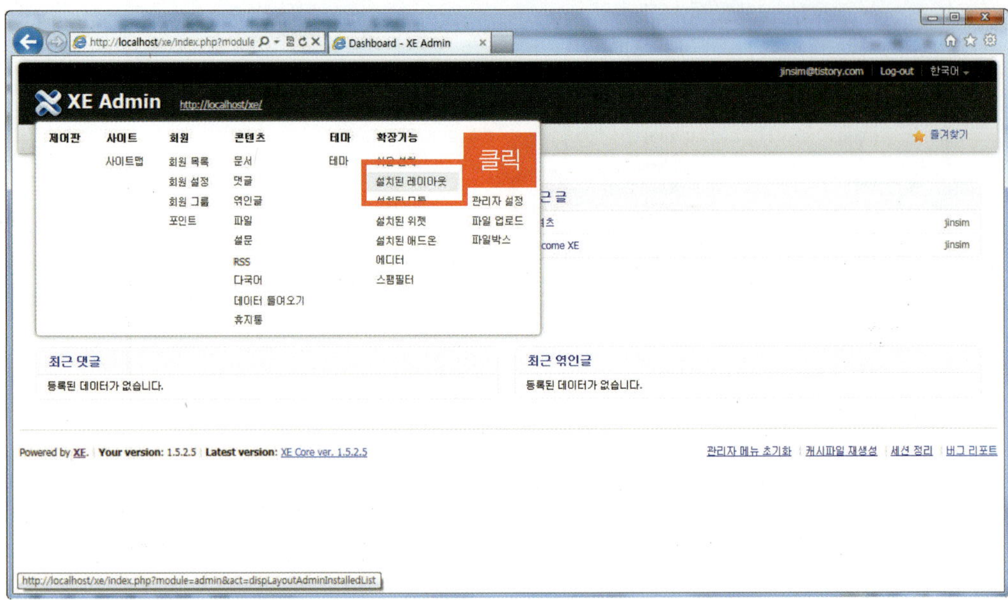

O5 'CROM iXE Layout'을 클릭합니다.

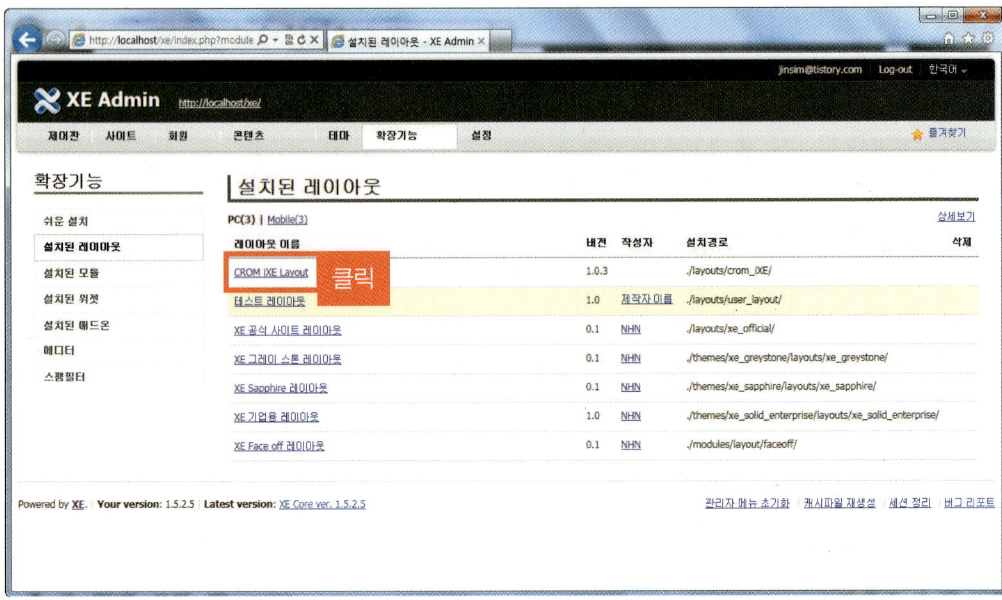

O6 레이아웃을 생성하기 위해 추가 버튼을 클릭합니다.

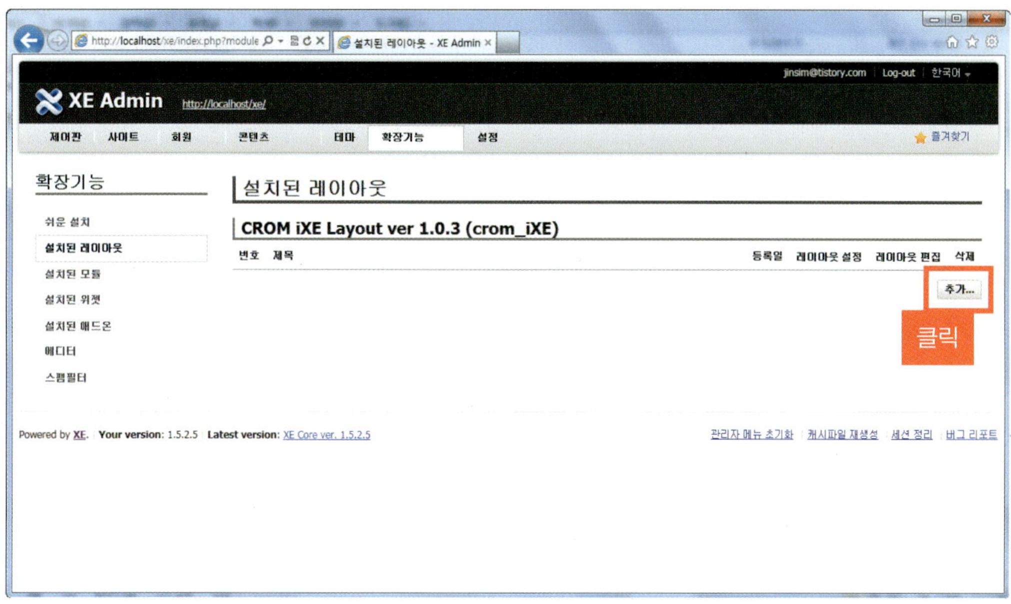

O7 앞에서 설정했던 것처럼 사이트 기본 정보를 입력합니다.

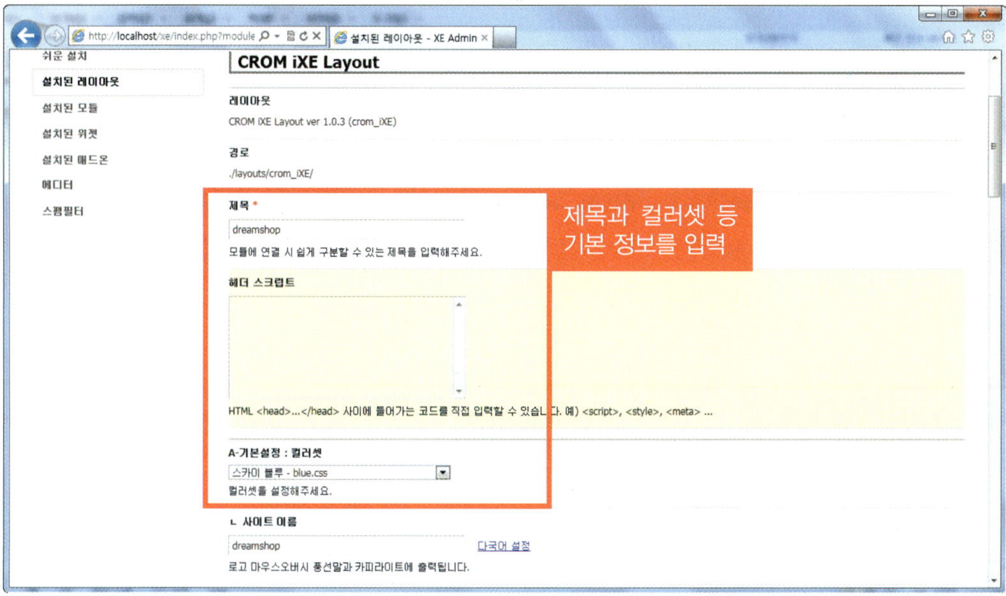

08 메뉴 항목에서 현재 스킨을 적용할 메뉴를 선택한 후에 [추가] 버튼을 클릭합니다.

09 쇼핑몰 주소를 입력하고 확인해보면 디자인이 변경된 것을 볼 수 있습니다.

쇼핑몰 데이터 관리 기법 익히기

1. 데이터 이전 툴 다운로드 및 설치

개발한 쇼핑몰이나 홈페이지를 업데이트하려고 하거나 사이트를 이전하려고 할 때 현재의 게시판 글, 댓글, 회원 등 많은 데이터가 걱정일 것입니다. 여기에서 설명하고 있는 데이터 이전 툴을 사용하면 데이터를 이전하는 방법을 알 게 됩니다.

❶ 다운로드 페이지에서 좌측의 '데이터 이전 툴'을 클릭하여 선택하고 그림과 같은 데이터 추출 프로그램을 클릭합니다.

❷ [다운로드]를 클릭하여 저장합니다.

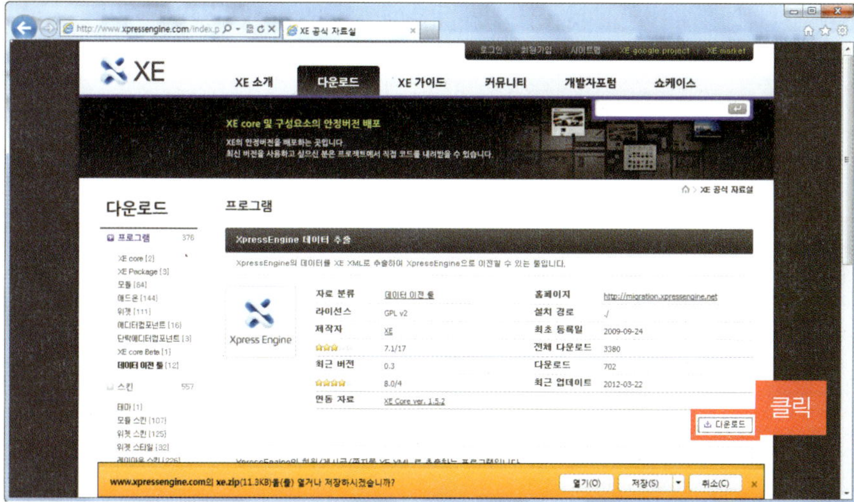

❸ 압축 파일을 해제하고 전체를 선택하여 복사합니다.

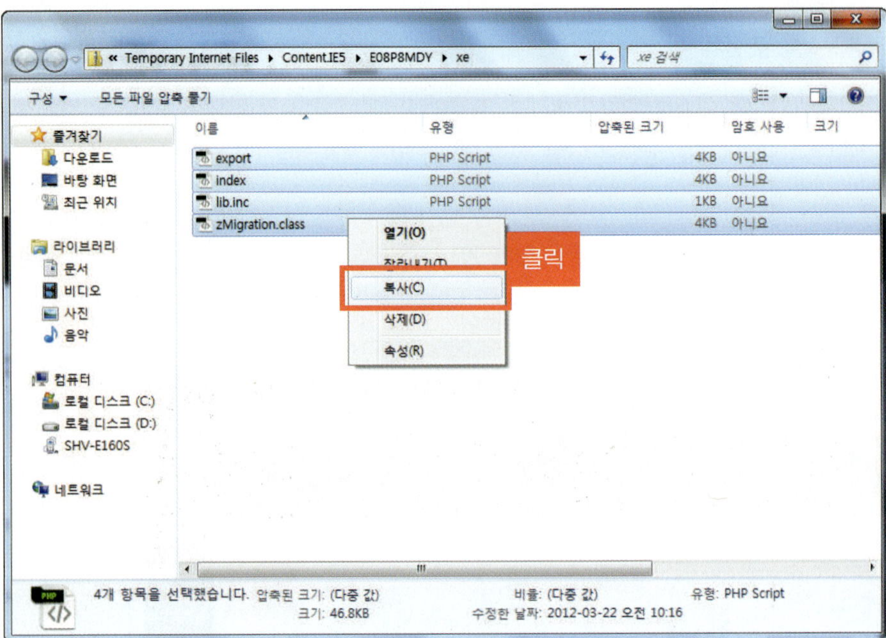

❹ backup 폴더를 생성한 후에 붙여넣기 합니다. *설치 경로 : APM_Setup\htdocs\backup

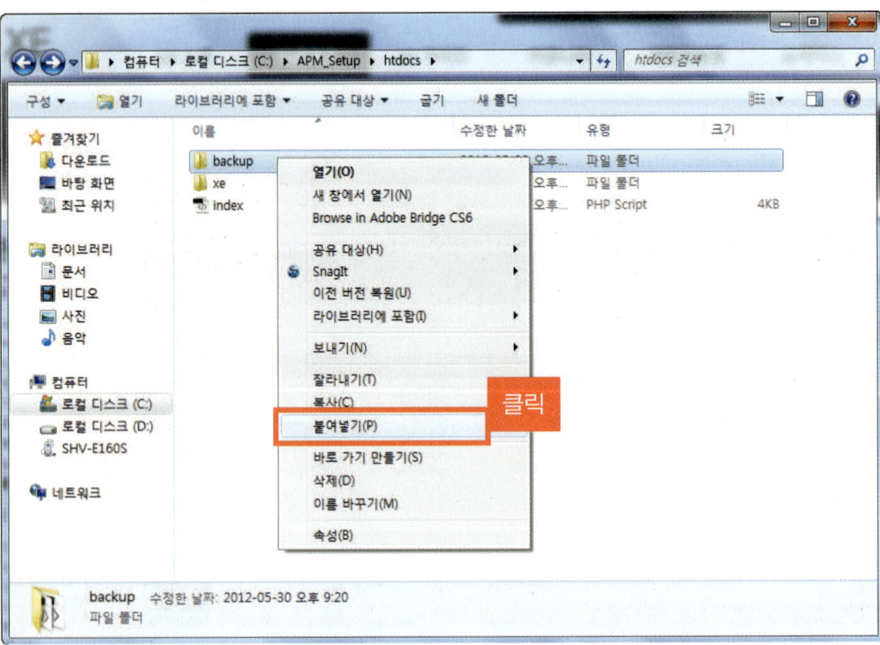

2. 데이터 내보내기

데이터 내보내기는 현재 사이트에 저장되어 있는 데이터를 내보내는 과정입니다. 어떤 데이터를 내보낼 것인지를 결정하고 저장하는 과정입니다.

❶ http://localhost/backup에 접속합니다.

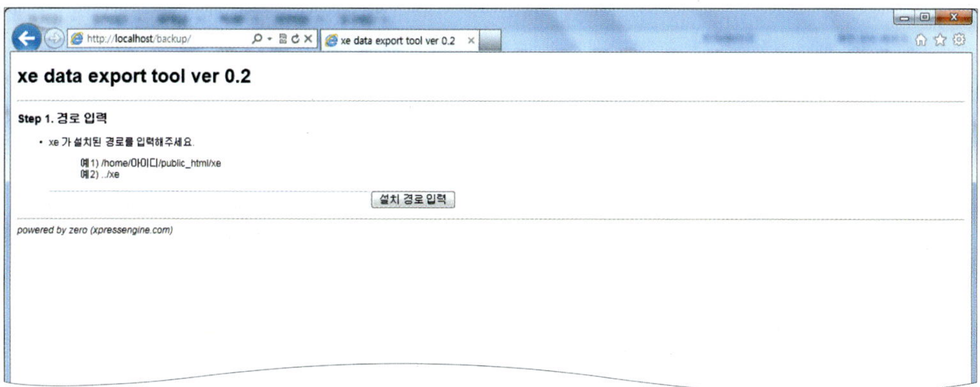

❷ 설치 경로를 그림과 같이 입력하고 [설치 경로 입력] 버튼을 클릭합니다. 그리고 회원정보를 선택한 후 [추출 대상 선택] 버튼을 클릭합니다.

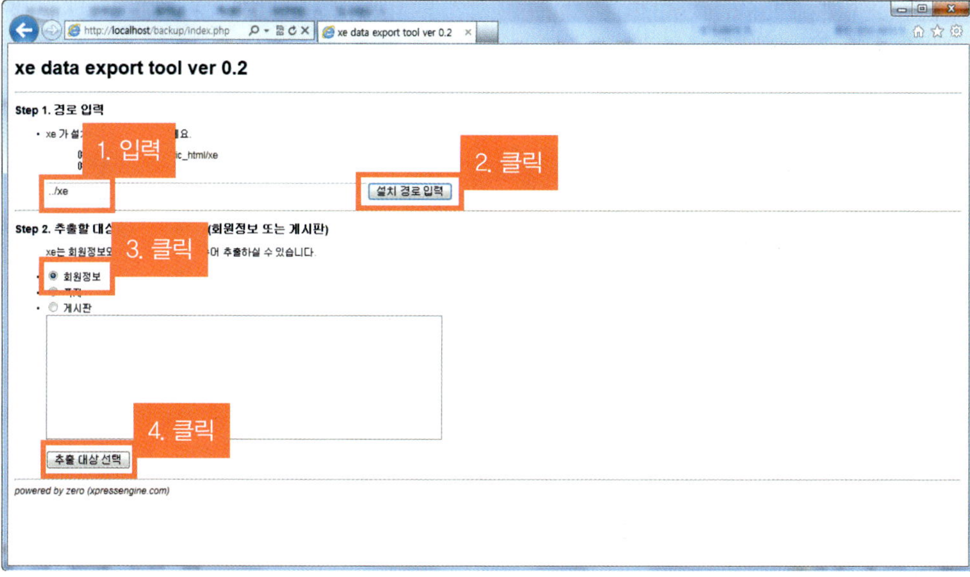

Note

❸ 추출된 데이터를 클릭하여 저장합니다.

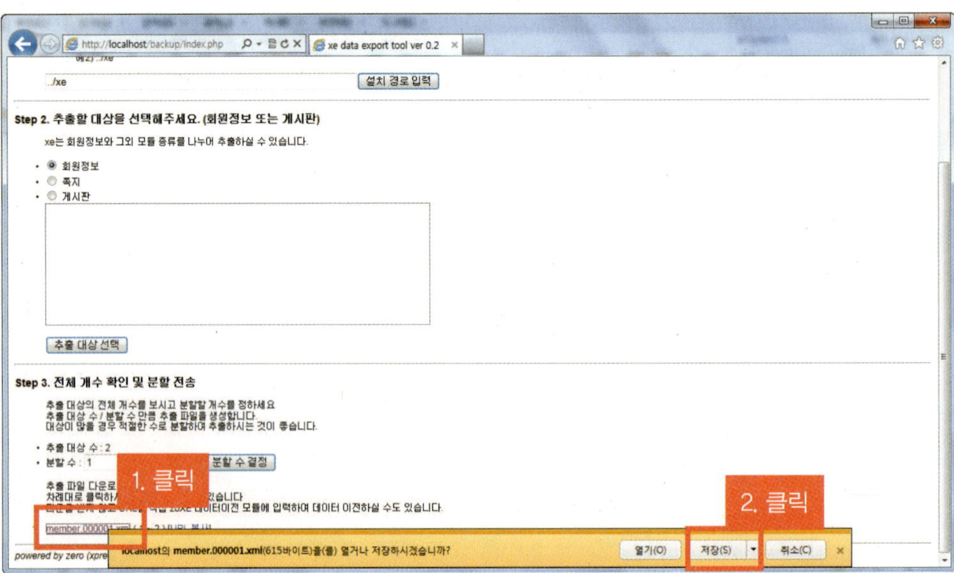

❹ 추출한 데이터를 서버에 업로드 합니다.

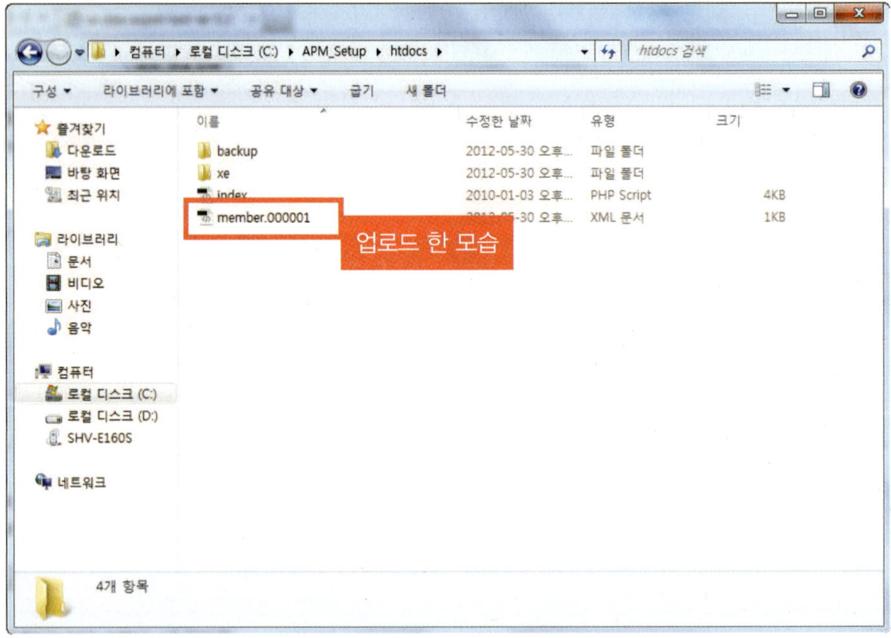

❺ 관리자 페이지에서 설치된 모듈로 접속합니다.

❻ '데이터 이전' 항목을 클릭합니다.

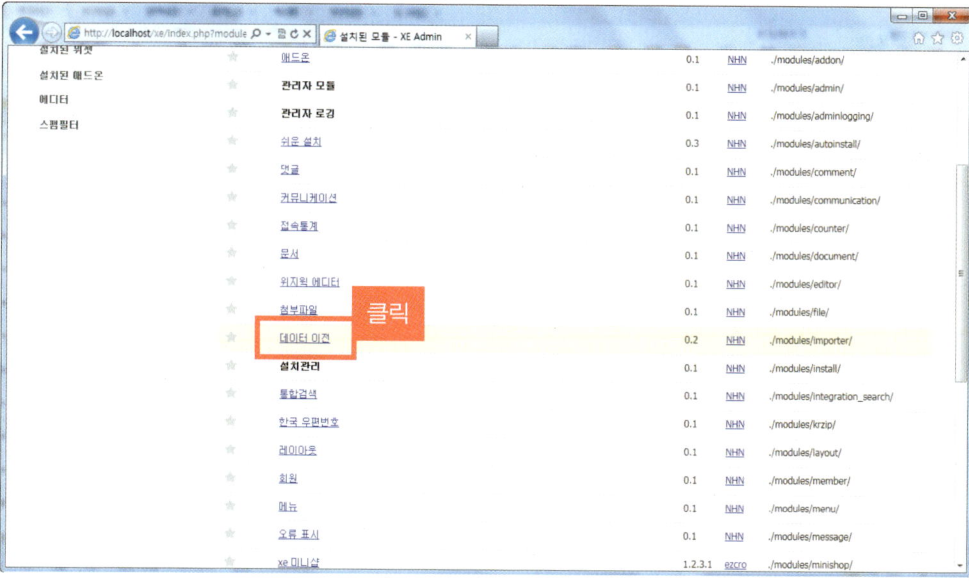

❼ 파일 경로를 입력하고 [경로 확인] 버튼을 클릭합니다. 그리고 [데이터 들여오기] 버튼을 클릭합니다.

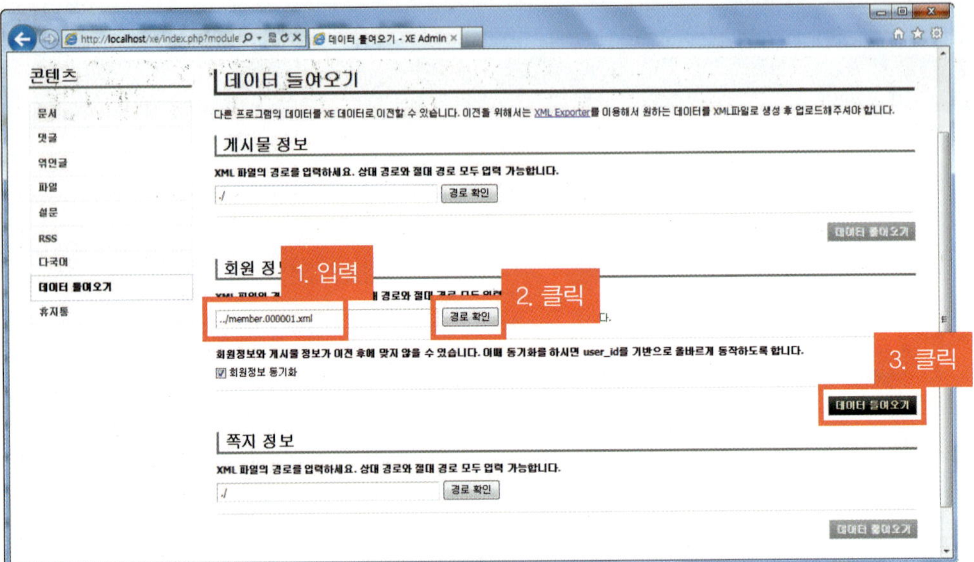

❽ 데이터 입력 완료 메시지를 확인합니다.

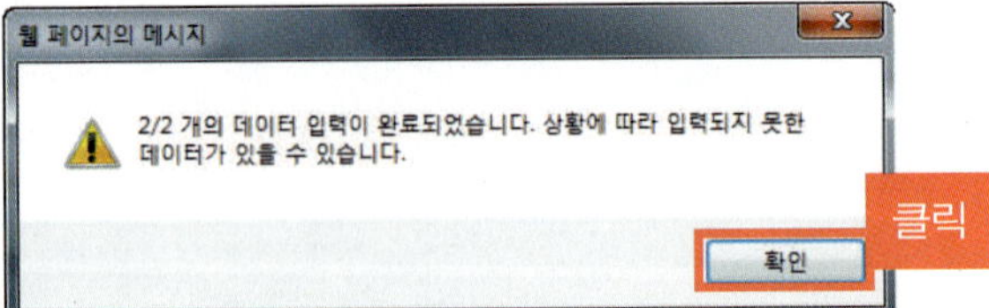

❾ XE 관리자 페이지의 [회원]-[회원 목록]을 클릭하여 회원 목록을 확인합니다.

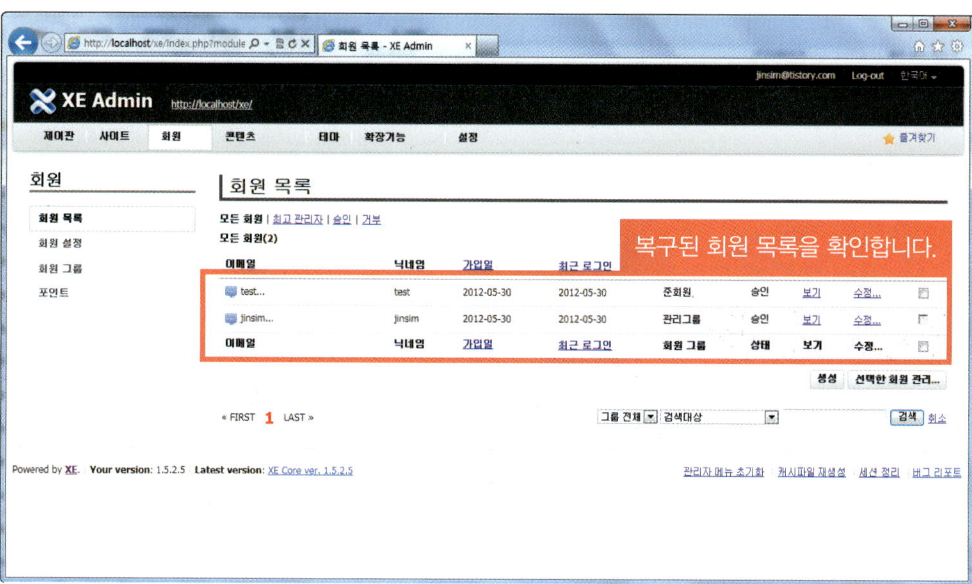

PART
05
Online ★

쇼핑몰에서 필요한 디자인 프로그램으로는 사진을 편집하는 포토샵, 동적인 애니메이션을 구현하는 플래시, 동영상을 편집하는 프리미어가 있습니다. 전문적으로는 사용하지 못하더라도 기본적인 기능을 다룰 줄 알면 쇼핑몰 운영 중에 필요한 간단한 부분들은 다른 사람의 도움 없이 해결할 수 있을 것입니다.

Chapter 01

포토샵
(Photoshop)

쇼핑몰을 운영하다 보면 상품 사진 자르기, 크기 조절, 색상 보정 등 포토샵 중에 기본적인 기능을 반복하여 사용하게 됩니다. 포토샵의 많은 기능 중에 쇼핑몰 운영자가 꼭 알아야 하는 기본 내용을 살펴보겠습니다.

 **1. 포토샵 화면 구성**

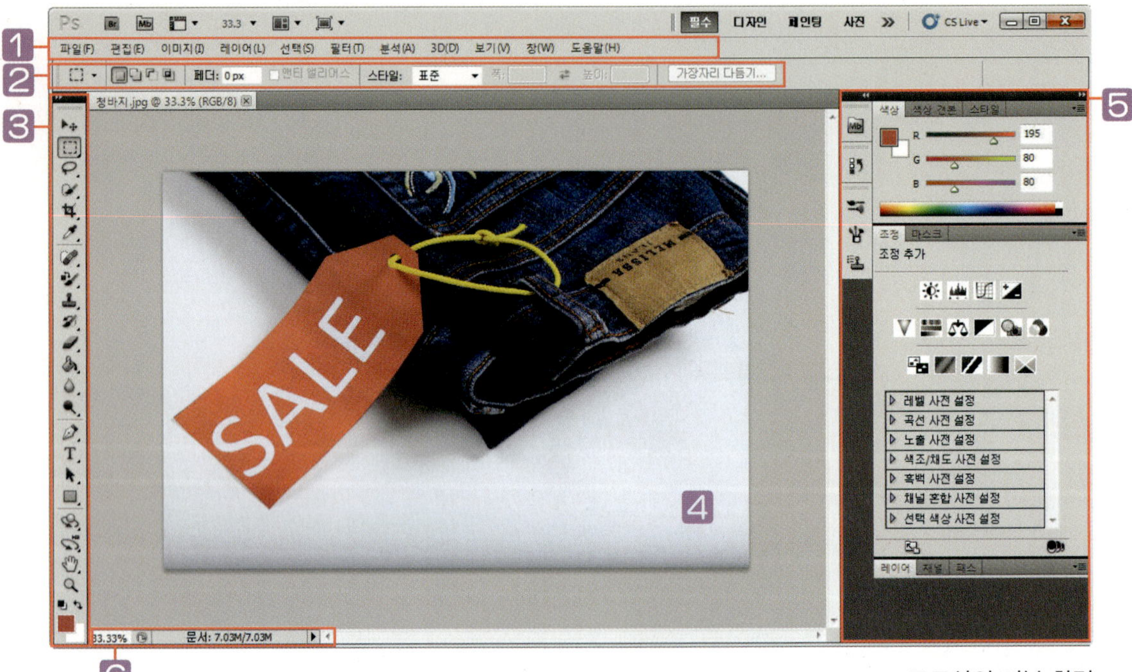

포토샵의 기본 화면

1 메뉴 표시줄 : 포토샵에서 작업을 수행하기 위해 필요한 모든 메뉴를 담고 있습니다. 각 메뉴를 클릭하면 그에 해당하는 다양한 기능이 제공됩니다.

2 옵션 바 : 도구모음에서 도구를 클릭하면 그에 해당하는 세부 옵션이 나옵니다. 따라서 옵션 바의 구성은 선택하는 도구에 따라 달라집니다. 옵션 바에서 해당하는 각각의 옵션을 설정하여 작업을 진행하게 됩니다.

❸ **도구모음** : 포토샵 공부를 할 때 가장 중요한 부분입니다. 도구모음의 도구들은 작업을 하기 위한 연장에 해당되며, 도구를 클릭할 때마다 달라지는 옵션 바를 능숙하게 다룰 줄 알아야 합니다.

❹ **작업 창** : 포토샵에서 불러온 이미지가 나타나는 곳입니다. 이미지 보정, 합성, 편집을 진행할 수 있습니다.

❺ **팔레트** : 포토샵에서 제공하는 다양한 기능들을 아이콘 형태로 사용하기 쉽게 만들어 놓은 곳입니다. 팔레트에는 다시 다양한 옵션을 볼 수 있는 목록 단추가 제공됩니다.

❻ **상태 표시줄** : 현재 진행되고 있는 파일의 화면 보기 비율, 크기 등 기본 정보들이 표시됩니다.

2. 포토샵 기본 사용법

O1 포토샵에서 작업을 할 때는 새로운 작업 창을 만들어 놓고 작업을 하게 됩니다. 그림을 그릴 때 스케치북을 꺼내 놓고 작업하는 것과 같은 방식입니다. 포토샵 화면에서 [파일]-[새로 만들기] 메뉴를 클릭합니다.

O2 [새로 만들기] 대화상자에서 폭과 높이를 입력하고 [확인] 버튼을 클릭합니다.

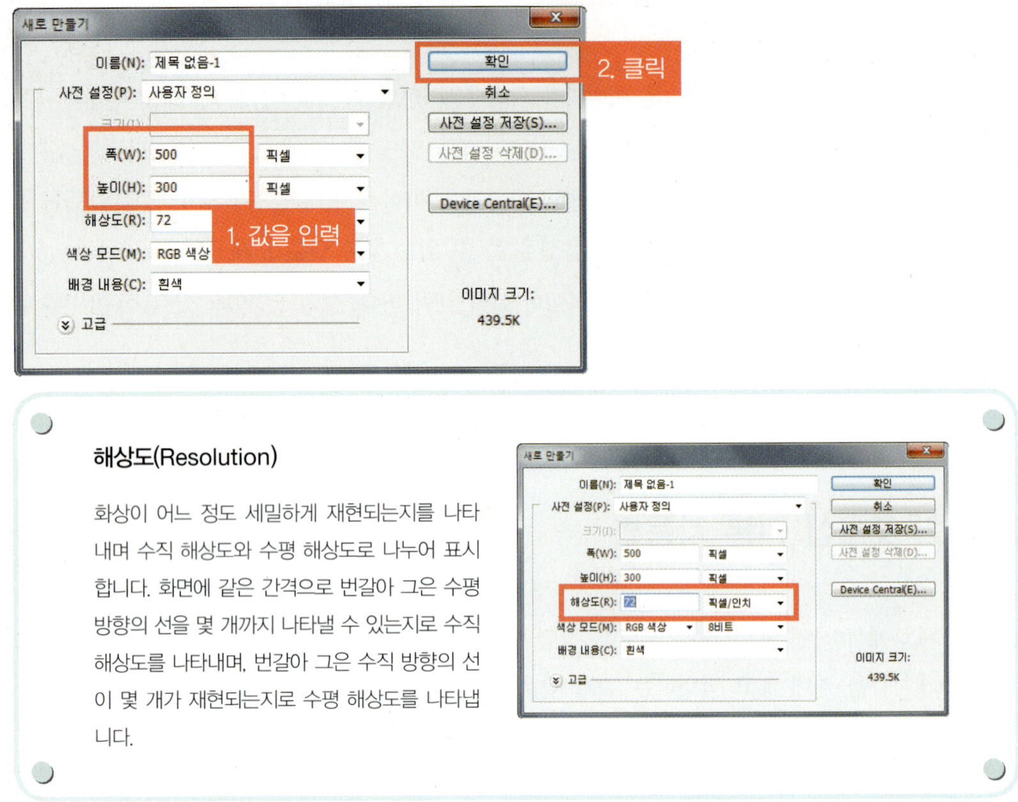

해상도(Resolution)

화상이 어느 정도 세밀하게 재현되는지를 나타
내며 수직 해상도와 수평 해상도로 나누어 표시
합니다. 화면에 같은 간격으로 번갈아 그은 수평
방향의 선을 몇 개까지 나타낼 수 있는지로 수직
해상도를 나타내며, 번갈아 그은 수직 방향의 선
이 몇 개가 재현되는지로 수평 해상도를 나타냅
니다.

O3 포토샵 작업을 할 수 있는 새로운 작업창이 나오는 것을 볼 수 있습니다.

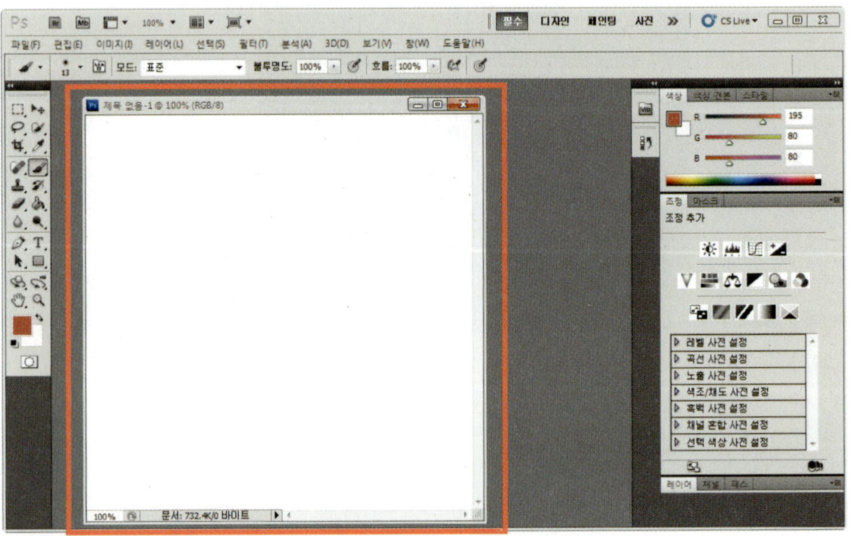

04 도구모음에서 를 누르고 있으면 원형 선택 윤곽 도구 등 보이지 않았던 도구가 나타나는 것을 볼 수 있습니다. 다른 툴도 마찬가지로 툴 확장 표시( )가 있는 툴은 다른 도구가 같이 있으므로 클릭하여 사용해 봅니다.

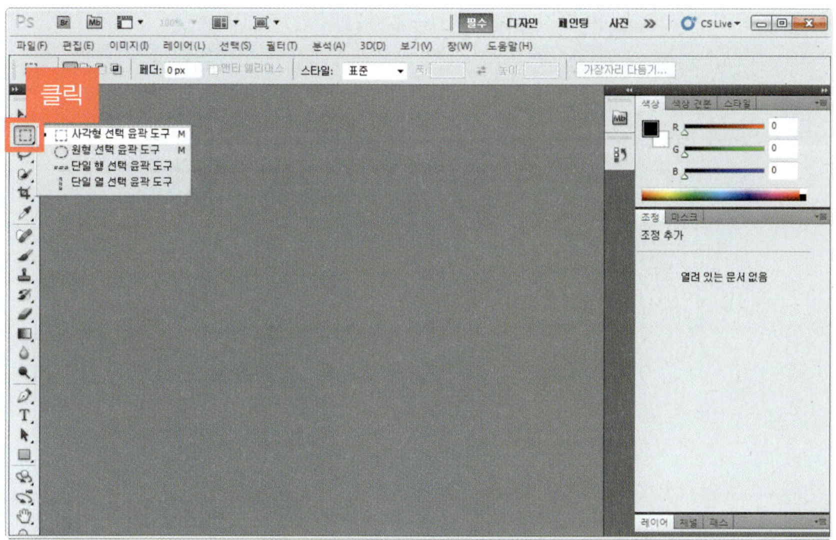

★ Tab 키는 모든 팔레트 및 도구모음을 한꺼번에 숨기거나 표시합니다.

05 도구모음의 열 조절 단추 를 클릭하면 그림과 같이 2줄로 표시됩니다.

06 이번에는 도구모음의 임의의 도구를 클릭해 봅니다. 그러면 그에 해당하는 세부 옵션이 상단에 활
성화됨을 알 수 있습니다.

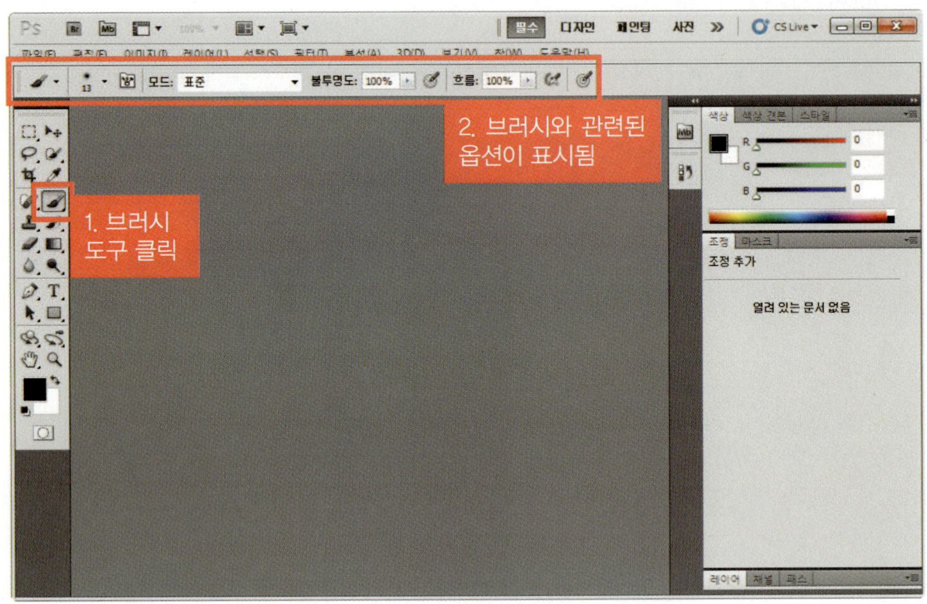

07 오른쪽에 있는 색상 팔레트를 드래그해 봅니다.

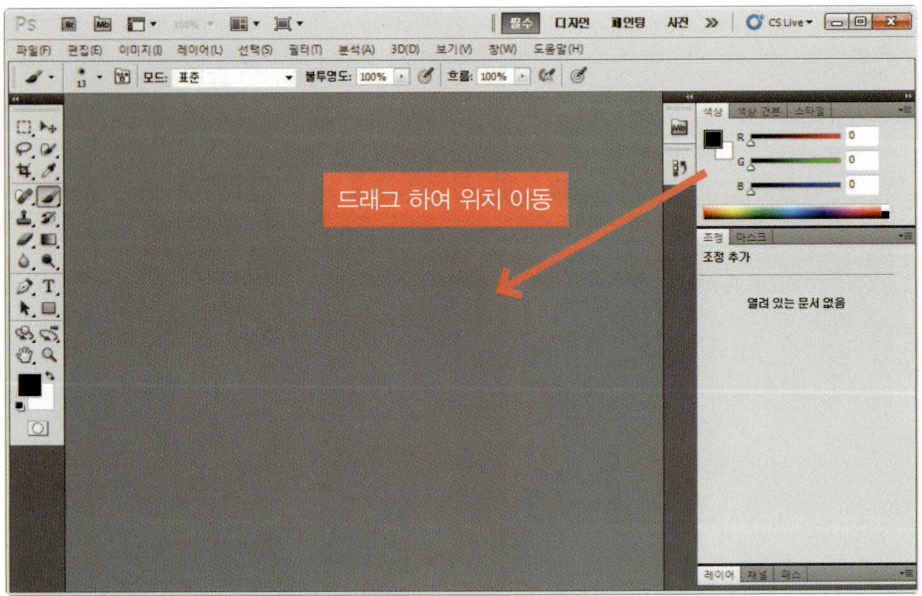

08 팔레트가 원래의 위치에서 분리되어 나오는 것을 볼 수 있습니다.

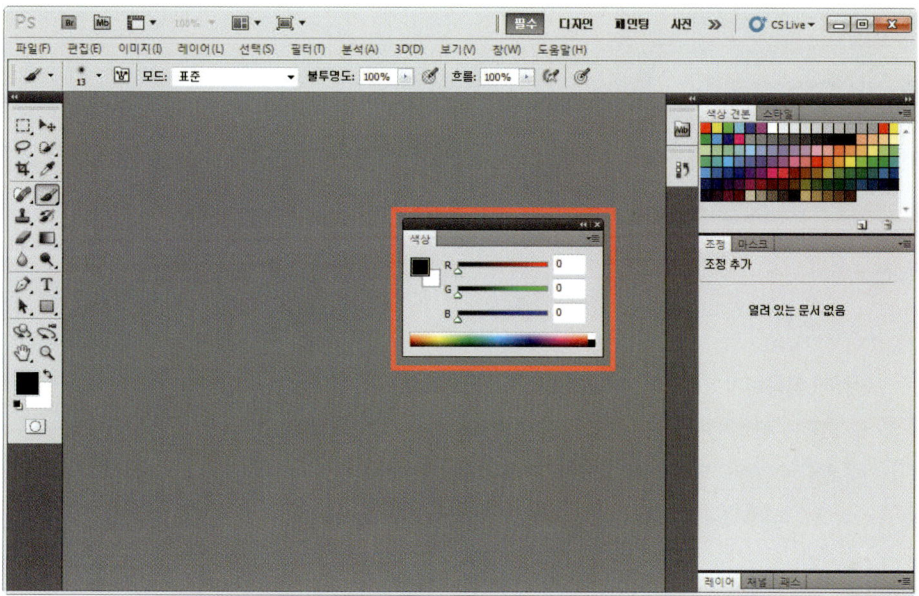

09 팔레트의 옵션 메뉴를 클릭하면 그에 관련된 여러 메뉴가 나타납니다.

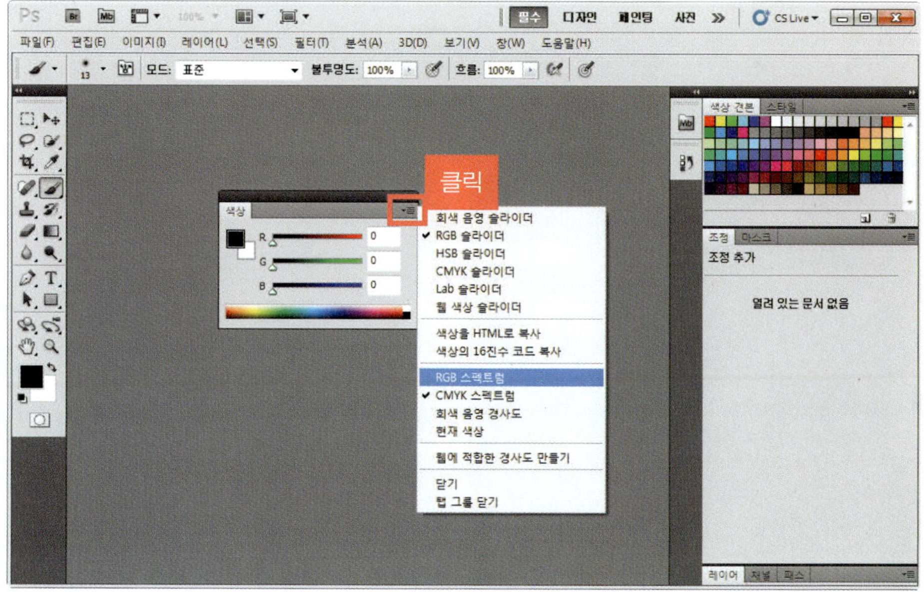

10 아이콘 축소 버튼과 확대 버튼으로 팔레트의 크기를 조절할 수 있습니다.

축소 전 모습 → 축소 후 모습

단축키 활용하기

- `Shift` + 단축키 : 숨은 도구가 있는 경우, 숨은 도구가 차례대로 선택됩니다.
- `Shift` + `Tab` : 모든 팔레트를 한꺼번에 숨기거나 표시합니다.
- `Tab` : 도구모음과 모든 팔레트를 한꺼번에 숨기거나 표시합니다.

11 현재 사용자가 정한 작업 화면(화면의 상태, 즉 도구모음이나 팔레트의 배치 상태)을 저장하고 싶을 경우 [창]–[작업 영역]–[새 작업 영역]을 클릭합니다.

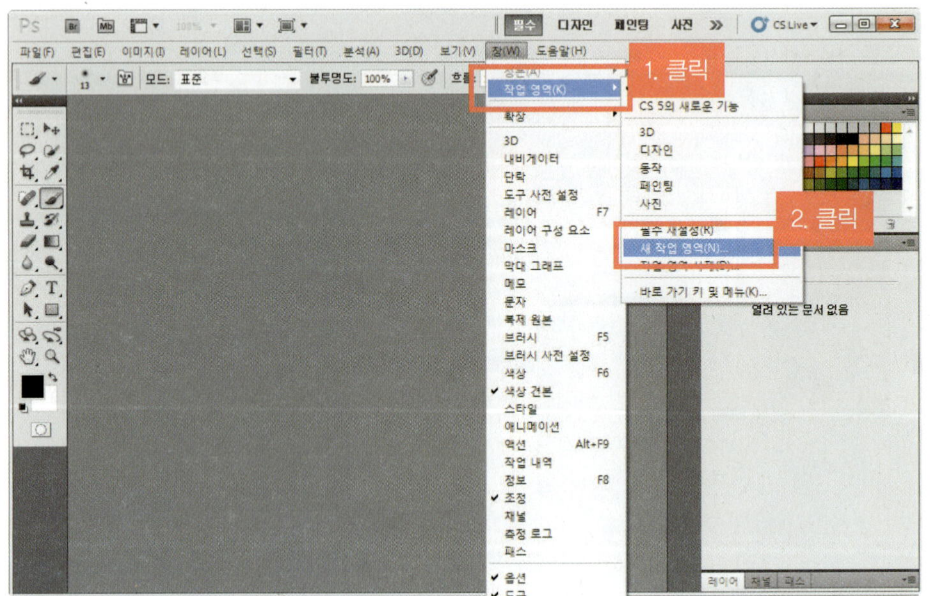

12 [새 작업 영역] 옵션 대화상자에서 이름에 web을 입력하고 [저장] 버튼을 클릭합니다.

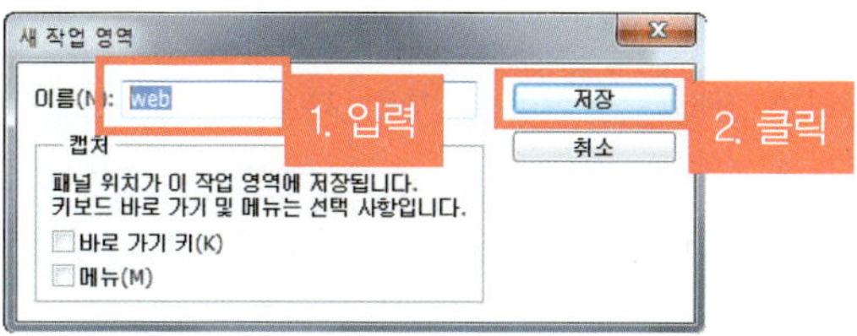

13 작업 영역이 저장되었는지 확인하기 위해 [창]–[작업 영역] 항목에서 설정한 항목이 추가되었는지 확인합니다.

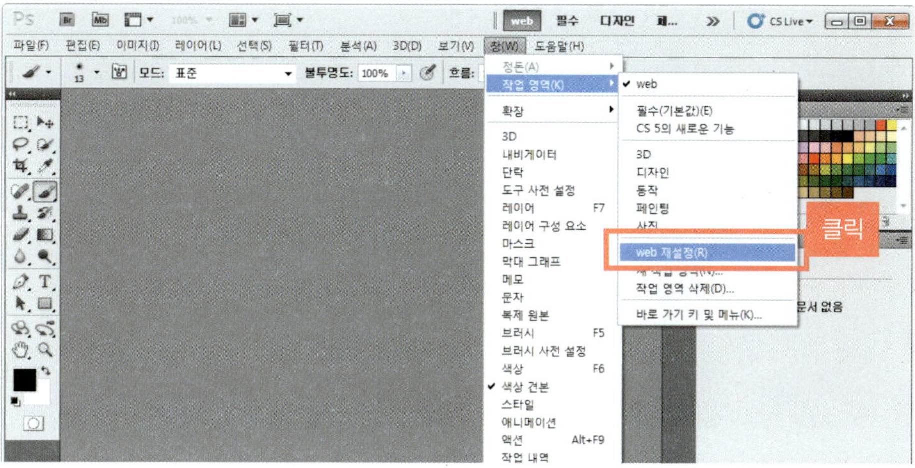

14 작업 영역을 처음 화면으로 초기화하기 위해서는 [창]–[작업 영역]–[필수 재설정] 메뉴를 클릭하면 됩니다.

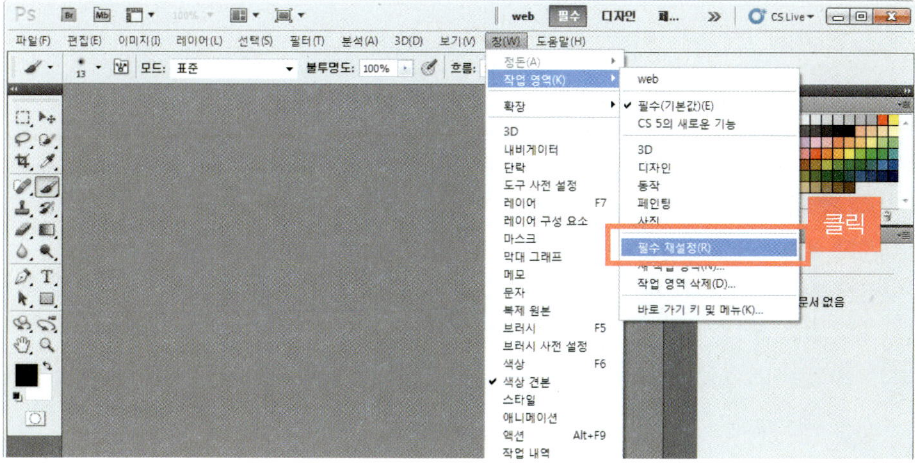

3. 사진의 일정 부분만 선택하기

쇼핑몰을 운영하다 보면 상품 사진의 일부를 선택하고 잘라내는 기능을 자주 사용하게 될 것입니다. 먼저 선택 영역을 지정하는 방법을 알아야 그 영역에 대해 보정, 수정, 편집할 수 있으므로 사진의 일부를 선택하는 데 쓰이는 도구를 차례로 살펴보고 그 쓰임도 함께 소개하도록 하겠습니다.

★ 선택 도구의 종류

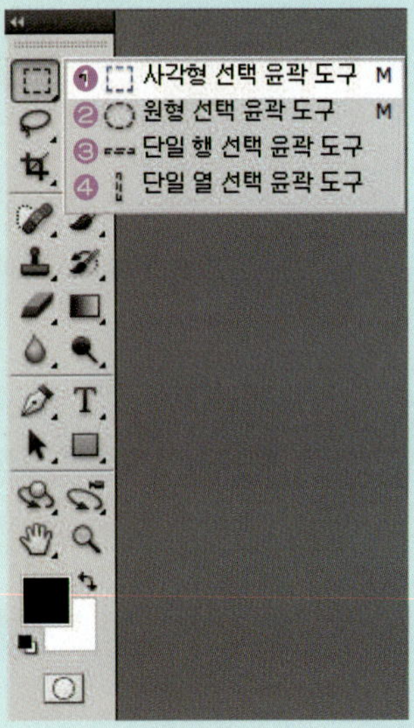

❶ 사각형 선택 윤곽 도구 : 이미지를 사각형 모양으로 선택하는 툴입니다.

❷ 원형 선택 윤곽 도구 : 이미지를 원형으로 선택하는 툴입니다.

❸ 단일 행 선택 윤곽 도구 : 이미지를 가로 방향으로 1픽셀만 선택하는 툴입니다.

❹ 단일 열 선택 윤곽 도구 : 이미지를 세로 방향으로 1픽셀만 선택하는 툴입니다.

★ 선택 도구를 클릭하면 나타나는 옵션바

❶ ❷ ❸ ❹   ❺

❶ 새 선택 영역 : 기존 선택 영역은 지워지고 새로운 선택 영역을 만들 때 사용합니다.

❷ 선택 영역 추가 : 기존 선택 영역에 새로운 선택 영역을 추가할 때 사용합니다.

❸ 선택 영역에서 빼기 : 기존 선택 영역에서 불필요한 영역을 다시 뺄 때 사용합니다.

❹ 선택 영역 교차 : 기존 선택 영역과 현재 선택한 영역 중에 교차하는 영역만 사용합니다.

❺ 페더 : 페더는 외곽을 부드럽게 해주는 기능입니다. 값이 크면 클수록 이미지의 외곽이 부드럽게 표현됩니다.

O1 [파일]–[열기] 메뉴를 선택하고 제공한 '파우치.jpg' 파일을 선택하여 엽니다. 도구모음에서 사각형 선택 윤곽 도구( )를 클릭한 후에 이미지에서 원하는 부분을 대각선으로 드래그하면 사각형 모양으로 선택이 됩니다.

원본 이미지   드래그한 영역이 선택된 모습

O2 선택 영역을 간단히 반전할 수도 있습니다. [선택]–[반전] 메뉴를 클릭하면 선택 영역이 반전(기존에 선택했던 영역을 제외한 나머지 영역이 선택)됩니다.

선택 영역을 반전한 모습

O3 이어서 [필터]–[스케치 효과]–[하프톤 패턴] 메뉴를 클릭하면 액자 느낌이 만들어집니다.

[하프톤 패턴] 효과가 적용된 모습

○4 이번에는 [파일]─[열기] 메뉴로 '연꽃.jpg' 파일을 불러옵니다.

○5 [보기]─[눈금자] 메뉴를 클릭하여 눈금자를 활성화하고 눈금자 부분을 마우스로 클릭한 후 드래그하여 가로와 세로에 안내선을 그려줍니다. 그리고 툴박스에서 원형 윤곽 도구(　)를 선택하고 안내선이 만나는 자리부터 드래그합니다.

안내선을 표시하고 원형 선택 윤곽 도구로 선택한 모습

원형 선택 윤곽 도구 사용하기

원형 선택 윤곽 도구도 사각 선택 윤곽 도구와 기본적인 사용법은 같지만 원형으로 드래그할 경우 원하는 부분이 선택되기보다는 조금씩 어긋나는 경우가 많기 때문에 위와 같이 눈금자를 이용하여 정교하게 작업할 필요가 있습니다. 참고로, 드래그하면서 **Shift** 키를 같이 누르면 정원(가로, 세로 길이가 같은 원)이 그려집니다.

06 앞서 선택했던 영역은 [선택]–[해제] 메뉴를 선택하여 해제(또는 `Ctrl` + `D`)하고, 이번에는 선택하고자 하는 영역의 중심점을 안내선으로 표시합니다.

안내선 옮기기

안내선을 옮길 때는 도구모음의 이동 도구(⊕)를 클릭한 후 안내선에 마우스 포인터를 대면 마우스 포인터가 ⟷ 모양으로 바뀌면서 안내선을 이동할 수 있는 상태가 되면 드래그하여 이동합니다. 만약 안내선을 삭제하려면 화면 영역 바깥으로 밀어내면 됩니다.

07 `Alt` 키를 누른 채 두 안내선이 만나는 중심점부터 드래그하면 선택 영역이 중앙에서부터 커지게 됩니다. 선택 영역을 정원으로 선택하려면 `Shift` 를 동시에 누르고 드래그하면 됩니다.

중앙을 기준으로 안내선 표시한 후 `Alt` + 드래그로 선택한 모습

08 이번에는 '쿠션.jpg' 파일을 열고 도구모음에서 단일 행 선택 윤곽 도구( )를 선택합니다. 그리고 이미지에서 선택하고 싶은 부분을 클릭합니다.

단일 행 선택 윤곽 도구로 선택한 모습

여러 곳 선택하기

여러 군데를 선택하려면 상단 옵션 바에서 선택 영역 추가( )를 선택하고 이미지에서 선택하고 싶은 곳을 차례로 클릭합니다.

09 이어서 [편집]–[획] 메뉴를 선택하여 나타난 [획] 대화상자에서 폭과 색상을 정해주고 [확인]을 클릭하면 지정한 곳에 선이 그려집니다.

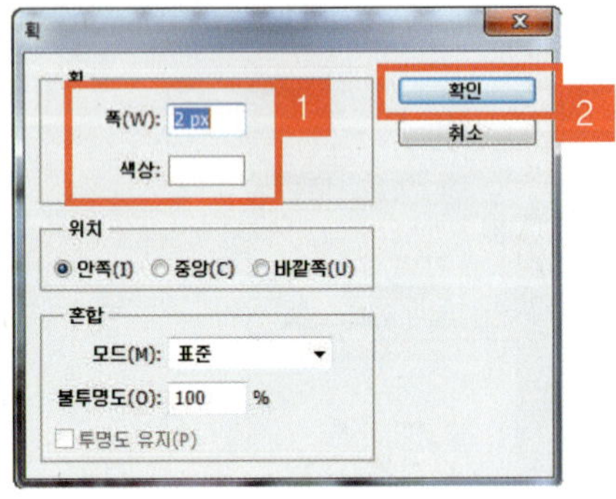

[획] 대화상자

가로 선을 만들어 준 모습

 ## 4. 사진에서 원하는 부분을 따라 선택하기

사진에서 일정하게 정해진 부분만 선택하기 보다는 사진 안에 있는 상품이나 특정한 대상물만 선택하고 싶은 경우가 있습니다. 그런 기능을 하는 도구들을 소개하고, 그 기능을 통해 할 수 있는 작업에 대해 알아보겠습니다. (옵션 바는 앞서 공부한 선택 도구와 같으므로 설명을 생략합니다.)

★ 자유 선택 도구의 종류

❶ 올가미 도구 : 선택하고 싶은 이미지를 따라 자유롭게 드래그하며 선택하는 도구

❷ 다각형 올가미 도구 : 주로 각진 곳을 선택할 때 꺾이는 곳을 기준으로 클릭하며 선택하는 도구

❸ 자석 올가미 도구 : 이미지의 경계에서 색상을 따라 자동으로 선택 영역을 만들어주는 도구

O1 '사과.jpg' 파일을 불러옵니다. 그리고 올가미 도구(◯)를 클릭하고 사과 경계선 주위를 따라 드래그합니다. 드래그한 대로 사과만 선택되는 것을 알 수 있습니다.

올가미 도구로 선택한 모습

★ 올가미 도구는 한 번에 원하는 영역만 드래그하는 것이 쉽지 않기 때문에 키보드의 Alt 와 Shift 를 병행하여 선택 영역을 더하거나 제외하며 작업하게 됩니다.

02 다각형 올가미 도구( )는 경계선의 모서리들을 클릭하여 선택 영역을 지정하는데, 다각형 모양으로 선택 영역을 만들 수 있으므로 건물 등 각진 이미지를 정교하게 선택할 수 있습니다. '건물.jpg' 파일로 실습해봅니다.

다각형 올가미 도구로 선택한 모습

다각형 올가미 도구 정확하게 사용하기

선택하는 도중에 잘못 클릭해 바로 이전에 클릭한 지점을 취소하고 싶다면 ← (Back Space) 키를 누르면 됩니다. 그러면 전 단계에서 클릭했던 위치점이 사라지고 이전 위치부터 다시 선택을 시작할 수 있습니다.

03 다각형 올가미 도구로 빌딩을 선택하고 [선택]-[반전] 메뉴를 클릭하면 선택 영역이 건물을 제외한 부분으로 반전됩니다.

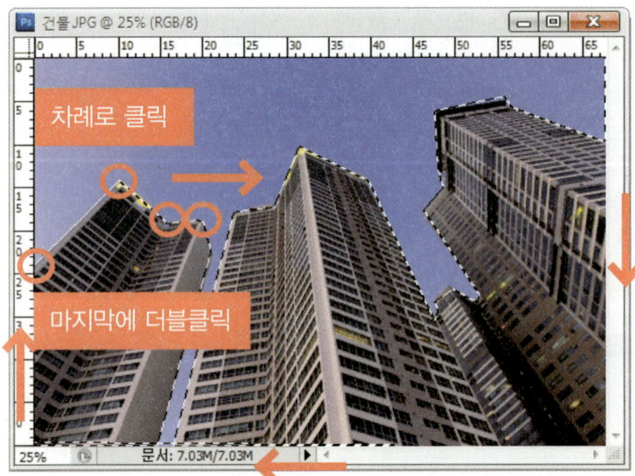

선택 영역이 반전된 모습

04 하늘 이미지를 합성하기 위해 '하늘.jpg'를 불러옵니다. 그리고 Ctrl + A 를 눌러 모두 선택하고 Ctrl + C 를 눌러 복사합니다.

05 '건물' 이미지로 돌아와 [편집]–[안쪽에 붙이기] 메뉴를 선택하면 하늘 이미지가에 합성되는 것을 볼 수 있습니다.

구름 이미지가 합성된 모습

O6 이번에는 '사탕.jpg' 파일을 불러와 자석 올가미 도구(   )를 이용해 봅니다. 자석 올가미 도구는 처음 지점을 클릭하고 대상 경계면을 따라 움직이면 자동으로 선택 지점이 정해집니다. 만약 자동으로 선택되는 지점이 원하는 곳과 다르다면 해당 위치는 임의로 클릭하여 지점을 올바른 곳으로 지정할 수 있습니다.

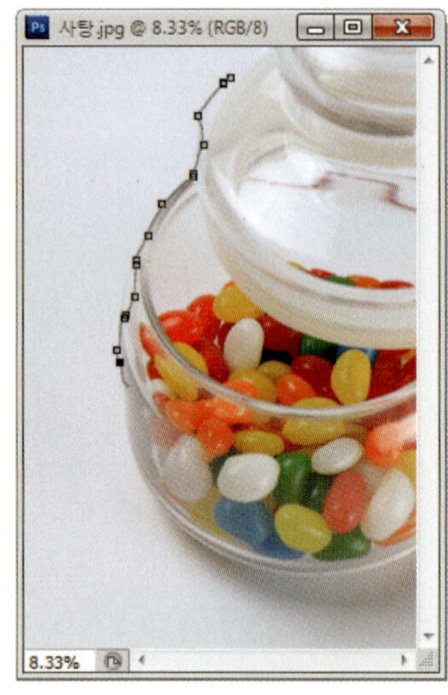

자동으로 점이 연결되며 선택되는 모습

O7 선택 영역을 한 바퀴 돌아 처음 시작점에 도착했을 때 시작점을 클릭하면 마무리가 되고, 만일 시작점을 찾지 못했을 경우는 마무리하고 싶은 위치에서 더블클릭하면 선택이 종료되고 처음 시작점과 자동으로 연결됩니다.

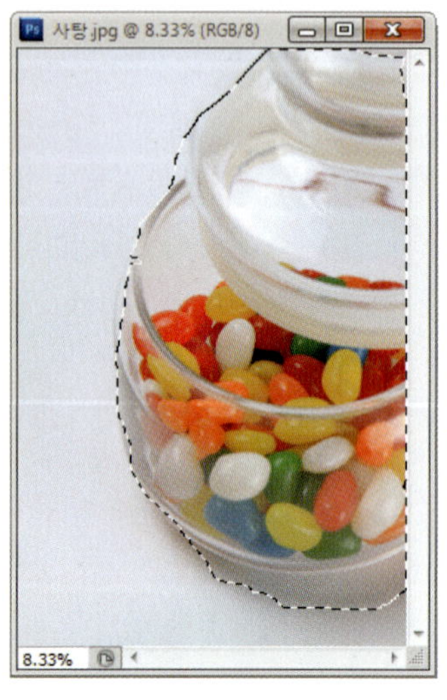

자석 올가미 도구로 선택한 모습

자석 올가미 도구 정확하게 사용하기

작업 중에 선택 영역이 원했던 것과 다른 지점이 선택될 경우 키보드의 ← (Back Space) 키를 누르면 한 단계 취소가 되고 이어서 다시 시작할 수 있습니다.

 ## 5. 상품의 색 변경하기

등록할 상품 이미지 작업을 하다 보면 상품의 색을 변경하거나 배경에 색상을 주어야 할 경우가 많이 생깁니다. 이와 관련된 기능을 설명하겠습니다.

★ 전경색과 배경색

포토샵에서 색상 관련 작업을 하려면 먼저 전경색과 배경색 설정법에 대해 알아야 합니다.

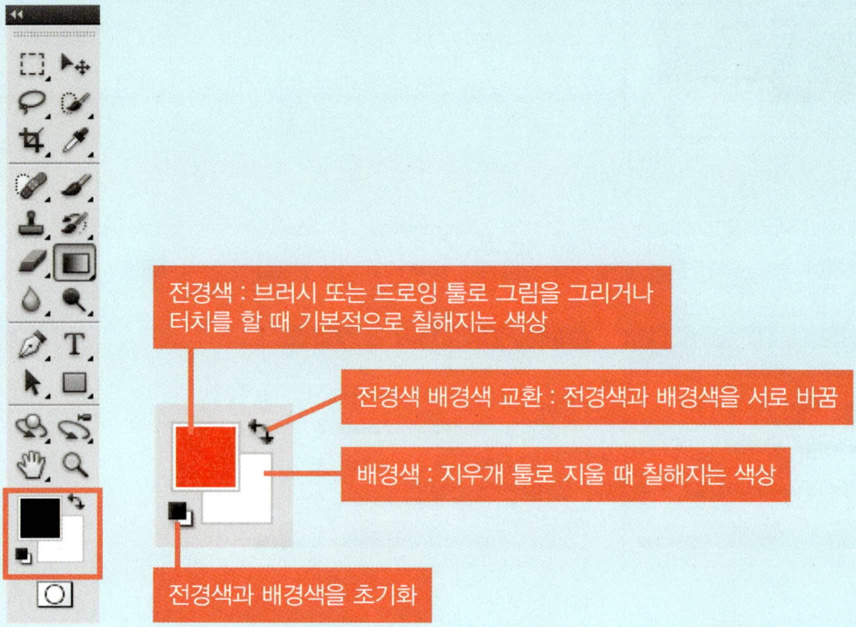

★ 색상 설정

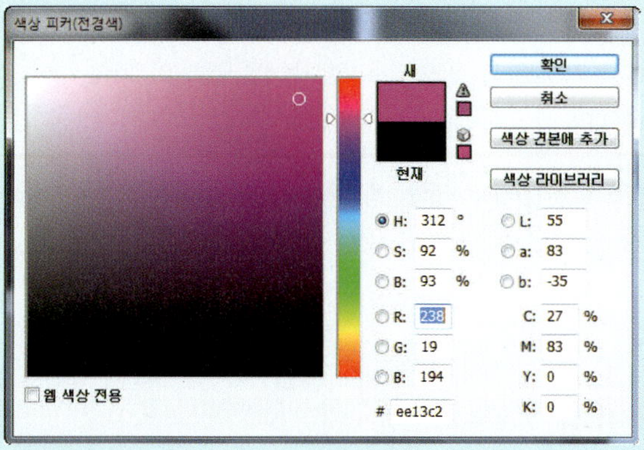

색상은 도구모음의 전경색 또는 배경색을 클릭하여 나타나는 [색상 피커] 대화상자를 이용해 설정합니다.

색상을 선택할 때 색을 고르기 어렵다면 포토샵 화면 오른쪽의 [색상 견본] 패널에서 이미 만들어진 색 중 마음에 드는 것으로 고를 수도 있습니다. 색상을 왼쪽 버튼으로 클릭하면 전경색이 변경되고, Ctrl + 클릭을 하면 배경색이 변경됩니다.

[색상] 패널에서는 RGB 또는 CMYK로 각 색상의 값을 조절하여 컬러를 맞출 수가 있습니다. 또는 색상 바를 활용하여 원하는 색상을 선택할 수도 있습니다. (CMYK/RGB 전환은 상단의 ▼≡를 이용)

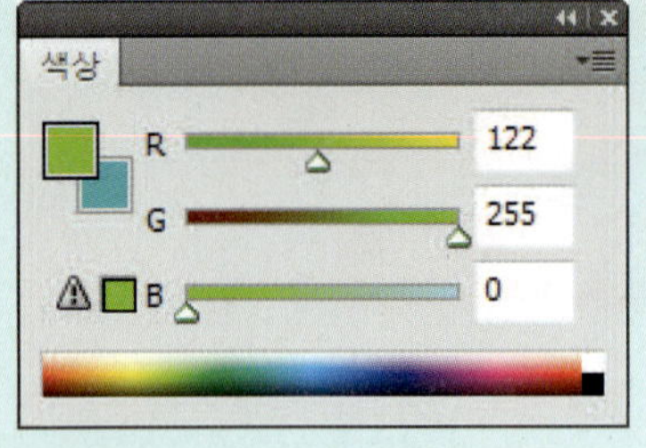

RGB 색상   CMYK색상

RGB와 CMYK

- RGB는 빛의 3원색이라고 하여 R(Red:빨강), G(Green:초록), B(Blue:파랑)의 색을 혼합하여 만드는 가산 혼합 방식입니다. 컴퓨터 모니터를 통해 보는 색상이 RGB 색상입니다.

- CMYK는 색의 3원색이라고 하여 C(Cyan:청록), M(Magenta:자주), Y(Yellow:노랑), K(Black:검정)의 색을 혼합하여 만드는 감산 혼합 방식입니다. 컬러 인쇄물을 만들 때 사용하는 방식입니다.

★ 색상 관련 도구

❶ **그레이디언트 도구** : 하나 이상의 색을 단계적으로 표현할 수 있는 도구

그레이디언트 도구 옵션 바

① 5가지 효과 유형

② 기본적으로 제공하는 그레이디언트 스타일 (🔳을 클릭하여 표시)

❷ **페인트 통 도구** : 일정한 영역을 전경색이나 배경색, 또는 패턴으 우는 도구

페인트 통 도구 옵션 바

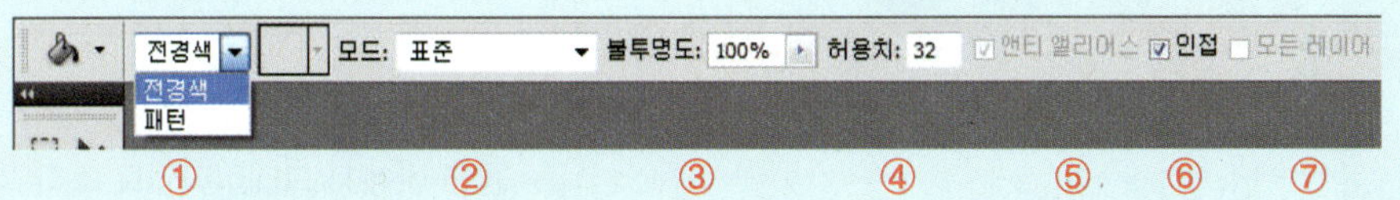

① **전경색과 패턴** : 페인트 통 도구를 활용하여 색을 채울 때 전경색으로 채울지 여러 모양으로 만들어진 패턴으로 채울지를 선택

② **모드** : 색이나 패턴을 칠할 때 칠하려고 하는 색과 배경을 어떤 방식으로 합성할지를 선택

③ **불투명도** : 색이나 패턴을 칠할 때 투명한 정도를 결정. 0%에 가까울수록 투명해짐

④ **허용치** : 색이 칠해지는 범위(최대 255이고 최소 0)

⑤ **앤티앨리어스** : 앤티앨리어스를 체크하면 가장 자리를 부드럽게 표현함

⑥ **인접** : 색이나 패턴을 칠할 때 클릭한 자리와 같은 색상으로 연결된 부분 모두를 칠함

⑦ **모든 레이어** : 현재 선택되어 있는 레이어만이 아니라 모든 레이어에 색이 칠해짐

O1 '청바지.jpg' 파일을 열고 도구모음에서 앞서 배운 선택 도구를 이용해 이미지의 배경 부분을 선택합니다.

선택 툴로 배경을 선택한 모습

O2 도구모음에서 그레이디언트 도구(▨)를 클릭하고 상단 옵션 바에서 그레이디언트 스타일을 선택합니다. 그리고 옵션 바의 다른 항목 설정 상태를 확인합니다.

옵션 바에서 그레이디언트 스타일을 선택

O3 선택한 배경을 드래그하면 그레이디언트 효과가 지정됩니다.

배경에 그레이디언트를 적용한 모습

O4 이번에는 '의자.jpg' 파일을 열고 그림과 같이 의자의 일부분을 선택한 다음 페인트 통 도구( ) 를 클릭합니다. 옵션 바에서 어떤 색으로 채울 것인지, 불투명도나 허용치는 어느 정도로 할 것인 지를 정한 다음 해당 영역 안쪽을 클릭합니다.

선택 도구로 의자를 선택한 모습 / 전경색으로 색이 채워진 모습

페인트 통 사용 시 주의사항

선택된 영역이 없을 경우에는 클릭하는 위치에 있는 색상 전체에 지정한 색이 채워지게 됩니다.

O5 허용치를 좀 더 주면 더 넓은 범위에 칠해지게 됩니다.

허용치 : 32%

허용치 : 50%

06 전경색이 아닌 패턴으로 영역을 채우려면 옵션 바에서 [패턴]으로 선택하고 패턴 스타일 목록 단추
（▮▯）를 클릭하여 칠하고자 하는 패턴을 선택합니다.

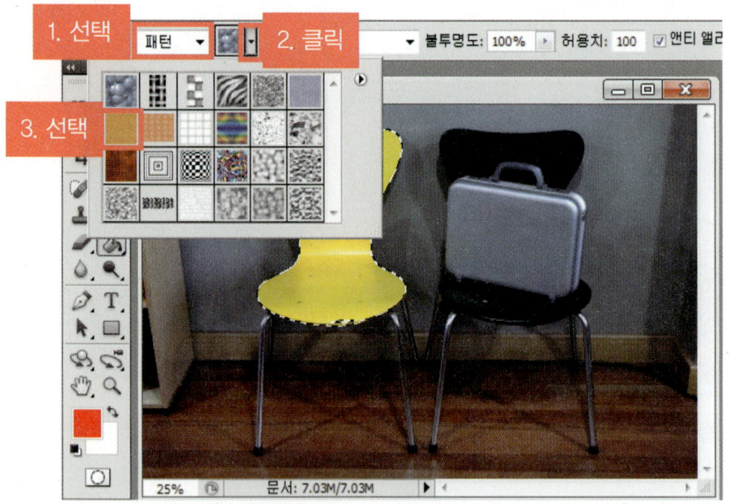

페인트 통 도구의 패턴 옵션을 선택한 모습

07 선택 영역 안쪽을 클릭하여 패턴을 칠합니다. 칠해지지 않은 곳이 있다면 연속하여 클릭하면 패턴
이 전체적으로 칠해집니다.

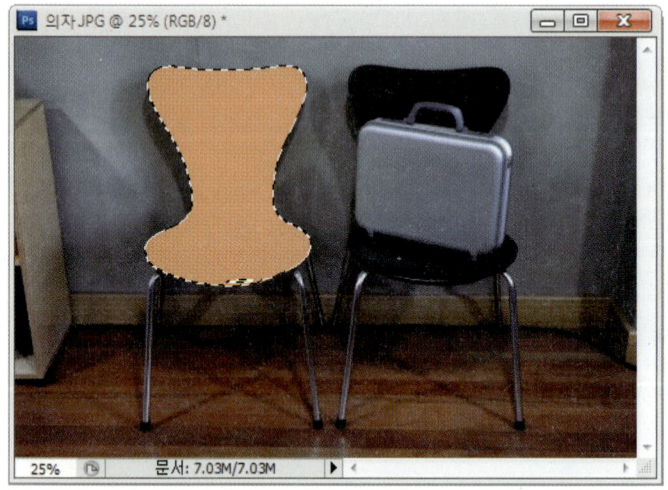

선택 영역에 패턴을 적용한 모습

6. 이미지 리터치하기

리터칭은 이미지에 직접적인 변화를 주는 기능입니다. 도구에는 그림을 직접 그릴 수 있는 브러시 도구, 연필 도구, 지우개 도구 등이 있습니다.

★ 리터치 관련 도구

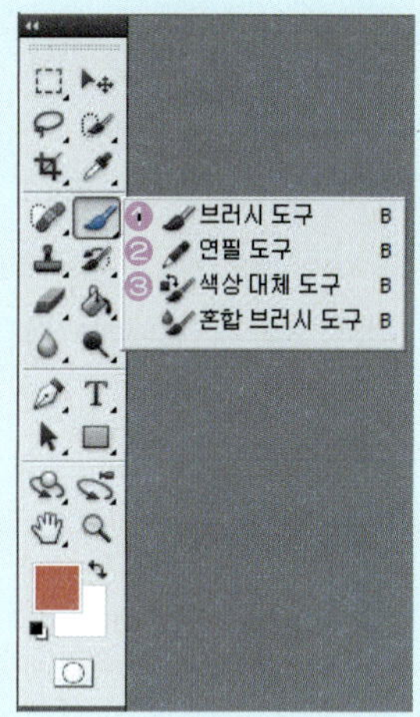

❶ **브러시 도구** : 붓으로 터치한 것과 같은 효과를 내거나 새로운 창에 그림을 그릴 때 사용하는 도구

브러시 도구의 옵션 바

① **브러시 목록 단추** : 클릭하면 브러시 옵션 대화상자가 나오며 대화상자에서 세부 옵션 메뉴를 클릭하면 브러시 종류를 다양하게 선택할 수 있음

② **브러시 크기와 모양** : 브러시의 크기와 모양을 선택

③ **브러시 패널** : 브러시를 세부 설정할 수 있는 옵션 패널 창 열기

④ **모드** : 브러시로 그림을 그릴 때 배경 이미지와 어떤 형태로 합성할 것인지를 선택

⑤ **불투명도** : 브러시로 그림을 그릴 때 배경 이미지에 그려지는 투명도. 0%에 가까울수록 투명함

⑥ **타블렛 압력 컨트롤** : 타블렛의 압력을 감지하여 불투명도를 적용

⑦ **흐름** : 브러시로 터치할 때 속도. 흐름의 값을 낮게 하면 분사 속도가 느려 브러시의 질감이 드러나고 흐름을 높이면 질감 표현이 되지 않고 일반적으로 그리는 선의 형태가 됨

❷ **연필 도구** : 연필로 스케치할 때와 같은 느낌을 주는 도구

❸ **색상 대체 도구** : 명도와 채도를 유지한 채 원하는 색상으로 변경해주는 도구

O1 이미지(배경.jpg)를 불러온 후 새 레이어를 하나 추가합니다.

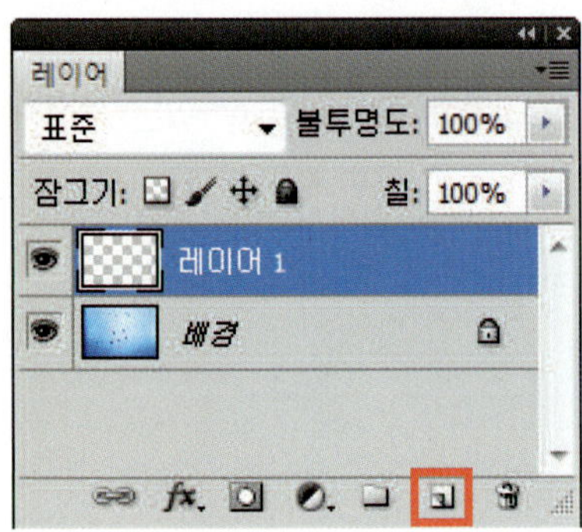

O2 도구모음에서 브러시 도구(　)를 선택한 후 옵션 바에서 원하는 브러시 종류를 선택합니다.

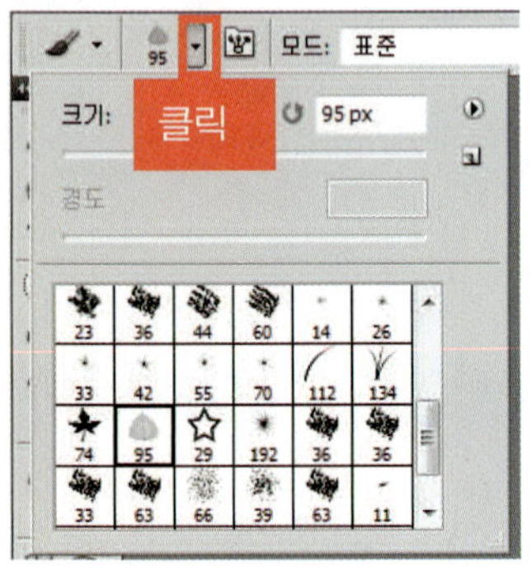

O3 전경색이 흰색인지 확인한 후 화면을 드래그합니다. 상단 옵션 바에서 불투명도를 조절해주며 외곽
은 흐릿한 부분이 겹치도록 작업을 합니다.

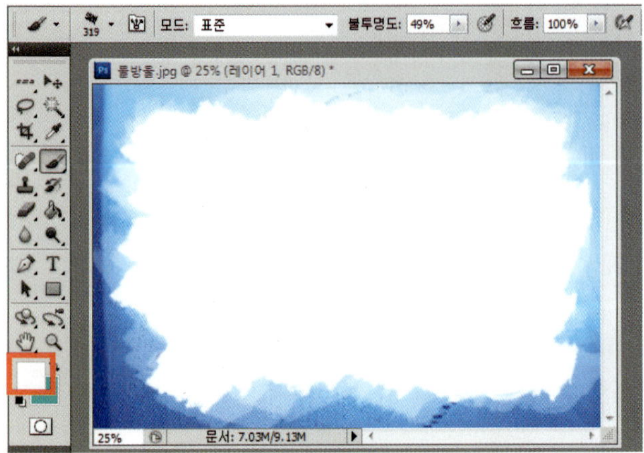

○4 `Ctrl` + 레이어 1 클릭을 하면 레이어 1에 브러시로 칠한 부분이 선택이 됩니다. [선택]-[반전] 메뉴
를 클릭합니다.

 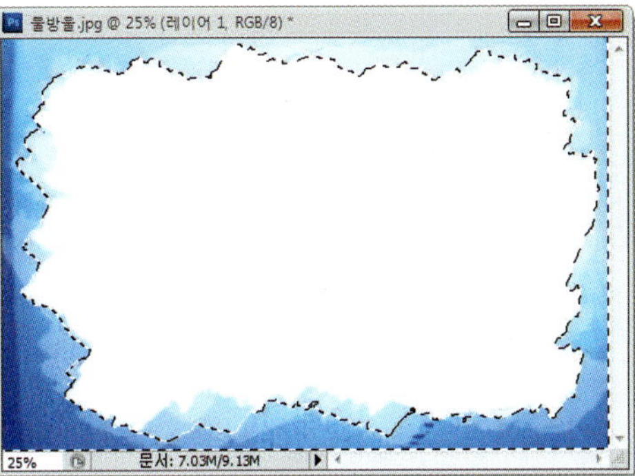

○5 레이어 패널에서 레이어 1의 감추기 아이콘을 클릭한 후에 배경 레이어를 클릭하고 `Delete` 키를
누릅니다. 삭제한 부분을 어떤 색으로 채울지 묻는 대화상자가 나타나면 전경색으로 선택합니다.
[선택]-[해제] 메뉴를 클릭하여 선택 영역을 해제합니다.

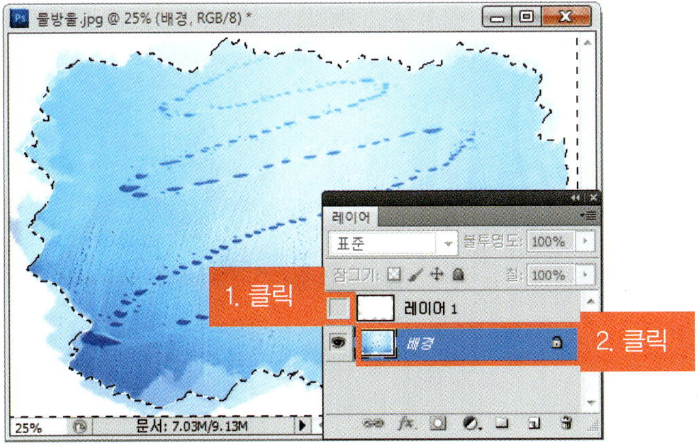

06 [선택]-[해제] 메뉴를 클릭하여 선택 영역을 해제합니다.

07 이번에는 '사과.jpg'를 불러온 후 사과만 선택 윤곽 도구를 이용해 선택합니다. 도구모음의 색상 대
체 도구( )를 클릭하고 선택한 사과를 클릭하면 채도와 명도는 유지된 상태에서 다른 색상(전경
색)이 칠해지는 것을 볼 수 있습니다.

7. 상품의 배경 지우기

포토샵에서 이미지의 일부를 지우는(배경색으로 바꾸어 칠하는) 도구들에 대해 알아보겠습니다.

① **지우개 도구** : 지우개 도구를 선택하고 화면을 드래그하면 드래그한 부분이 배경색으로 칠해짐

② **배경 지우개 도구** : 배경 지우개 도구를 선택하고 화면을 드래그하면 드래그한 부분이 투명하게 지워짐

③ **자동 지우개 도구** : 이미지에서 특정 색상을 자동 지우개 도구로 클릭하면 유사한 색을 자동으로 찾아서 지우며 배경 지우개 도구와 마찬가지로 지워진 곳을 투명하게 만들어 줌

01 새로운 이미지(풍경.jpg)를 열고 지우개 도구( )를 선택합니다. 그리고 배경색을 흰색 으로 지정한 후 지우개 도구로 이미지를 드래그합니다. 그러면 이미지의 일부가 지워지는 것과 같은 효과가 나타납니다.

배경색을 흰색으로 설정한 후 지우개 도구로 드래그한 모습

02 이번에는 배경 지우개 도구( )를 선택한 후에 지우려고 하는 부분을 드래그하면 배경색이 칠해지는 것이 아니라 해당 영역이 투명하게 지워집니다.

배경 지우개 도구로 드래그한 모습

03 이번에는 자동 지우개 도구( )를 클릭합니다. 하늘을 클릭하면 클릭한 지점과 유사한 색을 자동으로 찾아서 투명하게 지워줍니다.

자동 지우개 도구로 하늘색을 지운 모습

 ## 8. 상품을 흐리게 또는 선명하게 조절하기

쇼핑몰을 운영하다 보면 사진의 일부(특히 배경)만 흐리게 혹은 선명하게 조절해야 할 때가 있습니다. 이와 관련된 도구를 알아보겠습니다.

★ 일부를 흐리게 또는 선명하게 하는 도구

❶ **흐림 효과 도구** : 이미지의 픽셀과 픽셀의 경계를 부드럽게 표현하는 효과를 주는 도구로, 흐리게 표현하기를 원하는 부분을 여러 번 드래그하면 흐림 효과가 적용됨

❷ **선명 효과 도구** : 이미지의 픽셀과 픽셀의 경계를 선명하게 만들어 주는 도구로, 선명하게 표현하기를 원하는 부분을 여러 번 드래그하면 선명 효과가 적용됨

❸ **손가락 도구** : 픽셀을 유동적으로 움직이게 하는 도구로, 픽셀을 움직이려고 하는 부분을 손가락 도구로 드래그하면 드래그하는 방향으로 픽셀이 움직임

★ 각 도구를 선택했을 때의 옵션 바

① 모드: 표준　② 강도: 50%　③ 모든 레이어 샘플링

① **브러시 크기** : 현재 사용하려고 하는 브러시의 크기

② **강도** : 터치의 강도. 값이 클수록 효과가 강하게 적용됨

③ **모든 레이어 샘플링** : 이 항목을 체크하면 작업 창의 모든 레이어에 같은 효과가 적용되고, 체크를 해제하면 현재 선택된 레이어에만 효과가 적용됨

01 '미니화분.jpg'를 불러옵니다.

02 흐림 효과 도구( )를 클릭하고 가장 왼쪽에 있는 이미지를 문지르듯 드래그합니다.

흐림 효과 도구-크기 100, 강도 50%

03 이번에는 선명 효과 도구(△)를 클릭하고 가운데 있는 이미지를 드래그합니다.

선명 효과 도구—크기 100, 강도 50%

04 손가락 도구(✋)를 클릭하고 맨 오른쪽 이미지를 드래그하여 결과를 비교해 봅니다.

손가락 도구—크기 50, 강도 50%

9. 상품에 글씨쓰기

쇼핑몰에 사용되는 이미지에는 당연히 써야 할 글씨들이 있을 것입니다. 글씨를 쓰는 도구의 사용법에 대해 알아봅니다.

★ 문자 도구들

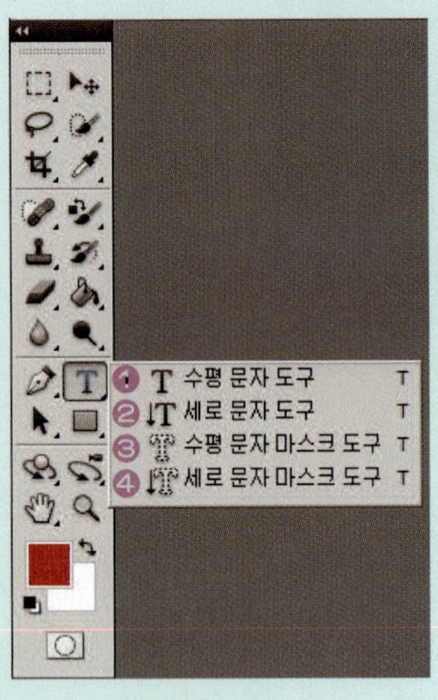

❶ 수평 문자 도구 : 가로 방향으로 문자를 입력

❷ 세로 문자 도구 : 세로 방향으로 문자를 입력

❸ 수평 문자 마스크 도구 : 가로로 문자의 선택 영역을 만들어 줄 때 사용

❹ 세로 문자 마스크 도구 : 세로로 문자의 선택 영역을 만들어 줄 때 사용

★ 문자 도구를 선택하면 나타나는 옵션 바

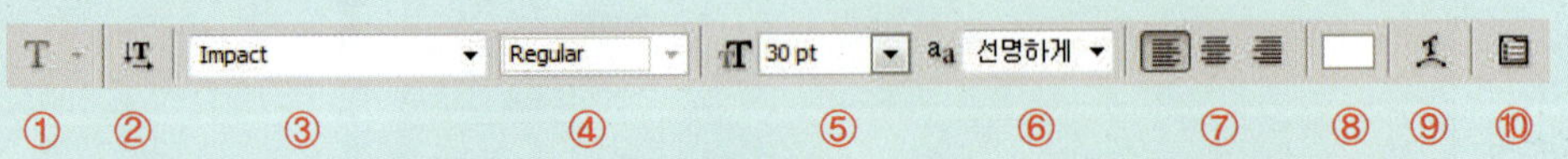

① 문자 도구 유형 : 선택한 문자 도구의 유형

② 문자 방향 전환 : 입력한 문자를 가로와 세로로 방향 전환

③ 글자체 선택 : 사용할 글자체 선택

④ 스타일 선택 : 선택한 글자체의 스타일을 변경. 기본 형식의 글자체인 Regular와 기울임을 표현하는 Italic, 문자의 굵기를 표현하는 Bold, 문자의 굵기와 기울임을 한 번에 변형해 주는 Bold Italic 중 선택 가능

⑤ 글자 크기 선택 : 글자의 크기를 설정

⑥ 문자의 외곽 표현 방식 설정 : 문자의 외곽을 부드럽게 또는 거칠게 표현할 수 있음

⑦ 문단 정렬 : 문자를 왼쪽, 가운데, 오른쪽으로 정렬

⑧ 색상 선택 : 문자의 색상을 선택

⑨ 뒤틀어진 텍스트 만들기 : 문자의 형태를 여러 모양의 예술적인 형태로 변경

⑩ 문자 속성 : 문자 속성 및 문단의 속성(자간, 행간 등)을 설정

O1 '문자.jpg' 파일을 열고 도구모음에서 수평 문자 도구(T.)를 클릭합니다.

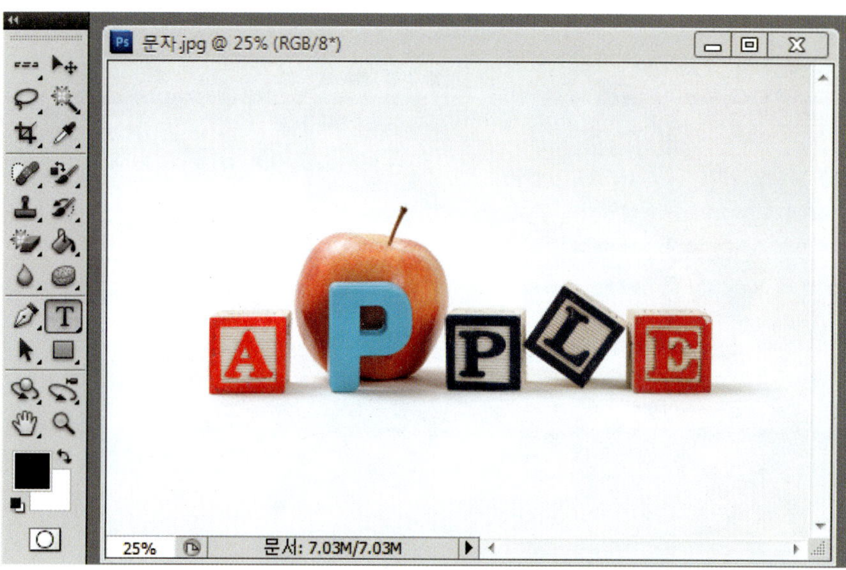

O2 글씨를 입력할 부분을 클릭한 후에 옵션 바에서 글자체와 크기를 설정하고 내용을 입력합니다.

03 상단 옵션 바에서 뒤틀어진 텍스트 만들기(⬆)를 클릭한 후에 스타일에서 깃발을 적용합니다.

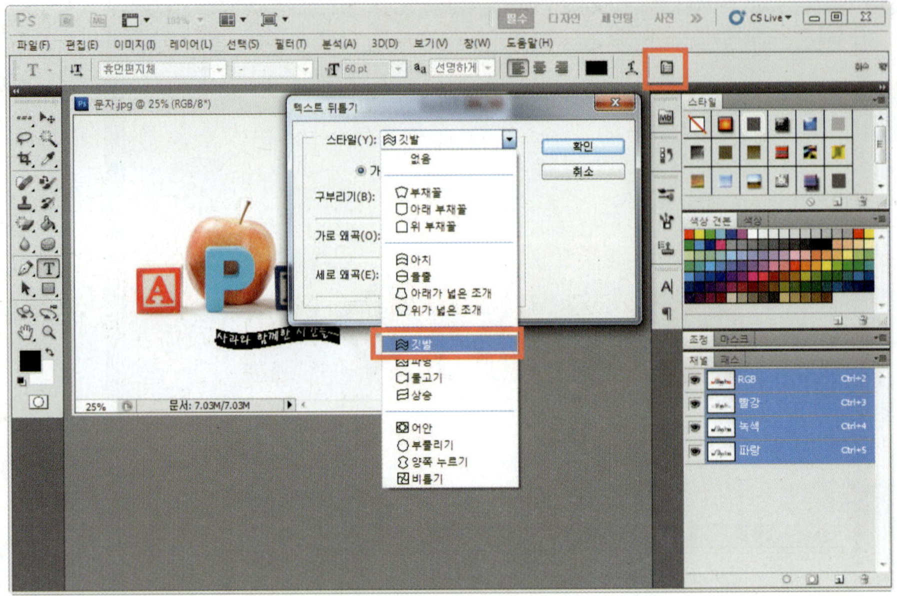

04 도구모음에서 이동 도구(▶)를 선택한 후 입력한 글씨를 원하는 위치로 드래그하여 이동합니다.

Chapter 02

플래시 (Flash)

쇼핑몰을 운영하다 보면 동적인 기능을 구현하고 싶을 때가 있습니다. 포토샵의 gif 효과로는 부족함이 느껴지는 경우 플래시를 통해 구현할 수 있습니다. 이번 단원에서 플래시의 기본을 익히겠습니다.

 **1. 플래시 화면 구성**

1 **주메뉴** : 플래시에서 작업을 수행하기 위해 필요한 모든 메뉴를 담고 있습니다. 각 메뉴를 클릭하면 각 메뉴에 해당하는 다양한 기능이 제공되고 있습니다.

2 **툴바** : 플래시 공부를 할 때 가장 중요한 부분입니다. 플래시에서 작품을 만들기 위해 사용되는 오프젝트를 만들거나 수정할 때 사용하는 도구들이 모여 있는 곳입니다.

3 **타임라인** : 플래시 무비의 시간을 컨트롤하는 곳입니다. 무비를 제작할 때 만들게 되는 각 레이어를 관리하며 레이어의 시간차를 조절하여 애니메이션을 만들게 됩니다.

4 **스테이지** : 플래시에서 불러온 이미지가 나타나는 곳입니다. 플래시의 다양한 오브젝트를 수정 편집하며 디자인하는 공간입니다.

5 **팔레트창** : 플래시에서 제공하는 다양한 기능들을 아이콘 형태로 사용하기 쉽게 만들어 놓은 곳입니다. 팔레트에는 다시 다양한 옵션을 볼 수 있는 목록 단추가 제공됩니다.

 ## 2. 플래시의 기본 도구 사용하기

플래시에서 가장 기본이 되는 도구는 선택 도구와 드로잉 도구입니다. 예제를 통해 이 도구들의 사용법을 알아보겠습니다.

> ★ **툴바의 기본 도구들**
>
> - **선택 도구( )** : 오브젝트를 전체 선택하며 이동 및 변형이 가능합니다.
> - **세부 선택 도구( )** : 오브젝트가 가지고 있는 앵커 포인트와 핸들을 선택해 세부 모양을 변형시킵니다.
> - **자유 변형 도구( )** : 오브젝트를 다양한 형태로 모양을 변경할 때 사용하는 도구입니다.
> - **선 도구( )** : 직선을 그릴 때 사용하는 도구입니다.
> - **사각형 도구( )** : 사각형을 그립니다.
> - **원형 도구( )** : 타원을 그립니다.
> - **다각형 도구( )** : 다각형을 그립니다.

O1 먼저 도구모음에서 원형 도구( )를 선택-사각형 도구( )를 오래 누르고 있으면 선택할 수 있음-한 후에 스테이지에 원을 그려봅니다.

★ 플래시를 실행하고 처음 나오는 화면에서는 [ActionScript3.0]을 선택하면 됩니다.

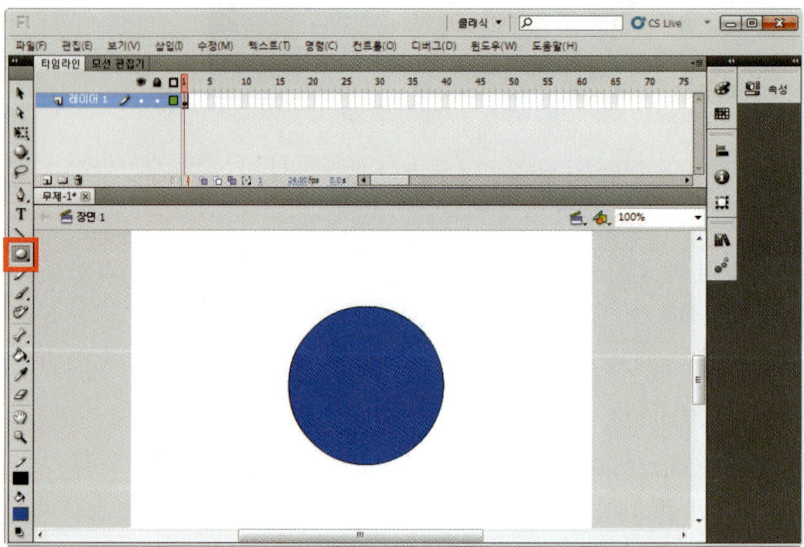

O2 이제 도구 모음에서 선택 도구(　)를 클릭하고 오브젝트의 선을 클릭하면 선만, 안쪽에 면을 클릭하면 면만 선택되고, 면이나 선을 더블클릭하면 면과 선이 동시에 선택됩니다. 그리고 원하는 부분만을 선택하고 싶을 때는 해당 영역을 드래그합니다.

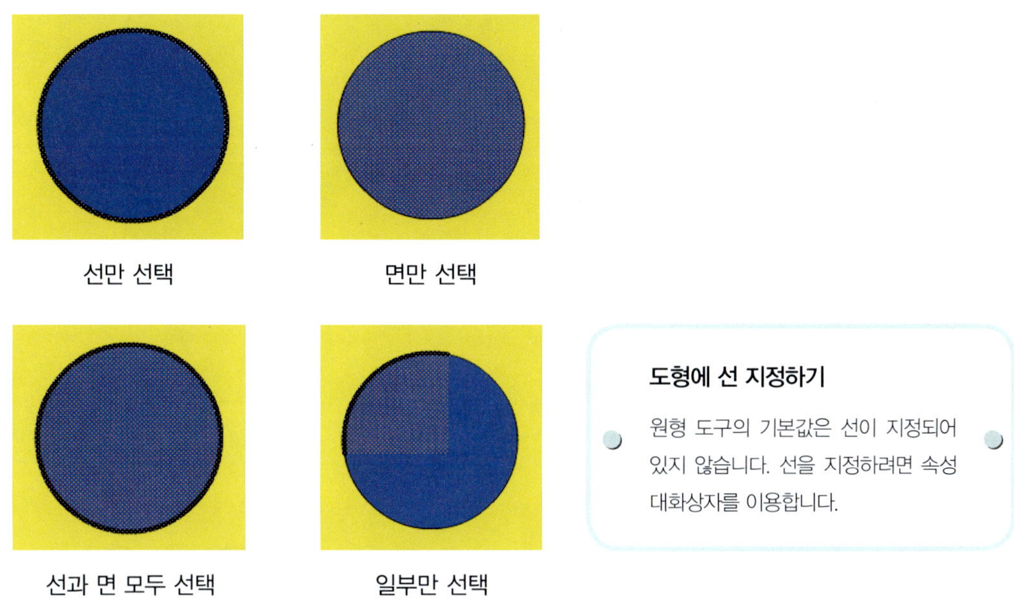

도형에 선 지정하기

원형 도구의 기본값은 선이 지정되어 있지 않습니다. 선을 지정하려면 속성 대화상자를 이용합니다.

O3 이번에는 다각형 도구(　)를 선택한 후에 스테이지에 다각형을 그리고 자유 변형 도구(　)를 선택합니다.

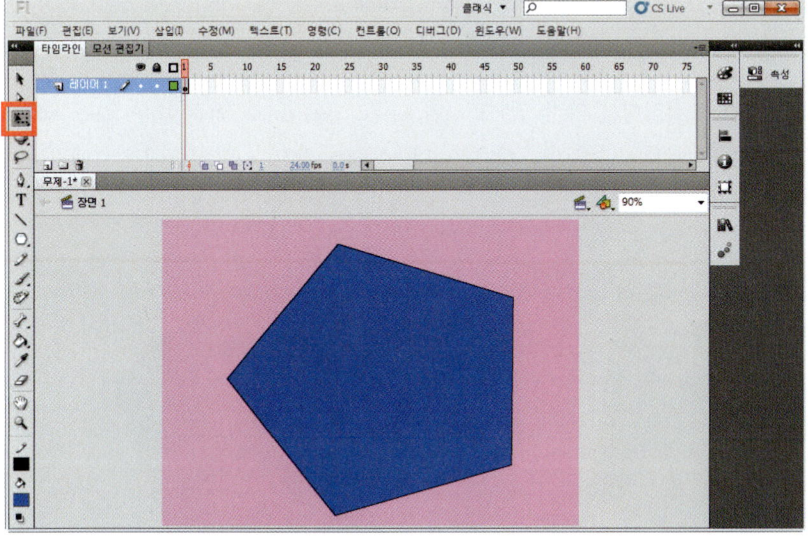

04 자유 변형 도구(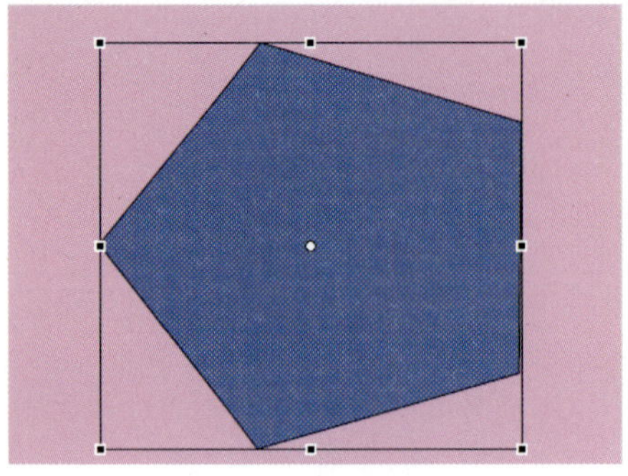)를 선택한 상태에서 오브젝트를 선택(선과 면 모두 선택하려면 더블클릭)하고 크기 조절점을 드래그하여 크기를 조절해봅니다.

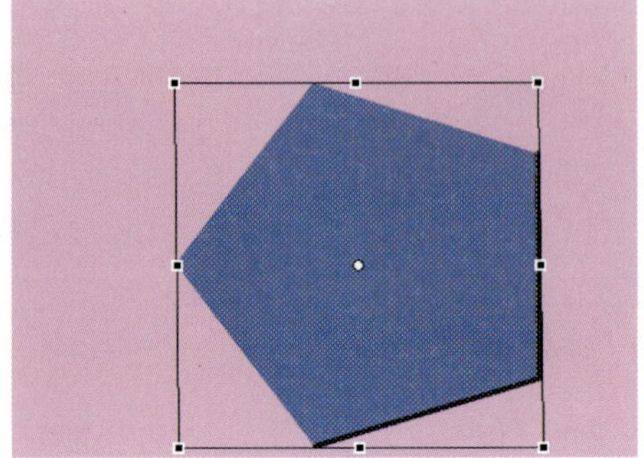

05 각 크기 조절점의 중앙에 있는 점에 마우스 포인터를 위치하면 양쪽으로 향하는 두 개의 화살표 (↔)가 나오며 화살표가 나왔을 때 드래그하면 오브젝트가 기울어집니다.

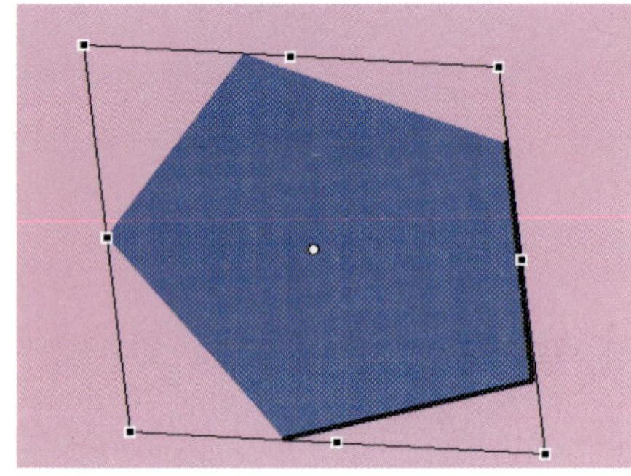

가로로 드래그

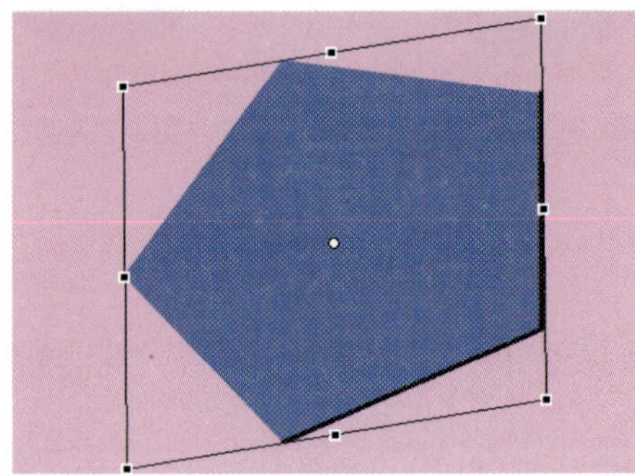

세로로 드래그

06 마우스 포인터를 크기 조절점에서 약간 떨어뜨리면 마우스 포인터가 회전할 수 있는 모양으로 바 뀝니다. 오브젝트가 드래그하는 방향으로 회전됩니다. (Shift 키를 누른 상태에서 드래그하면 45도 각도 단위로 회전)

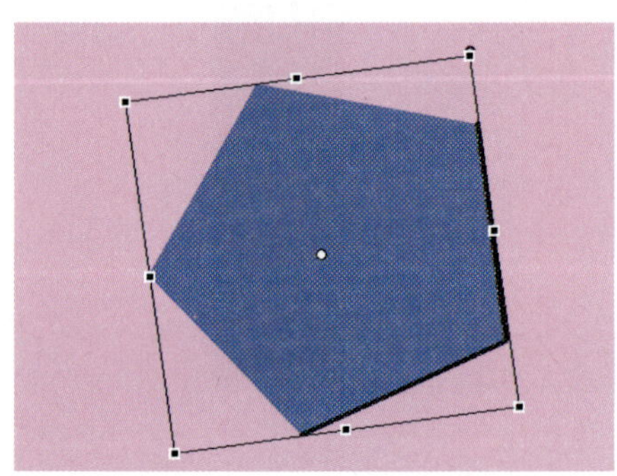

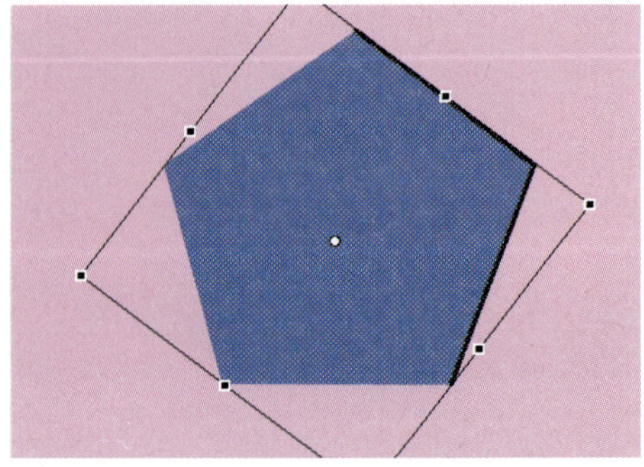

07 이번에는 선 도구(＼)를 선택한 후에 스테이지에 드래그하여 선을 그립니다. [Shift] 키를 누른 상태
에서 드래그하면 직선을 그릴 수 있습니다.

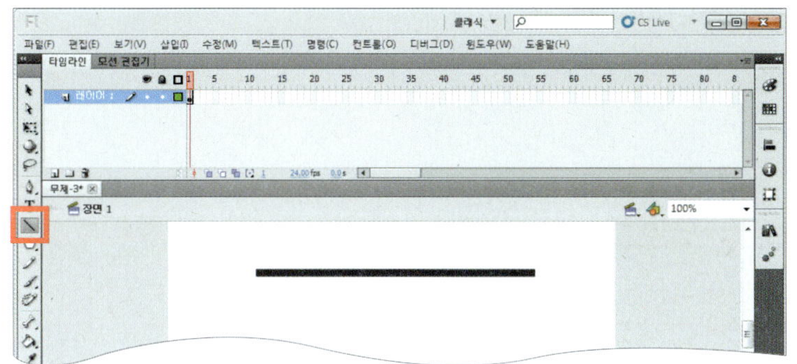

★ 기존 도형을 삭제하려면 선택
도구(▶)를 클릭하고 삭제하고
자 하는 도형 주위를 드래그하
여 모두 선택한 후 [Delete] 키
를 누릅니다.

08 선택 도구(▶)를 선택하고 그려 놓은 선을 선택한 후 [Ctrl] 키를 누른 상태로 아래로 드래그하여
선을 복사합니다.

09 선의 속성 대화상자에서 선의 속성을 다양하게 적용할 수 있습니다.

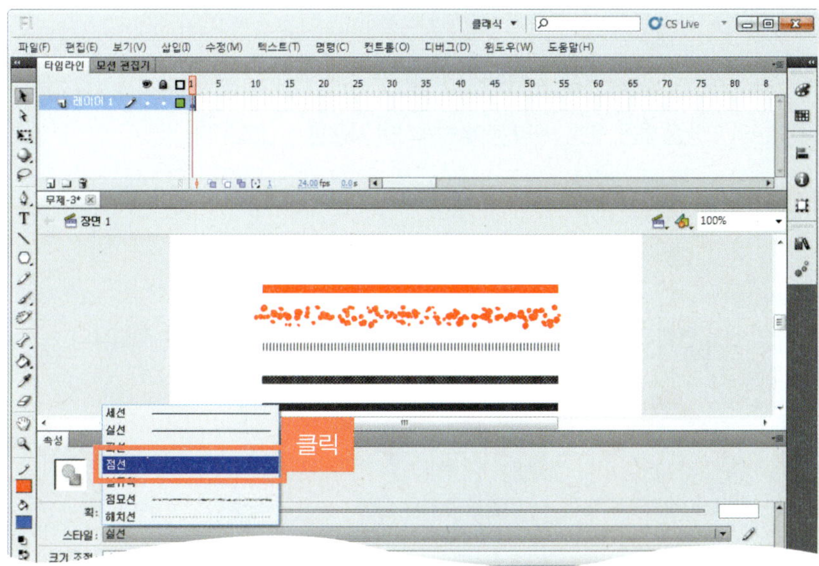

선 도구를 선택하면 다음과 같은 속성 대화상자가 나타납니다.

❶ **선 색** : 선의 색을 설정할 수 있으며 단색 및 그러데이션 색을 채울 수 있습니다.

❷ **획** : 선 굵기를 설정할 수 있습니다.

❸ **스타일** : 선의 종류를 세선, 실선, 파선, 점선, 불규칙, 점묘선, 해치선 중에 선택하여 사용할 수 있습니다.

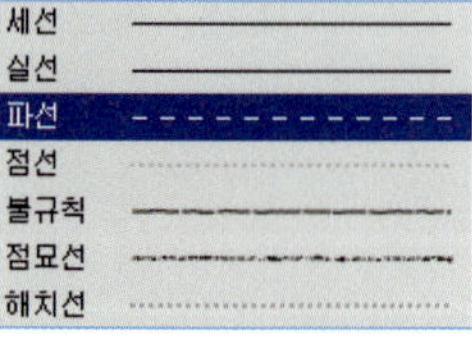

❹ **크기 조절** : 크기를 보통, 수평, 수직, 없음 중에 선택하여 사용할 수 있습니다.

❺ **캡** : 선의 시작과 끝 부분의 모양을 없음, 원형, 사각 중에 선택하여 사용할 수 있습니다.

캡을 원형으로 설정　　　　캡을 사각으로 설정

❻ **연결** : 서로 다른 두 개의 선을 연결하여 만들 때 이음, 원형, 경사 중에 선택하여 연결할 수 있습니다.

연결을 이음으로 설정　　　연결을 원형으로 설정　　　연결을 경사로 설정

10 이번에는 다각형 도구를 클릭해 스테이지에 그리고 하단에 나타나는 속성 대화상자의 '도구 설정' 항목을 이용해 다양한 형태의 도형을 만들어 봅니다.

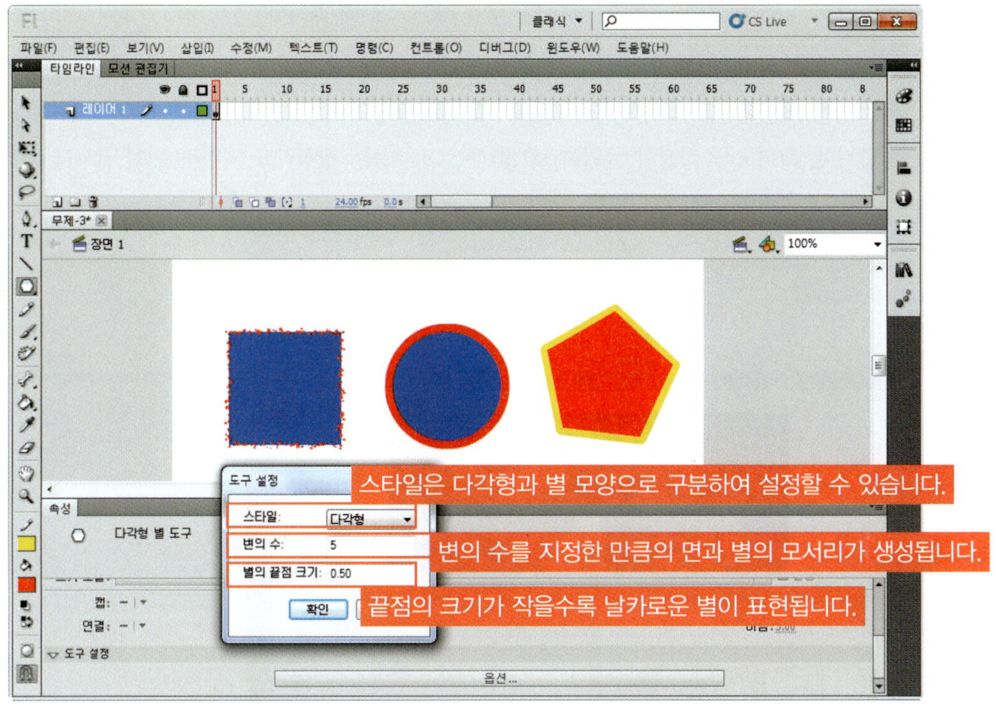

다각형 속성 대화상자

사각형 도구와 원형 도구의 속성 대화상자는 선 도구를 기준으로 면의 색을 채우는 옵션 정도가 추가된 형태입니다. 그렇지만 다각형의 경우는 변의 수를 정할 수 있는 옵션이 있어서 삼각형, 오각형, 육각형 등 다양한 형태의 도형을 만들어 낼 수 있습니다.

11 다각형 옵션을 다양하게 조절하며 만든 도형들입니다.

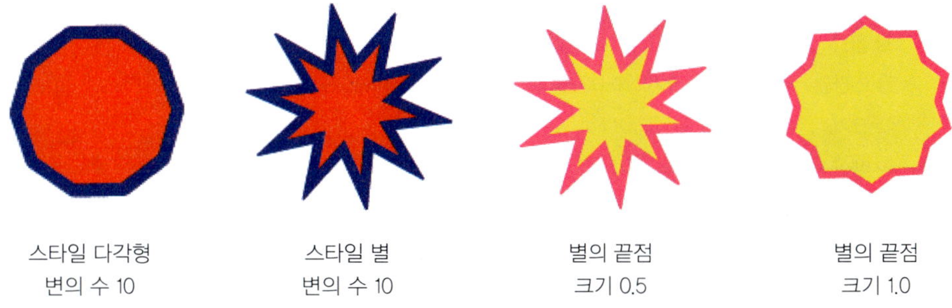

스타일 다각형	스타일 별	별의 끝점	별의 끝점
변의 수 10	변의 수 10	크기 0.5	크기 1.0

 ## 3. 플래시로 글씨 쓰기

플래시 애니메니션에 글자를 입력할 때는 텍스트 도구(T)를 이용합니다.

O1 [파일]-[가져오기]-[스테이지로 가져오기]를 차례로 클릭해 '나비.jpg'를 불러온 후 텍스트 도구(T)
를 선택합니다. 그리고 속성에서 글꼴(mistral)과 크기(40)를 지정하고 이미지 위에 글씨를 씁니다.

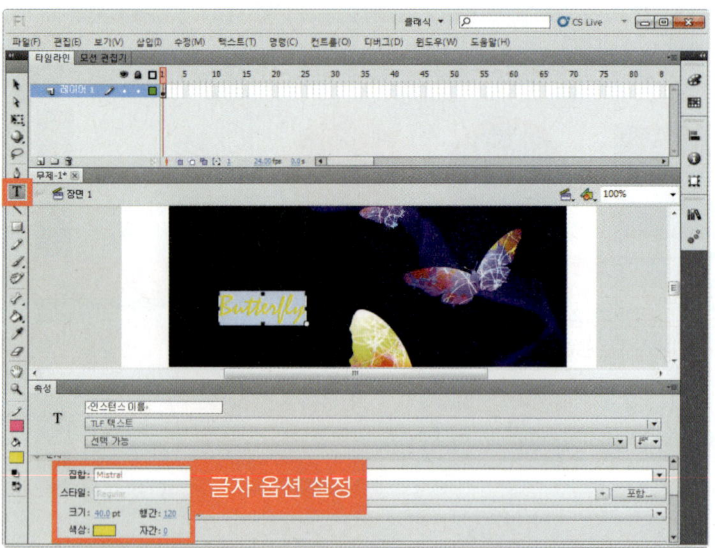

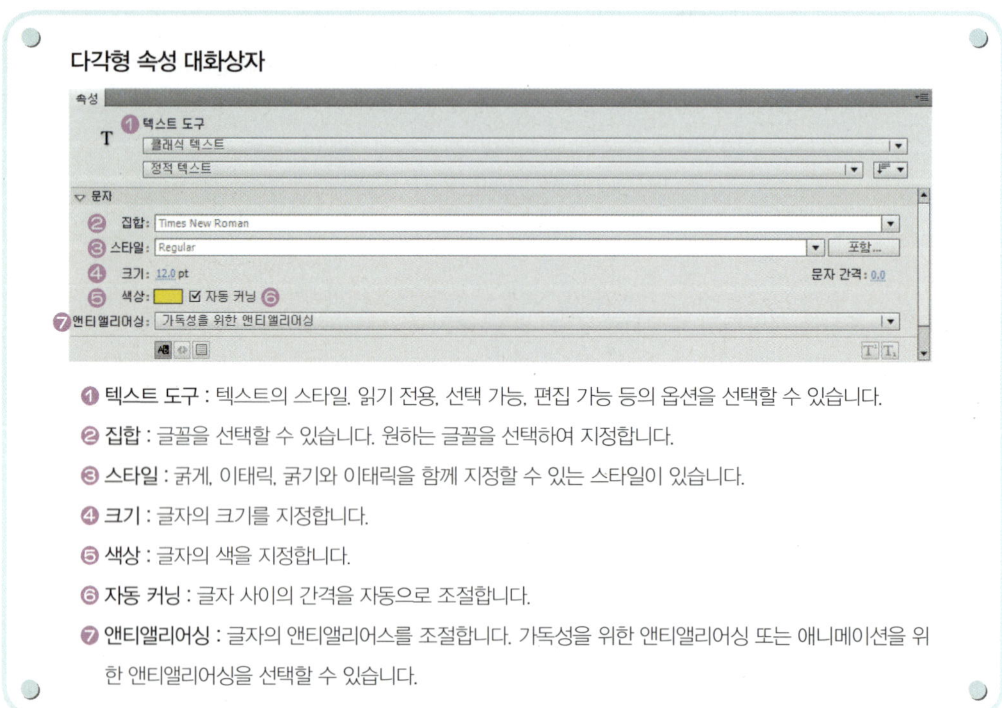

❶ 텍스트 도구 : 텍스트의 스타일. 읽기 전용, 선택 가능, 편집 가능 등의 옵션을 선택할 수 있습니다.

❷ 집합 : 글꼴을 선택할 수 있습니다. 원하는 글꼴을 선택하여 지정합니다.

❸ 스타일 : 굵게, 이태릭, 굵기와 이태릭을 함께 지정할 수 있는 스타일이 있습니다.

❹ 크기 : 글자의 크기를 지정합니다.

❺ 색상 : 글자의 색을 지정합니다.

❻ 자동 커닝 : 글자 사이의 간격을 자동으로 조절합니다.

❼ 앤티앨리어싱 : 글자의 앤티앨리어스를 조절합니다. 가독성을 위한 앤티앨리어싱 또는 애니메이션을 위
한 앤티앨리어싱을 선택할 수 있습니다.

02 필터 효과를 적용하기 위해 속성 패널에서 필터 항목을 클릭합니다.

03 새 필터 추가 아이콘을 클릭하고 [그림자]를 선택합니다.

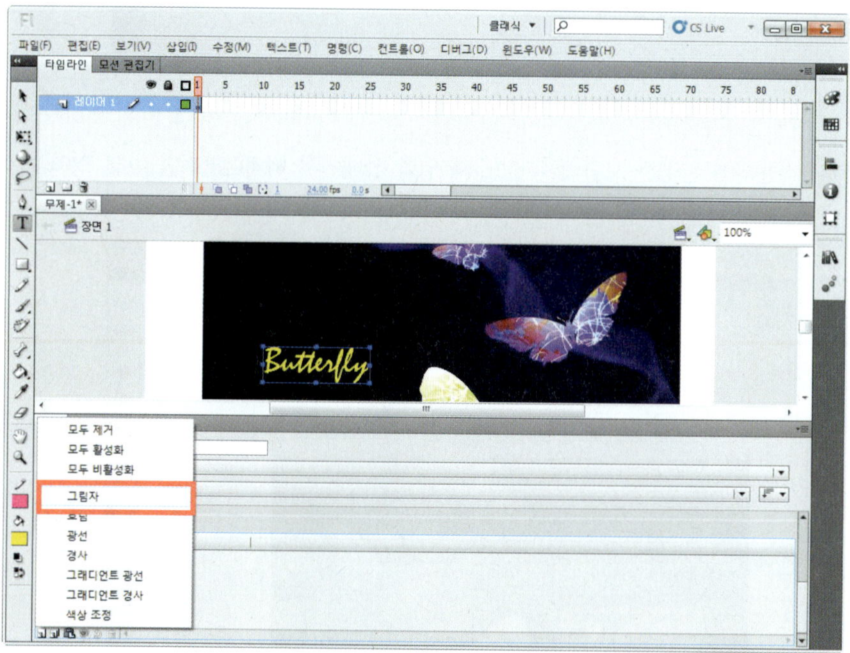

04 그림자의 색상 항목을 클릭한 후에 흰색을 선택합니다.

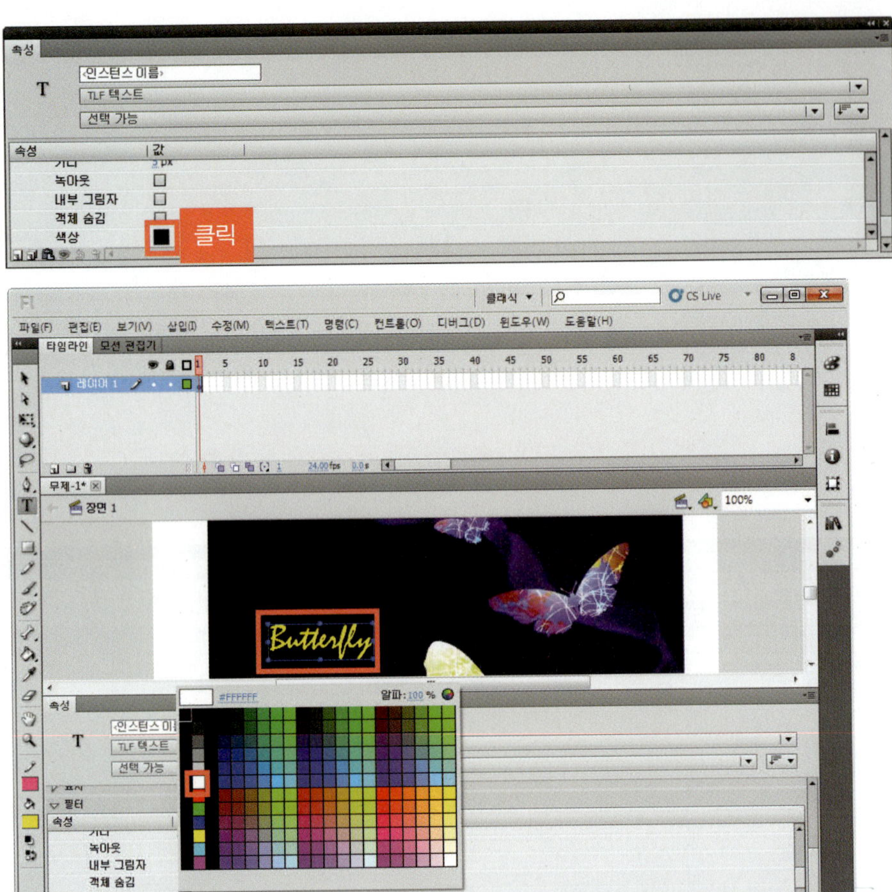

05 그림자 효과가 적용되어 완성된 모습입니다. (글자 입력 상태에서 빠져나오려면 바깥 영역 클릭)

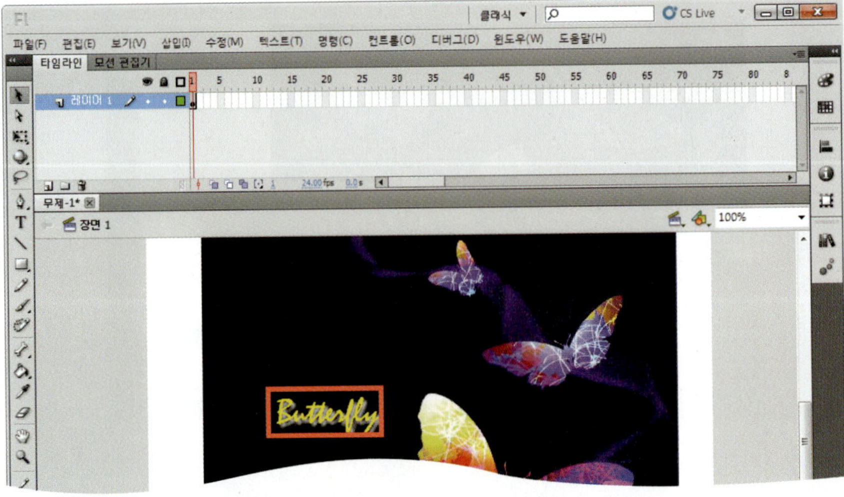

4. 오브젝트를 심벌로 등록하기

플래시에서 스테이지에 그려지는 모든 작업의 결과 또는 하나하나의 개체를 '오브젝트(Object)'라고 합니다. 하지만 이 오브젝트 상태로는 액션 스크립트를 적용하는 등 애니메이션 요소로 쓸 수 없기 때문에 오브젝트를 심벌(Symbol)로 변환해야 합니다. 즉, 심벌은 애니메이션 작업을 위한 기본 구성 요소로, 플래시 작업을 통해 만든 오브젝트를 그래픽 심벌, 버튼 심벌, 동영상 클립 심벌로 등록하여 반복적으로 사용할 수 있습니다.

① 오브젝트의 종류

오브젝트에는 드로잉 오브젝트와 텍스트 비트맵 오브젝트 등이 있습니다.

브러시 도구로 드로잉한 드로잉 오브젝트　　　　문자 도구를 활용한 텍스트 오브젝트

② 심벌의 종류

- **그래픽 심벌** : 애니메이션을 구성하는 기본 심벌이며, 액션 스크립트는 적용할 수 없는 심벌입니다.
- **버튼 심벌** : 인터넷 홈페이지 상에서 버튼으로 작동하는 심벌입니다.
- **동영상 클립 심벌** : 다른 심벌과 다르게 독립된 심벌로 모든 애니메이션이 가능합니다.

O1 [파일]–[열기] 메뉴를 통해 '종이학.fla'를 불러옵니다. 그리고 심벌로 등록하려는 대상(종이학)을 선택한 후에 [수정]–[심볼로 변환] 메뉴를 클릭합니다.

★ 플래시를 새로 시작하지 않고 새로운 작업을 하려면 [파일]–[새로 만들기] 메뉴를 이용하면 됩니다.

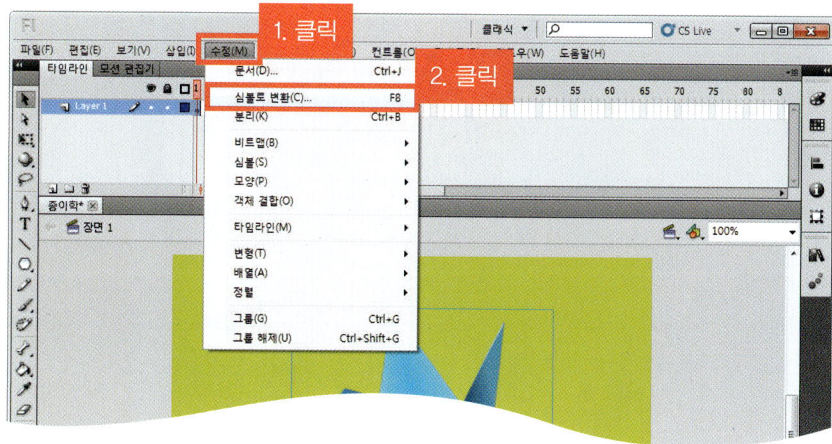

02 [심벌로 변환] 대화상자에서 이름(종이학), 유형(그래픽)을 선택한 후에 [확인] 버튼을 클릭하여 심벌로 등록합니다.

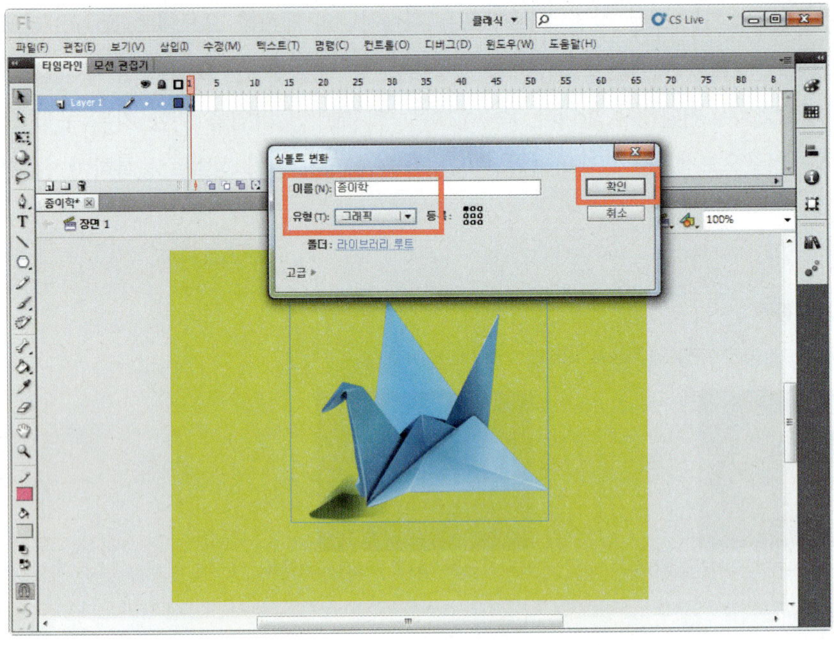

03 라이브러리 패널을 활성화하기 위해 [윈도우] 메뉴의 [라이브러리]를 클릭합니다.

라이브러리 패널

라이브러리 패널은 심벌과 오브젝트를 저장해 두는 저장 창고와 같은 곳으로 필요할 때 스테이지로 꺼내서 원하는 위치와 시간에 맞도록 구성할 수 있습니다.

04 라이브러리 패널에 종이학 심벌이 등록된 것을 볼 수 있습니다.

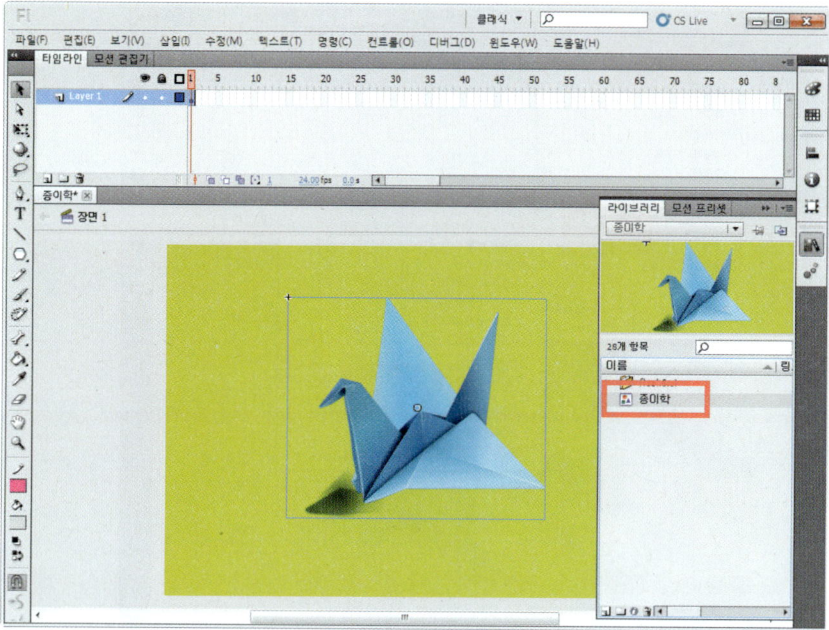

05 심벌을 스테이지로 드래그하여 종이학을 추가합니다.

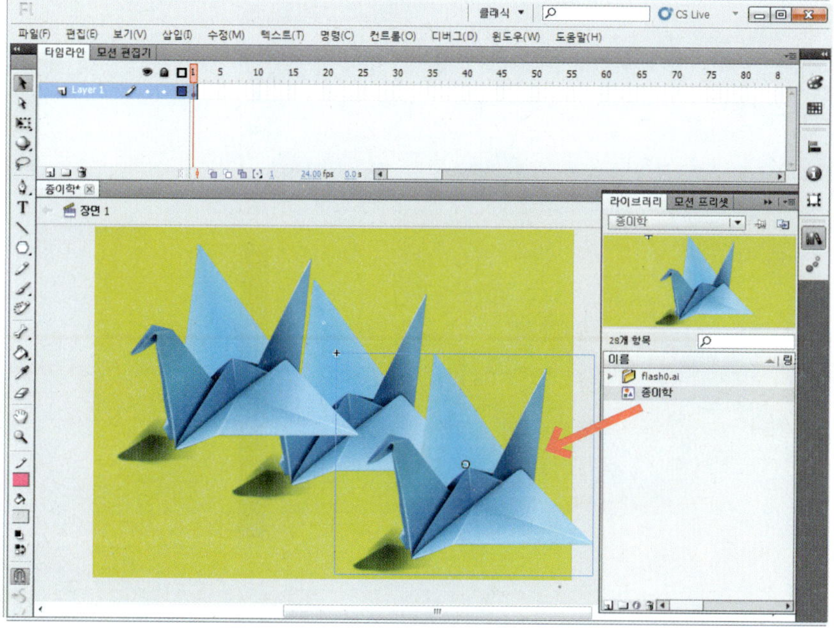

06 [수정]-[변형]-[수평 뒤집기]를 실행하여 좌우를 반전합니다.

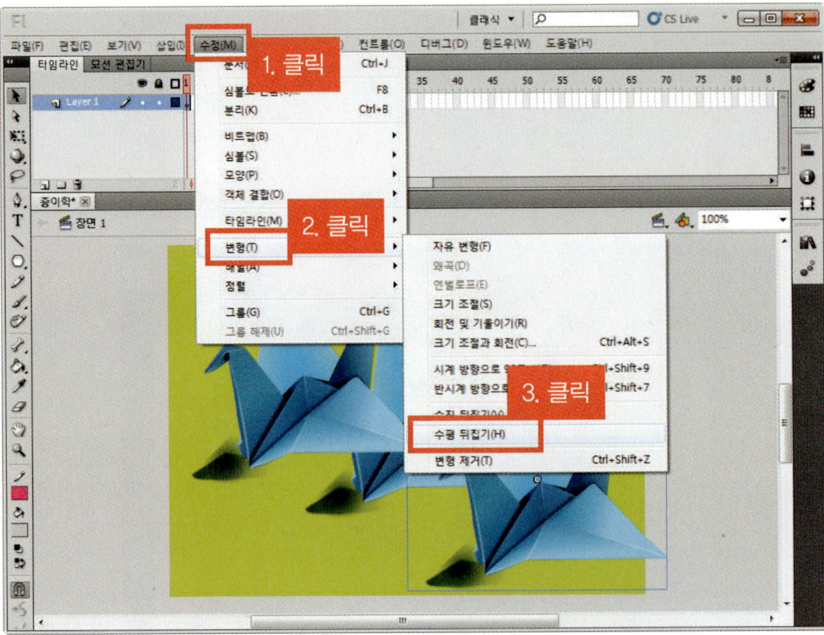

07 변형 옵션이 적용되어 종이학 이미지가 변형된 것을 볼 수 있습니다.

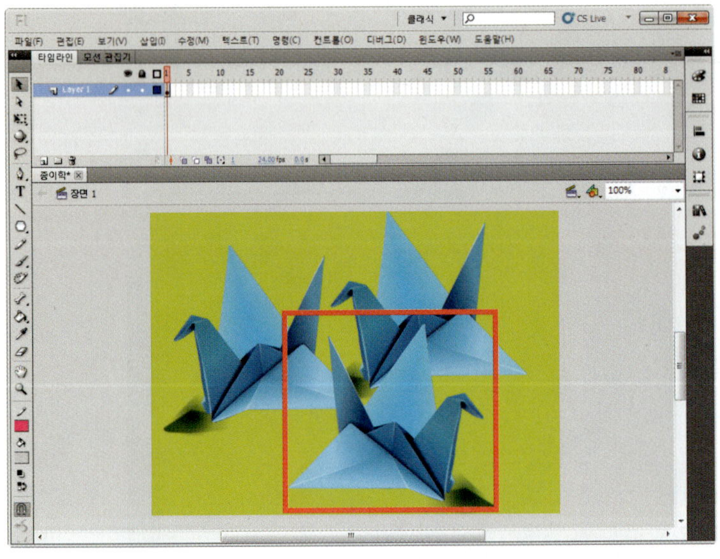

5. 롤오버 버튼 만들기

쇼핑몰에서는 롤오버 메뉴를 많이 사용합니다. 롤오버 메뉴는 마우스에 반응하는 메뉴로 마우스를 올리지 않았을 때의 메뉴 모습과 메뉴에 마우스를 올렸을 때의 모습이 다른 기능을 말합니다.

O1 [파일]-[열기] 메뉴를 선택하고 'Q&A.fla' 파일을 열어 줍니다. 선택 도구( )로 문자 오브젝트를 선택하고 [수정]-[심볼로 변환] 메뉴를 클릭합니다. [심볼로 변환] 대화상자에서 이름(버튼)과 유형(버튼)을 선택한 후에 [확인] 버튼을 클릭합니다.

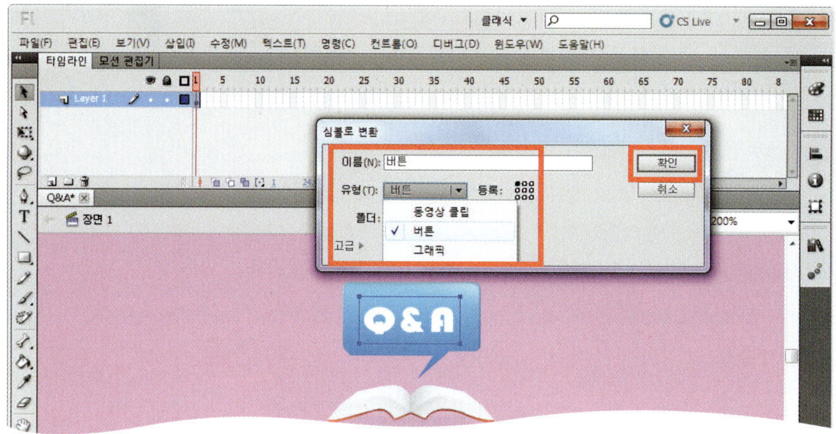

O2 라이브러리에 심벌이 등록된 것을 확인하고 등록된 심벌의 미리보기 창을 더블클릭하여 버튼 수정 화면으로 전환합니다.

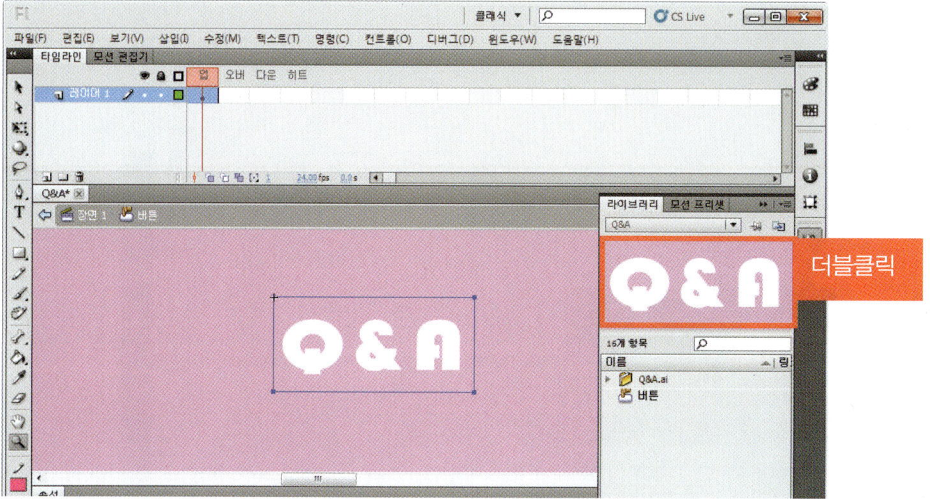

03 마우스 오버 시 변화를 주기 위해 타임라인의 '오버' 항목 아래 빈 칸을 마우스 오른쪽 버튼을 클릭한 후에 [키프레임 삽입] 메뉴를 클릭하여 키프레임을 삽입합니다.

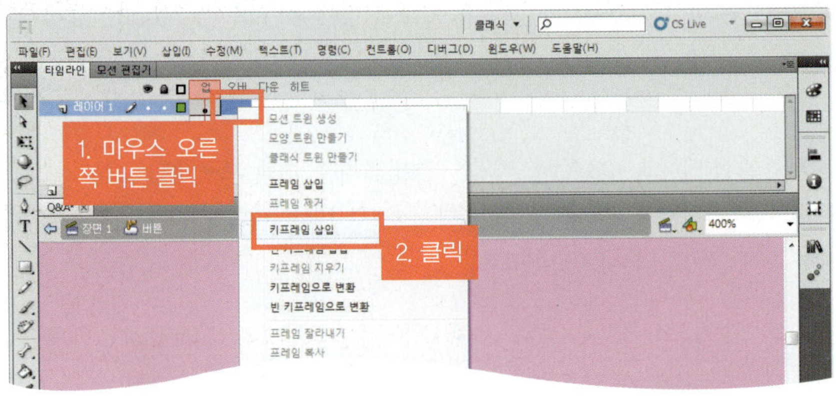

키프레임이란?

플래시는 애니메이션을 만드는 프로그램이기 때문에 시간을 제어하는 타임라인이 필요합니다. 한 장면 한 장면을 뜻하는 프레임이 모여 타임라인을 형성합니다. 그리고 프레임에 전환점을 만들어주기 위해 표시하는 것을 키프레임이라고 합니다. 키프레임이 있는 곳에서는 새로운 변화를 만들 수 있습니다.

04 텍스트 도구(T)를 선택한 후에 속성 대화상자에서 색상을 변경합니다.

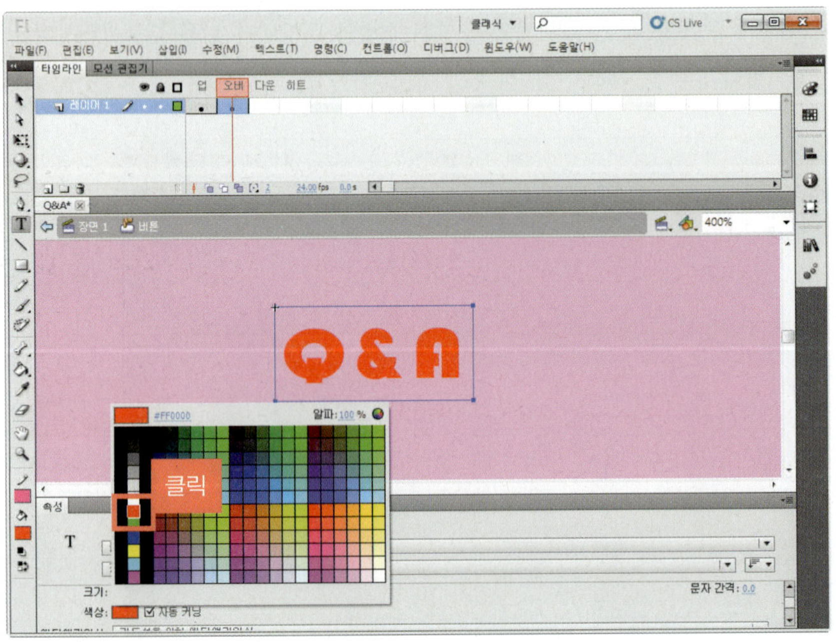

05 같은 방법으로 타임라인의 '다운' 프레임에서 마우스 오른쪽 버튼을 클릭한 후에 [키프레임 삽입]
을 클릭합니다.

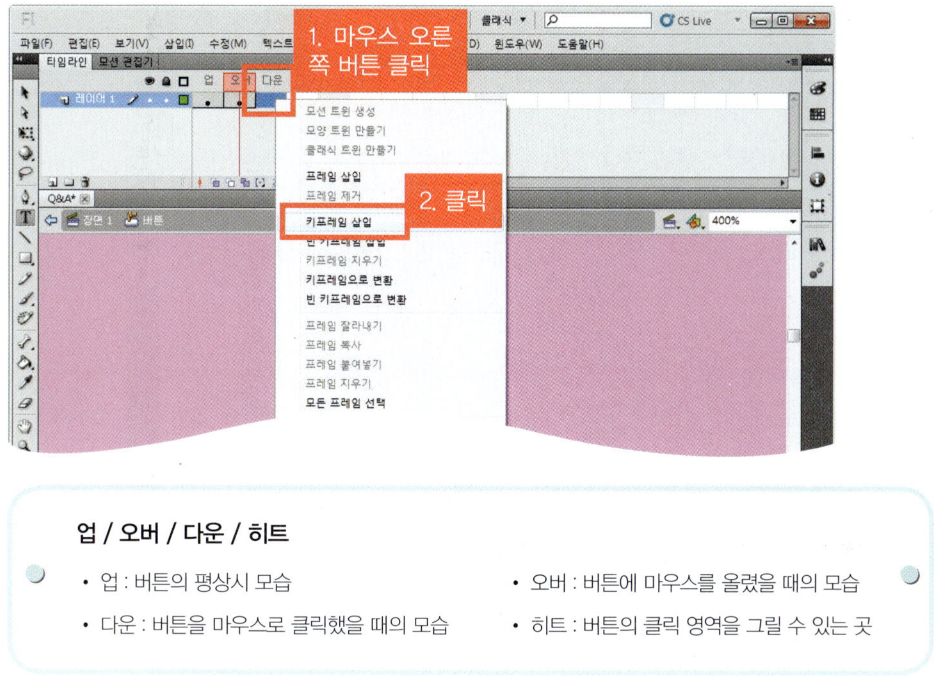

업 / 오버 / 다운 / 히트

- 업 : 버튼의 평상시 모습
- 다운 : 버튼을 마우스로 클릭했을 때의 모습
- 오버 : 버튼에 마우스를 올렸을 때의 모습
- 히트 : 버튼의 클릭 영역을 그릴 수 있는 곳

06 마우스 다운 시 적용될 색상을 선택합니다.

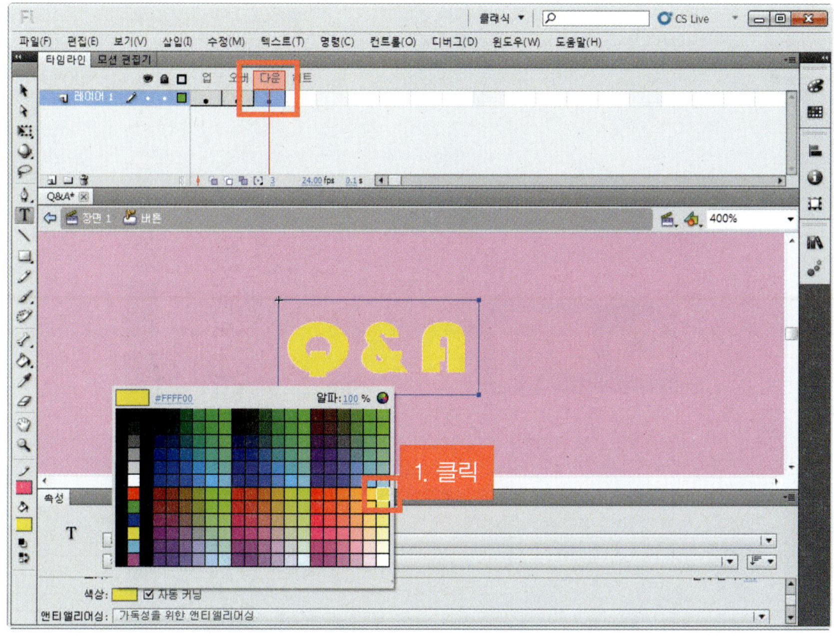

07 '히트' 항목에서도 키프레임을 추가하기 위해 마우스 오른쪽 버튼을 클릭한 후에 [키프레임 삽입]을
선택합니다.

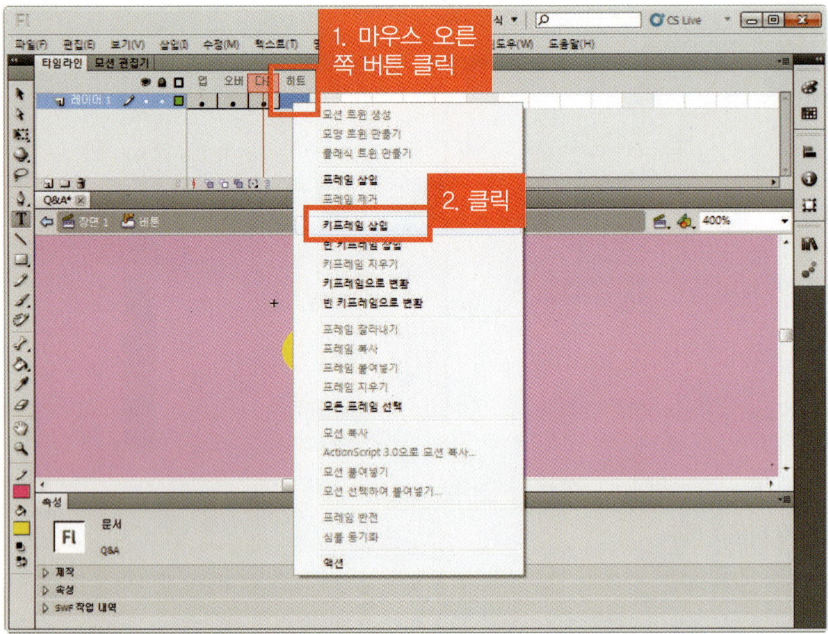

08 툴바에서 사각형 도구(□)를 선택한 후에 버튼이 작동할 위치를 드래그하여 사각형을 그려줍니다.

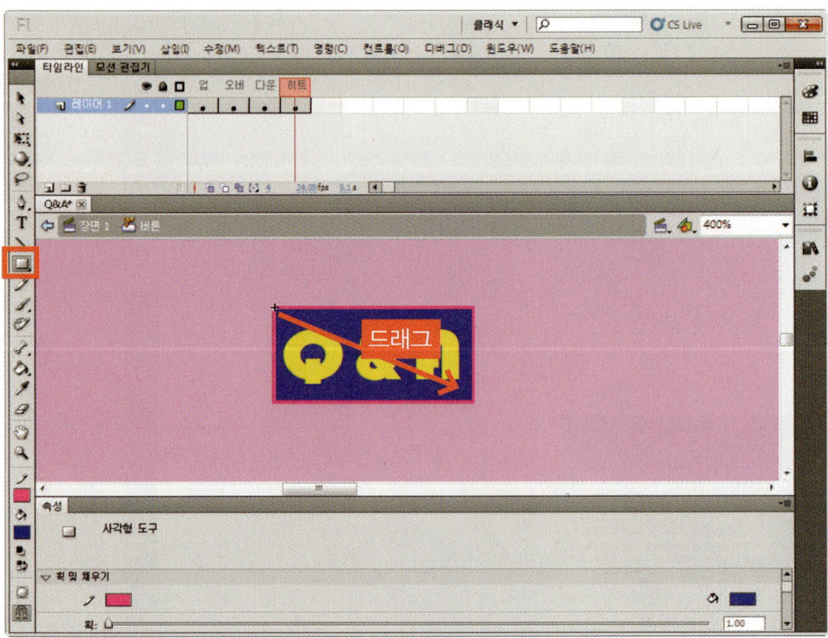

09 [파일]-[제작 미리 보기]-[Flash]를 클릭하여 제작한 무비를 미리 보기 합니다.

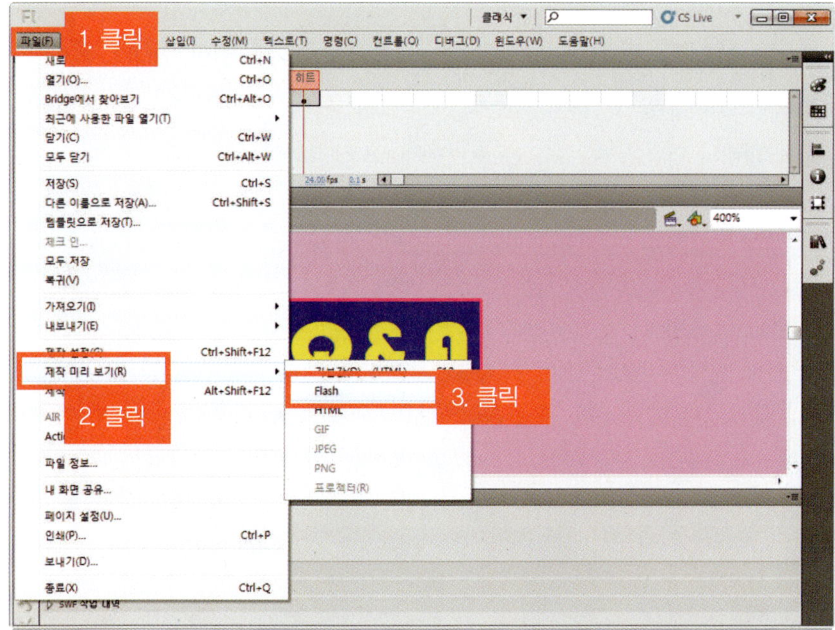

10 미리 보기 화면에서 버튼에 마우스를 올릴 때와 클릭할 때 각각 다르게 액션이 일어나는 것을 확인합니다.

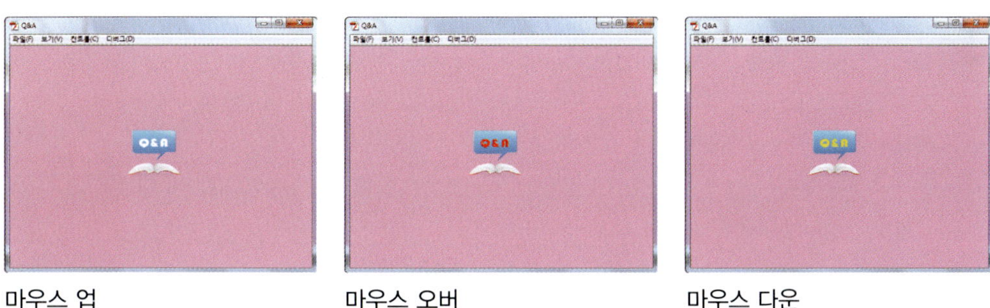

마우스 업   마우스 오버   마우스 다운

6. 셰이프 트위닝으로 쇼핑몰 메인 만들기

트위닝(Tweening)은 키프레임 사이를 자동으로 채워주는 기능이라고 생각하면 됩니다. 트위닝에는 모션(Motion) 트위닝과 셰이프(Shape) 트위닝이 있는데, 모션 트위닝은 움직임을 주는 트위닝이고 셰이프 트위닝은 움직임과 함께 형태의 변형을 줄 수 있는 트위닝이라고 생각하면 쉽습니다.

★ 타임라인 알아보기

트위닝을 이해하기 위해서는 먼저 타임라인에 대한 이해가 필요합니다.
타임라인은 플래시 애니메이션에서 시간을 제어하는 곳으로, 애니메이션을 빠르게도, 느리게도 할 수 있고, 서로 교차해서 나타나게도 할 수 있습니다. 따라서 애니메이션에 있어서 모든 작업 내역을 기록하는 곳이라고 할 수 있습니다.

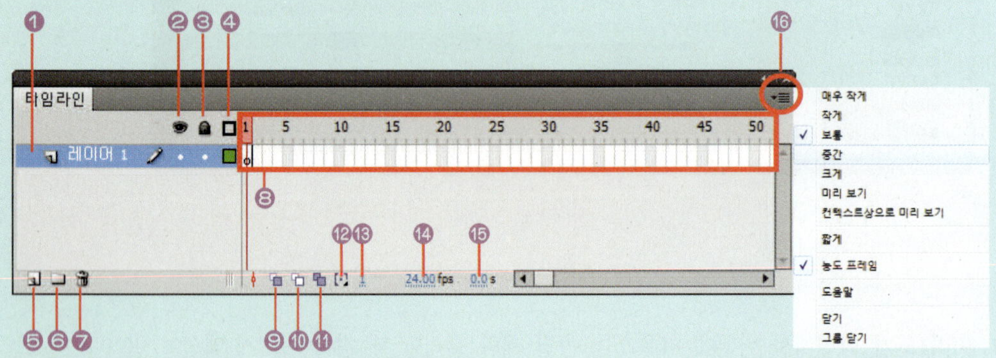

❶ 레이어 : 오브젝트 및 심볼과 같이 플래시에서 작업하는 개체들을 층으로 배열하는 곳

❷ 보이기와 감추기 : 모든 레이어를 스테이지에서 보이거나 감출 때 사용

❸ 잠금 또는 잠금 해제 : 모든 레이어를 잠그거나 잠금 해제를 할 때 사용

❹ 아웃라인으로 표시 및 해제 : 모든 레이어를 아웃라인으로 표시 또는 해제할 때 사용

❺ 레이어 추가 : 새로운 레이어를 추가할 때 사용

❻ 폴더 추가 : 새로운 폴더를 추가할 때 사용합니다. 레이어를 체계적으로 관리할 때 필요

❼ 삭제 : 선택한 레이어를 지울 때 사용

❽ 타임라인 : 적용된 애니메이션 효과가 나타나면 시간을 조절할 때 사용

❾ 어니온스킨 : 분리된 프레임의 오브젝트와 심벌을 수정할 때 사용

❿ 어니온스킨 아웃라인 : 어니온스킨을 아웃라인으로 표시할 때 사용

⓫ 멀티프레임 : 여러 프레임을 동시에 편집할 때 사용

⓬ 어니온마스크 : 어니온스킨이 적용되는 범위를 조절할 때 사용

⓭ 현재 프레임 : 현재 위치되어 있는 프레임을 숫자로 나타냄

⓮ 프레임 속도 : 1초에 재생되는 프레임의 속도를 나타냄

⓯ 재생 경과 시간 : 플레이 헤드가 있는 현재 위치의 재생된 경과 시간을 나타냄

⓰ 옵션 단추 : 타임라인을 어떤 형태로 볼 것인지를 선택할 수 있는 옵션 메뉴 표시

01 [파일]-[열기] 메뉴로 '봄.fla' 파일을 열고 [윈도] [라이브러리] 메뉴를 클릭하여 라이브러리 패널을 확인합니다.

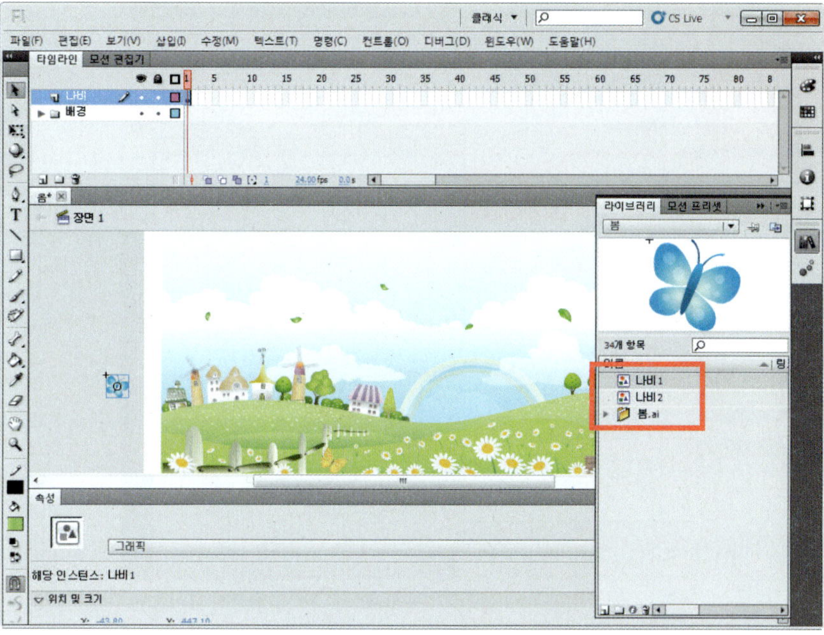

02 라이브러리 패널에서 나비1 심벌을 드래그하여 화면의 왼쪽 아래에 배치합니다.

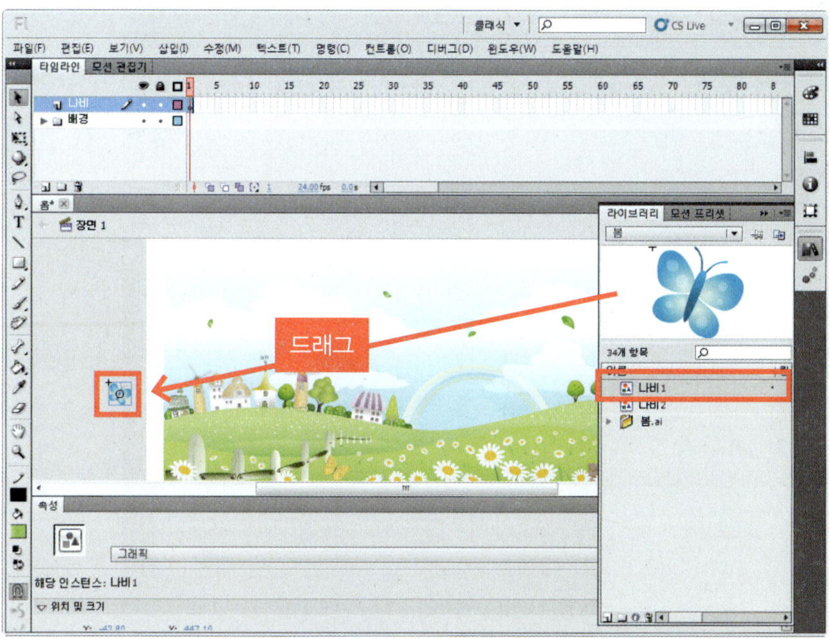

03 타임라인의 10번 프레임에서 마우스 오른쪽 버튼을 클릭한 후에 [키프레임 삽입]을 클릭합니다.

04 나비 심벌을 드래그하여 왼쪽 상단으로 이동합니다.

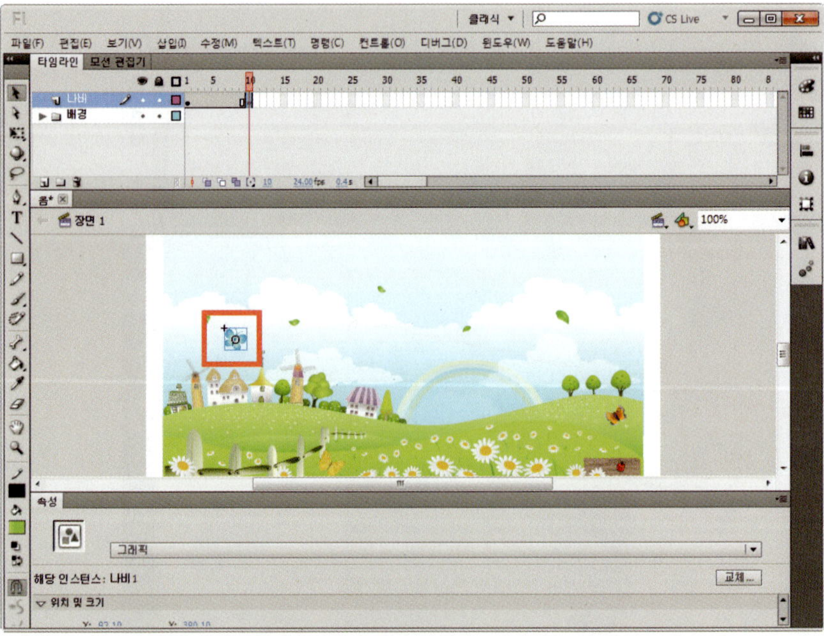

05 자유 변형 도구를 선택한 후에 크기를 조절하고 나비의 방향을 회진합니다.

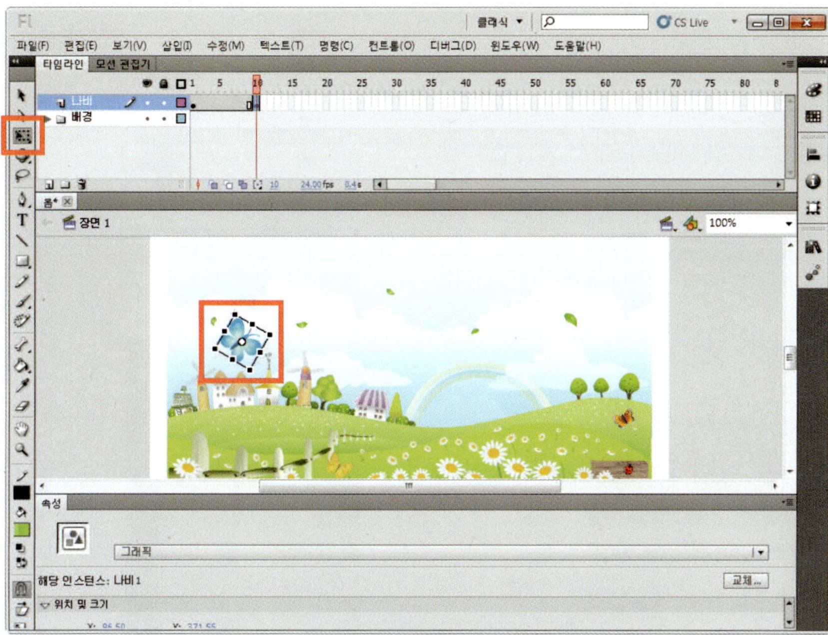

06 같은 방법으로 20번 프레임에 키프레임을 삽입하고 나비의 위치를 오른쪽 위로 이동합니다.

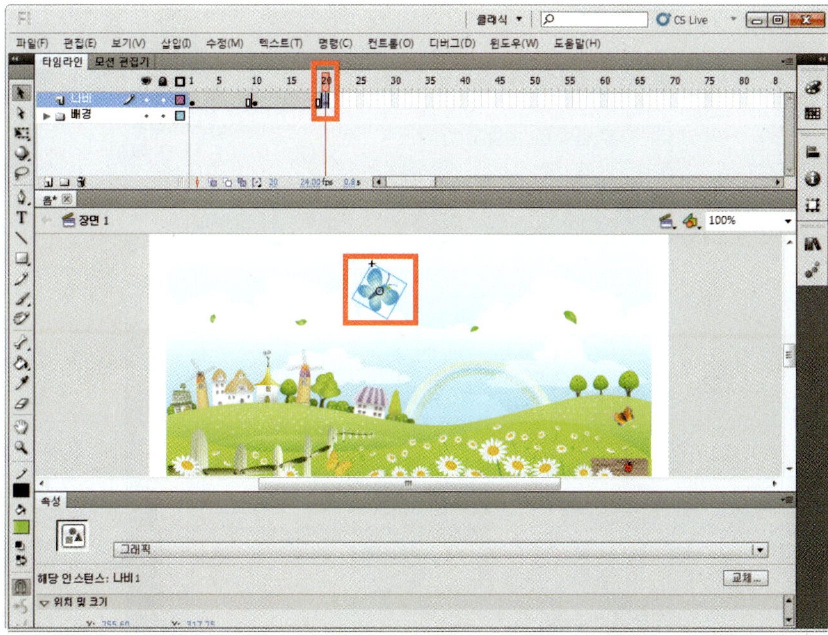

O7 트윈 효과를 주기 위해 나비 레이어에서 키프레임을 적용한 범위를 드래그하여 블록을 설정한 후 마우스 오른쪽 버튼을 클릭하고 [클래식 트윈 만들기] 메뉴를 선택합니다.

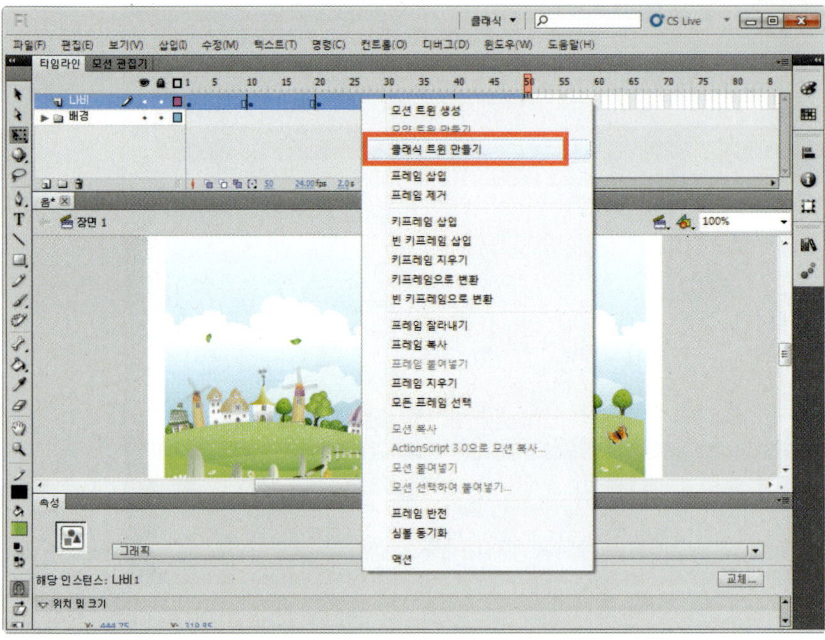

O8 미리 보기 위해 [파일]-[제작 미리 보기]-[Flash]를 클릭합니다.

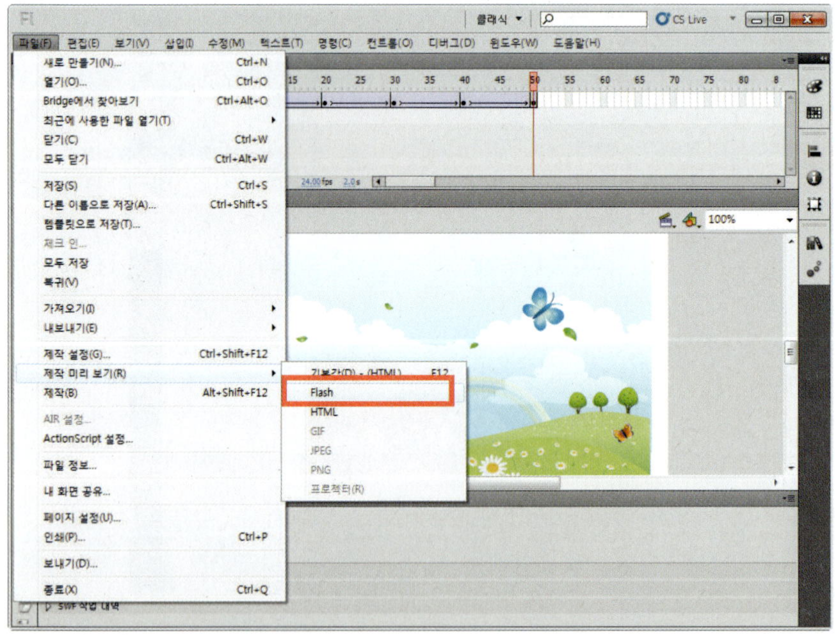

09 나비가 왼쪽부터 오른쪽으로 날아가는 것을 볼 수 있습니다.

 ## 7. 트윈 기법으로 쇼핑몰 메인 만들기

앞에서 살펴보았듯이 트윈 기법은 개체를 원하는 형태 및 위치로 이동하는 플래시의 기법입니다. 선과 함께 이 기법을 응용하면 선을 따라 움직이는 결과물을 만들어 낼 수 있습니다.

O1 왼쪽에 있는 비행기가 오른쪽으로 자연스럽게 날아가는 애니메이션을 만들어 보기 위해 [파일]-[열기] 메뉴를 이용해 '비행기.fla' 파일을 불러옵니다.

O2 비행기를 심벌로 등록하기 위해 비행기 오브젝트를 선택하고 [수정]-[심볼로 변환] 메뉴를 클릭합니다.

O3 [심볼로 변환] 대화상자에서 이름(비행기)과 유형(그래픽)을 설정하고 [확인] 버튼을 클릭합니다.

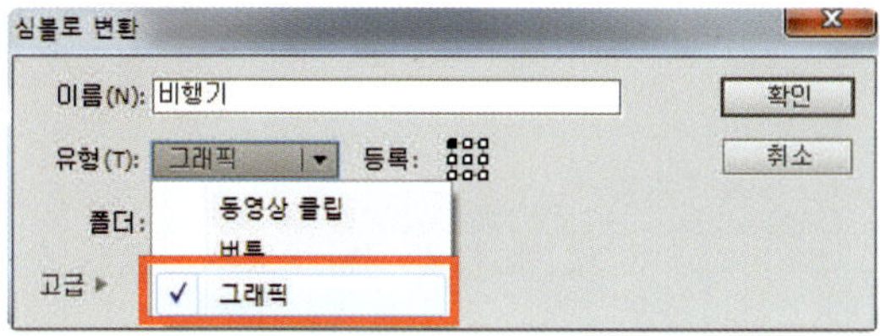

O4 라이브러리 패널을 활성화하여 비행기 심벌이 등록된 것을 확인합니다.

O5 새로운 레이어를 추가하고 이름을 '비행기'로 변경합니다. 원래 있던 비행기를 지운 후에 새로 만든
'비행기' 레이어를 선택하고 라이브러리 패널에서 비행기 심벌을 드래그하여 왼쪽 지점에 위치합니다.

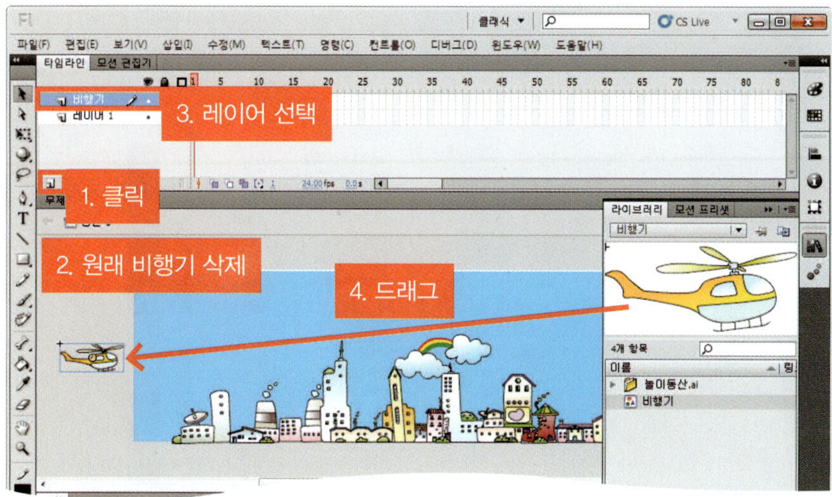

06 비행기 레이어의 50번 프레임에서 마우스 오른쪽 버튼을 클릭한 후에 [키프레임 삽입] 메뉴를 선택합니다.

07 레이어 1의 50번 프레임에서 다시 마우스 오른쪽 버튼을 눌러 [키프레임 삽입] 메뉴를 선택합니다.

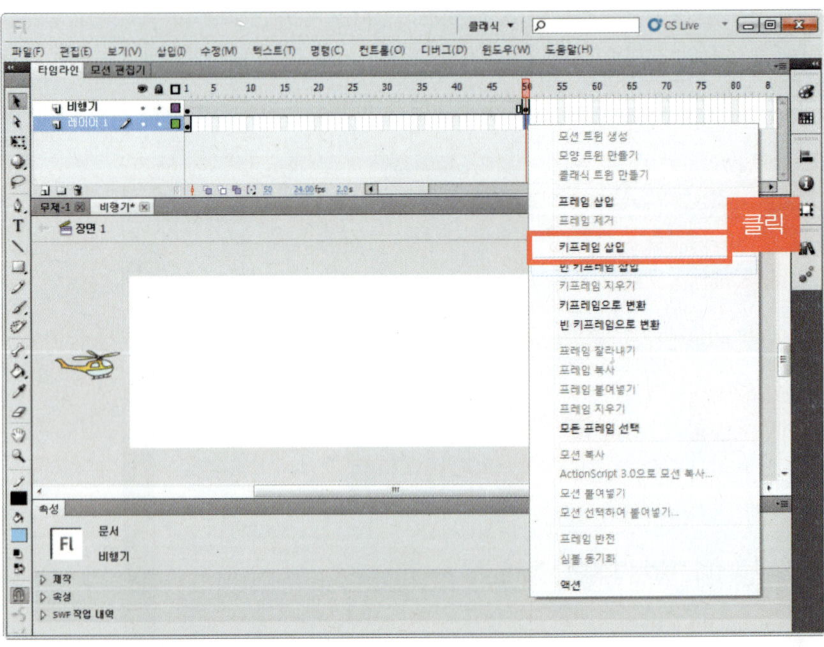

08 비행기 레이어의 50번 프레임을 선택하고 왼쪽에 있는 비행기를 오른쪽 끝으로 이동합니다.

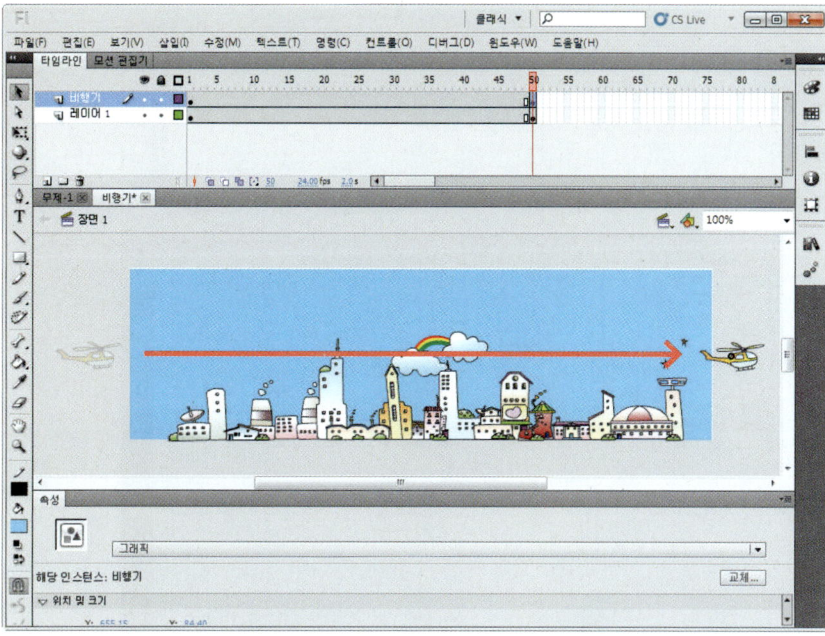

09 비행기 레이어에서 마우스 오른쪽 버튼을 클릭한 후에 [클래식 트윈 만들기]를 클릭합니다.

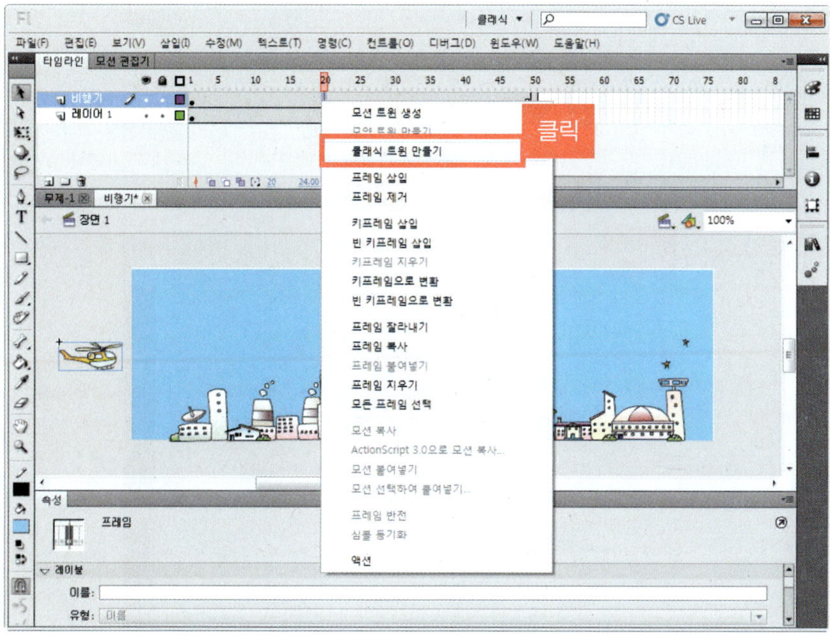

10 Enter 키를 치면 비행기가 왼쪽부터 오른쪽으로 날아가는 것을 볼 수 있습니다.

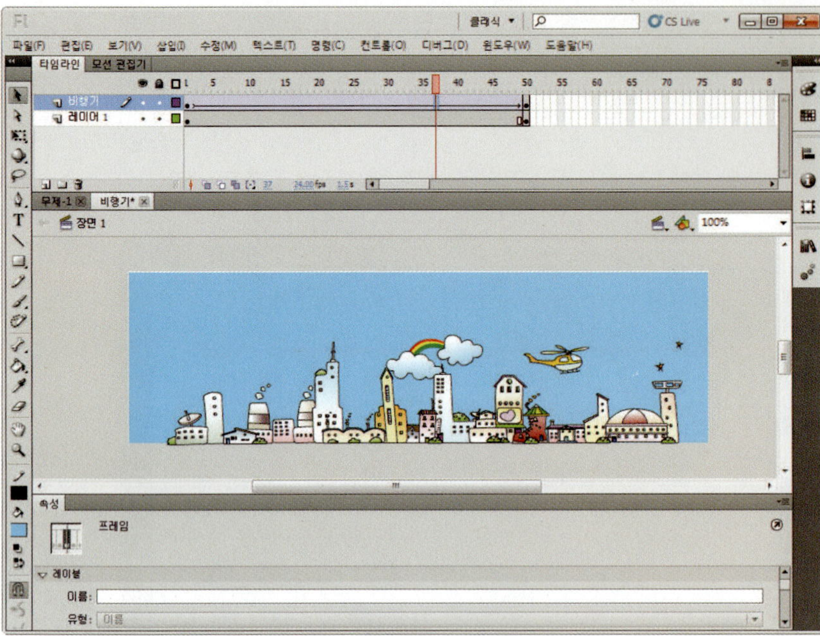

11 비행기 레이어에서 오른쪽 버튼을 클릭하고 [표준 모션 안내선 추가]를 클릭합니다.

12 모션 안내선이 추가된 것을 볼 수 있습니다. 안내선 레이어가 선택된 상태에서 툴바에서 펜 도구를
선택합니다.

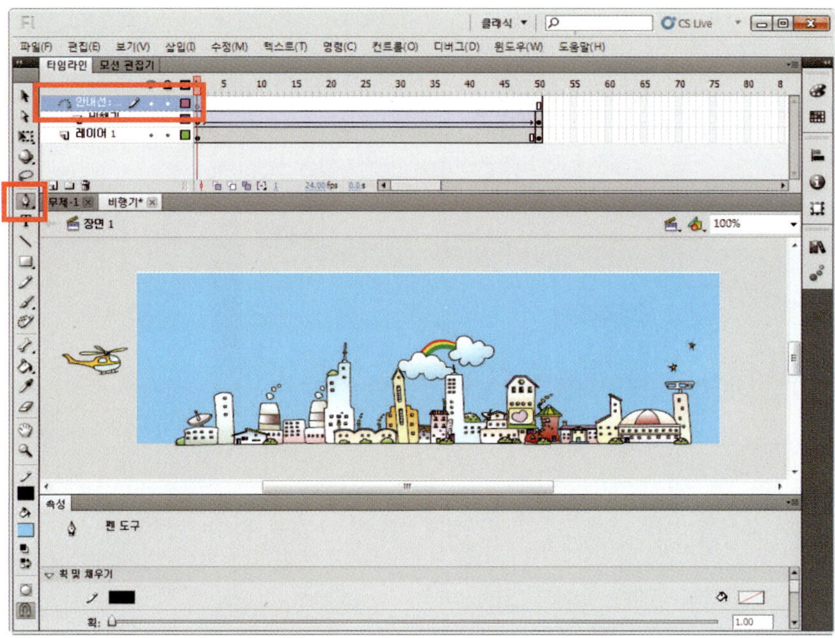

13 펜툴을 활용하여 화면과 같이 곡선을 그려줍니다.

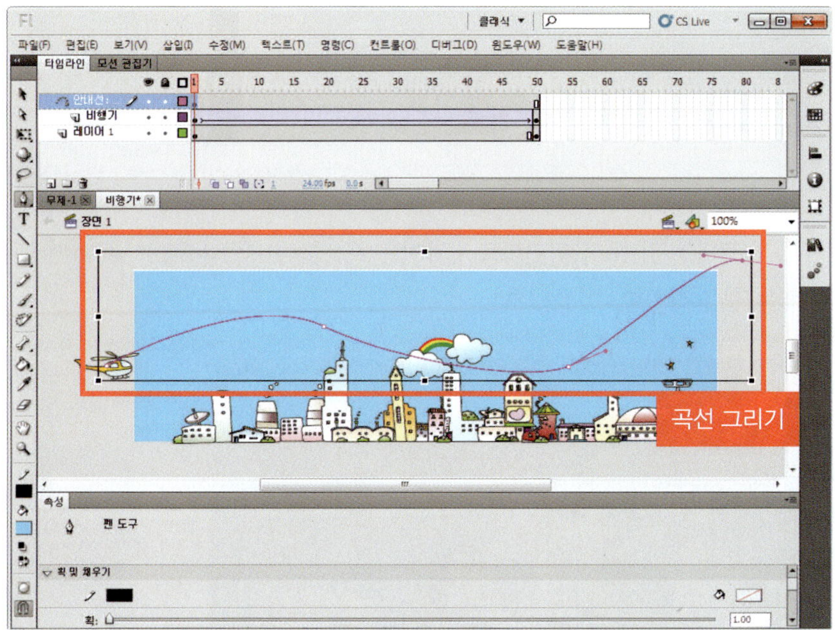

14 안내선 레이어의 50번 프레임에 키프레임을 추가하고, 비행기의 중심점을 안내선 레이어 끝과 맞춰 줍니다.

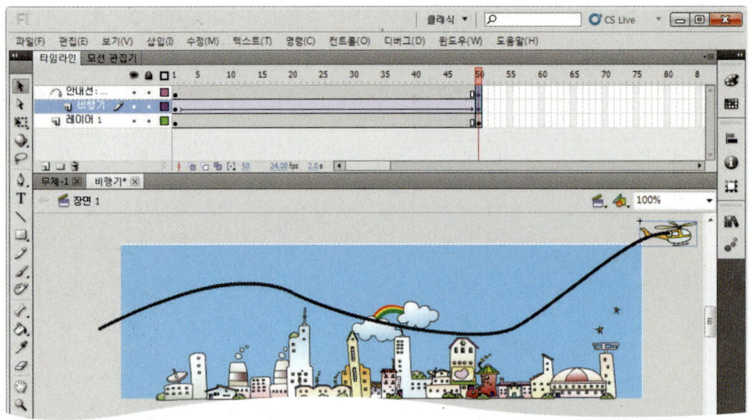

15 Enter 키를 누르면 패스를 따라 비행기가 자연스럽게 이동하는 것을 볼 수 있습니다.

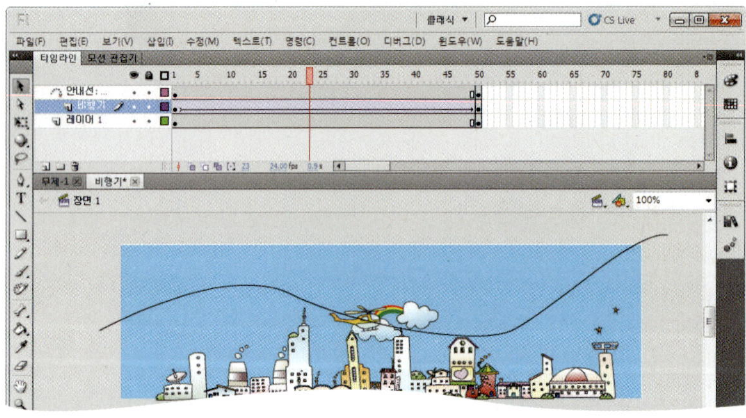

16 Ctrl + Enter 키를 누르면 미리 보기 화면으로 플래시를 재생할 수 있습니다. 실제로 재생될 때는 패스가 보이지 않는 것을 확인할 수 있습니다.

 # 8. 마스크 기법으로 배너 만들기

마스크 기법은 말 그대로 특정 영역을 가려주는 애니메이션 기법입니다. 배경 이미지 위에 글씨를 쓰고 글씨에 마스크 처리를 하면 배경 이미지가 글씨 영역만큼만 남게 됩니다. 그때 배경 이미지에 움직이는 효과를 적용하면 글씨 속에서 배경 이미지가 움직이는 효과가 만들어집니다.

01 [파일]–[열기]로 '마스크.fla' 파일을 불러온 후 새 레이어(글자)를 추가합니다. 그리고 텍스트 도구로 내용을 입력한 후 속성을 설정합니다.

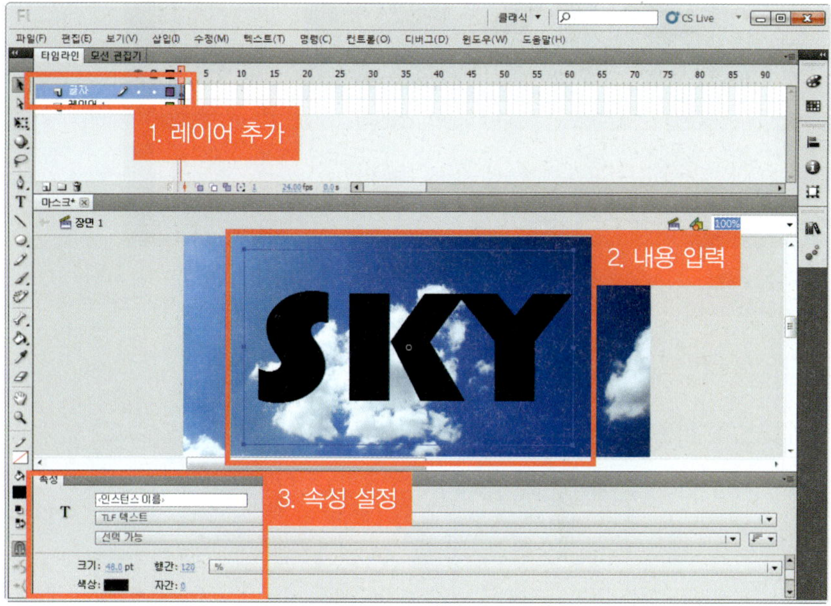

02 입력한 글자를 선택하고 [수정]–[분리] 메뉴를 클릭합니다.

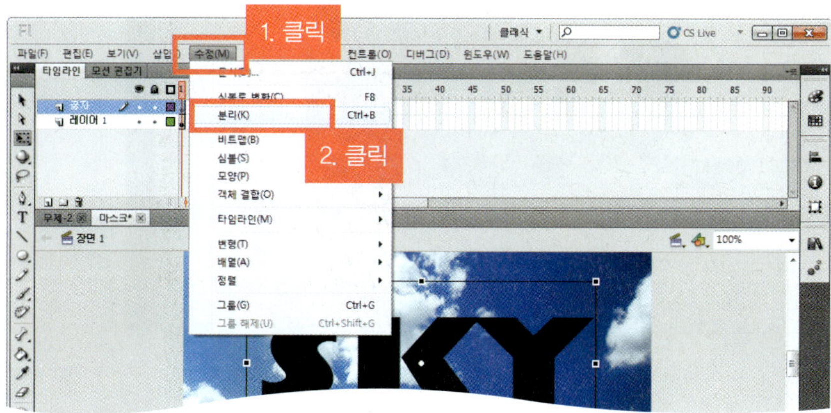

03 다시 한 번 분리를 진행하여 글자를 분해합니다.

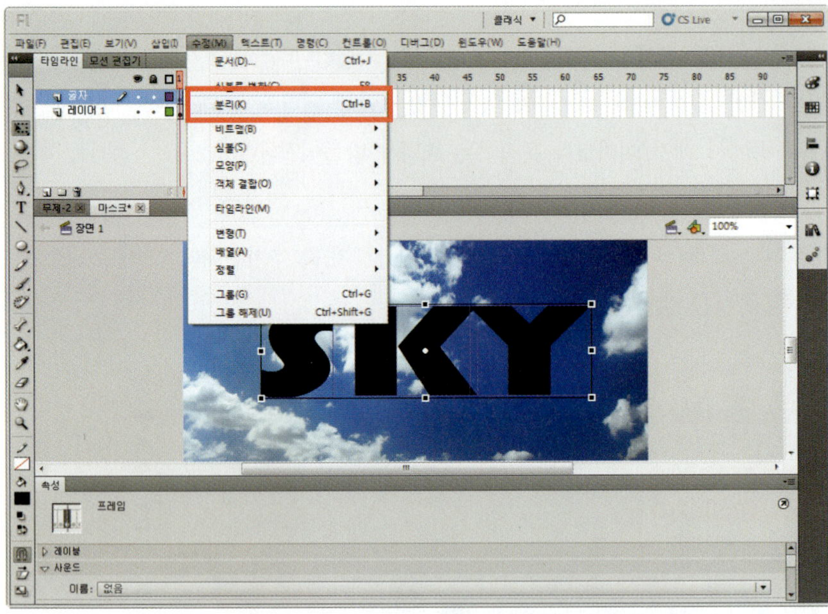

04 글자 레이어에서 오른쪽 버튼을 클릭한 후에 [마스크]를 클릭합니다.

05 마스크 효과가 적용된 것을 볼 수 있습니다.

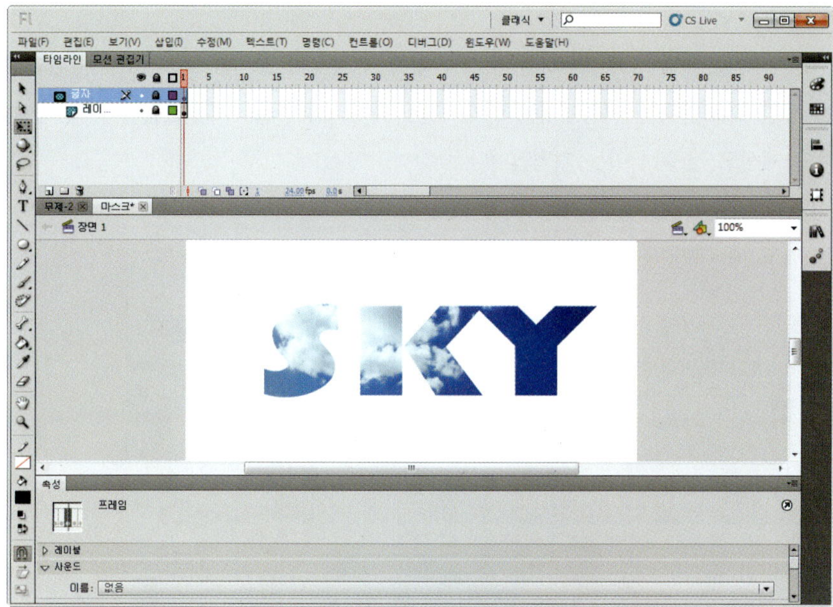

06 **Ctrl** + **Enter** 를 눌러 완성된 무비를 확인합니다.

 ## 9. 문자 트윈으로 배너 만들기

문자 트윈 효과는 첫 번째 문자에서 두 번째 문자로 변해가는 과정이 보이는 효과입니다. 변화되는 과정이 보이기 때문에 중간에 교차되는 지점에서는 뭉개지는 듯한 느낌이 들 수도 있습니다. 문자에서만이 아니라 도형 이미지 등에서도 자주 쓰이는 기법입니다.

O1 '꿈.fla' 파일을 열고 새 레이어를 추가한 다음 'dream'을 입력합니다.

O2 30번 프레임에서 마우스 오른쪽 버튼을 클릭하고 [키프레임 삽입] 메뉴를 선택합니다.

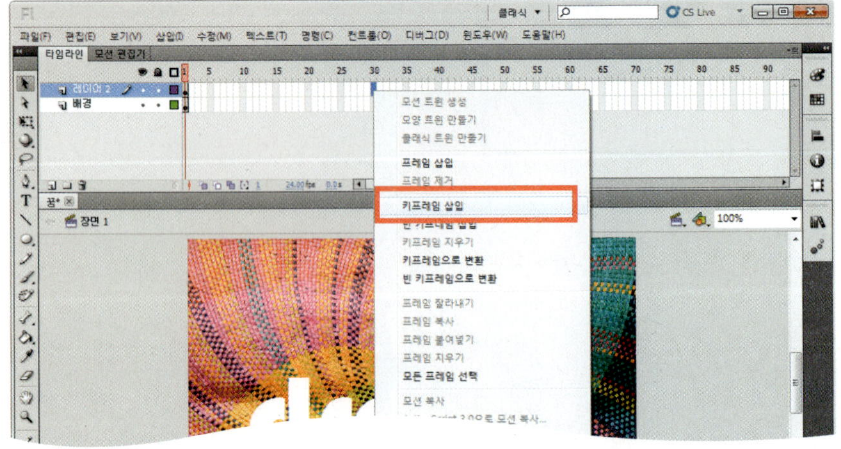

03 텍스트 도구를 활용하여 30번 프레임의 글자가 입력되었던 부분에 'Dreams come true'를 입력합니다.

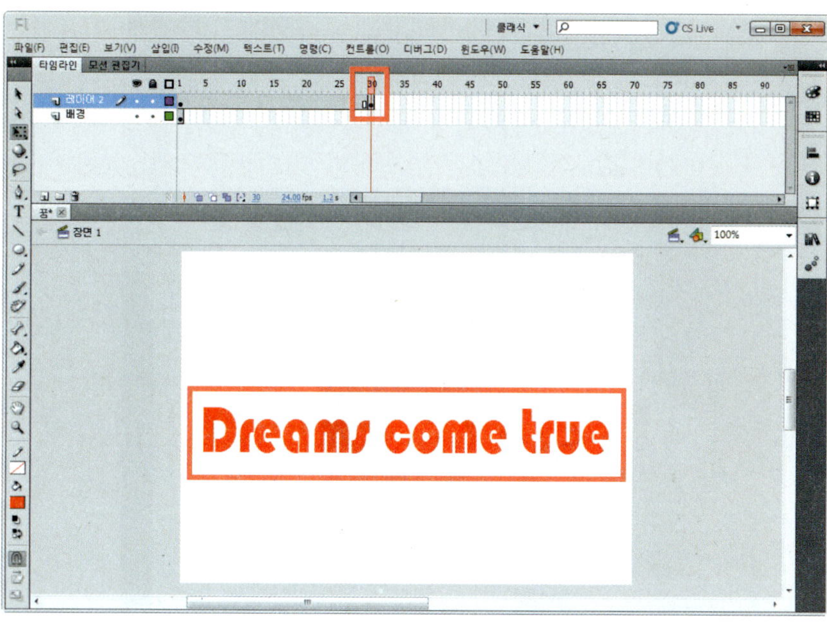

04 배경과 글자 레이어의 60번 프레임을 동시에 블록 설정한 후에 마우스 오른쪽 버튼을 클릭하고 [프레임 삽입]을 선택합니다.

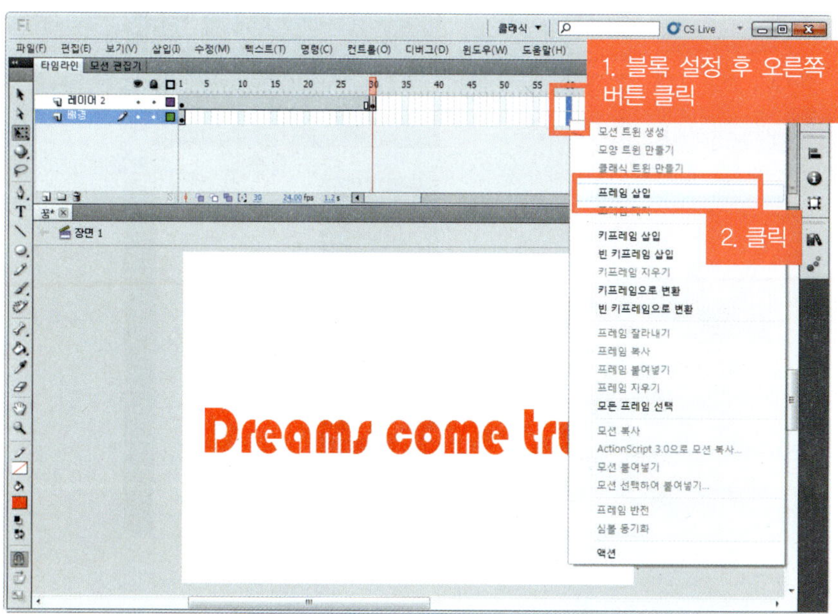

05 타임라인에서 30번 이전 프레임으로 이동하여 첫 번째 입력한 글자를 선택하고 글자를 분리하기 위해 'dream' 글자에서 마우스 오른쪽 버튼을 클릭한 후에 [분리]를 선택합니다.

06 다시 한 번 같은 방법으로 분리를 클릭하여 글자의 속성을 지우고 셰이프 오브젝트로 만듭니다.

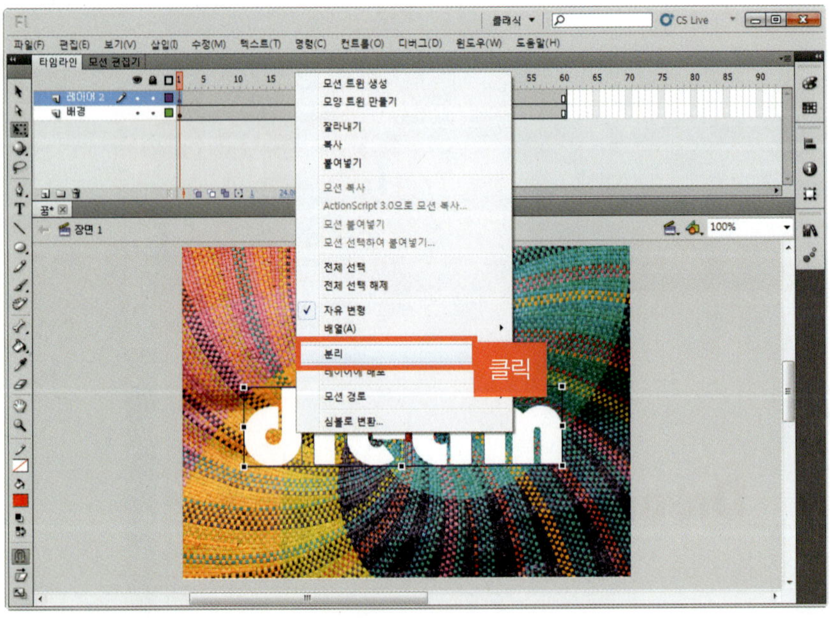

07 30번 프레임에 입력한 'dreams come true' 글자도 같은 방법으로 분리합니다. 2번 반복하여 셰이프 오브젝트로 만듭니다.

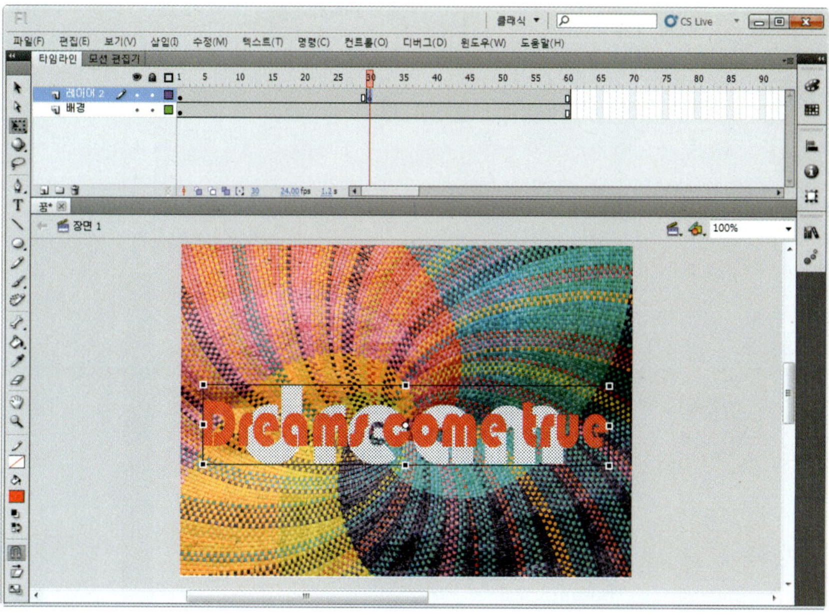

08 1번 프레임과 30번 프레임 사이에서 마우스 오른쪽 버튼을 클릭한 후에 [모양 트윈 만들기]를 선택합니다.

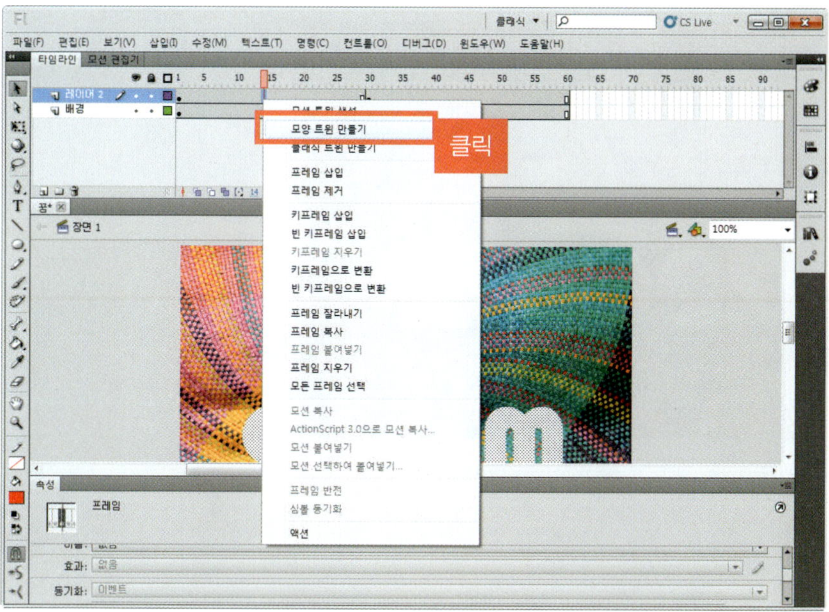

09 모양 트윈 효과가 적용되면서 1번 프레임의 글자가 30번 프레임의 글자로 단계별로 변해가는 것을 볼 수 있습니다.

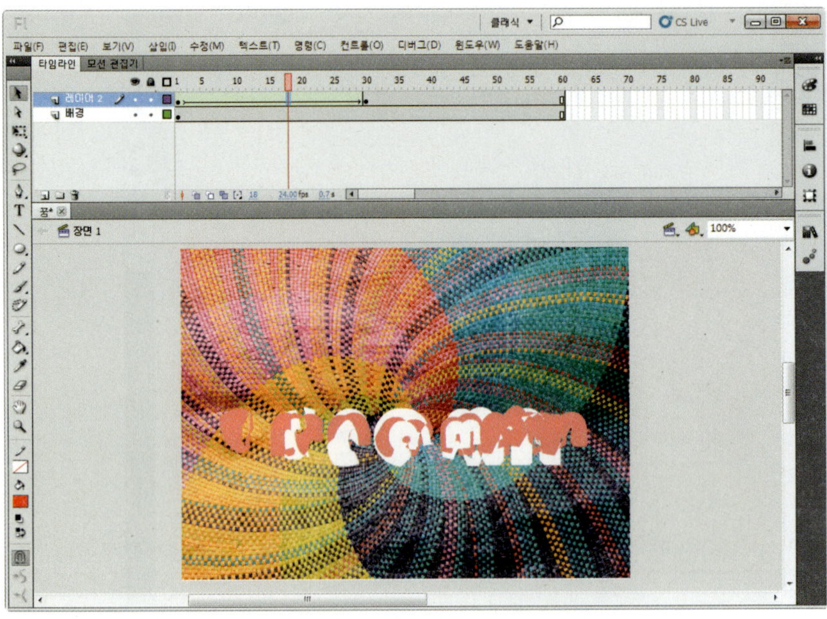

10 Ctrl + Enter 를 눌러 완성된 무비를 미리 보기 합니다.

10. 쇼핑몰 음악 제어하기

쇼핑몰에 음악을 삽입하여 재생할 수 있는 방법은 여러 가지가 있습니다. 여기서는 플래시를 통해 음악을 재생하고 정지하는 재생 바를 만들어 보겠습니다.

O1 '음악.fla' 파일을 열고 [윈도우]–[라이브러리] 메뉴를 선택하여 라이브러리를 표시합니다.

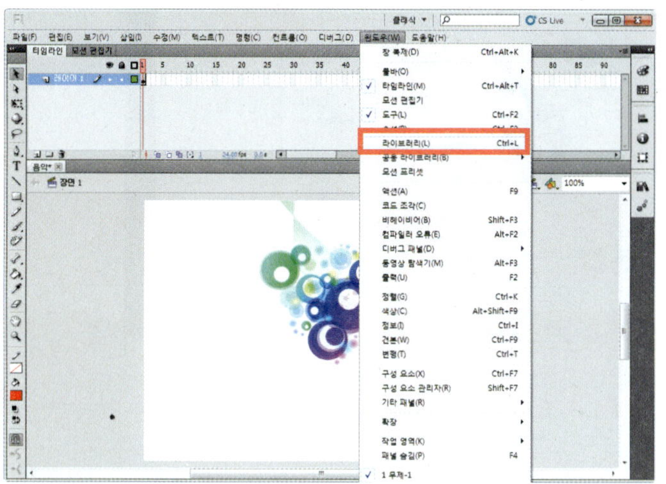

라이브러리 패널에 가져올 수 있는 사운드 파일은 wav, mp3, aiff 파일 등이 있습니다.

O2 레이어를 추가한 후에 라이브러리 패널에서 play 심벌과 stop 심벌을 드래그하여 화면으로 이동합니다.

03 [윈도우]–[비헤이비어] 메뉴를 클릭합니다.

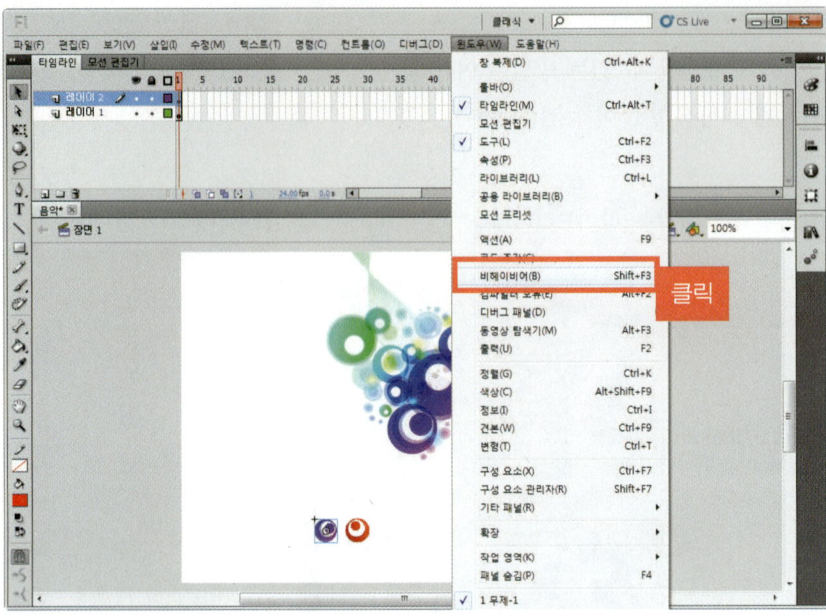

04 비헤이비어 패널에서 추가 아이콘(   )을 클릭하고 [사운드]–[라이브러리의 사운드 로드]를 클릭합
니다.

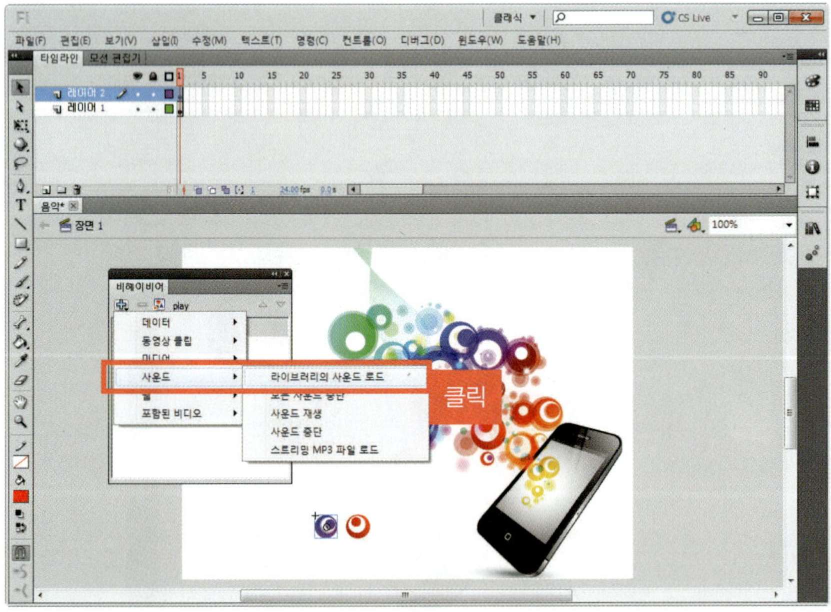

05 재생할 사운드 링크와 사운드 인스턴스 이름을 입력합니다. 그러면 play에 적용한 비헤이비어가 나타납니다.

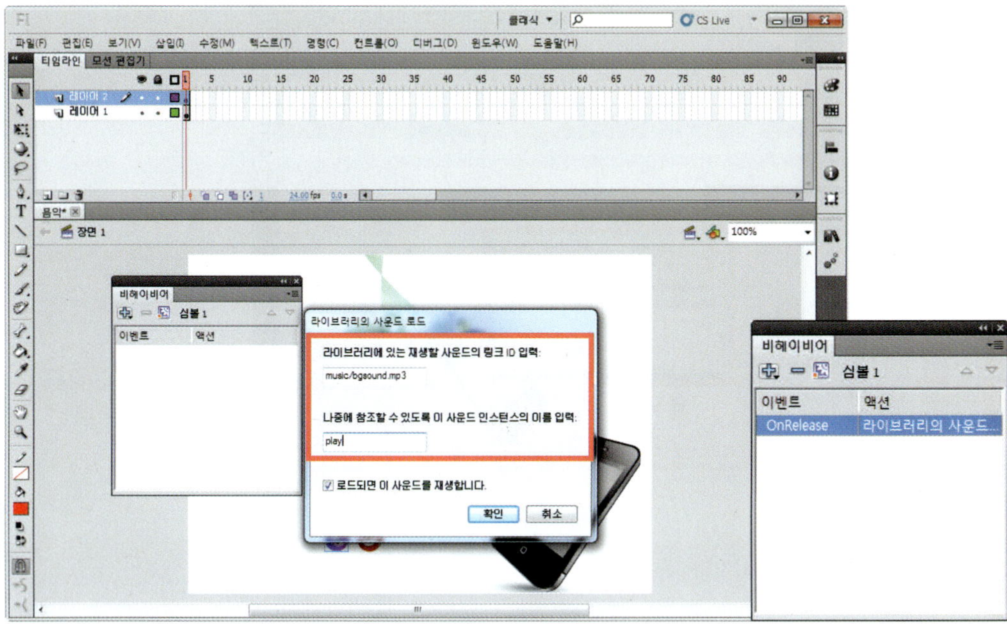

06 stop 심벌을 선택한 후에 비헤이비어 패널에서 추가 아이콘을 클릭하고 [사운드]-[사운드 중단]을 클릭합니다.

07 중단할 사운드의 링크 id와 인스턴스 이름을 입력한 후에 [확인]을 클릭합니다.

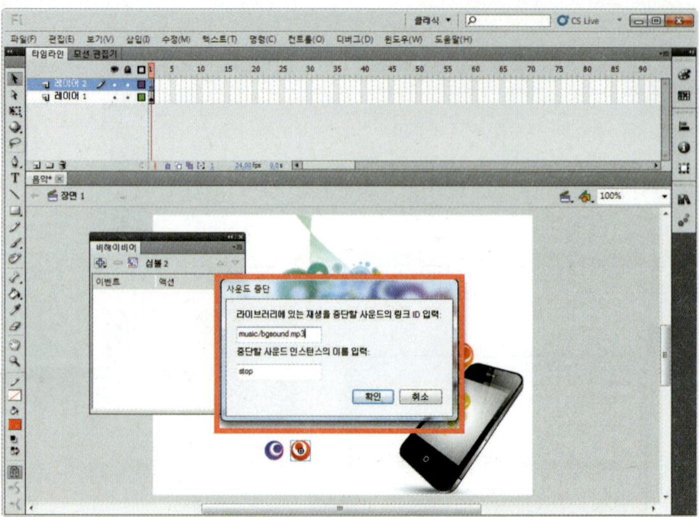

08 비헤이비어 패널에 지정한 액션이 나타나는 것을 볼 수 있습니다.

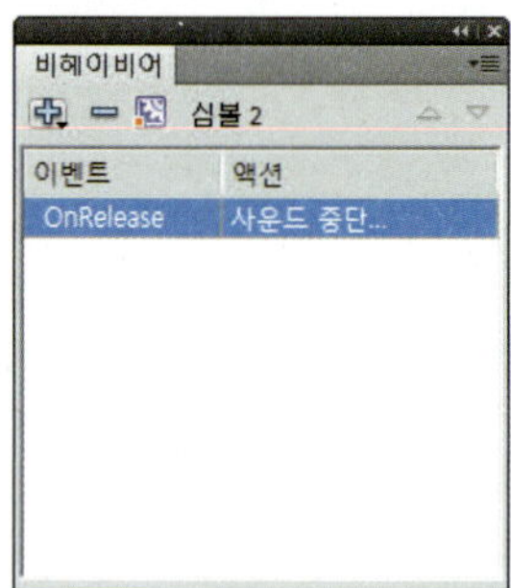

09 Ctrl + Enter 를 누르고 플래시 미리 보기 창에서 play와 stop 버튼을 클릭하며 음악을 제어합니다.

Chapter 03

프리미어 (Premiere)

요즘 쇼핑몰 운영자들이 동영상에 관한 질문을 많이 합니다. 심도 있는 내용을 원하기 보다는 기본적으로 동영상을 편집하여 유튜브에 올린 후에 쇼핑몰로 링크 거는 법에 대한 질문이 가장 많이 있습니다. 프리미어의 기본 기능을 기준으로 간단히 영상을 편집하는 법에 대해 알아보겠습니다.

 ## 1. 코덱 설치하기

동영상은 용량이 매우 크므로 그로 인한 여러 가지 문제가 생길 수 있습니다. 저장할 때 저장 공간의 한계, 온라인을 통해 재생할 때 온라인 공간의 한계와 전송 속도, 파일을 이동 장치에 저장할 때의 문제 등 여러 문제점을 보완하기 위해 코덱을 사용합니다. 코덱은 코더(coder)와 디코더(decorder)의 합성어로 멀티미디어 파일들을 압축하고 해제하는 소프트웨어를 말합니다. [Coder + Decorder = Co + Dec]

제작자는 동영상을 압축하기 위해 코덱을 사용하고, 사용자는 압축된 동영상을 보기 위해 코덱을 사용하게 됩니다. 코덱은 한 가지가 아니라 다양한 종류가 있는데, 제작자가 사용한 코덱과 같은 코덱이 있어야 사용자가 동영상을 재생할 수 있습니다.

하지만 제작자가 사용한 코덱을 일일이 설치하기란 쉬운 일이 아닙니다. 그렇기 때문에 대부분의 사용자가 많이 사용하는 코덱을 한 번에 묶어 놓은 통합 코덱을 설치합니다. 통합 코덱을 설치하는 방법은 인터넷 자료실에서 '통합 코덱'을 검색해 설치하는 방법과 곰플레이어와 같은 동영상 플레이어를 다운로드하여 설치하는 방법이 있습니다.

인터넷 자료실을 검색하여 통합 코덱 설치

http://gom.gomtv.com에 접속하여 곰플레이어 다운로드

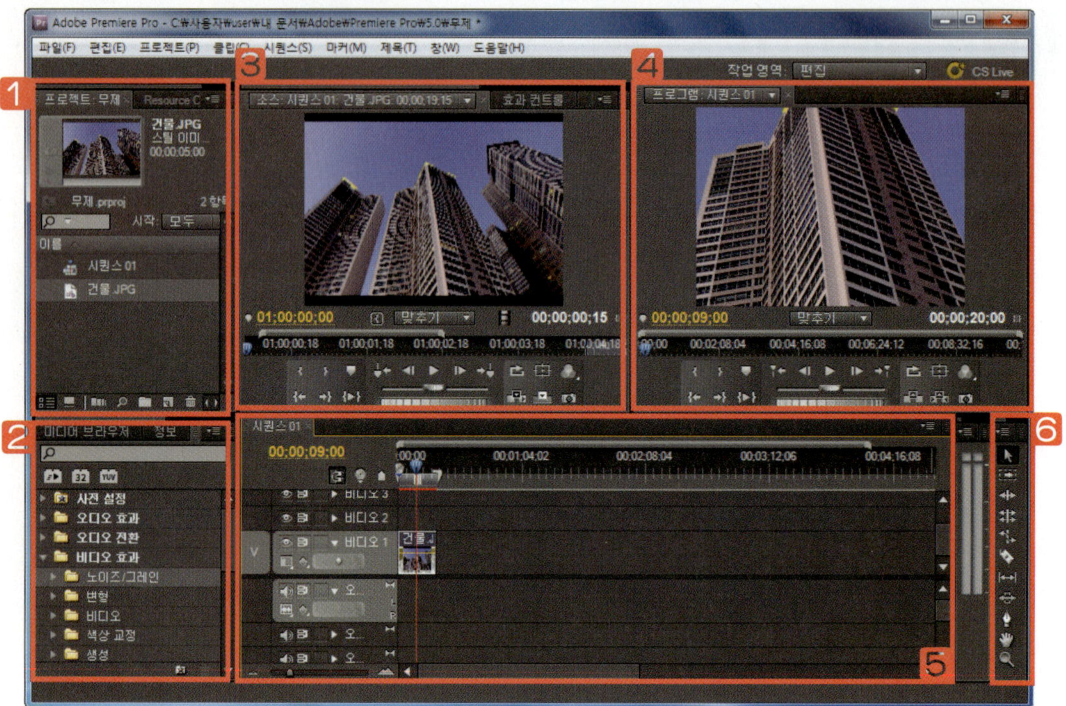

1 소스모음 : 영상 작업에 필요한 소스를 불러오면 클립 형태로 만들어지는 곳입니다. 동영상 파일, 이미지, 사운드 파일을 불러오면 클립으로 만들어진 파일은 한 번만 사용할 수 있는 것이 아니라 여러 번 타임라인으로 불러서 사용할 수 있습니다.

2 효과모음 : 동영상 편집에 사용되는 오디오 효과, 오디오 전환, 비디오 효과, 비디오 전환 등 다양한 효과 옵션을 제공합니다.

3 소스뷰 : 영상에 제공된 효과의 속성과 오디오를 다시 설정할 수 있는 기능을 제공합니다. 소스, 효과 컨트롤, 오디오 믹서 탭으로 구성됩니다.

4 프로그램뷰 : 프리미어에서 작업하는 영상 및 파일을 미리 보여주는 창입니다. 영상 편집 작업의 결과를 확인할 수 있습니다.

5 타임라인 : 동영상 편집 과정을 제어하는 곳입니다. 시간대별로 영상 클립을 배열하여 영상 편집을 직접 할 수 있습니다.

6 도구모음 : 영상 편집을 하기 위해 많이 사용되는 도구를 모아 놓은 곳입니다.

 ## 3. 프리미어 실행하고 동영상 가져오기

프리미어에서 동영상을 가져오고 편집하기 위해서는 동영상의 형식을 설정해야 합니다. 동영상의 기본 설
정과 원하는 동영상을 가져오는 과정을 진행해 보겠습니다.

O1 프리미어를 실행하면 다음과 같은 화면이 나타납니다. 여기서 [새 프로젝트]를 클릭합니다.

O2 새 프로젝트 이름을 입력하고 [확인]을 클릭합니다.

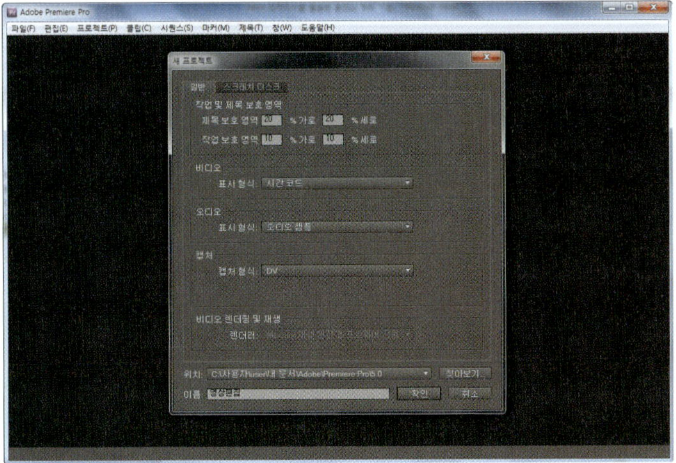

03 새 프로젝트를 만들기 위한 설정값을 선택하는 창이 나옵니다. 설정값 항목에서 DV-NTSC 항목을 선택하고 이어 표준 48kHz를 선택한 후에 시퀀스 이름을 입력하고 [확인] 버튼을 클릭합니다.

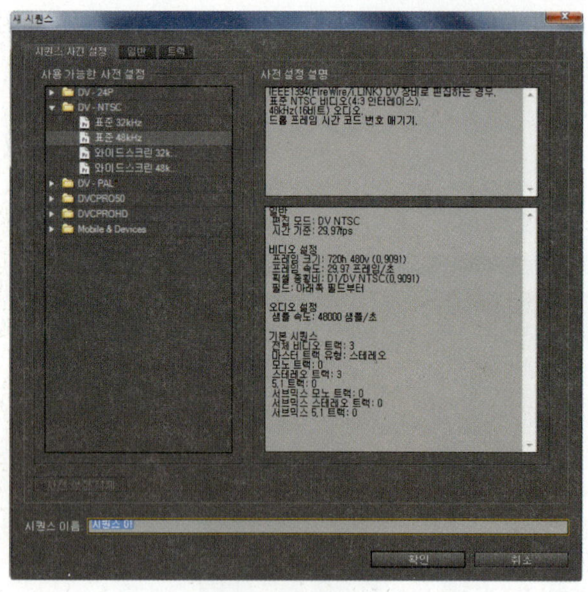

04 설정에 맞게 프리미어가 실행되는 것을 볼 수 있습니다.

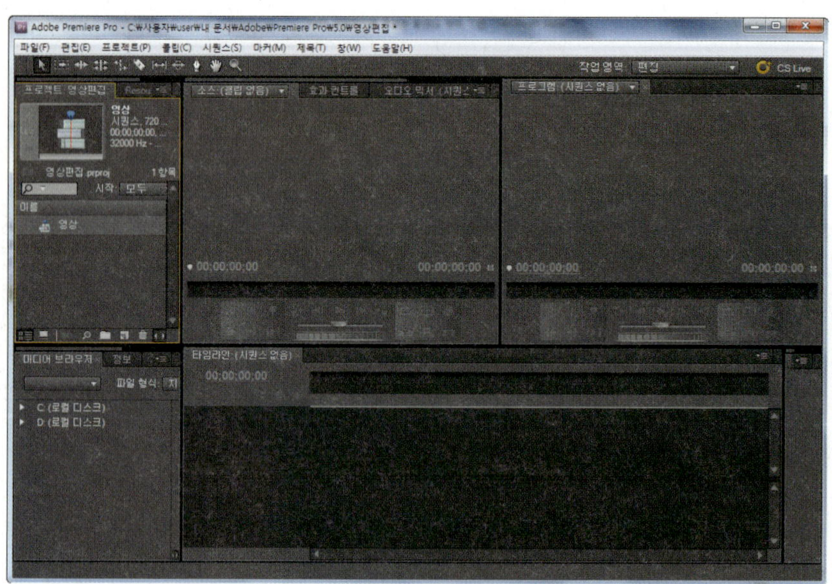

05 동영상 파일을 불러오기 위해 [파일]-[가져오기] 메뉴를 클릭하고 [가져오기] 대화상자에서 '01. MOV' 영상을 선택한 후 [열기]를 클릭합니다. 가져온 영상이 프리미어의 프로젝트에 클립으로 등록되는 것을 볼 수 있습니다.

★ 한 번에 여러 개의 클립을 가져와야 할 경우는 Ctrl 키를 누른 상태에서 원하는 클립을 차례로 선택합니다.

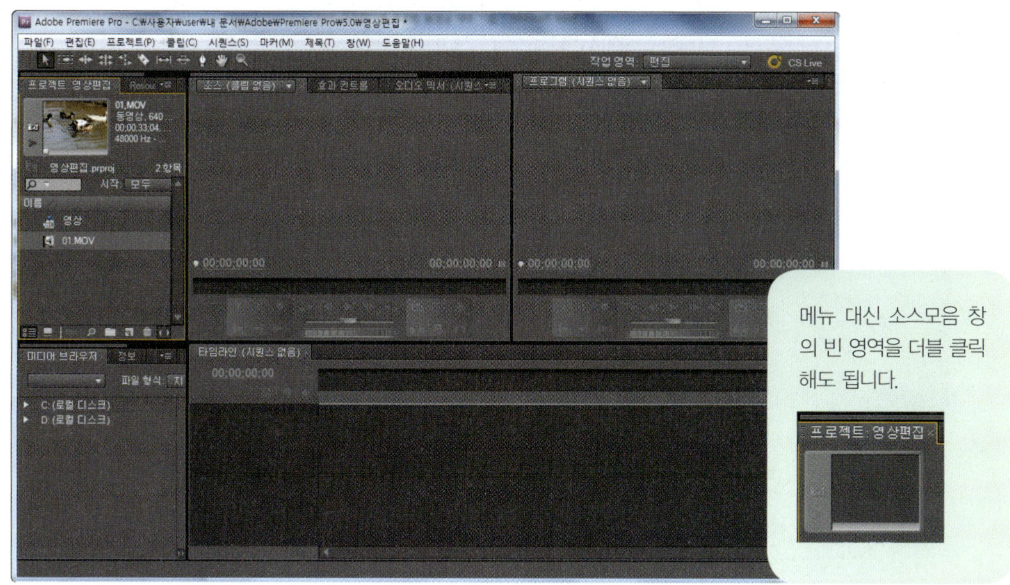

동영상 포맷의 종류

- **AVI** : Microsoft사가 윈도에서 사용하기 위해 만든 동영상 포맷입니다. *.avi라는 확장자를 가집니다. 프리미어의 기본적인 출력 형식도 avi입니다.

- **MOV** : Apple사의 Quick Time으로 제작된 동영상 포맷입니다. *.mov라는 확장자를 가집니다. MOV형식의 동영상을 윈도에서 재생하려면 Quick Time이 설치되어 있어야 합니다.

- **MPEG** : Moving Picture Experts Group에서 개발한 동영상 포맷입니다. *.mpg라는 확장자를 가집니다. MPEG 코덱을 이용하여 제작됩니다.

- **DAT** : Video CD제작에 사용되는 표준 비디오 포맷입니다. *.dat라는 확장자를 가집니다. MPEG1 코덱을 이용하여 제작됩니다.

06 프로젝트 윈도에 있는 클립을 더블클릭하면 소스뷰 화면으로 영상이 이동됩니다.

★ 프로젝트 윈도의 클립을 드래그하여 소스뷰 화면으로 이동해도 됩니다.

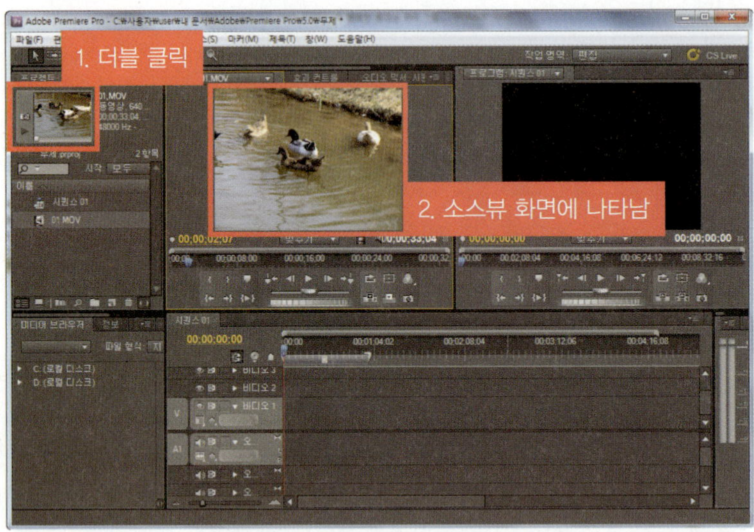

07 소스뷰 화면에서 영상 조절기의 재생 버튼을 클릭하면 현재의 영상을 미리 보기 할 수 있습니다.

 ## 4. 시작점과 끝점 정하여 영상 일부 편집하기

영상 편집을 하기 위해 불러온 영상의 일부분을 사용하고 싶을 때 영상 조절기에서 시작점과 끝점을 설정하여 영상의 일부만을 편집할 수 있습니다.

★ 소스뷰/프로그램뷰의 버튼들

영상을 편집하려면 소스뷰와 프로그램뷰 하단에 있는 각 버튼의 기능에 대해 상세히 알 필요가 있습니다. 소스뷰는 불러온 영상 소스를 미리 보기 할 수 있는 화면이고, 프로그램뷰는 타임라인으로 드래그하거나 편집한 영상에 대해서는 프로그램뷰를 통해 미리 보기를 할 수 있습니다.

❶ **클립 메뉴** : 불러온 클립의 목록 표시. 목록 단추를 클릭하여 원하는 클립을 선택하면 미리 보기 창에 나타남

❷ **미리 보기** : 클립 메뉴에서 선택한 클립이 미리 보기 화면으로 보여짐

❸ **현재 시간** : 모니터 화면에 현재 재생되고 있는 장면의 시간 표시

❹ **화면 보기 비율** : 모니터 화면에 표시되는 크기 설정

❺ **시작/종료 지점 시간** : 기본적으로는 클립의 전체 시간을 나타내며 영상 조절기에서 시작/종료 지점을 설정할 경우 시작/종료 지점의 시간이 표시됨

❻ **영상의 재생 및 편집 관련 버튼들**

- 시작 지점 설정(   ) : 현재 시간 표시자가 있는 지점을 시작 지점(인점)으로 설정
- 종료 지점 설정(   ) : 현재 시간 표시자가 있는 지점을 종료 지점(아웃점)으로 설정
- 번호 없는 마커 설정(   ) : 현재 시간 표시자가 있는 지점에 번호 없는 마커를 지정(책갈피와 같은 기능)
- 이전 마커로 이동(   ) : 시간 표시자를 이전 마커로 이동
- 이전 단계로 이동(   ) : 이전 프레임으로 이동
- 재생(   ) : 영상을 재생할 때 사용

- 다음 단계로 이동(▶|) : 다음 프레임으로 이동
- 다음 마커로 이동(↴) : 시간 표시자를 다음 마커로 이동
- 반복(↻) : 반복 재생 버튼
- 보호 여백(▣) : 영상과 타이틀의 작업 안전 영역을 표시
- 출력(◉) : 색상 교정 등 다양한 출력 모드를 설정
- 시작 지점으로 이동(|←) : 시간 표시자를 시작 지점으로 이동
- 종료 지점으로 이동(→|) : 시간 표시자를 종료 지점으로 이동
- 시작 지점에서 종료 지점까지 재생({▶}) : 시작 지점부터 종료 지점까지 재생
- 셔틀과 방향전환(▭▬▭) : 슬라이드를 이동하여 프레임 단위로 정교하게 영상의 위치를 탐색하는 기능
- 삽입(▣▸) : 소스뷰에 보이는 영상 클립을 타임라인으로 삽입할 때 사용. 기존 영상이 타임라인에 있는 경우는 기존 영상의 뒤나 앞에 위치하게 됨
- 오버레이(▾) : 소스뷰에 보이는 영상 클립을 타임라인으로 보내는 것은 삽입과 같지만 기존 영상에 덮어쓰기 하게 됨
- 프레임 내보내기(◉) : 현재 소스뷰에 보이고 있는 영상을 이미지 파일로 내보낼 때 사용

O1 프리미어를 실행하고 [새 프로젝트]를 선택하고 앞서 학습한 대로 환경을 설정한 후 [파일]-[가져오기]를 클릭하여 '01.MOV' 파일을 가져옵니다. 그리고 소스모음 창의 빈 클립을 더블클릭하여 소스뷰에 영상을 표시합니다.

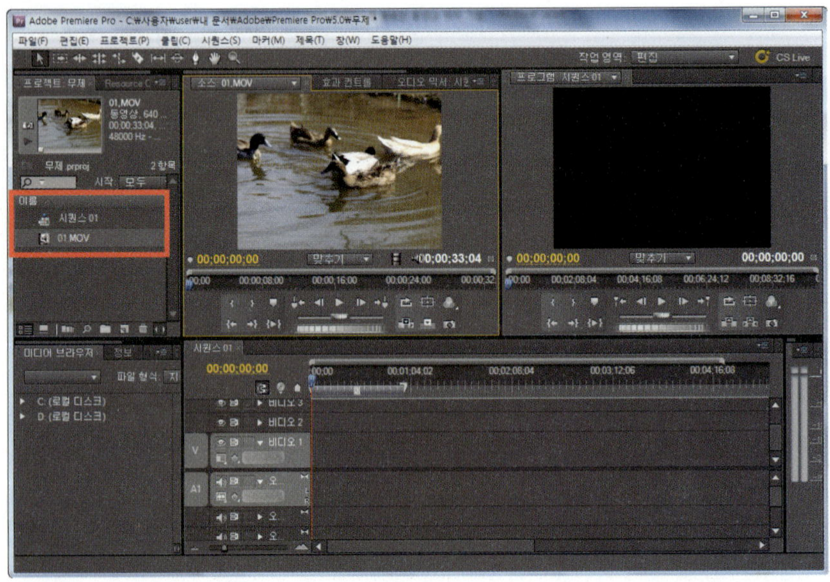

02 슬라이더 바를 드래그하여 시작 지점을 지정할 위치로 이동한 후에 시작 시점 설정( ) 버튼을
클릭합니다.

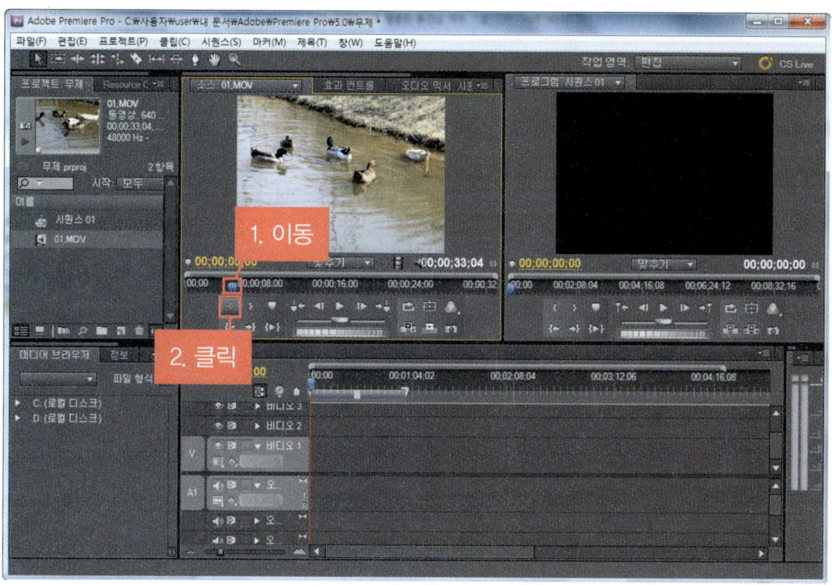

03 같은 방법으로 슬라이더 바를 드래그하여 종료 지점에 위치한 후에 종료 지점 설정( ) 버튼을 클
릭합니다.

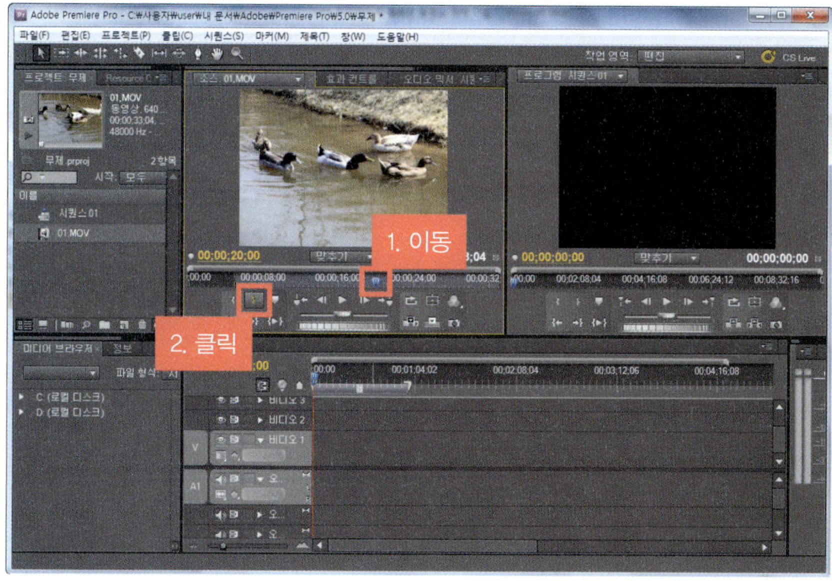

O4 소스뷰에 있는 영상을 타임라인 비디오 1 트랙으로 드래그합니다. 시작 지점과 종료 지점이 표시된 영상만이 타임라인으로 이동된 것을 볼 수 있습니다.

5. 영상 삽입과 오버레이

영상 삽입은 하나의 긴 영상이 있을 때 중간 중간 다른 영상을 삽입하는 기능이고 오버레이는 영상 위에 다른 영상을 덮어쓰는 기능입니다.

O1 프리미어를 새로 실행하거나 [파일]–[새로 만들기]–[프로젝트] 메뉴를 실행하고, [파일]–[가져오기] 메뉴를 통해 '02.MOV', '03.MOV' 파일을 차례로 가져옵니다. 02.MOV 영상을 타임라인으로 드래그하여 위치합니다.

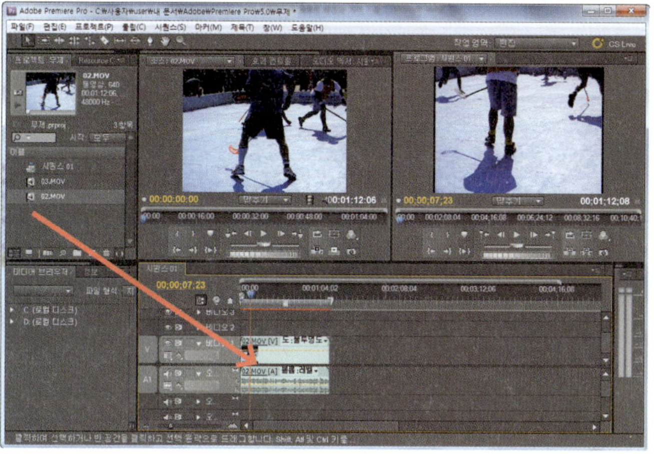

O2 타임라인의 편집 기준선을 드래그하여 03번 영상이 삽입될 위치를 지정합니다. 프로젝트 윈도에 있는 03번 영상을 더블클릭하여 소스뷰 화면으로 위치하고 소스뷰의 영상 조절기에서 삽입 버튼을 클릭합니다.

03 타임 라인의 편집 기준선을 기준으로 소스뷰에 보이던 영상이 삽입되고, 편집 기준선 이후에 있었던 영상이 이어서 편집된 것을 볼 수 있습니다.

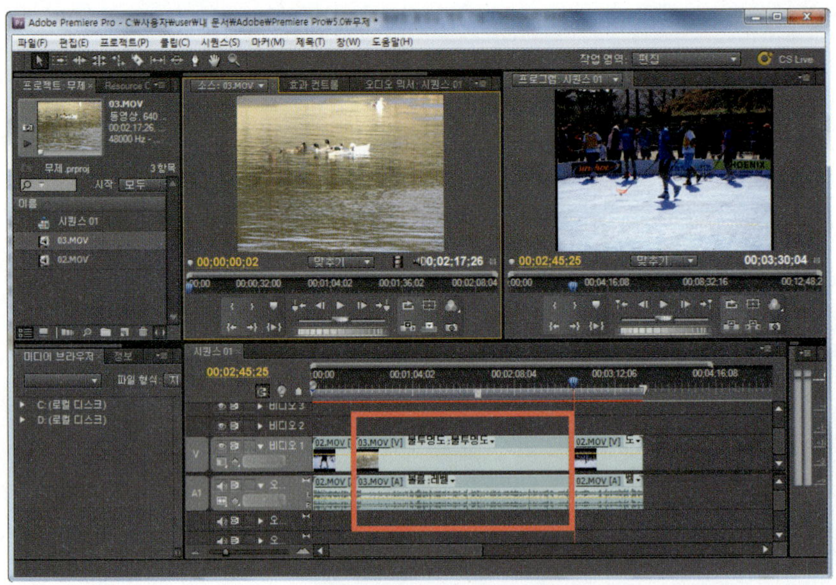

04 오버레이 기능으로 편집하기 위해 타임라인에서 편집 기준선을 드래그하여 03번 영상의 중간 위치에 위치한 후 프로젝트 윈도에 있는 02번 영상을 더블클릭하여 소스뷰로 이동합니다.

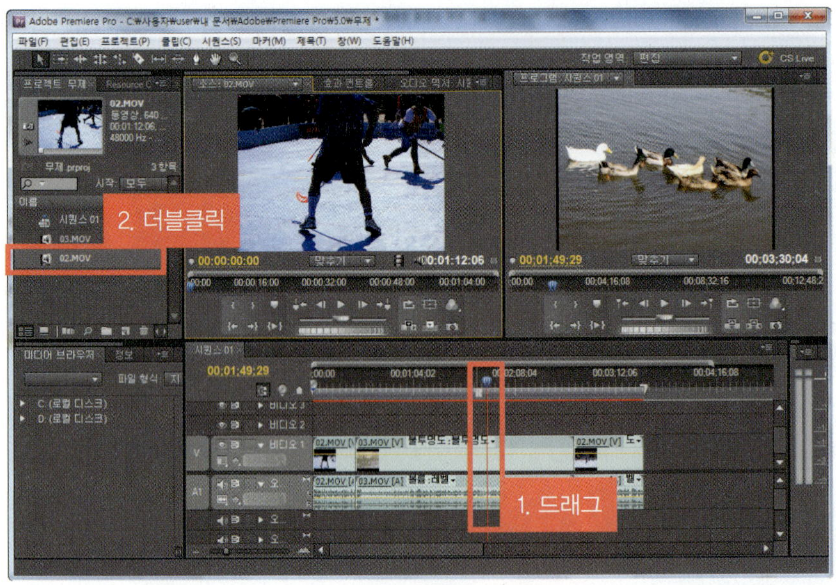

05 소스뷰의 영상 조절기에서 오버레이 버튼을 클릭합니다.

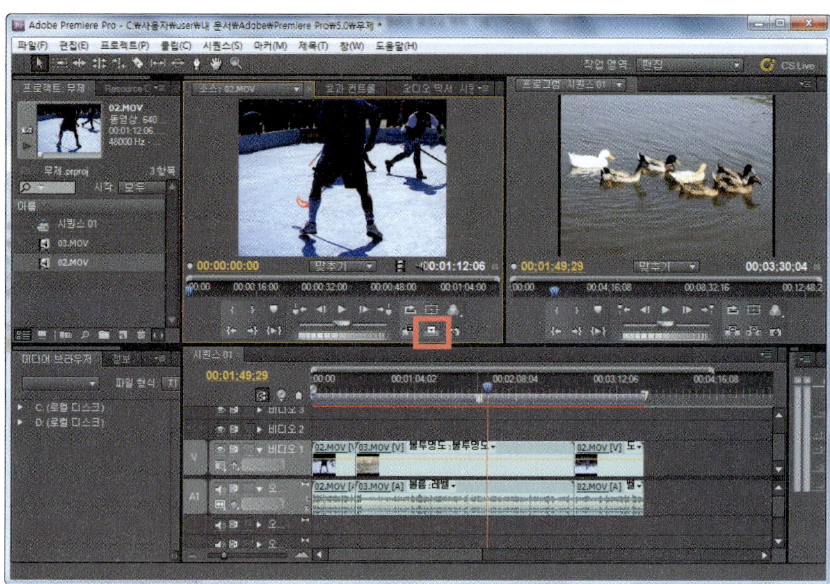

06 영상 편집 기준선을 기준으로 이후에 있는 영상에 오버레이가 된 것을 볼 수 있습니다.

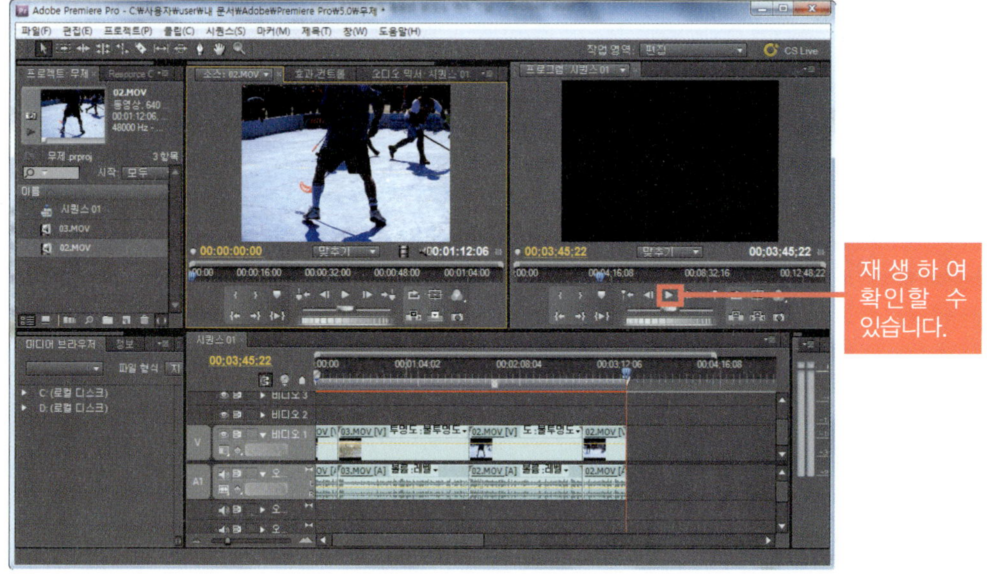

6. 타임라인에 트랙 추가/삭제하기

실제로 영상 편집이 이루어지는 타임라인은 기본적으로 비디오 트랙, 오디오 트랙, 마스터 트랙으로 나눠져 있으며 트랙을 추가하여 사용할 수 있습니다. 여기서는 영상을 불러온 후에 타임라인을 다양하게 제어해 보는 작업을 진행해 보겠습니다.

O1 '03.MOV' 영상을 가져와서 비디오 1 트랙으로 드래그합니다.

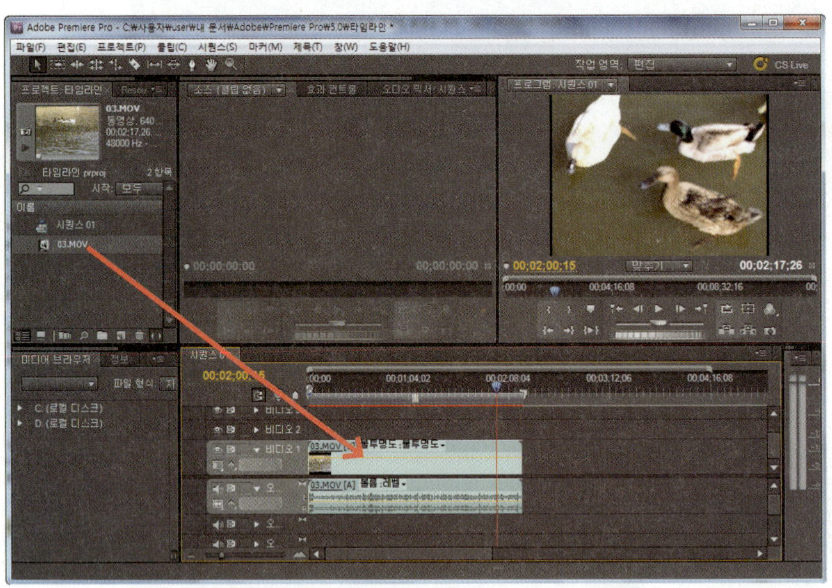

02 트랙을 추가하기 위해 타임라인 트랙 헤더에서 마우스 오른쪽 버튼을 클릭하고 [트랙 추가]를 선택합니다.

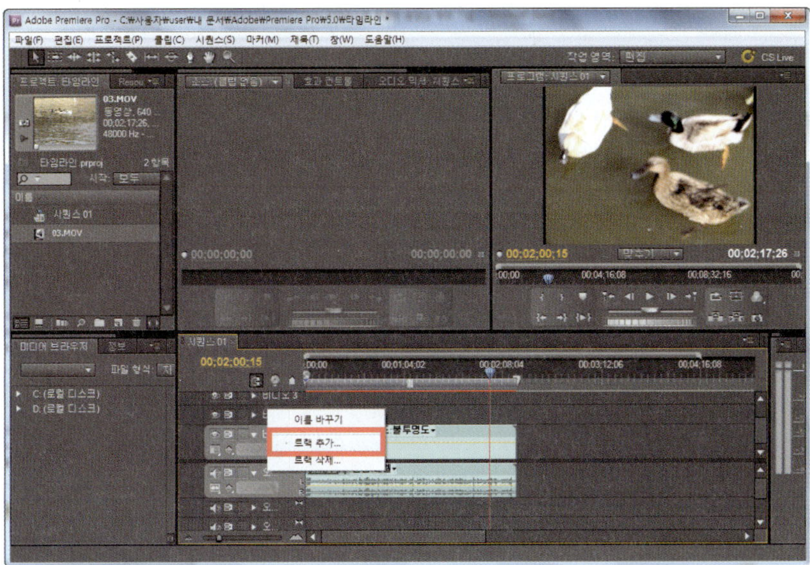

03 [트랙 추가] 대화상자에서 비디오 트랙과 오디오 트랙에 추가 1을 입력하고 [확인] 버튼을 클릭합니다.

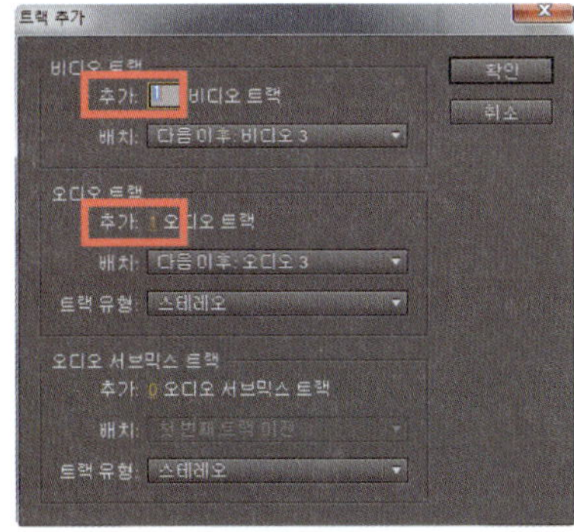

04 비디오 4와 오디오 4 트랙이 생성된 것을 볼 수 있습니다.

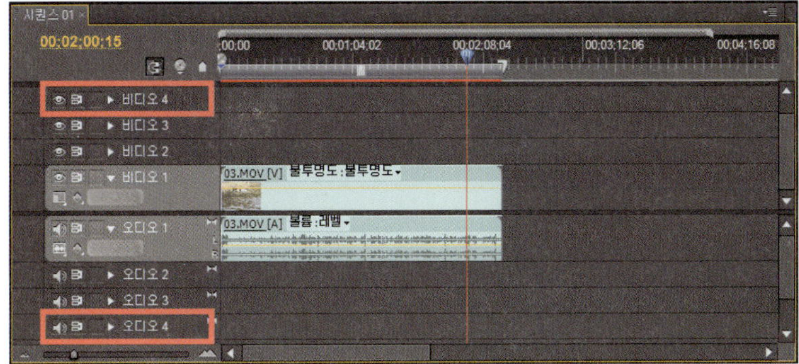

05 새로 만들어진 비디오 4번 트랙에 동영상 파일을 드래그하여 위치합니다.

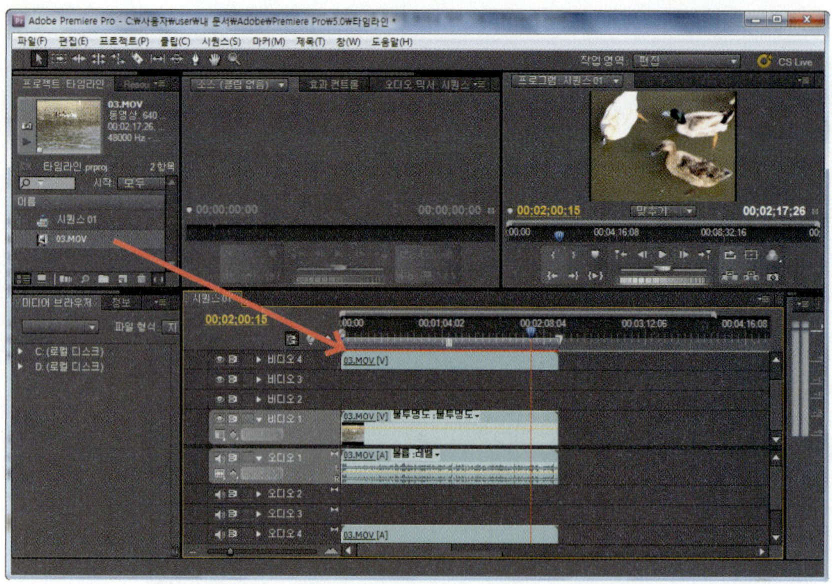

06 트랙을 삭제하기 위해 트랙 헤더에서 마우스 오른쪽 버튼을 클릭한 후에 [트랙 삭제]를 클릭합니다.

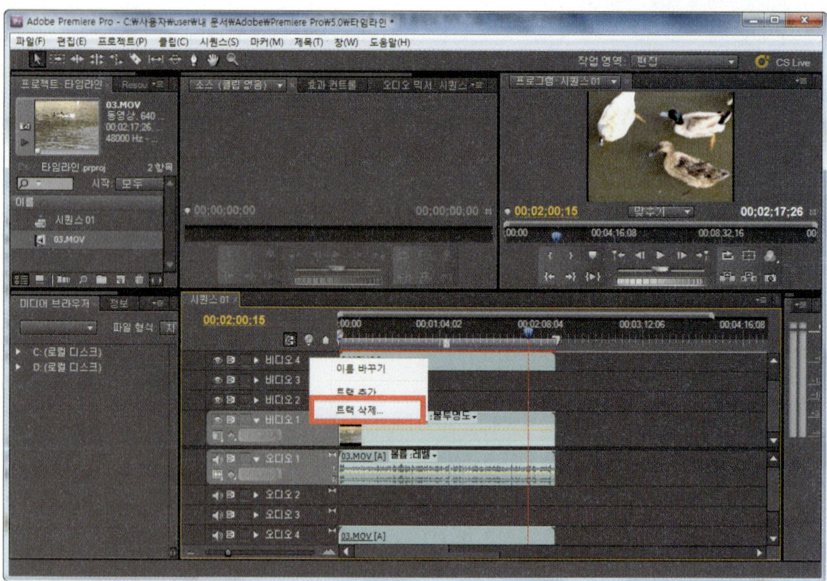

07 트랙 삭제 대화상자에서 비디오 트랙 삭제와 오디오 트랙 삭제에 체크하고 확인 버튼을 클릭합니다.

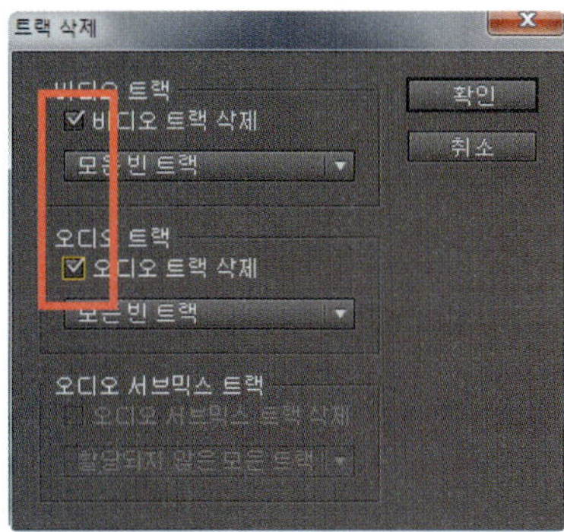

08 비디오 트랙과 오디오 트랙이 지워진 것을 볼 수 있습니다.

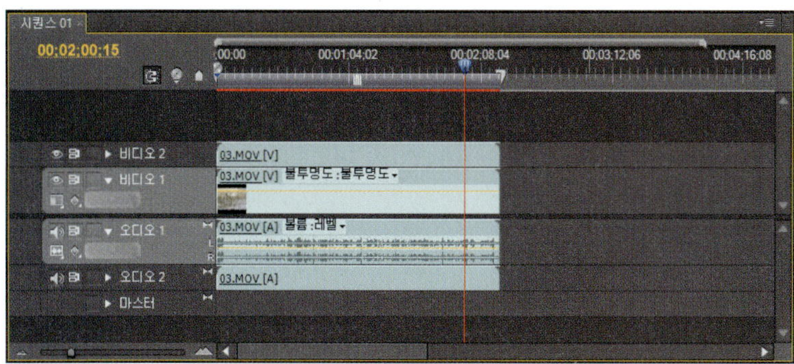

7. 타임라인 제어하기

동영상 편집에서 많이 사용하게 되는 타임라인의 확대, 축소, 자르기, 프레임 표시 등 구체적인 작업을
하기 전에 타임라인을 이해하고 제어할 수 있는 내용을 알아보겠습니다.

★ 타임라인 이해하기

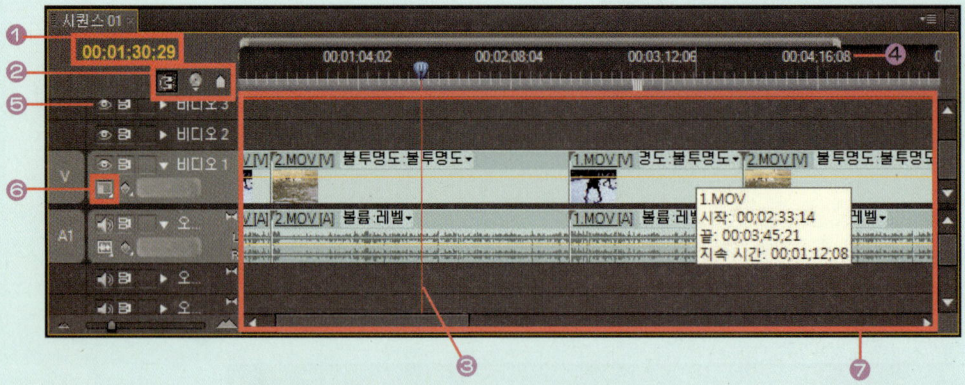

① **현재 시간** : 현재 편집 기준선이 위치해 있는 시간을 표시

② **스냅, 장 마커 설정, 번호가 없는 마커 설정** : 스냅은 클립 이동 시 편집 기준선으로 쉽게 이동하
기 위한 기능, 장 마커 설정은 장면을 마커로 표시해 놓는 기능, 번호가 없는 마커 설정은 번호
가 없는 마커를 추가할 때 사용

③ **편집 기준선** : 현재의 위치 또는 편집하려고 하는 위치로 이동한 후에 편집을 진행

④ **시간 표시자** : 영상의 시간을 표시

⑤ **트랙 출력 켜기/끄기** : 트랙을 숨기거나 표시할 때 사용

⑥ **트랙 스타일 설정** : 헤드, 프레임, 이름 등으로 타임라인을 표시

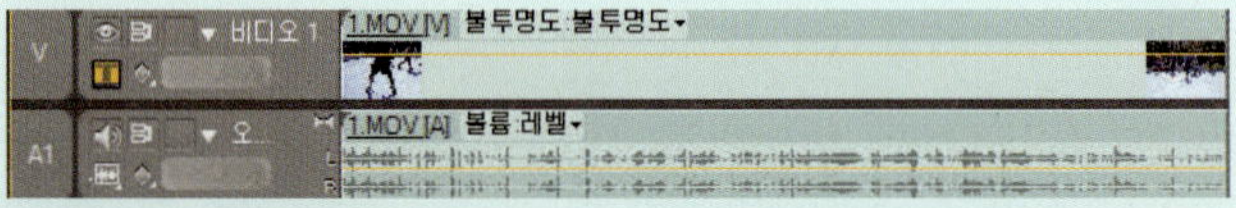

헤드 및 테일 표시

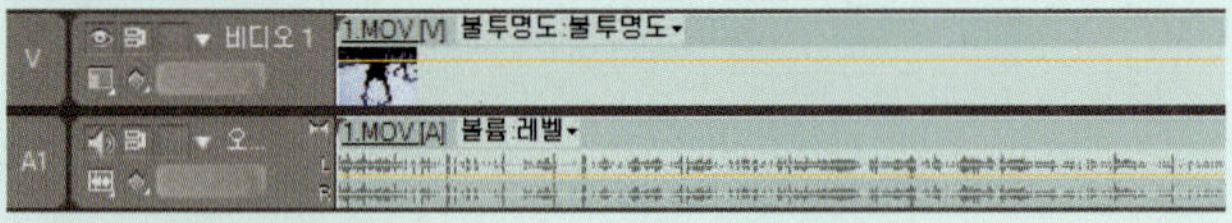

헤드만 표시

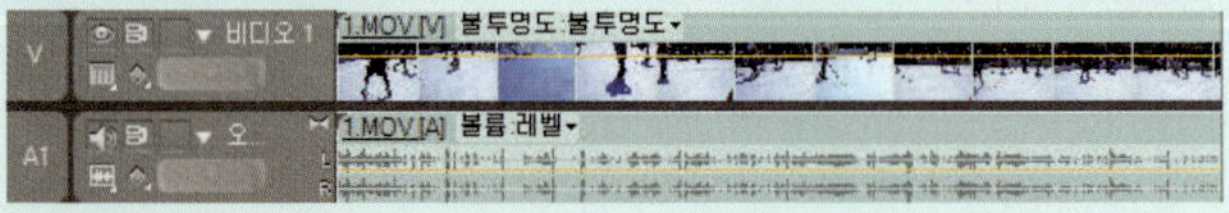

프레임 표시

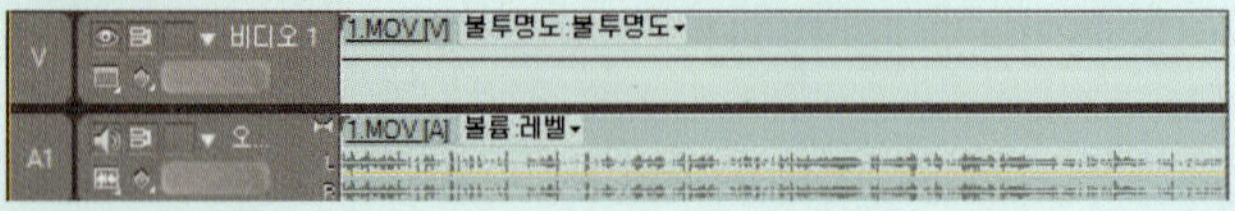

이름만 표시

⑦ **작업 영역** : 영상 편집이 이루어지는 장소

O1 '02.MOV' 동영상 파일을 타임라인으로 드래그하여 위치합니다.

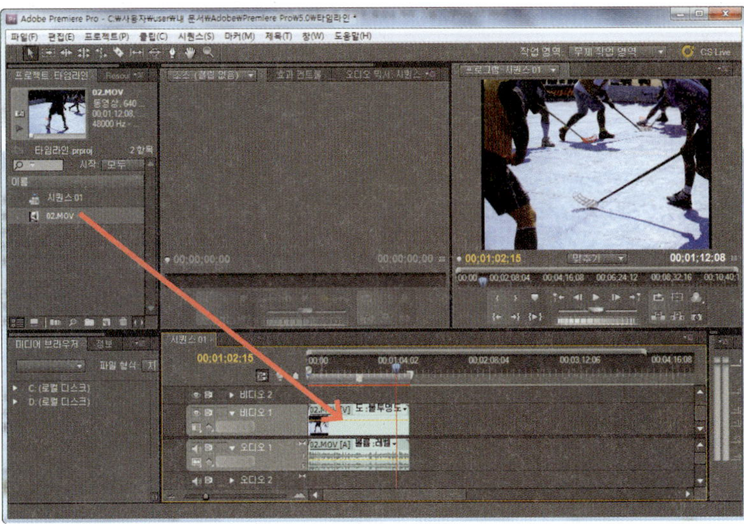

O2 화면 확대, 축소 슬라이더를 드래그하여 화면에 맞게 타임라인을 확대합니다.

O3 타임라인의 표시 스타일 설정 버튼을 클릭한 후에 [프레임 표시] 버튼을 클릭합니다.

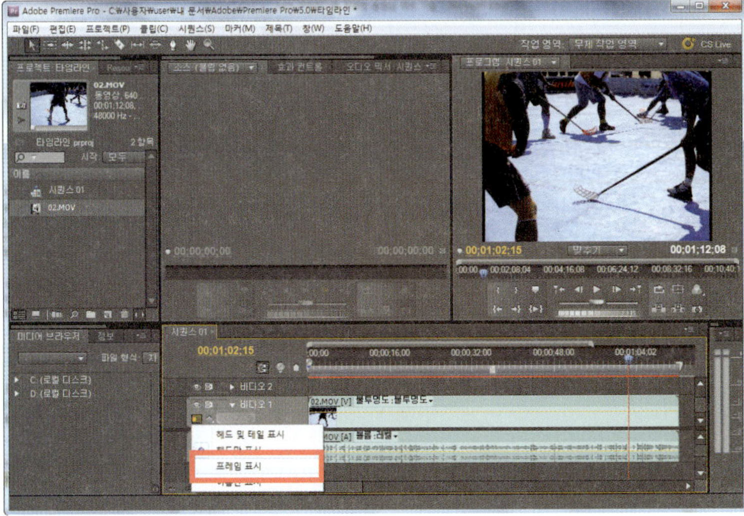

O4 모든 프레임이 이미지로 표시되어 영상을 재생하지 않아도 위치를 찾아 편집하기가 쉬워졌습니다.
트랙을 조금 더 크게 조절해 보기 위해 트랙의 경계선에서 위로 드래그합니다.

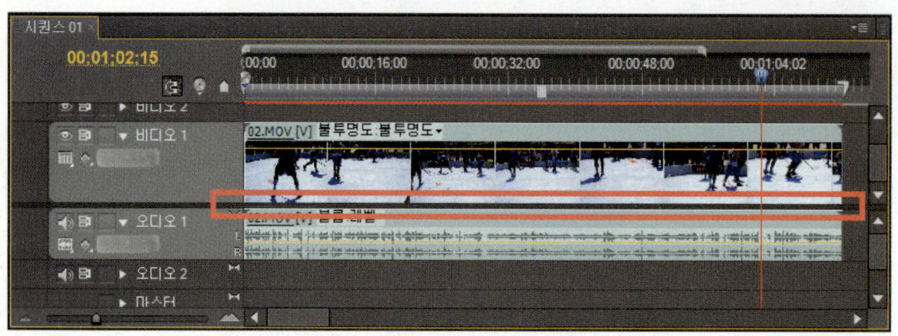

O5 도구모음에서 자르기 도구(　)를 선택한 후에 4번째 프레임 끝부분을 클릭하여 자르기합니다.

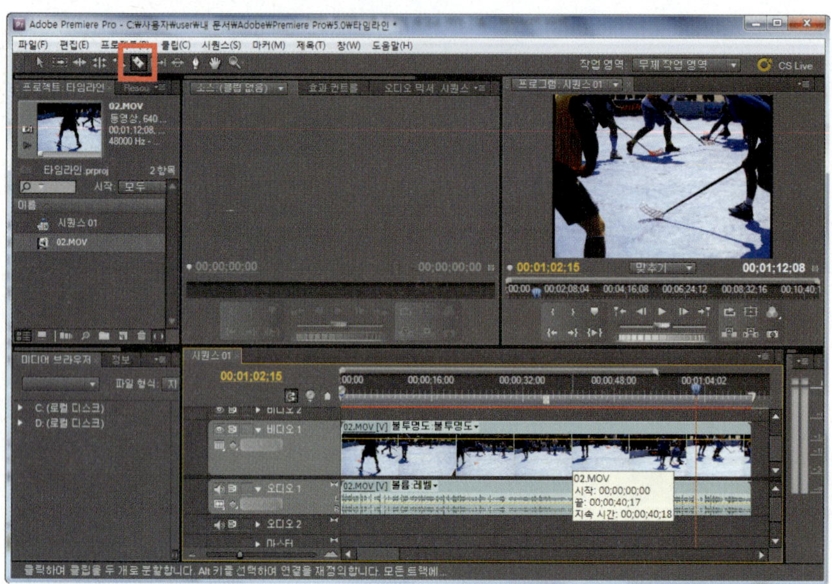

06 선택 도구( )를 클릭한 후 자르기한 오른쪽 영역을 클릭하고 [편집]-[잘라내기] 메뉴를 클릭하여 삭제합니다.

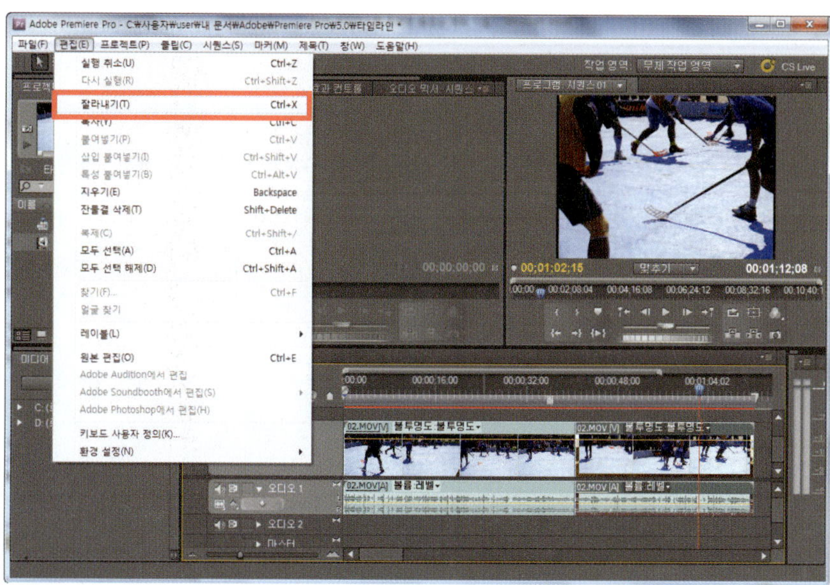

07 처음과 마지막 프레임만 표시하기 위하여 표시 스타일 설정 버튼을 클릭한 후에 [헤드 및 테일 표시]를 클릭합니다.

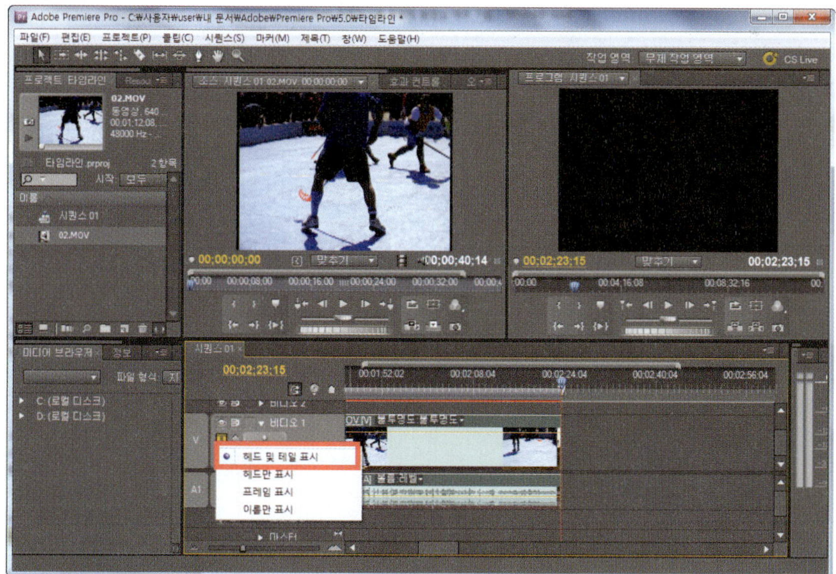

8. 도구 활용하여 프레임별로 편집하기

타임라인의 프레임을 선택하고 잘라내고 속도를 조정하는 등 프레임별로 편집을 할 때는 툴바를 활용합니다.

★ 도구모음 이해하기

클립을 편집할 수 있는 기능들을 아이콘으로 모아놓은 곳입니다. 총 11개의 버튼으로 구성되어 있습니다.

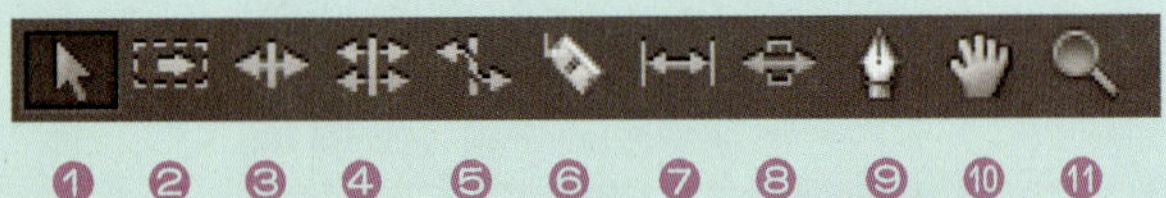

❶ **선택 도구** : 타임라인에 위치한 클립을 선택할 때 사용

❷ **트랙 선택 도구** : 트랙별로 선택하기 때문에 트랙에 위치한 모든 클립을 한번에 선택

❸ **리플 편집 도구** : 영상 편집 도구로, 특정 클립의 길이를 조정하여 전체 영상 길이를 변경 시 사용

❹ **롤링 편집 도구** : 특정 클립의 길이를 조정하여 전체 영상 길이를 동일하게 유지

❺ **속도 조정 도구** : 클립의 재생 속도를 조정

❻ **자르기 도구** : 영상을 원하는 길이만큼 자르기

❼ **밀어 넣기 도구** : 클립의 인, 아웃점을 프로그램 모니터를 보면서 변경하는 도구

❽ **밀기 도구** : 선택한 클립의 인, 아웃점은 변경하지 않고 인접한 클립의 인, 아웃점을 변경

❾ **펜 도구** : 키 프레임을 만들고 opacity를 조절할 때 사용하는 도구

❿ **손 도구** : 화면을 이동시키며 클립을 검색할 때 사용

⓫ **돋보기 도구** : 시간 단위를 확대하거나 축소

○1 영상 파일(5.wmv)을 불러온 후에 타임라인으로 드래그하여 위치하고, 표시 스타일 설정을 프레임 표시로 설정합니다.

○2 자르기 도구( )로 프레임을 자르기합니다.

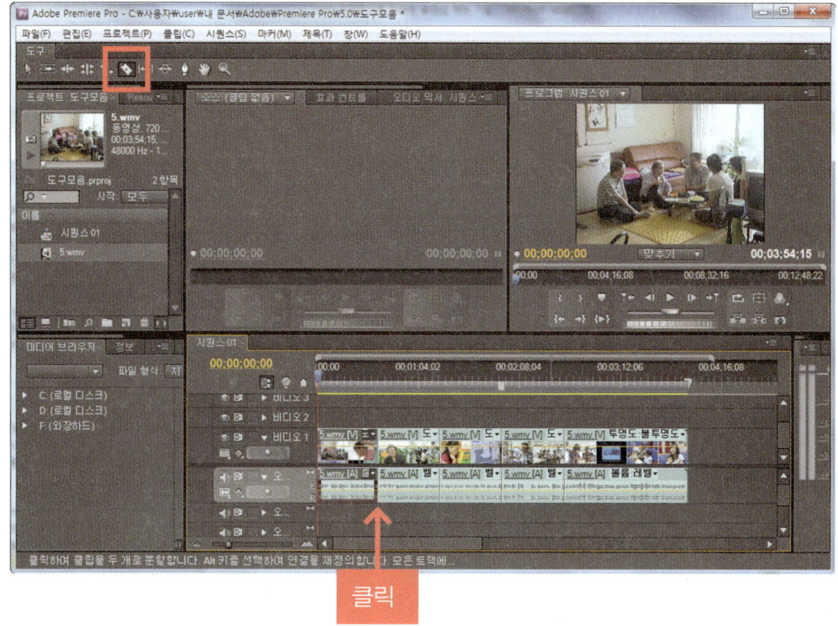

03 선택 도구(   )로 타임라인의 첫 번째 영상을 클릭합니다. 선택 도구는 영상의 각 클립 단위로 선택이 이루어집니다.

04 이번에는 트랙 선택 도구(   )를 선택하고 첫 번째 영상을 클릭합니다. 트랙 선택 도구의 경우는 해당 트랙에 있는 모든 클립(해당 영상 전체)이 선택됩니다.

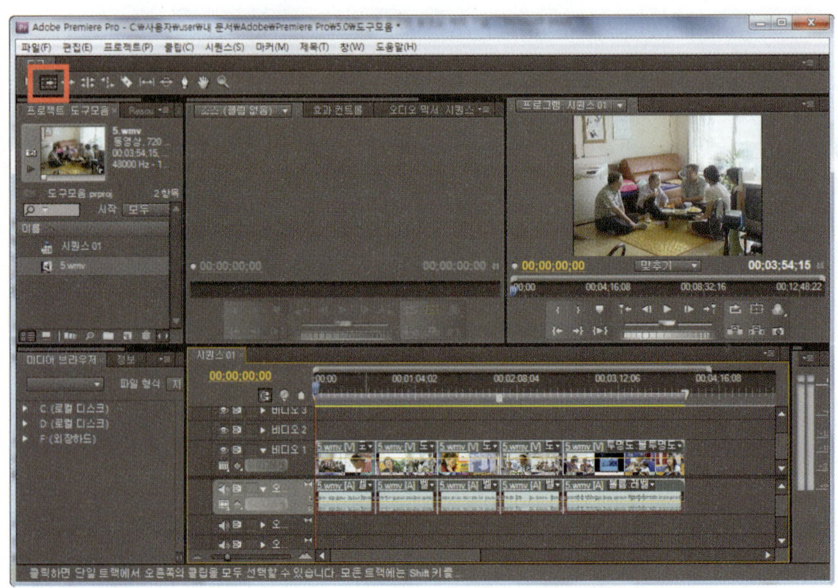

05 두 번째 영상을 선택하면 두 번째 이후의 모든 클립이 선택되고, 드래그하면 두 번째 이후 클립이
첫 번째 클립과 분리되는 것을 볼 수 있습니다.

06 새 프로젝트에서 다시 영상(5.wmv)을 가져오고 타임라인으로 드래그한 후에 속도 조정 도구( )
를 클릭합니다.

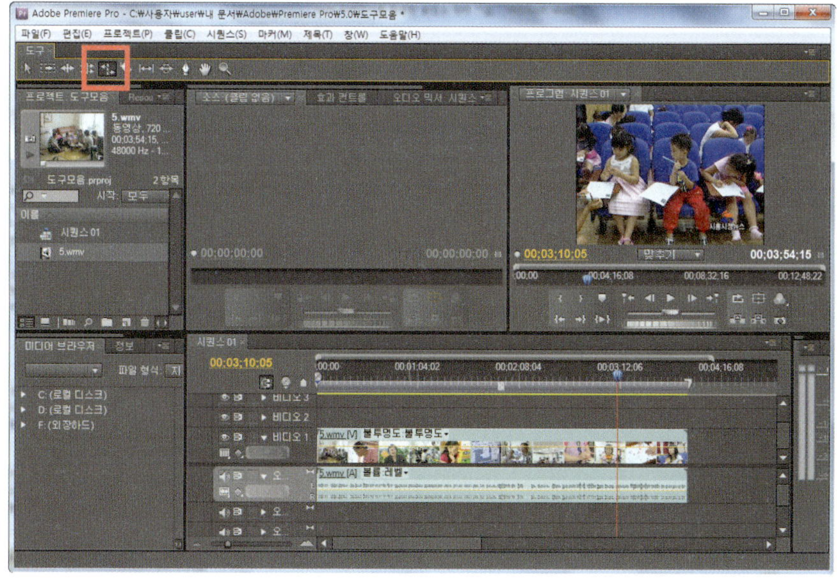

O7 오른쪽 끝 부분을 왼쪽으로 드래그하여 반을 줄여준 후 재생 버튼을 클릭합니다.

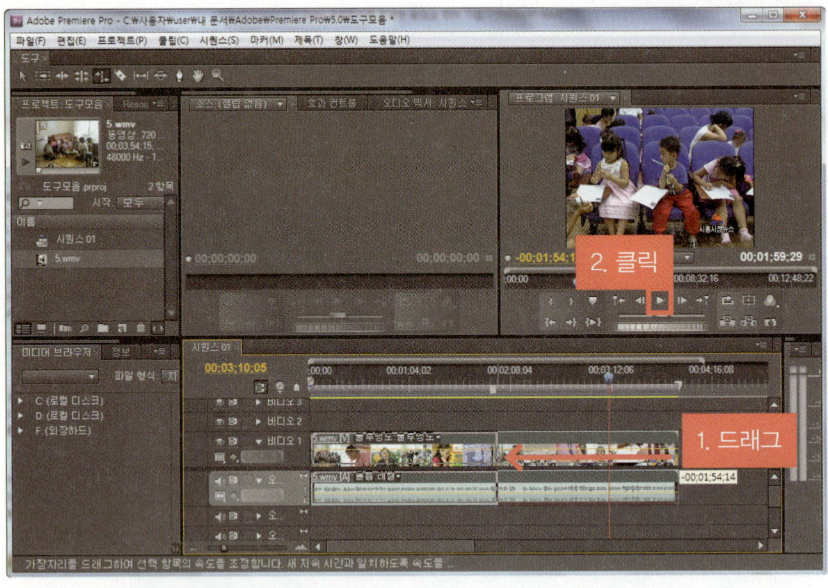

O8 재생 속도가 두 배로 빨라진 것을 볼 수 있습니다.

09 이번에는 반대로 영상의 오른쪽 끝을 오른쪽으로 드래그하여 영상의 길이를 늘어나게 합니다.

10 재생 버튼을 클릭하여 확인해 보면 영상의 재생되는 속도가 느려진 것을 볼 수 있습니다.

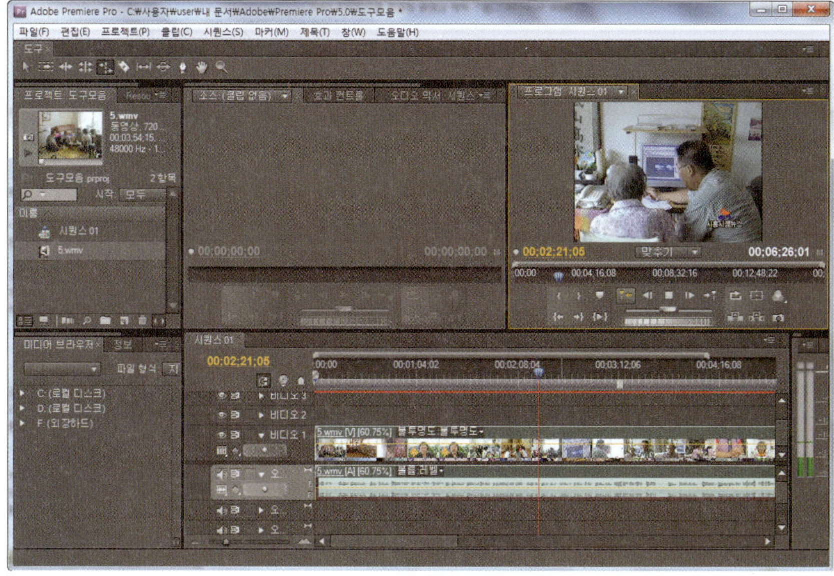

11 이번에는 영상 두 개(01.MOV, 03.MOV)를 타임라인에 나란히 드래그하여 놓습니다.

12 리플 편집 도구(   )를 선택한 후에 두 영상의 경계선 부분에 위치시킨 다음 왼쪽으로 드래그합니다. 첫 번째 영상이 줄어든 만큼 전체 영상이 줄어든 것을 볼 수 있습니다.

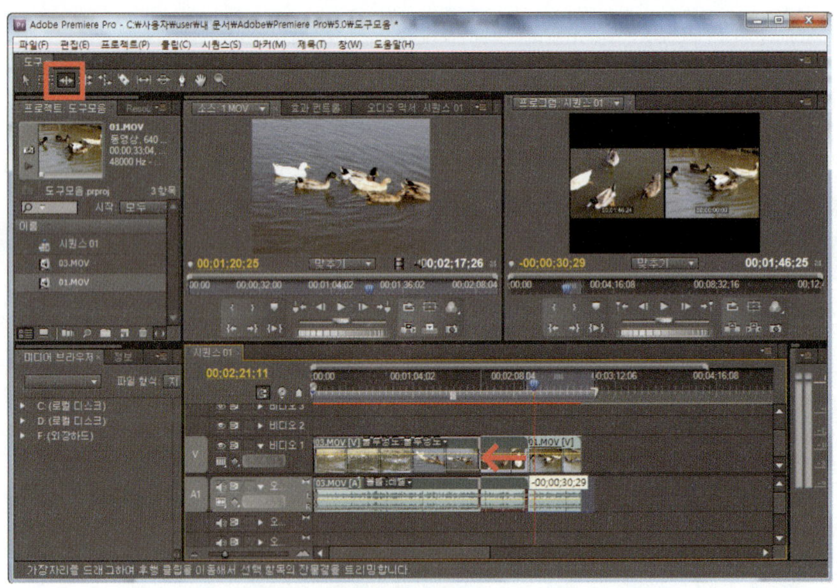

리플 편집

● 리플 편집은 영상 편집 과정에서 여러 개의 영상을 타임라인에 나열했을 때 앞에 있는 영상에서 일부를 지우기 위해 자를 경우 뒤에 있는 영상이 자동으로 영상을 지운만큼 당겨지게 하는 편집 기법입니다.

13 이번에는 새 프로젝트에서 두 개의 영상(02.MOV, 03.MOV)을 가져와 타임라인으로 드래그합니다.

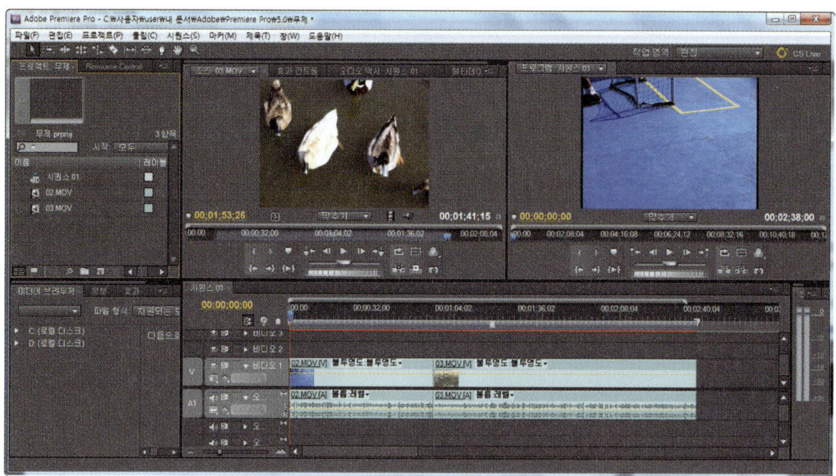

14 롤링 편집 도구를 클릭하고 첫 번째 영상(02.MOV)의 끝을 왼쪽으로 드래그합니다.

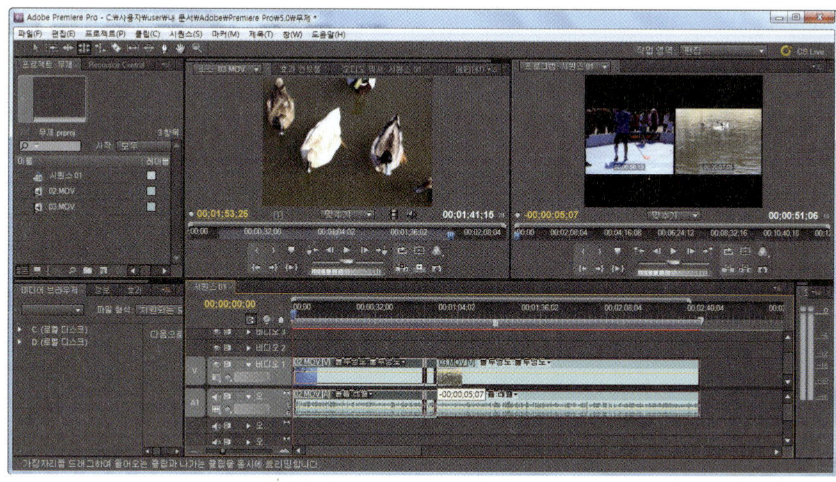

15 전체 영상의 길이는 같은 상태에서 첫 번째 영상의 길이가 줄고 두 번째 영상이 늘어난 것을 볼 수 있습니다.

9. 키프레임 이용하여 영상을 점점 어둡게/밝게 하기

키프레임은 영상을 편집할 때 변환점을 만들어 주는 기능입니다. 영상을 점점 어둡게 하거나 밝게 할 때 또는 음악이 점점 커지거나 작아지게 할 때 우선 키프레임을 찍어 놓고 그 점을 기준으로 하여 효과를 주는 방법으로 편집이 이루어집니다.

O1 편집 영상을 준비(5.wmv)한 후에 표시 스타일 설정 메뉴에서 [헤드만 표시]를 클릭합니다.

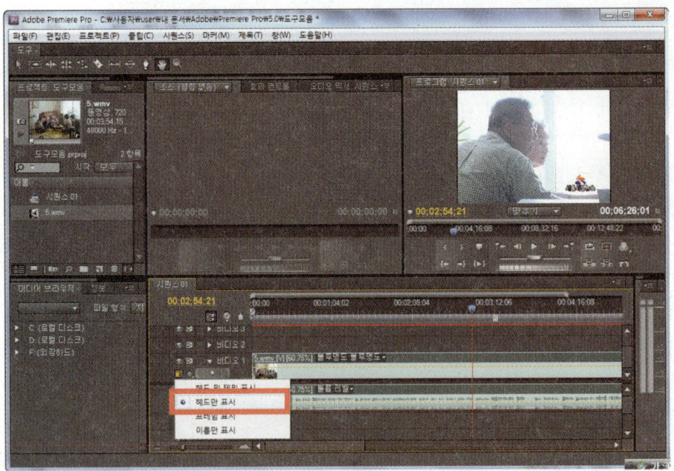

O2 영상 편집 기준선을 드래그하여 키프레임을 추가할 위치로 이동한 다음 키프레임 추가 버튼을 클릭합니다.

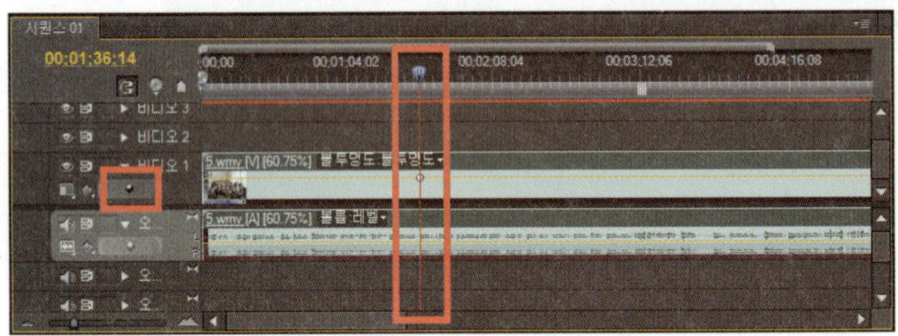

O3 같은 방법으로 영상에 변화를 줄 위치로 영상 편집 기준선을 위치하고 키프레임을 추가합니다.

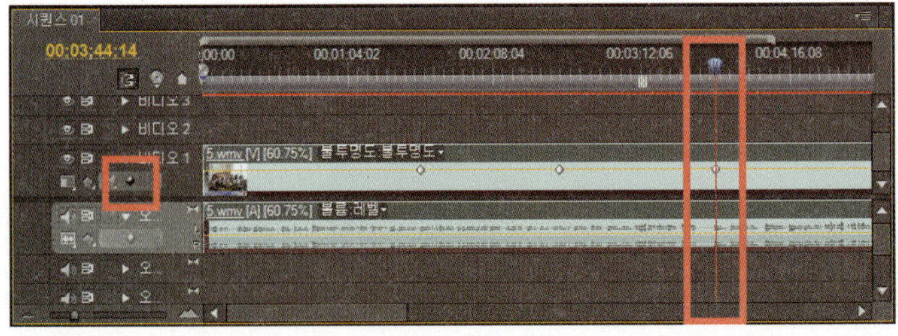

04 도구모음의 펜 도구( )를 선택한 후에 가운데 키프레임을 아래로 드래그하여 이동합니다.

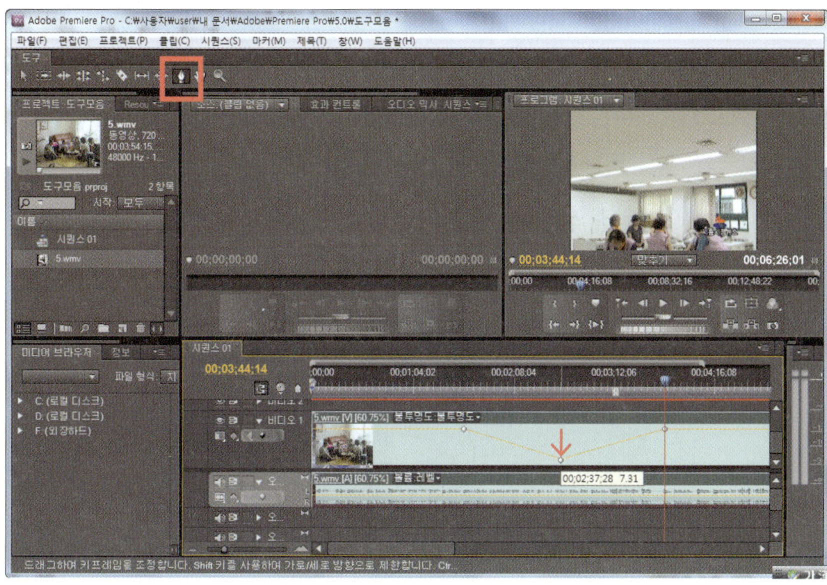

05 프로그램뷰의 재생 버튼을 클릭해 보면 첫 번째 키프레임부터 점점 어두워지다가 중간 키프레임부터 다시 밝아지는 것을 볼 수 있습니다.

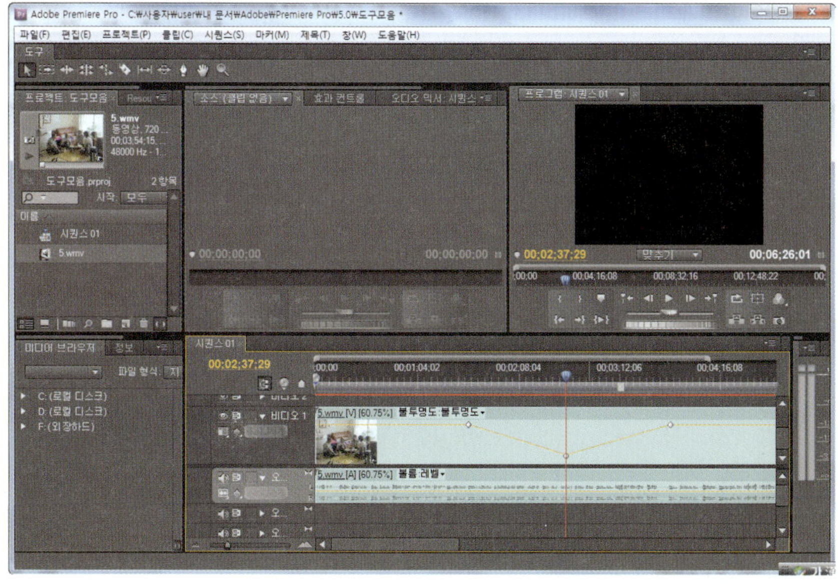

10. 사진으로 영상 만들기

프리미어 기능 중에 사진으로 슬라이드를 만들 수 있는 기능입니다. 여러 장의 상품 사진 및 일반 사진을 전환 효과가 있는 영상으로 제작하여 활용하는 방법을 실습해 보겠습니다.

O1 새 프로젝트를 만들고 환경 설정을 위해 [편집]–[환경 설정]–[일반] 메뉴를 클릭합니다.

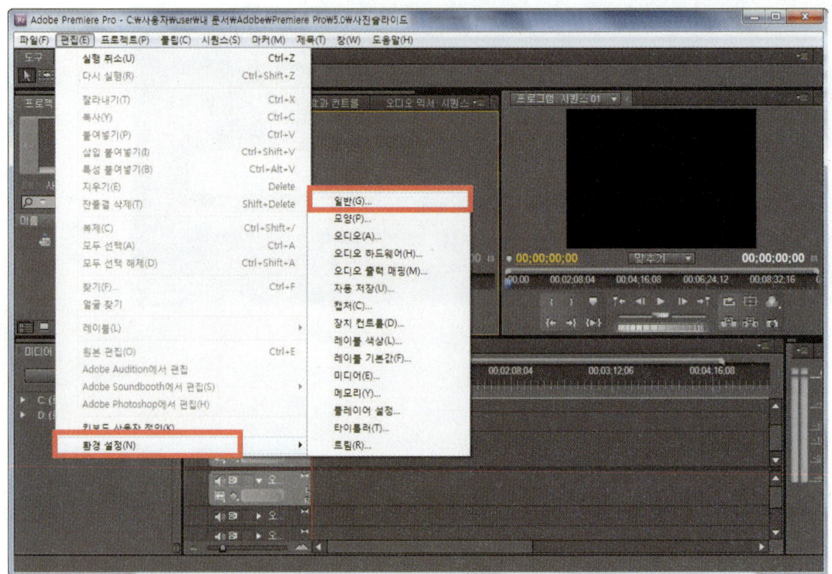

O2 [환경 설정] 대화상자에서 '스틸 이미지 기본 지속 시간'을 90프레임으로 설정하고 [확인] 버튼을 클릭합니다.

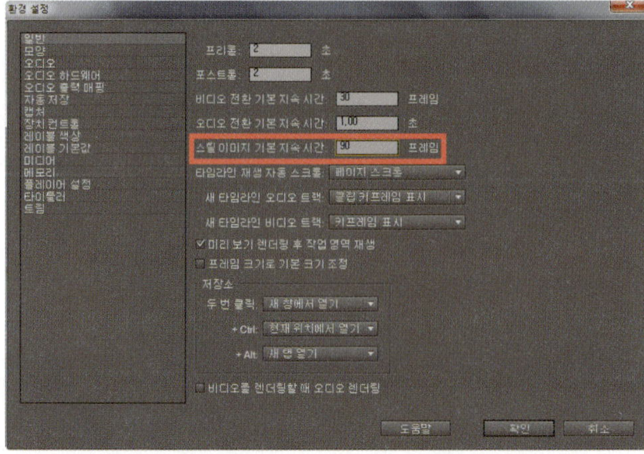

O3 이미지(슬라이드 (1)~슬라이드 (8))를 가져오기 하면 프로젝트 윈도우에 신택한 이미지 파일이 들어온 것을 볼 수 있습니다. 이미지를 직접 확인하고 싶다면 아이콘 보기 버튼() 을 클릭합니다.

O4 프로젝트 윈도우에 있는 이미지 파일을 모두 선택하고 효과 패널에서 [비디오 전환]-[3D 동작]-[접기]를 마우스 오른쪽 버튼으로 클릭하고 [선택한 항목을 기본 전환으로 설정]을 클릭합니다. 그리고 프로젝트 윈도우에서 시퀀스 자동화 버튼(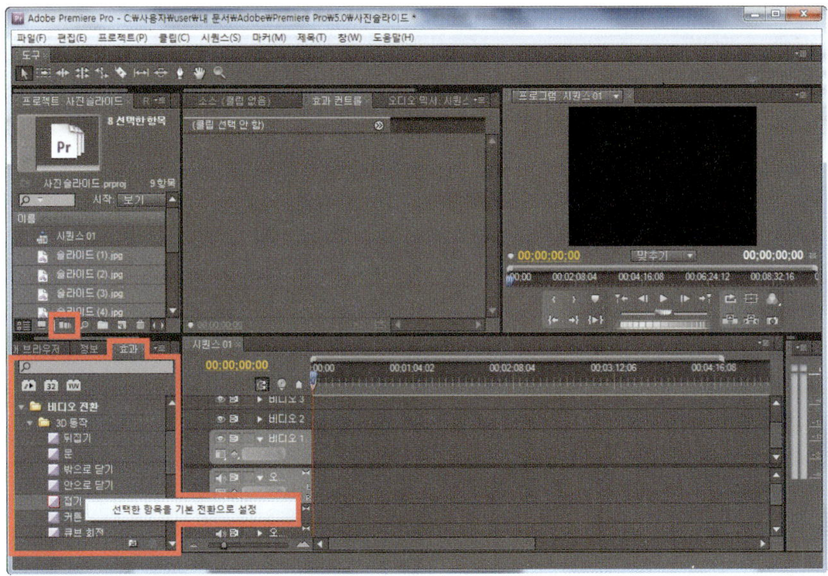)을 클릭합니다.

O5 [시퀀스 자동화] 대화상자에서 속성을 아래와 같이 설정하고 [확인] 버튼을 클릭합니다.

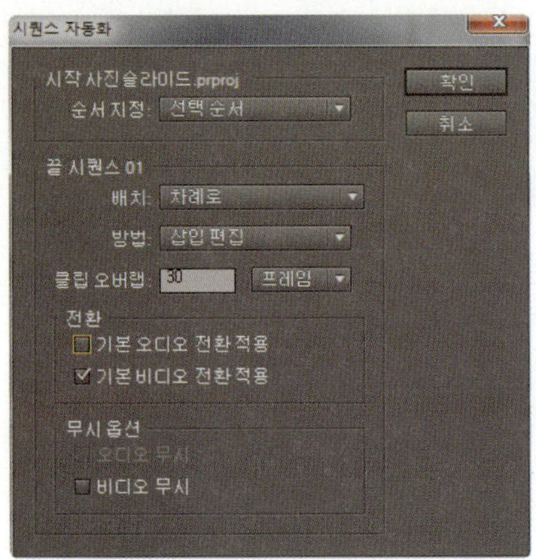

O6 타임라인에 자동으로 사진 슬라이드가 만들어지고 사진과 사진 사이에 3D 접기 트랜지션 효과가
적용됩니다.

O7 프로그램 뷰에서 재생 버튼을 클릭하면 사진
슬라이드가 실행되는 것을 볼 수 있습니다.

08 이번에는 음악 파일(이승희-기타연주.mp3)을 가져온 후에 타임라인의 오디오 1 트랙으로 이동합니다.

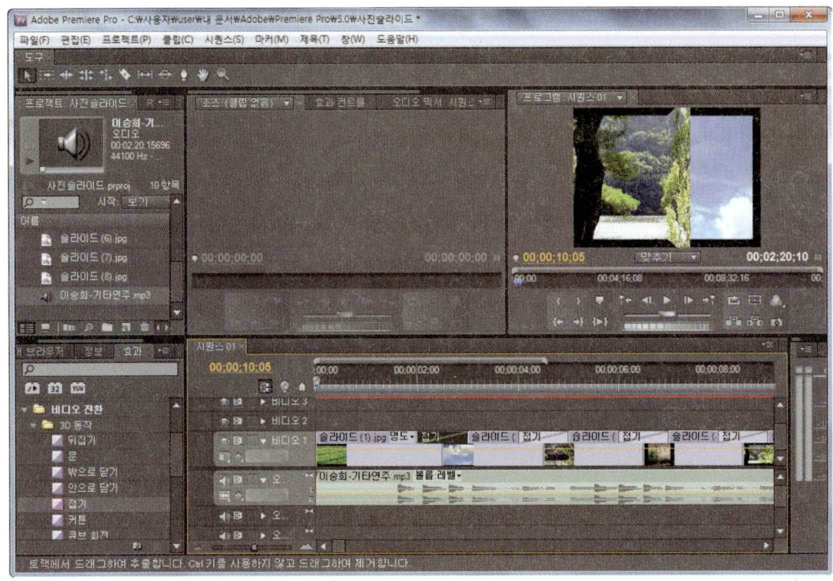

09 오디오의 길이를 영상의 끝으로 맞추기 위해 오디오 맨 뒤에서 드래그합니다.

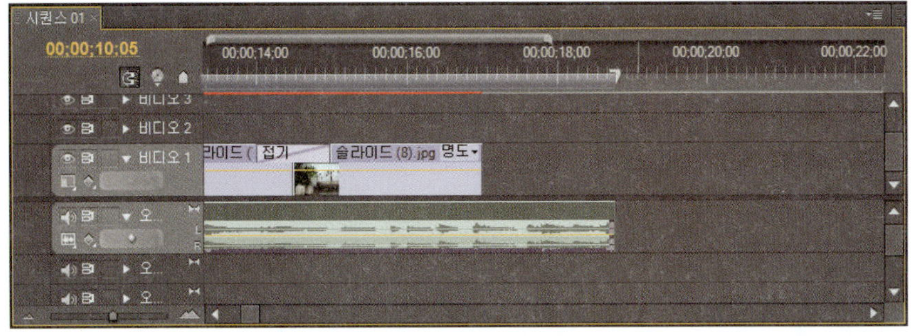

10 소스뷰 화면을 오디오 믹서로 설정하고 오디오 1 믹서 트랙
   을 [쓰기]로 설정합니다.

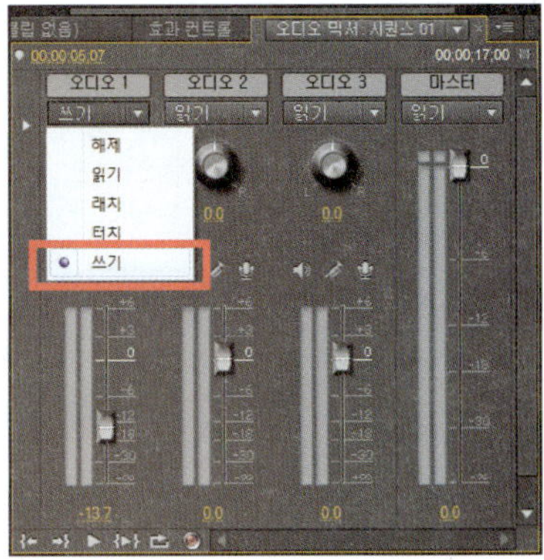

11 프로그램뷰 화면에서 재생 버튼을 클릭하고 재생되는 동안 볼륨 페이더를 조절하며 음악이 크게 나와야 할 경우는 올리고 음악의 소리를 낮춰야 할 경우는 내리는 방법으로 소리를 조절합니다.

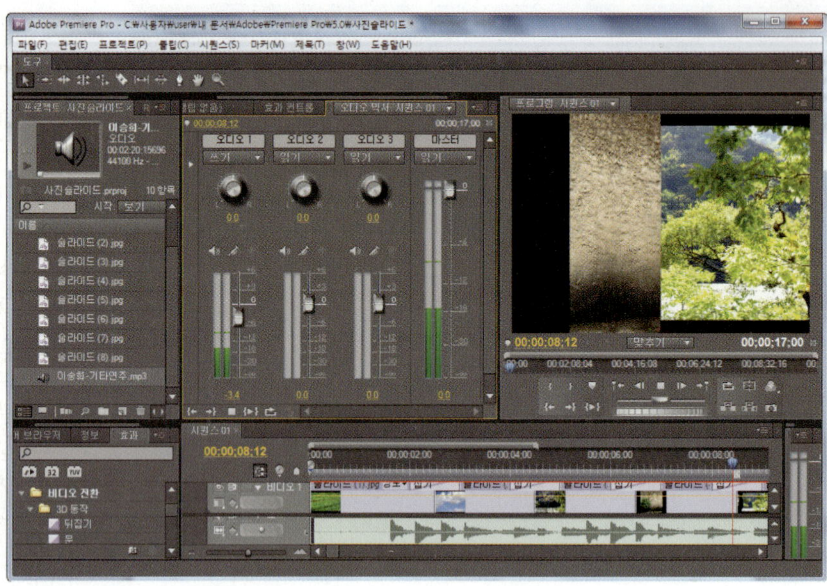

12 오디오 1 트랙의 오토메이션 기능이 터치로 전환된 것을 볼 수 있습니다. 재생 버튼을 클릭해서 확인해보면 오디오 볼륨이 조절한 것과 같이 이동되는 것을 볼 수 있습니다.

프리미어의 기본적인 자막 기법을 활용하여 자막을 만들어 보겠습니다. 미리 만들어진 템플릿과 효과등
이 있어서 화려한 자막도 몇 번의 클릭으로 만들 수 있습니다.

O1 새로운 프로젝트를 만들고 영상(9.wmv)을 불러옵니다. 그리고 불러온 영상을 타임라인으로 드래
그하여 배치합니다.

O2 [파일]-[새로 만들기]-[제목] 메뉴를 선택합니다.

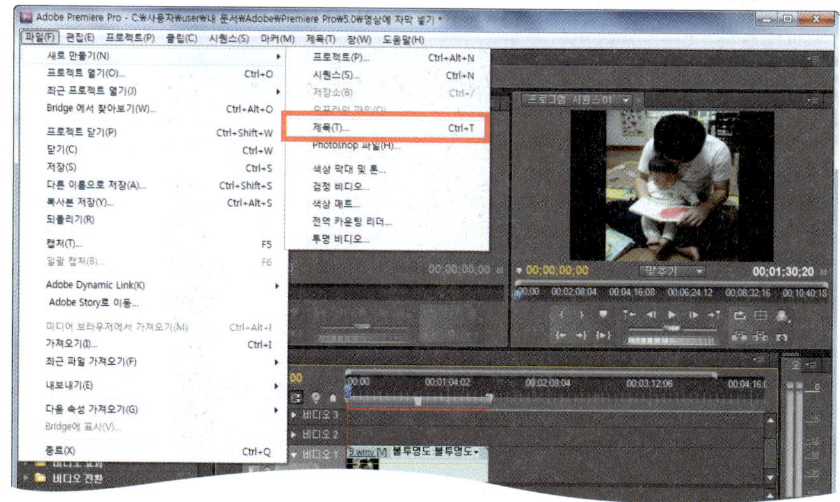

03 [새 제목] 창에서 이름을 입력하고 확인을 클릭합니다.

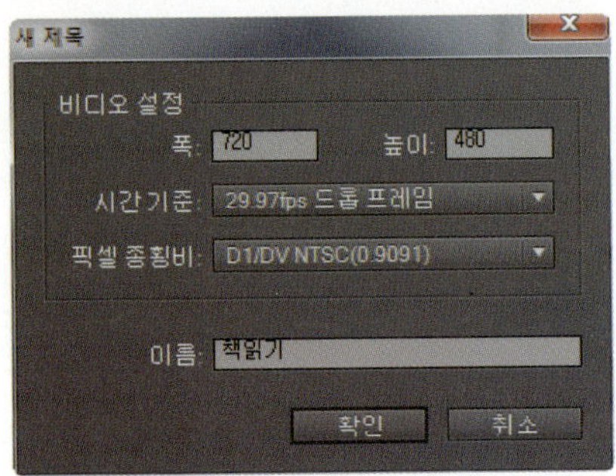

04 문자 도구(T)를 클릭한 후에 영상의 원하는 위치에 내용을 입력합니다. 그리고 글꼴과 크기를 변경합니다. 자막을 완성한 후에는 닫기(X) 버튼을 클릭합니다.

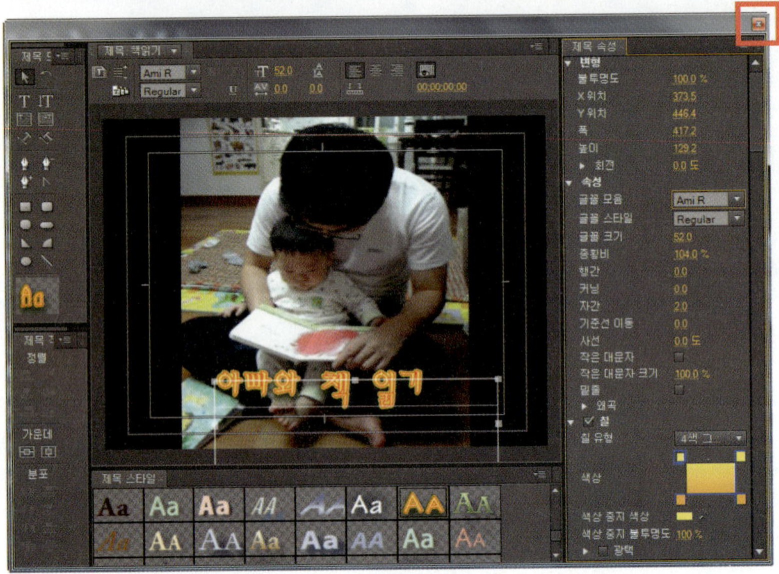

 프로젝트 윈도우에 보이는 자막을 드래그하여 타임라인의 비디오 2 트랙에 배치합니다. 자막의 길이를 조절(끝부분을 드래그)하여 원하는 만큼 자막이 재생되게 합니다.

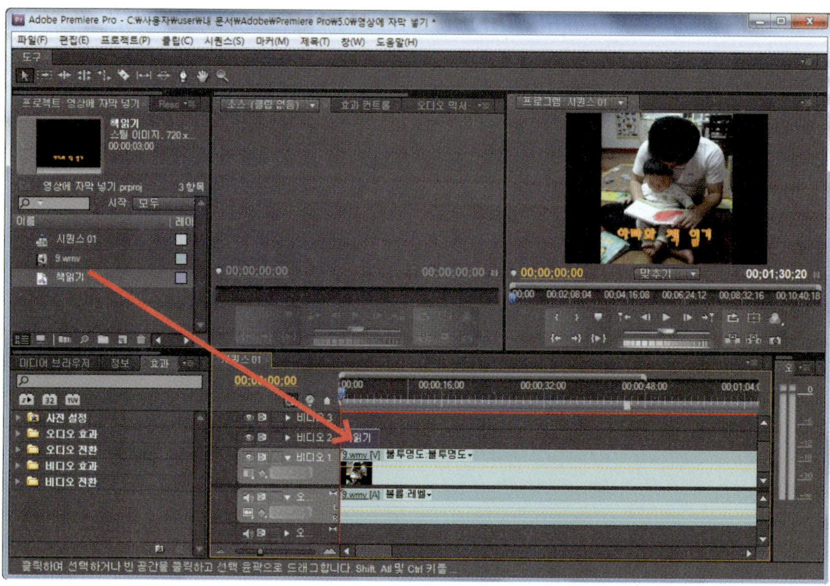

 프로그램뷰 화면에서 재생 버튼을 클릭하여 자막이 들어간 영상을 확인합니다.

12. 올라가는 자막 만들기

이번에는 자막이 아래에서 위로 올라가는 롤링 자막을 만들어 보겠습니다.

O1 새 프로젝트를 열고 '슬라이드 (45).jpg' 파일을 가져온 후 [파일]-[새로 만들기]-[제목] 메뉴를 선택합니다. 내용을 입력하고 롤/크롤 옵션(▤)을 클릭합니다.

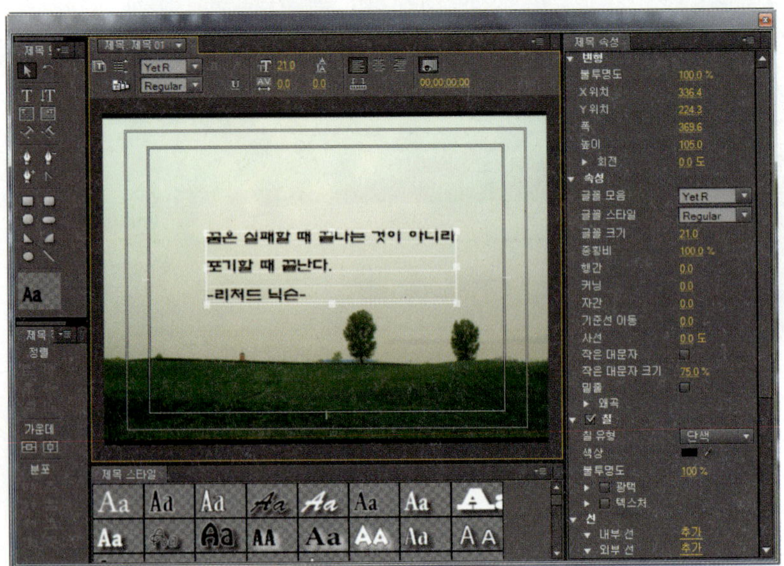

O2 [롤/크롤 옵션] 대화상자에서 제목 유형은 '롤', 타이밍(프레임)은 '화면 밖에서 시작'을 선택한 후에 [확인] 버튼을 클릭합니다.

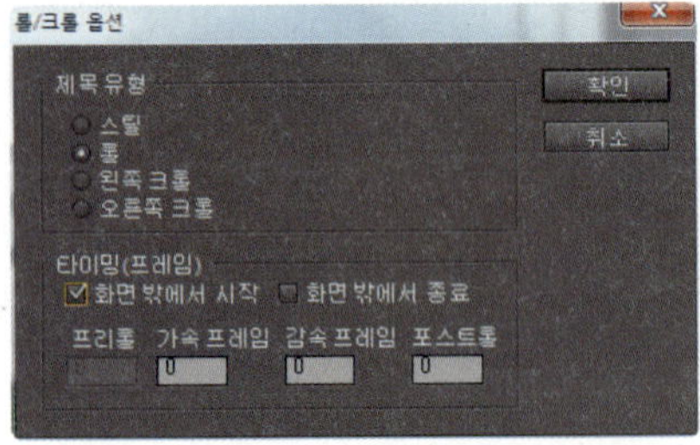

03 닫기(X) 버튼을 눌러 닫고 프로젝트 윈도우에서 제목을 드래그하여 비디오 2 트랙에 올려놓고 프
로그램뷰의 재생 버튼을 클릭하여 확인합니다.

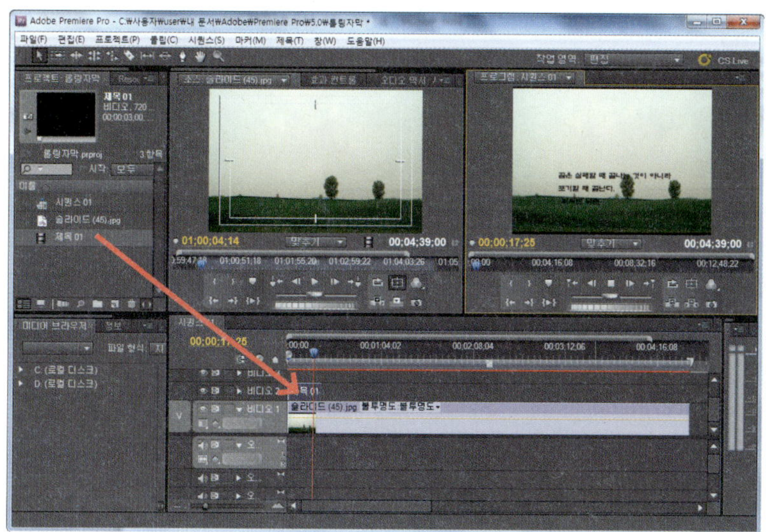

🛒 13. 영상이 겹쳐 나오는 효과주기

배경 영상이 있는 상태에서 다른 영상을 그 위에 겹쳐서 나오게 할 수 있습니다. 위에 나오는 영상의 경
우 크기 위치 등을 사용자가 원하는 대로 설정하여 제작할 수 있습니다.

01 새 프로젝트를 실행하면서 다음과 같이 설정합니다.

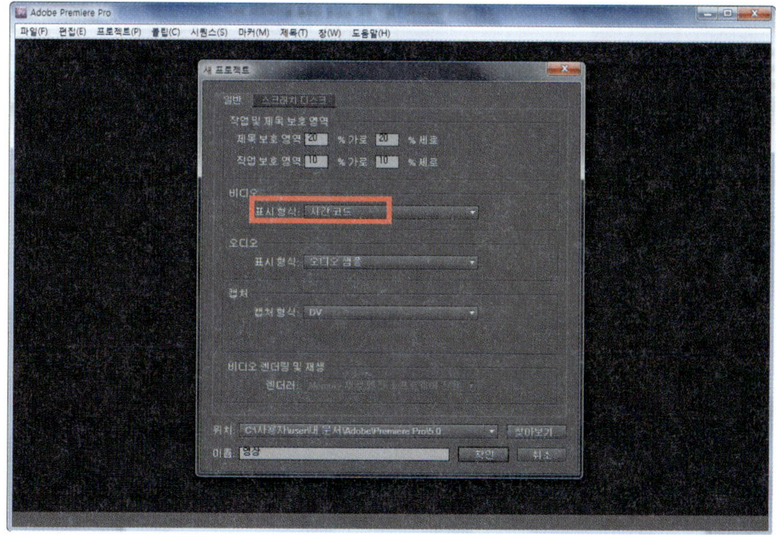

O2 여러 개의 영상(4.AVI, 6.AVI, 7.AVI, 9.wmv)을 가져온 후 '9.wmv'를 비디오 1 트랙에 드래그한
후 다른 영상(7.AVI)을 비디오 2 트랙으로 드래그합니다.

O3 소스뷰 화면에서 오른쪽 버튼을 클릭하고 [보호 여백]을 표시합니다.

04 타임라인에서 비디오 2 영상을 선택한 후 효과 컨트롤 윈도우에서 비디오 효과-동작-비율조정
을 25~30% 사이로 설정합니다.

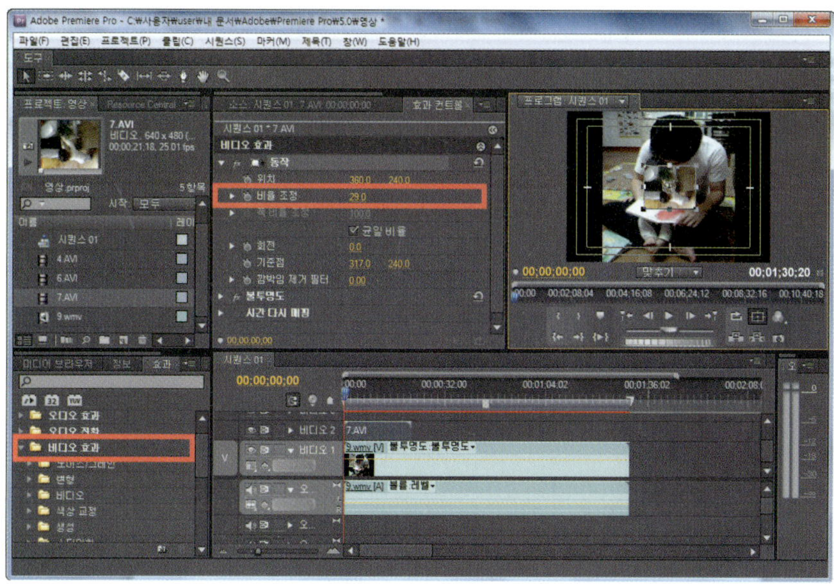

05 축소된 영상을 드래그하여 왼쪽 아래로 위치합니다.

06 비디오 효과-변형-가장자리 페더 효과를 드래그하여 비디오 2의 있는 영상 위에 올려 놓습니다. 효과 컨트롤에 추가되는 것을 볼 수 있고 가장자리 페더 양을 조절하여 가장자리 흐림 효과를 적용합니다.

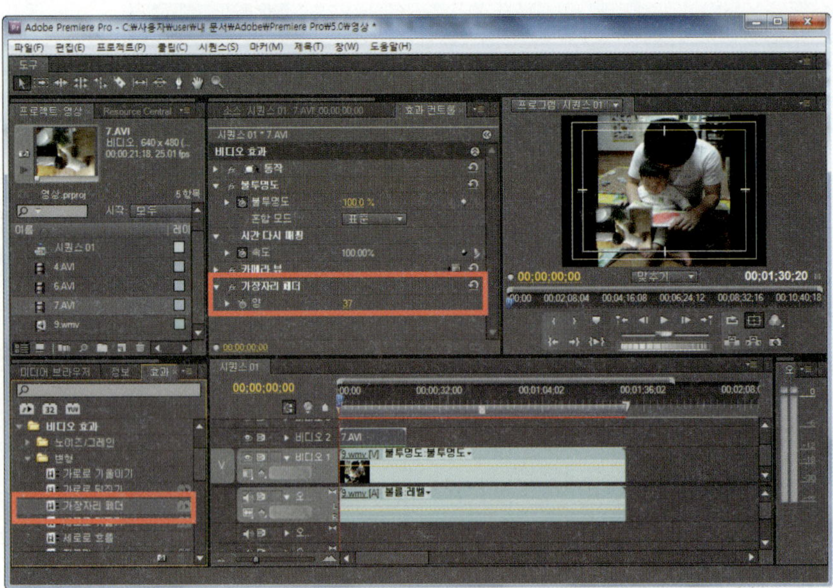

07 재생 버튼을 클릭하면 영상이 두 개의 영상이 같이 재생되는 것을 볼 수 있습니다.

14. 장면 전환 효과주기

장면 전환 효과는 영상에서 다음 영상으로 전환할 때 중간에 이루어지는 효과입니다. 영상의 트랜지션 효과라고 하며 원하는 효과를 드래그 또는 더블클릭하여 적용할 수 있습니다.

O1 세 개의 영상(4.AVI, 5.wmv, 10.wmv)을 가져온 후 차례로 타임라인으로 드래그합니다.

O2 [효과]-[비디오 전환]-[밀기]-[다중 사각형 회전]를 선택하고 드래그하여 영상과 영상 사이에 위치 시킵니다.

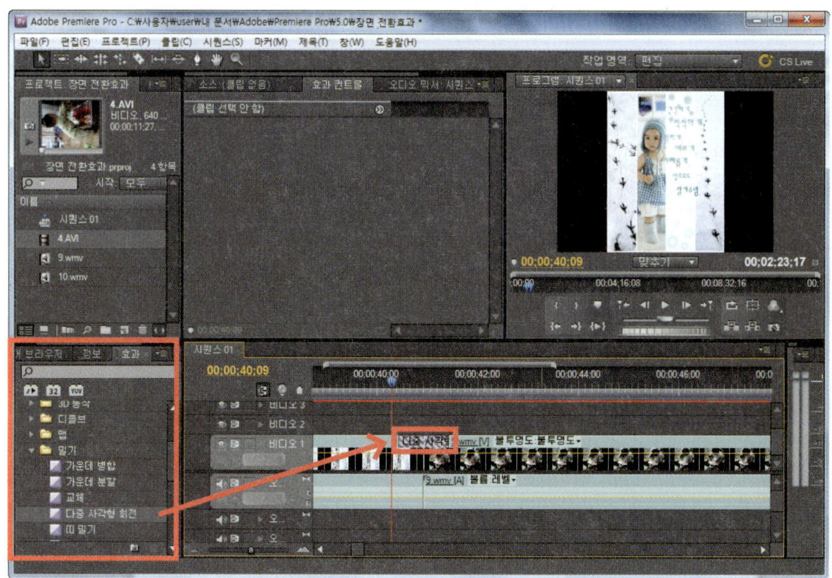

O3 장면 전환 효과가 적용된 영역을 더블클릭하면 [효과 컨트롤] 윈도우가 활성화 됩니다. 효과 컨트롤 윈도우 화면에서 속성을 변경하여 효과를 다르게 적용할 수 있습니다.

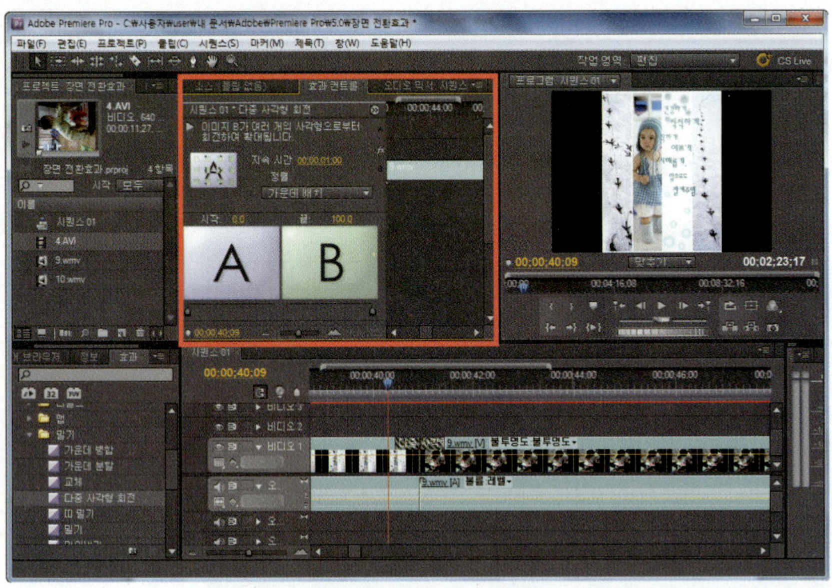

O4 효과를 변경하려고 할 때는 [효과 컨트롤] 윈도우에서 다른 효과를 드래그하여 적용한 효과 위에 올려놓습니다.

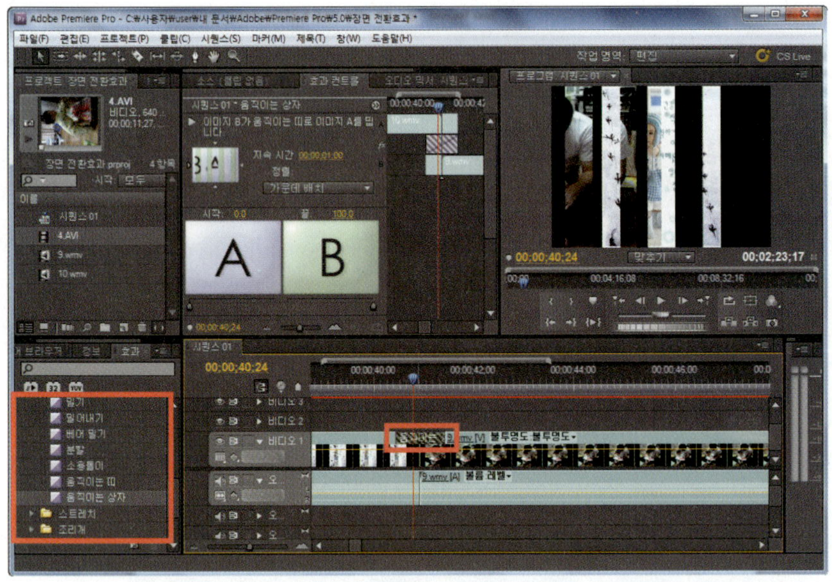

05 두 번째 영상과 세 번째 영상도 같은 방법으로 효과를 적용합니다. 이번에는 조리개 별모양을 선택합니다.

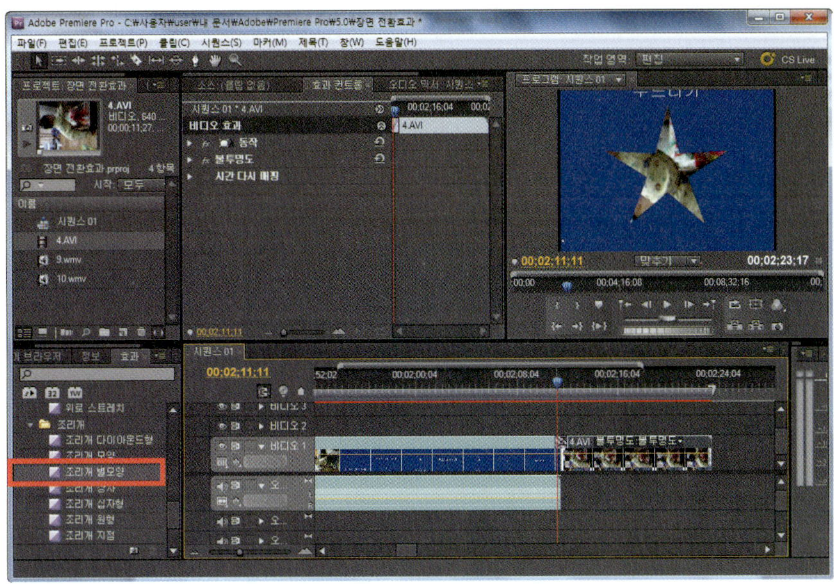

06 프로그램 뷰에서 재생 버튼을 클릭하여 확인해 보면 영상이 전환될 때 적용한 전환 효과에 맞게 전환되는 것을 볼 수 있습니다.

 ## 15. 영상 저장하기

편집한 영상을 프리미어의 내보내기 기능을 활용하여 윈도우 미디어 비디오 파일로 저장하고 미디어 플레이어를 통해 재생되는 과정을 살펴보겠습니다.

01 앞서 편집한 영상을 비디오 파일로 만들기 위해 [파일]-[내보내기]-[미디어] 메뉴를 선택합니다.

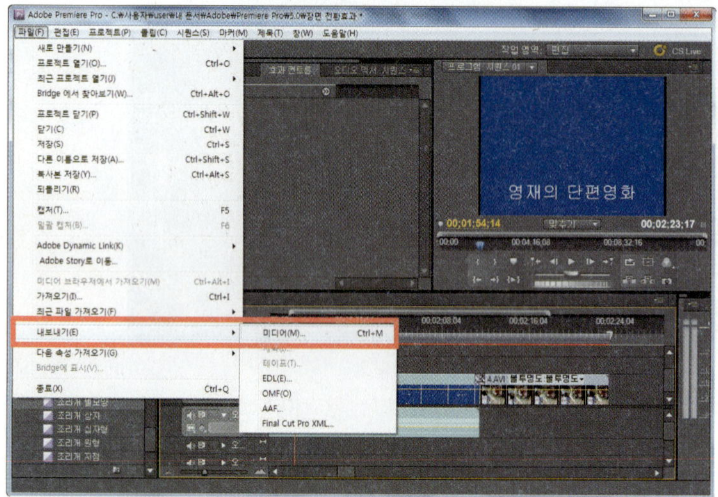

02 [내보내기 설정] 창에서 형식을 'Windows Media', 코덱을 'Windows Media Video 9'로 선택하고 [내보내기]를 클릭합니다.

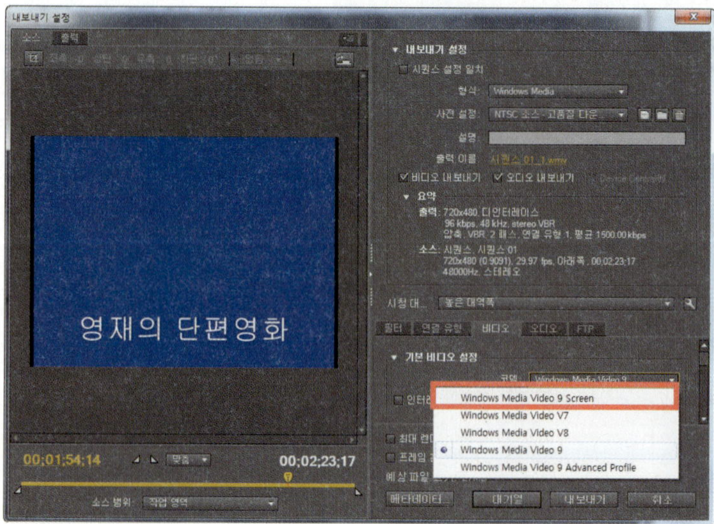

03 인코딩이 진행되는 것을 볼 수 있습니다.

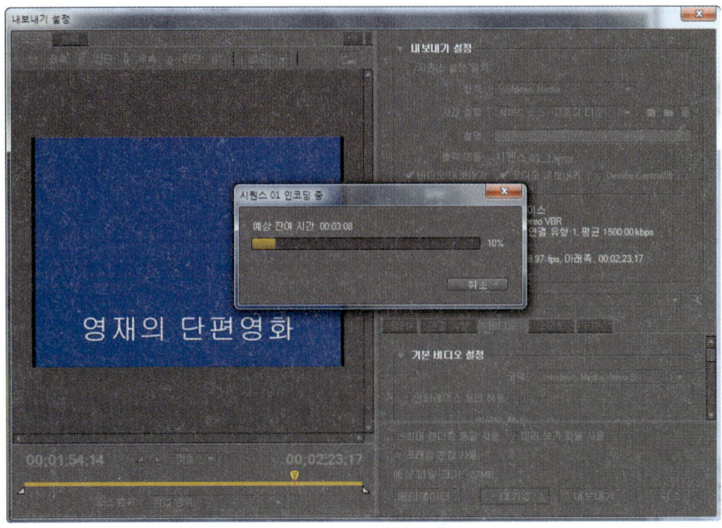

04 윈도우 미디어 플레이어를 통해 재생되는 것을 볼 수 있습니다.

쇼핑몰을 운영하다 보면 이미지 파일에 관련된 고민을 하는 경우가 많이 있는데 디자인뱅크를 활용하면 고민의 많은 부분을 줄일 수 있습니다.

1. 디자인뱅크란?

디자인뱅크는 카페24에서 제공하는 디자인 소스 홈페이지입니다. 홈페이지 또는 쇼핑몰을 제작하기 위해 카페24 호스팅을 신청한 경우 디자인뱅크의 다양하고 고급스러운 디자인 콘텐츠를 무료로 사용할 수 있습니다.

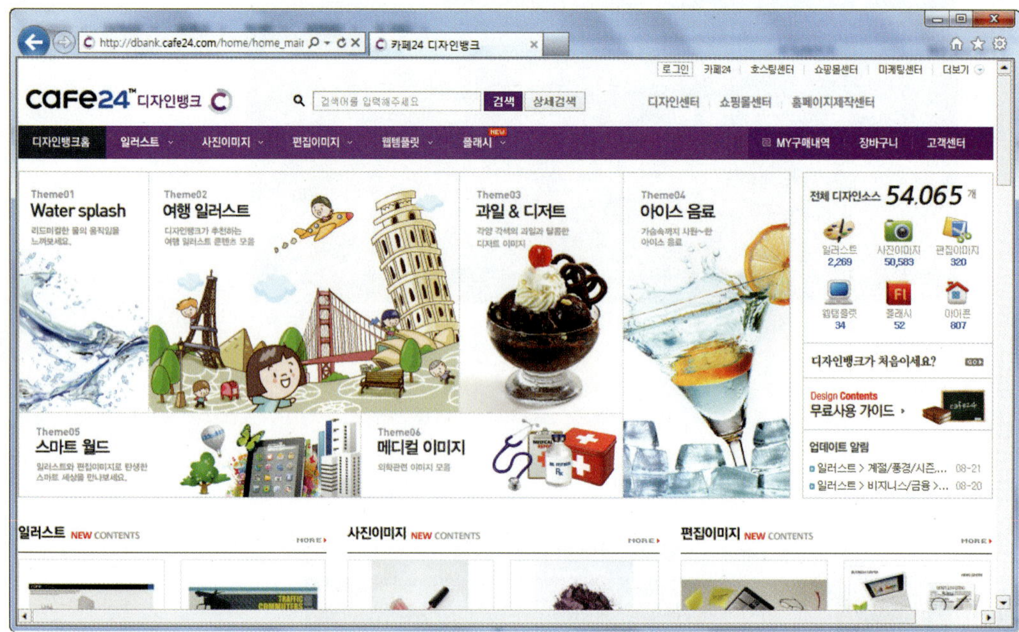

디자인뱅크 : http://dbank.cafe24.com

2. 디자인뱅크의 콘텐츠

카페24 디자인뱅크는 홈페이지를 제작할 때 유용하게 활용할 수 있는 디자인 소스를 제공하고 있습니다. 카페24에서 직접 제작한 콘텐츠를 독점으로 공급하고 있어, 독창적이고 다양한 콘셉트의 홈페이지를 제작할 수 있습니다. 일러스트, 사진 이미지, 편집 이미지, 웹 템플릿 등이 제공되고 있으며 앞으로 웹 사이트 제작에 필요한 모든 디자인 콘텐츠가 제공될 예정입니다.

● 일러스트 소스

카페24에서 제공되는 일러스트 소스는 어도비사에서 개발한 일러스트레이터(Adobe Illustrator) 프로그램에서 만든 소스입니다. 일러스트 소스를 사용하기 위해서는 기본적으로 일러스트레이터 프로그램이 설치되어 있어야 하며 벡터 방식으로 만들기 때문에 확대, 축소 및 변형이 자유롭다는 장점이 있습니다. CI, 일러스트레이션, 웹 디자인, 캐릭터 디자인, 인쇄출판 디자인 등 다양한 분야에서 쓰이고 있으며 현재 카페24에서 제공되고 있는 소스도 다양한 분야에서 활용할 수 있도록 세분된 메뉴로 제공하고 있습니다.

일러스트 소스 제공 화면

● 사진 이미지 소스

카페24에서 제공되는 사진이미지 소스는 어도비사에서 개발한 포토샵 프로그램으로 편집하여 만든 소스입니다. 이미지 파일은 저작권 문제가 많이 발생하므로 이미지를 구매하여 사용하는 경우가 많은데, 현재 카페24에서 제공하는 이미지를 사용하면 저작권 문제 없이 원하는 디자인을 할 수 있습니다. 사진이미지는 비트맵 방식으로 제공하고 있기 때문에 이미지를 확대 및 축소했을 때 해상도에 따라 이미지 손상이 올 수 있습니다. 이미지 소스를 사용하여 편집할 경우는 처음부터 원하는 사이즈로 정확히 작업 창을 설정한 후에 작업을 진행하는 것이 좋습니다.

사진이미지 소스 제공 화면

● 편집이미지 소스

카페24에서 제공되는 편집이미지 소스는 어도비사에서 개발한 포토샵 프로그램으로 편집하여 제공하고 있습니다. 파일 형식을 .psd로 제공하고 있기 때문에 작업한 레이어가 모두 살아 있으므로 포토샵에서 세부적으로 재가공이 가능하도록 제공하고 있습니다. 글씨 수정 및 이미지의 크기 위치 등을 다양하게 수정하여 홈페이지 및 쇼핑몰에서 활용할 수 있습니다. 기본적으로 포토샵의 레이어 개념을 이해한 상태에서 자유롭게 사용할 수 있는 이미지 소스입니다.

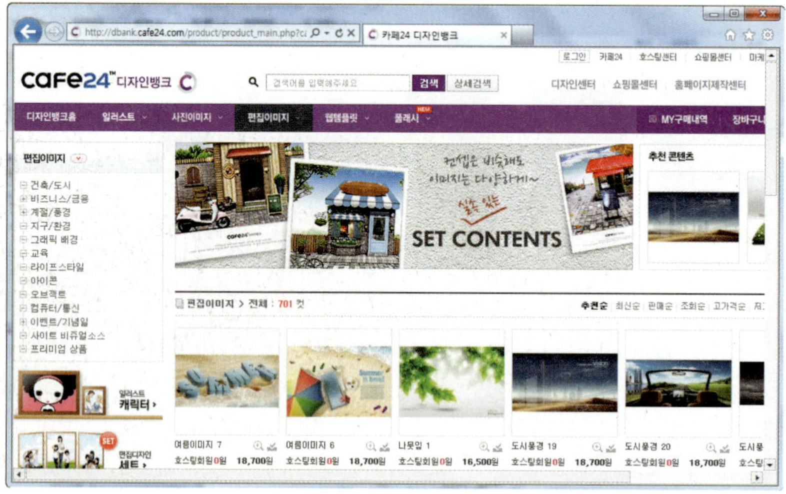

편집이미지 소스 제공 화면

● 웹템플릿 소스

웹템플릿 소스는 드림위버와 포토샵을 사용할 수 있는 사용자가 다운로드하여 활용할 수 있습니다. 초보 디자이너부터 전문 디자이너까지 활용할 수 있는 다양한 콘텐츠를 제공하고 있으며, 특히 실무 디자이너에게는 디자인 작업에 필요한 시간을 단축할 길이 열린 것입니다.

웹 템플릿 소스 제공 화면

3. 디자인 소스 다운받기

❶ 카페24 디자인뱅크 홈페이지에 접속한 후에 로그인하고 원하는 콘텐츠를 클릭합니다.

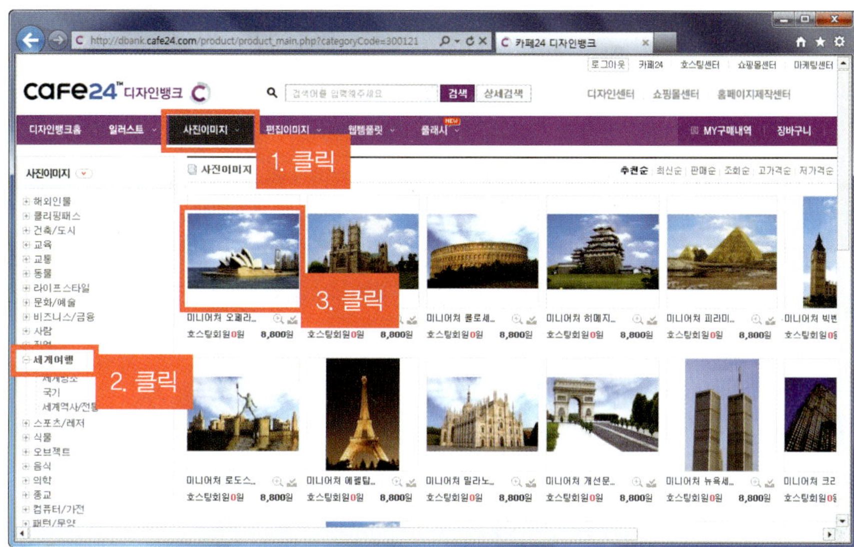

❷ 구매 페이지에서 호스팅 회원가 0원을 선택하고 [구매하기] 버튼을 클릭합니다. 카페24 호스팅을 사용하지 않는 경우는 호스팅 회원가를 선택하면 안 되고 판매가를 선택한 후에 구매하기를 클릭해야 합니다.

❸

장바구니에서 구매내용을 확인
하고 [결제하기] 버튼을 클릭합
니다.

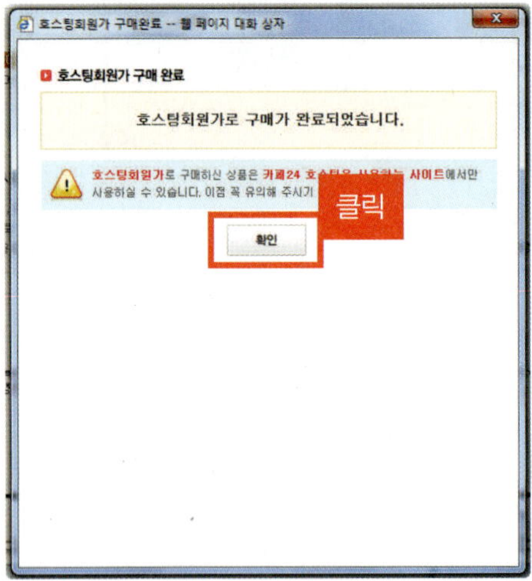

❹ 구매완료 페이지에서 [확인] 버튼을 클릭합니다.

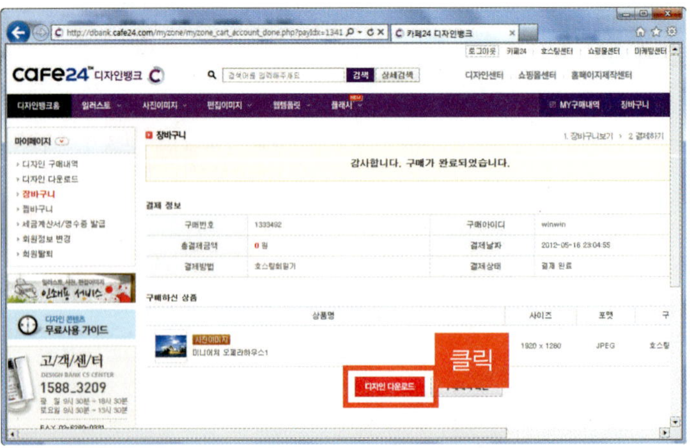

❺

구매한 디자인을 다운로드하기
위해 [디자인 다운로드] 버튼을
클릭합니다.

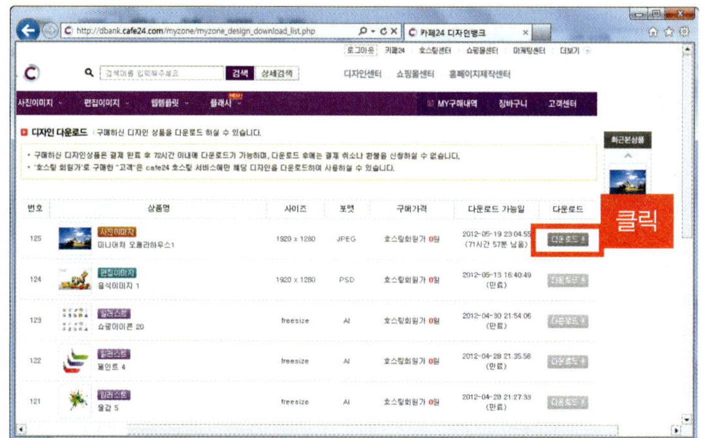

❻ 구매한 디자인 목록에서 [다운로드] 버튼을 클릭합니다.

❼ 파일 다운로드 창에서 [저장] 버튼을 클릭합니다.

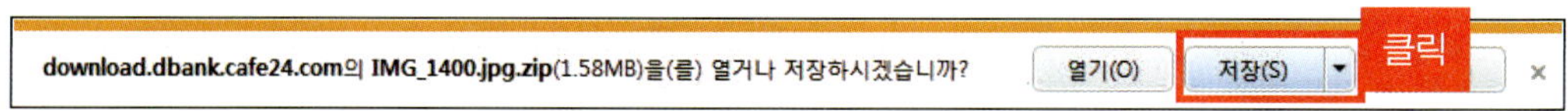

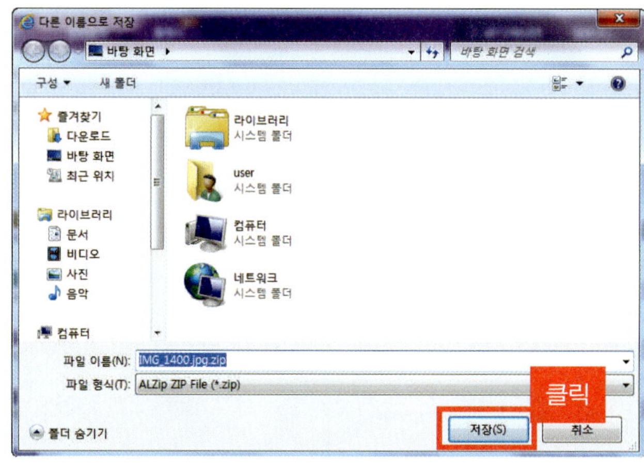

❽ 저장 위치를 정하고 파일 이름을 변경한 후에 [저장] 버튼을 클릭하여 저장을 완료합니다.

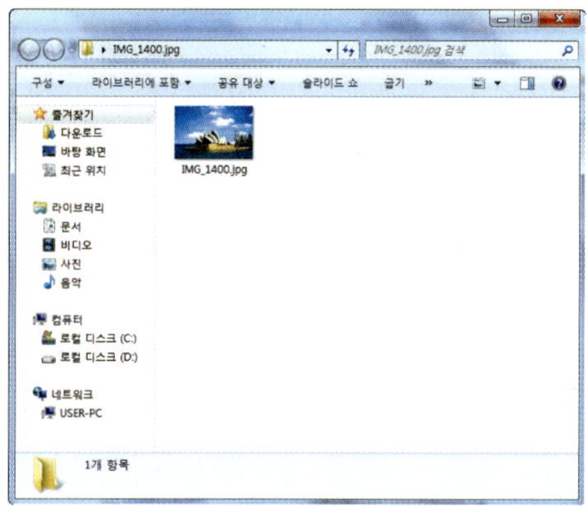

❾ 압축을 해제한 후에 다운로드된 소스를 확인하고 사용합니다.

쇼핑몰 마케팅의 이해

쇼핑몰 제작이 완료된 후에 제일 먼저 하게 되는 것은 나의 쇼핑몰을 검색 사이트에 등록하는 일일 것입니다. 기존에는 별도의 등록비가 있었지만 이제는 등록비는 무료이고 광고 유형에 따라 광고비만 지불하게 됩니다. 검색 사이트에 자신의 쇼핑몰을 등록하고 키워드 몇 개만 사면 광고에서 해야 할 일을 다 한 것으로 생각한다면 그것은 오해입니다. 광고 보고서 분석 등을 통해 광고주가 나의 상점을 어떤 고객에게 보여줄 것인기를 명확하게 계획하지 않는다면 구매 전환율을 높이지 못할 것입니다. 여러분의 쇼핑몰이 날개를 달고 많은 고객들에게 행복을 주는 날이 빨리 왔으면 좋겠습니다.

나의 고객은 누구인가? 타깃 분석

광고를 진행하기 전에는 반드시 어떤 소비자를 대상으로 할 것인가 하는 '타깃(Target) 분석'을 선행해야 합니다. 회원의 연령대와 성별을 로그 분석을 통해 확보하여, 주고객은 언제 인터넷을 사용하는가, 언제 상품을 구매하는가, 어떤 홈페이지를 좋아하는가, 어떤 이벤트에 반응하는가, 어떤 키워드에 반응하는가를 파악해야 합니다. 이번 장에서는 세대별 구매 성향과 이용 실태를 분석해 보도록 하겠습니다.

 ## 1. 세대별 분석

1) 1318 세대 – 여성의류 쇼핑몰

1980~1990년대에 걸쳐 태어난 이들은 컴퓨터 문화가 일반화된 첫 세대이자 PC 통신과 휴대폰을 통해 사람과 대화하는 법을 배워 온 디지털 세대입니다. 자신들의 직접 수입이 없고 부모, 조부모 등에게 용돈을 받아 사용하기 때문에 비교적 경기 영향을 적게 받는 것이 특징입니다. 여러 가지 주머니를 가지고 있다는 의미의 '레인보우 포켓'이라고 부르기도 합니다. 돈을 저축의 개념보다는 소비에 투자하기 때문에 구매력은 매우 큽니다.

이들은 문화를 공유하며 또래의 영향과 입소문에 민감하게 반응합니다. 또한 인터넷과 디지털 공간에서 소비 활동을 많이 하며, 스타에 열광하고 광고를 관심 있게 봅니다.

이들은 1일 평균 2.5 시간을 인터넷을 하는 데 사용하며 50% 이상이 인터넷 쇼핑 경험이 있다고 할 만큼 전자상거래에 친숙합니다.

인터넷 이용 시간 관련	
1일 인터넷 이용 시간 (전체 세대 평균 2.5시간)	1.7시간
주로 이용 시간대 (전체 세대 평균 오후 10~12, 2~4시)	오후 9~12시간
주중 (전체 세대 평균 2.9시간)	1.7시간
주말 (전체 세대 평균 2.4시간)	2.4시간

전자상거래 이용 실태	
인터넷 쇼핑 경험	55.40%
평균 구매 금액	2만 9천원
주요 쇼핑 품목	의류/속옷(77.8%), 도서, 잡화류, 화장품/미용

출처: 코리안클릭

「1318세대 인터넷 이용 시간 및 전자상거래 이용 현황」

1318세대는 학업으로 인하여 주중보다 주말에 인터넷을 많이 이용하며 인터넷을 이용해서 주로 의류/속옷을 구매합니다. 1회 구매당 금액은 크지 않으나 구매 경험률은 20대 다음으로 높습니다.

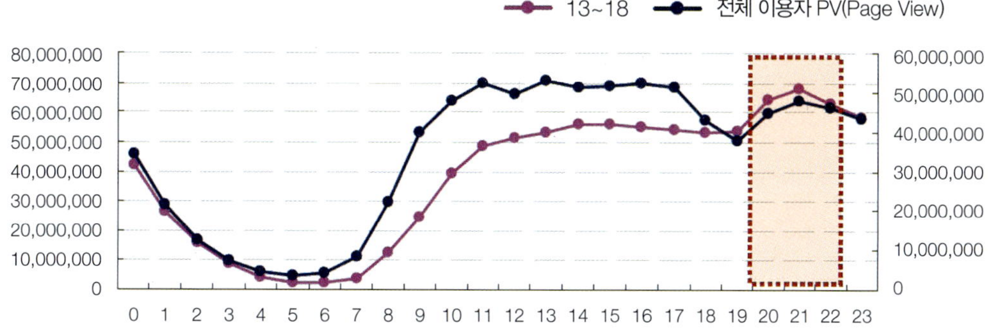

출처: 코리안클릭
(Page View : 홈페이지에 들어온 접속자가 둘러 본 페이지의 수)

2) 1924세대 – 여성 쇼핑몰

대학생과 사회 초년생들로 이루어진 세대입니다. 대학생의 경우에는 해외 배낭여행과 어학연수가 일반화되었고, 취업 및 안정적 미래에 대한 관심이 높으며 사회 초년생인 경우에는 일보다 여가를 중시합니다. 따라서 쇼핑이나 유행에 민감하며, 명품 구매율도 높아지고 있습니다.

이들은 입소문과 정보에 영향을 많이 받으며 주요 정보를 적극적으로 발신하는 입소문 메신저이기도 합니다. 또한 본격적 디지털 세대로 장소를 불문하고 인터넷을 이용하며, 새로운 기기나 매체에 호의적입니다. 드라마와 쇼 오락 프로그램을 선호하며, 화장품, 휴대폰, 의류 광고에 관심이 많습니다. 패션 등 아름다움에 관심이 많으나 유행을 따르기보다 자신의 개성을 추구합니다.

인터넷 이용률이 98.5%에 이를 정도로 대부분 인터넷을 이용하고 있으며, 이는 8개의 연령층 중 1위에 해당하는 수치입니다. 주말보다는 주중에 인터넷 활용이 많습니다.

인터넷 이용률	98.5%
인터넷 이용 시간(일 평균)	1시간 54분
인터넷 이용 목적 (이메일, 정보 검색, 뉴스보기 제외)	메신저(81%), 미니홈피(80.9%), 인터넷 쇼핑/경매(73.6%)
인터넷 쇼핑 경험	82.3%
주요 쇼핑 품목 (의류/속옷, 도서, 잡화류, 화장품/미용 제외)	공연예매, 음반/DVD/게임

출처: 코리안클릭

「1924세대 인터넷 이용 시간 및 전자상거래 이용 현황」

타 연령대에 비해 22시 이후에 PV가 증가하며, 0시~4시대에 상당히 높습니다. 새벽 시간대에 활발한 활동을 하는 것으로 여겨집니다.

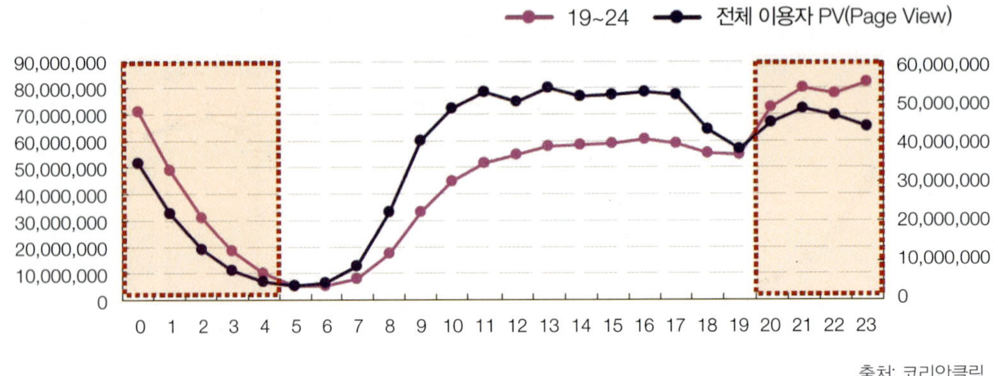

출처: 코리안클릭

3) 2529 세대 – 20대 후반 여성 쇼핑몰

대학 졸업생 및 대학 졸업 후 직장인들로 구성되는 25~29세 연령층입니다. 미래에 대한 긍정적 마인드로 현재를 살아가는 젊은 사회인으로 개방적인 결혼관과 실리적인 직업관을 가집니다. 직업을 선택할 때 안정성보다는 급여를 우선으로 생각하며, 전업주부보다는 맞벌이를 선호합니다.

이들은 성공을 추구하는 자가 표현적 소비 생활을 지향하는 세대입니다. 본인이 좋아하는 것, 가치 있다고 생각하는 것에는 아낌 없이 투자합니다. 드라마를 선호하며, 화장품/휴대폰 광고에 관심이 많습니다. 할인 기간을 이용하여 제품을 구입하며, 쿠폰이나 마일리지를 이용해 제품이나 서비스를 구매하는 경우가 많습니다.

인터넷 이용률이 96.9%로 대부분 인터넷을 이용하고 있으며 이는 8개의 연령층 중 3위에 해당하는 수치입니다. 주말보다는 주중에 인터넷 활용이 많습니다.

인터넷 이용률	96.9%
인터넷 이용 시간(일 평균)	1시간 27분
인터넷 이용 목적 (이메일, 정보 검색, 뉴스 보기 제외)	인터넷 쇼핑/경매(82.9%), 미니홈피(74%), 메신저(71.3%)
인터넷 쇼핑 경험	89.3%
주요 쇼핑 품목 (의류/속옷, 도서, 잡화류, 화장품/미용 제외)	공연 예매, 생활용품

출처: 코리안클릭

「2529세대 인터넷 이용 시간 및 전자상거래 이용 현황」

대체적으로 근무 시간대인 8시~18시까지 주로 인터넷을 이용하는 것으로 나타납니다. 40대에 이어 두 번째로 PV가 높게 나타납니다.

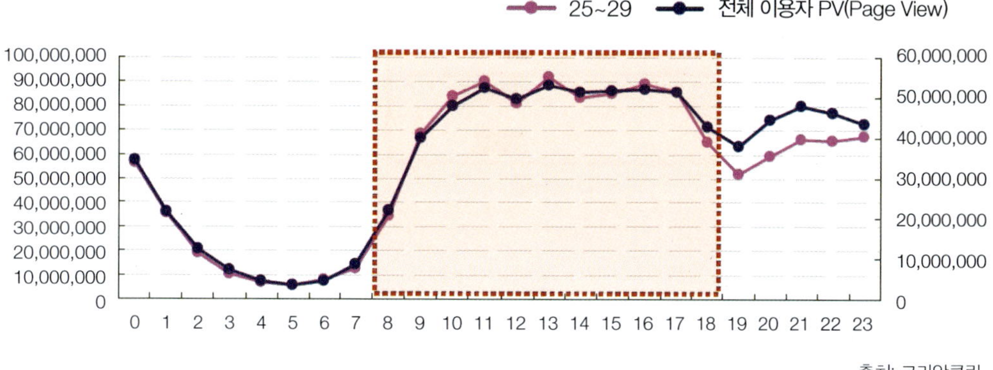

출처: 코리안클릭

2. 전문몰 분석

종합몰은 가격 경쟁력이 중요하며 초보자들이 선호합니다. 그에 비해 전문몰은 다양한 스펙이 중요하며 Heavy User일수록 선호합니다.

1) 아웃도어 등산용품 쇼핑몰

아웃도어 쇼핑몰의 주요 타깃은 30대 초반~40대 후반 남성입니다.

P사 메인 페이지

구분	회원수	비율	
10대 이하	0	0.00%	
10대	15	0.62%	
20대	234	9.72%	
30대	964	40.03%	
40대	896	37.21%	
50대	270	11.21%	
60대 이상	29	1.20%	
합	2,408	100.00%	

구분	회원수	비율	
남성	1,986	82.48%	
여성	422	17.52%	
합	2,408	100.00%	

「P사 회원 분석」

주요 고객의 특성상 점심 시간 직전인 오전 11시와 퇴근 시간 직전인 오후 5시, 9시 뉴스 방송 후인 오후 10시~11시 59분까지 구매건수가 가장 많습니다. 요일로는 월~수요일에 방문자가 많습니다.

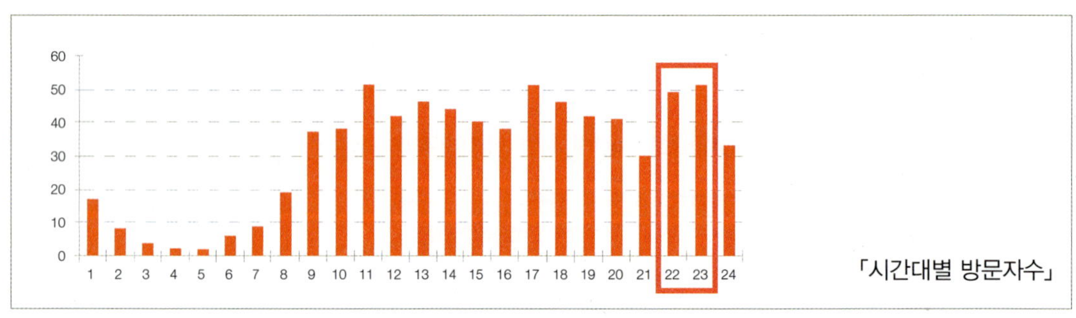

「시간대별 방문자수」

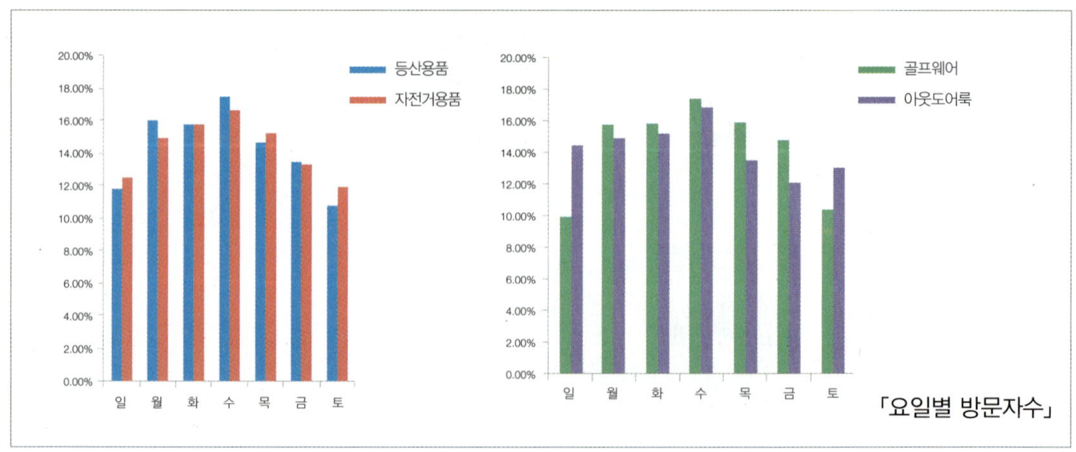

「요일별 방문자수」

2) 건강 기능 식품 쇼핑몰

최근 통계조사에 따르면 우리나라 사람 10명 중 5명은 건강 기능 식품을 섭취한 경험이 있다고 할 정도로 건강 기능 식품은 생활 필수품 중의 하나로 자리잡고 있습니다. 건강 기능 식품이란 인체에 유용한 기능성을 가진 원료나 성분을 사용하여 제조 가공한 식품입니다. 건강이 인생에서 가장 중요한 가치로 여겨지고 있으므로 건강 기능 식품의 시장 전망은 밝습니다.

건강 기능 식품 생산 및 수입 실적은 1조 3,261억 원입니다. 상위 10개 품목이 차지하는 비중이 91.5%로 일부 품목에 판매가 치우치는 경향이 있습니다. 특히 홍삼 제품이 8,517억 원으로 전체 실적의 54.5%를 차지하였으며, 개별인정형제품(의약품은 아니지만 기능성이 있는 건강 기능 식품)의 실적은 전년대비 약 33% 증가한 1,724억 원으로, 새로운 기능성에 대한 니즈와 맞물려 틈새시장을 공략하고자 하는 기업이 늘고 있습니다.

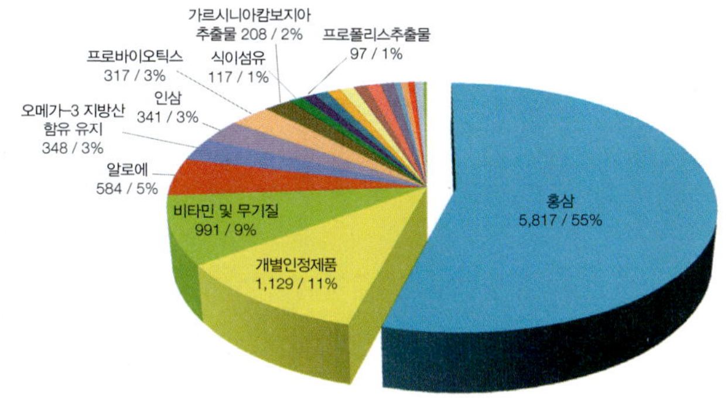

위 자료는 생산, 출하액 기준의 시장 분석 자료이고 실제 판매업체의 매출액은 한국건강기능식품 협회에서 발표한 자료에 따르면 2008년 1조 7,898억 원, 2009년 2조 1,428억 원, 2010년 2조 3,000억 원입니다.

네이버 클릭초이스의 자료에 따르면 홍삼/건강식품(홍삼, 인삼, 약재, 양파, 마늘 등)의 광고주는 건강 식품 광고주 중에 42%를 차지하며 광고비로는 36%를 차지합니다.

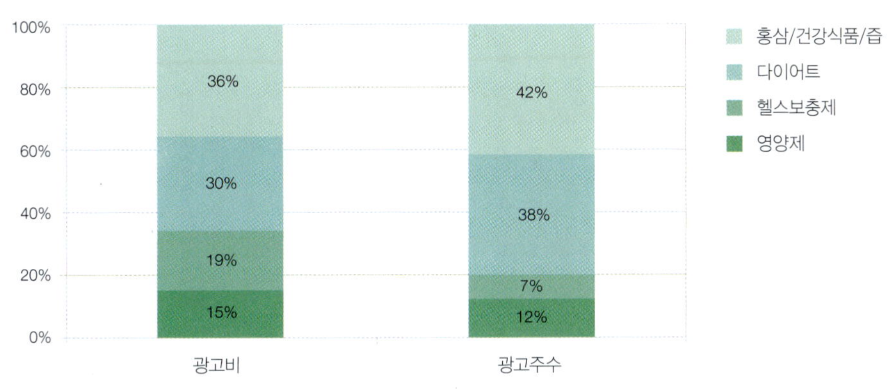

3) 유아동복 쇼핑몰

국내 유아복 시장의 크기는 대략 7,000억 원 내외로 추정됩니다. 이 시장은 2000년대를 기점으로 고용불안과 출산 육아 비용에 대한 부담으로 정체된 상황이었지만 최근 출산율 증가와 맞벌이 부부로 인한 소득이 늘고, 이른바 8포켓 1마우스(8pockets 1mouth, 부모 2명과 친할아버지, 친할머니, 외할아버지, 외할머니 등 조부모 4명, 거기에 결혼하지 않은 이모, 고모까지 한 아이를 위해 지갑을 연다는 뜻)나 골드키즈 시대를 맞아 자녀에 대한 지출이 늘어나면서 시장이 커지고 있습니다.

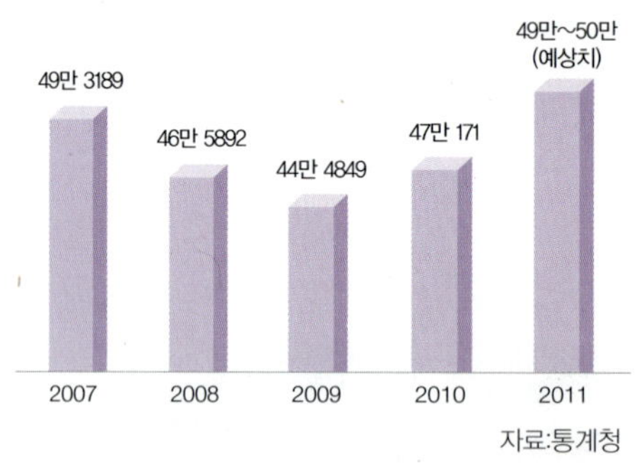

「연도별 신생아 수 (단위:명)」

자료:통계청

이런 유형의 쇼핑몰은 아이가 있는 20대 후반에서 30대의 주부가 주요 고객입니다. 다른 의류 구매층에 비해 재구매율이 상대적으로 높으며 짧은 기간 동안만 입을 수 있는 상품 특성상 저렴한 가격 및 정확한 사이즈 제공이 중요합니다.

아이의 나이가 어릴수록 디자인보다는 재질이 중요(㉣ 순면 100% 등)합니다. 또한 아이와 주부들을 위한 다양한 콘텐츠(1대1 상담, 육아 관련 정보)를 제공하여 신뢰 형성 및 재방문 확대를 유도하며, 선물용 구매 비율이 상대적으로 높으므로 선물 포장 서비스를 제공합니다.

시간대별로는 오전 11시와 오후 1시~3시에 구매건수가 가장 많습니다.

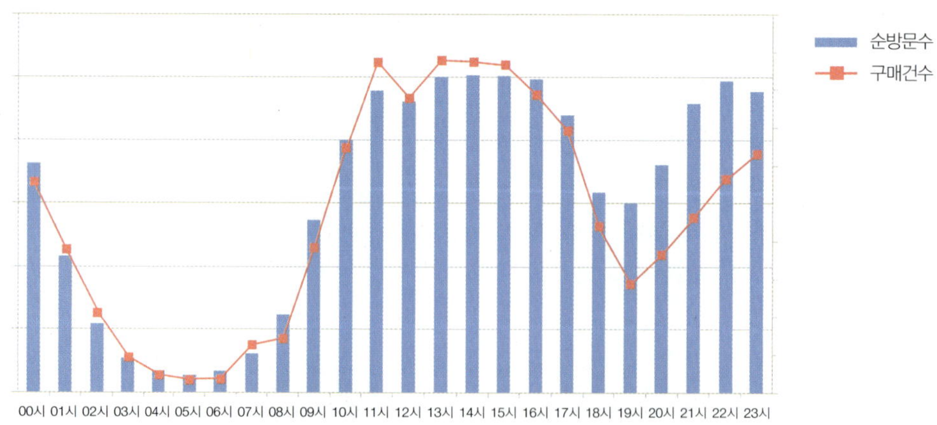

4) 할리우드(헐리웃) 스타일 여성의류 쇼핑몰

할리우드(헐리웃) 스타일 쇼핑몰이란 헐리웃 스타들처럼 스타일리시하게 매치하여 입을 수 있는 의류를
판매하는 쇼핑몰로 주요 고객은 30대 여성이지만, 20대와 40대도 상당한 비중을 차지합니다.

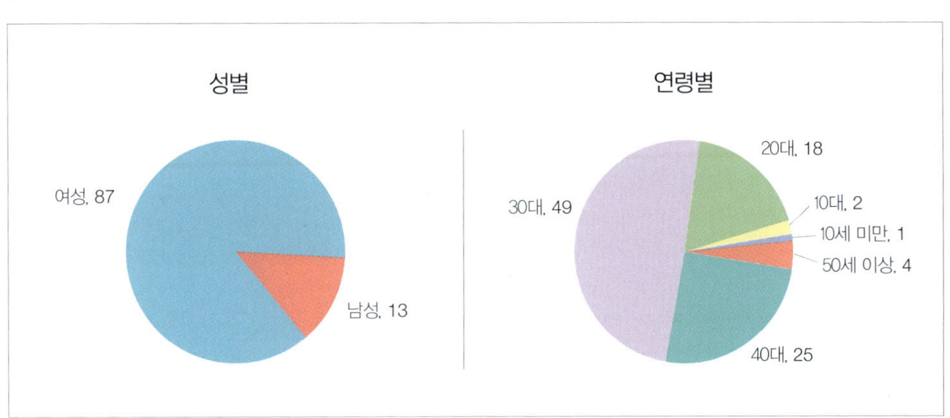

이런 종류의 쇼핑몰은 9월에서 12월까지의 겨울 시즌이 매출이 높고, 주로 주말보다는 평일에 방문자가 많습니다. 특히 화, 수요일에 구매가 많이 일어납니다. 이는 주로 직장인들의 이용률이 높기 때문인 것으로 추정할 수 있습니다.

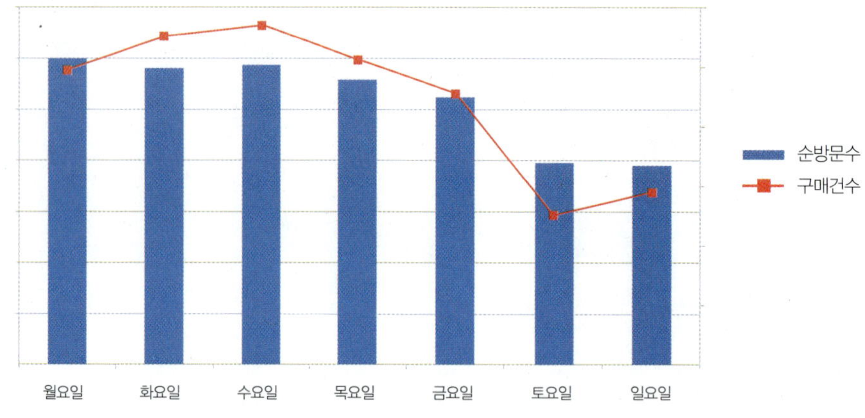

「요일별 구매건수와 순방문자」

시간대별로는 오후 1시에서 오후 3시 59분까지의 구매자가 많으며 오후 6시에서 오후 7시 59분까지는 퇴근 시간대로 구매자가 줄다가 오후 9시대에 구매자가 다시 늘어납니다.

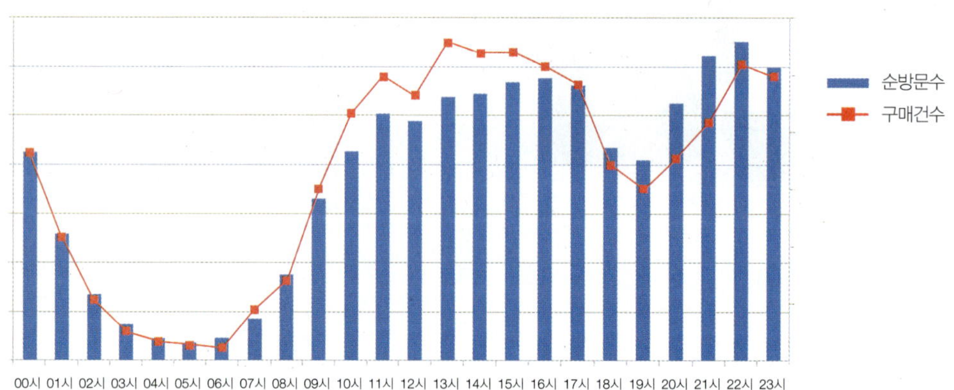

「시간대별 구매건수와 순방문자」

Chapter 02

키워드 광고의 이해

검색 광고는 소비자에게 구매 정보 제공 및 행동을 유도하는 핵심 마케팅 채널이라고 할 만큼 마케팅에 있어 매우 중요한 수단입니다. 그리고 검색 광고의 핵심은 키워드 광고라고 할 수 있습니다. 따라서 좀 더 구체적인 계획과 정확한 데이터를 기반으로 광고 계획을 세우시기 바랍니다.

 ## 1. 검색의 중요성과 키워드 검색 광고

「소비자의 구매 단계」

검색은 브랜드 인지에서부터 구매까지의 전 과정에 영향을 줍니다. 검색 광고를 통해 적극적 소비자의 정보 탐색과 비교 과정에서 소비자의 액션을 유도할 수 있습니다.

2011년 KNP(Korea Netizen Profile : 한국광고단체연합체) 조사에 따르면 유선 인터넷 주이용 서비스는 검색이 77.6%(중복 답변)로, 이메일(51.0%), 커뮤니티(35.3%) 등보다 월등히 높습니다. 또한 온라인 쇼핑몰 구매자는 상품 구매 후기 74.5%(중복), 지식 검색 56.8%, 브랜드 홈페이지 48.34%, 인터넷 광고 34.9% 순으로 구매 시 영향을 받는 것으로 조사되었습니다.

키워드 검색 광고는 네이버, 다음과 같은 검색 사이트에 특정 키워드를 검색한 사람들을 대상으로 광고주의 사이트가 노출되도록 하는 광고 방법입니다. 키워드 검색 광고는 '찾아오는 고객'에게 광고를 노출한다는 점에서 적중률이 매우 높습니다.

키워드 검색 광고는 CPC(Click Per Click) 방식으로 이루어집니다. 즉 클릭하여 방문한 경우에만 광고비를 지불하는 방식입니다. 따라서 키워드 검색 광고는 'CPC 키워드 광고'라고 부르기도 합니다.

2. 키워드 검색 광고 관련 용어 이해

키워드 검색 광고를 이해하기 위해서는 다음의 광고 용어들에 대해서 확실히 이해해야 합니다.

✦ **CPC(Cost Per Click)** : 클릭당 비용. 즉 클릭하여 방문한 경우에만 광고비를 지불하는 방식입니다. 일반적으로 '클릭=방문'이므로 고객을 쇼핑몰로 1회 방문시키는 데 들어간 비용을 뜻하기도 합니다. CPC 방식의 광고로는 대표적으로 네이버 클릭초이스, 오버추어 등이 있습니다. PPC(Pay Per Click)와 동의어입니다.

✦ **조회수** : 네이버, 다음, 네이트, 야후 등과 같은 검색 포털에서 해당 키워드를 얼마나 조회(검색)하였는지를 나타내는 수치입니다.

✦ **노출수** : 검색 포털에서 해당 키워드를 검색하는 경우에 광고가 얼마나 표시되었는지를 나타내는 수치입니다.

✦ **클릭수** : 검색 포털에서 해당 키워드를 검색한 후에 표시된 광고 중에서 광고를 얼마나 클릭하였는지를 나타내는 수치입니다.

✦ **클릭율(CTR)** : 노출수에 대비하여 실제 클릭이 일어난 비율을 말합니다. (클릭수/노출수)×100

✦ **(구매)전환수** : 클릭한 후에 방문한 고객이 구매한 수치입니다.

✦ **(구매)전환율(CVR)** : 클릭수에 대비하여 실제 구매가 일어난 비율을 뜻합니다.
(구매전환수/클릭수)×100

✦ **광고비** : 지불한 광고 비용입니다. 클릭당단가(CPC)×클릭수

✦ **매출** : 해당 광고를 통해서 일어난 매출의 합계입니다.

✦ **광고비 대비 매출(ROAS)** : 광고비 대비 일어난 매출의 비율입니다. (매출/광고비)×100

✦ **전환당 광고비용(CPA)** : 1회 구매전환에 필요한 광고 비용입니다.
(광고비/전환수), (광고비/클릭수×전환율), (광고비/노출수×클릭율×전환율)

✦ **대표 키워드** : 조회수가 많고 보다 포괄적인 의미를 담고 있는 키워드입니다. 쇼핑뿐 아니라 일반적인 정보를 검색하는 단계에서도 많이 사용되므로 구매전환율은 세부 키워드에 비해 떨어지는 편입니다.

✦ **세부 키워드** : 조회수가 적고 보다 구체적인 의미를 포함하는 키워드입니다. 상품 구매 단계에서 많이 사용되므로 구매전환율은 대표 키워드에 비해 높은 편입니다.

✦ **정보성** : 정보 검색의 성격이 강한 키워드. 예를 들어 '컴퓨터 수리법'이라는 키워드는 구매보다는 수리하는 정보를 검색하는 성격이 강할 것입니다.

+ 상업성 : 구매 성격이 강한 키워드, 예를 들어 '컴퓨터 싸게 파는 몰'이라고 하면 구매를 위한 검색 성격이 강할 것입니다.

+ 최대클릭비용 : 최대클릭비용은 광고주가 한 번 클릭될 때 지불할 의사가 있는 최대 금액을 의미합니다. 광고주는 자신의 예산에 따라 최대클릭비용을 입력함으로써 자신의 노출 순위를 조정할 수 있습니다. 하지만 순위를 결정하는 절대적인 요소는 아닙니다.

+ 품질지수 : 리스팅된 광고의 품질을 반영하는 지수입니다. '키워드 검색을 통한 의도와 요구를 얼마나 잘 나타내고 있는가를 반영하여 측정한 척도입니다.

+ 순위지수 : '최대클릭비용×품질지수'로 나타내며, 순위지수가 높은 순서대로 광고의 노출 순위가 결정됩니다. 순위지수의 조정을 통해 원하는 순위에 광고를 노출할 수 있습니다.

+ 광고비(실제 클릭비용) : 광고주가 각 클릭에 대해 실제로 지불하는 금액을 의미합니다. 실제 클릭비용은 차순위 광고의 순위지수를 자신의 품질지수로 나눈 값에 10원을 더하여 산정됩니다. 실제 클릭비용은 최대 클릭비용을 절대 초과하지 않습니다. (차순위 광고의 순위지수/자신 품질지수)+10원

광고주	입찰가	품질지수	순위점수	지불 CPC
AA	750원	6	4,500	510원
BB	1,000원	3	3,000	610원
CC	600원	3	1,800	260원
DD	250원	3	750	150원
EE	200원	2	400	90원

★ AA 광고주의 실제 지불 CPC = (후순위 BB의 순위점수/광고주 AA의 품질지수) + 10 = 510원
★ BB 광고주의 실제 지불 CPC = (후순위 CC의 순위점수/광고주 BB의 품질지수) + 10 = 610원

광고주는 직접 원하는 키워드를 선택하여 고객이 1회 클릭 시(방문 시) 허용되는 최대 금액을 입찰가로 설정합니다. 입찰가와 품질지수를 반영하여 순위를 결정하고 보통 10순위 이내에 드는 경우, 고객이 검색 포털에서 해당 키워드를 이용하여 검색하는 경우에 광고주의 광고가 노출되고, 노출된 광고를 고객이 클릭하면 클릭당 비용(CPC)이 과금되면서 고객이 광고주의 사이트로 방문하게 되는 것입니다.

1) 품질지수 도입 효과

품질지수는 다음과 같은 요소에 영향을 미칩니다.

+ 노출순위 : 노출순위는 입찰가와 광고 품질에 의해 결정됩니다. 광고 품질이 높으면 같은 비용으로 검색 결과에서 더 높은 순위를 선점할 수 있습니다.

+ CPC(클릭당 비용) : 광고 품질이 높으면 더 저렴한 가격으로 광고를 집행할 수 있습니다. 반면 가격을 아무리 높게 책정해도 클릭이 일어나지 않으면 높은 순위를 유지할 수 없게 됩니다.

+ 필터링 : 양질의 검색 결과를 제공하기 위해 광고 품질이 현저하게 낮을 경우 검색 결과 페이지에 노출되지 않을 수 있습니다.

결과적으로 품질지수가 도입됨으로써 광고의 신뢰성이 확보되었습니다. 키워드와 관련성 깊은 광고가 상위 순위로 노출되므로 소비자가 찾고자 하는 것을 바로 찾을 수 있게 되었고, 클릭이 증가할수록 순위는 올라가고, 실제 클릭당비용은 감소하므로 부정 클릭이 감소하였습니다. 또한 가격을 아무리 높게 책정해도 클릭이 일어나지 않으면 높은 순위를 유지할 수 없으므로 입찰 경쟁이 완화되었습니다.

2) 클릭초이스의 품질지수 표현 방식

새롭게 진입하는 광고의 품질지수를 기존 광고의 경쟁 구도에 맞추어 평균값(bar4)을 부여합니다.

		관련 광고들과 비교하여 품질이 좋지 않습니다.
		관련 광고들과 비교하여 보통의 품질입니다.
		관련 광고들과 비교하여 최상의 품질입니다.

〈클릭초이스의 품질지수 계산 방식〉
품질지수 = 광고효과(CTR) + 키워드와 광고 문안의 연관도(T&D) + 키워드와 사이트의 연관도(랜딩 페이지 등) + 상대적 광고 효율성 + 알파 등 검색 사용자 측면에서 광고 품질을 평가할 수 있는 다양한 요소를 반영합니다.

3) 오버추어의 광고 품질

광고 품질이란 특정 키워드의 검색 결과에 대해 해당 광고가 얼마나 관련성이 있는지를 의미합니다. 광고 평가지수에 의해 자신의 광고 품질이 어느 정도인지 예측할 수 있습니다. 단, 광고 품질지수와 광고 평가지수는 동일하지 않습니다.

광고 평가지수는 광고문구가 다른 경쟁사의 광고 문구에 비해 얼마나 성과가 있었는지를 나타내는 상대적인 성과 측정치입니다. 1~5개의 막대로 표시되며 막대가 많을수록 높은 품질임을 의미하는 바 형태로 표시됩니다.

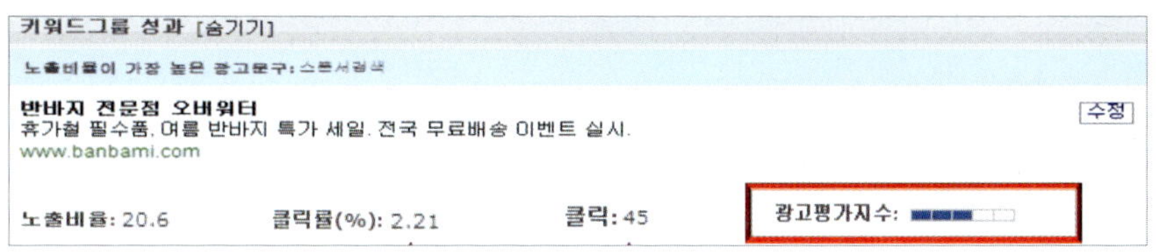

4. 대표적인 CPC 키워드 광고 상품

1) 네이버 클릭초이스

현재 네이버 검색 시 검색 결과 상단에 파워링크로 나타나는 부분입니다.

클릭초이스(CPC 광고)는 한 번의 입찰로 네이버의 '파워링크', '비즈사이트', '클릭초이스 네트워크(지식iN, 블로그)' 영역에 광고를 노출하여 더 많은 고객을 만날 수 있는 광고 상품으로, 고객이 광고를 클릭하고 방문한 경우에만 광고비를 지불하는 종량제 방식의 키워드 광고입니다.

✤ 클릭초이스 특징

- 광고의 게재, 중단이 자유로워 탄력적 운영이 가능합니다.
- 경쟁상황에 따라 실시간으로 클릭당 광고비와 노출순위가 변동되므로 구매 후 지속적인 관리가 필요합니다.
- 광고 집행도를 나타내는 품질지수가 있어 광고를 효율적으로 운영할 경우 적은 비용으로 광고가 가능합니다.

✤ 클릭초이스 전략

- 대표/인기 키워드 상위 노출을 통한 트래픽을 극대화 할 수 있습니다.
- 조회수, 클릭수가 낮은 세부 키워드의 경우 합리적인 광고비 지출이 가능합니다.
- 클릭당 광고비가 소진되므로 의미 있는 클릭을 유도하기 위한 적절한 광고 소재 작성이 필요합니다.

✤ 노출 위치

- 검색 네트워크 : 네이버 통합검색, SE검색, 모바일 검색, 네이버 통합검색 외(검색탭/광고더보기/지식쇼핑), 검색 파트너의 검색 결과 페이지에 노출됩니다.
- 콘텐츠 네트워크 : 네이버 콘텐츠, 네이버 지식iN, 네이버 블로그, 콘텐츠 파트너 페이지에 노출됩니다.

✚ 노출 방식

- 파워링크 : 키워드별로 최대 클릭 비용과 품질지수를 고려하여 산출된 광고 순위에 따라 각 영역별 광고 개수에 맞춰 광고 노출됩니다. 단, 그룹 전략 설정에서 노출을 선택한 영역에만 광고 노출되고, 광고 영역에 따라 광고 문안이 말줄임 처리될 수 있습니다.

✚ 클릭초이스 계정 구조

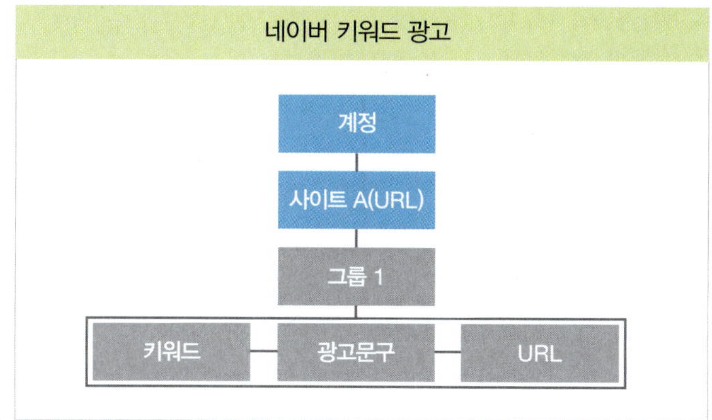

클릭초이스 계정 구조

- 계정 : 광고를 운영하는 주체를 말합니다.

- 사이트 : 사이트(URL 주소)별로 광고를 생성합니다.

- 그룹 : 관련성 있는 키워드들의 집합입니다. 노출 영역, 일일 광고 허용 예산, 노출 지역, 노출 시간대, 광고 진행 기간, 게재 요일 등을 설정할 수 있습니다.

- 키워드 : 대표 키워드는 내 사이트를 대표하는 단어로서 목적을 가진 유저가 가장 보편적으로 검색하는 단어입니다. 유저가 내 사이트에 오는 목적을 포괄하는 단어이며, 노출, 클릭, 평균 클릭 비용이 높습니다. 세부 키워드는 유저가 내 사이트에 들어오는 궁극적인 목적이며, 내 사이트에 포함된 모든 콘텐츠에서 추출됩니다. 유저의 니즈에 맞게 타깃팅 된 키워드이며 클릭율과 구매전환율이 높습니다. 키워드에서는 붙여쓰기로 인식, 기본검색만 지원, 사이트간 중복 등록 가능, 키워드의 입찰가를 설정할 수 있습니다.

- 광고문구 : 고객이 가장 먼저 만나는 웹 사이트의 정보로, 잠재 고객의 클릭을 이끌어내는 핵심 광고 요소입니다. 제목 15자, 대표 URL, 설명 문구 45자로 구성됩니다. 키워드 광고 문구를 1:1 대응으로 매치해 등록(가장 효과적인 광고 문구를 매칭)합니다.

- URL : 연결 URL, 랜딩 페이지라고 합니다. 광고를 클릭한 경우에 링크로 연결되는 웹 페이지 URL을 말합니다.

2) 오버추어 광고

다음(Daum)의 '스폰서링크'에 해당하는 부분에 관련된 광고입니다. 현재 다음과 네이트의 업무 협력 체결로 검색 결과 화면의 상단 첫 영역은 오버추어 검색 광고, 2번째 영역에 다음 CPC 광고, 3번째 영역엔 네이트 CPT 광고를 동시에 노출합니다.

오버추어 CPC 광고 영역

✚ 오버추어 계정 구조

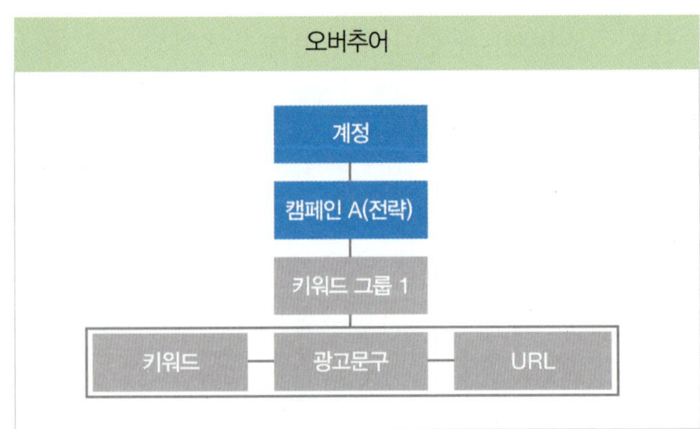

오버추어 계정 구조

- 계정 : 광고를 운영하는 주체입니다.

- 캠페인 : 동일한 예산, 일정 및 광고 지역 설정 기준을 공유하는 하나 이상의 키워드 그룹으로 구성되어 있습니다.

- 키워드 그룹 : 광고 문구와 키워드가 포함되며, 한 캠페인 내에 여러 개의 키워드 그룹을 생성할 수 있습니다. 한 키워드 그룹 내의 키워드들은 동일한 광고 문구가 적용되며, 복수의 광고 문구를 사용할 경우 동일한 비율로 번갈아가며 노출됩니다. 다만, 광고 문구 최적화 기능을 활성화할 경우 성과가 좋은 광고 문구의 노출 비중이 상승합니다.

- 키워드 : 광고주의 제품, 서비스와 관련된 하나의 단어 혹은 여러 개의 단어로 된 구문입니다. 잠재 고객이 키워드와 관련된 정보를 탐색할 때 우리의 광고가 노출됩니다.

- 광고 문구 : 잠재 고객에게 노출되는 마케팅 메시지입니다. 광고 문구는 제목, 설명, 표시 URL, 랜딩 URL로 구성됩니다.

Chapter 03

키워드 광고 목표 설정하기

키워드 검색 광고의 프로세스는 〈목표 설정 → 실행 → 추적 및 보고〉의 단계를 거치게 됩니다. 즉 목표 설정이 가장 첫 단계이며 이 단계가 없다면 나머지 단계도 존재할 수 없습니다. 좋은 광고 방법은 끊임없는 〈목표설정 → 실행 → 추적 → 재실행〉을 통해서 찾아가는 것이지, 한 번에 딱 좋은 광고 방법을 찾을 수는 없습니다.

 ## 1. 목표를 설정하는 방법

❶ 전환의 의미를 확실히 정해야 합니다.

전환이란? 광고주가 원하는 고객 행동의 숫자입니다. 고객 행동에는 회원 가입, 주문서 작성, 게시판 글쓰기, 주문(구매) 완료, 전화를 받는 것, 견적 의뢰를 받는 것 등으로 다양합니다. 일반적으로 쇼핑몰의 경우 '구매 완료'를 '전환'으로 보지만 다른 목적의 광고라면, 즉 광고의 목적이 회원 가입의 극대화라면 '회원 가입 완료 페이지'에 전환 코드를 심어야 할 것입니다.

❷ 공격적 마케팅을 택할 것이냐 방어적 마케팅을 택할 것이냐를 정합니다.

공격적 마케팅은 최상위 노출, 광고의 상시 노출을 목적으로 합니다. 조회수와 클릭수가 높은 대표 키워드를 활용하고, 타깃을 제한하는 광고 문구는 사용하지 않습니다. 이벤트, 할인 등 고객을 유인하는 적극적인 광고 문구를 사용합니다.

방어적 마케팅은 효율적 순위 전략, 광고의 전략적 노출을 중요시합니다. 내 사이트의 정보를 명확하게 전달하고, 신뢰감 있는 광고 문구를 사용하며 클릭율, 구매전환율이 높은 세부 키워드를 활용하며, CPC 광고 시에는 타깃 고객을 명시하는 광고 문구를 사용합니다.

❸ 전환당 비용(CPA), 전환당 이익(VPA)을 계산해야 합니다.

1회 판매를 위해서 들어간 비용은 1회 판매로 인해서 얻는 이익을 초과하지 않도록 해야 할 것입니다. 그러나 사업을 시작한 지 얼마 안 되는 쇼핑몰들은 전환당 비용이 전환당 이익보다 크더라도 광고를 진행해야만 합니다.

★ 전환당 비용(CPA) : 1회 판매에 들어간 광고비용. 광고비/전환수

★ 전환당 이익(VPA) : 1회 판매로 인해서 얻는 이익. 매출총이익(매출X마진율)/전환수

❹ 광고는 구매당 단가를 개선시켜주지 않는다는 점을 명심해야 합니다.

일반적으로 광고란 방문자를 증대시켜 주는 것입니다. 하지만 광고로 인해서 구매전환율과 구대당 단가도 획기적으로 개선되리라고 생각하시는 광고주분들이 많습니다. 구매전환율과 구매당단가는 홈페이지의 경쟁력에 의해서 결정되는 경우가 많습니다. 따라서 광고 진행과 함께 홈페이지의 경쟁력을 높이는 활동을 끊임없이 하여야 할 것입니다.

광고 목적이 회원 가입의 극대화인지, 매출의 극대화인지 등을 정하고, 매출의 극대화라고 하면 공격적인 전략인지? 방어적 전략인지를 정해야 할 것입니다. 즉 광고의 목적이 매출 극대화이고 쇼핑몰 운영 초기라서 공격적인 전략을 쓰기로 했다면 비용을 좀 더 쓰더라도 광고를 해야만 합니다. 따라서 전환당 비용(CPA)을 전환당 이익(VPA)의 1.3배까지 허용하겠다는 정책을 세울 수도 있는 것입니다.

★ 매출= 방문자 × 구매전환율 × 1건당 구매단가

★ 1건당 구매단가 : 고객 주문 1건당 평균 구매 금액(매출/주문건수)

키워드 광고 대행사를 이용하는 것이 좋은지 아니면 직접 광고 진행을 하는 것이 좋은지?

쇼핑몰 (예비) 운영자들이 많이 하는 질문 중 하나가 키워드 광고 시 대행사를 이용하는 것이 좋은지, 직접 광고를 진행하는 것이 좋은지에 관한 것입니다.

쇼핑몰 운영자는 개인기업인 경우가 많습니다. 상품등록 , 입금체크, 고객전화 응대, 게시판 관리, 포장, 택배 인도. 끝도 없이 많은 일들이 존재하는데 이 모든 일을 다 하는 것이 가능할까요?

더구나 요즘은 품질지수라는 것이 도입되어 키워드 광고가 더욱 복잡해 졌습니다. 광고의 형태도 다양해지고 여러 가지 광고를 조합하기도 합니다. 그리고 관련 법규나 쇼핑몰 내부 및 외부의 환경이 계속 변화하기 때문에 광고를 진행하는 일은 전문 광고 대행사와 상의하는 것이 바람직합니다. 광고 대행사를 선택할 때에는 제안서를 받아보고 광고 담당자와 여러 차례 대화를 통해서 광고 운영 능력을 파악해야 합니다. 광고 대행사에 광고를 의뢰하더라도 목표 설정을 확실히 하고, 실행 후에 광고 보고서와 접속 통계를 체크하는 광고주만이 쇼핑몰을 성공으로 이끌 수 있습니다.

2. 전환당 비용과 이익 계산하기

광고의 효율과 이익이 발생하는 효과를 측정하려면 VPA(전환당 이익)을 살펴보아야 합니다. 이제부터 VPA를 계산하는 방법을 알아보겠습니다.

예를 들어, 한 달 동안 매출이 5,000,000원이고, 매입 원가가 3,000,000원, 총 10,000명이 방문하고 100건의 주문이 발생했다고 하면 다음과 같이 정리할 수 있습니다. (건당 포장/배송비는 3,000원, 판매자는 간이과세자이며 모든 결제는 카드(수수료는 매출액의 3.85%)로 이루어졌다고 가정)

매출액	5,000,000원
매입 원가	3,000,000원
건당 포장/배송비	3,000원
주문건수	100원
방문자수	10,000원

그러면 매출총이익은 (매출액−매입 원가−포장/배송비−카드 수수료)이므로
5,000,000원−3,000,000원−(3,000원×100건)−(5,000,000원×3.85%)=1,507,500원
과 같이 계산됩니다.
또, 주문건수가 100건이었다는 것은 전환수가 100이라는 뜻이 되고, 방문자가 10,000명이었으므로 전환율은 1%(10,000명/100회)가 됩니다.

이를 다시 정리해보면 다음과 같이 됩니다.

매출액	5,000,000원
매입 원가	3,000,000원
건당 포장/배송비	3,000원
주문건수	100원
방문자수	10,000원
매출총이익	1,507,500원
전환율	1%

이제 마지막으로 VPA(전환당 이익)와 CPA(전환당 비용)를 계산해 봅니다.
VPA(전환당 이익)는 매출총이익을 전환수로 나눈 값이고, CPA(전환당 비용)는 총광고비를 전환수로 나눈 값이므로,
VPA(전환당 이익)=1,507,500원/100회=15,075원
CPA(전환당 비용)=(100원×10,000명)/100회=10,000원
과 같이 계산됩니다.

3. 각종 비용을 비교하여 광고의 유형 선택하기

다음의 표를 보세요. A광고와 B광고가 있습니다. 어떤 광고를 선택하시겠습니까?

종류	CPC(클릭당 비용)	CPA(전환당 비용)
A광고	303	2,624
B광고	104	1,200

대부분 B광고를 선택할 것입니다. 왜냐하면 클릭당 비용이 훨씬 적기 때문입니다. 클릭당 비용만 A광고와 비교해 보면 1/3 수준입니다. 대부분의 광고주는 B광고가 CPA(전환당 비용), CPC(클릭당 비용)가 낮은 광고이므로 좋다고 생각할 것입니다. 이렇게 광고를 결정하는 광고주는 비용만 생각하고 광고를 결정하는 유형입니다.

종류	CPA(전환당 비용)	VPA(전환당 이익)	VPA–CPA(전환당 순이익)
A광고	2,624	3,824	1,200
B광고	1,200	1,800	600

위의 표를 보면서 다시 한 번 생각해 보세요. 생각이 달라지셨나요? 보시는 바와 같이 A광고가 전환당 순이익이 큽니다. 전환당 순이익을 기준으로 광고를 선택한 광고주는 광고의 효율을 중요하게 생각하는 유형입니다.

이번에는 전환수와 총이익을 계산한 표를 보면서 생각해 보세요. B광고의 총이익이 A광고의 총이익보다 큽니다. 이 경우 B광고를 선택하는 것이 합리적인 선택입니다. 총이익이 큰 광고만을 선택한 광고주는 효과를 기준으로 광고를 선택하는 유형입니다.

종류	CPA	VPA	VPA–CPA (전환당 순이익)	전환수	총이익
A광고	2,624	3,824	1,200	10	12,000
B광고	1,200	1,800	600	100	60,000

이렇게 유형을 구분했는데, 필자라면 어떤 광고를 선택할지 궁금하게 생각하는 독자가 있을 것입니다. 광고 예산이 충분하다면 당연히 A, B 광고를 모두 선택할 것입니다. 만약 한정된 광고 예산이라면 비용을 나눠서 A광고, B 광고를 믹스해서 진행하는 것이 바람직합니다.

Chapter 04

키워드 광고 실행하기

광고를 실행하기 위해 고객을 분석하는 단계입니다. 고객이 어떤 키워드를 통해 내 사이트에 방문할 수 있을지를 예측하고 전략적인 광고 문구를 작성하는 방법을 제시합니다.

 ## 1. 키워드 추출하기

고객이 어떤 키워드를 통해 내 쇼핑몰로 유입될지 알맞은 키워드를 찾아내는 것은 키워드 광고의 기초이자 광고 실행의 가장 중요한 단계입니다.

1) 쇼핑몰 페이지에서 키워드 추출하기

쇼핑몰 사이트의 모든 콘텐츠는 키워드가 될 수 있습니다. 가장 먼저 카테고리명을 살펴보세요. 티, 블라우스, 셔츠, 스커트, 팬츠, 슈즈, 액세서리 등이 추출됩니다.

상품명에서도 추출이 가능합니다. 블라우스, 원피스 등이 추출됩니다.

또한 '이쁜 티셔츠 추천', '키 커보이는 코디', '면접정장'처럼 쇼핑몰에서 쓰이는 모든 문장과 단어에서 키워드를 추출해 낼 수 있습니다. 즉, 쇼핑몰의 모든 콘텐츠에서 키워드 추출이 가능하다는 것입니다.

2) 검색엔진의 자동완성과 추천 검색어에서 키워드 추출하기

앞에서 잠시 다룬 바 있듯이 검색엔진의 자동 완성 기능과 추천 검색어를 통해 키워드를 추출할 수 있습니다.

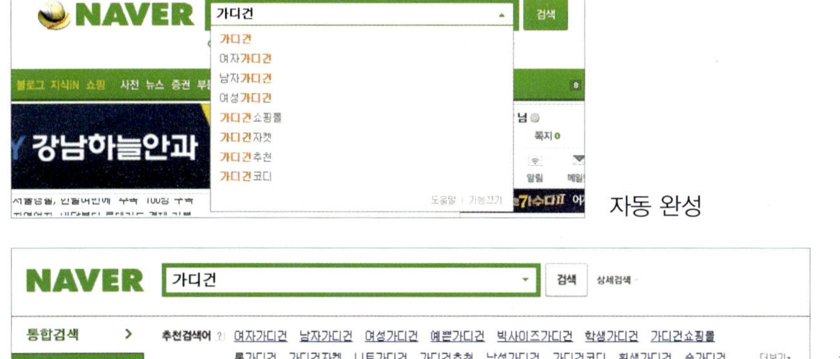

자동 완성

추천 검색어

3) 영문오타/외래어 오타에서 키워드 추출하기

검색엔진에서 검색을 하다보면 영문 입력 상태에서 한글을 입력한다든지 키보드의 위치가 비슷한 다른 키가 자주 눌린다든지 하여 오타가 나는 경우가 많습니다. 이런 경우도 예측하여 검색어를 추출한다면 더 많은 고객을 유입시킬 수 있을 것입니다.

원피스 = djsvltm
여성의류 = dutjddmlfb
액세서리 = 악세사리, 액세사리
재킷 = 쟈켓, 자켓

4) 키워드 확장하기

대표 키워드만이 아니라 여러 형태로 키워드를 확장하여 다양한 키워드를 만들어내는 것이 중요합니다.

- 남성의류 카테고리

남성/남자+아이템	+옴므	+추천	경쟁사
남성가방	레드옴므	백팩추천	간지나라
남성구두	스타일옴므	10대 쇼핑몰추천	낙타스타일
남성의류	옴므	신발추천	노홍철닷컴
남성정장	유로옴므	가방추천	더보이
남성지갑	아이옴므	나이키신발추천	로토코
남자가방	옷걸이옴므	남자쇼핑몰추천	배간지
남자속옷	옴므스타일	남성의류쇼핑몰추천	빈티지환
남자쇼핑몰	솔리드옴므	남자가방추천	쇼퍼맨
남자옷	케이옴므	크로스백추천	아보키
남자지갑			조군샵
남자청바지			키작은남자
			토모나리

5) 네이버 키워드 스테이션과 오버추어의 키워드팩 이용하기

❶ 네이버 키워드 스테이션

네이버 키워드 추천 페이지를 통해 운영하려고 하는 쇼핑몰의 키워드를 찾아 정리합니다. 상단 카테고리에 있는 업종 선택 화면에서 자신에 맞는 업종을 선택한 후 [키워드 조회] 버튼을 클릭하면 하단에 관련 키워드가 나옵니다.

★ 키워드 광고 페이지 주소 : http://searchad.naver.com/

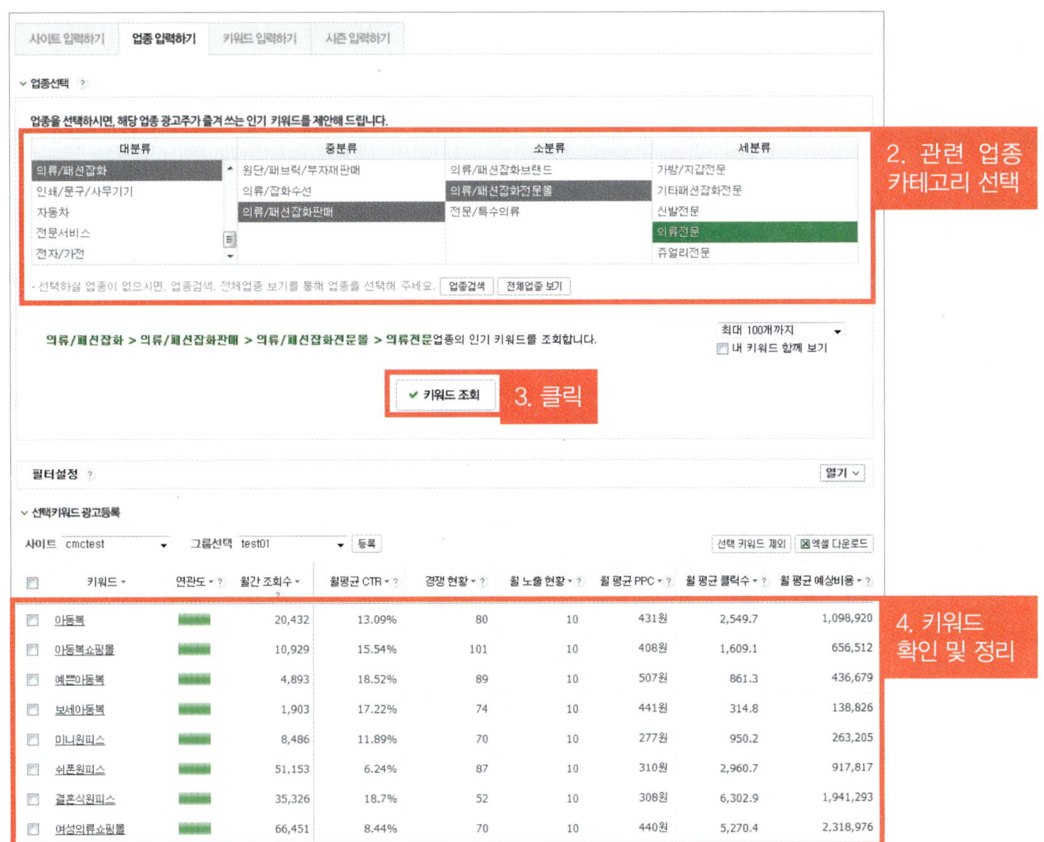

네이버 추천 키워드

❷ 오버추어 키워드팩

오버추어 키워드팩에 접속한 후에 [업종별 키워드] 메뉴를 클릭하고 해당 업종을 클릭하면 추천 키워드를 볼 수 있습니다.

★ 오버추어 키워드팩 주소 : http://keywordpack.myoverture.co.kr

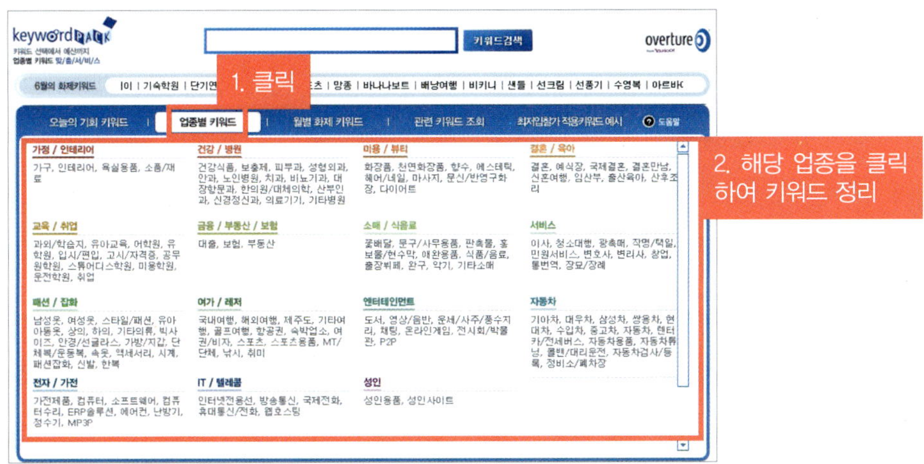

2. 전략적인 광고 문구 작성하기

광고 문구란 인터넷 사용자들에 의해 특정 키워드가 조회되었을 때 검색 결과 페이지에서 잠재 고객에게 노출되는 메시지로 제목, 설명 문구, 표시 URL, 랜딩 페이지(연결 URL)로 구성됩니다. 광고 문구는 각 키워드 그룹당 최대 20개를 생성할 수 있습니다.

1) 전략적인 광고 문구를 작성하는 대원칙

반드시 사용자의 목적에 맞는 광고 문구를 만들어야 합니다. 광고를 하는 목적과 검색하는 사용자의 목적을 신중하게 고려하여 구체적이고 해당 항목과 관련이 있는 문구를 만들어야 합니다. 사용자의 목적에 맞는 광고 문구를 '전략적인' 광고 문구(Title & Description, T&D)라고 합니다.

예시 1	
목적	사이트 방문 유도
효과	쇼핑몰 상호 키워드/쇼핑몰 브랜드 특성 강조한 간접 브랜딩
사례	카페24몰 (키워드) 감각이 남다르다 카페24몰 카페24몰 스타샵. 패션상품. MD추천 럭셔리아이템 지금 방문해 보세요.

예시 2	
목적	정보 수집
효과	일반 쇼핑군 키워드/키워드 관련 정보 제시
사례	쥬얼리(키워드) 카페24몰 주얼리 목걸이/반지/커플링 전문 남성주얼리. 20% 세일 실시

예시 3	
목적	의사 결정 목적
효과	브랜드 관련 키워드/ 브랜드와 브랜드의 상품 정보 광범위하게 제공
사례	캐논(키워드) 캐논전문 카페24몰 캐논 디지털카메라/캠코더 브랜드별 다양한 디카 구비

예시 4	
목적	구매 결정 목적
효과	시즈널 키워드. 브랜드+세부키워드/ 할인 정보. 쿠폰제공. 이벤트 등 혜택 강조
사례	새학기선물(키워드) 핸드폰/게임기/선물 전문 최대 60% 폭탄세일

2) 광고 문구 가이드라인

광고 문구는 다음과 같은 원칙에 따라 정합니다. 공통적으로 특수문자, html, 〈Enter〉 등은 사용 불가합니다. (단, 브랜드 및 널리 통용되는 문구는 사용 가능 ⑩ A/S, C++)

① 제목 : 사이트명이나 업체명을 포함하여 기재합니다.
- 띄어쓰기 포함 15자 이내로 입력
- 다른 광고주와 동일한 제목 사용 불가
- (주), (사) 문구 사용 불가 (주식회사, 사단법인 등으로 기재 가능)
- 구매키워드 1회 기재 가능

② 설명 : 등록 키워드와 사이트의 연관성을 직접적으로 설명하는 내용을 20자 이상 45자 이하로 작성합니다.
- 최상급(최고, 최대, 가장 등) 표현 사용 불가
- 다른 광고주와 동일한 문구 사용 불가
- 부적절한 문구(비속어, 은어, 욕설 등) 사용 불가
- 구매키워드 최대 2회 기재 가능

③ 부가정보 : 비즈사이트 영역에 노출됩니다. 광고 효과 향상을 위해 설명 문구와 동일한 기재 방법을 권장합니다.

④ 표시 URL : 광고에 표시될 대표 URL이 표시됩니다. '사이트 추가' 시 등록한 표시 URL이 표시됩니다.

⑤ 연결 URL : 구매한 키워드와 연관성이 충분한 페이지를 등록합니다. 설명 문구에 기재한 내용이 충분한 콘텐츠가 포함된 페이지를 등록합니다.

네이버 키워드광고 VS 오버추어

- 클릭초이스는 키워드별로 광고 문구를 등록하므로 키워드와 광고문구가 1:1 대응입니다.
- 오버추어는 키워드 그룹별로 광고 문구를 등록하므로 키워드와 광고문구가 1:多 대응입니다.

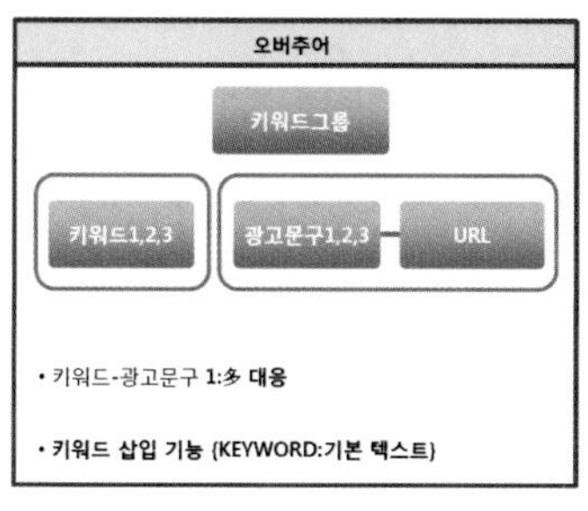

3. 랜딩 페이지(연결 URL) 정하기

랜딩 페이지(연결 URL)란 고객이 광고를 클릭한 후 도달하게 되는 페이지를 의미합니다. 랜딩 페이지는 광고를 클릭한 고객의 정보 탐색 시간을 줄여 구매에 가까이 가게 만드는 중요한 광고 소재입니다. 따라서 키워드와 관련성이 높은 페이지로 연결합니다.

상호 키워드는 쇼핑몰 메인 페이지로 연결하고 브랜드 키워드는 쇼핑몰 상품 목록 페이지로 연결하며, 시즌 키워드는 해당 시즌에 맞는 이벤트 페이지로, 상품 품명 키워드는 해당 상품 상세 페이지로 연결합니다.

인터넷 사용자 실태 조사에 의하면, 사용자가 목적을 가지고 특정 사이트를 방문했을 때, 그 사이트가 검색 목적에 맞는가, 맞지 않는가 판단하는 시간은 '8초' 이내라고 합니다. 8초의 판단 시간은 사용자의 인터넷 숙련도에 따라서 더 짧아집니다. 따라서 강조하고자 하는 상품이나 가격 경쟁력이 탁월한 상품을 랜딩 페이지에 배치하여야 합니다.

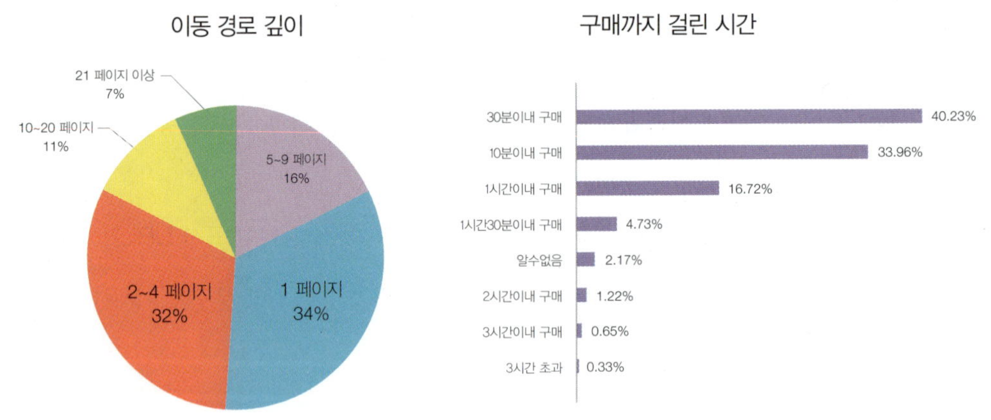

★ 1페이지만 보고 나가는 이탈율이 34%, 30분 이내 구매하는 경우가 74.19%입니다.

랜딩 페이지 결정 시 유의사항

1. 사용자(고객)의 검색 의도에 맞는 Direct page로 연결합니다.
2. 동일 카테고리 내에서도 가장 인기 있는 상품이나 브랜드로 연결합니다.
3. 특정 타깃, 시즌 이슈, 진행 중인 이벤트 등 사용자의 세부적인 니즈를 간파합니다.

 ## 4. 키워드 그룹 구성하기

키워드 그룹은 다양한 방법에 따라 분류를 합니다. 그룹핑 방법으로는 관련성 있는 상품/서비스에 따른 키워드 그룹, 서치(Search)수/입찰가에 따른 키워드 그룹, 주력 키워드/비주력 키워드 그룹, 구매 프로세스별로 구분된 키워드 그룹, 시즌별 키워드 그룹, 기타 관리 목적에 따른 키워드 그룹 등이 있습니다.

좋은 키워드 분류 방법은 바로 비슷한 성격의 키워드를 하나의 그룹으로 묶는 것인데, 키워드 그룹에 있는 키워드들에 관련성이 높은 광고 문구를 적용하여 광고를 운영할 수 있다는 것이 가장 큰 장점입니다. 광고 평가지수는 키워드 그룹 안에 속한 키워드들의 영향을 받게 되기 때문에 유사한 키워드들을 하나로 그룹핑하여 광고를 운영하는 것이 좋습니다.

실제 키워드 그룹을 구성하는 것은 관련성 있는 키워드들끼리 그룹으로 구성할 때 그 관련성을 높여서 해당 그룹의 성과를 향상시키기 위함입니다. 즉, 같은 키워드라도 다른 광고 그룹에 속해 있을 때 CPC가 달라지는 이유도 그룹의 성과 때문입니다.

이런 부분을 감안했을 때 '주력 키워드/비주력 키워드'나 '기타 관리 목적에 따른 그룹' 등과 같은 구분 방법에 의한 그룹 설정은 관련성과는 무관하게 관리상의 편의를 목적으로 하는 것입니다.

❶ 하나의 키워드 그룹에 관련성 있는 키워드끼리 그룹핑하세요.

하나의 키워드 그룹에는 동일한 상품, 서비스, 정보로 이루어진 관련성 있는 키워드끼리 분류하여 해당 키워드 그룹 내 키워드와 맞춤화된 광고 문구를 작성하는 것이 광고 품질을 향상시킵니다.

키워드 그룹	유모차
키워드	수입유모차 쌍둥이 유모차 유아용품 쇼핑 삼륜 유모차

Before

키워드 그룹	유아용품
키워드	유아용품 수입유아용품 유아용품 쇼핑

After

❷ 노출수가 많은 키워드는 별도의 키워드 그룹으로 분리하세요.

노출수가 많은 키워드는 따로 분리시켜 맞춤화된 광고 문구와 입찰가를 적용하여 특별 관리합니다. 동일 키워드 그룹 내 상위 20%(검색량이 많은) 키워드들은 새로운 키워드 그룹으로 만들어서 이동합니다.

광고 평가지수는 노출수 등을 고려하여 상대적으로 측정되기 때문에 하나의 키워드 그룹 안에 노출수가 월등하게 많거나 적은 키워드가 함께 존재하는 경우 해당 키워드 그룹의 전체적인 광고 평가지수에 영향을 미칠 수 있습니다.

키워드 광고 그룹핑은 10대 90의 원칙을 따릅니다. 전체 키워드 가운데 10%에 해당하는 개수의 키워드가 전체 노출의 90%를 차지합니다. 따라서 90% 노출을 차지하는 대표 키워드들은 따로 관리를 해야 합니다.

키워드 그룹	유모차
키워드	유모차 수입유모차 쌍둥이유모차

Before

키워드 그룹	유아차 – high
키워드	유모차

After

❸ 시즈널 캠페인(계절성을 마케팅 기회로 이용하는 것)이 아니라면 캠페인 및 키워드 그룹 간 키워드 중복 사용은 자제하세요.

사회적 현상을 반영하는 마케팅이나 계절성 마케팅의 상황이 아니라면, 앞에서 설명한 그룹핑에 의해 만들어진 그룹 간 키워드의 경우 중복해서 사용하는 것은 CPC가 달라지고 효율성을 떨어뜨리기 때문에 자제하는 것이 좋습니다.

> **광고가 보이지 않을 때 확인사항**
>
> 1. 키워드 또는 광고문구의 on/off 여부
> 2. 계정 전체 예산 또는 일일 예산
> 3. 캠페인 최적화 설정 여부(오버추어인 경우만)
> 4. 시간/기간 체크(해당 캠페인의 종료일이 경과할 경우 광고가 게재되지 않음)

Chapter 05

검색 포털과 클릭초이스에 쇼핑몰 등록하기

광고를 진행하기 위해 포털 사이트에 사이트를 등록하는 과정과 클릭초이스를 통해 등록한 사이트에 대한 광고를 진행하는 과정을 알아보겠습니다.

 **1. 검색 포털에 쇼핑몰 등록하기**

광고를 진행하기 위해 제일 먼저 해야 하는 것은 내 쇼핑몰을 검색 포털에 등록하는 것입니다.

O1 주소 표시줄에 https://submit.naver.com을 입력하고 접속한 후에 로그인을 합니다.

02 신규 등록을 하기 위해 URL 항목에 쇼핑몰 주소를 입력하고 개인 연락처를 입력한 후에 [등록 확인] 버튼을 클릭합니다.

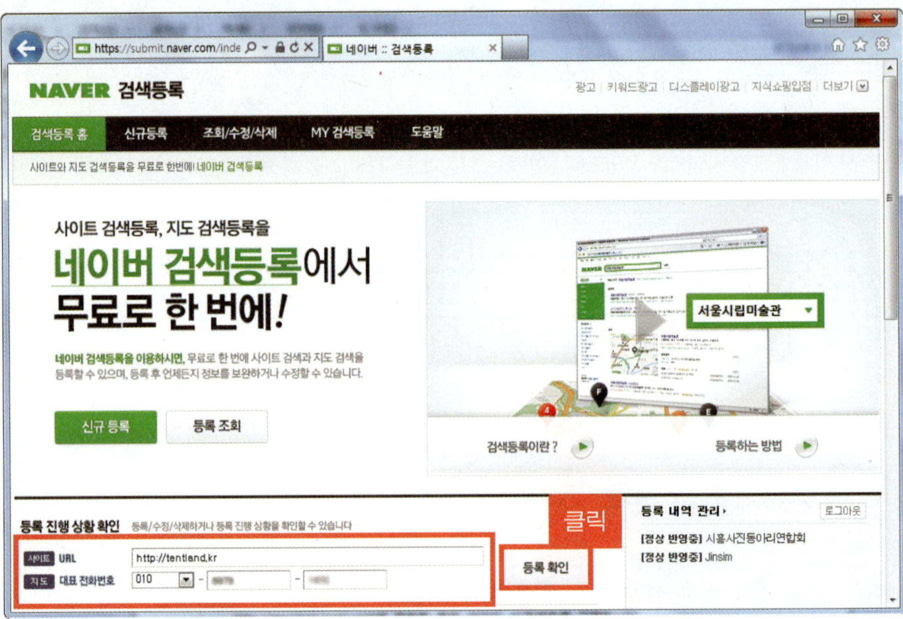

03 조회/수정/삭제 결과 항목에서 등록되어 있지 않다는 결과가 나올 경우 신규 등록을 진행할 수 있습니다. [신규 등록 신청] 버튼을 클릭합니다.

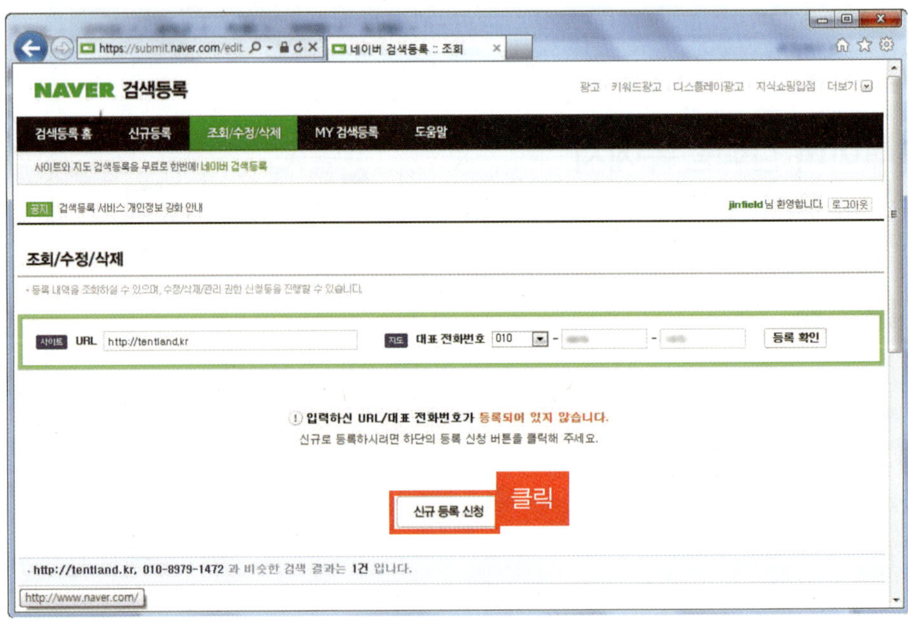

O4 이용약관을 확인한 후에 [확인] 버튼을 클릭합니다.

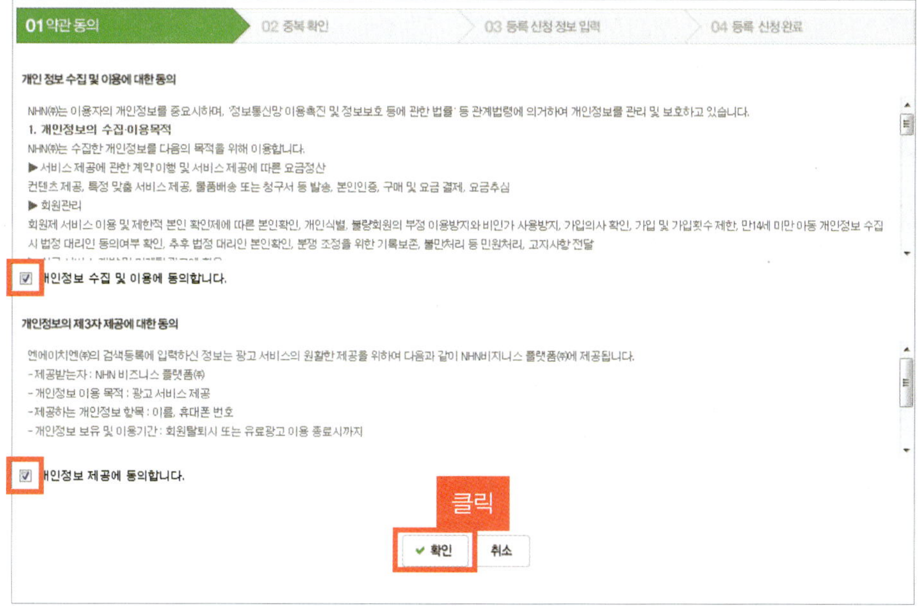

O5 기본 정보를 입력합니다.

★ 위에서 입력한 기본 정보가 출력되는 형태

06 [확인] 버튼을 클릭하여 기본 정보 등록을 완료합니다.

07 등록이 완료된 것을 확인할 수 있습니다. 심사 기간은 7일 정도가 소요되며 결과는 등록한 메일로
옵니다.

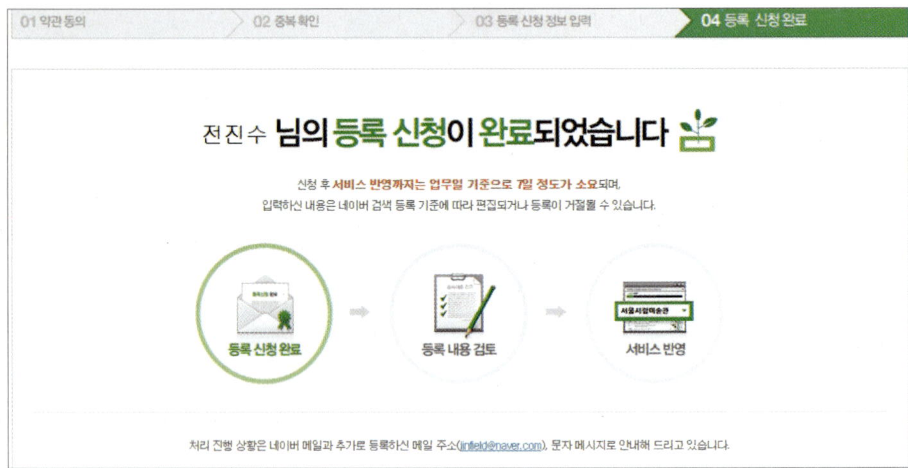

 # 2. 클릭초이스 광고 등록하기

1) 광고상품/사이트 선택

01 http://searchad.naver.com에 접속한 후에 [광고등록]의 [클릭초이스]를 선택합니다. 그리고 [사이트 추가] 버튼을 클릭합니다. (단 광고주로 가입되어 있어야 함)

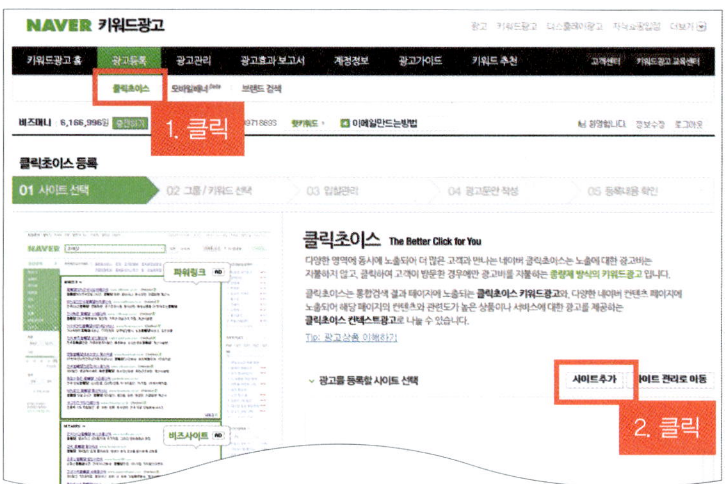

02 빠른 검수 통과를 위해 지켜야 하는 사항이 나옵니다. 내용을 읽어본 후에 필요한 곳에 체크 표시를 하고 [확인] 버튼을 클릭합니다.

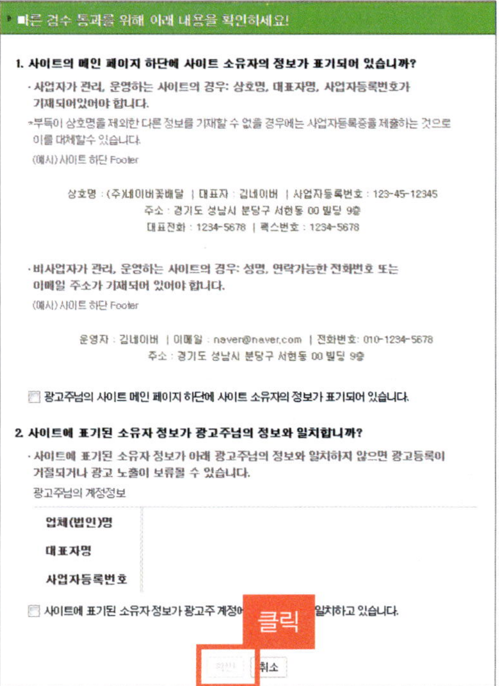

○3 광고를 진행하려고 하는 사이트를 입력하는 화면이 나옵니다. 사이트 정보를 입력하고 [다음] 버튼
을 클릭합니다.

① 사이트 추가 및 전화번호 입력

등록할 사이트명을 입력(한/영 공통 최대 7자)하고, 광고에 표시할 URL을 입력(연결 URL은 문
안 작성 시 등록 가능)합니다.

② 모바일검색 영역에 노출할 전화번호를 등록합니다.

체크 후 사이트당 1개 전화번호 등록이 가능합니다. 국제통화료가 발생하거나 추가 과금이 발
생하는 유료 전화번호는 등록할 수 없습니다.

③ 검수 계정 입력

회원제로 운영되는 사이트의 경우 내부 콘텐츠를 확인할 수 있는 임시 아이디/비밀번호를 입력
합니다(해당 업체만 입력, 성인 사이트의 경우 반드시 입력.) 허위 및 미기재 시 광고가 등록되
지 않습니다.

O4 서류 등록 화면에서 관련 카테고리를 선택하고 서류 등록 화면에서 [파일선택] 버튼을 클릭하여 해당 서류를 등록합니다.

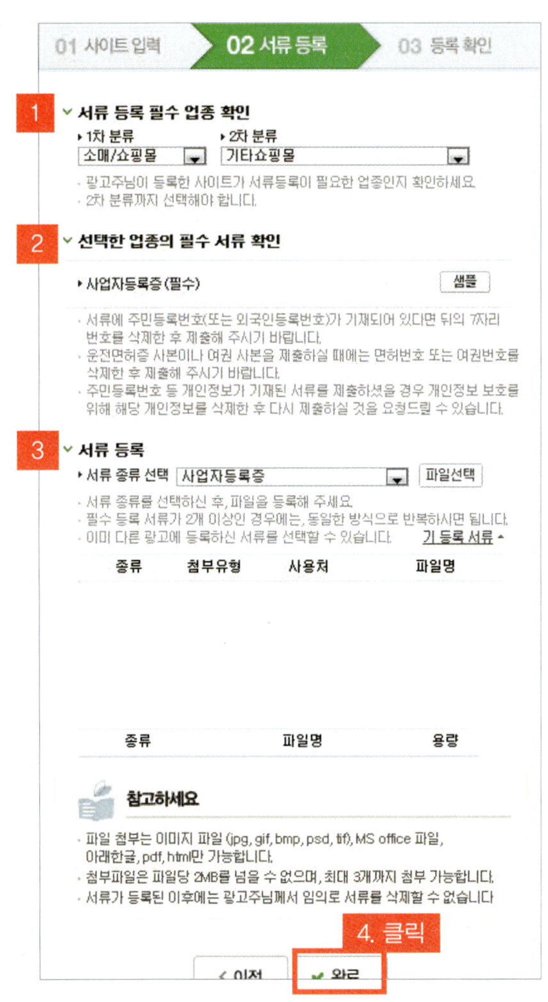

① 서류 등록 필수 업종 확인

1차 분류 선택 후 2차 분류를 선택합니다.

② 선택한 업종의 필수 서류 확인

필수 서류를 확인합니다.

③ 서류 등록

서류 종류를 선택한 후에 [파일선택]을 이용해서 파일을 등록합니다.

O5 등록 확인 페이지에서 사이트 정보가 정상적으로 등록된 것을 확인합니다. 광고를 등록하기 위해 [광고등록 바로가기] 버튼을 클릭합니다.

Note

업종별 꼭 확인해야 하는 필요사항

- 통신판매업

  메인 페이지 하단에 상호, 대표자 성명, 사업자 소재지 주소, 전화번호, 전자우편주소, 사업자등록번호, 통신판매업 신고번호를 기재

- 온라인 쇼핑몰 사이트

  - 사업자 등록증 접수

  - 메인 페이지 하단에 상호, 대표자 성명, 사업자 소재지 주소, 전화번호, 전자우편주소, 사업자등록번호, 통신판매업 신고번호를 기재

- 브랜드 제품 판매 사이트

  - 사업자 등록증 접수

  - 메인 페이지 하단에 상호, 대표자 성명, 사업자 소재지 주소, 전화번호, 전자우편주소, 사업자등록번호, 통신판매업 신고번호를 기재

  - 위조상품을 판매하거나, 의심되는 행위를 하는 경우 등록 불가

- 건강기능식품 판매 사이트

  건강기능식품 영업신고증(판매업) 및 사업자등록증을 접수

- 의료기관 사이트, 문신, 반영구 화장, 피어싱 등 관련 사이트

  의료기관 개설허가를 확인

- 의료기기 취급 사이트

  의료기기 판매업 또는 임대업 신고증을 접수

- 학원사이트

  학원설립, 운영 등록증을 접수

- 구인 구직 사이트

  직업소개사업 신고(등록)필증을 접수

- 대출관련 사이트

  대부업 등록증 또는 대부중개업 등록증을 접수

- 에스크로 및 안전거래 제공 사이트

  전자금융거래법에 의한 금융기관 또는 결제대금예치업으로 등록한 사업자가 운영하는 사이트인지 확인

2) 광고그룹/키워드 선택

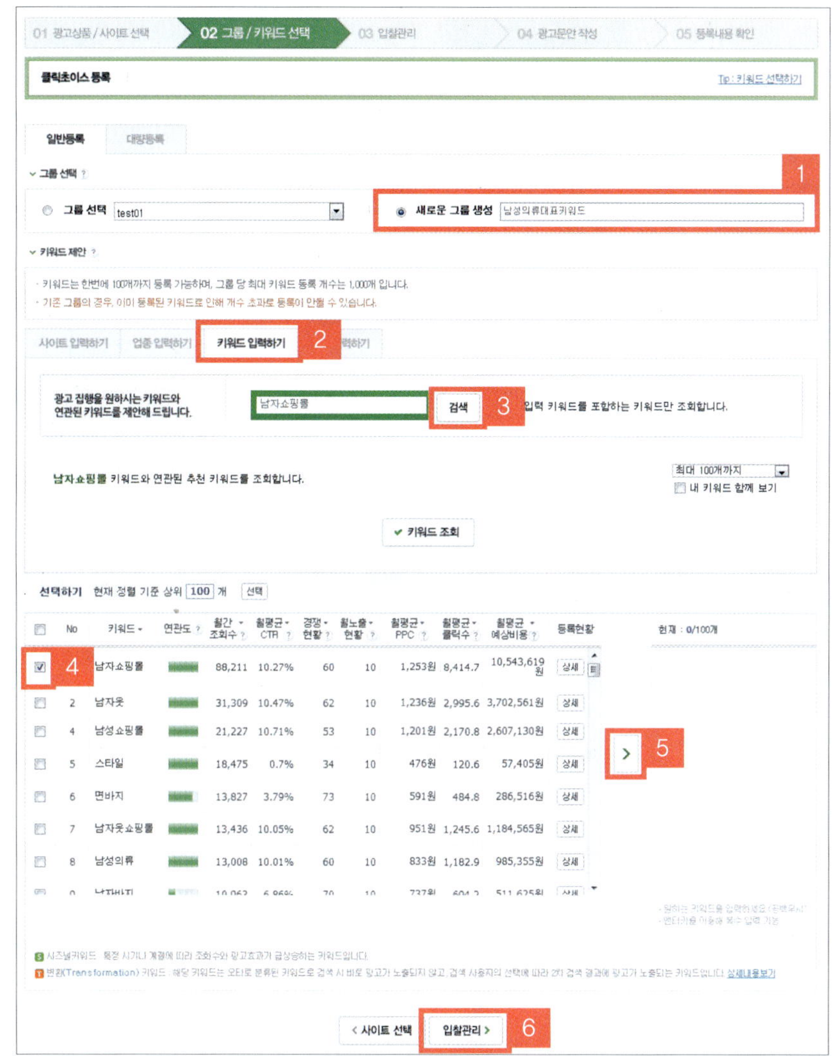

① 새로운 그룹 생성을 선택하고 그룹명을 입력합니다. (한/영 공통 최대 7자)

② [키워드 입력하기] 탭을 선택합니다.

③ 키워드를 입력하고 [검색] 버튼을 클릭합니다.

④ 등록을 원하는 키워드를 체크합니다.

⑤ 화살표 (〉)를 이용해서 등록합니다.

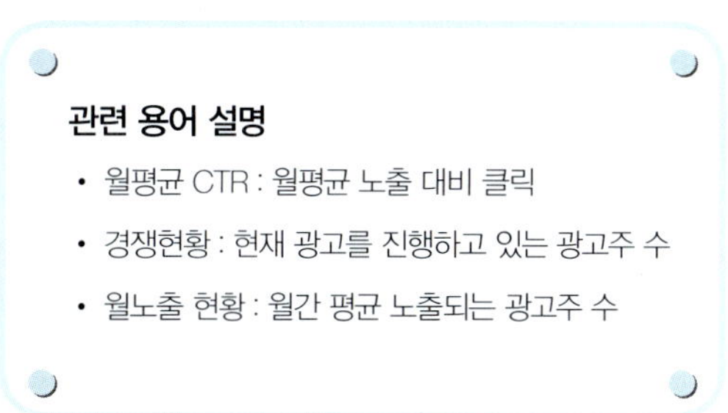

① 키워드별 최대클릭비용을 입력합니다.

② [계산] 버튼을 클릭하면 예상 순위 및 예상 CPC를 확인할 수 있습니다.

③ '스마트 입찰'을 이용할 수 있습니다.

순위를 변경하고자 하는 키워드를 체크하고 노출영역을 선택한 후, 희망순위 또는 최대클릭비용
을 입력한 후에 [입찰] 버튼을 클릭합니다.

★ 스마트입찰이란?

한 번에 많은 키워드를 등록할 경우, 원하는 노출영역, 순위, 최대클릭비용을 입력하면 희망 순위에 노출될 수 있는 최
대클릭비용과 입력한 최대클릭비용 중 작은 금액으로 일괄입찰을 도와주는 기능입니다.

④ [광고문안 작성] 버튼을 클릭합니다.

오버추어의 입찰가 설정 기능

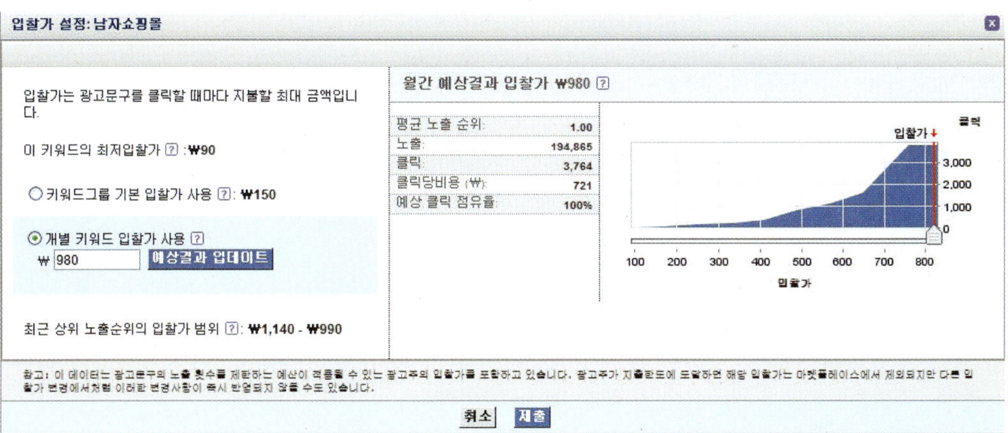

남자쇼핑몰 키워드 980원 입찰 시 예상 결과

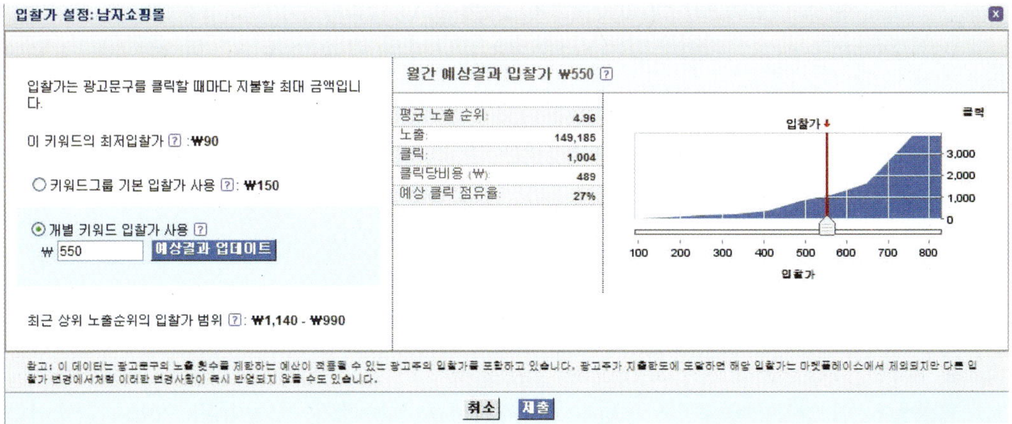

남자쇼핑몰 키워드 550원 입찰 시 예상 결과

구분	입찰가 550원	입찰가 980원
평균 노출 순위	4.96	1.00
노출수	149,185	194,865
클릭수	1,004	3,764
클릭당 비용	489	721
예상 클릭 점유율	27%	100%

① '제목'에 사이트명이나 업체명을 포함하여 기재합니다. (띄어쓰기 포함 15자 이내로 입력, html, enter, 특수문자 적용 불가)

② [〈키워드〉 삽입] 버튼을 클릭하면 광고문구에 '〈키워드〉'가 삽입됩니다.
 – 버튼 이외에 직접 키워드 태그 '〈키워드〉'를 입력해도 됩니다.
 – 모든 키워드에 동일한 광고문안을 작성할 때 유리합니다.
 – 광고문구와 키워드의 연관성을 높여줍니다.
 – 광고문구가 표시될 때 볼드체로 표시되어서 클릭률이 높아집니다.

③ '설명' 등록 키워드와 사이트의 연관성을 직접적으로 설명하는 내용을 20자 이상 45자 이하로 작성합니다.

④ '부가정보'는 비즈사이트 영역에 노출됩니다. 광고 효과 향상을 위해 설명 문구와 동일한 기재 방법을 권장합니다.

⑤ '표시 URL'은 광고에 표시될 대표 URL입니다. '사이트 추가' 시 등록한 표시 URL이 표시됩니다.

⑥ '연결 URL'은 구매한 키워드와 연관성이 충분한 페이지를 등록합니다. 설명 문구에 기재한 내용이 충분한 콘텐츠가 포함된 페이지를 등록합니다.

⑦ [등록내용 확인] 버튼을 클릭합니다.

5) 등록내용 확인

등록내용을 확인한 후에 [완료] 버튼을 클릭합니다.

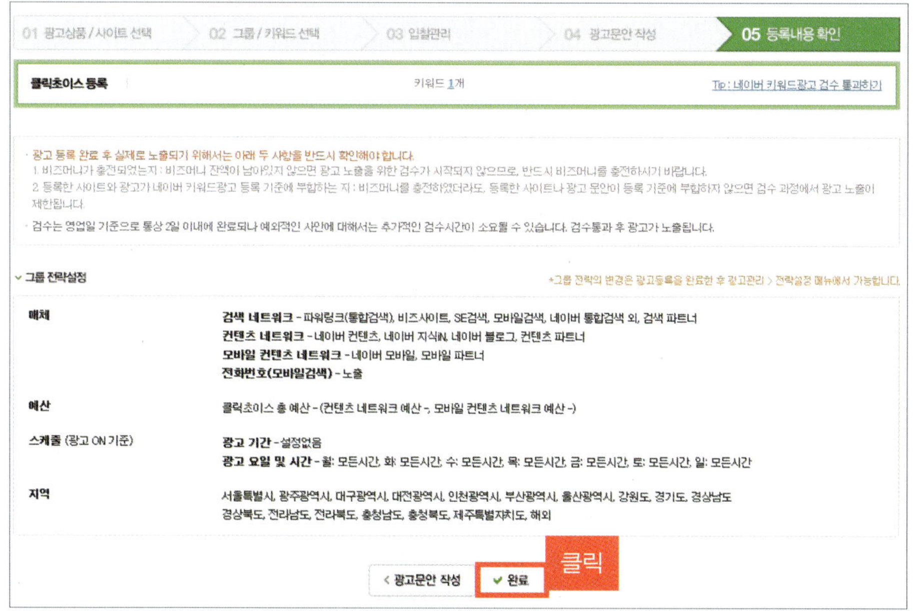

광고 검수 이해하기

❶ 검수는 최대 3~5일 정도의 시간이 소요되며, 검수 통과 후 즉시 광고가 노출됩니다.

❷ 검수는 영업일에만 진행되며, 휴일 접수 건은 이후 첫 영업일에 검수가 진행됩니다.

❸ 검수 통과된 이후라도 운영 원칙 및 검수 등록 기준에 맞지 않으면, 운영자에 의해 보류 및 반려가 될 수 있습니다. 또한, 작성한 광고 문안이 광고 등록 기준 및 작성 규칙에 맞지 않으면, 운영자에 의해 수정 및 반려가 될 수 있습니다.

❹ 검수 통과 후에도 비즈머니 잔액이 부족한 경우 광고가 노출되지 않을 수 있습니다.

❺ 광고가 노출되기 위해서는 광고 상태가 아래와 같아야 합니다.

- 비즈머니 : 비즈머니가 충분히 충전되어 있어야 합니다. 비즈머니가 부족한 경우, 등록된 광고의 검수 시작이 불가하거나 검수 통과된 광고의 노출이 불가합니다.

- 사이트/그룹/키워드의 입찰 상태 : 사이트/그룹/키워드의 입찰 상태가 모두 On인 경우에만 광고 노출이 가능합니다.

- 사이트의 검수 상태 : 사이트의 검수 상태가 통과인 경우에만 광고 노출이 가능합니다.

- 광고(키워드)의 검수 상태 : 광고(키워드)의 검수 상태가 통과인 경우에만 광고 노출이 가능합니다.

- 광고의 입찰가 : 광고의 입찰가가 충분한 경우에만 광고 노출이 가능합니다.

Chapter 06

클릭초이스 보고서 분석하기

클릭초이스 보고서 페이지를 통해 현재 진행되고 있는 광고 현황 등을 확인할 수 있습니다. 세부적인 노출수, 클릭수 등을 차트 및 보고서 형태로 볼 수 있으며 엑셀 파일로 다운로드 받아 광고에 관련된 데이터를 체계적으로 관리할 수 있습니다.

네이버 키워드 광고(http://searchad.naver.com)에서 광고주 아이디, 비밀번호로 로그인을 합니다.

 ## 1. 요약

[광고관리 〉 요약]에서는 요약정보와 최근 7일 검수내역, 클릭초이스 광고현황 등을 확인하실 수 있습니다.

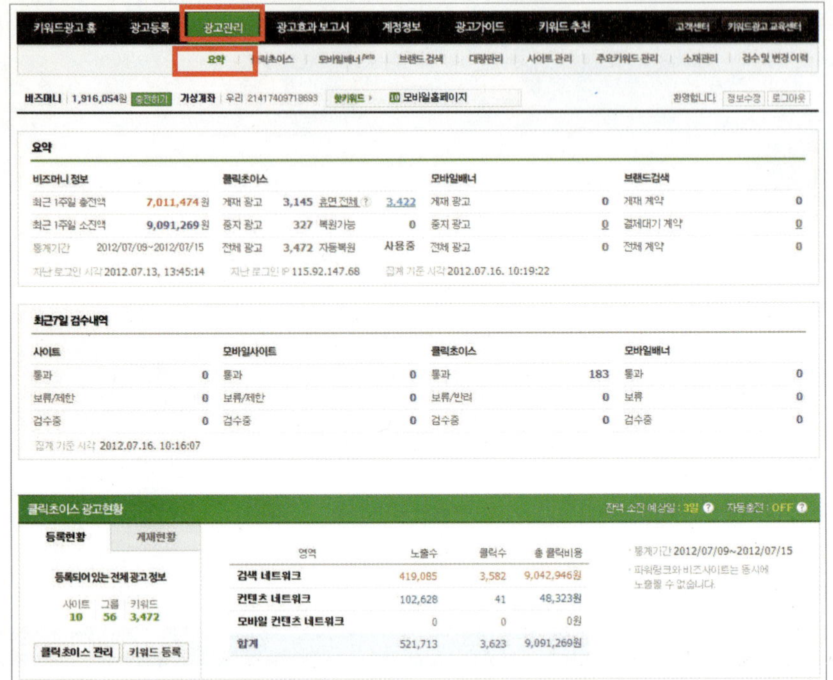

2. 기본 보고서

[광고효과 보고서 > 기본 보고서]에서는 클릭초이스의 사이트 광고효과 요약을 '어제', '최근 7일', '지난 달', '이번 달' 탭에서 확인할 수 있습니다.

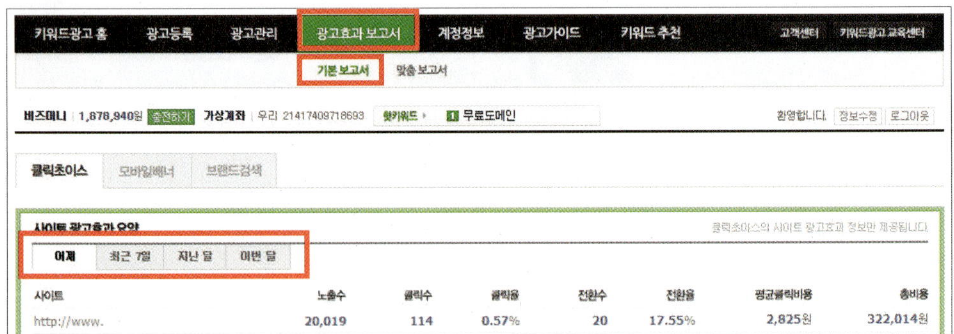

보고서조회에서 조회기간을 선택하신 후에 [조회하기] 버튼을 클릭합니다.

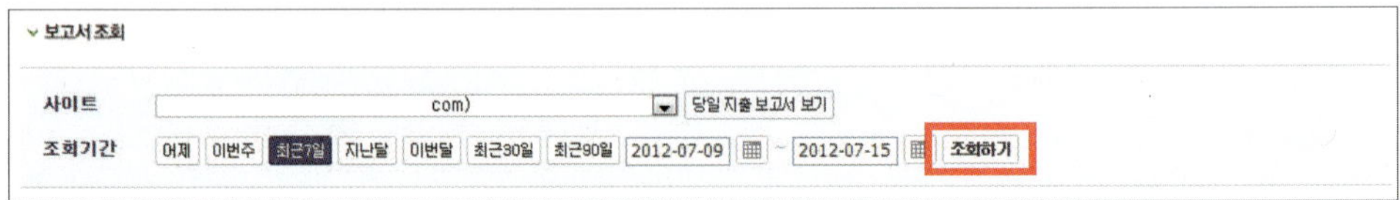

광고그룹 보고서에서는 그룹별 상태, 클릭수, 노출수, 클릭율, 직접 전환수, 간접 전환수, 전환율, 직접 전환 매출, 간접 전환 매출, 평균 노출 순위, 평균클릭비용, 총비용을 나타냅니다.

그룹 내 키워드별로 어떤 효과가 있는지 알아보기 위해서는 [키워드 전체보기] 버튼을 클릭합니다. 일일 보고서에서는 노출수, 클릭수, 클릭율 그래프와 데이터가 표시됩니다.

광고그룹 보고 내용 항목

- **노출수(Impression)** : 검색 포털에서 해당 키워드를 검색되는 경우에 광고가 얼마나 표시되었는지를 나타내는 수치입니다.

- **클릭수(Click)** : 검색 포털에서 해당 키워드를 검색한 후에 표시된 광고 중에서 광고를 얼마나 클릭하였는지를 나타내는 수치입니다.

- **클릭율(CTR)** : (클릭수/노출수)×100 노출수 대비 클릭수 백분율

- **전환율(CVR)** : (구매전환수/클릭수)×100 클릭수 대비 구매전환수 백분율

- **평균 노출 순위** : 노출 순위의 평균값입니다.

- **평균클릭비용(평균 CPC)** : 클릭당비용의 평균값입니다.

- **총비용** : 지불한 광고비용. 클릭당단가(CPC)×클릭수

- **직접 전환수** : 광고를 통해 유입된 트래픽이 동일한 세션(30분) 안에 일으킨 전환 수

- **간접 전환수** : 광고를 통해 유입된 트래픽이 15일 내에 일으킨 전환 수

- **직접 전환 매출** : 직접 전환으로 일어난 전환 매출

- **간접 전환 매출** : 간접 전환으로 일어난 전환 매출

3. 맞춤 보고서

맞춤 보고서에서 제공하는 지표도 기본 보고서와 동일합니다. 다만 최근 2년간의 광고 효과 데이터를 최대 3개월(90일) 단위로 추출하여 확인할 수 있습니다. 과거의 광고 효과 데이터가 궁금하다면 맞춤 보고서를 이용해 보시기 바랍니다. 전년 동기간 데이터를 추출해 올해 내 광고 효과와 비교도 가능합니다.

01 [광고효과 보고서 〉 맞춤 보고서]에서 [등록] 버튼을 클릭하면 보고서 설정을 할 수 있습니다.

O2 보고서 이름, 보고서 유형, 기간조회 유형, 영역조회 유형 등 조건을 입력합니다. 예약설정에서는 자동실행을 선택합니다. [저장] 버튼을 클릭합니다.

O3 보고서 이름에 '시간대별보고서'를 입력한 후에 보고서 유형에서 '시간별 보고서'를 선택합니다. (시간별 보고서는 최근 7일 내역만 제공합니다.) [생성 후 저장] 버튼을 클릭합니다.

04 '보고서 열람' 탭에서 '시간대별보고서'를 클릭합니다.

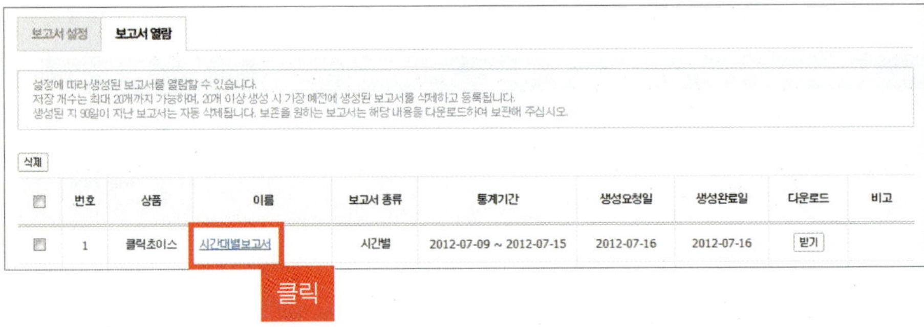

05 [엑셀다운로드]를 클릭하여 데이터를 엑셀로 받습니다.

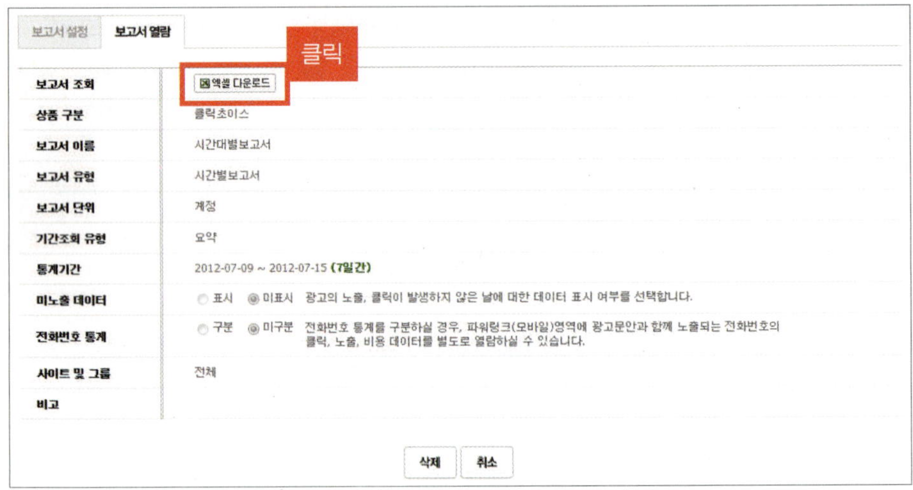

06 csv 파일을 내 컴퓨터에 저장한 후 엑셀 프로그램을 이용해서 열기합니다. 시간대별 그래프를 생성하여 분석할 수 있습니다.

통계 기간	시간대	노출수	클릭수	클릭율	클릭비용 (VAT포함)	총비용 (VAT포함)
2012-07-09 ~ 2012-07-15	00:00~01:00	14,613	164	1.13	2,563	420,299
2012-07-09 ~ 2012-07-15	01:00~02:00	8,391	113	1.35	2,467	278,718
2012-07-09 ~ 2012-07-15	02:00~03:00	5,504	83	1.51	2,847	236,291
2012-07-09 ~ 2012-07-15	03:00~04:00	3,815	62	1.63	2,402	148,918
2012-07-09 ~ 2012-07-15	04:00~05:00	2,742	27	0.99	2,350	63,437
2012-07-09 ~ 2012-07-15	05:00~06:00	2,117	23	1.09	2,589	59,532
2012-07-09 ~ 2012-07-15	06:00~07:00	3,080	19	0.62	1,958	37,191
2012-07-09 ~ 2012-07-15	07:00~08:00	6,478	40	0.62	2,630	105,171
2012-07-09 ~ 2012-07-15	08:00~09:00	15,471	73	0.48	2,834	206,855
2012-07-09 ~ 2012-07-15	09:00~10:00	35,040	182	0.52	2,735	497,750
2012-07-09 ~ 2012-07-15	10:00~11:00	40,763	274	0.68	2,681	734,382
2012-07-09 ~ 2012-07-15	11:00~12:00	39,841	287	0.73	2,451	703,285
2012-07-09 ~ 2012-07-15	12:00~13:00	26,713	223	0.84	2,561	571,043
2012-07-09 ~ 2012-07-15	13:00~14:00	36,260	246	0.68	2,487	611,699
2012-07-09 ~ 2012-07-15	14:00~15:00	37,007	243	0.66	2,553	620,246
2012-07-09 ~ 2012-07-15	15:00~16:00	37,919	235	0.62	2,365	555,588
2012-07-09 ~ 2012-07-15	16:00~17:00	38,636	267	0.7	2,692	718,663
2012-07-09 ~ 2012-07-15	17:00~18:00	36,635	214	0.59	2,814	602,074
2012-07-09 ~ 2012-07-15	18:00~19:00	28,334	153	0.54	2,296	351,274
2012-07-09 ~ 2012-07-15	19:00~20:00	21,122	144	0.69	2,476	356,466
2012-07-09 ~ 2012-07-15	20:00~21:00	21,570	125	0.58	2,587	323,290
2012-07-09 ~ 2012-07-15	21:00~22:00	21,855	148	0.68	1,916	283,492
2012-07-09 ~ 2012-07-15	22:00~23:00	19,478	153	0.79	2,264	346,346
2012-07-09 ~ 2012-07-15	23:00~24:00	18,329	125	0.69	2,075	259,259

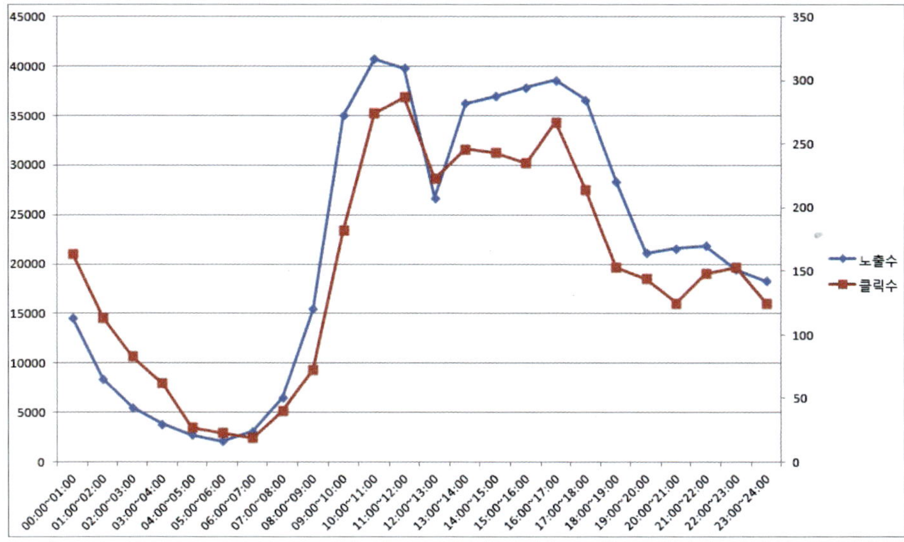

★ 선택한 기간 동안 내 계정의 시간대별 평균 데이터를 확인할 수 있기 때문에, 주로 계정 단위로 자동 입찰을 설정하거나 전략을 세우는 광고주는 계정 단위의 시간대 상세 데이터를 참고로 하여 효율이 높은 시간대에 집중적으로 노출을 하는 등의 설정이 필요합니다.

Chapter 07

키워드 광고 시즈널리티 

한국은 4계절이 뚜렷합니다. 봄, 여름, 가을, 겨울이 주기적으로 반복되는 시장 환경은 인터넷 쇼핑몰에 있어서 최고의 선물입니다. 1년 내내 같은 계절만 있다면 한국의 인터넷 쇼핑몰이 이렇게 번창하지 않았을 것입니다.

키워드 광고에도 계절성이 존재합니다. 발렌타인데이, 화이트데이, 졸업식, 어버이날, 방학, 구정, 추석, 크리스마스 등은 시장 추이에 매우 큰 영향을 미치는 이슈들입니다. 이러한 이슈들에 대비하여 사전에 영업/마케팅 전략을 수립하는 것이 중요합니다. 7~8월의 판매를 위해서는 5월과 6월에 준비를 해야 합니다. 최소한 시즌 시작 45일 전까지는 모든 준비가 완료되어야 하는 것입니다.

 ## 1. 월별 트랜드

1월

겨울방학의 영향으로 학생층의 인터넷 사용 시간이 증가합니다. 신년과 구정, 겨울 레포츠의 영향으로 25세 이상 경제 활동 인구의 사용 시간이 증가합니다.

- 주요 이슈 : 신년, 구정, 겨울방학
- 가정/생활 : 3월 이사철을 앞두고 가구 등 상승
- 세부 키워드
    - 스키, 보드 : 보드복, 보드샵, 스노보드, 스노우보드복
    - 달력, 다이어리 : 달력, 예쁜 달력, 탁상용 달력, 캘린더, 영어달력, 다이어리선물

2월

구정의 영향으로 전반적인 인터넷 사용 시간이 감소합니다. 특히 25세 이상 연령층의 사용 시간 감소가 상대적으로 크게 나타납니다.

- 주요 이슈 : 구정, 발렌타인데이, 졸업, 신학기, 봄
- 건강식품 : 구정의 영향으로 선물수요 증가
- 휴대용기기 : 추석과 함께 연중 최대 성수기. 아르바이트, 구정 등으로 학생층의 구매 증가
- 세부 키워드
    - 한복, 선물세트, 어린이한복, 예쁜한복, 개량한복, 건강보조식품, 갈비, 명절선물세트
    - 발렌타인데이, 초콜렛 : 발렌타인데이선물, 초코렛, 남자친구선물, 남자화장품, 시계, 커플링

3월

방학이 끝나고 신학기가 시작되며 학생층, 특히 중고생 연령층의 인터넷 사용 시간이 크게 감소합니다. 전반적으로 사용 시간이 감소하는 가운데 25~34세 연령층 남성들의 사용 시간이 크게 증가합니다.

- 주요 이슈 : 신학기, 봄, 화이트데이
- 꽃/이벤트 : 입학식과 봄의 영향으로 상승
- 세부 키워드
  - 컴퓨터, 휴대용기기 : 노트북가격비교, 노트북가방, 조립컴퓨터, 디카, MP3, 어학기, 전자사전
  - 선물, 꽃배달 : 애인선물, 커플링, 여친선물, 감동선물, 예쁜 꽃바구니, 빠른 꽃배달, 전국꽃배달

4월

25세 이상 경제 활동 연령층의 사용 시간은 큰 변화 없이 유지되고, 중간고사의 영향으로 25세 이하 학생층의 인터넷 사용 시간이 감소합니다.

- 주요 이슈 : 봄, 5월 각종 기념일 대비
- 자동차용품 : 봄을 맞아 야외 활동의 증가로 자동차 관련 광고 상승
- 세부 키워드
  - 골프, 등산, 낚시 : 골프용품, 중고골프용품, 골프웨어, 등산복, 등산배낭, 고어텍, 노스페이스 낚시용품

5월

중간고사가 끝나고 학생층의 사용 시간이 증가합니다. 전반적으로 전월대비 큰 변화 없이 유지되는 추세입니다.

- 주요 이슈 : 어버이날, 어린이날, 스승의 날, 로즈데이, 성년의 날, 결혼 성수기
- 꽃/이벤트 : 어버이날과 스승의 날 영향으로 전월 대비 크게 증가
- 세부 키워드
  - 어버이날, 어린이날 : 어린이선물, 아동의류, 장난감, 꽃배달, 건강식품, 백화점상품권
  - 스승의날, 로즈데이, 성년의날 : 스승의날 선물, 로즈데이 꽃배달, 감동선물, 특이한 선물, 커플선물

6월

대학생들이 방학을 맞으면서 19~24세 연령층의 사용 시간이 증가합니다. 전반적으로는 사용 시간이 소폭 감소합니다. 인터넷 사용 시간 자체는 감소하나, 검색 의도가 매우 분명해지는 시기입니다.

- 주요 이슈 : 여름방학
- 레저/스포츠 : 여름방학의 영향으로 광고비 증가
- 세부 키워드

　　– 여름, 원피스, 수영복, 미니스커트: 여름코디, 남성여름코디, 여름여행, 미니스커트, 여름샌들, 청미
　　　니스커트, 니트원피스, 예쁜 원피스, 쉬폰스커트, 반팔남방, 비키니, 예쁜 수영복

7월

초/중/고생들이 방학을 맞으면서 특히 13~18세 학생층의 사용 시간이 크게 증가합니다. 휴가/여행 성수
기로 접어들면서 35세 이하 연령층의 사용 시간이 전반적으로 증가합니다. 카테고리별 계절성이 분명합
니다.

- 주요 이슈 : 여름방학, 8월 휴가 성수기
- 소매/쇼핑: 여름 의류와 함께 각종 여행/휴가 관련 용품 구매 증가
- 세부 키워드
　　– 피서, 바캉스 : 수영복, 여행가방, 샌들, 비키니, 반바지, 바캉스용품, 피서용품

8월

7월 말~8월 중순 여행, 휴가 성수기의 영향으로 전반적인 사용 시간이 감소합니다.

- 주요 이슈: 여름방학, 8월 휴가 성수기
- 세부 키워드
　　– 결혼, 졸업 : 혼수가구, 신혼가구, 결혼선물, 졸업식 꽃배달, 예쁜꽃, 졸업기념꽃다발, 졸업 꽃다발

9월

추석과 신학기의 영향으로 대부분 연령층의 사용 시간이 감소합니다.

- 주요 이슈 : 추석, 신학기, 가을
- 휴대용기기 : 아르바이트, 추석 등의 영향으로 용돈에 여유가 있는 학생층의 휴대용기기 구매 증가
- 의류 : 추석의 영향을 많이 받기 보다는 계절변화와 신학기의 영향으로 광고비 증가
- 식/음료 : 추석의 영향으로 광고비 증가
- 세부 키워드
　　– 패션, 가을 : 가을패션, 가디건, 가을의류, 가을원피스, 벨벳자켓, 여성자켓, 여성의류, 예쁜쇼핑몰,
　　　남성정장
　　– 추석, 선물 : 시부모님선물, 추석선물, 추석선물세트, 백화점상품권, 과일바구니, 굴비, 갈비세트

10월

추석 이후 대부분 연령층의 인터넷 사용 시간이 증가합니다. 수능을 앞두고 있는 시점에 13~18세 연령
층의 사용 시간은 소폭 감소합니다.

- 주요 이슈 : 가을, 결혼성수기, 11월 수능

- 꽃 : 결혼성수기, 계절적 영향으로 광고비 증가
- 세부 키워드
  - 꽃 : 결혼식화환, 화환, 결혼식축화 꽃다발, 예쁜꽃, 꽃배달싼곳, 전국 꽃배달
  - 혼수가전, 학습기 : TV, 냉장고, 김치냉장고, 혼수가전싼곳, 전자사전, 어학기, PMP

11월

수능이 지나고 13~18세 연령층의 사용 시간이 증가합니다. 다른 연령층의 사용 시간은 소폭 감소합니다.

- 주요 이슈 : 수능, 빼빼로데이, 겨울방학/연말대비
- 의류/액세서리 : 겨울의류 관련 광고비 증가
- 세부 키워드
  - 난방기, 온풍기 : 히터, 난방기, 히터싼곳, 난방기매장, 난방기쇼핑몰, 온풍기, 전기히터, 전기장판, 전기담요, 가습기

12월

25세 이상 경제활동 연령층의 사용 시간은 전반적으로 유지됩니다. 연말, 겨울방학 등의 영향으로 25세 이하 학생층의 사용 시간은 증가합니다. 이용자들의 검색 의도가 명확해지는 시기이며, 계절성이 뚜렷한 시기입니다.

- 주요 이슈 : 겨울방학, 크리스마스, 연말
- 레저/스포츠 : 겨울 레포츠 관련 광고비 증가
- 세부 키워드
  - 스키, 보드 : 보드용품, 스키복, 리프트할인권, 스키장콘도, 스키장할인, 보드대여, 스키대여
  - 크리스마스 : 크리스마스선물, 감동선물, 커플링, 크리스마스카드, 플스, 닌텐도, 장난감

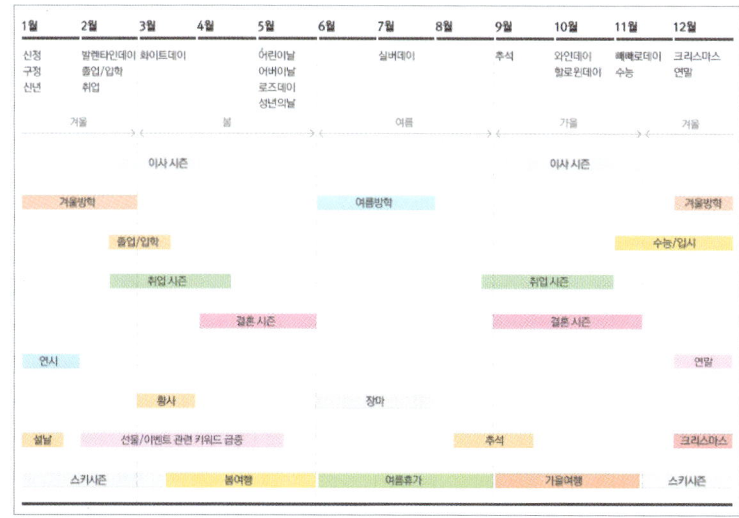

출처: 오버추어

1) 시즌별 인기 키워드

- 2월 졸업 시즌 : 여자 졸업식 코디

  (연관 인기키워드 : 졸업식 코디, 졸업 메이크업, 봄코디, 봄자켓, 봄구두, 졸업앨범 옷)

- 3월 면접 시즌 : 면접 정장

  (연관 인기키워드 : 여성정장, 면접 의상, 면접 복장, 면접 메이크업, 아나운서 정장)

- 4월 체육대회 시즌 : 반티

  (연관 인기키워드 : 체육대회 반티, 반티셔츠, 단체티셔츠, 단체티셔츠 제작)

- 6월 여름휴가 시즌 : 비키니

  (연관 인기키워드 : 비키니 추천, 수입비키니, 귀여운 비키니, 비키니 수영복 쇼핑몰, 수영복 추천, 와이어 비키니, 프릴 비키니, 4피스 수영복)

- 9월 가을 시즌 : 후드집업

  (연관 인기키워드 : 후드티, 가을 패션코디, 바람막이, 결혼식 복장, 여성 가죽재킷, 체크남방)

- 12월 겨울 시즌 : 보드복

  (연관 인기키워드 : 보드복 할인매장, 보드복 세트, 보드복 이월상품, 크리스마스 코디, 산타복 대여)

2) 계절별 카테고리

봄	여름	가을	겨울
결혼식의상	예쁜비키니	할로윈의상	산타복
결혼식코디	커플비치웨어	콜롬비아	방한화
가디건	쪼리	수능시계	파티원피스
쉬폰블라우스	아쿠아슈즈	티파티반지	속옷
탐스슈즈	젤리슈즈	후드집업	웨딩드레스
우의	웨이크보드복	앵글부츠	앙고라니트
유니폼전문업체	비치웨어	바람막이	섹시속옷
핫팬츠	샌들	남자가디건	학생가방
축구유니폼싼곳	반바지	가을원피스	어그부츠
승무원면접복장	얼음쪼끼	스타킹	양털부츠
반팔티셔츠	패션시계	워커	크리스마스
자전거의류	나시	노스페이스	장갑
빅사이즈원피스	커플룩	레깅스	지갑
보정속옷	미니스커트	유니클로	목도리

3) 건강식품의 이슈 캘린더

1월	2월	3월	4월	5월	6월
신정	구정	다이어트	다이어트	어버이날 / 스승의날	다이어트
키워드 설선물 관련 키워드	**키워드** 설선물 관련 키워드 **※집중검색기간** 구정 연휴 전 3주	**키워드** 다이어트, 살빼기, 다이어트약, 다이어트식품		**키워드** 부모님·교수님 선물관련 키워드 다이어트	
7월	8월	9월	10월	11월	12월
여름철 건강관리	여름철 건강관리	추석	환절기 건강관리	환절기 건강관리	연말선물
키워드 원기회복, 활력유지 **주목상품** 홍삼, 알로에, 비타민, 코큐텐		**키워드** 추석선물 관련 키워드 **※집중검색기간** 추석 연휴 전 3주	수험생 건강관리 **주목상품** 블루베리, 루테인	**키워드** 면역, 감기, 기관지, 혈당 **주목상품** 바나나, 누에분말, 비타민, 코큐텐, 홍삼, 인삼	**키워드** 선물관련키워드

출처: 네이버

4) 2011 월별 키워드

1월 : 마가루먹는법, 레몬디톡스, 정관장홍삼, 닭가슴살다이어트

2월 : 울금, 유방암에좋은음식, 구연산

3월 : 다이어트도시락, 위암에좋은음식, 요오드화칼륨, 코엔자임큐텐

4월 : 여자비만도계산기, 김소형본다이어트효과, 스피루리나

5월 : 블루베리, 고야, 산삼가격

6월 : 레몬디톡스다이어트, 매실, 오디, 여에스더, 다이어트도시락배달

7월 : 고창복분자, 개똥쑥, 와송, 쇠비름, 이승연다이어트

8월 : 비타민D, 하수오, 까마중, 잔대, 달맞이꽃종자유

9월 : 아사이베리, 돼지감자, 봉삼, 송이버섯, 허벌라이프싼곳, 문경오미자

10월 : 효소, 강황가루, 적하수오, 구절초

11월 : 야채스프, 아미노산, 참숯, 역류성식도염에좋은음식

12월 : 천궁, 초석잠, 호두기름

Chapter 08

네이버 지식쇼핑의 이해

네이버 지식쇼핑은 상품 검색 기반의 쇼핑 포털인 동시에 쇼핑 미디어입니다. 지식쇼핑에 입점하면 네이버 지식쇼핑에서 상품 광고, 판매 및 쇼핑몰 홍보를 할 수 있으며, 매일 네이버를 찾는 1,600만 명 이상의 이용자가 쇼핑몰의 잠재 구매 고객이 될 수 있습니다.

1. 네이버 지식쇼핑 입점 관련 정보

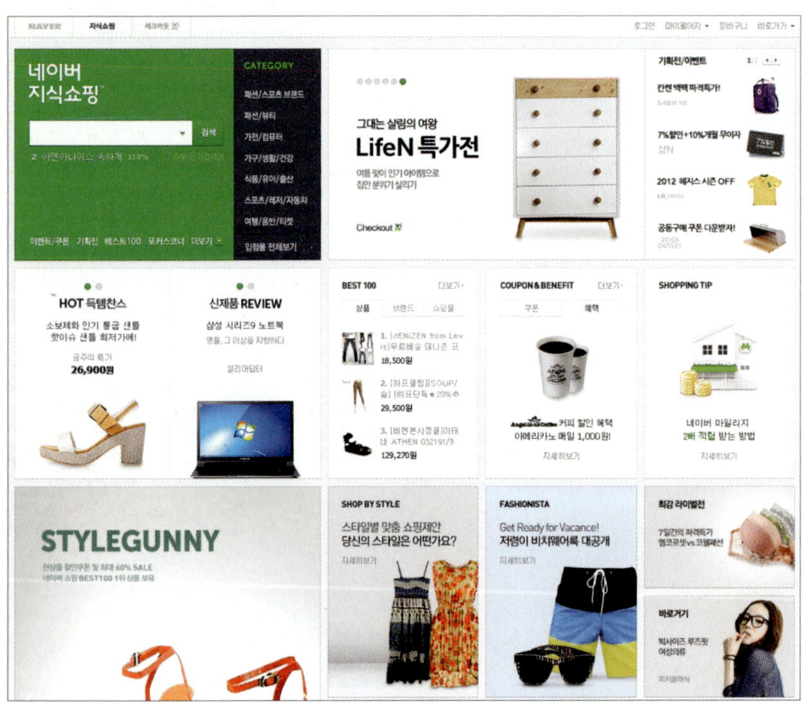

네이버 지식쇼핑 메인 페이지

1) 입점심사 기준

- 인쇄, 판촉물, 동물, 성인용품, 원색적인 이미지 사용 용품 등 미취급 상품은 불가합니다.

- 정상적으로 쇼핑몰 구축이 완료되어, 상품 판매가 원활히 이루어지는 쇼핑몰에 한하여 입점 가능합니다.

- 사업자등록번호, 사업장 주소, 고객센터 등 모든 운영이 국내에서 이루어져야 입점 가능합니다.

- G마켓, 옥션 등에 입점된 오픈마켓(미니샵) 형태의 쇼핑몰은 입점 불가능합니다.

- 반드시 사업자등록증과 통신판매업신고증(간이과세자 제외)을 보유하고 있어야 하며, 쇼핑몰 메인 페이지 하단에는 반드시 사업자등록번호, 대표자명, 사업장주소, 통신판매업 신고번호 (간이과세자의 경우 '간이과세자'로 표기), 연락처가 기재되어 있어야 합니다.

- 매매보호서비스(결재대금예치제)에 가입이 되어야 입점 가능합니다.

- 모든 가격비교사이트를 대상으로 공정거래위원회에서 전달한 사안으로 에스크로 서비스 또는 보증보험 서비스에 가입이 되어야만 입점이 가능합니다.

- 상품 구매 시 현금/카드 결제가 모두 가능해야 하며, 상품 가격은 부가세 포함가로 표시되어야 합니다. (카드 결제 시, 최소 주문금액 제한이 없어야 합니다.)

- 상품 구매 시 회원/비회원의 상품구매가 모두 가능하여야 합니다.

- 쇼핑몰 내 상품 및 서비스에 대한 상세 설명이 기재되어 있어야 합니다.

에스크로 결제란?

공정거래 위원회는 전자상거래 소비자 보호를 위해 에스크로 제도를 시행하고 있습니다.

에스크로(Escrow)란 구매자와 판매자간 신용 관계가 불확실할 때 제3자가 상거래가 원활히 이루어질 수 있도록 중계를 하는 매매 보호 서비스입니다. 최근 전자상거래의 경우에는 거래 대금을 제3자에게 맡긴 뒤 물품 배송을 확인하고 판매자에게 지불하는 제도라는 의미로 많이 사용되고 있습니다. 즉, 소비자가 대금을 은행 등 공신력 있는 제3자에 보관시켰다가, 배송이 정상적으로 완료되면 판매자 계좌로 입금하는 것으로, 물품을 받지 못했거나 반품할 경우에는 금융기관이 즉시 환불해주기 때문에 인터넷 쇼핑몰을 통한 사기 피해 등을 원천적으로 막을 수 있습니다. 판매자도 후불제를 했을 때 겪을 수 있는 채권 추심 등의 비용을 절감할 수 있는 장점이 있습니다.

모든 쇼핑몰은 에스크로 가입이 의무화되어 있으므로 상품 판매 개시 전에 에스크로 결제에 가입해야 합니다.

2) 등록 불가 상품

- 이미테이션 제품 판매 쇼핑몰
  (예) ~스타일/~ST 제품, 브랜드 로고가 확연히 드러나는 이미테이션 제품의 상품명이나 상세설명에
  브랜드명을 사용하는 경우 등
- 성인용품, 음란물, 무형의 재화 및 용역 등을 취급하는 쇼핑몰
- 다단계, 경매 형태의 쇼핑몰
- 애완동물 등의 생물체를 판매하는 쇼핑몰
- 식품 과대광고, 의약품 판매, 주류 및 담배류 판매, 경찰복, 군복 판매 쇼핑몰
- 기타 네이버에서 정한 판매 금지품목 취급 쇼핑몰
  (예) 주류, 담배류, 도수안경, 성보조기구, 총포 및 도검, 청소년 유해품목, 불법시술 및 용품 등
- 불법적인 상품의 판매 또는 현행법의 위반에 해당되거나 그 위반을 부추길 수 있는 행위
- 대표 도메인을 한글 도메인으로 사용하는 쇼핑몰

3) 유명상표 관련 필요서류

돌체앤가바나, 구찌, 지방시, 휴고보스, 프라다, 몽블랑 등 82개 상표

1	D&G	31	아이스버그	61	리바이스
2	구찌	32	안나수이	62	캘빈클라인
3	까르띠에	33	알비에로마르티니	63	타미힐피거
4	끌로에	34	에르메네질도 제냐	64	나이키
5	던힐	35	에스까다	65	아디다스
6	듀퐁	36	에트로	66	노스페이스
7	레스포색	37	엠포리오아르마니	67	퓨마
8	로에베	38	오메가	68	루이비통
9	롱샴	39	입생로랑	69	토리버치
10	루루기네스	40	인빅타	70	멀버리
11	마이클코어스	41	조르지오아르마니	71	폴스미스
12	마크제이콥스	42	쥬시꾸뛰르	72	니나리찌
13	막스마라	43	지미추	73	랑방
14	몽블랑	44	지방시	74	오일릴리
15	미쏘니	45	지아니베르사체	75	블루마린
16	미우미우	46	케이트스페이드	76	피아제
17	발리	47	크리스찬디올	77	모스키노
18	발렌시아가	48	코치	78	발망
19	버버리	49	태크호이어	79	이세이 미야케
20	불가리	50	테스토니	80	겐조
21	브릭스	51	테크노마린	81	닐바렛
22	비비안웨스트우드	52	토즈	82	가이거
23	살바토레 페라가모	53	티쏘		
24	샤넬	54	티파니		
25	세이코	55	펜디		
26	세이코알바	56	프라다		
27	셀린느	57	훌라		
28	아가타	58	휴고보스		
29	아가타루이즈	59	DKNY		
30	아이그너	60	폴로		

- 직수입업체, 각 브랜드에 대한 수입면장(수입신고필증) or 라이센스 계약서(각 브랜드명 명시)
- 유통업체, 수입업체의 각 브랜드에 대한 수입면장 및 수입업체와 유통업체 간의 거래계약서
  ★ 단. 운송장(인보이스) 및 세금계산서 등의 서류는 증빙서류로 대체 불가

 ## 2. 지식쇼핑 CPC(Cost Per Click) 광고

네이버 지식쇼핑은 상품 구매 의사가 있는 잠재 고객이 네이버 지식쇼핑의 상품 카테고리 브라우징 또는 상품 검색 결과 페이지 등에서 해당 상품을 확인하고, 상품을 클릭하여 나의 쇼핑몰로 넘어올 때마다 일정 금액(클릭당 단가)이 부과됩니다. 클릭당 단가는 상품이 등록된 카테고리별로 나누어 차등 적용됩니다.

네이버 지식쇼핑의 카테고리는 가격비교 상품군과 일반 상품군으로 나누어집니다.

✚ **가격비교 상품군** : 가전, 컴퓨터·주변기기, 분유·기저귀, 화장품 카테고리만 해당

✚ **일반 상품군** : 위 '가격비교 상품군'을 제외한 모든 상품군이 해당

★ 가격비교를 하고 있는 카테고리라도 위 상품 카테고리를 제외한 나머지 카테고리는 일반 상품군에 포함됩니다.

> **클릭당 단가 : 상품 가격대/카테고리별 CPC수수료 + 10원**(최저수수료)

- 가격비교 상품군

상품가격대	수수료율(%)
1만원 미만	0.1
1만원 이상 ~ 5만원 미만	0.01
5만원 이상 ~ 20만원 미만	0.005
20만원 이상 ~ 50만원 미만	0.001
50만원 이상 ~ 100만원 미만	0.0001
100만원 이상	0

- 일반 상품군

상품가격대	수수료율(%)
1만원 미만	0.1
1만원 이상 ~ 3만원 미만	0.05
3만원 이상 ~ 4만원 미만	0.03
4만원 이상 ~ 6만원 미만	0.02
6만원 이상 ~ 10만원 미만	0.01
10만원 이상 ~ 100만원 미만	0.0005
100만원 이상	0

*100만원 이상의 상품은 100만원까지는 위의 요율로 적용되며, 그 이상의 금액구간에 대해서는 0%를 적용합니다.

네이버 지식쇼핑 CPC 과금 체계

상품가격에 따른 가격비교 상품군의 클릭당 단가와 일반 상품군의 클릭당 단가 계산법

가격비교 상품군

가상품 9,000원 : 10원+9,000×0.1%=19원

나상품 150,000원 : 10원+10,000×0.1%+40,000×0.01%+100,000×0.005%= 29원

다상품 1,100,000원 : 10원+10,000×0.1%+40,000×0.01%+150,000×0.005%+300,000×0.001%+500,000×0.0001%+100,000×0%=35원

일반 상품군

A상품 9,000원 : 10원+9,000×0.1%=19원

B상품 35,000원 : 10원+10,000×0.1%+20,000×0.05%+5,000×0.03%= 31.5원

C상품 120,000원 : 10원+10,000×0.1%+20,000×0.05%+10,000×0.03%+20,000×0.02%+40,000×0.01%+20,000×0.0005%=41.1원

★ 결과적으로 가격비교 상품군은 11~35원, 일반 상품군은 11~45원이 클릭당 비용이 됩니다.

★ 네이버 지식쇼핑 CPC는 추후 변경될 수 있습니다.

 # 3. 포커스 광고 상품

포커스 광고 상품은 지식 쇼핑 페이지에서 '포커스코너'에 노출되는 상품을 말합니다.

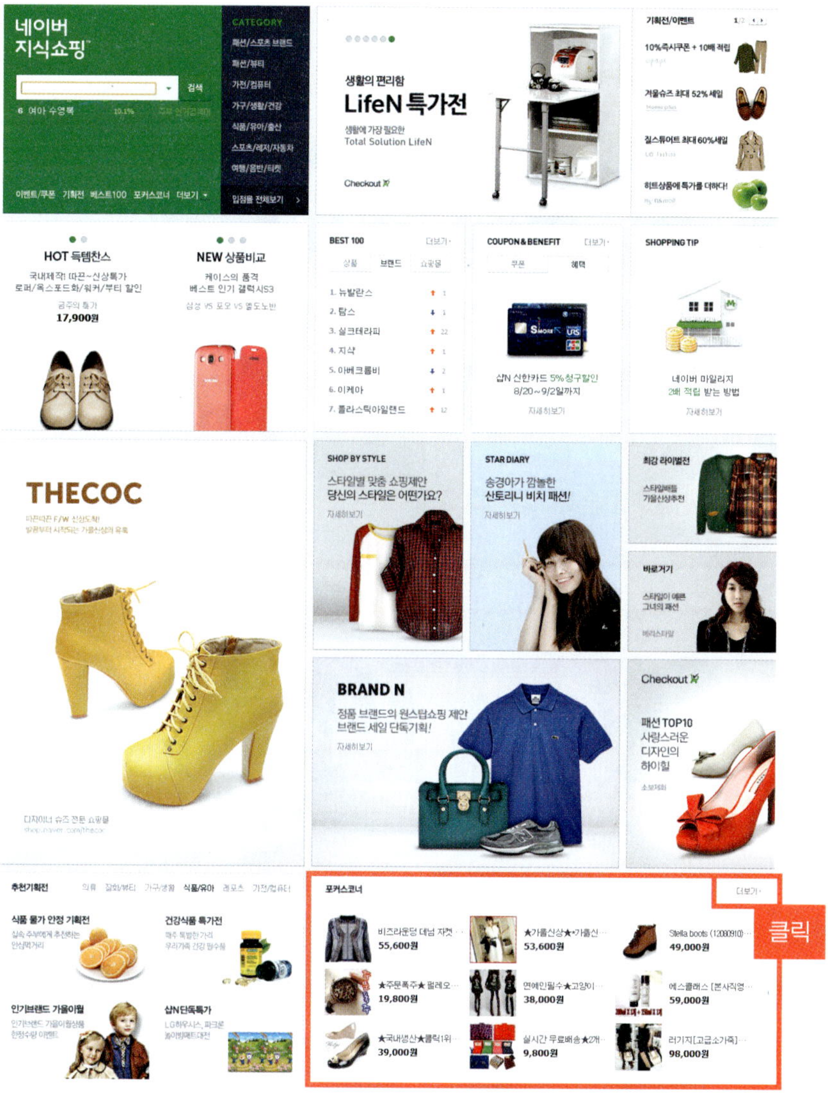

포커스코너의 '더보기'를 클릭하면 포커스코너 상품이 나열되는데, 그 중 강력 추천상품으로 보이는 상품이 파워포커스 상품이고 그 아래 나열되는 상품이 일반포커스 상품입니다.

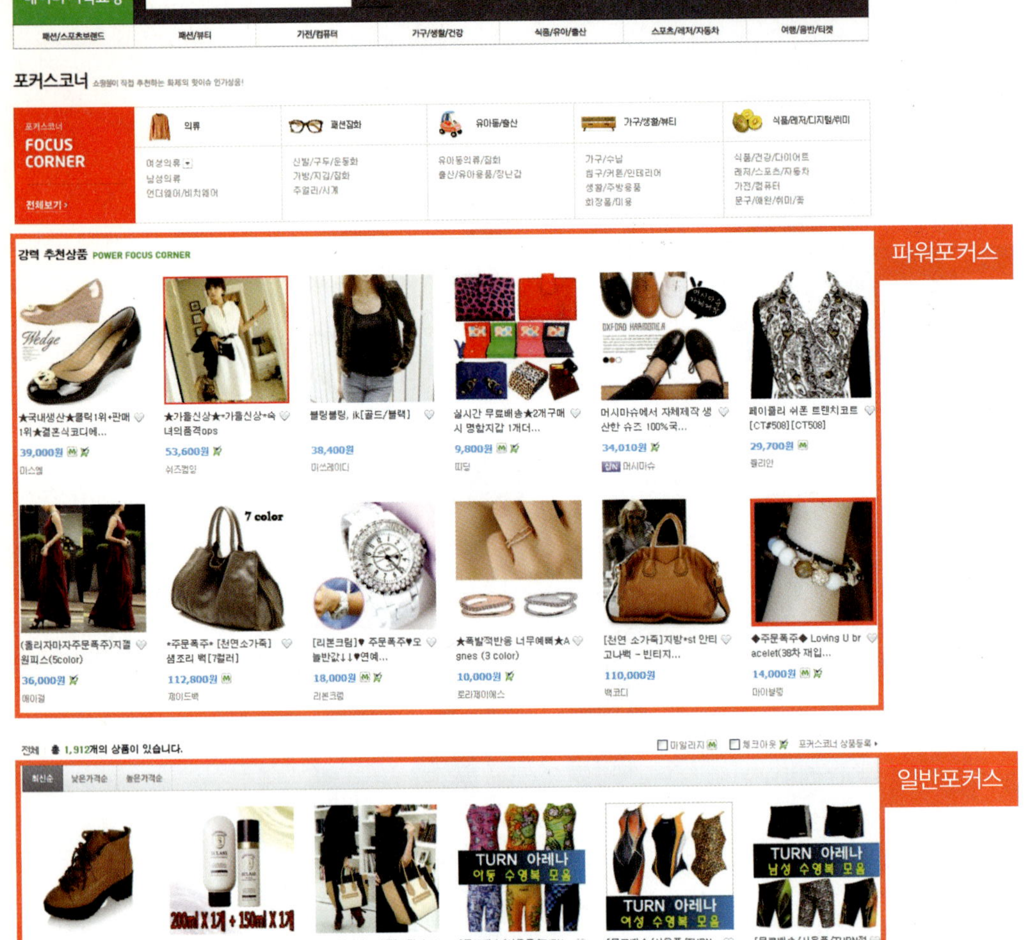

일반포커스와 파워포커스의 광고비는 다음과 같습니다.

	일반포커스	파워포커스
광고비	15,000원/주+CPC수수료	비딩낙찰가/주+CPC수수료
광고 위치	• 지식쇼핑 메인 영역 • 포커스코너 하단	• 지식쇼핑 메인 영역 • 포커스코너 상단
롤링 횟수	메인 3/무제한 전문 쇼핑몰 무제한	메인 6/30 포커스 코너 30/30(순서는 랜덤)
서비스 보장 기간	등록한 날로부터 1주일간 노출 7일 째 24시에 종료	매주 월요일 00시~일요일 24시(1주일간)
구매 가능 시점	원하는 기간으로 등록 가능(당일 등 록 가능)	매주 월요일 14시~수요일 16시 (광고 집행 2주 전)
구매 가능 개수	무제한/1주	서비스 기간 기준으로 광고주당 2개

 ## 4. 네이버 메인1의 테마쇼핑

1) 핫이슈아이템

핫이슈아이템 비딩상품은 네이버 메인 오른쪽 하단의 쇼핑박스 1탭에 위치, 네이버 메인 전체 임프레이션 중 80% 고정 노출되며 슬롯 단위로 구매하는 상품입니다. 네이버 메인 및 지식쇼핑에 1주일간 노출됩니다.

인벤토리	상/중/하단 각각 80개/주 (240개구좌 중 162구좌만 판매)
비딩 시작가	상단 400만 원, 중단 300만 원, 하단 300만 원 (VAT포함)
입찰단위	10만원
구매방식	1주 단위로 비딩 방식을 통하여 구매 과정에 참여함
구매자격	지식쇼핑 입점을 조건으로 함

2) 패션소호

	상/중단	하단
상품구성	1패키지(상/중 각 1슬롯씩)	1슬롯
판매가격	275만 원/1주(VAT 포함)	150만 원/1주(VAT 포함)
판매구좌수	60패키지	60구좌
서비스기간	1주 진행	4주 진행
과금방식	고정가 판매	고정가 판매

Chapter 09

쇼핑 이미지 광고 상품의 이해

이미지 광고 상품이란 앞에서 살펴본 키워드 광고와 달리 이미지로 광고하는 상품을 말합니다. 대표적으로 포털 사이트의 오른쪽 섬네일 이미지로 표시되는 영역이 있습니다.

 ## 1. 다음 쇼핑하우

다음(Daum)에서 운영하는 쇼핑 이미지 광고 상품입니다. CPC 상품과 메인 섬네일 이미지 광고 등으로 구성되어 있습니다.

다음 쇼핑 하우 메인 페이지에서의 이미지 광고

광고비는 상품 가격에 따라 20원에서 70원까지 차등 부과됩니다.

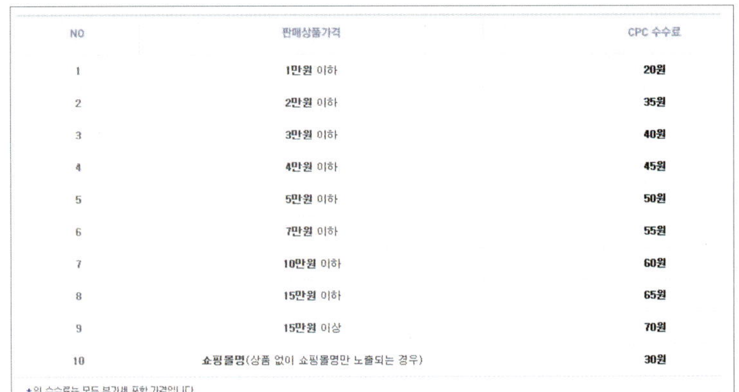

NO	판매상품가격	CPC 수수료
1	1만원 이하	20원
2	2만원 이하	35원
3	3만원 이하	40원
4	4만원 이하	45원
5	5만원 이하	50원
6	7만원 이하	55원
7	10만원 이하	60원
8	15만원 이하	65원
9	15만원 이상	70원
10	쇼핑몰명(상품 없이 쇼핑몰명만 노출되는 경우)	30원

* 위 수수료는 모두 부가세 포함 가격입니다.

다음 쇼핑하우 CPC 과금 체계

메인 섬네일 광고

일 800만명이 방문하는 Daum 메인 페이지 우측 쇼핑박스 1탭과 3탭의 섬네일 이미지 광고입니다.

1탭 광고금액

월단위 28,000,000원/1개월 (VAT 별도)
주단위 7,300,000원/1주일 (VAT 별도)

3탭 광고금액

월단위 4,000,000원/1개월 (VAT 별도)
주단위 1,050,000원/1주일 (VAT 별도)

2. sk플래닛 Basket

sk플래닛에서 운영하는 쇼핑 이미지 광고 상품입니다.

1탭 광고금액

13,000,000원/1개월 (VAT 별도)

7,000,000원/15일 (VAT 별도)

3,500,000원/1주일 (VAT 별도)

3. 옥션 어바웃

옥션에서 운영하는 쇼핑 이미지 광고 상품입니다. 어바웃은 어바웃 사이트 및 주요 쇼핑 사이트에 광고를 노출하여 상품 및 브랜드를 홍보할 수 있는 쇼핑몰에 최적화된 온라인 광고 서비스입니다.

어바웃 메인 페이지

◎ 상품가격대별 클릭당 과금 적용 표

(부가세별도/원)

가격비교 카테고리		일반 카테고리	
상품가격대	클릭당 단가	상품가격대	클릭당 단가
1,000,000원 초과	32원	100,000원 초과	38원
1,000,000원 이하	29원	100,000원 이하	34원
200,000원 이하	25원	50,000원 이하	29원
50,000원 이하	20원	30,000원 이하	25원
10,000원 이하	14원	20,000원 이하	20원
		10,000원 이하	14원

* 가격비교 카테고리 : 컴퓨터, 가전, 화장품/향수, 식품/슈퍼마켓, 출산/유아동
* 일반 카테고리 : 상기 카테고리를 제외한 모든 카테고리

상품가격대별 CPC

Chapter 10

홈페이지 최적화로 구매전환율 높이기

홈페이지 최적화는 고객의 마음을 움직일 수 있는 방법입니다. 고객이 구매를 하기까지 고객의 동선을 분석하여 최적의 상태로 만들어 놓으면 구매전환율을 높일 수 있습니다.

 1. 상품 상세 페이지

구매 결정 여부를 결정하는 가장 중요한 요소는 경쟁력 있는 아이템입니다. 여기서 아이템은 판매하는 상품, 쇼핑몰에서 구매를 유발하는 요소, 고객관리 등을 모두 포함합니다. 쇼핑몰을 창업해서 운영을 시작한 지 6개월 미만의 운영자라면 경쟁력이 있는 아이템을 확보하기 위해 노력해야 합니다. 경쟁 요소가 갖추어지면 재구매를 유도하는 장치를 마련하고 고객만족을 위한 서비스에도 신경을 써야 합니다.

의류, 액세서리 등의 패션 카테고리의 상품은 상품만 촬영한 이미지보다 모델이 입고 여러 가지 각도에서 촬영한 사진을 보여주는 것이 훨씬 좋습니다. 모델이 직접 옷을 입은 모습의 사진이 주목을 끌 수 있고 모델의 얼굴이 자연스럽게 드러나는 이미지를 사용하는 것이 좋습니다.

모델이 옷을 입고 촬영한 사진을 상품 메인 이미지로 보여주고 더불어 상품의 특정 부분을 정확히 보여주는 디테일 이미지를 함께 보여줘야 합니다. 그리고 패션 상품은 각 부위별 길이와 크기, 치수 등을 알 수 있도록 이미지에 상품 규격을 표기하는 것이 좋습니다. 의류뿐 아니라 액세서리, 가방, 벨트, 소품 등의 상품도 정확한 사양(spec)을 표기해야 합니다.

또한 상품 상세 페이지에는 관련 상품을 함께 등록하는 것이 좋습니다. 왜냐하면 고객은 주문하기 전에 상품을 자세히 보기 위해서 상세 페이지에 오랜 시간 머물게 마련이고, 그렇기 때문에 상세 페이지에 관련 상품을 노출시키면 고객의 눈에 쉽게 띄게 되며, 결과적으로 관련 상품을 함께 구매하게 되기 때문입니다. 이렇게 상품 상세 페이지에 관련 상품을 등록하면 주력 상품과 함께 부수적인 매출을 올릴 수 있습니다.

예를 들어, 의류 상품과 함께 어울리게 연출한 액세서리나 가방 등을 관련 상품으로 보여주면 고객은 관련 상품을 바로 클릭해서 구매할 수 있습니다. 이 기능을 사용하면 고객 단가가 높아져서 매출이 상승합니다.

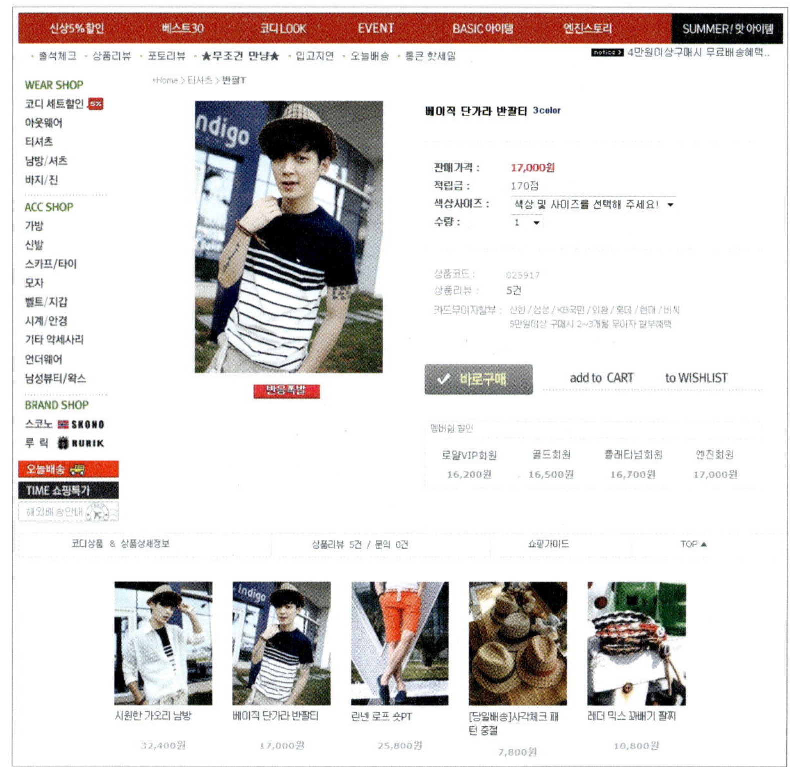

2. 인터넷 쇼핑몰의 디자인

비록 창고 같은 사무실에서 물건을 포장하고 배송하더라도 쇼핑몰만큼은 멋지게 꾸며야 합니다. 쇼핑몰에서 중요한 것은 상품과 가격, 신뢰성 등이 있지만 디자인도 무시할 수 없는 요소입니다. 쇼핑몰은 타깃고객의 성향에 맞춰서 디자인해야 합니다. 10대 연령의 고객에게 판매하는 쇼핑몰이라면 유행에 민감하므로 디자인도 이런 고객의 특성을 반영해야 합니다. 20대가 주요 고객이라면 귀여움, 섹시함 등 콘셉트에 맞게 깔끔하게 디자인하는 것이 좋고 30대가 주요 고객이라면 고급스러운 느낌의 디자인으로 차분한색을 이용해서 디자인하는 것이 좋습니다.

10대 대상의 소녀나라

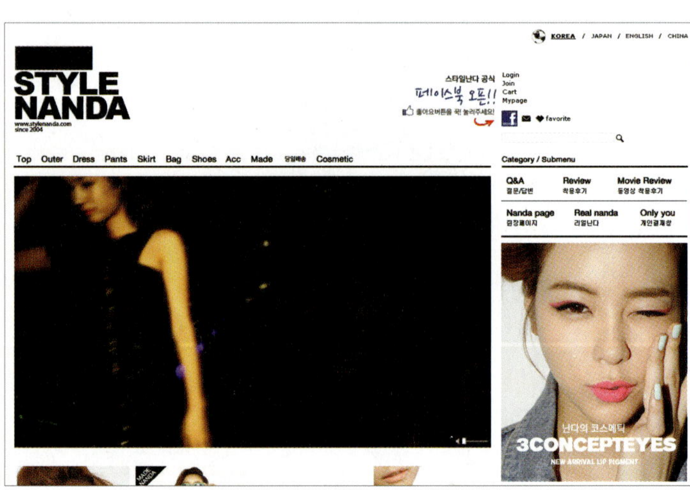

20대 대상의 스타일난다

3. 사용후기 게시판

게시판은 고객 입장에서 쇼핑몰의 운영 상태를 살펴볼 수 있는 공간입니다. 고객문의에 대한 답변이 없고 악플이 그대로 방치되어 있는 게시판이나 최종 게시물의 날짜가 오래된 채 신규 게시물이 없는 게시판, 전혀 게시물이 없는 텅 빈 게시판은 고객에게 신뢰감을 주지 못하고 구매 결정을 방해하는 요소가 됩니다.

가능하면 암호가 설정된 비밀글보다 회원의 구매 진행 상태 혹은 상품에 관한 질의응답이 활발하게 공개되어 있는 게시판이 좋은 인상을 주어 구매력을 자극합니다. 적절한 분량의 후기를 볼 수 있도록 게시판을 관리하고, 고객이 후기를 쓰지 않을 경우에는 후기 작성 시 쿠폰, 적립금, 사은품을 제공하여 쇼핑몰을 이용한 고객의 느낌을 많이 모아서 처음 방문하는 고객에게 보여줘야 합니다.

쇼핑몰에서 공지하는 게시물을 작성할 때에도 고객의 입장에서 정성스럽게 쓰고, 공지하는 목적을 제목에서 보여줘야 합니다. 중요한 공지사항에는 키워드를 의도적으로 많이 삽입하여 고객이 쉽게 찾아볼 수 있도록 해야 합니다.

여성 고객들은 게시판에 올라온 글을 쇼핑몰 콘텐츠의 일부분으로 인식하므로 참고할 만한 글이나 뉴스 자료, 이미지 등을 풍부하게 제공하는 것이 바람직합니다. 남성 고객들은 여성에 비해서는 게시판 글을 많이 조회하지 않지만 그래도 여성들과 같이 구매를 결정하는 기준으로 생각하기 때문에 게시판에 쇼핑몰이나 상품을 추천하는 글이 많이 올라오도록 꾸준히 관리해야 합니다.

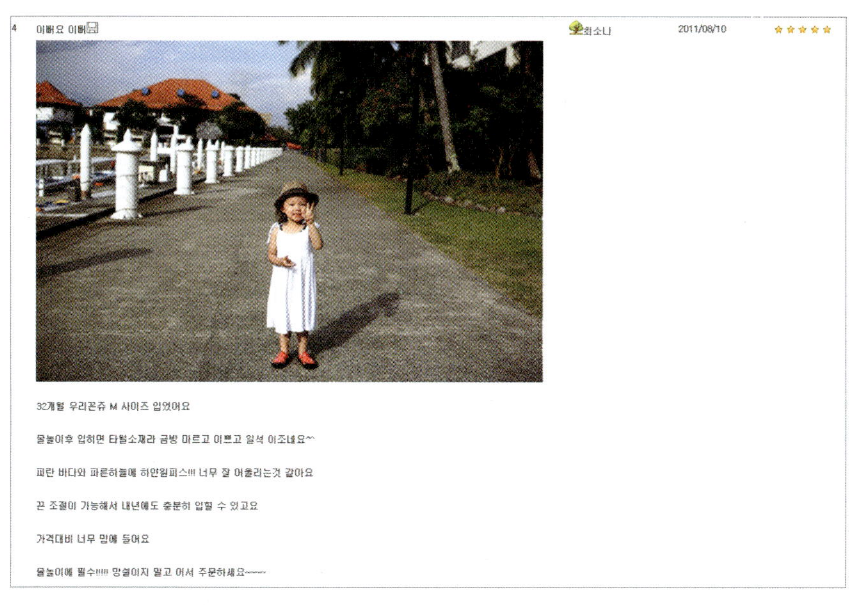

4. 효과적인 카테고리명과 배치 순서

여성 패션 쇼핑몰에서 키워드를 '티셔츠, 재킷, 니트, 바지, 구두, 가방, 액세서리'라고 정했다면 분류명과 상품명에도 쇼핑몰 키워드에 등록된 키워드가 들어가도록 작성하면 검색 효율이 높아집니다. 또한 분류 카테고리의 배치 순서는 해당 키워드의 조회수가 많은 순으로 배열하는 것이 좋습니다.

또한 고객들이 사이트 이름을 기억할 수 있도록 쇼핑몰의 각 페이지에서 자주, 그리고 재미있게 노출해야 합니다. 상품을 설명하는 모든 공간에 사이트명을 반복해서 보여주고 사이트를 연상시키는 아이콘이나 이미지 등을 이용하여 시각적으로 기억에 남게 만드는 것도 좋은 방법입니다. 귀여운 만화 이미지나 캐릭터 등을 이용해서 쇼핑몰 이름을 자연스럽게 기억에 남게 할 수 있습니다.

5. 결제를 편리하게

10대처럼 타깃 고객의 연령대가 낮은 쇼핑몰의 경우에는 무통장 입금 결제 비율이 높습니다. 이런 경우 입금 통장을 많이 개설하여 안내하는 것이 좋습니다.

소녀나라의 입금 계좌 안내

또한 무통장 입금으로 인한 C/S(고객의 문의, 항의 등 고객 만족 서비스에 관련된 모든 것)를 줄이기 위해 미확인 입금자 확인 게시판, 입금 확인 요청 게시판 등을 운영하는 것이 좋습니다.

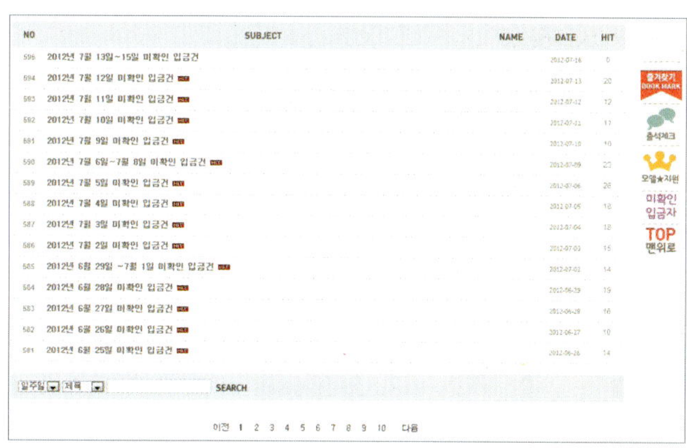

또한 휴대폰 결제 비율도 높으니 휴대폰 결제 서비스에 가입하고 이를 안내하는 것이 좋습니다.

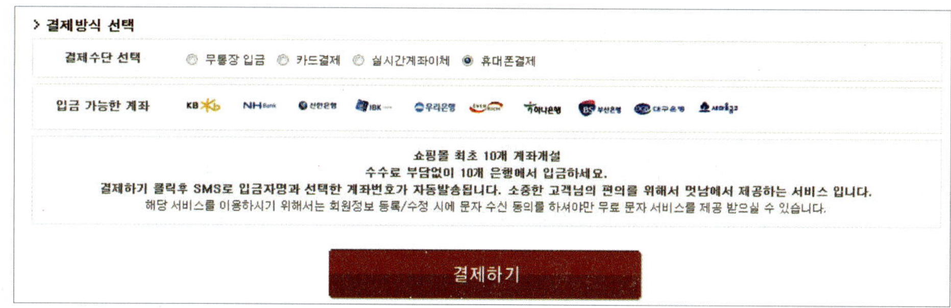

타깃 고객의 연령대가 높은 경우에는 주문당 단가가 높습니다. 따라서 무이자 할부에 대한 정보를 자세히 안내해 주는 것이 좋습니다.

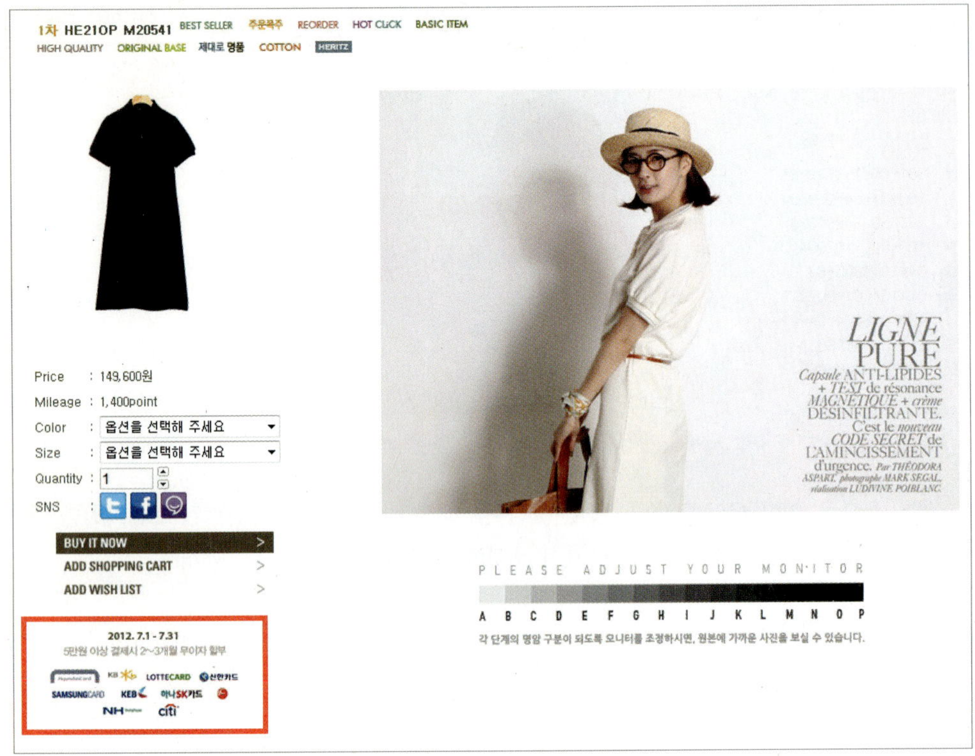

또한 신뢰성을 확보하기 위한 활동도 병행하시기 바랍니다.

Chapter 11

네이버 업종별 키워드 연감 분석하기

지난해의 키워드를 분석하고 나의 아이템군에 맞는 키워드를 연구하는 일은 쇼핑몰 운영자라면 꼭 하는 일일 것입니다. 꼼꼼히 분석하고 정리하여 효과적인 광고를 진행하길 바랍니다.

 ## 1. 의류 관련 키워드

1) 2011 인기키워드

백팩	여성워커	청남방
남자백팩	여자야상	점프수트
여자백팩	남자야상	롱원피스
백팩쇼핑몰	야상점퍼	구제쇼핑몰
레인부츠	공항패션	케이프코트
웨지힐샌들	결혼식하객패션	치마레깅스
남자워커	결혼식원피스	

2) 2011 월별 키워드

1월 : 시크릿가든트레이닝복, 마이프린세스머리띠

2월 : 졸업식코디, 대학생가방, 백팩추천

3월 : 케이프트렌치코트, 트위드자켓, 수학여행코디

4월 : 수학여행코디, 결혼식코디, 결혼식원피스, 이민규쇼핑몰

5월 : 구애정패션, 특이한반티, 체육대회반티

6월 : 레인부츠, 웨지힐샌들, 롱원피스, 헌터부츠, 레인코트

7월 : 점프수트, 젤리슈즈, 와이어비키니, 프릴비키니, 맥시드레스

8월 : 백팩, 남자가방, 가을패션

9월 : 10대쇼핑몰, 바람막이, 가디건, 플랫슈즈, 구제샵

10월 : 야상점퍼, 여자야상, 치마레깅스, 워커

11월 : 패딩, 케이프코트, 앵글부츠, 케이프

12월 : 어그부츠, 야상, 남자야상, 넥워머, 밍크코트

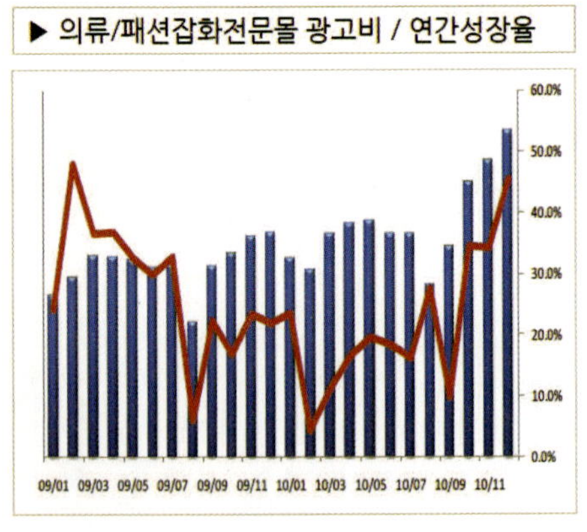

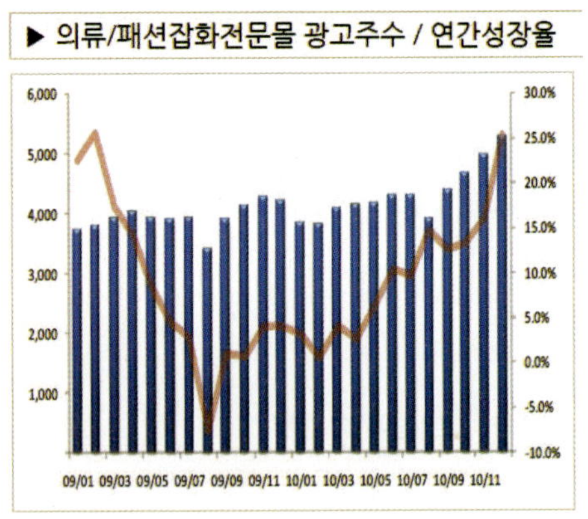

3) 쇼핑몰 확장 키워드

확장 키워드는 OO의류, 쇼핑몰OO, OO샵 등의 구조를 가진 세부 키워드를 말합니다. 10대의 검색량이 많은 키워드군으로 방과후(오후 4시~6시), 보충학습 이후(밤9시~11시) 시간대에 최대의 검색량이 나타납니다.

- 2011 조회수 기준 상위 키워드
  - 10대쇼핑몰, 연예인쇼핑몰, 여성의류, 쇼핑몰, 여성의류쇼핑몰, 남성쇼핑몰
  - 남자쇼핑몰, 남자쇼핑몰순위, 여성쇼핑몰순위, 쇼핑몰순위, 동대문, 여성쇼핑몰

- 연령별 점유 키워드

10대	20대 초반	20대 후반	30대
10대구제샵	20대남자쇼핑몰	수입의류	30대여성의류쇼핑몰
싼10대쇼핑몰	20대여성쇼핑몰	남성의류	미시옷쇼핑몰
싼쇼핑몰	편집샵	영국구매대행	미시옷전문쇼핑몰
10대쇼핑몰싼곳	빈티지샵	수입보세	명품스타일여성의류
엄청싼쇼핑몰	커플쇼핑몰	여성의류	수입보세여성의류

10대	20대 초반	20대 후반	30대
구제샵	남자옷쇼핑몰순위	커플룩쇼핑몰	초등학생쇼핑몰
10대남자쇼핑몰	여자쇼핑몰	여성의류쇼핑몰순위	예쁜옷쇼핑몰
10대쇼핑몰순위	남자쇼핑몰순위	남성쇼핑몰순위	구호스타일쇼핑몰
10대여자쇼핑몰	남자쇼핑몰	남성쇼핑몰	수입보세
10대쇼핑몰	남성쇼핑몰	의상대여	수입의류
10대쇼핑몰추천	저렴한쇼핑몰	편집샵	연예인쇼핑몰
여자10대쇼핑몰	여성쇼핑몰	여성쇼핑몰순위	여성의류
구제쇼핑몰	20대쇼핑몰	의류도매	의류쇼핑몰
특이한옷쇼핑몰	남자옷쇼핑몰	디자이너쇼핑몰	여자연예인쇼핑몰
얼짱쇼핑몰	남성쇼핑몰순위	여성의류쇼핑몰	여성의류쇼핑몰추천
후드티쇼핑몰	커플룩쇼핑몰	수입보세여성의류	레깅스쇼핑몰

「검색 사용자 데이터 분석 기간 : 2011년4월11일~17일, 7월18일~24일, 10월10일~16일, 12월6일~12일」

4) 품목 키워드

원피스, 코트 등의 단품 의류를 지칭하는 키워드입니다. 방과 후 시간대에 최대의 검색량을 나타내며, 주말의 검색량이 타 업종 대비 많은 편입니다.

- 2011 조회수 기준 상위 키워드
  - 원피스, 트레이닝복, 가디건, 남자옷, 시크릿가든트레이닝복
  - 패딩, 여자야상, 후드티, 야상, 바람막이, 커플티, 청바지

- 연령별 점유 키워드

10대	20대 초반	20대 후반	30대
교복다기건	다리미진	커플잠옷	돌사진가족티
맨투맨	여자정장	맥시드레스	가족커플티
후드집업	피코트	맞춤정장	가족티
남자스키니진	개파카	수입원피스	패밀리룩
져지	블레이저	커플룩	바디슈트
동물잠옷	옥스퍼드화	남자정장	홈웨어
카라티	세미정장	정장바지	여성야상점퍼
남자스키니	남자옷	파자마	롱티

10대	20대 초반	20대 후반	30대
브이넥	데님셔츠	남성코트	밍크코트
박스티	블레이저	바디슈트	기모레깅스
멜빵바지	보트슈즈	남성정장	바람막이점퍼
마이	커플티	패밀리룩	수입원피스
맨투맨티	망토코트	미니드레스	보타이
청조끼	선글라스	섹시원피스	모피할인매장
하이웨스트	청자켓	트위드자켓	퍼베스트
야상	청남방	가족티	기모바지

10대		20대		30대	
여자	남자	여자	남자	여자	남자
교복가디건	남자스키니진	다리미진	남자코트	돌사진가족티	남성자켓
청조끼	남자스키니	맥시드레스	남자옷	가족커플티	맞춤정장
하이웨스트	브이넥	블랙원피스	블레이져	가족티	남성정장
동물잠옷	마이	레이스원피스	남자가죽자켓	패밀리룩	초미니스커트
멜빵바지	맨투맨	케이프트렌치코트	피코트	홈웨어	카고바지
후드집업	남자야상	망토코트	남자정장	여성야상점퍼	바람막이점퍼
패션양말	맨투맨티	커플잠옷	남성코트	모피할인매장	남성코트
여자패딩	남자카라티	미니드레스	데님셔츠	밍크코트	남자가죽자켓
박스티	부츠컷	트위드자켓	맞춤정장	롱티	미니스커트
여자후드티	남자후드티	파자마	남성정장	기모레깅스	남자면바지
맨투맨	져지	케이프코트	개파타	수입원피스	정장바지

5) 코디 키워드

시기, 이슈, 상황을 활용하여 옷 입는 방법을 검색하는 키워드입니다. 10대는 수학여행, 교복 코디, 20대는 면접, 결혼식 관련 코디, 30대는 명품, 럭셔리 키워드를 활용하며 모든 연령대에서 고른 검색이 일어납니다.

- 2011 조회수 기준 상위 키워드
  - 빈티지, 보헤미안, 공항패션, 가을패션, 결혼식원피스, 시크
  - 시스루룩, 클럽의상, 오피스룩, 스트릿패션, 수학여행코디, 파티드레스

- 연령별 점유 키워드

10대	20대 초반	20대 후반	30대
졸업식코디	면접의상	웨딩촬영커플룩	30대미시옷
수학여행코디	20대오피스룩	결혼식코디	30대여성의류
수련회코디	스트릿	결혼식패션	미시옷
교복패션	클럽패션	결혼식원피스	럭셔리원피스
옷잘입는법	갸루	하객패션	구호스타일
코디세트	남자스타일	결혼식하객패션	청담동며느리룩
남자여름코디	클럽옷	20대오피스룩	명품스타일원피스
봄코디	에스닉	결혼식복장	명품원피스
여름패션	스트릿패션	아나운서협찬	명품스타일
특이한옷	여성빈티지	면접의상	벨라스타일
남자겨울코디	클럽의상	오피스룩	예쁜옷
아오이유우스타일	아방가르드	명품원피스	예쁜티셔츠
봄봄	남자패션	파티복	
스트릿패션	일본스타일	파티드레스	
	결혼식복장	럭셔리원피스	
		명품스타일원피스	

10대		20대		30대	
여자	남자	여자	남자	여자	남자
수련회코디	남자여름코디	20대오피스룩	남자스타일	30대미시옷	밀리터리
수학여행코디	남자겨울코디	면접의상	남자패션	30대여성의류	명품벨트
졸업식코디	남자봄코디	하객패션	댄디스타일	미시옷	명품청바지
교복패션	남자옷코디	웨딩촬영커플룩	남자코디	구호스타일	
아오이유우스타일	옷잘입는법	결혼식코디	남자봄코디	벨라스타일	
특이한옷	남자코디	결혼식패션	옴므스타일	럭셔리원피스	
옷잘입는법	수학여행코디	결혼식원피스	남자겨울코디	명품스타일원피스	
코디세트	교복패션	결혼식하객패션	스트릿	청담동며느리룩	
여성빈티지	수련회코디	오피스룩	남자여름코디	명품원피스	
봄코디	남자패션	구애정스타일	남자옷코디		

6) 사이즈 키워드

빅사이즈, 마른사이즈와 관련한 세부 키워드입니다. 30대 여성의 검색이 많습니다. 세부 키워드 활용은 남성보다 여성에서 뚜렷이 나타나며, 10대의 주중 검색은 밤 시간대에 몰립니다.

- **2011 조회수 기준 상위 키워드**
  - 빅사이즈여성의류, 44사이즈쇼핑몰, 77사이즈쇼핑몰, 남성빅사이즈, 빅사이즈, 빅사이즈원피스
  - 통통한여자쇼핑몰, 44사이즈, 여성빅사이즈, 큰옷, 빅사이즈남성의류, 뚱뚱한여자코디

- **연령별 점유 키워드**

10대	20대 초반	20대 후반	30대
10대빅사이즈	키큰남자쇼핑몰	77사이즈	빅사이즈예쁜옷
뚱뚱한여자코디	마른남자	77사이즈원피스	77사이즈예쁜옷
통통한여자코디	마른남자쇼핑몰	44사이즈원피스	빅싸이즈여성의류
뚱뚱한여자쇼핑몰	키큰여자쇼핑몰	빅사이즈정장	빅사이즈트레이닝복
뚱뚱한남자코디	66사이즈쇼핑몰	통통족쇼핑몰	77사이즈원피스
통통한남자코디	66사이즈	44사이즈쇼핑몰	남성빅사이즈쇼핑몰
뚱뚱한여자	44사이즈	빅사이즈트레이닝복	77사이즈쇼핑몰
마른남자쇼핑몰	통통한여자	77사이즈	빅사이즈여성의류쇼핑몰
뚱뚱한남자쇼핑몰	44사이즈원피스	빅사이즈원피스	빅사이즈여성정장
통통한여자	44사이즈쇼핑몰	66사이즈쇼핑몰	여성빅사이즈의류
마른남자	빅사이즈여성	통통녀쇼핑몰	큰옷
통통한여자쇼핑몰	통통녀쇼핑몰	남자빅사이즈쇼핑몰	빅사이즈원피스
키큰여자쇼핑몰	통통한여자쇼핑몰	44사이즈	77사이즈
66사이즈	남자빅사이즈	키큰남자쇼핑몰	빅사이즈여성의류
44사이즈	뚱뚱한남자쇼핑몰	남자빅사이즈	빅사이즈정장
키큰남자쇼핑몰	통통한남자코디	남성빅사이즈	남성빅사이즈

7) 단체복 키워드

반티, 축구복 등 단체복과 유니폼을 지칭하는 키워드입니다. 봄, 가을, 주중 오후 1시경, 10대와 30대의 검색량이 급증하는 양상을 보이며, 주말에는 검색량이 급감합니다.

- 2011 조회수 기준 상위 키워드
    - 반티, 특이한반티, 단체복, 병원유니폼, 유니폼, 체육대회반티
    - 축구복, 티셔츠제작, 단체티, 반티사이트, 축구복반티, 간호복

- 연령별 점유 키워드

10대	20대 초반	20대 후반	30대
반티야구복	과티	여성유니폼	면티
반티축구복	단체바람막이	유니폼마킹	단체모자
야구복반티	과잠바	단체모자	바리스타앞치마
축구반티	단체야구잠바	병원유니폼	식당유니폼
축구복반티	한글티셔츠	후드티제작	병원유니폼
야구반티		회사유니폼	유니폼제작
특이한반티		티셔츠제작	회사유니폼
체육대회반티		단체티제작	간호사유니폼
반티사이트		간호사신발	단체조끼
반티		단체조끼	유니폼전문업체
반티제작		한글티셔츠	두건
튀는반티		단체티셔츠	간호복
반티추천		단체복	단체복
축구유니폼추천		간호사유니폼	여성유니폼
축구복		예쁜유니폼	단체티셔츠
국가대표유니폼			유니폼

8) 비치웨어/커플웨어 키워드

해변에서 입는 비치웨어와 커플이 입는 커플웨어는 오후 시간대에 검색량이 많습니다. 여성의 검색량과 남성의 검색량이 큰 차이를 보이며, 10대는 자신의 연령대를 포함한 키워드를, 20대는 비키니 유형을, 30대는 허니문, 커플 관련 키워드를 활용해 검색합니다.

- 2011 조회수 기준 상위 키워드
    - 비키니, 비치웨어, 비키니수영복, 수영복쇼핑몰, 수영복, 섹시비키니
    - 남자수영복, 원피스수영복, 비키니쇼핑몰, 커플수영복, 신혼여행커플룩, 와이어비키니

- 연령별 점유 키워드

10대 여자	20대 여자	30대 여자
10대비키니	홀터넥비키니	허니물커플룩
10대비키니쇼핑몰	체형별비키니	신혼여행커플룩
바다패션	왕뽕비키니	빅토리아시크릿수영복
3피스비키니	커플비키니	비치원피스
3피스수영복	작은감슴비키니	비치모자
여자쪼리	3피스비키니	수입비키니
4피스수영복	비키니쇼핑몰순위	비치룩
체형별비키니	커플옷	바캉스원피스
가슴커보이는비키니	원피스비키니	커플비치웨어
	니트비키니	큰컵비키니
	빅사이즈비키니	비치웨어원피스
	프릴비키니	바캉스룩
	모노키니	왕골모자
	커플티추천	비치타올
	큰컵비키니	커플반바지
	비키니쇼핑몰	커플수영복
	렙스커트	빅사이즈비키니
	튜브탑	빅사이즈비치웨어
	가슴코보이는비키니	비치웨어

9) 잡화 키워드

가방, 시계, 신발 관련 키워드입니다. 10대의 검색량이 많은 업종으로 주중 밤 시간대에 검색이 많은데, 스타킹의 경우에는 주말 검색량이 많습니다. 10대의 백팩, 20대의 레인부츠, 30대의 젤리슈즈가 2011년 잡화 키워드의 검색수 증가를 주도했습니다.

- 2011 조회수 기준 상위 키워드
  - 스타킹, 시계, 운동화, 워커, 백팩, 신발
  - 플랫슈즈, 웨지힐, 가방, 레인부츠, 크로스백, 어그부츠

- 연령별 점유 키워드

10대	20대 초반	20대 후반	30대
고등학생가방	대학생백팩	서류가방	젤리슈즈
학생지갑	여자백팩	헌터부츠	서류가방
10대지갑	헌팅캡	남성구두	머리핀
학생백팩	여성백팩	남자구두	어그부츠
학생가방	여자가방	남자로퍼	샌들
대학생가방	남자백팩	여성백팩	부츠
지갑쇼핑몰	커플신발	플랫	여름샌들
수학여행가방	남자지갑	보트슈즈	플랫슈즈
빅백팩	여자구두쇼핑몰	플랫슈즈	키높이운동화
중학생가방	인케이스백팩	남자가방	남성구두
대학생백팩	대학생가방	가죽가방	스카프
메탈시계	인케이스가방	남자벨트	헌터부츠
워커	남자시계	여성구두	키높이깔창
여자워커	로퍼	로퍼	앵글부츠
메신저백	머니클립	노트북백팩	가죽가방
목도리	클러치백	레인부츠	레인부츠

1. TREND

- 색조화장은 감소추세이고 자연주의 열풍에 따라 천연원료제품이 확대되고 있습니다. 대나무수액, 쌀뜨물, 참숯 천연원료을 사용하게 되었습니다.
- 남성의 소비 증가에 따라 남성용 화장품 섹션이 커지고 있습니다. 남성 화장품 시장 규모는 5년간 평균 15% 성장하고 있으며 2011년 1조 원대로 예상됩니다. 네이버에서도 2010년 남성의 검색량이 평균 48%로 폭발적인 성장을 하였고, 2011년에는 기초 화장품, 메이크업 화장품을 중심으로 검색량이 평균 16% 증가하였습니다.
- 오픈마켓에서 40대 여성들의 화장품 구매 비중이 2년 새 27%가 증가하였고, 네이버 통합검색에서도 40대 화장품 키워드의 40대 검색 비중이 평균 16% 증가하고 있습니다. 40대 여성의 뷰티 제품 증가로 가장 관심을 보이는 노화 방지나 보습, 미백 등의 효능을 지닌 기능성 화장품의 키워드를 확장하고 있습니다.
(평범하고 전통적인 아줌마를 거부하고 자신을 가꾸는 데 열성적인 40~50대 여성을 Ruby족이라고 합니다.)

2. 키워드 광고 지표

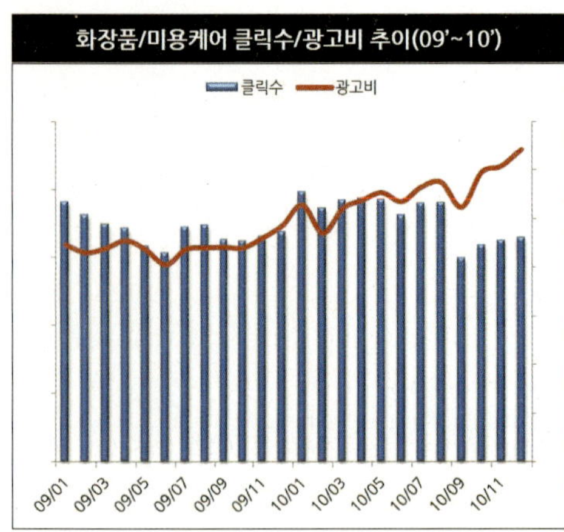

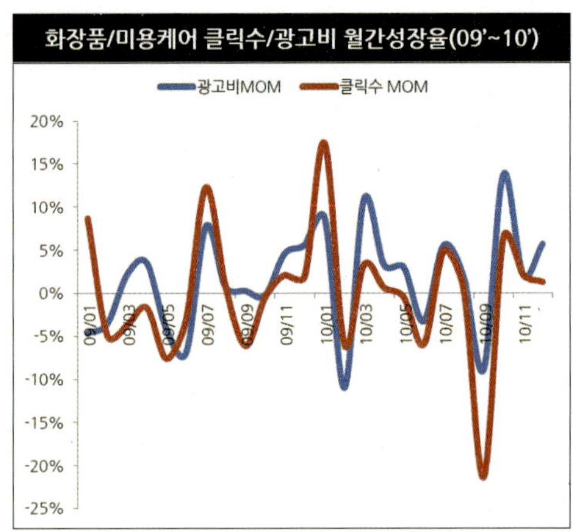

2009년의 불경기로 인해 클릭수와 광고비가 역성장하였지만, 2010년 3월부터 꾸준한 회복세를 보입니다. 1월, 3월, 7월에 클릭수와 광고비가 증가합니다.

매년 1~2월 검색수가 가장 많은데, 건조한 피부를 보완하기 위한 미스트, 달팽이크림, 수분크림 등 보습 관련 화장품 키워드의 검색수가 봄~가을 월 평균 검색수의 3배 가량 늘어납니다. 한편 7~8월에는 태닝오일, 네일아트 관련 키워드의 영향으로 검색수가 눈에 띄게 증가합니다. 3~4월에는 자외선 차단제, 기초 화장품 키워드와 아토피 화장품 관련 검색수가 소폭 상승하며, 10~11월은 브랜드 프로모션의 영향으로 화장품 상품명 키워드의 검색수가 크게 증가합니다.

3. 제품군에 따른 연령별 키워드

기초 화장품/세안용품군 : 기능 키워드를 공략하라

기초 화장품은 10대에서 30대에 이르기까지 검색량이 고른 편입니다. 10대는 '스킨', '클렌징품'과 같은 제품명 대표 키워드를 많이 검색하고, '~하는 순서/방법' 등의 정보성 키워드를 주로 활용합니다. 반면 20대는 브랜드+제품명 키워드를 활용하는데, 제품명에 있어서도 토너, 에센스, 아이크림 등 10대와는 다른 기능성 키워드를 많이 검색합니다. 30대는 '조조바/호호바 오일', '코코넛오일' 등 페이스 오일 관련 키워드의 검색이 눈에 띕니다.

기능성 화장품군(미백/ 재생/ 여드름/ 아토피) : 연령별 관심사에 주목하라

기능성 화장품은 연령별 키워드를 확인해보면, 우선 10대는 여드름과 블랙헤드에 많은 관심을 가지며, '~하는 법', '에 좋은 OO'과 같은 키워드를 많이 활용합니다. 20대 초반 남성은 남자 여드름, 여드름 흉터 완화 화장품 등을 검색하며, 여성은 모공 수축 팩을 많이 검색합니다. 20대 후반은 탄력과 화이트닝 관련 화장품을 검색하여, 30대는 자녀의 아토피 화장품 및 출산과 관련한 튼살크림에 관심이 많습니다.

메이크업 화장품군 : 브랜드를 활용하라

메이크업 화장품군을 보면, 10대 여성의 검색량이 생각보다 많다는 것을 알 수 있습니다. 전체 검색량의 13%가 30대 여성에게서, 35%가 20대 여성에게서, 그리고 25%에 해당하는 검색량이 10대 여성에게서 일어납니다. 그렇다면 연령별로 검색되는 키워드의 형태는 어떨까요? 10대는 '틴트', '립밤'과 같은 대표 키워드에 '추천', '만들기' 키워드를 붙여 검색하는 경향이 있는 반면, 20대는 선호하는 브랜드를 활용해 세부 키워드를 확장합니다. 즉, '틴트'라는 대표 키워드가 10대에서 많이 검색된다면, 20대는 선호하는 브랜드명을 활용해 'OOO 틴트'의 형태를 활용하는 경향이 많다는 것입니다. 여기서, 브랜드명을 포함한 키워드일수록 구매전환율이 높다는 것을 알아두셔야 합니다. 아울러 30대는 각 브랜드의 비비크림에 대한 검색 점유율이 높습니다.

1. 1인 가구 증가에 따른 관련 상품 수요 증가

통계청에 따르면 1995년에 164만 가구였던 1인 가구가 2009년에는 342만 가구(추계치)로 14년 만에 두 배 이상 증가했으며, 전체 가구에서 차지하는 비중도 1995년 12.7%에서 2007년부터는 20%를 넘어섰습니다. 통계청의 〈장래가구추계〉에 의하면 2030년에는 국내 1인 가구가 471만 가구(23.7%)가 될 것으로 보입니다. 불황으로 결혼을 미루는 젊은 층과 혼자 사는 노인으로 대표되는 1인 가구의 증가가 대한민국의 소비 지형을 바꾸고 있습니다. 이와 같은 나홀로 가구의 증가는 1인용 소파, 미니식탁, DIY 상품과 같이 맞춤형, 소형화 상품의 판매 증가로 이어졌습니다.

2. 친환경 관련 상품 수요 증가

인구 1000명당 아토피 피부염 유병률이 2001년 12명에서 2005년 91.4명 4년 만에 6배 증가하였습니다. 아토피 질환 관련 시장 규모가 2009년에 5,000억 원대입니다. 아토피 화장품 시장 규모는 2010년 1,000억 원으로 예상되며 연평균 15% 성장할 것으로 예상됩니다. 이에 따라 친환경 청소제품, 새집 증후군 방지 제품, 유기농 의류 등 아토피 방지 상품과 아토피 화장품, 친환경 한지 벽지, 황토구들장 방, 무공해 온돌마루와 친환경 페인트의 수요가 증가하였습니다.

가구 업종 키워드 구분

구분	특징	예시
가구일반	브랜드(성분)+가구, 신혼(혼수), 수입	애슐리, 원룸가구, 가구회사, 신혼가구패키지, 저렴한가구, 혼수용품, 원룸가구 등
침실가구	침대, 협탁, 장 +브랜드명, 재료명	장수돌침대, 침대매트리스, 에이스침대, 5단서랍장, 옷장, 한샘불박이장 등
주방가구	식탁, 의자, 관련 스타일 키워드	아일랜드식탁, 식탁의자, 원목가구, 식탁세트, 홈바의자, 이케아식탁, 대리석식탁 등
거실가구	소파, 테이블 등 가구명, 소규모가족 관련 키워드	카우치, 미니소파, 패브릭소파, 모던거실장, 가죽소파, 2인용소파, 안락의자 등
사무용가구	책장, 책상, 의자의 세부키워드, 사무용+00	책상, 죄식책상, 책상의자세트, 퍼시스의자, 의자추천, 듀오백의자, 사무용책상 등
아동가구	아이/아기/ 기능 + 물품명	집중력책상, 학교책상, 베이비장, 신생아침대, 기저귀정리함, 아이책상 등

인테리어 업종 키워드 구분

구분	특징	예시
인테리어일반	장소/형용사 + 인테리어, 꾸미기 키워드활용	인테리어, 인테리어선반, 원룸인테리어, 주방인테리어, 프로방스집꾸미기, 신혼집꾸미기 등
침구/커튼	침구/커튼 조합 키워드(대상자, 스타일, 장소)	커튼, 블라인드, 로만쉐이드, 침구세트, 커튼싸게파는곳, 유아이불, 아이방커튼, 여름침구 등
벽지	벽지종류, 브랜드, 시트지에 대한 키워드활용	Did벽지, 엘지벽지, 거실벽지, 싱크대시트지, 포인트시트지, 벽지파는곳, 데코스티커 등
소품	TV프로그램이슈키워드, 소품이름	벽시계, 일본팬시, 텀블러, 빈티지시계, 고양이저금통, 빅쿠션, 방석, 액자, 슬리퍼, diy 등
조명	브랜드, 장소에 따른 조명종류	조명, 스탠드, 거실등, 램프, 인테리어조명, 할로겐램프, 우리조명, 오스람, 샹들리에 등

생활용품 업종 키워드 구분

구분	특징	예시
대표	쇼핑몰, 실용적 집들이 선물 등 물품명보다는 키워드를 사려는 목적에 대한 형용사 많음	생활용품, 생활용품쇼핑몰, 특별한결혼선물, 신혼부부선물, 집들이선물추천, 일본소품 등
청소용품	청소도구, 광택제, 비누 등 물품명+방법	산업용청소기, 청소도구함, 업소용청소기, 빗자루, 곰팡이없애는방법, 집먼지진드기 등
주방용품	그릇, 컵, 조리도구명+여성형형용사/메이커	예쁜도시락, 혼수그릇, 양식기셋트, 고기불판, 실리콘주걱, 전골냄비, 반찬통 등
욕실용품	세면대, 칫솔 등 도구+세부용도/공간	롤화장지, 물수건, 샴푸바, 손세정대, 욕실수납장, 점보롤화장지, 치간칫솔, 예쁜욕실용품 등
방범용품	열쇠, 도어키, 장소+세부상품명/이슈	현관번호키, 밀레듀크, 수입보조키, 자동차키복사, 자물쇠, 번호키설치, 수입보조키 등
군대용품	군인/군용+물품명, 물품+선물	군대, 군용시계, 군인선물, 군인수입과자, 군인시계, 깔깔이, 군대가는남친선물, 군대소포 등

인터넷 쇼핑몰에 관련된 법규는 전자상거래 법규입니다. 최근에는 소비자 보호, 저작권 등에 관련된 법규들이 강화되었으니 이에 대해 숙지하는 것이 좋습니다. 여기서는 쇼핑몰 및 소비자 저작권에 관련된 부분 중 일부만 실었습니다. 법률 전문 전항은 공정거래 위원회 홈페이지(http://ftc.go.kr)에서 확인할 수 있습니다.

공정거래위원회

전자상거래 표준 약관 양식

전자상거래 등에서의 소비자보호에 관한 법률 시행규칙

[시행 2012.8.18] [총리령 제991호, 2012.8.17, 일부개정]

제1조(목적)

이 규칙은 「전자상거래 등에서의 소비자보호에 관한 법률」 및 같은 법 시행령에서 위임된 사항과 그 시행에 필요한 사항을 규정함을 목적으로 한다.

[전문개정 2012.8.17]

제2조(통신판매에 관한 정보의 제공방법 등)

「전자상거래 등에서의 소비자보호에 관한 법률」(이하 "법"이라 한다) 제2조제2호 본문에서 "총리령으로 정하는 방법"이란 다음 각 호의 방법을 말한다.

1. 광고물 · 광고시설물 · 전단지 · 방송 · 신문 및 잡지 등을 이용하는 방법
2. 판매자와 직접 대면하지 아니하고 우편환 · 우편대체 · 지로 및 계좌이체 등을 이용하는 방법

[전문개정 2012.8.17]

제3조(통신판매 거래의 알선 방법)

법 제2조제4호에서 "총리령으로 정하는 방법"이란 자신의 명의로 통신판매를 위한 광고수단을 제공하거나 그 광고수단에 자신의 이름을 표시하여 통신판매에 관한 정보의 제공이나 청약의 접수 등 통신판매의 일부를 수행하는 것을 말한다.

[전문개정 2012.8.17]

제4조(정형화된 거래방법에 따른 수시 거래)

① 법 제3조제2항제1호에서 "총리령으로 정하는 거래"란 유 · 무선 전화기 등으로 전화정보서비스를 이용하는 경우 등과 같이 법 제13조제2항에 따른 계약내용에 관한 서면(「전자문서 및 전자거래 기본법」 제2조제1호에 따른 전자문서를 포함한다. 이하 같다) 교부가 곤란한 거래를 말한다.

② 제1항에 따른 거래의 경우에는 거래 전에 미리 재화 또는 용역(이하 "재화등"이라 한다)의 제공자의 성명 · 연락처 및 재화등의 내용 · 이용요금 등을 밝히고, 거래 후에 거래대금 결제내용을 통보하여야 한다.

[전문개정 2012.8.17]

제5조(소비자에 대한 전자적 대금지급 사실의 통지)

법 제8조제3항에서 "전자문서의 송신 등 총리령으로 정하는 방법"이란 전화 · 팩스 · 휴대전화 등을 이용하여 소비자에게 신속하게 전자적 대금지급 사실을 알리고, 매월 정해진 날짜에 이용요금을 고지할 때 재화등을 공급한 사업자별로 거래내용과 이용요금, 연락처(전화번호 · 전자우편주소 등)를 표시하는 것을 말한다. 다만, 소비자의 동의를 받은 경우에는 통지 또는 표시를 생략할 수 있다.

[전문개정 2012.8.17]

제6조(결제수단 발행자의 고지)

법 제8조제4항에 따른 결제수단의 발행자는 다음 각 호의 사항을 소비자에게 고지하여야 한다.

1. 대표자의 성명, 주된 사무소의 주소, 전화번호, 전자우편주소, 자본금의 규모 및 자기자본 현황 등
2. 법 제24조제1항에 따른 소비자피해보상보험계약등(이하 "소비자피해보상보험계약등"이라 한다)의 체결사실 및 계약내용(채무지급보증 범위를 포함한다)과 그 확인에 필요한 사항
3. 남은 금액의 현금 반환과 관련된 사항
4. 반품 시 처리기준 및 현금화와 관련된 사항
5. 해당 결제수단을 사용할 수 있는 사이버몰 현황
6. 해당 결제수단의 사용상 제한 및 주의사항
7. 그 밖에 소비자에게 표시 또는 고지를 하지 아니하는 경우 해당 결제수단을 사용하는 소비자에게 피해를 줄 우려가 있다고 인정되는 사항

[전문개정 2012.8.17]

제7조(사이버몰 운영자의 표시방법)

① 전자상거래를 하는 사이버몰의 운영자는 법 제10조제1항제1호부터 제6호까지의 사항을 소비자가 알아보기 쉽도록 사이버몰의 초기 화면에 표시하여야 한다. 다만, 법 제10조제1항제5호의 사항은 소비자가 연결 화면을 통하여 볼 수 있도록 할 수 있다.

② 전자상거래를 하는 사이버몰의 운영자는 제1항에 따라 표시한 사항의 진위 여부를 소비자가 쉽게 확인할 수 있도록 공정거래위원회가 법 제12조제4항 및 「전자상거래 등에서의 소비자보호에 관한 법률 시행령」(이하 "영"이라 한다) 제19조에 따라 정보를 공개하는 사업자정보 공개페이지를 사이버몰의 초기 화면에 연결하여야 한다.

③ 전자상거래를 하는 사이버몰의 운영자로서 출력에 제한이 있는 휴대전화 등과 같은 기기를 이용하여 거래하는 사업자는 법 제10조제1항제1호부터 제6호까지의 사항이 사이버몰의 화면에 순차적으로 나타나도록 할 수 있다. 이 경우 대표자 성명, 사업자등록번호 및 사이버몰의 이용약관은 그 내용을 확인할 수 있는 방법을 화면에 나타나게 하는 것으로 대신할 수 있다.

[전문개정 2012.8.17]

제8조(통신판매업자의 신고)

① 법 제12조제1항 및 영 제13조제1항 각 호 외의 부분 전단에 따라 신고하려는 통신판매업자는 별지 제1호서식의 통신판매업 신고서를 공정거래위원회 또는 특별자치도지사 · 시장 · 군수 · 구청장(자치구의 구청장을 말한다. 이하 같다)에게 제출하여야 한다. 다만, 신규로 신고하는 경우로서 인터넷도메인 이름 및 호스트서버 소재지를 적을 수 없는 경우에는 제3항에 따른 신고증의 교부일부터 30일 이내에 이를 보완하여야 한다.

② 영 제13조제1항제1호에서 "총리령으로 정하는 양식의 서류"란 별지 제2호서식의 구매안전서비스 이용 확인증을 말한다.

③ 제1항에 따른 신고를 받은 공정거래위원회 또는 특별자치도지사 · 시장 · 군수 · 구청장은 별지 제3호서식의

통신판매업 신고증을 교부하여야 한다.

[전문개정 2012.8.17]

제9조(신고사항의 변경신고)

법 제12조제2항 및 영 제16조제1항에 따라 변경신고를 하려는 통신판매업자는 별지 제4호서식의 통신판매업 변경신고서에 그 변경사항을 증명하는 서류를 첨부하여 공정거래위원회 또는 특별자치도지사ㆍ시장ㆍ군수ㆍ구청장에게 제출하여야 한다.

[전문개정 2012.8.17]

제10조(휴업ㆍ폐업 등의 신고)

법 제12조제3항 및 영 제17조에 따라 영업을 휴업 또는 폐업하거나 휴업한 후 영업을 다시 시작하려는 통신판매업자는 별지 제5호서식의 통신판매업 휴업ㆍ폐업ㆍ영업재개 신고서를 영업의 휴업ㆍ폐업 또는 영업재개 5일 전에 공정거래위원회 또는 특별자치도지사ㆍ시장ㆍ군수ㆍ구청장에게 제출하여야 한다.

[전문개정 2012.8.17]

제11조(전자문서에 의한 신고업무)

① 영 제18조제1항에 따라 전자문서로 신고하려는 자는 「전자서명법」 제2조제3호에 따른 공인전자서명 또는 이에 준하는 암호화 및 전자서명 기술을 사용한 인증시스템을 통한 전자서명을 이용할 수 있다.

② 특별자치도지사ㆍ시장ㆍ군수 또는 구청장은 제1항에 따른 전자문서에 의한 신고를 처리하기 위하여 자신이 운영하는 홈페이지에서 공정거래위원회가 정한 정보처리시스템으로 쉽게 연결될 수 있도록 하여야 한다.

[전문개정 2012.8.17]

제11조의2(통신판매 당사자가 아니라는 사실의 고지방법)

① 법 제20조제1항에서 "총리령으로 정하는 방법"이란 통신판매중개자가 운영하는 사이버몰의 초기 화면에 알리는 한편, 다음 각 호의 구분에 따라 추가적으로 알리는 방법을 말한다.

1. 통신판매중개자가 자신의 명의로 표시ㆍ광고를 하는 경우: 그 표시ㆍ광고를 하는 매체의 첫 번째 면에 알릴 것

2. 통신판매중개자가 법 제13조제2항에 따른 계약내용에 관한 서면을 교부하는 경우: 그 서면에 알릴 것

3. 통신판매중개자가 청약의 방법을 제공하는 경우: 법 제14조에 따른 청약내용의 확인ㆍ정정ㆍ취소에 대한 절차에서 알릴 것

② 통신판매중개자가 제1항제2호 및 제3호의 사항을 알릴 때 그 글씨의 크기는 계약 당사자를 고지하는 글씨와 같거나 그보다 더 크게 하여야 한다.

[본조신설 2012.8.17]

제11조의3(컴퓨터프로그램 등의 설치 시 소비자에 대한 설명ㆍ고지)

법 제21조제1항제7호에서 "총리령으로 정하는 방법"이란 컴퓨터프로그램이 설치되기 전에 컴퓨터프로그램의

용량, 기능, 기존의 컴퓨터 프로그램에 미치는 영향, 제거방법 등의 중요사항을 소비자에게 알리는 것을 말한다.
[본조신설 2012.8.17]

제12조(소비자피해보상보험계약등)

① 법 제24조제1항 각 호 외의 부분 본문에 따라 공정거래위원회가 체결하도록 권장하는 소비자피해보상보험계약등의 구체적인 기준은 다음 각 호와 같다.

  1. 보험금은 해당 소비자피해보상보험계약등을 체결한 자가 판매하는 재화등의 구매자가 직접 수령할 수 있도록 할 것

  2. 소비자피해보상보험계약등을 체결한 자는 보험계약 성립 후 재화등의 구매자가 지체 없이 보험계약등을 체결한 사실 및 그 내용을 쉽게 알 수 있도록 할 것

② 법 제24조제1항 각 호 외의 부분 단서에 따라 전자결제수단의 발행자가 체결하여야 하는 소비자피해보상보험계약등의 구체적인 기준은 다음 각 호와 같다.

  1. 전자결제수단 발행잔액의 변동으로 영 제28조제3항제3호에 따른 계약금액의 변경이 필요한 경우에는 보험계약을 지체 없이 조정할 것. 다만, 전자결제수단 발행잔액의 변동이 잦은 등의 이유로 계약금액을 수시로 변경하는 것이 현실적으로 곤란한 경우에는 매월 말일의 전자결제수단 발행잔액을 기준으로 보험계약을 지체 없이 조정할 것

  2. 보험금은 해당 소비자피해보상보험계약등을 체결한 자가 발행하는 전자결제수단의 구매자(전자결제수단이 전자결제수단의 구매자로부터 다른 소비자에게 권리 이전된 경우에는 최종적으로 권리 이전된 소비자를 말한다)가 직접 수령할 수 있도록 할 것

③ 법 제24조제1항 각 호 외의 부분 단서에 따라 전자결제수단의 발행자가 체결하여야 하는 소비자피해보상보험계약등의 피해보상 내용 및 절차는 다음 각 호와 같다.

  1. 전자결제수단 발행자가 소비자에 대한 대금 환급의무를 이행하지 아니하거나 이행할 수 없어서 해당 전자결제수단을 소지한 소비자가 결제수단에서 정한 권리를 행사할 수 없게 된 경우: 그 전자결제수단 발행자와 소비자피해보상보험계약등을 체결한 「보험업법」 제2조제6호에 따른 보험회사 또는 「은행법」 제2조제1항제2호에 따른 은행(이하 이 항에서 "보험회사 또는 은행"이라 한다)은 30일 이상의 채권 신고기간을 두어 소비자로 하여금 채권 신고를 할 수 있도록 할 것

  2. 제1호에 따른 채권 신고기간 중 접수된 정당한 소비자의 채권 신고금액이 소비자피해보상보험계약등의 계약금액을 초과하는 경우: 보험회사 또는 은행은 계약금액을 한도로 각 소비자의 정당한 채권신고금액을 기준으로 비례하여 균등하게 나누어 소비자의 피해를 보상할 것

[전문개정 2012.8.17]

제13조(사업자단체의 등록)

법 제37조제1항 및 영 제39조제1항에 따라 등록하려는 사업자단체는 별지 제6호서식의 사업자단체 등록신청서를 공정거래위원회에 제출하여야 한다.
[전문개정 2012.8.17]

 **Memo**